비교한국경제사

(下)

비교한국경제사
(下)

오두환

경인문화사

머리말

필자가 젊은 나이에 대학 강단에 선 이후, 경제학의 여러 과목을 강의할 기회가 있었지만, 주로 한국 경제사, 한국 경제론과 동아시아 경제사를 강의했다. 경제사가 강의의 중심이었지만 사회 경제사적 접근이 토대가 되었다. 한편 필자의 주된 관심은 한국 경제사였지만, 여러 과목을 강의하면서 조금이나마 역사 연구에 현재적 관점을 유지하는데 도움을 받았다. 그리고 동아시아 경제사를 강의하면서 자연히 동북아 3국의 비교에 관심을 갖게 되었다.

이 과정에서 필자는 한국 경제사라는 학문의 생산자이기도 하였지만, 소비자인 학생들에게 전달자 역할을 하면서 소비자가 느끼는 애로를 생각할 수 있었다. 역사는 사료가 그 스스로를 말하지 않는 만큼 연구자가 사료를 꿰는 시각이 중요하다고 인식한다. 연구자의 연구 시각과 역사적 사실이 잘 짜여있을 때 이론과 사실의 상호 교통과 생산자와 소비자의 교류가 잘 이루어진다고 할 수 있다. 이런 점에서 가능하면 내가 생각하는 관점이 배어 있는 한국 경제사를 저술하고 싶다는 생각을 하게 되었다.

그러나 장기간에 걸친 다양한 범위를 포괄하는 통사를 쓴다는 것은 애당초 무리라는 생각을 금할 수 없다. 실증에 충실한 연구자는 역시 생각하기 힘든 무모한 일이다. 그러나 스스로가 한국 경제사의 독자이고, 전달자라는 입장에서 생각하면 부족하나마 하나의 시각에서 개괄적 통사를 엮어 볼 필요가 있다고 생각되었다. 역사를 전체적으로 조감하여 보는 시도가 여러모로 부실하겠지만, 줄거리가 있는 역사가 가진 장점이 있을 수도 있다고 생각된다.

그러나 학문이 부족한 데다 부지런하지도 못해 아무런 성과를 내지 못하고 정년퇴임을 맞이해서야 좀 더 관심을 갖고 시작했지만 이제는 건강이 뒷받침되지 못해 속도가 나지 않았다. 그러나 부족한 대로 매듭을 지어야 겠다는 일념에서 이제야 책을 낼 준비를 하게 되었다. 가능하면 좀 더 넓은 비교사적 관점을 유지하여 보편과 특수를 반추하는 기회가 되기를 바라지만 나의 희망일 뿐이다. 그래도 한국 경제사에 관심을 가진 독자들에게 비교경제사적인 기초를 제공하여 한국사의 특수성에 나타나는 보편성을 생각하는데 조금이나마 도움이 된다면 필자로서는 더 바랄 것이 없다. 그리고 아무래도 화폐사에 관심을 가져온 만큼 상대적으로 그 분야의 기술을 소홀히 하지 않도록 유의하였다.

졸렬한 필자를 여기까지 이끌어 주신 데는 안병직 선생님과 한국 경제사 선학, 동료 그리고 후배 여러분들의 도움이 크다. 특히 경제사학회 및 낙성대경제연구소의 훌륭한 동학 연구자들에게 감사의 뜻을 전하고 싶지만 일일이 거명하는 것은 피한다. 또한 국사편찬위원회의『한국사 데이터 베이스』에 기여한 국학 연구자 여러분들에게 감사의 마음을 전하고 또한 이를 이용할 수 있어서 큰 도움을 받았다는 말씀도 드리고 싶다.

불충분하고, 또 충분히 입증되지 못한 가설들도 있을 수 있지만 나름대로 한국 경제사의 시대별 특징과 분석 시각을 드러내고자 하였다. 이는 비록 부족하더라도 필자의 견해를 분명하게 하는 것이 오히려 상호 간에 견해의 소통과 토론에 도움이 된다고 생각하기 때문이다. 그러나 많은 것들이 충분히 논증되었다고 말할 수 없고, 부족한 많은 점들은 필자의 어리석음으로 인한 것이다. 또한 많은 선배 동학들의 연구가 나의 생각에 많이 스며들었지만 충실하게 전거(典據)를 밝히지 못한 부분이 없지 않을 것에 대해 너그러운 용서를 빌 뿐이다.

한편 이 책을 준비하면서 오랜 동안 나와 고락을 같이 하고, 일상을 돌봐 준 나의 아내 이순희님에게 깊은 감사의 뜻을 전한다. 그리고 이미 오래 전에 돌아가셨지만 근대 한반도 역사의 풍랑을 함께 한, 나의 부모님 오영근, 신필주님에게 항상 마음 깊이 간직한 애틋한 마음을 한 자 글로 남기고 싶다. 그리고 나의 세 자녀와 손자들에게도 할아버지의 관심을 전한다.

마지막으로 이 책의 출판에 애써주신 출판사 관계자 여러분들에게 감사한 마음을 표시한다.

2021년
오두환 삼가 쓰다.

전체 목차

목차

머리말

제9장 해방과 1950년대 자유시장 경제의 형성

제10장 고도성장기와 21세기의 과제

제6장

조선 후기 지주제의
확대와 상업화

조선조를 임진왜란을 기점으로 하여 전·후기로 구분하는 것이 합당한가에 관해서 논란이 있다. 이와 달리 임진왜란 전후의 연속성에 주목하여 6~17세기를 조선 중기로 별도 구분하여, 정치적으로 사림 세력의 성장과 그들에 의한 붕당 정치(또는 사림 정치)로 특징지우기도 한다.[1] 그러나 임진왜란은 그것이 즉각적인 사회 변화를 초래한 것은 아닐지라도, 변화의 커다란 계기가 되었다는 것을 부정하기 어렵다. 전쟁은 수많은 인명의 상실과 전야의 황폐화 등 재산의 피해를 초래하였다. 또한 군사 제도의 변화를 가져와 훈련도감을 설치하고 이후 삼수병(三手兵)을 두고 무예를 조련하게 했다. 지방에도 속오군(束伍軍)을 두고 교관을 파견하여 무예를 가르쳤다. 상비병 제도로의 전환은 수포제로의 역제 변화를 가져오고 반상의 구분이 강화되었다.

임진왜란(1592~1598년)이 장기간의 전쟁으로 극심한 피해를 남겼다면, 병자호란(1636년 12월~1637년 1월)은 짧은 기간이었지만 광해군을 몰아내고 집권한 인조에게 삼전도의 수치를 안겼고, 조선은 청의 신하국이 되었다. 조선은 이 수모를 오랫동안 잊지 못하고 북벌을 주장하기도 하는 가운데 국내 정치에서도 숭명배청과 소중화(小中華)를 주장하는 이념과 그를 대표하는 일파의 노론이 오랜 권력을 장악하는 계기가 되었다.

한편 농법은 개선되고, 인구 증가와 사유제로 토지 소유 분화는 진행되었으며, 신분제가 동요되는 등 새로운 사회적 모순들이 발현되고 있었다. 이에 대응하기 위한 제도의 정비 과정에서 대동법, 균역법 등이 시행되고, 동전이 발행되고, 상공업이 발전되었으며, 소농도 장시권에 편입되는 등 사회의 상업화가 진행되었다. 이 과정에서 정치적으로는 왕권과 신권의 대립

---

1 이태진, 개요, 신편 한국사 30, 2002, pp 1-2.

이 이어지고, 훈구파와 사림의 대립 그리고 사림 내의 붕당 간의 대립, 영·정조 시대에는 이를 조정하는 탕평책과 왕권의 강화가 이어지다가 19세기에는 척족 정치가 행해지는 등 변화가 나타나고 있었다. 이러한 변천 속에 나타나는 사회 경제적 변화의 큰 흐름은 먼저 농업에서의 수도작 농법의 발전과 개간의 확대 그리고 토지 소유의 분화가 진행되는 과정에서의 자소작·소작농의 퇴적 등이 나타났다. 사회적으로는 군공이나 납속으로 서얼허통(庶孼許通), 향리(鄕吏)의 동반직(東班職) 취임, 병사의 면역과 노비의 방량(放良) 등 신분상의 제약이 해이해져 갔다. 한편으로는 유교적 의례의 보편화와 사족의 증가로 군포 부담의 편중이 심화되었다.

또한 신분제에서는 반상제가 진전되면서 토지 없는 양인과 천민은 보다 가까워지고, 또한 국가에서는 천민에게도 군역을 부과하고 나아가서는 법적으로 노비제를 해체하는 단계로 나아간다. 이 과정에서 국가는 대동법, 균역법 등의 제도개혁을 통해 담세 능력에 부합하는 부세제도를 고려할 수밖에 없었고, 종래의 조용조 제도는 군정, 전정과 환정이라는 3정을 통한 부세 징수로 변화되어 간다. 화폐가 발행되고, 난전이 행해지고, 장시가 확산되며, 관영 수공업이 해체되면서 사회의 상업화가 진전되었다. 그러나 이 과정에서 농민의 (반)무산자화가 진전되지만, 화폐 자본의 축적은 보잘 것이 없는 조선조 특유의 근세적 현상이 나타나고 있었다. 폴라니(K. Polanyi)가 말하듯이 상품 시장만이 아니고, 토지, 노동 등 생산 요소의 시장 성립은 사회의 커다란 전환이고 근세적 모습이다.[2] 토지, 노동 등 생산 요소의 상품화는 수조(지)봉건제의 기조를 파괴한다. 사회의 상품화는 유학자들에게 고대 3대의 왕도가 무너진 것이고 말세적인 것이었지만, 농업 생산력의 발전과 잉여의 생산으로 촉발된 사유제 발전의 결과이고 불가역적인 역사 진행이었다.

---

2 Karl Polanyi, *The Great Transformation*, Boston: , 1957, chap 6.

이 과정에서 대량으로 창출된 토지 없는 농민은 이중의 의미에서 '자유로운 노동'의 성격을 가지고 있었다. 조선에서 품팔이(日雇), 고공(雇工) 등과 함께 수공업·광업 분야에서의 고용 노동이 부분적으로 성립했지만 대부분은 임금 노동이 아닌 소작농으로 농촌에 체류하였다. 조선 후기에 화폐 자본의 축적이 부족하고 시장과 기술의 조건이 결여된 요인 등으로 인해 직물업 등에서 초기적 대량 생산(manufacture)의 형성이 보이지 않는다.

사회의 상업화가 진전되고, 지주제가 심화되는 한편 유교적 규범은 퇴화하고 매관매직 등 세속화가 진행되면서 백성의 다수가 양반화되지만 다른 한편으로는 하층 농민과 노비는 사회 경제적 처지가 동화되고, 농업 생산성은 산림의 황폐화와 기후 조건 등으로 정체되었다. 특히 19세기가 되면 서세동점의 간접적인 영향 아래 사회는 동요되고, 농업 생산력은 정체됐으며, 3정의 문란이 심해지는 가운데 민란이 빈번하게 일어나는 등 위기적 상황을 맞게 된다.

유교적 국가의 세속화와 삼정 문란이 진전되고, 사회의 상업화로 인해 소유 분화가 심화됐으며, 이에 반해 화폐 자본의 축적은 결여되고 자본주의적 발전은 지체되는 등 사회적 모순은 심화되었다. 이를 돌파하기 위한 정치개혁은 이루어지지 않은 가운데, 19세기 후반의 대원군의 서원 철폐나 호포세 도입 등을 통한 왕권 강화와 양반에 대한 견제가 그나마 대중의 이익에 부합되는 것이었다. 그러나 그것은 여전히 강고한 쇄국 아래 왕권 강화를 추구했지만 새로운 출구를 갖지 못한 정책이어서 근본적 모순의 해결책이 되지 못했고, 결국 고종의 친정 체제가 성립하면서 1876년의 개항으로 나아간다.

제1절 농업의 내권화(involution)

1. 농법과 결수의 변동

조선조 초에 상경 연작 농법의 성립이 확인되고, 가족농 생산이 보편화 되는 발전이 있었다. 16~17세기에는 개간의 확대와 함께 보와 제언(堤堰) 등 미흡하지만 수리 시설이 확충되고 이앙법이 보급되었다. 조선 전기 『농 사직설』에서 한해(寒害)의 두려움으로 이앙법을 권장할 수 없었던 농법의 객관적 한계가 극복되기 시작하였다.

이앙법은 직파에 비해 여러가지 이점이 있었다. 서유구(徐有榘)는 이앙 법의 이점으로 먼저 제초 노동력의 절감을 들고, 이어 부실한 종묘를 솎아 내고 튼튼한 것을 심을 수 있는 이점을 들고 있다.[3] 또한 이앙법을 실시하 면 1년 2작이 가능할 수 있었다. 직파법을 사용하면 봄에 파종하여 가을에 수확하는 반면에, 이앙법은 모판에서 모를 키우다가 맥류를 수확한 이후 늦은 봄에 모내기를 할 수 있으므로 같은 논에 이모작이 가능할 수 있었다. 조선조에서 이모작 보급율은 여전히 낮았지만, 이앙법은 중간 제초 노동력 의 절감과 수확 증대를 가져올 수 있었다. 그러나 이앙은 수리 시설의 확충 에도 불구하고 근본적으로 한해(寒害)의 위험을 가지고 있었다. 이앙에는 짧은 기간에 모내기를 해야 되고, 한해가 들면 때를 놓쳐 모내기를 하지 못 하는 경작의 난점은 오랫동안 지속되었다.

다음 〈표 6-1〉은 조선조 삼남 지방의 제언의 수를 보여주는 것이다. 전 국적으로 16세기에 비해 19세기에 제언의 수가 증가했지만 특히 경상도 지

---

3 徐有榘, 『林園經濟志』, 本利志 권 5, 種藝 上 稻類.

방에 집중되었다. 경상도 지방은 16세기 초에 제언의 수가 800여 개였지만 19세기 초에는 1,765개로 두 배 이상 증가했다. 비록 수리 시설이 확충되고 있었지만, 그 절대적 수준은 여전히 낮았다. 이런 한계에도 불구하고 벼농사는 인구 부양 능력이 높기 때문에 지속적으로 확대되었다. 전라도와 경상도에서 수전의 면적이 1432년의 225,000여 결에서 1720년에 329,000여 결로 증가. 제언, 천방(川防) 등 수리 시설의 확충으로 10만 결 이상의 밭이 논으로 전환되었다.[4] 그리고 18세기 말에 벼농사를 짓는 호남의 백성들은 오로지 이앙을 하고, 직파는 겨우 1/100의 일에 불과할 정도로, 이앙은 보급되었지만 수리 시설이 미비하여 가뭄이 들 때마다 대부분의 땅이 묵게 될 우려는 여전하였다.[5]

〈표 6-1〉 조선 시대 삼남 지방의 제언 수

(단위: 개수)

지역/시기	15세기 후반*	16세기 초**	17세기 후반***	19세기 초****	고종 32년(1895)*****
경상도	721	800여	1,522	1,765(99)	1748(8)
전라도	-	900여	913	936(24)	-
충청도	-	500여	503	535(17)	-

  * 『慶尙道續撰地理誌』.
  ** 『중종실록』, 중종 18년 정월 경술.
  *** 증보문헌비고』146, 田賦考 6.
  **** 『만기요람』 재용편 5, 제언.
  ***** 『慶尙道內各邑堤堰防洑庫數成冊』(1895).
자료: 李永鶴, 「2. 농업 생산력의 발달과 상품작물의 재배」, 『신편 한국사』 22, 2002, p. 53.

한해의 위험을 줄이기 위해, 조선에서의 수도작 발전은 먼저 계류를 이용한 산간 평탄부에서 시작되고, 다음 단계로 하천 유역의 충적지로 진행되었다. 이에 따라 조선에서도 16세기에 산간 평탄부의 개간과 집약적 경

4 이영훈, 같은 책, 437면.
5 『日省錄』, 정조 23년(1799) 3월 19일·5월 7일.

작이 진행되고, 양반들의 노비 노동을 이용한 활발한 개간과 촌락의 형성이 진행되었다. 한국의 농업 발전이 중국이나 일본에 비해 집약화의 방향보다도, 경지의 외연적 확대에 중점을 둔 최대의 원인은 자연조건에 있다. 중국의 강남이나 일본과 달리 한국은 '관개이식형(灌漑移植型)' 수도작의 가장 중요한 작업인 모내기 시기에 물을 안정적으로 확보하기에 곤란하여, 막대한 수리 시설에 대한 투자보다는 물의 공급이 불안정한 조건에서도 가능한 수도작 기술을 개발하는 방향으로 진행되었다. 이것을 상징적으로 보여주는 것이 조선 시대에 도작에서 고도로 발달했던 건답직파법(乾畓直播法)이나 밭못자리 기술(일본에서 육묘대(育苗垈)라고 하는, 못자리를 만든 후에 물을 대지 않고 모를 기르는 방식)이다. 조선 시대 한국 수도작의 발전은 한편으로는 산간 평탄면에서의 집약적인 수도작, 다른 한편으로는 충적 평야 지대에서의 '화북형 직파 주변구' 도작의 고도화라는 두개의 방향을 추구한 것이다.[6]

논의 면적이 증가하고 이앙법이 보급되면서 18세기 초까지 하층 농민의 주식이 기장, 조, 콩과 보리 등 밭작물에서 쌀로 전환되었다. 수전에서의 이앙법의 보급과 함께 한전작에서도 2년 3작식 윤작법이 확대 보급되었다. '조·맥(보리 또는 밀)·두(콩 또는 팥)-휴한(休閑)'의 농법은 이미 『농사직설』에 소개되어 있지만 이를 뒷받침하는 농구의 개량, 시비법의 개선으로 보다 널리 보급되었다. 15세기의 시비법은 분회가 주종이고, 종자와 분회를 섞거나 파종구에만 시비하는 분종법이었다면, 17세기 이후의 시비는 퇴구비(堆廏肥)가 주종으로 바뀌고, 경지에 비료를 널리 투하하는 분전법으로 발전하였다. 그리고 18세기 이후는 작물의 성숙 중에도 비료를 투하하는 추비(追肥)까지 권장되었다.

농법의 개선으로 농업 생산성이 향상되었다. 세종조에 제정된 공법(貢

---

6 미야지마 히로시, 『나의 한국사공부』, 너머북스, 2013, p 65.

法)의 시행 과정에서 수년 전부터 많은 논의가 진행되었으나 1444년 '전제
상정소'에서 수확의 1/20을 기준으로 연분9등제를 실시하되 1결의 수확고
를 상상년(上上年)에 30두 안이 제기되고 재가되었으나,[7] 1446년 무렵에는
상상년에 1결 20두로 정해진 것으로 보인다.[8] 태조가 1/10세 기준 1결당 조
미 30두를 전세로 정했었고, 세종이 1/20세 기준 결당 조미 20두를 전세로
정한 것을 보면 조선 초 1결당 수확고를 대체로 300~400두 정도로 보고 있
었다고 할 수 있다. 그러나 생산은 안정적이지 않아 연분등제를 실시하였다.

농법의 발전에 따라 농업 생산은 증대하고, 한편 이앙법에 따라 절감된
노동력을 면작 등에 투입하여 보다 다양한 작물을 추진하고, 다른 한편 농
업의 상품화도 부분적으로 진행되었다. 도시 주변에서 도시민을 위한 채소
나 과일 등을 재배하는 것에서부터, 지역적 특산물의 생산에까지 다양한
상업적 농업이 발달되었다. 정약용은 서로(西路)의 담배밭, 북로(北路)의 삼
밭, 한산의 모시밭, 전주의 생강밭, 강진의 고구마밭, 황주(黃州)의 지황(地
黃)밭은 모두 수전 상상등(上上等)에 비해 그 이익이 10배나 된다고 하였
다.[9] 이중환은 개성과 강계의 인삼, 경상·전라도 지방과 공주, 황간, 회덕과
황주 등지의 면화 등을 이름난 것으로 꼽고 있다[10] 이외에도 전주의 닥나
무와 종이, 보은의 대추, 황주의 배 등도 유명한 것들이었다.

한편 농업 생산의 가장 중요한 토대인 경지 면적은 조선조를 통해 별로
증가하지 않았다. 『세종실록』의 「지리지」에서 조선 정부가 파악한 최대의
결부 수인 170만 결에 가까운 수치가 파악되었지만, 이후 정부 파악 결수
는 감소했고, 시대별 약간의 차이는 있지만 대체로 140~150만 결을 유지하
였다. 다음 〈그림 6-1〉은 조 선후기 정부가 파악한 결수의 변동을 보인 것

---

7 『세종실록』, 세종 26년(1444) 11월 13일.

8 『세종실록』, 세종 28년 6월 18일.

9 『經世遺表』 卷8, 「地官修制」, 田制]11, 井田議3.

10 李重煥, 『擇里志』, 卜居總論 生利.

이다.[11] 총 결수에서 유래진잡탈, 급재면세결을 제외한 약 100만여 결이 실 경작지였다. 그리고 여기에서 각종 면세견 20여만 결을 제외한 나머지가 출세실결이 된다. 대체로 19세기 말까지 정부가 파악한 8도의 출세실결은 80만 결 수준이었다. 곧 회복되었지만 1814년에 급재면세결이 급증하고, 출세실결이 급감하는 상황이 있었다. 19세기 초에는 기사(1809년)와 갑술 (1814년)의 흉년 외에도 1812년의 홍경래의 난 등으로 커다란 충격이 초래 되었음을 알 수 있다.

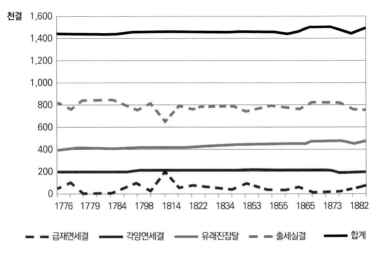

〈그림 6-1〉 조선 후기 정부 파악 결수

따라서 시기별로 기복이 있지만 『조선전제고』에 나타나는 정부 파악 결 수에서 조선 후기에 뚜렷한 추세를 파악하기는 어렵고 대체로 일정하였다. 이것이 정부의 부세 방침과 관련하여 사실상 더 이상의 증징을 추구하지

---

11 麻生武龜, 『朝鮮田制考』, 朝鮮總督府中樞院, 1940. 안병태, 『朝鮮近代經濟史研 究』, p 54.

않은 총액제와 연관될 수 있고, 누락이 없지 않았을 것으로 보인다. 결총제가 운영되는 가운데 한 번 면세결이 되면 계속되고, 진전이 다시 개간되어도 대부분 은닉하여 지방관과 향리의 수입으로 삼고, 상납 부담을 가볍게 하고자 결수를 줄이고자 하였다. 따라서 실제의 경작 면적은 정부가 파악하는 시기전 결수보다는 많았겠지만, 그렇다고 실제로 조선 후기에 농업 생산의 고정 요소로 볼 수 있는 토지 면적이 크게 증대되었다고 보기는 어렵다.

한편 다음의 〈표 6-2〉는 개항 이후의 숫자이긴 하나 도별로 파악한 토지 결수이다. 원장부전은 총 결수고, 여기에서 유래진잡전이나 각양면세전을 제외한 것이 시기전이다. 그러나 여기서의 시기전은 경작 면적이 아닌 출세실결을 의미하고, 실제 경작 면적은 시기전(=출세실결)에 '각양 면세전'이 더해야 한다. 〈표 6-2〉에서 시기전(=출세실결)의 27%가 전라도, 24%가 경상도에 있고, 그 다음으로 충청이 14%를 차지한다. 이들 출세실결수의 비중이 전국 부세에서 각도가 차지하는 비중을 나타내는 것으로 볼 수 있다. 1894년경 조선의 총 결수는 원장부전 1,455,492결, 유래진잡전 442,295결, 각양면세전 202,288결, 시기전(=출세실결) 810,909결로 구성되어 있다. 그리고 경작 면적은 시기전과 각양 면세전을 합한 1,013,197결이다.

〈표 6-2〉 1893년경 전국 도별 토지 결수

(단위: 결수)

각도	원장부전 (元帳付田)	유래진잡전 (流來陳雜田)	각양면세전 (各樣免稅田)	시기전 (時起田)
경기	111,912	34,808	27,064	50,040
충청	255,585	120,166	22,412	113,007
황해	132,373	42,164	13,618	76,591
평안	119,735	18,841	16,028	84,866
전라	339,743	78,981	38,936	221,826
경상	337,472	115,330	29,712	192,430
강원	40,926	17,385	11,710	11,831

각도	원장부전 (元帳付田)	유래진잡전 (流來陳雜田)	각양면세전 (各樣免稅田)	시기전 (時起田)
함경	117,746	14,620	42,808	60,318
계	1,455,492	442,295	202,288	810,909

주: 원자료에서 계의 수치에 약간의 차이가 있는 것을 수정한 것임. 그리고 여기서의 시
　　기결은 출세실결로 이해할 수 있다.
자료:『통상휘찬』, 제8호 부록(1894. 8)에서 작성.

2. 지주제와 소경영의 발전

한편 토지 사유가 허용된 가운데 노동 절약적인 이앙법의 보급으로 농
가 경영의 다각화·집약화를 통한 상업화가 이루어지고 토지 생산성이 증
가하면서 한편으로는 지주제가 발전하는 조건이 마련되었다. 이앙법은 중
경제초(中耕除草)의 노동력을 반 정도로 절감시키고, 중경제초와 시기적으
로 중복되는 한전 농업인 면작 등에 대한 노동 투여를 통해 보다 다양한
작물을 재배할 수 있는 조건이 마련되었다. 그러나 한정된 토지에 인구 증
가가 지속되면서 노동 생산성의 증가가 이루어지기는 어려웠고, 노동 다투
의 농법 발전은 근본적으로 타인의 노동을 이용하는 대경영의 보급에 제약
요인으로 작용하였다.

대경영은 가족 노동 이외 타인의 노동을 고용하는 농업 경영을 의미하
지만 흔히 한국사에서 광작이나 경영형 부농 등의 개념으로 불렸다. 특히
김용섭은 양안 연구를 통해 조선 후기에 1결 이상의 경작자로서 상업적 농
업을 영위하는 농민을 경영형 부농으로 명명하였다.[12] 이는 영국의 농업혁
명 과정에서 형성된 차지농 경영자에 유사한 존재로 묘사되고, 농업에서의

---

12 김용섭, 「조선후기의 경영형 부농과 상업적 농업」, 『조선후기농업사연구 Ⅱ』, 일조
　　각, 1989.

자본주의적 발전을 보여주는 것으로 해석하였다. 그는 1720년의 대구 조암방의 경자양안(庚子量案)에서 1결 이상의 농민 5%가 전체 토지의 30%를 차지했으며, 이들은 타인의 노동을 고용하여 상업적 농업을 실행했을 것으로 해석하였다.

경영형 부농은 존재하였고, 종래와는 다른 근대적 농업 경영 형태였다는 것은 부인할 수 없다. 그러나 그것은 추세적으로 확대되어 사회 전체의 자본주의적 발전을 가져올 수 있는 추동력이 있는 것은 아니었다. 먼저 경영형태에서 영국에서도 18세기 이후 대경영은 오히려 감소하고, 또한 농업 발전이 근대화 과정에서 중요하지만, 상공업 발전이 앞서 견인하지 않으면 근대화는 지속될 수 없다. 또한 상공업이 견인하여도 농업은 집단 농장을 제외하면 대경영이 주된 경영 형태로 발전한 역사적 사례가 존재하지 않았고, 가족 농업이 항상 중심이었다.

미야지마 히로시(宮嶋博史)는 김용섭이 분석한 대구 조암방 양안을 1634년의 갑술양안과 1720년의 경자양안을 대조하여 분석했다. 다음 〈표 6-3〉은 대구 조암방 양안의 소유 분화와 경영형 부농의 존재를 보여준다. 표에서 1634년에 비해 1720년에 1결 이상의 기주 수가 15%에서 5%로 감소하고, 토지 면적도 55%에서 30%로 감소한 것이어서 대경영은 쇠퇴하고 있었다. 한편 중하층 농인 50부 이하, 특히 25부 이하의 영세 소경영은 비중이 증가하고 있다. 따라서 대경영이 지속적인 발전을 하지 않았다고 할 수 있다.

〈표 6-3〉 대구 조암방 양안의 소유 분화와 경영형 부농

(단위: 결부수)

		기주수	백분비	소유결수	백분비
갑술양안(1634)	1결이상	43	15.40%	7,266.4부	54.70%
	50부이상	36	12.90	2,413.4	18.20
	25부이상	50	17.90	1,793.8	13.50

		기주수	백분비	소유결수	백분비
	25부미만	151	53.90	1,812.1	13.60
	계	280	100.00	13,285.7	100.00
경자양안(1720)	1결이상	27	5.10%	4,067.1부	30.10%
	50부이상	45	8.50	3,200.9	24.10
	25부이상	70	13.30	2,406.6	17.80
	25부미만	386	73.10	3,775.1	27.90
	계	528	100.00	13,509.7	100.00

자료: 김용섭, 『조선후기농업사연구(1)』, 지식산업사, 1995. 宮嶋博史, 「유교의 제민사상과 소농연구」, 『국학연구』 14, 국학진흥원, 2009.

영국에서 농부(farmer)는 임대(ferme)에서 연유한 것에서 알 수 있듯이 농부, 즉 영주 직영지와 농기구나 가축을 빌려 차지농 경영을 하는 존재가 14세기에 시작되었다. 그리고 제2차 인클로저 운동 무렵에 농업 노동자를 고용하는 자본가적 경영이 나타났지만, 농업의 타인 고용의 증대는 단기간에 그친다. 인클로저 운동 등을 통해 대규모의 무산 노동이 창출되고, 농업과 상공업의 자본주의화가 진행되지만, 상공업 발전이 한 단계 더 나아가면, 농업 경영의 주된 방식은 다시 가족농으로 회귀하였다. 따라서 경영형 부농이 자본주의 발전에 갖는 의미는 제한적이고, 그 자체로는 자본주의의 추진자가 될 수 없다. 오히려 농업혁명이 산업혁명에 미치는 주된 영향은 이농을 통한 노동력 공급이고, 또한 노동 임금을 낮은 수준에서 유지할 수 있도록 농업 생산의 증대와 그 비농업 부문에의 이전, 즉 '농업 잉여'의 창출이 중요하다. 농업 잉여를 통해 농업은 도시와 공업이 필요로 하는 자본, 식량을 제공하고 그와 교환으로 공산품을 구매하여 국내 시장을 형성한다.

이 과정에서 농업 경영의 방식으로 가족 노동을 이용하는 소경영이 유리한지 혹은 노비 노동이나 고공 등을 이용하는 대경영이 유리한지는 농법의 발전뿐만 아니라 농업 경영의 외부적 조건에 의해서 변화한다. 역사적 현실에서의 소농은 농법의 발전 과정에서 그 모습이 변화하여 왔다. 농법은 농기구의 발전과 축력의 이용 그리고 시비 방법의 발전, 공동체에서의 분업과 협업의 모습에 따라 내용을 달리하고 이 과정에서 소농의 모습도 변화하였다.

농업 생산성에는 노동 생산성과 토지 생산성이 있지만 이 두개가 항상 같은 방향으로 움직이지는 않는다. 여타 조건이 일정하면 대체로 (토지/노동) 비율이 낮아지면 토지 생산성이 높아지고 노동 생산성이 하락하며, (토지/노동) 비율이 높아지면 노동 생산성이 높아진다. 대체로 농업은 인구 압력이 있어서 (토지/노동)비율이 낮아지고 공업 발전 과정에서의 혁신적 투입 요소들의 개발이 나타나기 전에는 노동 생산성이 하락한다. 그러나 노동 증가 과정에서도 협업의 가능성이 주어지면 소농의 토지 생산성은 상당 기간 높아지고 소경영이 보다 유리해진다.

역사적으로 축력을 이용하는 1인 우경이 발달되고, 삽, 괭이, 호미 등 수 노동 농기구가 발전되면서 소경영의 생산성이 높아지지만 소농 생산은 공동체의 협업이 필요하다. 특히 수전 농업은 가축이나 쟁기 등 생산 수단 사용에서의 협업도 필요하지만, 무엇보다 관개용수의 사용과 관리의 협조, 파종과 수확에서의 상호 간의 협업 노동의 필요성이 높아 공동체의 역할이 중요하게 지속된다. 그러나 어느 경우에도 농업 생산은 공업과 달리 유기적 생산이므로 생산의 증대에 알뜰한 장시간의 노동이 필요하고, 협업으로 소농 생산의 애로를 해결할 수 있다면, 가족 노동을 이용하는 소농 생산이 노동 의욕을 높이고 대경영보다 유리할 수 있다.

조선 후기에는 이미 토지 사유가 인정되어 토지에 대한 자본 투자의 회수 가능성이나 지가 상승에 따른 수익의 획득 여부는 소농에게도 보장되어 있으나, 가족농에게 부족한 농기구와 필요한 분업과 협업을 공동체 내에서 보완할 수 있어야 한다. 조선 후기에 소농은 필요한 협업을 촌락에서 구할 수 있었던 것으로 보이고, 인구 압력은 지속되어 인당 경지 면적은 감소되고 토지 생산성이 높은 상태가 지속되어 소경영에 보다 유리한 조건이 존재하였다. 우하영의 『천일록』이나, 정약용의 『경세유표』, 『목민심서』에 기술된 조선 후기 농업의 주된 발전 방향은 집약적 소경영의 발전으로 파악된다.[13]

다음 〈표 6-4〉는 남해군 용동국 장토에서의 농민의 경영 분화 추세를 보여주는 것이다. 같은 지역이지만 1681년, 1720년, 1845년과 1905년의 상이한 시기들에 걸쳐 변화하는 토지 면적 규모별 농민의 분포와 그들이 경작하는 면적을 나타내고 있다. 해당 토지는 궁장토이므로 토지의 소유자는 용동궁이고 양안상의 기주는 경작자를 의미할 수밖에 없으므로 경영 분화의 상태와 추이를 보여주는 것으로 해석할 수 있다. 비록 전국적인 통계가 아니고 하나의 사례에 불과하지만 대체로 전국적인 추세의 경향을 보여주는 것으로 볼 수 있다고 판단된다.

〈표 6-4〉 남해군 용동궁(龍洞宮) 장토(庄土)에서의 농민의 경영 분화

(단위: 명, 결-부-속)

년도	1681		1720		1845		1905	
구간	인원	면적	인원	면적	인원	면적	인원	면적
200~	10	23-77-0	7	23-73-2	2	4-62-3	0	0
100~200	32	44-54-8	24	31-69-6	13	17-6-1	5	6-18-2
75~100	23	19-81-7	26	22-61-1	9	8-13-6	5	4-43-4
50~75	25	15-64-8	26	15-91-7	22	13-26-2	18	11-8-6
25~50	65	22-58-9	59	21-35-3	78	27-27-2	97	33-30-8
0~25	110	12-89-2	237	25-72-4	122	15-23-1	274	30-89-1
계	265	139-26-4	379	141-03-3	246	85-58-5	399	85-90-1

자료: 이영훈, 『조선후기사회 경제사』, 한길사, 1988. 520-532면.

〈표 6-4〉에서 보이는 추세를 살펴보면 먼저 1결 이상을 경작하는 상층 농민은 1681년 이후 1905년까지 일관되게 그 수가 감소하고 있다. 한편 50

---

13 안병직, 『경세유표에 관한 연구』, 경인문화사, 2017, p 340.

부~1결을 경작하는 중상농층은 1681~1720년에는 증가했으나 1720년 이후 감소했다. 그리고 25~50부의 중하농은 1681년에 비해 1720년에 인원과 면적이 감소했으나 이후 계속 증가하고 있다. 그리고 25부 이하를 경작하는 하층 농민은 1681년에 비해 1720년에는 인원과 면적이 증가했으나, 1845년에는 인원과 면적이 감소했다가 1905년에는 인원과 면적이 다시 증가하고 있다. 전체적으로 보면 17세기 말에서 20세기 초에 이르기까지 일관되게 50부 이하의 중하층 및 하층 소농의 비중이 인원이나 면적에서 크게 증가한 것으로 나타난다.

따라서 17세기 말과 20세기 초에 걸쳐 남해에서는 상대적으로 균등한 영세 규모의 소농 경영이 확대되고 있었다고 할 수 있다.[14] 이와 같은 장기 추세는 경지의 절반이나 차지하고 있던 양반의 농업 경영과 그 생산적 노동으로 잡혀 있던 노비 농민이 해체되어 가고, 상대적으로 신분적으로 자유로운 소농이 생산의 주된 담당자가 되는 과정을 보여준다. 그 과정에서 구래의 양반-노비 신분제를 대신하여 지주제가 농촌 사회에서 확대되고 있었다. 조선 후기에 있어서는 농가 경영이 집약화·다각화를 통한 안정화를 추구하고 그것을 기반으로 지주제가 발전하는 시기였다고 평가될 수 있다.

이러한 경향을 전국적 차원에서의 경작 규모별 농가의 구성 변화를 통해 확인할 수는 없지만, 몇 개의 사례들 중에서 19세기 해주 내수사답의 경우를 통해서도 확인할 수 있다. 해주 내수사답의 경우에도 19세기 10두락 미만의 영세 경영자의 비중이 꾸준히 증가하여 1825년에 30.5%에서 1902년에는 거의 44%에 이르고 있다. 그리고 10~20두락은 19세기 중엽까지 큰 변화가 없다가, 이후 증가하여 1902년에는 36.9%에 이르고 있다. 전체적으로 20두락 이하가 80%에 달한다. 그리고 20두락 이상 경작자는 지속적으로 감소하는 것으로 나타나 전체적으로 경영의 영세화가 나타나는 바, 이는

---

14 李榮薰, 『朝鮮後期社會經濟史』, 한길사, 1988, pp 520-532.

경지 면적 증가에 비해 인구 증가가 빠르게 나타나고 있는 것이 기본적 요인이었을 것이다.[15]

한편 농민의 계층 분화의 실태를 단면적이지만 신분별로 구분하여 살펴볼 수 있다. 다음 〈표 6-5〉는 1720년 대구 조암면 기주의 신분별 계층 분화를 보여주는 것이다. 대체로 양반이 1결 이상의 경작자가 많고 천민이 25부 이하의 영세 소농이 많다고 할 수 있다. 그리고 평민은 그 중간을 차지하고 있다. 그러나 평민의 25.2%가 50~100부의 중규모 경작을 하는데 비해, 양반은 21.2%이고 그중 43.2%가 50부 이하의 경작자이고, 특히 25부 이하의 영세 소농도 27.3%나 차지하고 있다. 따라서 반드시 신분과 토지 소유가 일치한 것은 아니고, 상대적인 것이었음을 알 수 있다.

〈표 6-5〉 1720년 대구 조암면 기주의 신분별 계층 분화

(단위: 명, %)

계층/기주	전체 기주	양반 기주	평민 기주	천민 기주
1결 이상	56(20.7)	47(35.6)	9(8.1)	-
50부 이상	58(21.4)	28(21.2)	28(25.2)	2(7.15)
25부 이상	53(19.5)	21(15.9)	30(27.0)	2(7.15)
25부 이하	104(38.4)	36(27.3)	44(39.7)	24(85.7)
계	271(100)	132(100)	111(100)	28(100)

자료: 김용섭, 「조선후기 신분구성의 변동과 농지소유」, 『동방학지』 82, 1994.; 崔允晤, 「3. 광작과 지주제」, 『신편 한국사』 22, 2002, p 113.

조선 후기에 토지 소유의 집중이 나타나면서 토지가 적거나 없는 농민이 많아지는 한편 경영형 부농과 같은 대경영도 존재했지만, 다른 한편 지주제와 함께 자소작·소작소농도 많아졌다. 물론 중간층이라 할 수 있는 50~99부를 경작하는 농민의 비중은 감소했으며, 이들은 자작농에 가까운

---

15 李榮薰, 『朝鮮後期社會經濟史』, 한길사, 1988, p 547.

존재들이었다. 전체적으로는 1결 이하를 경작하는 소경영의 비율이 높아지고 있었다.

미야지마 히로시(宮嶋博史)는 인구 증가와 함께 이러한 소경영의 확대가 나타나는 조선 후기를 소농 사회의 발전으로 특징지우고자 하였다. 그는 조선에서 17세기에 개간이 일단락되면서 집약적 소농 경영의 발전이 이루어지고, 가(家)의 안정성이 높아지면서, 이에 걸맞은 이데올로기로서 주자학의 보급이 이루어졌으며, 소농의 균질화가 진행되면서, 집권 국가에 의한 일군만민(一君萬民)의 보편적 공민 지배가 강화되고, 동아시아의 근대가 시작된다고 보았다.

그러나 조선 후기의 소농의 증대 과정은 중농 표준화로 나타나지 않고, 영세 소농화로 나타나고 있었다. 상업적 농업 및 가내 수공업의 발전과 이 과정의 중농 표준화 없는 영세화를 그 자체만으로 온전한 자립적 소농의 발전으로 해석하기는 어렵다. 소농 중에서도 토지를 포함한 생산 수단의 소유자인 자영 소농이 시장에서 자기 노동의 대가만이 아니라 자본에 대한 이윤을 실현할 수 있을 때 자본주의적 발전의 가능성이 있다. 소작 소농은 비록 토지를 제외한 생산 수단을 일부 가지고 노동 과정의 독립성과 자기 경영을 가진 분익농이라고 하지만, 실제로는 자기 노동의 대가도 보상받기 힘든 경우가 많아 대경영으로 성장하기 힘든 존재였다.

18~19세기 농민의 압도적 부분은 소작농이고, 국가의 수탈과 지주의 착취를 공제하면 소작농의 손에 남는 필요 생산물은 양인 신분의 소작농의 경우에 한정해도 약 20~35%였다.[16] 대부분의 농민이 소작 소농이어서, 소농이 이윤은커녕 자기 노동의 대가도 실현하기 힘든 소농은 그 자체가 자본주의 발전의 축으로 역할을 할 수 없었다.

조선 후기에 1결 이상의 토지 소유자가 고용 노동을 이용한 대경영을 할

---

16 安秉珆, 『朝鮮近代經濟史硏究』, 日本評論社, 1975, p 202.

것인가 또는 어느 정도의 독립 경영의 조건을 가진 농민에게 소작을 줄 것인가의 선택은 가변적일 수 있다. 조선 후기에 양반 주호가 협호를 통해 상대적으로 장기간 존립되었지만, 다른 한편 빈번한 주호와 협호의 사회적 대류는 소농 자립의 저위를 반증하는 것이고,[17] 농업의 자본주의적 발전의 가능성을 내포한 것은 아니다. 그러나 토지에서 분리된 (반)무산자의 대량 창출과 그들의 유민화는 중세적 모습과 다른 수조(지) 봉건제의 근세적 모습이라고 할 수 있다.

조선 후기의 자소작이나 소작농의 비율을 전체적으로 파악할 수 없으나 정약용은 19세기 초 호남 지방의 농민을 100호로 하면, 지주가 5호, 스스로 토지를 경작하는 자작농이 25호, 타인에게 지대를 바치는 작인이 70호에 달한다고 하였다.[18] 토지 소유의 집중은 진전되었고, 김용섭에 의한 헌종 12년(1846) 진주 내동리 양안 분석에 의하면 1결 이상의 상위 5.8%의 소유자가 토지의 44.3%를 소유하고 있었다.[19] 다소 과장된 표현이라고 생각되지만, "지금 전지를 소유하고 있는 것은 사족뿐이니 수다한 백성치고 누가 촌척(尺寸)의 토지라도 가진 자가 있을 것인가"라거나, "양민으로서 전지를 소유한 자는 실로 1인도 없다"고 하였다.[20] 평시에는 사족만이 전장(田庄)을 소유하고 있을 뿐이요, 백성은 없어서 모두 병경(幷耕)해서 먹고 산다고도 하였다.[21]

대토지 소유자의 토지 경영의 형태는 신분제의 변천과 밀접한 연관성을 가지고 있다. 조선 초에는 노비의 부역 노동에 의존하는 대경영이 상대적으로 많았다면 조선 후기에는 병작제가 많았다. 노비 경영을 하는 양반·지

---

17 이영훈, 『한국 경제사』 1, 일조각, 2016, p 482.
18 丁若鏞, 『與猶堂全書』 1, 권 9, 擬嚴禁湖南諸邑佃夫輪租之俗箚子.
19 金容燮, 「晉州奈洞里 量帳의 分析」, 『亞細亞硏究』 8, 1961.
20 『中宗實錄』, 중종 23년 11월 신축.
21 『宣祖實錄』, 선조 34년 8월 무인.

주도 대토지를 직접 노비를 사역하여 경영하는 경우도 있지만 노비를 이용하여 병작의 효과를 얻는 방법인 작개의 방법을 활용하기도 하였다. 지주는 노비에게 작개지를 분여하여 그 수확물을 주인에게 바치도록 하되, 별도로 사경지를 주어 그 토지의 수확물을 노비의 생활자료로 삼도록 하는 것이었다.[22] 이는 토지를 분여하되 그 수확물의 일정한 부분을 주인이 수취하는 일종의 분익농이라는 점에서 병작제와 유사성을 지니고 있는 형태라할 수 있다.

그러나 16세기 후반 이후에는 작개제가 쇠퇴하고, 병작제가 광범위하게시행되었다. 김건태는 안동 지방 양반 가의 사례 분석을 통해 16세기 중·후반 양반·지주층의 전체 보유 토지 가운데 병작 비율이 70%에 이른다고하였다.[23] 분익의 방법으로서 작개지와 사경지를 구분하지 않고, 병경지에대한 보편적 분익이 토지 소유주로서는 농장을 관리함에 있어 보다 간편한방법이었다.

조선 후기에 병작이 보편적인 대토지 경영의 방법으로 나타났지만 서구의 영주와는 달리 지주가 직접적인 공권력의 소유자는 아니었다. 따라서시장을 통하지 않고 봉건 지대를 수취하기 위해 필요한 경제외적 강제를가능하게 하는 사회 질서가 신분제이고 향약 등으로 대표되는 향촌 질서였다. 물론 그러한 힘의 궁극적인 원천은 국가에 있고, 유교 국가는 양반의국가이기 때문에 신분제를 뒷받침했다. 양반 중에도 소작인도 있으므로 신분과 계급이 일치하는 것은 아니지만 사회의 중심적 지배 질서는 여전히양반·지주에 의해 행사되었다. 명분상 국가는 자영농과 소농을 보호했지만토지 소유자의 이익에 반하는 정책을 행사할 수는 없었다.

조선조 초까지 국가의 수조권적 토지 사여가 존재하고, 지대 수취의 경

---

22 「16세기 양반가의 '작개제'」, 『역사와 현실』 9, 1993.
23 金建泰, 1991, 「16세기 在地士族의 農莊經營에 대하여」, 『成大史林』 7.

제외적 강제는 공권력과 관료제적 신분제가 결합된 구조 아래 행사되었다. 조선 후기에 수조권의 분여가 중지되었지만, 절수 등을 통한 궁방전은 존재하였고, 국용·전제와 녹봉제에서도 지방관의 부세 상납은 기관별 분립자판제로 이루어졌다. 조선 초의 수조지 사여가 녹봉제로 바뀌었지만 수조(지) 봉건제 성격이 소멸된 것은 아니었다. 가산 관료제의 수조지 봉건제 아래에서 제약되었던 지주적 소유가 토지 시장의 발달과 함께 강화되고, 관료제는 신분적 성격에서 과거제를 통한 업적주의로 변화하고 있었지만, 향촌에서의 사회적 반상제는 온존하였다. 신분제와 양반의 향촌 지배는 신분제적 관료제의 약화를 대체하는 것이었다.

조선조에 중간적 지주권이 사적 지주권으로 성장하면서 점차 소유권으로서 경작권이 사라졌다. 중국에서는 화북 지방에는 청나라 말까지도 자작농의 비율이 높았으나, 강남 지방은 일찍부터 지주 전호제가 발달하였다. 그러나 중국은 송의 시대에 토지 매매가 이루어졌어도 농민의 경작권을 보호하는 제도가 시행되었다. 기원 994년 송의 법에 의해 영구 소작권 혹은 영구 임차권을 의미하는 영전권(永佃權)이 수립되었다.[24] 이 법에 의해 동일한 토지에 대한 자유 보유권(freehold right)과 임차권이 분리되어 병존하였다.

중국에서는 청조 말까지도 전저권(지주권)과 별도로 전면권(경작권)이 존속하고, 전면권은 또 다른 소유권이 되어 매매되기도 하여 결과적으로 하나의 토지에 둘 만이 아닌 셋 이상의 지주가 성립하기도 하였다.[25] 결과적으로 중국의 실제 경작자는 복수의 지주에게 지대를 납부해야 하는 경우가 발생한다. 그러나 상대적인 것이지만 지대율은 낮고, 정액이 많았으며,

24 Gang Deng, *The Premodern Chinese Economy-Structural equlibrium and capitalist sterility-*, Routledge, London and New York, 1999, chap 2.
25 Philip C. C. Huang, Code, *Custom and Legal Practice in China: The Quing and the Republic Compared*, Stanford University Press, 2001. Chap 5, 6.

농민의 경작권은 보장되고, 농민은 인격적으로 보다 자유롭고 생활의 안정성은 상대적이지만 높았다.

그러나 한국사에서는 도지권(賭地權)이라는 소유권으로서 경작권이 형성된 사례들이 있지만,[26] 보편적인 법률로 경작권을 보호한 제도는 없었다. 따라서 지주권이 성립·강화되면서 특수한 경우를 제외하면 소유권으로서 세습적 경작권이 소멸되었다. 물론 촌락에서 지주가 생계의 방법이 없는 경작인을 배려하지 않을 수 없는 상황이 존재해도, 그것은 경작자의 권리로 성립하는 것은 아니었다. 이것이 일제강점기 때 토지 조사 사업을 통한 근대적 배타적 소유제도의 성립을 용이하게 하였지만, 조선 후기 농민의 경제생활은 대단히 불안정했다.

3. 내권화(involution)와 과잉인구

조선 후기에 부분적으로 대경영도 존재했지만 추세적으로 소경영이 보편화되고 영농 규모가 작아진 기본 요인은 인구 증가로 생각된다. 19세기 이후에는 남부 지방에서 명문가라 해도 토지 재산이 200두락을 초과하기는 힘들었고, 한국의 호당 산술 평균적 경지 면적은 전답 합하여 해방 당시 0.5정보에도 미달했다. 한국에서 자작농의 적정 기준을 1정보로 파악하고 있었던 데 비해 유럽 농노의 표준 경지 면적 1후페(hufe)는 그 10배, 즉 10정보에 해당하고, 미국의 농가 평균 경지 면적은 유럽의 10배에 달한다. 절대적 경지 면적의 영세성은 한국 소농 특히 소작농의 불안정성을 가져오는

---

26 도지권은 물권으로서 영구적인 소작권인데 원도지(元賭只), 전도지(轉賭只) 등의 관행이 있었고, 일제강점기 때 소작농의 경제 향상을 위한 구호로 무기한의 영소작권(永小作權)이 주장되었다.

기본 요인이었다.

조선 후기에 비록 자작, 자소작, 소작 등을 포괄하는 가족농, 즉 소농이 지배적인 생산 형태가 되었지만, 18~19세기의 전통 농촌 사회에서 소농의 안정성은 취약했다. 농가가 일정 지역에서 대를 이어 붙박이로 존속한 기간은 얼마였던가에 관한 연구에 의하면, 그 기간은 길지 않았다. 1717~1882년에 걸쳐 경상도 단성현 법물야면의 호적을 자료로 하여 1717년의 368호와 1825년의 567호의 존속 기간과 가계 계승의 정도를 추적한 결과 1717년 368호의 평균 존속 기간은 42년, 1825년 567호의 그것은 22년으로 나타났다.[27] 보통 언급되듯이 한 세대를 30년간으로 잡는다면 그 기간에 절반 이상의 농가의 가계가 끊어지고 있었다. 이것은 조선 후기의 소농이 노동 과정의 독립성을 지니고 있었다는 의미에서는 자립적 소농이지만, 경영의 안정성과 발전의 가능성은 결여되었다는 것을 보여준다.

18세기에 비해 19세기의 농가의 존속 기간이 근 절반으로 짧아졌음은 19세기의 경제 사정이 악화되었기 때문이다. 19세기에 들어와 농촌 사회에서 이리저리 유망(流亡)하는 농민의 대열은 일층 빈번해지고 또한 대규모화되었다. 1717년 368호의 존속 기간을 신분별로 구분하면 양반, 양인, 천인의 순서로 길었다. 크게 말해 양인과 천인의 농가는 당시에도 그렇게 자주 지적되었지만, 철새처럼 이리저리 유동하였다. 양반의 가족 형태는 상민에 비해 규모가 크고 복합적이었다. 그러나 1825년의 567호의 경우에는 존속 기간이 전반적으로 크게 짧아져서 1717년과 같은 신분별, 가족 형태별 존속 기간의 차이가 뚜렷하지 않았다. 달리 말해 신분과 관계없이 농민은 유동적이어서 소농 경영이 안정적이었다고 말하기 어려웠다.

조선의 지주제의 발전은 비록 지주제를 지탱하는 소농경영의 개별적 안

---

27 이영훈·조영준, 「18-19세기 농가의 가계계승의 추이-경상도 단성현 법물야면 호적에서-」, 『경제사학』, 제39호.

정성이 대단히 취약한 가운데 인구 퇴적이 이루어지면서 출구 없는 내권화(內卷化, involution)가 이루어졌다. 언제부터 노동 투입의 증가가 생산 증대를 가져오지 못하고, 과잉인구의 퇴적으로 나타나고 있었는가는 명확하지 않지만 18세기 후반에는 그러한 현상이 나타난 것으로 보인다.

미야지마 히로시는 농민이 자기와 가족 노동력만으로 농지를 경영하는 소농 사회로의 전환은 동아시아 지역에서의 1000~1750년의 인구의 급속한 증가와 수도작 농업 기술의 변혁이라는 조건 아래 성립하고, 중국에서는 명나라 시대의 전기 이후에, 한국과 일본에서는 17세기경에 정착했다고 한다. 그는 중앙 집권적 관료제, 토지 귀족의 부재, 토지 시장의 성립과 소농의 광범한 존재 이런 것들은 중세 사회의 모습과 다른 것이고 아시아적 근세 사회라고 부를 수 있지 않을까라는 가설을 제기하고 있다.

그러나 조선 후기에 토지 시장이 발전하고, 지주제가 성장한 것은 중세와 구분되는 아시아의 근세적 현상으로, 근세에서 근대로의 변화의 동력을 결여한 것이었다. 비록 경영의 영세화와 함께 소유 분화와 지주제의 확산이 진행되는 다른 일면에서 19세기에 들어서 부농이 장기적 고용 노동 형태로 노비 노동의 고용을 증가하는 사례들도 나타나지만 그것이 사회 발전의 중심 경향은 아니었다. 지주제 연구에서 작개제나 사경 등의 경영 형태에서 잘 드러나듯이 고공이나 노비의 장기 고용은 내부적으로 소작지의 제공과 병행되는 예가 많았던 점에서 일부 고용 노동의 증가는 지주제와 모순되는 것이 아니라 보완 구조를 가지고 있었다. 상대적으로 토지가 부족하고, 노동이 풍부한 상태에서 토지 소유주로서는 예속적인 고용 노동을 통한 토지 경영도 가능했지만, 이것이 자본주의적 농업 발전의 가능성을 가진 존재였는가는 의문이고, 비록 고용 노동을 이용해도 비농업 부문의 수익율이 높지 않으면, 잉여는 다시 토지 매입으로 향한다. 여러 비중세적 현상이 나타나고 있었지만 그 중심적 경향은 인구 증가 아래 지주제가 확대되고, 토지가 적거나 없는 작인들이 증가하는 것이었다.

이 과정에서 농업의 구조 변화에 관하여 경영형 부농설이나 소농 사회설, 지주제와 경영 영세화설 등이 제기되었지만, 이들 가설들은 모두 조선 후기 농업 변화의 한 단면들을 지적한 것으로 보인다. 농업 경영에서 무엇이 중심 경향이었고, 그 의미가 무엇인가 하는 문제는 경영의 조건 변화가 자본주의 발전과 어떠한 연관성을 가지고 있는가의 관점에서 이해할 필요가 있다.

이영훈은 조선 후기 양반 신분의 답주, 친족 집단, 서원의 추수기 기록 등을 토대로 두락당 지대 수취량이 추세적으로 감소되고 있는 현상을 발견했다. 다음 〈그림 6-2〉는 조선 후기 두락당 지대 수취량의 변화를 보여주는 것이다. 그에 의하면 1680년대 이래 1750년대까지 두락당 지대가 15~20두에 이르다가 19세기 말에는 6~7두로 1/3수준으로 하락하고, 이후에 다시 상승 반전하였다.

〈그림 6-2〉 조선 후기 이후 두락당 지대 수취량의 변화

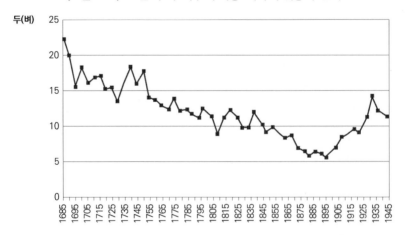

자료: 이영훈. 「17세기 후반~20세기 전반 수도 작토지생산성의 장기추세」, 『경제논집』51, 2022

병작반수의 관행 아래 지대율의 변동이 없다면 지대량의 감소는 수도작의 토지 생산성이 하락한 것으로 해석될 수 있다. 단위 당 토지 생산성의 하락은 경지 면적이 일정하다면 총 생산물의 감소로 해석되고 이는 생활수준의 하락으로 연결된다. 이러한 농업 생산성의 하락을 가져온 요인으로는 산림의 피폐 등의 요인들도 고려할 수 있지만,[28] 그 인과관계와 함께 19세기 중엽 이후 다시 농업 생산성이 상승하는 과정을 설명하기 어렵다. 한편 논의 실질 가격이 18~19세기에 대략 두락당 벼 5석에서 개항 직전에는 4석으로 하락했으며, 20세기에 상승한 것은,[29] 18세기 중엽 이후의 토지 생산성 변동을 반영한 것일 수 있다.

그러나 수집된 추수기 사례들에서 보이는 특징을 전국적인 보편적 현상으로 해석하기에는 여러 미흡한 점들이 남아 있다. 먼저 자료의 사례들이 전국적인 추세를 나타내는가 하는 대표성의 문제가 있다. 그리고 지대율은 과연 일정한가에 대한 검토도 필요하다.[30] 또한 산림 등의 환경 파괴로 인한 재해가 있을 수 있지만, 고려되는 추수기 기록은 양반 신분의 답주, 친족 집단의 토지에 관한 것으로, 이들 토지는 상대적으로 자연재해로부터 자유로운 토지인 점도 문제이다. 한편 산림 피폐 등 공급 충격으로 1750년대 무렵에 생산 함수가 하방으로 이동하여 토지 생산성이 하락하고 그것이 또한 1/2~1/3 수준까지 하락한 것이 보편적인 것이었다면 농업 생산의 붕괴 수준이라고까지 표현할 수 있는 바, 이런 상황에서 어떻게 사회가 유지될 수 있었는가도 의문이다. 이 밖에도 2세기에 걸친 혹은 최소한 18세기 중

---

28 이우연, 「18~19세기 산림황폐화 농업 생산성」 (이영훈 편, 『수량경제사로 다시 본 조선후기』, 서울대학교 출판부, 2004).

29 차명수·이헌창, 「우리나라의 논 가격 및 생산성, 1700-2000」, 이영훈 편, 『수량경제사로 다시 본 조선후기』, 서울대학교 출판부, 2004, p 167.

30 김건태는 지대량 하락이 생산성의 하락 때문이 아니라 지대율이 하락한 결과일 수 있다고 한다. (김건태(2004), 『조선 시대 양반 가의 농업경영』, 역사비평사, pp 267-271).

엽에서 개항 무렵까지 토지 생산성 하락(음의 노동 생산성)과 인구 변동이 논리적으로 정합적인가의 문제가 있다.

이러한 여러 가지 미해결의 난제들이 남아있으므로 지대 수취량의 변화에 관한 통계를 전국적으로 일반화하여 절대치 그대로 신뢰하기는 어렵다. 그럼에도 불구하고 대체로 18세기 이후 수도작 토지 생산성이 정체 내지는 하락하는 경향성이 사례들에서 확인된다.[31] 한편 늦어도 19세기 후반기에는 토지 생산성이 다시 증가한다고 하며, 이는 이 시기에 새로운 투입과 개량 품종의 투입 등 농법의 개선이 나타났을 가능성을 시사한다.

이제 적어도 18세기 중엽부터는 토지 생산성이 정체 내지는 하락했다는 사실을 전제로 그것이 지니는 경제학적 의미를 음미하여 보자. 다음 〈그림 6-3〉은 농업 생산에서의 요소 투입과 생산량의 변화를 그림으로 표시한 것이다. 우선 농업 생산에서 토지를 주로 하는 자본을 고정 요소로 보고, 노동을 추가적으로 투입함에 따른 총 생산물 곡선을 표시하였다. 그리고 이 총 생산물 곡선에서 도출되는 평균 생산물 곡선과 한계 생산물 곡선을 나타냈다.

경제학에서는 고정 요소에 계속 노동을 투입하면, 노동의 한계 생산물이 체감하고 따라서 한계 생산물 곡선은 평균 생산물 곡선의 최대가 되는 점에서 교차하면서 아래로 끊는다. 그리고 총 생산물이 최대가 되는 정점에서 노동의 한계 생산물은 영(零)이 된다. 경제학에서는 한계 생산물이 평균 생산물보다 큰 단계를 생산의 1단계라 하고, 한계 생산물이 체감하면서 평균 생산물보다 작지만 영(零)보다 큰 단계를 생산의 2단계라 한다. 경제 분석은 생산의 2단계만을 대상으로 한다. 왜냐하면 2단계에서만 극대, 극소의

---

31 우대형은 「조선후기 미곡생산성의 장기 추이에 관한 재검토, 1660-1910」 (연세대경제연구소 발표문, 2017)에서 수도작 생산성이 19세기 초를 저점으로 하는 17세기 말 이래의 보다 장기적이고 완만한 U자 곡선을 보인다고 한다.

경제적 합리화 원리가 성립하기 때문이다. 한편 한계 생산물이 영(零)이하인 단계를 생산의 3단계라 하고, 이는 경제 분석이 불가능한 비합리적인 단계로 간주하고 있다.

〈그림 6-3〉에서 1750년대부터 토지 생산성이 하락한다는 것은 노동의 한계 생산물이 마이너스인 것을 나타내므로 이 무렵에 생산의 3단계가 시작되었다는 것을 의미한다. 언제 생산의 2단계가 시작되었는가를 정확히 평가하기 어려우나 농업 생산에서 대경영이 아닌 소경영을 선호하고, 노비 경영이 아닌 병작제를 선호하게 되는 것은 토지 생산성이 올라가거나 높게 유지되면서 노동 생산성이 하락하는 현상의 반영일 수 있다. 조선에서 16세기 중엽에는 병작제가 보편화되는 것을 감안하면 이 무렵에 생산의 2단계가 시작되었다고 볼 수 있다.

한편 경제학에서 합리적 이윤 극대의 논리가 아닌 평균 원리가 작동하는 전통적인 농업 부문에서는 구성원들에게 그들이 생산에 기여하는 몫에 따른 분배가 아니라 평균 생산물을 공평하게 분배한다. 그리고 맬서스 법칙이 작용하여 평균 생산물이 생존 임금보다 높으면 인구가 증가하고, 낮으면 인구가 감소하며 그림의 E점에서 '맬서스 균형'을 이룬다고 생각한다. 생존 임금 수준이 어느 수준에서 결정되는가를 정확히 알 수 없지만 〈그림 6-3〉에서는 생존 소득 수준을 점선의 수평선으로 표시하였다. 조선에서 뒤의 〈그림 6-6〉에서 보듯이 1810년대 초에 탐보라 화산 폭발과 연계된 흉년으로 인구가 급감하는 충격이 있었으며 이후 인구가 상당히 안정적으로 유지되어 이것이 하나의 맬서스 균형을 이룬 시점이었다고 볼 수 있다.

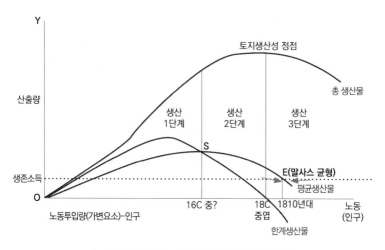

〈그림 6-3〉 소농 생산의 단계와 과잉인구

　그러나 이러한 논의는 생산에 필요한 토지나 기술 등의 요소가 불변이라는 전제 아래 이루어진 것이라면 보다 장기간 이들 요소가 모두 가변적인 상황에서 농업 생산성의 변화가 나타나는 과정을 이해할 필요가 있다. 보다 장기에 걸친 소농의 발전 과정을 역사적으로 이해하기 위해서는 농업 생산의 기술, 자본 및 토지 투입의 변화, 생산물의 다변화 등 여러 요소를 모두 고려한 생산함수를 그려볼 필요가 있다.

　〈그림 6-4〉는 장기에 걸친 소농의 노동의 평균 생산물의 변화에 관한 개념도를 4개의 국면(phase)으로 구분하여 표시였다. 제1국면은 토지도 여유가 있고, 인구도 증가하며, 농업 생산 도구가 개량되고 농법의 발전이 이루어질 뿐 아니라 분업과 협업이 진전되어 노동 생산성이 증가되는 국면이다. 그러나 장기간에 걸친 인구 증가 과정에서 농업 생산의 기본 토대인 토지의 공급에 제약이 나타나기 시작한다.

　〈그림 6-4〉의 제2국면은 장기적으로 노동 평균 생산물의 일정한 국면을 상정한 것이다. 상대적으로 토지 공급의 제한이 나타나지만 인구 증가 과

정에서 토지의 증가를 통해 (토지/노동) 비율이 하락하지 않는 생산 규모의 복제(duplication), 농기구나 농법 개선 등의 기술 향상, 또는 농산물의 다각화와 전문화를 통해 생산성을 높이고 상품화를 통해 높은 가치를 실현하는 등 토지의 집약적 경영 등이 진전되어 노동의 평균 생산물이나 한계 생산물이 하락하지 않는 일정한 국면이 존재할 수 있다. 그러나 보다 장기적으로 전근대에는 맬서스 법칙을 탈피하기 어렵고, 수확 체감이 나타난다. 개간 등을 통해 토지를 확대하고자 하지만 한계에 부닥치고, 농법의 개선도 전근대적 투입 요소들에 제한되며, 분업과 협업의 이점 그리고 상품화를 통한 높은 가치의 실현도 점차 한계에 봉착한다. 집약적 경영이 고도화되면서 비록 토지 생산성은 높아지지만 노동 생산성은 하락하는 제3국면을 맞게 된다. 그리고 이것이 심화되면 노동의 증분 생산물이 0이하로 하락하는 제4국면이 나타난다.

〈그림 6-4〉에서 노동의 평균 생산물이 증가하는 단계를 1국면, 불변인 단계를 2국면, 하락하지만 0보다 큰 국면을 3국면, 0이하인 경우를 4국면으로 구분했다. 그리고 평균 생산물이 증가하면 소위 한계 생산물이 평균 생산물보다 큰 것을 의미하지만, '한계'라는 개념이 기본적으로 단기에 관한 개념이므로 모든 것이 가변적인 장기에서의 노동의 증가에 따른 생산물의 증가분은 '증분 생산물(incremental product)'이라 할 수 있다. 평균 생산물이 일정하면 평균과 증분 생산물이 일치하고, 평균이 하락하면 증분은 평균의 밑에 있다.

조선 시대 농업 생산성과 관련하여 토지 생산성과 노동 생산성의 장기 추세를 검토한 이호철은 먼저 결부제의 발달 과정과 인당 경지 면적의 변화에 따라 조선의 농업 발전을 4기로 나누었다.[32] 제1기는 신라~고려 후기,

32 이호철, 『조선전기농업경제사』, 한길사, 1986, pp 742-751. 「2. 농업과 농업기술」, 『신편 한국사』24, 2002.

제2기는 고려 후기~1444년, 제3기는 1444~1653년, 제4기는 1653~1918년이다. 인당 경지 면적은 고려 말에 최대에 달하고 조선조에 들어오는 2기부터 인당 경지 면적이 감소한다. 노동 생산성은 신라 시대부터 점차 상승하여 제2기에서 그 절정에 달했고, 제3기 이후에는 점차 하락세를 보였다. 그리고 토지 생산성은 무엇보다 제1기 말에서 제2기에 이행하는 단계에 가장 급격히 상승했고, 15세기~16세기에 이르는 조선 전기에는 큰 변화가 없다. 그러나 이호철에 의하면 17세기 후반 이후 20세기 초에 이르는 이른바 제4기에 노동 생산성과 토지 생산성이 모두 상승한 것으로 설명했는데 이는 역사적 사실에 어긋난다. 이호철의 시기 구분을 〈그림 6-4〉에 비추어 보면, 그의 제1기는 1국면에, 제2기와 제3기는 2국면에 해당한다. 그리고 4기를 19세기 중엽 무렵을 기준으로 전, 후반기로 나눈다면 전반기는 3국면과 4국면에 걸쳐 있다. 토지 생산성이 다시 상승하는 현상은 〈그림 6-4〉에서는 다루지 않는 19세기 중엽 이후에 관한 설명이라고 해석될 수 있다.

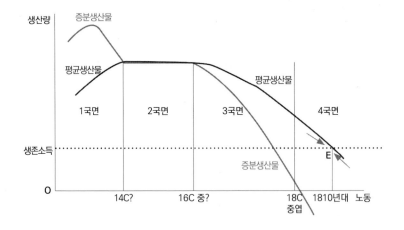

〈그림 6-4〉 장기 소농 생산의 4개 국면

한편 명·청 시대에서 20세기 말까지, 600년의 장기간에 걸친 중국 양자 강 델타 지역 소농 경제를 연구하면서 필립 황(Philip C. C. Huang; 黃宗智)은 소농의 경제적 변화를 세 가지 패턴으로 구분했다. 첫째, 단순한 집약화(intensification)로 노동 투입과 같은 비율로 산출물이나 산출물의 가치가 증가하는 경우이다. 둘째, 내권화(內卷化, involution)로 발전 없는 성장, 즉 총 생산물이 증가하나 추가적 노동에 대한 한계 수익이 감소하는 대가를 수반한다. 셋째, 발전(development)으로서 산출물이 노동 투입보다 빨라서 노동 일당 한계 생산물이 증가한다.[33]

필립 황의 세가지 패턴은 반드시 단계론적인 것이 아니지만 역사적 시간의 흐름에서 나타나는 국면들의 변화에 대응시켜 해석해 볼 수도 있다. 적어도 개념상으로는 발전(development)은 〈그림 6-4〉에서 생산의 1국면에 해당하고, 집약화(intensification)는 2국면, 내권화(involution)는 생산의 3국면에 해당한다. 필립 황은 중국의 소농이 명나라 이후 20세기 말까지 600년간 집약화와 내권화의 과정을 밟고 인당 소득의 증가가 없는 생존 수준의 농업 생산물 증가가 이루어졌다고 보았다.

노동의 생산물 증가분이 0이하로 하락하는 4국면은 과잉인구의 국면이다. 토지 등 주어진 자연 생태에서 노동의 생산물 증가분이 생존 소득 수준 이하가 되면 이미 과잉인구가 존재한다고 볼 수도 있지만, 제로 이하가 되면 루이스(W.A.Lewis)적인 과잉인구가 존재한다고 할 수 있다. 따라서 4국면은 인구 과잉이지만 그래도 일정 기간 평균 생산물이 생존 소득을 초과하여 맬서스 균형에 도달하기까지는 인구가 증가할 수 있으며, 이 과정 '인구 과잉 내권화(over-populated involution)'로 정의할 수 있다. 대체로 1~3국면까지는 총 농업 생산물이 증가하며 토지 생산성도 증가한다고 볼 수 있

---

33 Philip C. C. Huang, *The Peasant Family and Rural Development in the Yangzi Delta, 1350-1988*, Stanford University Press, 1990, p 11.

고, 이와 달리 4국면에서는 총 생산물과 토지 생산성이 감소한다.

〈그림 6-4〉에서 보는 생산의 4국면과 연계하여 조선 후기 소농의 발전 과정을 생각할 수 있다. 먼저 조선에서의 생산의 1국면과 2국면의 구분 시기를 검토해보자. 노동의 평균 생산물이 증가하는 '발전'의 국면이 끝나고, 그것이 정체하는 '집약화'가 시작되는 시점을 정확히 알기 어려우나 고려 말에 토지 겸병을 확대하는 동기는 기본적으로 농업에서의 노동 생산성과 토지 생산성이 높아져 증산된 잉여를 취득하기 위한 것이었다. 대체로 이 무렵에는 농업 생산성이 높아져 토지 소유 욕구가 현저해지는 점에서 14세기 무렵이 1국면이 2국면이 교차하는 시점이 될 수 있지 않을까 판단된다.

이후 토지 겸병과 개간을 통한 대경영의 발전이 지속되고, 16세기 중엽에 "하삼도(下三道)에는 해택(海澤)으로 자못 경작할 만한 곳이 있으면 다투어 축방(築防)하였으므로 남는 땅이 없어졌다"고 하였다.[34] 한편 16세기에는 수전 농업에서 거대한 진전이 이루어져 하나의 전환점을 맞게 되었으며, "권세가에 의한 지주지의 확대와 그 대극에서의 소농민 경영의 분해 현상이 크게 진행되고 있었다"고 평가된다.[35]

16세기에는 노비를 사역하는 대경영과 함께 병작제가 널리 이용되었다. 이러한 변화는 상대적으로 토지 생산성은 상승하지만 노동 생산성이 하락하는 것을 반영한 것이 아닐까 추론해 볼 수 있다. 이러한 추론에서 〈그림 6-4〉에 16세기 중엽에는 생산의 3국면이 시작한 것으로 표시했지만, 16세기 말의 임진왜란은 급격한 경지 및 인구 감소를 초래하여 실질적인 3국면이 17세기 중엽에 시작되었을 수도 있다.

17세기 중엽에는 이미 전쟁 이전의 상태를 회복하고, 삼남(三南) 지방에 "백성들이 날마다 번창하고 개간되는 토지도 날로 늘어나 옛날에는 경작하

---

34 『明宗實錄』, 명종 9년(1554) 5월 경술.
35 金泰永, 「1) 농업장려와 농법개량」, 『신편 한국사』 28, 2002, p 350.

지 않았던 땅도 개간되지 않는 곳이 없다"고 하였다.[36] 또한 1688년경에는 산골짜기 사이와 바닷가의 조그만 토지도 모두 개간되어 실로 노는 땅이 없는 상태에 이르렀다고 한다.[37] 전후 17세기 중엽에는 다시 토지가 희소해지기 시작하여 노동 시간당 생산성이 하락했을 가능성이 크다. 또한 1690년대 노비 가격이 구당 100냥의 높은 수준에서 10~20냥으로 폭락했다는 연구나,[38] 의궤 등에 보이는 미숙련 노동자의 임금이 1640년대에 하락했다는 연구도[39] 이와 연관되었을 수 있다.

그러나 노비는 법정 가격이 있었기 때문에 법정 가격이 지켜지지 않게 된 제도 변화에 더 큰 영향을 받을 수 있고, 노동 임금도 정부의 고군 임금이고 자유시장이라고 말하기는 힘들다. 또한 전통 사회에서 18세기 후반 이후 과잉인구가 존재하면 임금은 생산성에 의해서가 아니라 생존 소득 수준에서 결정될 가능성이 높아 생산성과의 연계가 약해질 수 있다.

이후 100여년이 경과한 18세기 중엽에 두락당 지대 수취량이 감소하는 경향을 보이는 것은 토지 생산성이 하락하는 것이고, 이는 적어도 동일한 면적의 토지에 노동 투입을 증대할 때 증가분 생산물이 감소하는 것을 의미한다. 따라서 18세기 중엽에 소농 생산의 4국면이 시작하는 것으로 볼 수 있다. 1750년경부터 10여년간 인구 감소가 나타난 것도 주목된다. 그러나 이후 인구는 회복되고, 18세기 말까지 인구가 증가되어 19세기 초에 정점을 찍고, 19세기 말까지 그 수준을 회복하지 못했다. 비록 노동 생산성이 0이하 일지라도, 평균 생산물이 생존 소득을 넘으면 맬서스 균형인 E점에

36 『효종실록』, 효종 5년(1654) 11월 16일.

37 비변사등록 숙종 14년.

38 이영훈, 「한국사에 있어서 노비제의 추이와 성격」, 『노비·농노·노예-예속민의 비교사』, 1998, pp 403-405.

39 박이택, 「제2장 서울의 숙련 및 미숙련 노동자의 임금, 1600~1909」 (이영훈편, 『수량경제사로 다시 본 조선후기』, 서울대학교 출판부, 2004).

도달할 때까지 인구 증가가 지속될 수 있다.

그러나 이미 생산의 4국면은 비합리적인 행동의 단계이고 노농의 한계 생산성이 0이하인 상태에서 인구 증가가 지속될 수는 없고, 평균 생산물이 점선으로 표시한 생존 소득 수준을 하회하면 인구가 감소한다. 조선 후기 호구수의 변동을 보면 1750년대 이후 인구 증가가 둔화되고, 1810년대에 재해 등으로 급격한 인구 감소가 나타난 후 1820년대 이후 19세기 말까지 인구가 완만하게 조금씩이나마 증가했다. 따라서 〈그림 6-4〉에는 1810년대에 맬서스 균형인 E가 나타난 것으로 표기했다. 1820년대 이후 인구 증가가 조금이나마 이루어지고 늦어도 19세기 중엽에는 지대 수취량도 다시 증가하기 시작하는 바, 이는 경지의 확대나 작목 전환 농법 개선 등으로 생산함수가 상향 이동하고 생산성이 높아진 것을 의미하나 〈그림 6-4〉에 표시되어 있지는 않다.

조선에서 18세기 중엽 이후의 토지 생산성이 감소하는 생산의 4국면인 '인구 과잉 내권화'는 한계 생산성이 0인 노동력이 위장 실업의 형태로 전통 농업에 적체되는 과정으로 정의할 수 있다. 조선 후기의 과잉 노동력은 농촌 내에서 일고(日雇)나 고공(雇工) 등의 고용 기회를 찾기도 하고 기타 장시에서의 품팔이, 혹은 광산이나 수공업장에서 생계를 찾는 등 동향과 함께 다수의 유민으로 나타나기도 하고, 무엇보다 많은 수는 위장 실업 형태로 농촌에 체류했다. 다만 개항 이후 지대 수취량이 다시 증가한 것으로 나타나 개항 이후 곡물 수요의 증가와 생산의 자극 및 다각화, 품종 등 농법의 개선 등으로 생산함수의 상향 이동이 나타났을 가능성이 있다.

중국 전통 사회에서 인구 증가는 명·청 시대 양자강 델타 지역의 상업화를 추동하였고, 동시에 인구 증가는 그 자신이 상업화에 의해 가능하게 되었다. 양자강 델타 지역 농촌 경제의 상업화는 자본주의적 합리화로 나타난 것이 아니라 소농의 인구 압력에 대응한 생존 전략으로 추진된 것이며, '내권적 상업화'(involutionary commercialization)라 부를 수 있다.[40] 중국에서 소농은 노동 집약적인 상업 작물, 특히 면화와 뽕나무의 재배를 증가시키고, 이는 토지 생산성을 높였으나 여전히 노동 일당 평균 수입은 감소했고, 상업 작물에 근거한 가계 수공업의 상업화된 부업의 성장은 내권화 과정의 일부였다. 그리고 추가적 노동의 보다 많은 부분은 성인 남성이 아니라 여성, 아동 그리고 노인들에 의해 이루어졌다.[41]

이들 현금 작물은 노동의 집약적 사용으로 토지 단위 면적당 생산물 가치의 증가를 가져왔으나 노동 일당 평균 수익의 하락을 수반했다. 상업 작물의 재배와 함께 이에 근거한 가계 수공업의 상업화된 부업 성장도 이윤 추구가 아니라 가족 농업과 결합되어 생존 농업을 지탱했다. 필립 황은 "농업의 집단화도 내권화를 벗어나지 못했고, 집단 농장의 해체와 가족 영농 및 상업화도 곡물 생산의 개선을 가져오지 못하고, 결정적인 발전은 사적인 곡물 생산이나 소상업에서 나타난 것이 아니라 농촌 공업과 새로운 부업에서 비롯되었다"고 한다. 그것들은 상대적으로 고정된 곡물 생산의 성과를 나누는 노동자의 수를 줄이고 6세기에 걸친 내권화를 역전시켰다.[42]

소농의 단순 상품 생산과 상업화는 자본주의 발전의 토대이기는 하나 공업화가 진행되지 않으면 인구 증가에 의해 그 성과가 잠식된다. 내권화의 소농 더 나아가 인구 과잉형 내권화 농업을 발전으로 전환하는 것은 농업 내부의 계층 분해가 아니라 공업화와 농외 부분의 고용 확대이다. 인구 과잉형 경제에서 농업 부문의 변혁을 가져오는 것은 상공업 부문에서 고용 확대를 통해 과잉인구가 해소되는 것이다. 과잉인구가 해소되면서 가족 농업의 소득도 증가하고, 소농의 경제적 행동 원리도 종래의 전통 원리에서 근대의 합리적 원리로 변화한다. 한국의 과잉인구 해소는 1960년대 이후 국제 환경의 변화 속에 정부의 강력한 선도에 의한 수출 지향적 공업화를

40 Philip C. C. Huang, 위와 같은 책, p 11.
41 Philip C. C. Huang, 위와 같은 책, p 14.
42 Philip C. C. Huang, 위와 같은 책, p 18.

통한 이농과 산업 구조의 고도화를 통해 가능하게 되었다.

조선 후기에 농민의 나수가 (반)무산자화 되었고, 한편에서 대농 경영이나 광작(廣作)이 나타났지만 농업 생산의 중심은 인구 과잉형 소농 경제였다. 이러한 사회의 근대화를 가져오고 내권화(內卷化, involution)에서 탈피하기 위해서는 사농공상의 신분제의 폐지가 선행되어야 했고, 외부적으로는 개방을 통한 무역 확대와 자본 및 기술 도입이 이루어져야 가능한 것이었다. 그리고 정치개혁과 발전 지향적 국가의 성립을 통한 적극적이고 선도적인 정책이 필요했던 것이다.

4. 미곡 생산량

이제 지금까지의 논의를 염두에 두면서 전국의 미곡 생산량을 검토해보자. 조선 초 세종조 공법의 시행과 관련하여 하연(河演)이 아리기를, "경상·전라도와 같은 연해 지대의 논에는 1, 2두의 볍씨를 뿌리면 그 소출이 10석이 달해, 1결의 소출이 많으면 50~60석을 넘고 적어도 20~30석을 내려가지 않으며, … 경기·강원도와 같은 산을 의지해 이루어진 고을들은 비록 1, 2석의 볍씨를 뿌린다 해도 소출이 5~6석에 불과하다" 라고 하였다.[43] 즉 많은 곳은 1결에 벼 750~900두, 적은 곳은 300~450두이나 산골은 그보다 더 적었다는 것이다.

한편 조선 중엽인 인조 14년(1636)의 『승정원일기』에는 "농가가 1결에 파종하는 볍씨는 상전은 20두, 중전 30두, 하전은 40~50두이다. 상전의 볍씨 1두는 40두를, 중전의 볍씨 1두는 30두를, 하전의 볍씨 1두는 20두를 생산하며, 대체로 1결의 소출은 40석이다"라고 하였다.[44] 이것을 해석하면 비

---

43 세종실록 49권, 세종 12년(1430) 8월.

록 1결도 면적이 부정확하고, 1두락도 부정확하지만 상전은 20두락, 중전 30두락, 하전은 40~50두락이다. 따라서 평균적으로 1결은 30~40두락으로 추정된다. 또한 상전 1결의 소출은 800두, 중전은 900두, 하전은 800~1,000두이고, 대체로 1결의 소출은 40석이라 하였다. 그러나 그의 설명에 따라 해석하면 1결의 소출은 800~1,000두라고 볼 수 있다.

한편 결당 수확고와 연관된 지대량 수취에 관한 이영훈의 연구에 의하면 1680~1750년 사이에 두락 당 벼 15~20두를 수취하였다.[45] 이는 두락 당 생산고 30~40두를 의미하고, 1결에 30두락이라고 하면 결당 900~1,200두 정도이다. 그러나 40두를 생산하는 논은 1결이 20두락이고, 30두를 생산하는 논은 1결에 30두락이라면 결당 800~900두를 생산하는 것으로 볼 수 있고, 원리적으로는 1결의 수확고에 큰 차이가 없어야 한다. 정약용은 18세기 말의『목민심서』에서 600~800두를 득곡(得穀)한다고 조금 낮게 평가하였다. 이러한 기록들을 토대로 조선 후기 18세기 초·중엽 수전 1결의 수확고를 평균 1결당 벼 약 800~900두로 볼 수 있지 않을까 생각한다.

벼 800~900두가 쌀로 환산할 때 관두로 몇 두, 무게로 몇 kg이 되는가의 문제가 조선 후기에서 일제강점기에 이르는 농업 생산성의 변화를 검토할 때 대단히 중요한 문제이다. 종래에 일제강점기의 통계와 조선조 통계를 연결하여 그 변화를 이해하는데 걸림돌이 되었던 요인 중의 하나가 도량형 및 그에 관련된 문제이다. 도량형 문제를 검토하면서 조선조, 개항기 그리고 일제강점기로의 변화를 연속적으로 이해할 필요가 있다.

먼저 조선조에는 쌀을 중량을 달아 거래한 것이 아니라 부피로 거래하였다. 이익(李瀷)은 벼 1말에서 미 4되가 산출된다고 하여 도정수율 40%를

---

44 "農家一結所種, 上田二十斗也, 中田可三十斗, 下田四五十斗也, 上田一斗, 出租四十斗, 中田三十斗, 下田二十斗, 則大都一結所出, 四十石也".『승정원일기』, 인조 14년(1636) 9월 20일.

45 이영훈,『한국 경제사』1, p 546.

말하였고,[46] 정약용은 피곡 10두에서 미곡 5두를 얻는다고 하였다.[47] 이런 기록 등을 감안하여 조선조의 도정수율은 대체로 45% 내외로 추정되고,[48] 생산량을 추정할 때는 이러한 물리적 비례 관계가 중요하다. 부피로 측정한 도정수율은 중량을 기준으로 측정한 도정수율과 개념적으로 다른 것이지만 실제상으로는 대체로 일치하였다. 한편 조선조에 도정비율은 45%이지만, 도정 비용을 감안한 벼 1석의 가치는 쌀 1석의 40%로 평가된다. 그리고 조선조의 '미(米)'는 오늘날의 개념으로는 10분도 미가 아닌 5~7분도 미에 해당한다. 한편 개항기에 근대식 정미기가 도입되면서 도정수율이 50% 이상, 55% 정도로 증대했고[49] 토지 면적 당 벼 생산량이 같아도 백미 생산량은 20% 가까이 증가하게 된다.

이제 벼 800~900두가 관두로 쌀 몇 두이며 몇 kg인지를 검토하여 보자. 조선조에서는 세종 28년(1446)에 도량형을 개정 통일하면서 정한 1두는 대략 6리터였다. 그리고 1석(斛)은 대곡(大斛) 전석(全石)일 경우 20두, 소곡(小斛) 평석(平石)일 경우 15두로 하여, 전석 1석은 대략 120리터, 평석 1석은 90리터였다. 평석은 조세 징수 등 정부 공식 환산에 사용되었고, 민간에서는 전석을 사용했다. 이 표준 도량형은 법제적으로 조선 말까지 변하지

---

46 "稻一斗而得米四升" (『星湖僿說』, 萬物門 菽)

47 "皮穀十斗 作米五斗" (『經世遺表』).

48 정연식, 「조선 시대 이후 벼와 쌀의 상대적 가치와 용량」, 『역사와 현실』, 한국역사 연구회 2008년, p 314.

49 "당지 정미소의 말을 들으니, 재작년은 평균 5분 5리(벼 1석에 현미 5두 5승을 얻음), 작년 5분 이상이었는데, 본년은 6분 이상에 이르는 평균으로, 그중 양질의 것에 이르러는 일본미에 못하지 않다고 한다." (『통상휘찬』, 1900.11.22. 재목포영사관보고)즉 벼에서 약 60~65%의 현미를 얻고, 현미에서는 90% 가까운 백미를 얻어 도정 수율이 55% 정도였다. 현재 미곡종합처리장(RPC)에서는 벼에서 현미를 82~85%, 현미에서 백미를 90~92%를 얻어 도정수율이 70% 이상이다. (정연식, 「조선 시대 이후 벼와 쌀의 상대적 가치와 용량」, 『역사와 현실』, 한국역사연구회 2008년, p 304).

않았다.[50] 이렇게 보면 법제적으로 조선 시대의 쌀 한 말은 관두 기준 대략 6리터이고, 일본석의 표준인 180리터에 쌀의 중량이 150kg인 것을 기준으로 환산하면 쌀 6리터는 5kg이지만, 1911년 조선에서는 4.8kg을 표준으로 하였다고 한다.[51] 그리고 조선 말 개항장에서 쌀 한 말은 대체로 5kg정도로 통용되었다고도 한다.[52]

그러나 법제적으로 조선석 1두에 6리터가 표준이었지만, 실제로 사용하는 것은 이와 달랐다. 갑오개혁기에 조사한 바에 의하면 종래 호조에서 사용하던 동제(銅製) 양기(量器)는 1두에 일본승 3승 6합이었고,[53] 이는 약 6.5리터에 해당하였다. 한편 도쿠나가 이사미(德永勳美)는『한국총람』에서 조선미 1두를『결호화법세칙』에서와 같이 일본되 3승 6합, 즉 5.4kg로 평가했다. 필자는 법제보다 크지만 호조가 보관하고 실제 사용하던 양기를 측정한 결과인 조선석 관두 1두는 5.4kg설을 택하기로 한다.

하지만 지방에서 사용하는 관두는 지방별로 부피의 차이가 있었고, 대체

---

50 정연식,「조선 시대 이후 벼와 쌀의 상대적 가치와 용량」,『역사와 현실』, 한국역사
　　연구회 2008년, pp 314-315. 박홍수,「10. 도량형」,『한국사』10, 1981, p 539.
51 小早川九郎,『朝鮮農業發達史』(정책편), 조선농회, 1944, p 37. p 209.
52 조선 후기 도량형에 관해 조선석 1석의 무게를 정확히 알 수 없으나 몇 가지 추정
　　의 근거는 있다. 먼저 조선의 1석이 몇 리터인가가 문제인데, 조선조에 89.635리터
　　즉 90리터였다 (박홍수,「10. 도량형」,『한국사』10, 1981, p 539). 다른 한편『조선
　　협회회보』, 제3회에 의하면, 조선에는 무역승이니 시장승이니 하여, 1석당 두수를
　　달리하고, 지방마다 다르지만 일본 1두는 15kg, 조선석 1석은 15두이고 개항장에서
　　조선두 1두는 5kg, 따라서 1석=75kg이 표준적이라고 한다. 그러나『한국총람(韓國
　　總覽』에 의하면 관두 1두는 일본의 3승 6합 즉 5.4kg이고, 미 1석은 81kg이 된다.
　　그리고 민간 1두는 3승 9합 즉 5.85kg라고 하였다(德永勳美,『韓國總覽』, 博文館
　　藏版, 1907, p 1169). 이와 같이 자료별로 또한 지역별로 양기(量器)의 크기가 달라
　　표준을 찾기 어렵다. 그러나 일제강점기 초에는 1두에 100리터로 되었다. 일단 100
　　리터라고 하면, 일본의 1석이 180리터이며 쌀의 중량으로 150kg이므로, 부피 당 일
　　본미와 조선미의 무게가 같다고 가정하면 조선석 1석은 83kg 정도였을 것으로 생
　　각할 수 있다. 직접적 관련성은 없지만 현재는 쌀 1가마니에 80kg이 표준이다.
53『結戸貨法稅則』(서울대 규장각 소장), 度量衡(二) 量之部.

로 중앙의 관두에 비해 약 20~30% 정도 더 컸다. 예를 들어 울산은 8,847리터, 대구 8,190리터, 통영 7,839리터, 진해 7,474, 마산포 8,441리터 등 차이가 있었다.[54] 한편 목포의 1두는 일본석 4승 6합 5작으로 표준적인 3승 6합에 비해 30%정도 더 컸다.[55]그리고 정약용은 강진의 쌀 34두는 경두 45두에 해당한다고 하여,[56] 강진의 1말의 크기가 경두(京斗)보다 30% 이상 큰 것으로 평가했다. 정약용에 따라 계산하면 강진의 쌀 1말은 약 7kg이고, 약 8.4리터에 해당한다.

이제 호남을 포함한 지방의 1말은 약 8.4리터이고, 쌀의 중량은 7kg이었다는 것을 전제로 결당 생산량을 계산하여 보자. 조선조 결당 벼 생산량을 800~900두로 추정하면, 도정수율 45%에서 쌀이 360~400두 정도 얻어지고, 강진을 포함한 지방의 미 1두는 약 7kg이므로 이는 쌀 2,500~2,800kg에 해당한다. 1788년에 간행된『탁지지』에서는 수전 중등 1결에 벼 80석이 생산된다고 하였고,[57] 벼 1석에 미 6두를 생산한다고 하여 1결에 미 480두, 1두에 5.4kg로 계산하여 2,600kg 생산이 된다. 『탁지지』의 이러한 계산은 사실상 도정수미율을 40%로 잡은 것이고, 이것이 45%로 높아지면 벼 80석은 미 36석, 2,916kg 생산이 된다. 조금씩 차이가 있지만, 대체로 조선 후기의 결당 미곡 생산량은 2,500~2,900kg으로 추정해도 큰 무리가 없이 보인다.

다시 조선 후기 결당 생산을 벼 800~900두로 보되『탁지지』의 벼 80석설을 감안하여 결당 쌀 2,500~2,900kg 생산을 기준으로 전국적인 쌀 생산량을 추정해 보자. 조선조 후기에 시기 결은 약 100만 결, 그중에서 논의 비중을 45%, 약 45만 결로 잡으면 113~130만 톤 생산이고, 관두 1석은 81kg

54 하원호, 「조선후기 度量衡 「문란」의 원인 연구」, 『韓國史研究』 제59호 1987, p120.
　　『通商彙纂』 19, 雜の部, p 22.
55 德永勳美, 『韓國總覽』, 博文館藏版, 1907, p 1178.
56 『경세유표』, 田制七.
57 『度支志』, '總要'.

이므로 전국적인 쌀 생산량은 밭벼를 제외하면 관두 기준 1,400~1,600만 석의 생산이 된다. 다만 남부 지역은 수전 생산성이 전국 평균에 비해 높은 지역이고, 조선의 농업 생산은 안정적이지 못해 3년마다 수해나 한해, 10년마다 큰 물이나 가뭄이 들어 10년 평균하면 연 생산 쌀 약 120만 톤, 즉 조선석 약 1,500만 석 정도였을 것으로 추정된다.[58]

약 1,500만 석의 생산량을 18세기 말의 인구로 나눠주면 인당 소비 수준을 평가할 수 있다. 그러나 조선조 미곡의 생산량도 실제 조사가 아닌 추정이지만, 권태환과 신용하의 인구 추계도 기본적으로 조선 정부 호구 조사의 구수에 2.5를 곱한 것과 크게 다르지 않은 것이어서 문제가 적지 않다. 그럼에도 불구하고 권태환과 신용하의 추정에 따라 18세기 말 인구를 약 1,800만 명으로 계산하면 인당 미곡 소비는 0.83석 수준이고 약 67kg이다. 한편 『탁지지』에서 성인 남녀 1인의 정상적 식량 소비량을 하루 1되, 한 달 3두, 일년에 36두로 보았다. 1두에 법제상으로는 5kg이고, 실제의 경두는 5.4kg이었으므로 180~194kg에 해당한다. 그런데 어린이나 노인은 성인보다 소비량이 적은 것을 고려하면, 대체로 평균 1인당 140~150kg이 필요한 것으로 볼 수 있다. 이것은 떡이나 술 등에 필요한 것은 고려하지 않은 것이다. 따라서 수전(水田)에서 생산되는 인당 미 67kg은 인당 필요 소비량 140~150kg의 반도 되지 못하는 것이었다.

한편 『탁지지』에서는 인구를 천만 명으로 보았지만 18세기 말 인구를 권태환과 신용하에 따라 1,800만 명 정도로 추정하고 여기에 인당 140~150kg을 곱하면 1년에 250~270만 톤이 필요량이었다. 그런데 수전의 생산량이 1년에 113~130만 톤이어서 1년에 140~150만 톤이 모자랐으므로 이는 한전

---

58 『탁지지』, '총요'에서 전국 벼 생산량을 3,200만 석을 추정했는데, 이는 수미율 45%로 계산할 때 쌀로 1,440만 석이다. 『탁지지』는 수전 중등 1결당 수확고를 벼 80석, 즉 미 36석으로 약간 높게 본 대신에 전국 수전결수를 조금 적은 40만 결로 계산하였다.

(투전田) 등에서 보충되어야 했다.

또한 『탁지지』에서는 한전 1결의 생산량을 50석으로 보았다. 전국의 한전 결수를 55만 결로 보면 2,750만 석의 생산이다. 도정수율을 『탁지지』의 40%가 아닌 45%로 보면 이는 미 1,240만 석, 약 100만 톤 생산이다.[59] 이것을 수전의 생산량과 합하면 전국 수·한전 전체의 생산량은 213~230만 톤, 조선석 약 2,750만 석 정도이다. 그러나 필요량 250~270만 톤은 3,100~3,300만 석이고 약 400~600만 석이 모자란다. 떡이나 술 등의 소비량을 고려하지 않았음에도 불구하고, 한전의 생산량을 포함하여도 필요 소비량에 비해 30~50만 톤이 부족하다는 계산이다.

한전 외에 부분적으로 화전이나 2모작 등의 집약적 경작을 통해 생산을 늘렸을 것으로 생각되지만, 그러나 한편 한전 중에는 마전, 면전, 죽전, 연초전, 원포전 등으로 곡식을 생산하지 않는 것들도 있었다. 따라서 『탁지지』는 이런 상황에서 어찌 백성이 굶지 않을 수 있겠는가라고 하면서, 대변통·대경장이 있어야 된다고 하였다. 이렇게 보면 18세기 말은 인구 과잉이었고, 권태환·신용하 추정에 의하면 1810년대의 기후 이변과 흉년으로 인구가 12~13% 줄었으며, 『왕조실록』에서는 15% 이상 급감했다고 보았다.

한편 조선조에 경지 면적은 결부제로 측정되어 부정확하고 은루결이 존재하는 등 문제가 있을 뿐만 아니라, 토지 조사 사업의 결과가 보여주듯 조선 정부가 파악한 결부는 실제 경지 면적과 큰 차이가 있었다. 「조선총독부통계년보」(1916년)에 의하면, 1909년 7월 1일 기준 논은 472,208결, 밭은 510,970결 합계 983,178결이었다. 대체로 조선 후기 시기 결수는 약 100만 결이고, 토지 조사 사업이 시작되기 전년인 1909년 말은 99만 5천 결이었다.[60] 그중 논이 47만여 결로 48%, 즉 거의 절반이었다. 논의 비중은 『세종

---

59 『탁지지』는 전국 한전 결수를 50만 결, 수전 포함 총 경작 결수를 90만 결로 보았으나. 조선 후기에는 총 결수 100만 결 한전 55만 결 정도가 보통이었다고 본다.

실록』의 「지리지」에서 28%, 조선조 중엽의 1/3 이하에서, 순조 7년(1807)에
는 36%로 증가했지만,[61] 이는 원장부전 기준이고 논은 진결이 적어 시기전
에서의 비중은 조선 후기에 이미 45% 정도에 달했다.

　1894년 무렵에는 출세실결에서 논은 약간 낮은 42%를 점했고,[62] 1909년
에는 48%로 증가했다. 토지 조사 사업 당시에는 은결이 파악되어 일필지
조사가 끝난 1917년에는 시기결이 약 107만 3천 결로 증가되었고, 토지 조
사 사업에서 조사된 논의 결수는 51만 결이었다. 토지 조사 사업 전에는 조
선조 수전 1결의 면적은 평균적으로 2.5정보를 약간 넘는 정도로 생각되었
으나 토지 조사 사업에서 실제로는 약 19% 정도 증가한 3정보였던 것으로
확인되었다. 대체로 50만여 결의 논의 면적을 126만 정보로 추정했으나, 실
면적이 토지 조사 사업에서 약 150만 정보로 조사되었다.[63] 사실상 1결의
면적이 대략 3정보 즉 9천 평이었다는 의미이다.

　한편 구한 말 경지 면적당 생산량에 관해 시카타 히로시(四方博)는 남부
지역에서 단보(300평)당 일본의 생산성에 크게 못 미치는 미(米) 9두로 추
정했다.[64] 이는 일본 두(斗) 기준이고, 일본 석(石)은 10두에 150kg이므로,

---

60 『朝鮮總督府施政年報』, 大正 6년도, p 25.

61 『만기요람』, 재용편 2, 전결조. 이에 의하면 1807년 전국 1,456,592결 중에서 한전이
　927,602결, 수전이 528,990결로 36.3%였다. 다만 여기서의 결수는 총 결수고 시기
　전은 약 100만 결이고 논은 진결이 적어, 이 중의 약 반인 50만 결 가까이가 경작
　되었다고 볼 수 있다.

62 『結戶貨法稅則』(서울대 규장각 소장), '八道五都田結總數'에서 전국 출세실결
　775,402결 중 답이 325,049결로 41.9%로 조사되었다.

63 토지 조사 사업에서 전국적인 과세지 답의 면적이 종래의 결수에 기초해서
　1,258,894정보로 추정되었으나 토지 조사 사업 이후 1,496,026정보로 조사되었다.
　밭은 1,469,083정보로 추정되었으나 2,712,526정보로 크게 증가되었다. 대지·기타
　등을 포함하면 전체적으로 약 287만 정보로 추정되었으나 438만 정보로 조사되어
　약 53% 증가되었다. (宮嶋博史, 『朝鮮土地調査事業史の研究』, 東京大學東洋文
　化研究所報告, 1991, p 505. 〈표 23〉 참조).

64 四方 博, 『朝鮮社會經濟史研究』 下, 國書刊行會, 1976, p 175. 당시 일본의 생산

9두는 135kg에 해당한다. 뒤의 제8장에서 상론하겠지만 이는 허수열이 1910년대 토지 생산성으로 평가한 수치인 단보 당 137kg과 거의 같다.[65] 조선총독부는 수정전의 통계에서 1910년에 834,000정보(논의 경지 면적)에서 쌀 1,173천 톤을 생산하여, 1단보 당 141kg의 생산을 추정했다. 박섭은 1911년에 단보 당 조금 낮은 119kg으로 계산하였다.

1910년도 단보 당 미 생산량 추정은 일제강점기, 특히 1910년대 농업 생산과 조선 말의 농업 생산 변동을 검토하는 토대가 되는 것이다.[66] 1910년 단보 당 135kg의 생산을 기준으로 하면, 조선 정부가 파악한 1결이 약 3정보였으므로 결당 약 4,000kg 정도의 생산을 의미한다. 허수열은 시카타와 대차가 없고, 박섭은 결당 약 3,600kg의 생산으로 조금 낮게 평가했다. 대체로 결당 미 3,600~4,000kg 생산설은 개항기의 관찰 기록들과 부합하는 수준이다. 결당 쌀 3,600~4,000kg 생산은 조선조 후기 결당 쌀 생산고 2,500~2,900kg의 약 1.4배에 해당하고, 결당 미 생산성이 약 40% 이상 증가한 것을 보여준다. 그러나 개항기 이후 도정수율이 45%에서 55%로 올라가면, 동일한 벼 생산량에서도 쌀 생산량이 약 20% 증가한다. 종래 도정수율 45%일 때의 조선 후기 결당 쌀 생산 2,500~2,900kg은 도정수율의 향상으로 3,000~3,540kg으로 증산된다. 따라서 조선 후기에서 개항기까지 경지 면적 당 쌀 생산이 40% 이상 증가했고, 그중 절반인 20% 이상은 도정 공업의

성은 거의 2배에 달하였다.

65 허수열, 『개발없는 개발』, 은행나무, 2005, p 343에서 계산.
66 일제강점기 농업 생산성 변동에 관해, 박섭은 1910년 이후 1930년까지 꾸준히 증가한 것으로, 허수열은 1910~1920년대까지 정체하다가 1930년대에 증가, 우대형은 1910년대 증가, 1920년대 정체, 1930년대 증가설을 주장하였다. 1910년대 정체설은 1910년의 추정 생산량을 높게 평가한 것이고, 1910년대 성장설은 1910년의 추정 생산량을 낮게 평가한 것에서 견해의 차이가 생긴 것이지만, 1910년의 생산 추정량의 근거를 명확히 제시한 연구는 없다. (우대형, 「일제하 미곡생산성의 추이에 관한 재검토」, 『경제사학』제58호, 2015).

발전에 의해 달성되고, 나머지가 순수한 토지 생산성의 증가, 즉 결당 벼 수확고의 증가에 의해 이루어진 것으로 볼 수 있다.

18세기 말에 토지 생산성이 하락했지만, 조선 후기와 비교해서 19세기 이후에 토지 생산성이 10~20% 정도 증가한 것은 조선조 말이 정체 사회가 아니었다는 것을 의미한다. 19세기는 세도 정치 아래 삼정이 문란하고, 서학이 침투하고 민생이 어려울 뿐 아니라 민란이 다발하는 등 사회적 혼란이 극심했다. 그러나 비록 프로토 공업화(완전한 공업화 이전의 상태)는 없었지만, 농업의 생산성 증가는 이루어지고 인구도 서서히 증가했으며 또한 미흡하나마 상품 화폐 경제의 발전이 있었다. 생산성 증가를 위해 개항 이전에도 조선 정부에서 우수 품종을 발굴하여 보급하려는 노력이 활발하게 행해지고 있었다.[67] 개항 이후 토지 생산성이 높아진 것은 대체로 인정되는 바지만, 19세기 초부터 수도작 생산성의 장기 추이와 두락 당 지대 수취량이 상승했다는 평가도 있다.[68] 1810년대의 인구 격감의 충격 이후 조선 경제는 1820년대 이후에는 안정을 회복하고 인구도 대단히 완만하나마 증가하고 있었다.

개항 이후에는 미곡 수출이 증대하고, 수익성이 높아지면서 경지 면적의 확대가 나타나고 있었지만 그 외에도 생산 의욕이 증대하고 생산성이 높아짐과 동시에 일본에서 왜조(倭粗)를 도입하는 등의 요인이 토지 생산성 증가에 영향을 미쳤을 것이다. 왜조는 1894~1995년경부터 전라도의 나주 영산포, 부안 만경, 전주, 함평 근처에서 그리고 부산 등지에서도 그 재배가 널리 보급되고 있었고, 그 수확 성적은 비교적 양호했다.[69] 그러나 개항 이

67 『조선기술발전사 5-리조후기편-』, 과학백과사전종합출판사, 1996. pp 166-168. 허수열, 『개발없는 개발』, 은행나무, 2005, p 40.

68 우대형, 「조선후기 미곡생산성의 장기 추이에 관한 재검토, 1660~1910」 (연세대경제연구소 발표문, 2017). 참조.

69 오두환, 「특집 한국 개항기의 사회 경제 구조와 그 변화: 개항기의 상품 생산과 경

전부터 이미 생산성이 증가하고 있었고, 이 결과 조선 후기 이후 개항기에 걸쳐 결당 벼 생산량이 20%가까이 증가했다. 그리고 쌀의 생산 증대에는 농법이나 품종 개량을 통한 벼 생산성의 증가 외에 정미업 발전 등이 중요한 역할을 하였다.

제 구조의 변모」, 『경제사학』 9, p 337-338.

제2절 호구와 신분제

1. 호구수

전근대 사회의 사회 발전은 기본적으로 인구 변동과 일치한다. 조선의 공식적인 호구 조사는 호적의 작성과 함께 일찍부터 시작되었지만, 주로 국가의 군역·부역 수취를 위한 목적에서 조사된 것이고, 특히 조선 초의 호구는 주로 군정을 징발하기 위한 것이어서 실제 호수에 크게 못 미쳤다. 점차 실제 호구를 보다 정확히 파악하고자 했지만 여전히 관법이 통용되어 과소 추계되었다. 따라서 조선 시대의 인구 추정은 조선 왕조의 호구수에 관한 기록을 감안하되, 일제강점기의 인구 센서스 수치를 토대로 역으로 거슬러 추정하는 방식이 일반적이다.

일제강점기 '국세인구조사'에 의한, 1925년의 인구는 1,902만 명이고 이를 토대로 권태환과 신용하가 추정한 인구는 1392년 555만 명, 1494년에 910만 명, 1520년에 1,052만 명, 1560년에 1,245만 명, 1580년에 1,349만 명 등이다. 조선 후기의 인구 추정치는 다음 〈그림 6-5〉에서 보는 바와 같다. 〈그림 6-5〉에서 위의 그래프는 권태환과 신용하에 의한 인구 추정치이고 아래 그래프는 『왕조실록』에서 파악된 구수를 표시한 것이다. 권태환과 신용하가 인구를 추정하는 방식으로 택한 것은 호당 평균 구수가 일정하다는 전제 아래, 사망률과 출생률의 변화를 추정하면서 호적상의 변동을 보정하여, 실제 인구를 추산하는 것이다. 추산된 실제 인구는 대체로 호적상의 구수의 2.5배에 달하는 것으로 나타난다. 그들은 1708년에 14,948,000 (호구수 6,207,000)명, 1732년 17,698,000 (호구수 7,273,000)명, 1807년 18,610,000 (호구수7,561,000)명, 1892년 17,016,000 (호구수 6,634,000)명 등으로 추정했다.

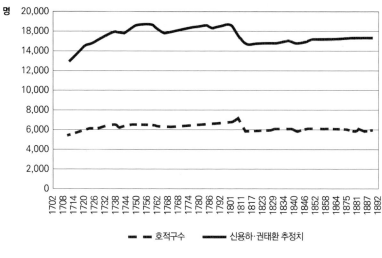

● ● ● 호적구수　━━━ 신용하·권태환 추정치

〈그림 6-5〉 조선 후기 인구 추정

　　권태환과 신용하의 인구 추계가 사실상 조선 정부 호구 조사의 구수에 2.5를 곱한 것과 별 차이가 없고, 방법상으로 낙후된 측면이 있다는 지적이 있다.[70] 그러나 『조선왕조실록』의 계통적인 호구수에 관한 기록을 대체할 만한 새로운 자료나 연구가 아직 없고, 조선조와 일제강점기를 연결해 통일적인 시도를 한 점에서 여전히 장점을 지니고 있다. 『왕조실록』의 기록과 이에 기초한 권태환과 신용하의 추계에서 호구수 변동은 〈그림 6-5〉에서 보듯이 18세기 전반기에 뚜렷한 인구 증가, 1750년 이후의 인구 정체 내지는 지극히 완만한 증가, 1810년대의 급격한 인구 감소의 충격 그리고 1820년대 이후의 정체 내지는 극히 완만한 인구 증가를 보여주고 있다. 1810년대에는 인구 감소와 함께 1814년에 급격한 결총의 감소가 나타난다. 이는 1812년의 홍경래의 난과도 연관이 없지 않겠으나 1809년 기사년의 대

---

70 차명수, 「조선후기와 일제강점기의 인구변동」 (이영훈 편, 『수량경제사로 다시 본 조선후기』, 3004), pp 4-5.

흉년과 연이은 경오년의 흉년 특히 1814년의 갑술 대흉년과 연관성이 있을 것으로 보인다.

다음 〈그림 6-6〉은 조선 후기 호적상의 호수와 구수를 따로 보여주는 것이다. 조선 왕조가 파악한 호구수는 1660년에 호수 76만 호, 구수 248만 명이었다. 그러나 〈그림 6-6〉에서 보듯이 현종은 즉위 후 호구법을 엄밀히 하고자 하여, 현종 10년(1669)에 134만 호, 516만 명으로 급증했다. 이후 1693년에 155만 호, 719만 명으로 또한 크게 증가했으나 을해년(1695) 이후의 기근과 역병으로 1696년에 129만 호, 577만 명으로 크게 감소하였다. 이후 호수·구수 모두 꾸준히 증가하여 1811년에 175만 호, 758만 명 그리고 1814년에 164만 호, 790만 명으로 중간 정점을 기록했다. 이후 1817년에는 급감하여 156만 호, 660만 명으로 감소한 바 이는 커다란 충격이었다. 그리고 상대적으로 호수의 변동 폭에 비해 구수의 변동 폭이 더 크게 나타나고 있었다. 그러나 17세기 후반까지 급격한 호구수의 변동은 실제의 인구 변동을 반영한 것이 아니라 주로 정부의 호구 파악의 목적과 의지의 변화에 따라 호구 파악률이 달라진 것에 기인했다. 따라서 비록 여전히 실제와는 차이가 크지만 상대적으로 일관성 있는 원칙 아래 호구수를 조사한 것은 18세기 이후로 판단된다.

18세기 이후의 호적에서 호구수는 18세기 중엽까지 증가, 18세기 후반에 호수는 정체하지만 구수는 증가해서 1814년에 790만 명에 달했다. 호당 구수는 1814년에 예외적으로 4.8명에 달하기도 했으나 대체로 4.2~4.3명 수준이었다. 1817년에 호수도 감소했지만, 구수가 1814년의 790만 명에서 1817년에 660만 명으로 16% 이상, 약 130만 명이 감소하는 충격적인 상황이 발생했다. 이는 이 무렵 인도네시아 탐보라 화산 폭발과 연계된 기후 이변으로 지속된 흉년 때문이었다. 이 후에 왕조가 파악한 호수는 19세기에 약 150~160만 호, 인구는 650~680만 명 정도로 나타나며 대체로 19세기 말까지 정체 상태였다. 이는 권태환·신용하가 추정한 실제 인구의 약 40% 정도에 달하는 것이다. 최근 족보를 이용한 연구에서도 18세기의 빠른 인구 성장, 19세기의 완만한 인구 증가 또는 정체, 20세기의 폭발적 인구 증가로 요약하고 있다.[71] 조선의 인구는 20세기에 뚜렷이 증가하기 시작한다.

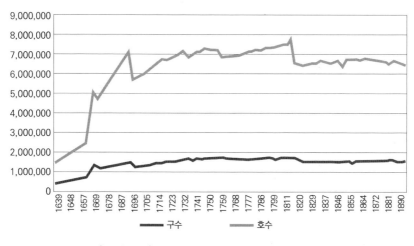

〈그림 6-6〉 조선 후기 호적상의 구수와 호수

기본적으로 조선 왕조가 파악한 호수는 실제의 약 절반 정도였다고 생각된다. 1925년 센서스 조사에서 조선인 가구수가 약 362만여 가구인데, 이는 1892년에 파악한 호수 157만여 호의 2.3배이다. 1892년 이후의 인구 증가 등을 감안하면 호 내의 가구 파악률이 약 2배 정도 늘었다고 볼 수 있다. 누락되었던 호는 주호(主戶)에 은익되었던 노비호나 협호, 기타로 볼 수 있다. 그러나 지방관이 의지를 가지고 가좌부 등을 작성한다면 사실상 은루(隱漏)된 호를 대부분 파악할 수 있었던 것으로 보인다. 권세가나 부호들에 은루된 호는 양인 신분에 대한 군역 부과와 어울려 중하호의 부담을

---

71 박희진·차명수(2004), 「족보에 나타난 인구변동, 1700~1938」 『수량경제사로 다시 본 조선후기』, 서울대출판부.

더욱 무겁게 하고 호정 문란을 가져오는 것이었다.

한편 조선 시대 호적은 소가족을 단위로 파악한 것은 아니지만, 호당 전국 평균 4.2~4.3명의 구수를 소가족의 구수로 간주해도 그것은 실제보다 과소한 숫자로 생각된다. 1925년 총독부 센서스에서는 세대 당 인구가 5.3명이었고, 해방 후 한국 정부가 시행한 1955년의 센서스에서는 세대 당 인구가 5.5명이었다. 시카타 히로시는 조선 시대 호적에 유년층의 탈루가 있고, 근대에 보다 정확해지는 요인 등을 들어 조선조 4.3명 내외는 일제강점기 5.3명과 비슷하다고 한다.[72] 따라서 조선 후기의 소가족 당 인구를 1925년의 총독부 센서스와 같은 수준인 5.3명이었다고 보면 호당 구수 4.2~4.3명은 실제보다 25% 정도 과소 집계된 수치로 생각된다. 이것을 종합해서 보면, 조선 왕조가 파악한 호수는 실제의 약 절반, 그리고 호당 구수는 실제의 약 80% 수준이었고, 따라서 조선 왕조 호적상의 구수는 대체로 실제 인구의 40% 수준이었다.

그러나 유의할 것은 비록 당시 호적상 전국 호당 인구는 평균 4.2~4,3명이었고, 시카타 히로시가 조사한 대구부의 호당 구수는 1690년에 평균 4.4명, 1729~1732년에 4.94명, 1858년에 4.42명으로 집계되고 있지만, 호당 구수의 편차가 대단히 크다는 사실이다. 단순히 평균치로만 보면 당시의 호가 소가족으로 구성된 것처럼 보이지만, 사실은 1인 호에서 심지어 150인 이상을 포괄하는 호까지, 즉 가족을 이루지 못한 호에서 비혈연의 다수인을 포함한 호까지 존재하여, 호가 반드시 혼인을 토대로 형성된 소가족을 파악한 것은 아니었다. 호는 한 울타리 안의 주택에서 거주하는 동거인을 파악하는 것이 원칙이지만, 리하거민(籬下居民. 행랑살이 주민) 외에 주가에서 떨어져 농막에서 거주하는 협호를 주호의 구수로 파악하기도 하였다. 다음 〈표 6-6〉은 대구분에서의 시대별 구수별 호수의 변동과 호당 평균

---

72 四方博, 『李朝社會經濟史硏究』 中, p 250.

인구 등을 나타낸 것이다. 흔히 조선 후기에 소경영의 발전과 함께 국가가 파악하는 호적상의 호당 인구가 4~6인의 소가족으로 균질화되지 않았겠는가라고 생각하기 쉽지만 사실은 호의 구성에 편차가 큰 것을 볼 수 있다. 1인 호와 2인 호가 전체의 15% 전후를 차지하여, 영세한 호의 비중이 적지 않음을 알 수 있다. 3~8인의 가족은 대체로 단혼 가족 내지는 직계 가족으로 볼 수 있는데, 1690년의 79.7%, 1729~1732년 81.8%, 1741년 75.8%, 1858년 80.7%로 대체로 80% 내외를 차지하고, 중심적 지위에 있다.

한편 9인 이상의 호는 직계 가족만이 아닌 방계 가족이나 예속인을 포함하는 호로 생각된다. 이들 호수는 3.5%(1690년), 5.5%(1729~1732년), 4.6%(1741년), 4.9%(1858년)를 차지하고, 인구 수로는 12%(1690년), 16%(1729~1732년), 20%(1741년), 18%(1858년)를 차지했다. 인구 비중은 18세기에 오히려 증가했고, 후반 이후 근 20%를 차지하여 결코 적지 않았다. 이들은 많은 노동력을 가지고, 그 구체적인 경영 방법은 알 수 없지만 상대적으로 넓은 토지를 경작하는 존재였을 가능성을 보여준다. 한편 51인을 초과하는 거대 호도 소수 존재했고, 100인 이상의 호도 있으며, 이들 대(大)호에는 당연히 복수의 소가족들이 포함되어 있었다. 만약 이렇게 인구 구성의 편차가 큰 호에 대해 일률적으로 부세를 부과하는 것은 그 자체로 호정의 문란일 수밖에 없었다.

〈표 6-6〉 대구부에서의 구수별 호수와 호당 평균 인구

(단위: 호)

년도	1690	1729~1732	1741	1858
1인호	106	74	67	86
2인호	423	322	180	346
3인호	656	540	279	979
4인호	756	682	285	663
5인호	585	541	196	375

년도	1690	1729~1732	1741	1858
6~8인호	519	764	194	392
9~10인호	48	81	22	69
11~20인호	50	70	22	55
21~50인호	11	15	11	15
51인 이상호	2	3	3	6
호당 평균인구	4.4	4.94	4.6	4.42
총호수	3,156	3,092	1,259	2,985

* 四方博,『朝鮮社會經濟史研究』中, 國書刊行會, 1987. 100-101. 212-213. 252면의 각
표에서 작성.
** 1729~1732년, 1858년은 천분비로 표시된 것을 총 호수를 곱하여 계산한 것임.

다음 〈그림 6-7〉은 〈표 6-6〉을 토대로 시대별·구수별 호수의 백분비를
막대그래프로 나타낸 것이다. 먼저 4인 호의 구성비율이 시대와 관계없이
22~24%로 안정적인 비중을 보이고 있다. 5인 호의 비중은 1690년의 18.5%에
서 1858년의 12.6%로 점진적으로 감소했다. 한편 3인 호가 1741년의 22.2%
에서 1858년에 32.8%로 급증했고, 6~8인호가 1690년의 16.4%에서 1729~32
년에 24.7%로 급증했으나 이후 1858년에는 13.1%로 하락했다. 대체로 추세
적으로 5~8인 호가 감소하고 3인 호가 증가한 것으로 보이는 바, 이는 소농
의 불안정성을 반영한 것일 수 있다.

호적에서 보듯이 호의 구성이 균질적이지 못한 것은 국가가 여전히 소
가족을 모두 호로 파악한다는 원칙이 없고, 지방관이 사실상 양반의 사회
적 지위에 걸맞은 대호의 존재를 묵인했기 때문이다. 조선 후기에는 비록
호패법과 오가작통법이 강화되어 시행되고, 호적사목의 규칙들도 한층 세
밀화되었지만, 호구 파악의 관법은 지속되었다.

호구 파악의 기초 자료로 가좌부가 작성되었다. '가좌부(家坐簿)'는 주택
이 앉은 순서대로, 그 집에 사는 사람을 파악해서 호적을 작성하도록 하였
다. 숙종 원년(1674)에 오가작통과 호패를 작성할 때, 가좌부의 집이 자리

잡은 순서에 따라 오가로 작통을 하도록 했고,[73] 정약용은 "호적을 작성할 때 먼저 가좌를 살펴 허실을 잘 알고, 증감하며 가좌부는 소홀히 할 수 없다"고 하였다.[74] 원칙적으로 조선 정부는 한 집에 사는 사람을 호적상 분리하거나, 별도로 거주하는 가족을 같은 호적에 올리는 것을 금지하고, 모든 호와 구를 빠짐없이 호적에 기재하는 핵법을 원칙으로 하였다. 그러나 앞서 본 바와 같이 실제의 호적은 1인 호, 여성이 호주인 호, 100인이 넘는 호 등 호가 균질적이지 않았다. 실제의 관행은 관법(寬法)이 시행되었다.

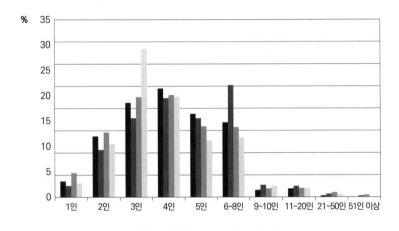

〈그림 6-7〉 시기별 호당 인구 구성의 변동

정약용이 『목민심서』에서 제시한 가좌책에는 호별 호주의 신분을 향(鄕), 양(良) 사(士), 사(私), 역(驛), 중(中) 등으로 구분하고, 몇 대나 살고 있으며, 이주해 왔으면 언제 어디서 왔는지, 그리고 직업과 군역의 내용 등을

---

73 "其統牌式某邑某而第幾里第幾統某戶某役列書五戶統首某從某家坐次第書之而", "勿論班戶民戶一從家座第次五家作統"(『增補文獻備考』, 戶口考一)

74 "將整戶籍, 先察家坐, 周知虛實, 乃作增減, 家坐之簿, 不可忽也"(『목민심서』, 戶典六條).

기록한다. 또한 가옥의 칸수, 전답의 면적, 가지고 있는 돈(錢) 등 재산 상태를 조사했다. 이 밖에도 17세 이상의 성인 남성의 수, 성인 여성의 수, 60세 이상의 남자, 16세 이하의 남자, 환과고독의 수, 노비나 머슴, 먹는 물건으로 팔 수 있는 것, 가축, 배(船), 쇠솥(鉒) 등도 기록했다. 가좌부에는 주택과 토지 등 재산 상태를 포함하여 신분, 직역, 성별, 나이별과 구성 인원 등 상세한 호구 파악을 하고 있었다.

정약용은 가좌부를 작성할 때 이미 호구를 정확히 파악하고, 핵법을 적용할 수 있었지만, 관법을 적용했다. 관법은 핵법처럼 일일이 파악하지 않고 대체로 원총에 맞추어 호수를 정해, 요역과 부세의 증가를 방지하고 또한 양반 가의 품위도 유지하게 하고자 한 것이었다. 다산이 예시한 가좌부에서도 남당리 사족 윤세문은 노 4인, 비 4인을 데리고 성인 남자 5인, 성인 여자 3인과 기타 등 19명이 기와 20칸에 거주했지만 한 호로 취급하였다. 이러한 관법이 대구부 호적에서 보듯이 51인 이상의 대호를 가능하게 한다.

정약용은 "토호가 비호하는 노속은 의당 속오에 충당하고 그 양정은 양역에 충당해야하나, 그 숨기는 게 불과 1, 2호 자의 경우는 샅샅이 조사할 필요가 없고, 여러 대에 걸친 집안은 지금 거의 없어져서 반드시 나의 손을 거치지 않아도 배척된다"[75]라고 하여 사실상 양반 가에 2호 정도의 협호를 묵인했다. 호구 등록이 안 되면 결국 요역 등이 면제되고, 많은 남정을 거느린 호는 토지와 정의 수를 고려한 호 등의 차이에 의한 약간의 부세 부담의 차이가 있었겠지만 상대적으로 크게 경감되었을 것으로 추정된다.

지방관의 묵인으로, 혹은 부실 파악으로 노비 호와 함께, 남의 집을 빌려 더부살이를 하는 가족들이 누호, 협호 등으로 호적 파악에서 누락되었기

---

75 "豪戶所庇 其奴屬 宜充束伍 其良丁 宜充良役 其所庇不過一二戶者 不足査括 故家遺裔 今殘滅殆盡 不必自我手 而擠之也". (『목민심서』, 병전, 簽丁).

때문에 호적상의 호수가 실제 가족 수의 절반 정도에 불과했다. 이들 협호에는 비혈연 가족만이 아니라, 직계 가족 이외의 방계의 여러 가족들을 포함할 수 있다. 협호는 호구 파악에서 누락되어 그 실태를 정확히 알 수 없었지만 광무양안(光武量案)을 작성하면서 그 존재가 노출되었다. 1899년의 광무양안에서 시주, 시작의 표기 때 신호적에 등록되어 호포세를 부담하는 원호와 그렇지 않은 협호를 구분하여 표기하였다.

1901년 충남 7개 군의 양전으로 작성된 양안에는 시주와 시작명을 기록하고, 각 가호를 '원호'와 '협호'로 구분해 기재했다. 조사된 양안상의 농가는 24,316호인데, 그중에서 33.9%인 7,947호가 협호였다.[76] 지역별로 협호의 비중은 편차가 있었고, 경상도에서는 1911년의 실가 호수에 비해 양안상의 호수는 46.7%에 불과하여 실가 호수의 50% 이상이 누락되어 있었다.[77] 대체로 호적상의 호총은 실제 가구수의 절반 정도에 불과하고, 나머지는 혈연·비혈연의 협호가 은루(隱漏)된 것이다.

주호에는 다수의 노비와 토지를 가진 양반가도 있지만, 양인이나 향리 기타 노비 호도 존재한다. 농가의 경지 면적은 편차가 크지만 다수의 주호는 가족 노동에 의존하는 소농이었다. 그들은 주기적으로 닥치는 재해와 국역 부담 등으로 한 지역에 오래 세거하지 못하는 경우도 적지 않았고, 주호도 다른 지역으로 옮겨가면 협호가 될 수 있었다. 그리고 협호도 역농하여 세거하면 주호가 되는 주호·협호 간의 사회적 대류가 존재했다. 그럼에도 불구하고 단면적으로 주호는 토지를 소유하고, 족당(族黨)이 풍부한 토착민이고, 협호는 무토지의 무의탁 농민이 전형이었다. 결과적으로 실제 호구의 반 정도가 호적에서 누락되고, 호당 구수도 20% 정도는 누락되어 총구수는 실제의 40% 정도 밖에 파악되지 않았다. 이후 1907년 민적부 작성

76 이영훈, 『조선후기사회 경제사』, 한길사, 1988, 266면.
77 이영훈, 『조선후기사회 경제사』, 265면

으로 모든 협호도 독립호로 등록하게 되었다.

갑오개혁 후, 1896에 종래의 호적식과 다른 호구 조사 규칙이 발포되어, 1897년부터 새로운 양식의 호적이 작성되었다. 먼저 10호를 1통으로 하였고, 노비제의 해체로 호의 구성원에 노비 또는 고공과 같은 예속 신분의 구분이 없어졌다. 호주의 이름·나이·본관·사조(四祖) 등의 기재는 구(舊) 호적과 다를 바 없지만, 처의 4조는 제외되고, 호주를 비롯한 구성원의 직역을 직업으로 바꾸어 기재하도록 하였다. 한편 신(新) 호적에서는 동거 친속은 친속의 관계·이름·나이를 간단히 적도록 되어 있을 뿐 직역은 적지 않았다. 친속이 아닌 구성원은 기구(寄口)와 고용(雇傭) 항목을 설정하여 남녀 숫자만 적도록 했다. 신호적은 신분 및 역제와의 연계가 사라져 오늘날의 센서스 개념에 보다 가까워지고, 인구 수와 가족 관계 그리고 경제 활동의 내용을 파악하는 것이 중심이 되었다.[78]

2. 노비제의 쇠퇴와 신분

호적은 호수나 구수의 파악의 기본 자료이기도 하지만 인(人)별 직역을 기록하여 신분을 판단할 수 있는 자료이기도 하였다. 특히 인(人)별 직역은 국가의 국역 부과를 의미하는 것이고, 그중 특히 군역이 국가의 존립에 중요했다. 원칙적으로 조선조에 문무반의 관직이나 향직을 맡거나, 관노비나 사노비로서 국역이나 사역을 지는 자들을 제외한 모든 인민은 군역을 부담했다. 사족도 조선조 초에는 어떤 형태로든 군역을 부담했지만, 중앙군이 상비군화되면서 군역에서 제외되고, 유업도 역으로 인정받고, 양인만 군역을 지게 되면서 군역을 양역으로 부르게 되었다. 군역을 지지 않는 자들은 사족이나 노

---

78 趙誠倫, 「2. 신분 제도의 변화」, 『신편 한국사』44, 2002, pp 356-350.

비 혹은 향리를 포함하는 중인으로 볼 수 있고 조선조에 이들 신분별 인구 구성비의 변화를 통해 사회 구조 변화의 주요 측면을 파악할 수 있다.

시카타 히로시는 먼저 호적상의 직역을 14개로 분류하고 그 직역별로 신분 구성을 확인하고자 하였다. 특정 직역은 신분이 동일한 것도 있지만, 동일 직역 내에 양반과 양인 혹은 양인과 노비가 공존하고, 극단적으로는 양반과 양인, 노비가 모두 포함될 수 있으므로 호별로 기타 기재 내용을 검토하면서 신분을 양반, 상민(常民, 양인), 노비로 구분하였다.[79]

다음 〈표 6-7〉은 대구부 호적에서의 시기별 신분 구성의 변동을 보여주는 것이다. 1690년에 양반 호가 9.2%에서 점차 증가하여 1783~1789년에는 27.5%, 1858년에는 70.3%가 되었다. 18세기 말 『왕조실록』에는 백성들 가운데 사족이란 명색이 5분의 2나 된다고 하여 시카타 히로시의 조사와 근접한 것이었다.[80] 한편 노비 호는 1690년에 37.1%에서 1858년에는 1.5%로 감소했다. 그리고 상민 호는 1690년에서 1783~1789년까지 대체로 미증한 안정 수준이었는데 1858년에는 많은 부분이 양반화되고 28.2%로 감소했다. 대체로 노비 호가 상민 호로, 상민 호는 양반 호로 상향 이동하면서 양반 호의 비중이 계속 높아지고, 노비 호는 계속 낮아졌으며, 상민 호는 18세기 말까지 55%에 근접한 비중을 유지했으나 19세기에 많은 부분이 양반으로 상승하였다.

〈표 6-7〉 조선 후기 대구부에서의 신분별 호구의 변동

(단위 %, 괄호안은 호수)

년도	1690	1720~1732	1783~1789	1858
양반	9.2(290)	18.7(579)	37.5(1,055)	70.3(2,099)

79 四方博,「李朝人口に關する身分階級別的觀察」,『李朝社會經濟史研究』中, 國書刊行會, 1987.
80 『정조실록』 5권, 정조 2년(1778) 윤6월 23일 대사성 유당.

년도	1690	1720~1732	1783~1789	1858
상민	53.7(1,694)	54.6(1,689)	57.5(1,616)	28.2(842)
노비	37.1(1,172)	26.6(824)	5.0(140)	1.5(44)

자료: 四方博, 「李朝人口に關する身分階級別的觀察」, 『李朝社會經濟史硏究』中, 國書刊行會, 1987.

한편 〈표 6-8〉은 호수가 아닌 구수로 신분별 구성의 변동을 살펴본 것이다. 18세기 이후 양반의 구성비가 늘고, 19세기에 상민의 구성비가 감소하는 것은 호수의 구성비 변화와 동일하나 노비의 경우 19세기에 호수의 구성비는 감소했으나 구수의 구성비는 18세기 말의 15.9%에 비해 1858년에는 31.3%로 크게 증가하는 차이를 보였다. 그리고 양반 호가 1858년 호수에서는 70.3%를 차지하나, 구수에서는 48.6%로 크게 작으며, 이는 양반 호 내에 다수의 노비가 포함되어 있는 것을 의미한다. 그러나 양반 호에 포함된 노비 구수가 모두 노비인지 혹은 고공(雇工)도 포함된 것인지는 불명이지만, 고공을 일부 포함했을 것으로 추정된다.

〈표 6-8〉 19세기 대구부 노비 구수의 증가

(%, 괄호안은 구수)

년도	1690	1729~1732	1783~1789	1858
양반	7.4(1,027)	14.8(2,260)	31.9(3,928)	48.6(6,410)
상민	49.5(6,894)	52.8(8,066)	52.2(6,415)	20.1(1,957)
노비	43.1(5,992)	32.4(4,940)	15.9(1,957)	31.3(4,126)

자료: 四方博, 「李朝人口に關する身分階級別的觀察」, 『李朝社會經濟史硏究』中, 國書刊行會, 1987.

이와 같은 노비 호수 구성비와 구수 구성비 변화의 괴리 현상은 대구부에만 국한된 것이 아니고 울산부에서도 나타났다. 〈표 6-9〉는 울산부 호적에서의 신분별 호수 및 구수의 구성비 변동을 보여주는 것이다. 표에서 보듯이 양반의 호수는 1729년 이후 1867년까지 지속적으로 상승했고, 상민은 19

세기에 급속히 감소했으며, 노비는 호수의 비중이 1729년의 13.9%에서 1769년에 2.0%로 급감한 후 이후에도 서서히 감소하여 1867년에는 0.6%로 되었다. 그러나 구수의 구성비는 1729년에 31.0%에서 1765년에 17.1%로 감소한 후 1804년에는 22.4%로 오히려 증가했다. 이후 1867년에 14.7%로 감소했으나 여전히 호수의 구성비 0.2%에 비해서는 대단히 높은 비중이었다.

〈표 6-9〉 울산부 신분별 호수, 구수의 구성비 변동

(단위: %)

연도	구분	양반	상민	노비
1729	호수	26.3	59.8	13.9
	구수	19.4	49.6	31.0
1765	호수	41.0	57.0	2.0
	구수	32.1	50.8	17.1
1804	호수	53.5	45.6	0.9
	구수	43.7	33.9	22.4
1867	호수	65.5	34.0	0.6
	구수	67.1	18.3	14.7

자료: 鄭奭鍾, 「朝鮮後期 社會身分의 崩壞」, 『十九世紀의 韓國社會』, 成均館大 大東文化研究院, 1972.

19세기 노비 호수의 감소에 비한 노비 구수의 증가는 노비가 독립 호가 아니고 종속 노비로서 주가에 기식, 혹은 고공으로서 고용되는 것을 의미했다. 시카타는 이것을 광의의 투탁으로 이해하고, 자기의 토지와 함께 권문(權門)에 보장을 구하는 부류에 그치지 않고, 여러 이유로 일가(一家), 혹은 일가이산(一家離散)하여 주가로 들어가는 것으로 해석하였다.

한편 노비 구수의 증가를 기근에 의한 양인의 노비화, 즉 자매 노비의 등장과 관련시키는 견해도 있으나,[81] 광의의 투탁 그리고 고공 및 자매 노비 등의 증가의 복합물일 가능성이 크고 새로운 형태의 고용과 연관된 것

81 김재호, 「자매 노비와 인간에 대한 재산권, 1750-1905」, 『경제사학』38호, p 14.

이었을 가능성이 크다. 또한 이러한 노비 구수의 증가를 허위 등록에 기인한 것으로 해석하는 견해도 있으나,[82] 일가이산(一家離散)한 고공 등의 새로운 형태의 고용이 창출되는 과도기적 과정이었다고 판단된다.

시카타는 노비 소유 호를 신분별, 시기별로 검토하고 또한 노비 소유 호의 호당 노비 수를 검토했다. 그에 의하면 상당한 노비 구수가 증가하는 양반 호에 의해 소유되고, 1~2인의 노비를 보유하는 호가 절대 다수이며, 노비가 많은 가정에서 고용인화하는 것을 보여준다.[83] 독립 호의 노비가 권문(權門)에 의탁하거나 주가(主家)의 산하(傘下)로 가게 된 원인은 군역·군포 등이 사실상 호역이 되고, 환곡의 할당도 역시 호를 표준으로 하며, 기타 지방적인 각종 부담과 이서(吏胥)의 사복을 채우는 주구가 심해진 것 등이 그 원인으로 지적된다. 한편 노비 구수의 증가는 농업 경영 방식의 변화에 영향을 끼쳤겠지만, 19세기까지 남부 지방을 중심으로 전체 경지 면적의 2/3 이상으로 확산된,[84] 병작제도 노비 구수 증가에 영향을 끼쳤을 것으로 보인다.

한편 대토지 소유자는 토지가 분산되어 있고, 그 경영을 위해 노비도 분산하여 경작하는 경우가 많다. 이들 토지는 직접 경영이나 위임 경영, 즉 소작을 주는데, 직접 경영은 주호 내의 노비에 의해 행해지고, 소작 경영은 각호(各戶)하여 외거하는 노비에 의해 행해진다.[85] 그러나 19세기에는 고공 등이 호적상에 노비로 파악되는 경우도 적지 않았다. "몰락하는 많은 농민은 그 소경영을 유지하기 곤란하게 되고, 재지의 유력자 아래로 들어가고 표면적으로는 '노비 고공'의 이름으로 종속화"하였다.[86] 그러나 크게 보아

---

82 이영훈, 『한국 경제사 1』, p 445.
83 四方博, 「李朝人口に關する身分階級別的觀察」, 『李朝社會經濟史硏究』 中, 國書刊行會, 1987, pp146-147.
84 이영훈, 『한국 경제사 Ⅱ』, p 74.
85 四方 博, 『朝鮮社會經濟史硏究』 中, 國書刊行會, 1976, pp 80-81.

호적상의 노비 구수 증가에도 불구하고 노비 호수는 줄어들고 노비제는 폐지되어 갔다.

조선 후기 신분제 변동의 주요 경향은 양반 호의 증가와 함께 노비 호의 감소이다. 법제적으로 노비는 1485년『경국대전』의 반포로 천자수모법(賤者隨母法)과 일천즉천제(一賤卽賤制)가 확립되었지만, 양천교혼의 소생에 대한 구제 논의가 지속되었다. 특히 노비의 양처 소생에 대해 변동이 많았고, 1669년에 종모종량법(從母從良法)이 실시되었다가, 다시 1679년(숙종 5)에 환천되고, 이어 1684년에 다시 종량, 1689년에 또 환천 등을 되풀이하다가 1731년(영조 7)에 종모종량법으로 확정되었다. 이것은 노비제 약화의 커다란 계기가 되었고, 점차 남자 노비는 세습되지 않게 되었다.

그리고 먼저 1774년 공노의 신공은 포 2필에서 1필로 반감되고, 공비(公婢)의 신공은 폐지되었다. 이후에도 노비제 약화는 지속되어 1801년 내수사 및 궁방, 중앙각사 소속 납공 노비는 면천되었다. 또한 1886년에 형조는 「사가노비절목」을 제정하여 노비를 구활, 자매와 세전의 세 가지로 구별하고, 이들에 대한 세습적 사역을 일체 금지하며, 구활 노비와 자매 노비의 소생을 매매하는 것을 금했다. 세전 노비의 소생이 의지할 곳이 없어 자원하는 경우에도 새로 사는 예로 노비가를 지급하여야 했다. 또한 양민이 오래 밀려온 부채 때문에 천민이 되는 것을 일체 금단했다. 이후 최종적으로 1894년 갑오경장 때 노비제 자체가 폐지되었다.

18세기부터 나타나는 노비 비중의 감소 요인에는 양반의 모칭이나 양적(良籍)의 가탁(假託) 그리고 신공(身功)·납속에 의한 위계직관의 취득 및 노비의 속량 등이 있었다.[87] 그러나 이들 여러 방법은 역시 수적으로 제한

---

86 馬淵貞利,「李朝後期の戶口動態」,『東京學藝大學紀要』, 제30집, 1979, p 194.
87 노비들에 대한 종량의 문이 넓혀진 것은 16세기 이후 납속면천책(納粟免賤策)이 실시되고, 전란 중 군공절목(軍功節目)을 제정하여 군공이 현저한 자는 속량하였고, 또 임진왜란 이후부터 지방 속오군에는 천인들도 편성되어 양역에 2대 이상 종

적이었고, 노비 감소의 주된 경로는 도망이었다.[88]

『대전통편』형전 사천에 장적(帳籍)에 누락된 노비를 추심(推尋)한 경우에는 비록 여러 해가 지난 뒤라도 3년 치의 신공(身貢)만 징수한다고 하고, 또한 추노자가 있으며, 수령이 직접 득실을 조사하여 정식에 따라 사금(四金)·육금(六金)으로 속량(贖良)한다고 하여 도망에 대해 비교적 관대했다. 또한 노비를 매매한 후 그 노비가 도망한 경우에는 만 2년을 기한으로 정하고, 노비를 산 사람이 노비를 부리거나 신공(身貢)을 거둔 것이 만 2년이 되었으면 도로 물리는 것을 허락하지 않으며, 본래의 주인을 침해할 수 없도록 규정하였다.[89]

기본적으로 농업 노동에 종사하는 노비는 신체적 부자유가 없었고, 채무나 투탁이 노비 발생의 주요인이었다. 법적으로 채무 노비나 투탁 노비는 허용되는 것은 아니었지만 사실상 성립하여 법적 신분으로서 노비가 되었다. 그렇기 때문에 노비에 대한 법적 관리가 엄격하였다고 보기 어렵고 도망 노예에 대한 처벌도 관대했다고 보인다.

다음 〈표 6-10〉은 대구부 호적에서의 부재 노비, 즉 소유 노비 중 현존하지 않는 노비의 원인을 조사한 것이다. 노비 주인이 기록을 원해 호적상에 부재 노비라는 일종의 허수(虛數)의 기록을 허락했고, 호적상의 숫자는 반드시 그 전수(全數)가 아니어서, "일정 기간 내에 있어서 실수를 구하는 것은 곤란하지만, 그 대세를 알 수 있는 자료"로서 호적면 기재의 부재 노비를 원인별로 살펴본 것이다.[90]

사하면 면천종량되는 자가 나왔다. 또한 곤궁한 상전에게 속전(贖錢)을 지급하고 속량되기도 하였다.

88 四方博, 『李朝社會經濟史硏究』中, p 142.
89 "奴婢買賣後逃亡者, 二周年定限, 過限, 則勿許還退"(『大典通編』, 戶典買賣限).
90 四方 博, 『朝鮮社會經濟史硏究』中, 國書刊行會, 1976, p 142.

〈표 6-10〉 원인별 부재 노비

(단위: 명)

년대	타처주(他處住)			도망			방매(放賣)			사망			총계
	노	비	계	노	비	계	노	비	계	노	비	계	
1690	847	977	1,824	529	476	1,005	7	7	14	51	45	96	2,939
1741	804	882	1,686	349	415	761	11	9	20	51	56	107	2,577

자료: 四方 博, 『朝鮮社會經濟史研究』中, 國書刊行會, 1976, p 104에서 작성.

〈표 6-10〉에서 노비의 부재 원인을 조사하면 숙종 경오년(1690)에 노비의 총수는 5,944명인데 부재 노비는 2,939명으로 49.4%이다. 부재 노비 중에서 1,005명, 즉 34%가 도망이고, 1,824명, 즉 62%가 타주 노비이다. 타주노비는 상전 가족의 분호(分戶) 출가(出嫁) 등에 따라서 간 것, 비(婢) 자신의 출가(出嫁) 그리고 각지에 있어서 주가(主家)의 지배경작(支配耕作)을 위해 노비의 일가(一家)를 파견한 것 등에서 비롯됐을 것이다.[91] 도망 노비와 타주 노비가 그 부재 원인 중의 압도적인 다수를 점하고, 도망 노비가 후기로 갈수록 보다 많아진다. 그러나 방매(放賣)는 1690년에 14인, 1741년에 20인에 불과하여 그 비중이 부재 노비 중에서도 1690년에 0.5%, 1741년에 0.8%에 불과했다. 또한 그 숫자도 당해 년의 방매 건수가 아니고 십수년에 걸친 결과물이므로 사실상 매매는 극히 적었다.

조선조 법전에는 노비에 관한 특히, 노비의 세습과 매매에 관한 규정이 존재하지만, 조선조에도 고려조와 마찬가지로 기본적으로 노비는 사가(私家)의 소유고 세전의 대상이지 매매의 대상이 아니었다. 노비의 임의 매매는 금지되고 관의 허가를 받아 정부 책정의 높은 가격으로만 매매할 수 있었으며, 또한 매매 건수는 극히 제한적이었다. 『경국대전』에 사노비는 상전의 의사에 따라 매매할 수 있었지만 사사로이 매매하면 노비와 가물을

---

91 四方 博, 『朝鮮社會經濟史研究』中國書刊行會, 1976, p 82.

몰수하도록 정했으며, 가격도 법정하여 시장이 존재하기 어려웠다. 그리고 나이 16세 이상 50세 이하의 장년 노비값을 저화(楮貨) 4,000장, 15세 이하 51세 이상은 3,000장으로 규정했다. 또한 훔쳐 팔았으면 가물(價物)을 훔쳐 판 자에게서 징수하도록 하였다. 또한 가옥과 토지의 경우와 같이 매매한 뒤 물릴 수 있는 기한을 15일 이내로 정하고, 100일 이내에 관청에 신고하여 증명서를 발급받도록 규정했다.[92] 이 규정은 정조대 1785년의 『대전통편』이나 고종대 1865년의 『대전회통』에도 그대로 유지되어 조선조 말까지 적어도 제도적 변화는 없었다.

현존하는 조선조 노비 매매 명문(明文)은 300여건에 달한다. 이를 분석한 바에 의하면 노비는 양반의 인적 네트워크를 통해 거래되었고, 가격은 흥정이 가능했으며, 계약서 작성과 관의 입안 과정을 거쳐 거래되었다. 거래 가격은 실제와 달리 정부 가격을 표시한 것도 있고, 실제대로 표시한 것도 있다.[93] 그러나 양반 네트워크를 통한 노비 매매는 지극히 비공식적이고 한정적인 것이어서, 인구의 30% 이상이었다고 하는 대부분의 노비는 거래 대상이 아니었음을 보여준다. 실제로 조선조에서 노비 매매 건수가 많기 어려웠다. 사노비는 물론 매매의 대상이 되어 '동산 노예'(chattel slave)'로서의 일면을 지닌 것도 사실이지만, 상품 화폐 경제 자체가 발전하지 못해 '살아있는 자본'으로서 이윤 계산의 대상이 되기 어려웠고, 화매는 금지되고 법정 가격이 존재하는 등 공개적이고 자유로운 노비 시장이 성립했던 것도 아니었다.

---

92 "凡買賣奴婢告官, 私和買賣者, 其奴婢及價物, 並沒官. 年十六以上·五十以下價, 楮貨四千張. 十五以下·五十一以上, 三千張. 若盜賣, 則價物徵於盜賣者. 田宅同". (『경국대전』, 형전, 사천) "田地·家舍買賣, 限十五日勿改, 並於百日內, 告官受立案. 奴婢同." (『경국대전』, 호전, 매매한)

93 안승준, 「조선 시대(朝鮮時代) 노비 시장(奴婢 市場)과 거래(去來) -1707년 매매 흥정 서간과 尙州牧奴婢賣買立案을 중심으로-」, 『藏書閣』vol. no.31, 2014, 한국학중앙연구원.

그러나 제한된 매매 문기 자료이지만 상대적으로 18세기 무렵에 노비 매매가 보다 많아지고, 법정 가격 이하로 매매되어 노비의 가격이 공정 가격의 1/10에 불과한 10냥 전후에 불과하게 되었다. 노비의 법정 가격 저화 3,000~4,000장은 법정 비가대로 계산하면 미 3,000~4,000되, 즉 미 20~26.6석에 해당하고, 미 1석=5냥으로 계산하면 100~133냥이지만, 저화의 가치는 하락했으므로 대체로 100냥은 법정 가격을 표방한 것으로 볼 수 있다.[94] 그러나 1686년을 전후하여 노비 가격이 100냥에서 10~20냥으로 폭락했는데, 이는 노비의 시장 가격이 매매 문기(賣買文記)에 사실대로 기록되기 시작한 것으로 볼 수 있다. 노비의 시장 가격이 노비의 자본 가치에 근접하는 것이라면, 노비는 신공이 1년에 포 2필, 즉 전 4냥이고, 이자율이 20%라면 노비의 자본 가치는 20냥이 된다. 신공이 1필로 감해지면 노비의 자본 가치는 10냥이 된다.

노비의 거래 가격이 노비의 자본 가치에 근접하는 것은 노비 시장의 성립 가능성을 보여준다. 그러나 이미 18세기에는 노비제의 쇠퇴가 시작되었지만, 18세기 후반은 일일 고용과 계절 고용 등 단기 고용 외에 머슴, 고공 등의 장기 고용과 광산 등 여러 분야에서의 새로운 노동시장이 싹 트기 시작함과 동시에 노비의 노예로서 성격이 약화되는 시기였다. 노비제는 16~17세기에 그 전성기를 맞았다고 볼 수 있지만, 그 많은 수가 군역 등을 피해 토지 없는 농민이 투탁 등으로 압량위천된 것이었다. 노비는 사역되고 세습되는 천한 노동이었지만, 인격이 완전히 부정되고 토지처럼 자유로운 매매가 허용되는 생산 수단은 아니었다.

---

94 노비 1구의 가격이 100냥 이상이었다는 것은 실거래 가격이 아니고, 법정 가격을 기준으로 노비 거래가 이루어지는 형식을 취한 것일 수 있다. 안승준은 "민간 노비 시장에서 이러한 명목 화폐가가 준수될 리는 만무하였다. 다만 기준 시가(基準 時價)의 구실과 함께 법적 요건을 맞추는 형식 요건에 불과했다"고 평가하였다. (안승준, 같은 논문, p 117).

18세기 후반에 거래된 자매 노비는 주로 부모 봉양이나 장례, 그리고 흉년과 기근 등을 이유로 매매되었다. 자매는 국법의 금지에도 불구하고 이루어져 1780년대에 증가했으나 1820년대에 격감하였다.[95] 그러나 자매는 여전히 원칙적으로 국법에 금지되어 있었다.[96] 금제에도 불구하고 사실상 자매가 용인되는 과정을 김재호는 1783년의 '고공정례(雇工定例)'와 연계하여 설명하고 있다. 그는 무조건 엄벌하면 문서를 위조하여 양인의 노비화가 진행될 우려가 있기 때문에 되도록이면 고공으로 유도하지만 그것이 불가능하면 자매 노비의 범주를 인정하되 일반 노비와 달리 세습되지 않도록 함으로써 고공의 신분과 유사하게 만들고자 한 것으로 추론하고 있다.[97] 그러나 자매 노비는 여전히 불법이었고, 국가는 자매 노비를 고공과 마찬가지로 당대에 한하며 속량이 가능한 예속 노동으로 인식하였다.

18세기 후반 자매 노비는 사실상 장기 고용인인 고공과 같아지고 고공의 제도가 정비되는 등 변화가 있었다. 노비제가 쇠퇴하는 18세기 중반 이후 19세기 중반까지는 근세적 노동시장이 형성되는 시기였다. 이 과정에서 노비 호가 감소하고 노비 구수가 증가한 현상은 노비제 쇠퇴의 과도기적 현상으로 볼 수 있다. 노비 호는 이산하고 각자 속량의 길을 찾아 나서고 근세적 고용을 구했다고 볼 수 있다. 한편 이들 노비나 고공 외에 18~19세기 농업이나 수공업에서 주목해야 하는 노동의 형태는 일일 고용과, 계절 고용 등 단기 고공이다. 실제로 조선 후기 사대부의 저술이나 양반 가의 일기, 그리고 추수기 자료 등을 보면 농업 경영에 있어서 노비 노동력 이외에 단기 고공을 다수 고용하고 있음을 구체적으로 확인할 수 있다.[98]

---

95 김재호, 「자매 노비와 인간에 대한 재산권, 1750-1905」, 『경제사학』38호, pp 3-17.
96 自賣其身者, 以賣妻律論. 買者同罪. (『속대전』, 형전, 금제). 매처율(賣妻律)은 대명률에서 장 100대, 노역(徒) 3년에 처하도록 되어 있다.
97 김재호, 「자매 노비와 인간에 대한 재산권, 1750-1905」, 『경제사학』38호, p 10.
98 김희호·이성수, 「조선후기 협호와 고공의 비교」, 『경제사학』 제57호, 2014, p 32.

1783년에 '고공정례'를 정할 때, 종래에 조선에서는 중국과 달리 문권과 기한이 있는 피용자를 고공이라 하지 않고, 노비라고 불렀으며 고공은 일시적으로 몸을 의탁하여 머무르는 유접지류(留接之類)라고 하였다. 그러나 훗날에는 중국의 예에 따라 5년 이상 일하고 10냥 이상 받는 경우로서 문권이 있는 자는 호적에 올려 고공으로 할 것을 정했다.[99] 달리 말해 '고공정례' 이전에는 고공을 노비라 불렀는데, 이제는 법적으로 노비와 고공을 구분하게 된 것이다.

　　그러나 19세기 노비 구수의 증가는 부농층에의 기식, 혹은 고공으로의 고용 확대와 관련이 있고, 정약용이 『목민심서』에서 제시한 가좌책에는 황해도의 이동리와 강진의 마을 남당리의 사례에서 노의 범주에 고(雇), 즉 고공도 포함시키고 있다. 또한 왕조실록에 19세기에 고공과 노비를 통칭하는 고노(雇奴)라는 표현들이 등장하고, 노비가 고공을 사칭하는 사례들이 있어서 노비와 고공이 혼효되고 있음을 보여준다. 한편 고공의 경우 "1783년 고공정례의 개정 이후 장기 입안 고공의 숫자가 감소했거나, 고공의 노비화가 진행되면서 1825년 이후 더 이상 고공의 신분이 사라진 것으로 보인다"고 한다.[100] 이것은 호적상에서 여전히 고공이 노와 혼용된 결과일 수 있다.

　　한편 노비는 숙종기 장적에서 1호가 소유하는 노비는 100명 전후를 가진 1~2호, 30여명을 가진 소수의 호를 제외하면 일반적으로 약 3명 전후로 한 가족에 불과하다. 특히 노비 1명 만을 가진 호수가 전체 소유 호수의 4할 이상이었다. 이들에게 노비는 장기 고용인(머슴 등)의 지위에 상당하는 것으로 생각된다. 특히 조선 후기에는 노비에도 군역이 부과되어 양천의 구별이 엄격하지 않았고, 노비가 전택을 소유하고 또한 노비나 고공 등 사용인을 가진 경우도 있다.[101]

---

　99 『受教定例』44, 雇工定制, 正宗 7年(1783).
100 김희호·이정수, 「조선후기 협호와 고공의 비교」, 『경제사학』 제57호, 2014, p 32.
101 四方 博, 『朝鮮社會經濟史硏究』中, 國書刊行會, 1976, pp 78-80.

『경국대전』에도 공천(公賤)이나 사천이 자녀 없이 사망한 경우 그 재산을 소속된 관사나 본읍 혹은 본 주인에게 소속하도록 하고 있다.[102] 이는 공사천이 전택 등을 소유하였고, 자녀가 있으면 그들에게 그 재산이 상속되었음을 말해준다. 또한 '천취비산(賤娶婢産)'조에, 공사천이 양인 처나 양인 처의 여종 사이에 낳은 자식의 소속에 대한 규정과 함께 자신의 여종이나 처의 여종 사이에 낳은 자식의 귀속처를 규정하고 있다.[103] 이는 공사천이 노비 등을 소유한 것을 간접적으로 말해주고 있다.

복합적인 조선 노비의 성격에 관해 노예설과 농노설이 대립하고 있다. 김석형은 노비 중 외거 노비는 인격적으로 노비 주인에 의해 '불완전 소유'상태이고, '자기 경영'이 존재하므로, 노예가 아닌 농노로 규정했다.[104] 적어도 김석형의 논리는 명료하고, 그의 개념에 따르면 적어도 납공 노비는 노예가 아닌 농노이다. 그러나 개념을 달리하여 노비는 자유의지 없이 주인에게 세습적으로 사역당하는 존재이고, 사회적으로 인신이 매매된다는 것은 노비가 노예라는 의미가 아니냐는 주장도 강력하다. 그러나 외거하는 납공 노비는 신공이라는 부담 외에는 사실상 독립적 경영으로 스스로 토지를 소유할 수도 있고, 매매의 허용에도 불구하고 노비 시장은 자유시장이 아니었으며, 노비는 '살아있는 자본'으로서 자본 투자의 대상이 되기는 어려웠고, 거래도 극히 제한적이었다.

조선조에 비록 노비의 비중이 증대하고 천대했지만, 노비도 같은 인간으로 인식하고 있었고, 기본적으로 세전(世傳)의 대상이지 몰인격적인 매매 대상으로 간주하지 않았다. 18세기에 노비의 가격이 자본 가치에 근접하게 하락한 것으로 보이지만, 여전히 노비의 매매 사례는 극히 적고 노비를 담보로 하는 금융도 성립하지 않았다. 또한 사회적으로 조선 후기에 양인과

---

102 『경국대전』, 형전, 공천. 公賤無子女身死者.
103 『경국대전』, 형전, 賤娶婢産.
104 김석형, 『조선봉건시대 농민의 계급구성』, 북한 과학원 출판사, 1957.

노비는 사회적으로 뚜렷한 높낮이가 없이 생활했으며 노비는 천인이지만 면천속량(免賤贖良)하면 양인으로 되었고, 노비의 '천(賤)'은 결국 사회 계급상의 인위적·법제적 '천'이어서 인종적·자연적 '천'은 아니었다.[105]

조선 후기에 노비제는 점차 쇠퇴했지만 반상제(班常制)는 강고하게 유지되는 한편 양반의 비중이 호수 및 구수에서 다르지만 호수에서 18세기 말에 30~40%, 19세기 중엽에는 60~70%에 달했다. 그러나 양반의 비중이 과도하게 높아져 양반들 사이에도 그 사회적 지위와 경제력에 커다란 차이가 존재하였다. 양반의 비중 증가에 따라 사회적으로 유교적 제례와 친족관계 등이 보편화되었지만, 치자로서 양반의 사회 경제적 동질성은 오히려 약화되었다고 할 수 있다.

대부분 관직을 못한 양반들은 토지나 노비 소유를 통한 경제력과 집성촌을 통한 족인의 세력 그리고 문자를 해독하고 시문을 지으며, '봉제사접빈객(奉祭祀接賓客)'이라는 유교적 예제를 지키고, 같은 반열과의 혼맥을 통해 사회관계를 유지하는 등 사회적 요인이 양반으로서 가문의 지위를 유지하는 조건이 되었다.[106] 향반들은 그들의 사회적 지위를 유지하기 위해 향교나 향청 등을 통해 결속하고, 향안이라는 재지 사족의 목록을 작성했다. 한 번 향안에 오르면 세습적으로 양반 행세를 하고, 양반에게 주어지는 군역 면제의 특권을 받아 양반으로서 신분을 유지할 가능성이 컸다. 따라서 향안의 수록을 둘러싸고 갈등과 알력이 빈번하였다. 한편 양반은 수조권 사여가 폐지되면서 공권력을 대신하기 위해 향약 등을 통해 자치적 신분제를 강화해 간 것으로 판단된다.

---

105 四方 博,『朝鮮社會經濟史硏究』, 中國書刊行會, 1976, pp 78-80.
106 미야지마 히로시(宮嶋博史)는 재지 양반의 조건으로 1) 관료 혹은 학자를 조상으로 모실 것, 2) 세거지가 있을 것. 3) '봉제사접빈객'의 생활양식, 4) 같은 반열의 혼인관계 등을 들고 있다. 미야지마 히로시,『양반』, 너머북스, 2014, pp 32-33.

제3절 재정제도의 개혁

조선조의 조용조 체제는 후기에도 그 골격이 유지되었지만, 내용상으로는 커다란 변천을 겪게 된다. 먼저 전·신·호를 파악하여 그 각각에 부세를 부과하는 제도 자체의 기본은 유지되었다. 그러나 토지에 대해 부과되는 전세의 비중은 줄어들고, 호에 대해 부과되는 중앙의 공물(貢物)·진상(進上)과 지방의 관수(官需)·쇄마(刷馬: 지방에 공무를 위해 마련된 말) 등을 모두 결세화하여 1결(結)에 쌀 12두를 징수하는 대동법이 실시되었다. 징수된 대동미로 중앙과 지방의 각 관서의 필요 물자를 구입 사용하도록 하였다.

대동법은 1608년(광해군 즉위년)에 경기도에 처음 실시된 이후, 약 100년에 걸쳐 강원도, 충청도, 전라도, 함경도, 경상도, 황해도의 순으로 확대 실시되었다. 대동법은 명목상 호에 대한 부과인 공물을 명료하게 토지에 대한 부과로 변경하고, 각색의 물종으로 징수하던 것을 쌀로 단일화하여 조선조 초기부터의 큰 민폐인 방납의 폐를 없애기 위한 것이었다. 그러나 형식만 보면 방납을 일반화·제도화한 것이고, 미곡을 필요한 각종 물색으로 교환하는 상업을 자극하는 것이었다. 한편 대동미는 갑오개혁기 1894년에 지세와 통합되어 화폐납으로 바뀌었다.

한편 신(身)에 대해 부과되는 각종 역이 있지만 요역은 일찍부터 사실상 호에 대해 부과되고, 그것도 8결작부에 의해 실질적으로는 일정한 토지 면적 단위를 대상으로 부과되었으며, 실제의 징발은 호의 인정을 감안하여 부과되었다. 한편 군역은 토지와 관계없이 양인인 성인 남정에게 인정의 징발로 부과되는 것이 원칙이었지만, 조선 후기에 도성 중심의 5군영제가 실시되어 상번제가 폐지되는 부분적인 병농 분리가 이루어지면서 양인의 군포제로 바뀌었다. 따라서 고유의 신에 대한 부세는 군포가 존재했다. 그러나 동시에 임란 후 천인도 동원되고, 진관 체제의 지방에는 양인을 포함하고 천인이 중심이 된 병농일치의 속오군이 편성, 유지되었다. 한편 양반이 군역에서 제외되고 양반의 비율이 높아지면서 양인에게 집중되는 군포의 부담이 무거웠으며, 속오군이 유명무실화되면서 천인에게도 재정적 부담을 지우는 수미법이 시행되기도 하였다. 양인에게 무거운 부담인 군포를 양포가 아닌 양반을 포함하는 호포제로 변통하고자 하는 논의가 있었지만 이 또한 여러 문제가 있어서 실현되지 않다가 대원군에 의해 실시되었다.

한편 공물이 대동미의 부과로 전환되어 호에 대해 부과되는 조(調)가 결세화되었지만, 호에 대한 새로운 부담이 생겼다. 먼저 원칙적으로 신에 대한 부과인 요역이 토지를 토대로 하는 호역화되었고, 이어서 조선 후기에 환곡이 등장하여 지방 재정의 경비를 조달하는 역할을 하게 되었다. 따라서 환곡이 호에 대한 일종의 부세제도로 등장했다. 조선은 중국과 달리 병농분리가 완전히 이루어지지 않고, 특히 군역이 양인에게 특징적인 역이어서 신은 별도로 파악될 수밖에 없었다. 중국이 송나라 이후 양세제로 되어 신·호가 통합되고 화폐납이 이루어진 것과 달리, 조선은 전(田)·신(身)·호(戶)의 구별이 존속되고 물납이 지속되었다.

다음 〈그림 6-8〉은 조선 후기 변화된 부세제도를 표시한 것이다. 부과 대상인 전·신·호를 각각의 원으로 표시하였고, 전·신·호가 부담하는 부세의 종류를 나타내었다. 먼저 실선으로 표시된 토지에 대한 부과에는 전세와 삼수미, 대동미 등이 포함된다. 전세와 삼수미 등은 호조와 호조에 소속된 광흥창 등에 그리고 대동미는 선혜청으로 납부했다. 신·호에 대한 부과 대신에 토지에 대한 부과가 늘어나는 것은 사회적으로 토지 소유가 더 중요해지는 상품화의 진전을 반영하는 것이었다.

그러나 토지와 관계없이 여전히 신에 대한 부과로 군포가 있고, 요역은 신에서 호역으로 되었지만 사실상 8결의 토지를 단위로 호의 '신'에 부과되었다. 한편 진휼을 목적으로 설치되었던 환곡이 점차 이자곡을 늘려 조선 후기에는 재정 수입의 한 수단이 되었다. 환곡은 호를 대상으로 운영되어, 사실상 호에 대한 부세가 된 점에서 전·신·호에 대한 부세 체제가 재현되었다. 그러나 19세기에는 환곡과 요역도 점차 토지에 대한 결세화 경향이 나타났으며, 1862년에 '파환귀결(罷還歸結)' 환곡은 결세화되고, 1871년 대원군이 군포를 호포제로 바꾸고, 1894년 갑오개혁으로 부세 금납화가 이루어지면서 모든 부세는 원칙적으로 결세화되었다.

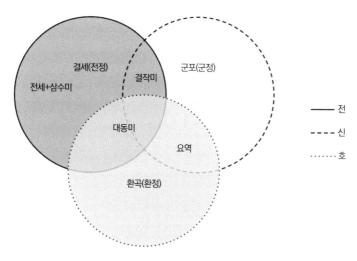

〈그림 6-8〉 조선 후기 부세제도의 변화

한편 조선조 토지에 대한 부세는 토지의 진결·은결의 파악과 전등(田等)의 파악이 부실했고, 양전도 제대로 이루어지지 않아, 세 부담이 공평하지 못한 전정의 문란을 가져오고 있었다. 또한 신에 대한 군역 부과는 양반과 천인이 군포 부담에서 벗어나고, 양인의 군정 파악이 부실하여 양인의 도망·사망 등으로 군액이 모자라면, 인징·족징이 빈번하고 이것이 또한 주민의 유리를 가져오는 등의 여러 문제가 발생했다. 이것은 군정의 문란이기도 하지만 신과 호는 불가분의 관계에 있는 것이어서 호정의 문란이기도 하였다. 한편 원래 환곡은 진휼의 목적을 위한 것이지만 비공식적이거나 불법적인 지방 경비와 향리들의 수입을 보전하기 위해 환곡을 고리대적으로 운영하기도 하고, 환곡을 흠축하여 실제로는 곡물이 없고 장부만 가지고 있는 등의 환정의 문란을 가져왔다. 이러한 삼정의 문란과 가렴주구가 조선 후기의 과잉인구 아래 생존에 허덕이는 농민들의 삶을 더욱 힘들게 하였다.

1. 대동법

대동법은 방납의 폐해를 제거하기 위해 이율곡에 의해 제시된 바가 있다. 이후 임진왜란 당시에 유성룡이 전시 군량 확보책의 일환으로 1594년에 공납을 지세화하여 미곡으로 징수하는 대공수미법(代貢收米法)을 주창하여 실시되었으나 1년도 되지 않아 중지되었다. 광해군 즉위년(1608)에 이원익 등이 유성룡 주장을 보완하여, 담당 관서로 선혜청을 설치하고, 경기도 내의 모든 전토에서 1결당 쌀 16말씩을 징수하되 봄과 가을로 나누어 8말씩 징수하도록 하였다. 한편 선혜청은 각사(各司)의 방납인(防納人)에게 여유 있게 물품가를 지급하고 필요 물자를 조달하도록 하였다.

이후 조익 등의 대동법 확대 중장으로 인조 원년(1623) 9월에 강원, 충청, 전라의 3도 대동청이 설치되고 그 사목을 제정, 시행했으나 충청·전라는 일 년여 만에 중지되었다. 그러나 대동법은 편리한 점이 많은 것이어서, 김육 등의 주장으로 다시 효종 2년(1651) 8월에 우선 충청도에만 다시 시행하도록 결정되었고, 다시 전라-함경-경상-황해도 순으로 전국적으로 확대되어 갔다.

대동미는 지역에 따라 1결의 부담량이 12~16두에 이르는 편차가 있었지만, 함경과 평안도를 제외하고는 대체로 쌀(白米:可食 米＝大同米) 12말 정도를 이루었으나, 실시 지역과 시기에 따라 각기 달리 되기도 하였다.[107] 종래의 방납이 성행하던 것에 비해 대동법은 부과 대상이 명료하고 부담량도 정액인 점에서 중간 수탈의 크기를 경감하는 장점이 있었다. 대동법은 종래의 오래된 관행이었던 방납을 오히려 제도화함으로써 농민들의 수탈을 줄이고, 또한 종래보다 교역량을 확대하고 정부 물자를 시장에서 구매하여 점진적이지만 합리화하는 효과를 거두었다.

대동법은 징수 형태에 있어서의 변화를 가져오기도 하였다. 상품 화폐경제가 발전하고 동전의 유통이 확대되면서, 19세기에 들어서 전결세는 현물인 쌀이나 면포가 아닌 화폐로 징수하는 경우가 늘어났는데, 1결당 수취 총액을 화폐로 환산하여 결가(結價)라는 형태로 징수하였다. 화폐납은 비교적 간명하였지만, 향리들은 결가를 시가로 계산하여 거두고, 중앙에 상납할 때는 법정 비가로 상납하는 등의 방법으로 이익을 얻기도 하였다.

대동법은 그 부과 대상과 납부하는 재화의 변화 그리고 과세의 간명화 등 면에서 획기적인 것이었다. 대동법에 의해 지방별로 약간의 차이가 있는 결당 대동미를 징수하면 그중 일부는 지방에 유치하고 나머지는 상납하도록 하였다. 그중 선혜청에 상납된 대동미는 종래의 공안을 토대로 소요처에 배분되었다. 다만 대동법이 시행되어도 지방관의 각색 현물납이 완전히 사라진 것은 아니었다. 공물은 원래 '신하가 임금을 위하여 토산물을 바치는 의리(향상지의 享上之義)'라는 명분을 가지고 있었기 때문에 진상의 일부는 관찰사로 하여금 대동미의 지방 유치미로 구입, 상납하도록 하여 지방의 공물 상납이 일부나마 존속되었다.

『만기요람』(재용편, 각공조)에 의하면 상납미는 매년 58개 처에 고정된 액수가 지급되고, 대전(大殿)을 비롯한 10여 개 처에도 수시로 소요의 액수가 지급되었다. 그러나 상납미 용목(用目)의 90% 이상은 전자인 고정액이

---

107 한영국, 「1. 대동법의 시행」, 『신편 한국사』30, 2002, p 493.

차지했다. 매년 고정액이 지급되는 58개 처의 지급 대상 중에서 38개 처가 성부 관서였고, 나머지 20개 처는 계(契), 전(廛), 기인(其人), 주인(主人) 등이었다. 정부 관서 중에는 비변사, 호조, 예조, 공조, 경영(京營) 등도 있었으나, 봉상시(奉常寺)를 비롯한 왕실 지출과 진헌(進獻), 사여(賜與) 관계 관서가 절대다수를 이루고 있었다. 각종 계·전·주인과 기인에게 직접 공물·역가가 지급되기도 했으나, 기인(쌀 38,721석)을 제외하고는 각 전(상세 폐:쌀 6,000석) 및 수리계(修理契: 쌀 5,000석)와 경주인(京主人), 방자역가(房子役價: 쌀 5,373석)만이 비교적 다액을 이루고 있었을 뿐, 대체로는 소액이 지급되고 있었다. 이것은 대동법이 특별한 경우를 제외하고는 각 정부 관서를 통해 그 소속 공인들로 하여금 소요 물품을 조달하게 하는 것을 원칙으로 하였기 때문이라 보겠다.[108] 달리 말해 각 정부 관서에 미곡을 지급하고, 각 정부 관서가 직접 필요 물자를 기존의 공안에 맞춰 공인을 통해 시장에서 조달하여 사용했다.

한편 농민에게서 수취한 대동미 중에서 일부를 지방에 유치하도록 하였지만, 지역에 따라 그 크기가 달랐다. 예를 들어 경기의 대동법에서는 수미 16두 중 14두를 경납하고 2두를 저치하게 하였고, 강원의 대동법에서는 10두를 경납하고 6두를 저치하게 하였다. 그러나 군현에 따라서는 전결의 다소와 도별 유치미의 다소에 따라 경비의 부족을 낳아 과외 징수를 낳기도 하였다.

그리하여 충청도에서 대동법이 다시 시행될 때(효종 3년)는 수미(收米) 중 춘봉(春捧) 5두를 경납하고 추봉(秋捧) 5두를 저치하게 하되, 경납의 부족분은 전결이 많은 군현, 즉 저치량이 소요 경비를 상회하는 이른바 유유관(有裕官)의 여미(餘米)에서 수납 및 충용(充用)하도록 하는 새로운 편성 방법이 마련되었다. 그리고 이 방법은 뒤이어 시행된 전라·경상도의 대동

---

108 韓榮國, 「1. 대동법의 시행」, 『신편 한국사』30, 2002, p 505.

법에도 그대로 적용되어 갔다.[109]

유치미는 주로 지방의 경비와 상납 물종의 수송비로 지출되었다. 즉 종전에 각 도 및 군현에서 봉름(俸廩: 녹봉미), 요역, 잡세조로 민호와 전결에서 적당히 징수하여 사용하던 모든 경비와, 잉정진산물(仍定進上物)의 구입비, 그리고 상납미를 비롯한 제반 경납물의 수송비(船馬價)로 사용하도록 되어 있었다.[110]

대동법이 전국적으로 확대, 시행되던 18세기 초엽까지만 하더라도 그 실시 결과는 성공적이었다. 그러나 18세기 중엽으로 접어들면서 날로 격화된 당쟁과 이에 뒤이어 전개된 노론 일파의 벌열, 세도 정치는 기강의 문란과 함께 극심한 재정난을 초래하여 대동법의 정상적 운영을 저해하여 갔다. 중앙 재정의 충족을 위해 대동미의 상납규식(上納規式)이 수조반강제(收租頒降制)로 변개되어, 대동미의 대부분이 상납미로 책정돼 서울로 수송되었다. 이에 따라 유치미로 지용(支用) 되던 각종 용목들이 다시 호역(戶役)으로 전가되어 갔다. 이 과정에서 지방 관원의 탐학이 심해져 대동법 실시 이전의 양상을 무색하게 할 정도였다. 그러나 대동법은 사회 경제적으로 봉건적 질서와 체제의 이완, 해체를 촉진시킨 하나의 계기를 마련하여 주었던 것으로 이해되고 있다.[111]

대동법은 직접 공물을 수취하던 기존 공납제의 방식을 쌀(산군 지역은 포목이나 동전도 허용)을 징수하여 공인에게 지급하여 공물을 공급하도록 바꾼 것이다. 대동법 시행 후 조선 왕조는 대동미를 공인에게 방출함으로써 상업의 발달을 자극했지만, 대동미를 상인들에게 팔아서 필요한 물건을 구입한 것이 아니라, 과거 공물 제도의 틀을 유지한 위에서 공인에게 시가보다 3~4배 높은 고정된 가격으로 공물을 상납하도록 하였다. 비록 대동법

109 한영국, 「2. 대동법의 실시」, Ⅱ. 수취체제의 개편, 『한국사』 13, 1976, p 171.
110 韓榮國, 「1. 대동법의 시행」, 『신편 한국사』 30, 2002, p 507.
111 韓榮國, 「1. 대동법의 시행」, 『신편 한국사』 30, 2002, p 514.

이후 정부의 물자 조달은 공인제를 통한 것이지만 시장 거래의 확대를 가져오고 상품 화폐의 경제 발전을 촉진하였다.

2. 균역법

조용조 체제에서 원칙적으로 '신'이 있는 곳에 '역'이 부과되었다. 그러나 호에 거주하는 '신(身)'의 파악은 호의 파악 자체가 소가족 중심으로 균일하지 못해 문란할 수밖에 없었고, 따라서 호에 내재하는 신의 파악도 정확하지 못했다. '역' 중의 요역은 원론적으로 '신역'이지만 실제의 부과는 호를 대상으로 하는 '호역'이 되고, 사실상 토지 면적을 단위로 '호'의 '신'에 부과하였다. 『경국대전』 호전(戶典)의 요부조(徭賦條)에 의하면, "무릇 전지 8결에 일부(一夫)를 내되 1년의 요역은 6일을 넘지 못한다"고 규정하여, 8결의 토지 면적을 단위로 그 토지를 경작하는 호들에서 인부를 차출하는 '팔결작부제'가 실시되었다. '팔결작부제'는 '부(夫)' 내의 전부(佃夫) 가운데 부유하고 성실한 자를 호수(戶首)로 선정하여 요역 이외에도 제반 조부를 징세, 납부하게 하는 제도였다.

그러나 국가 형성과 유지의 기본인 군사 문제에서 조선은 병농일치를 표방했고, 호적을 통한 군역 자원의 확보가 긴요했다. 조선의 군역은 초기에 천인을 제외한 성인 남성은 반상의 구별없이 어떤 형태로든 신역, 즉 군역을 부담하는 것이 원칙이었다. 김익희는 상소문에서 조선조 초에는 "조종조의 신역(身役)의 법이 매우 엄하여 공경대부(公卿大夫)의 자제들도 각각 소속이 없는 이가 없었습니다. 이를테면 문음(門蔭)이 있는 자는 충순위(忠順衛)가 되고, 문음이 없는 자는 보인(保人)이 되어 온 나라에 한가히 노는 사람이 없었습니다"라고 하였다.[112]

그러나 조선조 중엽 이후 양반이 양인에서 분리되고 별개의 신분으로 성립하면서 군역에서 면제되고 군역은 양역으로 되었다. 소위 사족이 군역에서 면제되어 양인과 구분되게 되는 기초에는 먼저 농민의 상번에 따른 비용을 줄이기 위해 대립제가 사용되기 시작하여 수포제가 나타난 것이 중요하다. 신역의 포납화(布納化)는 가포(價布)로 신역을 대신하는 것이고, 대역은 15세기 후반부터 선상노, 기인과 입역하는 보병, 수군사 등의 직역에까지 미쳤다. 그러나 이와 같은 포납화의 과정은 성종 중기, 즉 15세기 중기를 전후하여 차이가 있다.

전기에는 역정이 포납화를 주동했다면, 15세기 후반에는 역정보다 가포의 이득을 추구하는 관권에 의해 포납화가 비약적으로 증대하고 신역 포납화가 이루어졌다.[113] 이어서 중종 36년(1541)에 대립제(代立制)를 양성화하여 농민 장정이 1년에 군포 2필을 내면 군역을 면제해주는 군적 수포제가 실시되었다.[114]신역의 포납화로 군역은 거의 잡역과 같은 수준의 천역으로 인식되게 되었다.

이와 함께 1593년 직업군인으로 구성된 훈련도감이 창설되고 군제가 종래의 오위제가 오군영제로 바뀌었다. 오위제는 병농일치의 부병제를 본받은 것이었지만, 오군영제로 부병제(府兵制)가 모병제(募兵制)로 되고, 군이 상비군화되기 시작하였다. 훈련도감은 재정 부담으로 5천 명을 잘 넘기지 않았지만, 이후 5군영이 설치되고, 1652년 어영청(御營廳)은 21교대의 2만 1천 명이라는 최대 군액을 가지게 되었다. 지방에 설치된 속오군(束伍軍)은 천민도 포함했고, 거주지 근처의 부대에 배속되어 자신의 마을에서 훈련을 받았다. 1660년경 정병이 66,702명, 복무 중 정병에 군속과 군량을 지급하는 보인은 132,160명, 그리고 속오군이 161,929명이었다.[115] 이 과정에서 종

---

112 『효종실록』 13권, 효종 5년 11월 16일. 대사헌김익희의상소문.

113 田川孝三, 第8編 「貢納徭役制の崩壞と大同法」, 『李朝貢納制の硏究』, 東洋文庫論叢 제47, 1964.

114 鄭萬祚, 「1. 양역의 편성과 폐단」, 『신편 한국사』 32, 2002, p 105.

래 오위제에서 사족은 상번하여 국왕의 시위가 된다는 특별한 지위가 사라지게 되었다.

모병제와 포납화 과정에서 양반은 점차 군역에서 제외되었다. 그러나 그 중심적 계기는 인조반정 후에 양반의 세력이 강해진 것과 연관이 있다. 인조 4년(1626) 대사헌 장유(張維)는 "조선의 사족과 노비의 제도는 천하에 없는 것이지만 상하의 계통이 있고 존비(尊卑)가 정해져서 국가가 이에 의지하여 유지된다"고 하였다. "병난(兵亂)을 당해서도 사족은 명절(名節)을 지켰고, 임진란 때에도 삼남(三南)의 의병이 모두 사족 출신이었는데, 함경북도에는 본래 세족이 없었기 때문에 토관 출신인 국경인(鞠慶仁)이 난을 선동하여 적에게 빌붙기도 하였는 바, 사족을 부식해야 이런 일이 없을 것"이라 하였으며, 따라서 "사족을 일체로 취급하여 억지로 졸오(卒伍)에 함께 편입시킨다면 지방의 사족은 모두가 서로 슬퍼하며 오랜 전통을 가진 가문이 하루아침에 서예(胥隷)로 강등되었다고 하고 원성이 깊어질 것"이라고 하였다.116

양반들은 사족을 졸오에 편입시키는 것을 반대하고 보인으로 삼는 것도 반대하였다. 간원(諫院)이 올리기를 "군적법(軍籍法)에서 가장 시행하기 어렵게 여긴 것은 사족(士族)을 군보(軍保)로 강정(降定)하는 것"이라고 하였다.117 그리고 조종조(祖宗朝) 이래로 군보의 이름이 처음에는 비천하게 여기지 않아 사대부의 자손들도 모두 정속(定屬)되었지만, 이제 그 이름이 천하게 되었다고 한다. 이때에 사족이 강등되어 군보가 되는 것을 보고 상민들이 "저희와 같은 무리로 보아서 가벼이 여기거나, 혹은 관가(官家)에서 천역(賤役)으로 부리게 되면, 이는 막대한 원고(怨苦)를 야기한다"는 이유로 반대하였다.

---

115 이헌창, 「조선 왕조의 정치 체제: 절대군주제」, 『경제사학』, 제41권 3호, p 250.
116 『인조실록』, 인조 4년(1626) 11월 22일. 大司憲、執義、持平啓曰.
117 『인조실록』, 인조 4년(1626) 8월 4일. 諫院啓曰.

결과적으로 대신 이하 내외의 관원들과 여염의 품관(品官)이나 사자(士子) 등은 병사(兵士)의 군역을 지지 않았고, 군사 재정이 부족하여 이들에게도 수포하자는 주장들이 자주 제기되었다. 효종조 때 대사헌 김익희는 "전직 관리, 생원 진사시의 초시 입격자 및 본래 다른 신역(身役)이 있는 자와 심한 질병이 있거나 불구인 자를 제외하고는 귀하고 권세 있는 집 자식, 품관(品官), 향교 학생 및 서얼을 불문하고 나이가 30세 이상이 된 자거나, 과거 공부를 하지 않은 자들로 나이가 25세 이상인 자들에게 각각 1년에 정포(正布) 2필씩을 거두는"[118] 안을 제안하기도 하였다. 그러나 수차의 양역 변통에 관한 논의에도 불구하고 사족에게 군포를 징수하는 안은 실시되지 않았다. 원래 양역 자체가 무거운 부담이었지만, 사족은 제외되고 토지 소유 분화가 진행되면서 양반 호에 편입된 양인은 협호로서 면역하는 경우가 적지 않아, 결과적으로 독립 호로 존속하는 양인 호에 부담이 더욱 가중되었다.

무거운 군포 부담에 대한 원성이 높아, 군역제에 대한 이정(釐正)의 논의가 제기되었다. 숙종조의 최석정은 "부역(賦役)에 이르러서는 사리상 의당 균일하게 해야 하는 것인데, 이름이 양역(良役)에 예속되어 있어도 바야흐로 신포(身布)를 징수하는 반면 은루(隱漏)되어 한가히 지내는 자 또한 수없이 많습니다. 그리하여 백골(白骨)에게 신포를 징수하고 황구(黃口)가 군오(軍伍)에 편입되어 있으므로, 민원(民怨)이 극에 달하였습니다"[119]라고 하였다. 이에 대한 대책으로 호포(戶布)를 징수하는 방법이 제기되기도 했지만, 먼저 지용(支用)을 절감(節減)하고, 다음으로 양역(良役) 가운데 도망자·사망자에 따라 그 명액(名額)을 감할 것을 청했다.

양인들이 부세의 무거운 부담에 의해서건 또는 재해 등 흉년으로 인해

---

118 『효종실록』, 효종 5년 11월 16일. 치국에 대한 대사헌 김익희의 상소문.
119 『숙종실록』, 숙종 25년 4월 26일 左議政, 上論事四條箚.

흩어지고, 양호가 줄면 정해진 호총을 채우기 위해 인징과 족징 나아가 황구첨정(黃口簽丁)으로까지 나아갔다. 이 과정에서 호구 조사는 강화됐으며, 호총이 1672년의 120만 호에서 1732년에는 171만 호로 되었다. 또한 국가가 파악한 양인 군포 부담자의 수는 보다 빠르게 증가하여 숙종조에 30만 명이던 것이 영조조에 50만 명이 되어 그 부담이 증가하고 있었다.[120]

숙종 30년(1704)에는 군역민 1인에게 2필씩을 부담하도록 하는 균일화가 이루어졌다. 비록 균일화로 불균형의 문제가 조금이나마 경감되었지만 절대적으로 연간 면포 2필의 군포는 그 부담자인 50만 호의 상민 농가에게 적지 않은 부담이었다. 면포 2필은 4냥, 피곡 2석에 해당하는 것이었다. 담세 능력이나 풍흉을 가리지 않고 부과되는 군포는 양인의 유망(流亡)을 가져오는 큰 원인이었다.

이러한 문제를 완화하기 위해 양반을 포함하는 호에 호포를 징수하자는 안이 간헐적으로 제기되었다. 또한 호포 징수에 관한 논의는 숙종조에 시작되고 있었지만 결론을 내지 못했다. 경종 1년(1721) 호조 판서 민진원(閔鎮遠)이 말하기를, "양역(良役)의 폐해(弊害)는 수화(水火)보다 심하여 백성들은 모두 도산(逃散)하고 마을들은 이미 텅 비어 버렸습니다. 도둑들이 극성을 부린 것도 모두 이것 때문이므로 변통할 방도를 숙의(熟議)하여 온 지가 이미 오래되었습니다만, 혹자는 호포로, 혹자는 구천으로, 혹자는 결포(結布)로, 혹자는 유포로 대신하자 하여 각자 자기 소견을 고집하기 때문에 끝내 의견 일치를 못 보았다"[121]라고 하였다.

이후 영조는 즉위 26년(1750)에 군포 부담량을 반감하는 균역법(均役法)을 시행했다. 영조 26년(1750)의 균역법은 두 가지 점을 중심으로 성립되었

---

120 "양군(良軍)이라고 일컫고 포(布) 2필(疋)씩을 거두는 것이 숙묘(肅廟) 초년에는 그래도 30만이었었는데, 지금은 50만이 되고 있습니다". 『영조실록』, 영조 28년 (1752) 1월 13일.
121 『경종실록』, 경종 1년 6월 5일.

는데, 첫째, 군역액(軍役額)을 정액화했다. 즉 영조 24년(1748) 작성된『양역실총(良役實摠)』에서 6도의 양역 총액, 즉 양인의 경외군역액(京外軍役額) 도수(都數)가 577,508.5명이었다. 여기서 중앙 5군영 소속의 정병(正兵) 56,575명을 제외한 50여만 명이 순수한 양인 수포군이었다. 둘째, 군역 부담의 균평화를 도모하여, 군역민 1명에 1필을 부담하도록 하는 균평화였다.[122] 그에 따라 5군영의 군포 수입은 100만 필에서 50만 필로 줄었다. 그것이 100여만 냥인데 그중에 먼저 안으로는 각아문, 밖으로는 각영진이 절약해 50만 냥을 줄이고자 하였다. 그러나 군수 경비 중 지급해야만 되는 것이 항상 40여만 냥인데 이 중에 십수만 냥은 어염선세, 선무군관포(選武軍官布), 은여결(隱餘結) 징수로 그에 충당하고, 그래도 부족한 것은 각 영읍이 충당한다. 그리고 서북양도 외의 6도 전결에 1결에 미 2두 또는 전 5전을 징수하여 대략 30만여 냥을 지급한다. 나머지 부족한 것은 여러 도의 전곡(田穀), 양정회록(量定會錄)에서 군작미(軍作米) 10만 석을 이속하여 절반은 조적(糶糴)하여 수한에 대비하는 자금으로 삼는다고 정하였다.[123]

이 과정에서 생겨난 새로운 결세를 결작미라 불렀고, 1결에 전 5전을 징수하는 것을 결전이라 하였다. 영조는 균역법과 함께 1750년 균역청을 설치하여 군포 수입과 기타 결작미, 어염선세 등을 관리하고 해당 관청에 대한 급대를 총괄하도록 하였다. 한편 군포를 반감하고 그에 뒤이어 영조 50년(1774)에 공노의 신공도 2필에서 1필로 반감하였다. 그러나 균역법 이후에도 재정 궁핍은 지속되고, 19세기 중엽에는 전체 호구의 60~70%가 양반화된 가운데 양인의 비중이 18세기에 비하여 반 이하가 되어 부담 계층의 확대가 불가피했다. 양역 변통에 관한 논의는 최종적으로 대원군에 의해 1871년 호포제가 시행되는 과정을 밟았다.

---

122 金甲周, 「朝鮮後期 保人 研究」, 『國史館論叢』 第17輯, 1990, p 196.
123 『만기요람』, 재용편 3, 군역 균역절목.

한편 조선에서 원칙적으로 노비는 군역을 지지 않았으나 임진란을 거치면서 양인과 함께 건장한 노를 동원하여 혼성으로 속오군을 편성하였다. 속오군은 진관 체제에서의 지방군으로 전국적으로 조직되었으며 수령은 병력의 소집과 동원을 담당하고 그 지휘권은 진관의 진영장(鎭營將)이 장악했다. 그러나 재정 문제 등으로 효종 이후 전담영장제가 폐지되고 지방 수령이 병력의 관리·조직·훈련을 모두 맡는 겸영장제(兼營將制)로 전환되었다. 이것은 오군영제가 성립되어 군포제가 시행된 뒤에도 존속되었으나 사실상 군인의 업무를 수행했다기 보다는 잡역에 더 많이 동원되었던 것이다.

이에 따라 영조 12년(1736)부터 속오군의 편성에 양인은 제외되고 점차 천인으로 채워져, 『속대전』에는 천예군(賤隷軍)으로 기록되기에 이르렀다. 전쟁이 종료되고 도성 중심의 오군영제가 정착되고, 지방의 감영, 병영과 수영 등에서 군보를 확보하고자 하면서 속오군은 재정 부담층으로 인식되었다. 숙종 말년에 총융청(摠戎廳) 소속의 모든 속오군에게 속오수미법(束伍收米法)이 적용되고 이후 보편화된 것으로 보인다. 결과적으로 전쟁에 나갈 군대는 오직 속오뿐인데 장실(壯實)한 양정(良丁)은 모두 포(布)를 바치는 것으로 대신하고 피잔무의(疲殘無依)한 부류들로 채워지는 상태가 되었다.[124] 결국 속오군도 군인이 아니라 포만 바치는 수포군화(收布軍化)되었다.

조선의 사족과 노비제는 특별한 것이었고 관련하여 양인의 군역제도 특별한 것이었다. 송나라 이후 중국에서는 화폐 경제가 발전하고 병농분리가 이루어져 국가가 역을 직접 수취할 필요성이 없어졌고 신을 호에서 분리 파악하지 않았다. 한편 일본은 병농분리와 함께 도농 분리도 이루어지고, 또한 역의 수취는 공권력이 직접 개입하지 않고 '무라(村)'와 '마치(町)'의 자치체 내에서의 일정한 규약에 따라 이루어졌다. 조선은 신분제적 부병제

---

124 李謙周, 「6. 지방 군제의 개편」, 『신편 한국사』 30, 2002, p 295

가 유지되고, 이 과정에서 양반이 특권적으로 군역을 면제받아 양인의 부담이 편중되고, 결국 이것이 더욱 사회 분화의 심화를 가져왔던 것이다.

3. 환곡

전통 농업 사회에서 흉년의 기근에 대비하는 식량의 공급방안 마련은 공동체의 가장 중요한 역할 중의 하나였다. 기근에 대비하는 방법은 세 가지 정도가 있다. 하나는 해외에 식량 공급 기지인 식민지를 갖거나 해외 무역을 통해 조달하는 것이고, 다른 하나는 국내에서 상업을 통해 원격지 간의 물류로 재해 지역에 식량을 공급하는 것이며, 이외에 흉년에 대비해 창고에 비축하는 것이다. 주기적으로 흉년을 맞는 조선 사회에서 해외 조달의 방법은 없었고, 원격지 물류나 장시를 통한 조달도 제한적일 뿐만 아니라 농민에게 화폐를 포함한 저축이 없었기 때문에 기본적으로 국가에 의한 비축과 진휼이 중요했다.

역사적으로 진휼을 위한 비축 제도의 운영은 고려조의 의창에서부터 기록을 찾아볼 수 있다. 의창은 빈민에 곡식을 무상으로 배분하거나 춘궁기에 곡식을 빌려주고 수확기에 갚도록 하는 것이지만 궁핍한 농민이 언제나 환납할 수 있는 것은 아니어서 결축은 불가피한 것이었다. 따라서 의창은 국가 재정이 뒷받침해주어야 장기적 운영이 가능했다. 의창의 원곡은 비상 시에 대비하는 군자곡의 의미도 지니고 있었고, 원곡이 일정 기간 내에 새 것으로 순환, 즉 개색이 되고 잘 운영되어 총량이 유지된다면 국가와 민간 모두에게 유익할 수도 있었다. 그러나 비축이 줄면 그것을 보완하는 예비 자원인 군자곡의 흠축이 불가피하여 결국 재정 부담으로 그것을 보전하게 된다.

재정 부담을 경감하기 위해 국가 대신에 민간의 사족이 중심이 되어 운영하는 사창을 설치하는 방안이 제시되고, 15세기 후반에 잠시 실시되었지만 중단되었다. 불가피하게 정부가 제공하는 원곡에 의존하는 의창이 중심적인 진휼의 수단이 되었다. 의창에 의한 진대가 이루어지는 한편 이를 위해 1482년 상평창(常平倉)을 설치하였다.[125] 상평창은『경국대전』에 이미 실려 있었지만 실현되지 않았던 것을 실현한 것이다.[126] 한편 조선조에 최초로 진휼청(賑恤廳)이 설치된 것은 1511년이다.[127] 이후 인조 4년(1626)에 진휼청은 상평청으로 이속되었고,[128] 상평청은 선혜청에 부속되어, 결과적으로 선혜청 내에 진휼청과 합병된 상평청이 존재하게 되었다. 이후 영조 29년(1753)에 상평청이 일시적으로 균역청에 통합되었다가 1756년에 균역청이 선혜청에 합병되면서 다시 선혜청 소속으로 되었다.

상평청은 진휼의 업무가 중요한 것이었지만, 상평(常平)이라는 이름이 말하듯 곡물의 가격을 일정하게 유지하여 흉년에도 비싸지 않은 가격으로 곡물을 조달하고자 하는 목적도 가지고 있었다. 풍년이면 곡천화귀(穀賤貨貴)하고, 흉년에는 곡귀화천(穀貴貨賤)하니 풍년에 화폐를 풀어 곡식을 거두고, 흉년에는 곡식을 풀어 화폐를 거두면 귀한 것으로 천한 것을 바꾸니 거두는 것이 반드시 많을 것이라고 생각하였으나 현실은 간단한 문제가 아니었다. 우선 당시의 국폐가 주로 포이고 동전은 극소량에 불과하며 무엇보다 농민들이 화폐를 비축하고 있지 못했다. 그리고 농민들이 일상에서 사용하는 화폐는 3새의 추포가 중심이고 소액 거래에 사용되었는데 국폐는 5승포가 기준이어서 흉년에 추포를 받고 곡물을 파는 것도 여러가지 난제

125『성종실록』, 성종 13년(1482) 4월 2일
126『성종실록』, 성종 12년(1481) 4월 26일
127『중종실록』, 중종 6년 10월 4일
128 "常平廳, 自國初設立. 賑恤廳, 初自備局句管, 名之爲救荒廳矣. 丙寅, 移屬常平廳, 常平堂上一員, 惠廳堂上兼管".『新補受敎輯錄』. 吏典, 宣惠廳 59. 常平廳·賑恤廳.

가 있었다. 따라서 상평은 사실상 큰 효과를 기대하기 어려웠다. 다만 상평청에서는 인조 11년(1633)에 동전을 발행하여 상평통보라 하였고, 이는 조선 동전의 대명사가 되기도 하였다.

한편 흉년에 곡물의 가격 안정 자체도 지난한 과제이지만 농민의 구매력이 부족해 가격 안정만으로 기근을 면할 방법이 없었고, 무상 배급과 진대를 통한 구휼이 중요하였다. 진휼은 거의 전적으로 환곡에 의존하였고, 완전하게 환상(還上)되는 것을 기대하기는 어려우므로 어느 정도 원곡의 감소는 불가피한 것이었다. 이에 따른 재정 부담을 줄이기 위해 국가는 환곡에 대해 일정한 이식을 취하는 것을 허용하였다.

흉년에 궁민에 대한 진대는 상환이 제대로 되기 어려울 뿐 아니라, 곡식은 저장 과정에서 쥐나 벌레에 의해 자연스럽게 흠축이 생기므로 그것을 보충하기 위해 모곡(耗穀)이라는 명목으로 이자를 받기 시작했다. 그 이자율은 초기에 1/10을 기본으로 하였으나 결손 보충을 위해, 혹은 이서배의 잡다한 횡령이나 지방 정부의 경비 조달을 위해 이자율이 보다 높아졌다. 법제상의 이자율 이상을 징수하고, 또한 환곡을 거둘 때 간색미(看色米), 낙정비(落庭米), 영미(零米) 등 잡다한 명목의 수수료를 부가하는 폐단이 수반되었다.

조선 왕조는 환곡의 모곡 수취율을 10%로 고정시켜 놓고 환곡의 운영에서 일부 부실함을 용인하는 상황이었다.[129] 환곡을 실시하는 기관도 선혜청, 균역청, 상진청(常賑廳) 등 경사(京司) 이외에 4도(都), 감영 그리고 각급 군영(軍營), 군진(軍鎭) 등 여러 기관들로 확대되었다. 장기간 곡식을 비축하는 군영을 비롯한 기관들의 입장에서는 환곡을 시행하는 것이 항상 곡식을 개색(改色)할 뿐 아니라 이식을 얻어 재정을 보충하는 방법이 되었다.

이와 같이 환곡이 흉년이나 춘궁기에 식량을 지급하거나 대여하는 진휼

---

129 문용식, 『조선후기 진정과 환곡운영』, 경인문화사, 2001, p 196.

의 목적을 벗어나 각급 정부 기관들의 재정 보충 수단이 되면서, 이자율이 높아지고 진휼만이 아닌 부세 수취의 한 방편이 되었다. 이에 따라 환총이 많아지고, 다른 한편 고이자율을 피해 부유층은 환곡의 대여를 기피하였다. 이에 따라 호적에 등록된 호를 대상으로 운영된 환곡은 환총은 많은데 대여할 민호가 적어지는 문제도 발생하였다.[130]

환곡은 여타의 전정이나 호정과 마찬가지로 총액제에 의해 운영이 되었다. 즉 중앙에서 파악하고 각 지방별로 배정한 환총의 총액을 군현에서 운영하였다. 군현은 그 이자를 재정 수입의 일부로 삼고 있었기 때문에 지방관은 환총을 운용하고 민호에 배정하여 이식을 징수할 수밖에 없었다. 여기에 향리들이 또 다른 잡다한 부가세를 첨부하고 징수하여 농민들이 괴로울 수밖에 없는 구조였다. 배정을 피할 수 없는 일반 농민들은 고이자율에 시달리고, 기근에 허덕이는 농민들에게 환곡이 진휼 수단이 아닌 수세 수단이 되었으니 그 고통이 가중될 수밖에 없었다.

징수된 모곡은 원곡의 보충 외에 징수한 군현에서 일정한 정규가 없이 수령의 뜻에 따라 관아의 비용이나 접대 등을 위해 처분되었다. 또한 징수와 처분 과정에서 아전들의 농간이 심하였다. 한편 모곡은 지방 정부에서 사용되는 외에 중앙 정부의 재정에도 수입의 일부로 편입되었다. 점차 회록이란 명목 아래 호조에서 모곡의 1/10을 사용하게 되었고, 상평청에서도 재정을 확보하는데 환곡의 모곡을 이용했다. 이후 비변사, 선혜청, 균역청, 상진청(常賑廳) 등 서울의 각 아문(京司)과 외아문인 4도(都), 감영 등 각급 관청을 비롯한 군영, 군진(軍鎭) 등 여러 관청들도 회록하게 되었다.[131]

환곡 운영에서 새롭게 나타난 현상은 상품 화폐 경제의 발달에 편승한

---

130 함경북도의 사정에 관해 "환곡의 총수는 해마다 증가하는데 민호(民戶)는 해마다 감소하고 있어 이것이 참으로 지탱하기 어려운 폐단이라고 합니다"라고 보고하고 있다. 『순조실록』, 순조 10년(1810) 3월 18일.

131 梁晋碩, 「1. 삼정의 문란」, 『신편 한국사』 32, 2002, p 314.

화폐납의 도입이다. 화폐를 대여하고 곡물을 받는 전환(錢還)과 환곡의 대전납(代錢納)을 허용함으로써 환곡 운영에 화폐가 사용되었다. 이로써 환곡 운영의 융통성은 커진 반면 그로 인한 폐단의 여지가 더욱 커졌다.

재정 궁핍과 재정 지출의 증대는 환총을 감소시키고 있었다. 순조 33년 (1833) 영의정 이상황(李相璜)은 환곡을 다 나누어 주고, "모곡(耗穀)을 받아낸 것으로써 서울과 외방의 각영(各營)과 아문(衙門)에서 한 해 동안 지출할 비용으로 보충하기 때문에, 창고에 있는 것은 겨우 명색뿐입니다"라고 하였다.[132] 그는 처음에는 호조나 각사에서 모곡의 수입 가운데서 떼 줄 것을 청했지만 점차 원곡을 덜어내어 창고에는 명색뿐이고 실제로 남은 것은 거의 없다고 하였다.

또한 환곡은 공적인 재정의 보충이 아닌 아전들의 사적인 이익을 위해 경영되고, 다양한 방법으로 횡령이 이루어졌다. "지방의 감영(監營)과 고을 창고들에서 고리대를 하는 폐단은 이루다 말하기 어렵습니다. 전라도 감영 (完營)에 있는 균역고(均役庫)와 진휼고(賑恤庫) 두 창고만 보더라도 기록에 남은 항목의 돈이 담당한 아전(衙前)들의 농간에 의하여 공적인 재산이 사적인 이익으로 경영되니 감영 백성들의 화근으로 되어온 지 오래입니다" 라고 하여 그 두 창고의 고리대 문제를 완전히 혁파해야 한다고 하였다.[133] 심지어는 "가을에 현창(縣倉)에 바치는 것은 알곡이었는데 봄이 되어 환곡을 받은 것은 쭉정이뿐이니, 이것이 참새나 쥐가 축낸 것이겠습니까? 기러기나 따오기가 채간 것이겠습니까?"라고 하는 형편이었다.[134] 그러나 여기서 주목할 것은 환곡은 기본적으로는 쌀이 아닌 벼를 기준으로 운영되고, 한자 '곡'은 또한 단단한 껍질을 가진 벼를 뜻한다는 것이다.

18세기 전반에 벼로 5백만 석 정도로 추정되는 환곡이 1760년 무렵에 약

132 『순조실록』, 순조 33년(1833) 11월 25일.
133 『고종실록』 1권, 고종 1년(1864) 2월 10일.
134 『고종실록』 17권, 고종 17년(1880) 12월 28일.

932만 석이 되고,[135] 1807년에는 만기요람에 의하면 9,995,599석으로 거의 친만 석에 달했다.[136] 1807년 이후 환총은 감소하여 1862에는 전국 각도의 환총이 약 800만 석으로 20% 정도 감소했다.[137] 그러나 19세기 말에는 환총 중에서 쌀의 비중이 약 30%라면, 1868년에는 약 45%로 증가하여,[138] 쌀로 환산한 환총은 1797년에 554만 석, 1807년에 584만 석, 1862년에 507만 석 정도로 차이가 줄어든다.[139] 그 내부 구성을 보면 비용 충당을 위해 설치된 환곡은 오히려 증가하고, 진휼을 위한 환곡이 크게 감소하였다. 그리고 감소된 환곡도 장부상의 수치이고, 실제로 보유하고 있는 것은 50%를 약간 상회하는 수준이었다.[140]

한편 환곡을 통한 재정 수입이 어느 정도인가는 1797년의 사례를 보면 환총이 938만 석, 그중에 71.4%인 670만 석이 분급되고, 그 10%인 67만 석의 모곡 수입이 있었고, 그 외에 수입인 가입(加入)이 6만여 석이 있어서 환곡 계정의 총 수입이 73만 석이었다.[141] 이것을 당시의 환총의 절미율 약 60%로 쌀로 환산하면 약 42만여 석에 달하는 것이어서, 공식적인 정부 재정 180만여 석의 23%여에 달하는 높은 비중이었다.

그러나 19세기 중엽 환총이 감소함에 따라 분급율을 높여 재정 수입을 유지하고자 했지만, 특히 상진청 그리고 비변사곡이 감소하고, 허류곡의 비

135 문용식, 『조선후기 진정과 환곡운영』, 경인문화사, 2001, p 153.
136 『만기요람』. 재용편 6, 환총.
137 오일주, 「조선후기의 재정구조의 변동과 환곡의 부세화」, 『실학사상연구』 3, 1992, pp 82-83.
138 환총 중 미의 비중이 1788년에 경상 27.9%, 전라 35.2%에서 1860년에는 경상 46.2%, 전라 44.7%로 증가하였다. 오일주, 같은 논문, p 99.
139 오일주, 같은 논문, p 100.
140 문용식, 같은 책, pp 248-249.
141 『穀總便攷』(규장각 소장). 박이택, 「17, 18세기 환곡에 대한 제도론적 접근: 계량적 규제체계의 역할을 중심으로」(이헌창, 『조선후기 재정과 시장』, 서울대출판부, 2010), p 184.

중이 증가하고 있었다.[142] 결과적으로 19세기 중엽 이후 백징이 늘어나고, 농민의 저항이 높아지면서, 환곡을 폐지하고 토지에 부과하는 방안이 논의 되었다. 철종 13년(1862)에 판부사 김흥근(金興根)은 "모곡(耗穀)을 가져다 가 경용(經用)에 쓰는 것이 비록 옛 법은 아니라 하나, 지금 모곡을 취하지 않는다면 과연 급대(給代)할 방법이 없습니다. 그래서 환상(還上)을 파하고 전결(田結)로 귀결시키고자 한 것"이라고 하였다.[143] '파환귀결(罷還歸結)' 의 방식은 환곡을 폐지하는 대신에 토지세를 부과하는 결작전(結作錢)을 통해 재정 수입을 얻고자 하는 것이었지만, 이는 진휼과는 이미 관계가 없 는 것이었다.

4. 재정의 규모와 구조 및 부세 부담

조선 후기의 재정 제도의 중심적 변화는 대동법의 실시로 재정 수입의 중심이 전세에서 대동으로 전환된 것이다. 한편 균역법의 실시로 군포 수 입이 줄고 결작미가 첨부되고 또한 임진왜란 이후의 삼수미가 징수되었다. 정세 이외에 잡다한 명목의 잡세와 부가세가 징수되어 농민의 조세 부담은 가벼운 것이 아니었고, 또한 그것이 불균(不均)한 데서 오는 여러 문제가 있었다.

조선 왕조의 총괄적인 재정 상태를 파악하기 위해서는 공식적인 재정 수입의 규모를 파악하는 것이 우선적이다. 다음 〈표 6-11〉은 정조 18년 (1794)에 편찬된 『부역실총』의 자료를 토대로 물종, 사용처별 부세의 납부 및 지출을 보여주고 있다. 각 읍, 즉 군현과 각 영진(營鎭)에서 징수한 전,

---

142 오일주, 같은 논문, pp 102-109.
143 『철종실록』, 철종 13년(1862) 윤8월 11일.

미, 목, 포, 두류, 전미, 조, 잡곡 등 여러 물종별 징수액을 경사, 각 영진, 본읍, 본 영진, 하납 등으로 납부, 즉 지급한 내역을 일목요연하게 정리한 것이다. 하납은 지방 관청에 납부한 것을 의미한다. 다만 『부역실총』에는 함경도와 강원도에 관한 자료가 누락되어 실제보다 약간 과소 평가되어 있다는 것을 유의해야 한다.

〈표 6-11〉에서 보듯이 지방관으로부터 중앙에 상납되는 각종 부세는 징수한 것만큼 다양했고, 동전이 약 132만 냥, 쌀이 49만 석, 면포 39만 필, 포 6만 필, 두류 8만 석, 기타 소량의 전미, 벼, 잡곡 등이 상납되었다. 징수액에 대비한 경사에의 상납 비중을 보면 동전이 43%, 쌀 64%, 면포 55%, 포(삼베) 94%, 두류 87%, 전미 64%, 벼 10%, 잡곡 18%의 비율로 서울로 상납되고 있었다.

동전의 경우, 중앙으로 상납되는 비중이 43%여서, 쌀이나 면포 두류 전미에 비해서 상당히 낮은 수준이었다. 절반 이상의 동전이 지방에서 수취, 지출됨으로써 중앙 재정에서 동전이 차지하는 비중이 다른 물종에 비하여 낮았다. 중앙에 상납되는 동전을 쌀로 환산하면 1석=5냥으로 계산할 때 26만 4,838석이고, 이 중에서 '각 읍'이 25만 6,953석, '각 영진 등'이 7,885석을 차지한다. 한편 지역별로 동전이 중앙에 상납되는 비율을 보면 경기가 75.5%로 가장 높고, 충청도 59.7% 등으로 대체로 서울에 가까운 지역에서 동전 상납 비율이 높았지만 〈표 6-11〉에는 제시되어 있지 않다.

경사 중에서 중앙 정부의 중심적 재정기관은 전세와 삼수미를 관장한 호조, 대동미를 관장한 선혜청, 결미를 관장한 균역청 등이고 군포를 관장한 병조도 중요했다. 이 밖의 중앙 기관들도 별도의 수입원을 가지고 있는 것들이 있지만, 이들 중심적 재정기관이 여타 중앙 각사에 필요 경비를 이전하여 주었다.

조선의 현물 재정은 원칙적으로 일종의 물재 밸런스(物材均衡) 방식이고 현물로의 수입과 지출이 균형되도록 하는 것이 원칙이었다. 물재 밸런스 방식이란 생산물의 종류별로 수입과 지출을 맞추는 것이다. 물론 모든 품목의 현물 수입과 현물 지출은 불가능하고, 특히 대동법 이후 쌀로 받아서 필요 물자를 구입하는 등의 교환이 이루어져 물재 밸런스 방식이 약화되지만 물재 밸런스에 토대한 현물 재정은 여전히 중심적인 것이었다.

화폐는 보조적이지만 18세기 말에는 전체 부세 징수의 약 1/3을 차지하여 비중이 적지는 않았다. 그러나 부세 물종 간 환산에 적용되는 가격, 즉 작전식(作錢式)은 일종의 환산과 집계에 필요한 회계 가격의 역할을 하고 시장 가격과는 다른 것이다. 따라서 지방관이나 상인이 이러한 고정된 법정 가격과 시장 가격의 차이를 이용하는 일종의 재정 거래(arbitrage)를 통해 수익을 추구할 가능성이 있었다. 정부는 현물의 물류 비용을 줄이는 원칙에서 산군 지역과 연해군을 구분하여 군현별로 상납할 물종을 분리, 규정하였다. 이것은 지방관의 재정 거래를 제어하는 역할을 하지만, 이것만으로 재정 거래를 방지하기 힘든 구조였다.

〈표 6-11〉 물종·사용처별 부세 납부 및 지출

(단위: 합계의 ( )은 %)

구분		경사	각영진 등	본읍	본영진 등	하납	합계
각읍	전(냥)	1,284,765	380,200	665,603		91,439	2,422,007
	미(석)	459,740	18,678	207,189		26,488	712,095
	목(필)	369,454	120,529	42,996		47,299	580,278
	포(필)	62,489	5	50		3,672	66,216
	두류(석)	74,455	536	8,583		771	84,345
	전미(석)	865		490			1,354
	조(석)	8,229	467	65,436		578	74,710
	잡곡(석)	892	232	10,376			11,504
각영진 등	전(냥)	39,423	3,839		587,328		630,590
	미(석)	28,056	243		28,016		56,316
	목(필)	18,407	84		106,136		123,627

구분		경사	각영진 등	본읍	본영진 등	하납	합계
	포(필)				228		228
	두류(석)	4,058	15		2,220		6,294
	전미(석)	14					14
	조(석)	284	122		9,003		9,409
	잡곡(석)	2,074			3,347		5,421
합계	전(냥)	1,324,188(43)	384,039(13)	665,603(22)	587,328(19)	91,439(3)	3,052,598
	미(석)	487,797(64)	18,921(3)	207,189(27)	28,016(4)	26,488(4)	768,418
	목(필)	387,861(55)	120,613(17)	42,996(6)	105,136(15)	47,299(7)	703,905
	포(필)	62,489(94)	5(0)	50(0)	228(0)	3,672(6)	66,444
	두류(석)	78,513(87)	551(1)	8,583(10)	2,220(3)	771(1)	90,639
	전미(석)	878(64)		490(36)			1,368
	조(석)	8,513(10)	589(1)	65,436(78)	9,003(11)	578(1)	84,119
	잡곡(석)	2,966(18)	232(1)	10,376(61)	3,347(20)		16,922

자료: 김재호, 「조선후기 중앙 재정과 동전-『부역실총』을 중심으로」-, 『경제사학』 제44호.

다음 〈표 6-12〉는 각 도에서 징수한 부세의 사용처 즉 납부처를 구분하여 표시한 것이다. 앞의 〈표 6-11〉에서도 보았듯이 각 군현 따라서 각 도에서는 동전, 미, 면포 등등의 각종 물색으로 부세를 수취했고, 또한 각 물종별로 각 정부기관에 납부하고 사용했지만 〈표 6-12〉에서는 각종 물종을 모두 쌀로 환산하여 표시하였다. 미로의 환산은 『만기요람』 재용편의 작전식에 의거하여, 미 1석=전 5냥, 포목 1필=전 2냥, 전미 1석=전 4냥, 조 1석=전 2.5냥, 태두 1석=전 2.5냥으로 계산하였다.

〈표 6-12〉에서 보듯이 부세의 총액은 미로 환산하면 총 약 178만 석이고, 중앙 즉 경사에 상납분이 978,176석으로 약 55%를 차지한다. 지방 잔류가 804,135석으로 45%이지만, 이 중에서 본읍 잔류는 399,080석(22.4%)이고 나머지는 지방 잔류도 많은 부분이 사실상 관직이 높은 부서에의 상납분이었다. 통제사, 관찰사, 절도사 및 영장(營將) 등의 제관은 그 품계가 목사, 부사보다 위에 있으므로, 지방관이 조금 납기를 지체하면 바로 이원(吏員),

예졸을 파견하여 독촉하였다. 그러나 중앙 각사의 수입 중에도 궁방전 수입이나 환곡 등 누락분이 있지만, 지방 재정에는 특히 환곡과 함께 민고가 누락된 것이 많아, 실제의 지방 재정의 크기, 그중 '본읍'의 경비가 〈표 6-12〉의 약 40만 석의 두 배 이상이었을 가능성이 크다.[144]

한편 지방별 경사에의 상납 중에서 총액으로는 경상도가 가장 많은 31.2%를 차지하고, 그다음에 전라도 27.8%, 충청도 15.4% 등의 순이었다. 지역별 부세 징수액 중에서 중앙의 경사에 상납한 비중을 보면 전라도가 69%로 가장 높고, 충청도 68%, 경기도 65%, 황해도 61% 등으로 큰 차이는 없다. 그러나 경상도는 45%로 낮고, 평안도는 25%에 불과했다. 경상도가 중앙 상납 비율이 낮은 것은 일본과의 공무역을 비롯한 지방 재정의 지출로서 특별하게 '하납'이 6만 6천 석 있었고, 국방을 위한 영진(營鎭)에 대한 지급이 많았다. '하납'은 조일(朝日)무역을 위해 동래부로 납부하는 것이었다. 한편 평안도는 주로 사행과 사신 접대에 따른 경비 지출을 위해 부세를 비치하여 현지에서 사용하도록 하여 중앙 상납 비율이 낮았다.

〈표 6-12〉 각 도별 부세의 사용처[145]

(단위: 미환산 석, %)

	경사 (京司)	경사 비율	각 영진 등	하납 (下納)	본읍 (本邑)	본영진 (本營鎭) 등	합계	비율(%)
경기	56,992	65	1,098		29,992		88,082	4.94
충청	186,937	68	12,367		70,955	3,269	273,528	15.35

---

144 전라도 지방의 경우 지방 재정에서 민고가 차지하는 비중은 예외적으로 낮은 경우들을 제외하면 대체 30~50%를 차지하였다. 김덕진, 「조선후기 지방관청의 민고 설립과 운영」, 『역사학보』 제133집, p 72.
145 합계는 환산이 용이한 미류, 두류, 잡곡, 포목류, 동전에 한정됨. 미환산은 만기요람의 작전식에 의함. (미 1석=전 5냥, 포목 1필=전 2냥, 전미=전 4냥, 조 1석=전 2.5냥, 태두 1석=전 2.5냥. '각영진등'과 '본영진' 등은 중복이 존재, 합계는 중복을 무시한 합계액임.

	경사(京司)	경사 비율	각 영진 등	하납(下納)	본읍(本邑)	본영진(本營鎭) 등	합계	비율(%)
전라	340,737	69	31,948		84,527	37,653	494,865	27.77
경상	252,054	45	33,650	65,939	119,798	85,033	556,374	31.22
황해	83,295	61	15,124		18,319	21,041	137,779	7.73
평안	58,162	25	60,452		75,489	47,582	231,684	13
합계	978,176	55	144,839	65,839	399,080	194,578	1,782,311	100
비율	54.88%		8.12%	3.69%	22.39%	10.92%	100.00%	

자료: 김재호, 「조선후기 중앙 재정과 동전-『부역실총』을 중심으로-」, 『경제사학』 제44호.

그런데 『부역실총』에서의 부세 수입 총액의 약 55%가 중앙에서 사용되고, 지방 본읍의 사용 비율이 22.4%에 불과한 것은 개항기와는 다른 특징을 보여주고 있다. 갑오개혁기의 『결호화법세칙』에 의하면 1893년 이전 3개년 평균 세입을 500만 원(圓)으로 개산(槪算)하고, 그중에 왕실 및 중앙 정부의 경비가 2,110,297원(42%), 감영 경비 27만 원(1개소에 3만 원씩 9개소), 유수(留守) 경비 5만 원(1만 원씩 5개소), 지방대비(地方隊費) 87,567원 등을 제외한 나머지 2,472,136원(49.4%)을 '각읍의 경비'로 파악했다.[146] 1894년 당시에 직원 급여를 계산할 때 비록 시세에 못 미치지만 공식적으로는 미 1석=15냥=3원으로 계산하였다. 따라서 부세 총수입을 미로 167만 석으로 파악한 것이고, 그중에 71만 석 정도를 중앙 각사로 상납하고, 14만 석 정도를 감영·유수·병영 등에 납부했으며, 82만 석 정도를 각읍에서 사용하였다는 의미이다.

『결호화법세칙』의 통계에서 중앙 각사의 수입은 1893년 이전 3개년의 평균치를 여러 현물로 징수된 부세를 일정한 비가로 계산하여 모두 화폐 금액으로 환산한 것이었다. 다만 부세 총수입을 500만 원으로 파악한 것은 어림수로 개산(槪算)한 것이어서, 명료하지는 않지만 정부기관이 추산한

---

146 『結戸貨法稅則』(서울대 규장각 소장).

것이므로 어느 정도 신뢰할 수 있는 것으로 생각된다. 일단 『결호화법세칙』의 통계를 『부역실총』에 비교하면 먼저 부세 총액이 178만 석에서 167만 석 정도로 약 6% 감소한 것으로 나타나지만, 이는 재정 규모가 줄었다기보다는 화폐로 환산할 때 쌀 가격만큼 면포와 마포의 가격이 덜 오른데 기인하는 바가 크다. 달리 말해 『부역실총』에서는 미 1석=5냥, 전미 1석=4냥, 태(太) 1석=2.5냥, 포목 1필=2냥으로 절전(折錢)하였지만, 『결호화법세칙』에서는 미 1석=15냥, 전미 1석=12냥. 태 1석=8냥, 포목 1필=5냥으로 절전하였다. 미가는 3배 상승했지만, 미 다음으로 비중이 큰 포목이 2.5배 밖에 상승하지 않고, 결과적으로 미로 환산한 부세 총수입이 감소했지만 사실상 절대적으로 징수액의 변화는 거의 없었다고 할 수 있다.

그러나 부세 수입에서 차지하는 중앙 정부와 각읍의 경비가 차지하는 비중에 커다란 변화가 나타난다. 먼저 중앙 정부 수입은 98만 석(55%) 정도에서 71만 석(42%) 정도로 감소하고, 비중이 13% 하락하여 중앙 재정 궁핍화의 실상을 잘 보여준다. 그러나 '각읍의 경비'와 기타 영진(營鎭)의 비용 등을 합한 것은 45%에서 58%로 증가하고, 특히 '각읍의 경비' 비중이 크게 높아졌다.[147] 이것은 19세기에 종래와 달리 중앙이나 감영 등의 수입을 줄여서 각읍에서 사용한 비중을 높인 것이다. 그 원인을 설명하기는 어렵지만 세도 정치 아래 삼정과 지방 행정이 문란하였던 사회 현상이 재정 현상으로 발현된 것일 수 있다. 상대적인 것이지만 중앙 재정이 더욱 궁핍해졌고, 지방 재정은 방만해졌다. 19세기에 규정 이상으로 이액(吏額)이 증가하고 있었고,[148] 다른 한편 18세기 지방 경비로 사용되었지만 은폐되었던, '계판' 외의 '민고' 등 일부가 지방 재정 수입으로 추산되어 산입된 결

---

147 『결호화법세칙』에서의 '각읍의 경비'는 49.4%로 추정되어, 『부역실총』에서의 '본읍' 22.39%와 '본영진' 10.92%의 합계인 33.31%를 크게 능가하고 있다.
148 장동표, 『조선후기지방 재정연구』, 국학자료원, 1999, pp 112-118. p 144.

과일 수도 있다. 여하튼 갑오개혁기에 실제상의 지방 재정 경비를 개략적으로 파악한 결과 '각읍의 경비'가 부세 총수입의 49% 이상에 달하고 있었다는 평가이다.

조선조 재정제도의 특징은 비록 조선 후기에 동전의 사용 비중이 높아지기는 했지만 현물납이 원칙이고, 정부 각 기관별로 독자적인 수입원과 지출을 가지고, 현물로 그 수입과 지출을 균형잡는 것이다. 점차 현물은 미곡의 비중이 커지고, 기관별 수입원을 국용전제 등으로 통합하고자 했지만 초기의 구조가 여전히 남아있었다. 조선 후기에는 동전의 유통이 증가하면서 지역에 따라 편의적으로 화폐로의 납부, 즉 대전납(代錢納)을 허용했다. 소위 주나라 이래의 구부환법(九府圜法)을 이용하고자 포와 전을 국폐로 규정하고 여타 현물과의 교환가를 정했다. 달리 말해 각종 기관에서 각종 물색을 징수하고, 사용하는 것들 사이의 유통을 위해서는 화폐가 필요했다. 그러나 가격은 가산제(oikos) 경제의 관리적 회계를 위한 회계 가격(accounting price)이고, 정부의 설정 가격이 변동하는 시장의 가격을 반영한 것이 아니었다.

화폐의 이용에도 불구하고 조선의 재정은 제도적으로 재정 기구가 통일되어 있지 않고, 분립자판제(分立自辦制, divisional self-support system) 현물 재정 체제로 운영되었다. 다음 〈그림 6-9〉는 조선 후기 재정의 분립자판제를 그림으로 보여주는 것이다. 토지는 민전과 왕실·관유의 국유전으로 구별될 수 있다. 국유전의 부세는 일부가 토지 소유 기관에 의해 직접 수취되고 그들 기관이 사용하였다. 그러나 민전과 국유전의 일부를 포함하는 대부분의 토지에서의 부세는 지방 군현이 수취하여 그중 일부를 지방 경비로 존류시키고, 나머지를 중앙의 각사와 왕실로 상납하였다.

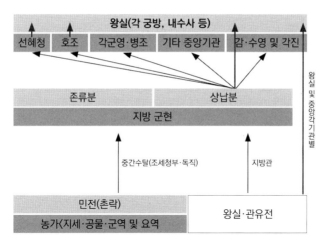

〈그림 6-9〉 조선 후기의 분립자판제 현물 재정

　중앙의 각사에는 관제상으로 대동미를 관할하는 선혜청, 전세를 관할하는 호조 그리고 삼수미, 결작미, 포량미, 군보 등을 관할하는 친군영을 비롯한 각 군영과 병조 등이 중요한 재정 관서였다. 대동이나 전세 삼수미 군보 등등의 수입은 각각 모두 미, 전미, 대두, 포·목 등의 여러 현물로 징수되고 일부는 전(錢)으로 상납되었다. 수입 금액의 크기로는 대동, 전세, 군보, 삼수미, 결작미 등의 순서이다.[149] 이 중에서 선혜청과 호조는 수입의 일부를 왕실로 이전했다. 호조와 선혜청은 공인들에게서 구입하거나 제작한 재화를 대전, 중궁전, 왕대비전 등 여러 왕실에 공상하였다.[150] 왕실은 선혜청과 호조 등의 공재정에서 15만 석 정도, 그리고 중앙 관서를 거치지 않고 수취한 것이 약 10만 석 정도 해서 총 25만 석 정도를 수취하였다.[151]

---

149 『結戶貨法稅則』(서울대 규장각 소장). 참조.
150 이영훈, 「19세기 서울 시장의 역사적 특질」 (이헌창, 『조선후기 재정과 시장』, 2010), p 403.
151 조영준, 「조선후기 왕실재정의 구조와 규모: 1860년대 1사4궁의 재정 수입을 중심으로」 (이헌창, 『조선후기 재정과 시장』, 서울대 출판부, 2010), p 131.

따라서 왕실을 포함한 중앙 관서의 재정 총 규모는 약 110만 석이 되었다. 이들 중요 재정 관사 외에도 장악원, 돈녕부, 내수사, 내자시(內資寺), 사포서(司圃署) 등 세분된 다양한 각사별로 상납이 이루어지고 있었다. 또한 주요 세목들 외에 다양한 잡세로 징수하는 세목의 종류도 대단히 번잡했다. 왕실의 수입은 선혜청과 호조 등 중앙 재정 관서를 통한 수입과 함께 지방관이 직접 납입한 것 그리고 스스로 직접 궁방전에서 수취한 것 등이 있었다.

조선 정부의 재정 제도는 수조지 봉건제의 특성에 따라 원래는 정부 각 기관별로 별도로 수조하는 토지를 가지고 있었으나, 국용전제의 시행과 녹봉제의 실시로 공사전의 구분은 없어지고 대부분의 토지는 민전이 되었다. 그러나 일부에는 궁방전과 역둔토 등의 국·공유 면세지가 존재하고, 각 지역별로 능원묘위, 각아문, 각궁방, 각양잡위 등 토지로 세분하여 등록되었다. 조선 후기에 정부 재정을 위한 출세지는 수조지 분여에 의한 토지 그 자체의 기관별 수조지 구분은 없으졌으나, 종래와 같이 지방관에 의한 중앙 각 기관에 대한 개별적 상납과 중앙 각 기관의 별도의 '응입(應入)' 즉 수입과, '용하(用下)' 즉 지출 용도를 가지고 있었다.

한편 중앙 관서에서 수입하는 부세의 원천은 30여종에 달하는 다양한 것이었다. 그중 대동미, 전세, 잡비역가류, 군보류, 결전 및 삼수미 등이 중요한 것이었고, 이 외에도 어염선세 노비공, 장인세(匠人稅)와 장세 등 다수의 부세 항목이 존재했으며, 이것들을 각종의 현물과 화폐로 상세히 구분하여 수취하고 있었다. 이러한 개별 정부 기관에 의한 다양한 현물 징수는, 기관별로 현물별 수입과 지출을 원칙적으로 균형을 맞추는 물재 밸런스 방식이고, 이는 가산제(oikos)적 국가 재정에서 비롯된 것이며, 고전적 사회주의에서도 실현되었다. 이러한 경제에서 화폐를 사용하고 대전가를 책정하는 것은 구부환법(九府圜法)에서 재화를 맡은 각 관청 사이의 재화의 교환과 회계를 위한 것이었다. 갑오개혁 이전의 조선 경제에서 재정의

기본 제도는 현물 재정이고 화폐는 사용되었지만 시장 경제가 자원 배분의 중심은 아니었다.[152]

분립자판적 현물 재정의 특징을 지방 군현의 상납질(上納秩)에서 군현이 직접 각급 중앙 및 지방 관서에 미, 대두, 목면, 포, 전 등을 상납하는 것을 통해 확인할 수 있다. 다음 〈표 6-13〉은 19세기 말 전라도 1현의 상납 내역을 기관별, 물종별로 나타낸 것이다. 표에서 보듯이 군현에서 이미 각 상납 관서별로 납부할 물종을 각각 별도로 파악하여 상납하고 있었다. 같은 호전에 속하는 기관이라도 광흥창, 군자감, 호조, 사복시 등을 각각 구분하여 상납하였다. 또한 필영, 친군영, 친군별영, 병조 등도 각각 구분하였다. 이외에 덕은궁, 은언궁 등 각 궁방에 대한 상납이 구분되어 분립자판적 현물 재정 제도를 가지고 있었음을 확인할 수 있다. 이외에도 감영과 병영 그리고 수영 등의 각영과 수군 각진의 첨사 등에게도 별도로 상납이 이루어지

---

152 한편 이러한 경제의 특징을 '재분배 체제'라고 부르고, 재분배 체제와 관련하여 동전은 국가에서 "지불 수단으로 발행되어 가치 저장물로서 창고에 축장되는" "상품 화폐의 하나"였다고 한다. (이헌창, 『조선후기 재정과 시장-경제체제론의 접근』, 서울대출판부, 2010. 김재호, 「조선후기 중앙 재정과 동전: 부역실총을 중심으로」, 같은 책). 전근대 사회는 시장 경제가 아니고, 사회 통합에서 국가적 물류의 역할이 큰 점에서 재분배 체제이고, 동전은 금속 화폐인 점에서 상품 화폐의 하나이고 국가에서 발행된 것이다. 그러나 '재분배 체제'는 유통 영역에서 시장 경제와 구분되는 전근대적 체제라는 점 외에는 생산·분배 영역 등에 관한 이론적 개념이 없다. 한편 화폐가 '국가 발행의 지불 수단'이라는 것은 화폐의 2개 본질적 기능 중에서 '가치 척도' 기능을 '교환의 매개 수단' 보다 중시하는 것이고, 강제 통용력을 통해 신용 화폐의 '가치 척도' 기능을 실현한다는 함축성을 가지고 있다. 동전은 교환의 매개 수단으로 사용되어 온 역사적 축적이 있고, 금속 함량과 분리된 계수 화폐적 성격이 없지 않아, 이들 바탕으로 소재 가치와 괴리된 대전을 발행하고자 하기도 했지만 실패하였다. 동전은 저위 화폐(base money)임에도 '계산의 단위'가 금속 중량에서 독립된 신용 화폐는 아니었고 그 가치가 소재 가치에 의존하는 금속 화폐였다. 따라서 동전의 경우, '국가 발행의 지불 수단'이 함축하는 강제 통용력 부여라는 의미는 제한적이다.

고 있었다. 그리고 여도, 이진, 고돌산 등의 각 진에는 화폐납이 이루어졌지만 이것들은 대전납한 것이었다.

〈표 6-13〉 전라 1현의 상납 조사

경성 상납		미 (석)	대두 (석)	목면(필)	포(필)	전(냥)
	광흥창		167			
	군자감	241				
	필영(泌營)	134				
	친군영	171		87		390
	친군별영			27		177
	선혜청		60	12	16	1,252
	균역청					942
	덕은궁(德恩宮)	110				
	은언궁(恩彦宮)					64
	의정부					25
	중추부					21
	종친부					12
	의금부					7
	호조					46
	병조			116		233
	장악원					24
	사복시					53
	홍문관					44
	규장각					7
	기노소					5
감영 상납		7				1,178
병영 상납						68
수영 상납	좌수영					48
	우수영					8
	각지 첨사 등 (여도, 이진, 고돌산, 화포(鈇浦) 등)					583

* 자료: 『通商彙纂』, 1899, 재목포영사관보고.

조선의 재정제도는 재정기관이 통일되지 않고, 금납화가 이루어지지 않은 분립자판제 현물 재정 체계라는 특징을 가지고 있다. 근대화를 위해서는 재정기관을 통일하고, 관료제를 근대화해야 하며, 금융기관을 정비하고 중앙은행을 설립하는 등의 노력이 필요하다. 화폐 재정을 실현한 바탕 위에 공업화를 추구하는 외에 다른 방법은 생각하기 어렵다. 관련하여 중앙과 지방의 관제를 개혁하여 문무 용원을 도태시키고, 관료의 급여를 국고에서 지불하는 근대 관료제가 필요했다. 또한 토지를 실측하여 조세 수입원을 분명히 하고, 부세의 징수 절차를 간명하게 할 필요가 있다. 이외에도 국세, 지방세를 구별하고 국고 제도를 마련하여 국세는 모두 중앙 정부에 납입되어 일목요연하게 관리해야 한다. 이 사항들이 갑오개혁 이후 정부가 추진한 방향이었다고 할 수 있다.

한편 조선 왕조의 재정 상태의 총괄적인 특징을 『육전조례』(1865년)에서 보면 중앙 재정으로 수취한 조세 수입 약 1,000,696석의 대부분은 식료 및 의류 등 대중 소비 대상의 현물이고, 일부는 동전으로 수취하였다.[153] 이들 현물 수입의 일부는 시전이나 공인들을 통해 시장에 판매되고 보다 직접적으로 필요한 여러 상품으로 교환되고 있었다. 이 과정에서 한성 인구 20만 명의 미곡 소비량 추정치 100만 석 중 거의 반 정도는 재정을 통해 공급되었다고 볼 수 있다. 그리고 목·포로 징수된 부세도 도시민의 의생활에 불가결한 것이었다.

앞서 살펴본 〈표 6-11〉, 〈표 6-12〉의 재정 규모는 공식적이고 결과적인 정규 세입만 살펴본 것이다. 정규세를 창고에 납입하고, 한성으로 운반하는 비용 그리고 각 군현별로 읍징 및 민고조라 지방 재정 및 징수 과정에서의 향리들에 의한 잡비 징수 등 부가적 항목들이 추가로 징수되었다.

조선 후기에 농민이 부담하는 공식적인 부세는 토지 1결당 전세 4~6두,

---

153 김재호, 「조선후기 중앙 재정의 운영: 육전조례의 분석을 중심으로」, 『경제사학』, 제43호. p 10.

대동미 12~15두(『속대전』에서 수전과 한전을 막론하고 1결에 12두로 규정했으나, 해서에서는 결수미(結收米)라는 명목의 조세를 대동미와 함께 징수하여 15두였다), 결작미 2두, 삼수미 1.2두 등이다. 이것들을 합하면 1결당 미 19~24두에 달한다. 그러나 이외에 지방 재정을 위한 치계시탄가(雉鷄柴炭價) 4두가 더해지고, 이외에도 잡다한 명목의 부가세가 있었다. 『만기요람』(1808)에서는 전결의 부담을 '1부에 1두(今每一負, 出租一斗)'로 규정했는데, 벼 100두는 쌀로 환산하면 백미 40두이다. 1결의 생산량 조 600~800두에서 평균 14~15%의 비중을 차지했고, 전(田)도 동일하였다. 그러나 뒤의 〈표 6-14〉에서 보듯이 이외의 민고조 등이 더해져 실제의 농민 부담은 45~50두에 달했다.

이제 보다 구체적으로 부세가 부과되는 방식을 정약용의 『목민심서』 호전에서의 '연분대개장(年分大槪狀)'과 '계판(計版)'을 근거로 파악하여 보자. 정약용에 의하면 부세는 수납자를 중심으로, 구분하면 국가에 상납하는 정세인 국납, 국납에 따른 운반 등에 필요한 각종의 부가세인 선급, 고을의 잡다한 경비를 위한 읍징으로 구분될 수 있었고 이것이 '계판'에 기록되었다.

정약용이 제시한 사례를 보다 구체적으로 검토해 보자. 다음 〈표 6-14〉는 『목민심서』 호전의 강진 사례에서 보는 부세의 종류와 그 내용을 표로 만든 것이다. 먼저 수납자별로 국납, 선급과 읍징을 구분하고, 그 각 항목별로 과세 대상을 세분하여 결렴, 석렴, 쇄렴으로 구분했다. 결렴은 1결을 단위로 부과되는 것이고, 석렴은 징수된 부세의 석수에 따라 부가되는 것이며, 쇄렴은 징수 과정에 부과되는 정액세를 나타낸 것인데 출세실결에 고루 안분되었다.

『목민심서』의 강진의 1809년 '연분대개장'과 '계판'을 분석하면, 〈표 6-14〉에서 보듯이 출세결이 3,664결이고, 결당 국납에 (1) 결렴 22.2두, (2) 석렴 1.255두 (3) 쇄렴 12석 등이 있다. 그리고 선급(船給)에 (1) 석렴 5.5두가 있다. 또한 읍징에 (1) 결렴 4.16두 (2) 석렴 0.6두 (3) 쇄렴 624석 등이 있다. 이것을 모두 출세결 1결당 부담으로 합산하면, 1결에 약 40두이다. 여기에서 빠진 것은 '계판'의 읍징에서 누락된 민고조와 환곡 부담, 그리고 기타 이서배의 횡령 부분 등이라 할 수 있다.

〈표 6-14〉『목민심서』 호전의 1809년 강진 사례에서 보는 부세의 종류[154]

수납자별	세분	부세 내용	부담량
국납	결납	전세미 6두, 대동미 12두, 삼수미 1.2두, 결미 3두, (황해도에서만 별수미 3두 징수)	결당 22.2두
	석렴	가승미 3승, 선상미 3승, 경창역가미 6승, 하선입창가미 0.75승	석당 1.255두 (결당 1.86두)
	쇄렴	창작지미 2석, 호조작지미 5석, 공인역가미 5석	사례에서의 정액 12석
선급	석렴	선가미 3.5두, 부가미 1두, 가급미 0.8두, 인정미 0.2두	석당 5.5두 (결당 8.6두가량)
읍징	결렴	치계시탄가미 4두, 치계시탄가미부족미 몇되, 치계색락미 0.16두	결당 4.16두+a
	석렴	간색미 1승, 낙정미 4승, 타석미 1승	석당 0.6두
	쇄렴	전세기선감리량미 20석, 대동기선감리량미 20석, 경주인 역가미 60석, 영주인 역가미 90석, 진상첨가미 90석, 진상우첨가미 200석, 병영주인역가미 14석, 호방청전관미 130석	정액 624석 (결당 2.6두가량)

'계판'에 실리지 않은 민고조(民庫租)를 어떻게 평가할 것인가에 따라 농민의 부담액이 달라진다. '계판'상의 항목들 외에 1결당 '민고조'가 30~40두이고, '계판'에 실리지 않은 않은 쇄렴 1,000여냥이 있고, 19세기 초가 되면 1결당 환상조(還上租) 2~3석도 전결 부담으로 전환되었다고 한다.[155] 민

---

154 기울임체 결당 부담은 석당 부담이나 정액 부담을 결수로 나누어 안분 계산한 것임. 사례의 강진에서는 총 결수가 6,648결이고, 면세전 524결과 재결 2,460결을 제외한 출세결은 3,664결이었다. 자료:『목민심서』, 호전 6조-제2조 세법-. 안병직, 『경세유표에 관한 연구』, 경인문화사, 2017. pp 421-422에서 계산.
155 안병직,『경세유표에 관한 연구』, 경인문화사, 2017, p 424.

고조와 환곡조를 합하면 벼 60~80두인데 여기에 민고조와 환곡조 이외의 계판에 게재되지 않은 전결의 부담을 합하면, 현실적으로 1결의 전세 부담은 『만기요람』에 규정되어 있는 1부에 조 1두, 즉 1결에 벼 100두 부담을 크게 능가했다.[156] 이들 민고조 등을 계판의 1결당 부담에 단순 합산하면 1결에 미 68두를 부담한다는 추계라고도 한다.[157]

그러나 이들 계판 외의 추가적 부담이 고스란히 기존의 출세실결의 결세 부담에 더해지는 성질의 것인지는 추가적 검토가 필요하다. 먼저 전체적으로 출세실결 1결당 미 68두를 징수한다면, 이는 정약용이 백성이 쌀 45두 이상을 낸다고 표현한 것의 1.5배가 되어 과다하다고 생각된다. 그리고 조선 정부는 삼정이 문란했다고는 하나, '계판'에 실린 부세 항목과 그 액수가 세밀하게 제시되어 있는 것에서 보듯이 법에 의한 합리적 통치를 표방하고 상세한 규정들을 정비하고 있다. 따라서 '계판' 외에 민고나 환곡 등의 결당 벼 60~80두라는 무거운 추가적 부담을 지방관이 명백한 근거도 없이 백징할 수 있었는지 의문이다.

민고는 법제상의 제도나 기구로 설치된 것이 아니어서, 법식은 도마다 다르고, 규례는 고을마다 달랐다.[158] 민고는 군아에 속하는 창고로서 관아의 임시비를 충당키 위하여 해마다 군민이 예납(豫納)하는 전(錢)·곡(穀)을 저장하는 곳[159]으로 볼 수 있다. 그러나 대체로 민고는 일시에 세금을 납부하는 고통을 덜기 위해 환곡처럼 '존본취리(存本取利)'하여 이 금리로서 각종 세를 납부토록하는 것이 관례였고,[160] 관청고리대 운영을 통하여 각 기구

---

156 안병직, 같은 책, p 411.

157 안병직, 『경세유표에 관한 연구』, 경인문화사, 2017. p 424.

158 『牧民心書』, 戶典六條, 平賦.

159 李載龒, 「2. 重農的 制度改編論의 擡頭」, 『한국사』 14 조선-근대적 사상의 맹아, p 213.

160 김용섭, 「조선후기의 민고와 민고전」, 『동방학지』, vol 24, 1980, p 21.

의 재원 마련을 대행하여 주기도 한 식리 기능이 대표적이었다.[161] 민고는 지역별로 40~50%에 이르는 고리로 운영되었으며,[162] 민고의 중심은 식리의 수입을 지방 재정의 수입으로 삼은 것이다. 민고는 보민고(補民庫)라고도 부르고, 지역에 따라 대동고, 고마고(雇馬庫) 등으로도 불리고 있었다. 민고 의 용도 각경사의 구청(求請), 진상첨가(進上添價), 하사치장(賀使治裝), 칙 사지지(勅使支持), 감사·수령의 영송비, 감사복정(卜定), 경영·주인역가(主 人役價), 서원구청(書院求請) 등을 담당하는 일이었다.[163]

민고조(民庫租)나 환곡을 모두 백납(白納)으로 본다면, 전액이 농민의 부 담이 되겠으나 일반화하기 어렵다고 생각된다. 기본적으로 민고는 명확한 규정이 없어서 읍별로 상황이 달라 그 실상을 알기 어렵지만, 민고조(民庫 租) 결당 30~40두에는 호렴도 있고, 결렴이라 하여도 일반 출세실결이 아 니라 이서가 사실상 파악하고 있는 은루결이나 면세결에 부과되기도 하였 고, 민고는 잡역의 부담을 줄이고 읍징 등 공식적 부세 납부의 편의를 도모 하기 위한 것이기도 하여 계판상의 읍징과 중복되기도 한다.

이러한 민고 부담의 크기가 얼마인가에 관해 평가하기 어렵지만, 민고조 결당 30~40두가 고스란히 토지에 대한 '계판' 외의 추가적 부담으로 볼 수 있는지 의문이다. 무엇보다 민고는 '존본취리 이서민력(存本取利 以紓民 力)' 즉 이자를 얻어 민력을 펴게한다는 부세 납부의 편의를 위해 설치된 것이고, 그 용도가 계판상에 이미 일정하게 반영되어 있기 때문이다. 민고 의 부담이 얼마인가는 지방별로 차이가 있지만, 전라도의 경우 지역별로 민고가 지방 재정의 8~52%에 이르는 큰 편차를 보이고 있지만 대체로 50% 이내로 생각된다.[164] 이것만으로 민고의 부담이 결당 얼마라고 말하기 어려

---

161 장동표, 『조선후기지방 재정연구』, 국학자료원, 1999, p 160.
162 김용섭, 「조선후기의 민고와 민고전」, 『동방학지』, vol 24, 1980, p 49.
163 『목민심서』, 호전, 平賦.
164 김덕진, 「조선후기 지방관청의 민고 설립과 운명」, 『역사학보』 제133집, p 72.

우나, 대체로 '계판' 상의 읍징 규모가 아니었을까 추정되고, 강진의 경우는 '계판' 상의 읍징이 결당 7두 이상임을 감안할 때 7~8두로 볼 수 있다.

그리고 환상조(還上租) 2~3석도 원곡을 포함한 숫자이어서 그 모두를 부세 부담으로 계산하기 힘들고, 이자 부분을 따로 분리해야 된다고 생각된다. 환곡이 19세기에 허브화되고 사실상 백징의 결세화되는 경향이 없지 않았지만, 정약용의 시대는 물론이고 1862년 삼정이정책(三政釐整策)이 시행되기 이전에는 원칙적으로 환곡이 백납(白納)은 아니었다. 물론 환곡은 농민들이 쭉정이로 받아가고, 실곡으로 납부하면 사실상 백징(白徵)에 가깝고, 그런 사례들이 적지 않아 원성이 높았지만, 아전의 무리와 호족은 실곡을 가려 받는 등 백납이 일반적이라고 규정하기는 어렵다.

환곡 수입에 관한 결당 부담을 계산하기 어렵지만, 1797년 환총이 938만석의 고수준일 때 환곡 계정의 총수입이 73만 석이었고, 이것을 당시의 환총의 절미율 약 60%로 쌀로 환산하면 약 42만여 석에 달했다.[165] 이것을 당시의 출세실결 80만 결에 단순 안배하면 결당 미 0.5석 강, 약 8두의 부담이다. 그러나 '파환귀결' 후에는 그 수입이 크게 줄어 결당 '모작(耗作)'이 3.5두 수준으로 감소했다.[166] 환곡의 부담은 가변적이고 그 정확한 추정이 어렵지만 18세기 말 환곡 부담을 일단 높은 숫자인 결당 8두 정도로 생각할 수 있지만, 환총에 누락된 별도의 지방 환총이 있다면 결당 10두 수준에 이를 수 있다.

한편 환곡은 백징의 문제 이상으로 그 부담이 힘없는 농민에게 집중되어 불균한 것이 문제였다. 민고조나 환상조 이외에 그 밖의 '계판' 외의 부담으로 존재했던 동전으로의 쇄렴 및 이서의 횡령을 결당 1~2두로 보면 총

---

165 앞의 주) 137 참조.
166 『결호화법세칙』의 '前三個年間各稅實入平均年額一覽表'에 '모작(耗作)' 수입이 907,737냥, 즉 미 60,515석이고 전구결수 775천여 결에 안분하면 결당 1.17두이지만, 이것은 상납분이므로 그 3배인 3.5두 정도를 농민에게서 거두었을 수 있다.

'계판' 외의 부담이 민고조 7~8두, 환곡 8~10두, 쇄렴 및 기타 1~2두 합게 16~20두에 이른다. 그리고 이를 '계판'의 부담 40두에 합한 미 56~60두 정도가 농민이 부담하는 1결 부세량의 총계가 되었을 것으로 생각된다. 다만 토지에 부과되지는 않았고, 균역법 이후 부담이 경감되었으나 군포 50만 필의 부담이 존재했고, 이는 미로 20만 석 출세실결당 약 4석에 해당한다. 이것도 합하면 1결당 부담이 60~64석이 되지만 군포는 결세가 아니어서 '계판' 분석 등에서 제외되어 왔다.

한편 정약용은『경세유표』에서 1결당 국가가 국용으로 받는 것은 15두에 불과하지만 거두기는 34두를 거두는데 이는 경두(京斗)로 45두에 모자라지 않아 민이 3을 내면, 국가가 1을 가질 뿐이고, 중간에서 탐관활리(貪官猾吏)만 배를 불릴 뿐이라 하였다.[167] 한편 국용으로 15두를 받는다고 한 것도 경두로 환산하면 20두 정도이다. 정약용은 백성이 쌀 45두 이상을 납부한다고 표현했는데, 앞에서 계산한 바에 의하면 민고, 환곡 등을 포함해 56~60두 정도로 볼 수 있다. 이를 벼로 환산하면 같은 부피의 벼는 미의 40%의 가치이므로, 벼 140~150두 정도이다. 한편 정약용이 말하는 경두는 관두로 생각되지만, 정약용이 평균 결당 벼 생산량을 600~800두라고 할 때의 1두는 관두보다 30% 정도 큰 강진의 양기를 기준한 것으로 생각된다. 앞에서 필자는 결당 벼 생산량을 정약용의 추정치보다 조금 높은 800~900두로 간주했고, 이는 관두로 1,040~1,170두이므로 경두 140~150두는 결당 생산고의 약 13%에 해당한다.

이제 결당 생산에서 부세가 차지하는 비중을 살펴보는 대신, 전국 차원에서 농업 생산에서 차지하는 부세 부담의 비중을 살펴보자. 먼저 강진 지

---

167 "則一結所收之當國用者, 極不過十五斗, 而方其斂之於民間也, 而如斛之斗, 斂三十四斗, 解之以京斗, 則小不下四十五斗, 是又民輸者三而公受其一也, 上而削國, 下而剝民, 於其中央所肥者, 貪官猾吏, 嗟呼豈不冤哉."(『경세유표』, 田制七).

역에서 추정한 결당 56~60두에 이르는 부세 부담을 전국적인 평균으로 볼 수는 없다. 남부 지역에 비해 북부 지역의 토지 생산성이 낮았고, 이와 연관된 것이지만 한전의 부세 수입은 수전에 비해 적었다 한전에서는 일부 전미 등을 포함하여 징수했지만, 과전법 이래로 쌀이 아닌 황두로 받는 것이 원칙이었다.[168] 황두는 쌀의 50% 가치이나 전미는 80%여서, 쌀로 환산한 한전의 부세 수입은 대체로 수전의 60~70% 정도였고, 전국적으로 한전의 비중이 50% 이상이었다. 이 점을 감안하여 전국적으로는 수전에서 평균 결당 50두 이상, 한전에서는 결당 30두 이상을 거두었다고 보면, 전국적인 ·한수전을 가리지 않은 결당 평균 부세량은 약 미 45두에 가까울 수 있다. 이것을 전국 출세실결 80만 결에 곱하면 약 3,600만 두, 약 240만 석 정도가 되었을 것으로 생각된다. 이것은 『부역실총』의 재정 총 수입 약 180만 석에 비해 60만 석 정도 더 많은 것이지만, 『부역실총』에는 강원도와 함경도가 누락되어 있고, 이들 지역의 부세액이 20만 석 정도는 되었을 것이므로, 이를 감안하면 40만 석 정도가 『부역실총』에서 누락되어 지방 재정으로 사용되었을 것으로 추정된다.

한편 전국 부세액 추정 240만 석은 앞의 '미곡 생산량' 부분에서 본 바와 같이 전국 수·한전 출세실결의 생산액 2,100~2,250만 석의 약 11%에 해당하는 수준이다.[169] 농업 생산에서 차지하는 부세 부담률 11%는 수·한전에

---

168 "凡有田者, 皆納稅, 水田一結, 白米二斗, 旱田一結, 黃豆二斗"(『고려사』, 식화1, 전제). "平安道旱田收稅, 六分黃豆·四分田米. 咸鏡道, 二分田米·一分黃豆"(『대전통편』, 호전, 수세 삼수미). 이외에도 황해도 화전, 함경도 및 평안도의 전세에도 전미가 포함되어 있다. (『度支田賦考』, '收稅'). 비록 금액이 많지는 않지만 전세는 물론대동에도 소액이지만 전미가 수입에 포함되어 있다. (『結戶貨法稅則』, '前三個年間各稅實入平均年額一覽表').

169 앞의 주) 58 근처의 '미곡 생산량' 추정에서 전국 100만 결의 수·한전에서의 생산량을 미 환산 2,640~2,840만 석으로 추정했으나, 출세실결은 80만 결이었고, 여기서 생산되는 양은 그 80% 대략 2,100~2,250만 석이다.

서 공통적인 바, 한전은 부담도 수전의 60~70%이지만 생산도 그 만큼 적어서 비율로는 별 차이가 없었던 것으로 보인다. 그러나 전국의 평균 부세 부담률 11%는 강진 지역의 13%에 비하면 조금 낮은 것이다. 이는 달리 말해 강진의 부세 수취율, 바꾸어 말해 과외의 농민 수탈률이 전국 평균에 비해 조금 높았다는 것을 의미한다. 다른 한편 출세실결에서 빠져나간 은루결이나 면세결 등이 존재하지만, 그들 면세결도 주로 궁방 등 국가기관의 소유이므로 그를 경작하는 농민도 사실상 국가 기구에 부세를 납부하고 있었다고 볼 수 있다.

그러나 조선에는 중국이나 일본에서는 볼 수 없는 군포 부담이 약 50만 필, 즉 미 환산 20만 석이 존재하고, 요역의 일정 부분이 결세나 민고 등으로 흡수되었다고 하나 여전히 존재했다. 이것들이 차지하는 비중이 군포가 약 1%, 기타 요역이 1% 정도 차지한다고 보면 부세 부담률은 전국적으로 약 13% 이상에 해당하고, 강진의 경우는 약 15%에 해당한다고 볼 수 있다.

조선 농민의 부세 부담률은 봉건제가 지배했던 일본 농민의 부담률 30~50%에 비해서는 상대적으로 낮은 것이었다.[170] 한편 중국의 송(宋)에서 청(淸)까지 평균적으로 정부의 조세 수입은 총 농업 GDP의 7.1~9.3%에 불과했다.[171] 유교적 중앙 집권 국가였던 조선 사회는 중국과 함께 전제 군주 국가지만 연성의 권위주의 국가(soft-authoritarian state)에 가까웠다.[172] 조선은 군주제 국가였지만, 유교적 신권에 의해 군주의 자의성은 제약되었다. 다만 전제 군주제는 사실상 내부에 부르주아적 지향성을 가졌던 서양의 절

---

170 에도(江戸) 막부 초에는 농민의 1년 공률이 50%이상이었으나 18세기 이후에는 30~40% 수준이었다.

171 Feurwerker, *The State and the Economy in late Imperial China*, Theory and Society, Vol. 13, No 3.

172 Gang Deng, *The Premodern Chinese Economy-Structural equlibrium and capitalist sterility-*, Routledge, London and New York, 1999. 제2장 참조.

대 군주와는 다른 것이었고, 근대화를 위해서는 정치개혁이 필요했다.

전근대 일본 재정은 석고제라는 미곡 현물납이고, 중국 재정은 일조편법 이래 은화로 이루어졌지만 은화는 은이라는 상품의 칭량 화폐이고, 계산 단위가 귀금속에서 독립되지 못한 점에서 화폐 금속납이라 할 수도 있다. 그리고 보조화로는 중국과 일본 모두에서 동전이 사용되었지만 은과 동의 교환 비율은 법정되지 않고 시장에서 유동적이었다. 비록 동전이 금속의 무게와 구분되는 계수 화폐이고, 동전 1관을 뀀 1민(緡-꿰미)이 반드시 동 전 1,000개가 아니고 그 보다 적은 수의 어림으로 거래되는 등의 점에서 반 드시 유통 가치가 소재 가치에 비례하는 것은 아니지만, 현물 금속 화폐의 성격을 벗어난 것은 아니었다. 특히 중국은 금속 화폐가 일반적 교환의 매 개 수단으로 사용되고, 은화가 재정 수단으로 사용되는 점에서 외형적으로 발전된 시장 경제의 모습을 가지고 있었지만, '계산의 단위'가 금속의 중량 에서 독립하지 못하고 새로운 사회를 이끌 부르주아가 형성되지 못한 점에 서 전근대성을 지니고 있었다.

근대의 화폐제도는 귀금속의 일정량을 본위화로 삼고, 그것을 중량과 분 리하여 새로운 화폐 단위로 부르고, 보조화와의 교환 비율을 법정하며, 본 위화를 대위하는 가치 장표로서 지폐를 발행하고 가치가 안정됨으로써 성 립한다. 이 과정에는 민간의 금융 제도의 발전과 함께 중앙은행 제도의 성 립과 국가의 중앙은행권에 대한 강제 통용력 부여가 필요하다. 근대 경제 는 이러한 근대 재정 국가의 성립을 필요로 한다.

제4절 개혁론과 삼정이 정책

17세기 후반 이후 임진왜란과 병자호란을 거치고 한편에는 양반 지주제가 발전하지만 다른 한편 다수의 농민이 토지가 부족한 사회로 전환되면서 조선 사회는 개혁을 위한 새로운 모색이 제기되고 있었다. 유형원과 이익 그리고 정약용 등으로 이어지는 개혁사상가들은 화폐나 상공업, 노비제 등에 관한 인식에서 차이가 있지만 공통적으로 토지제도의 개혁을 중심적인 과제로 삼고 있었다. 중국 주대(周代)의 사회를 보편적 이상 사회로 생각하고 공전제를 토지제도의 모범으로 생각하였다. 그리고 상공업 발전의 필요성을 한편으로 인식했지만 어디까지나 농본을 중심으로 상공업은 부수적으로 생각하였다.

조선조에 농업 생산성 증가를 통한 농업 발전, 토지 없는 농민 문제의 완화가 가장 중요한 사회 문제였고, 이를 위해 농법의 개량과 농민의 경작권 보호가 필요했다. 그러나 여기에서 더 나아가 개방과 상공업 발전이라는 정치적 개혁 이외에는 출구를 생각하기 힘들다. 조선 유교는 건국 초에 실용적인 개혁적 논거로 배불숭유를 주장했으나, 후기에는 유교가 지닌 신분제적 농본주의의 한계를 스스로 벗어나기 힘들었다. 또한 다수의 유학자들은 사대의 대상인 중국의 상공업 발전을 보면서도, 그에 대해 장기간 눈을 감고, 청국에서 배울 생각을 하지 않았다. 조선 후기의 유학자들은 인조반정과 병자호란의 치욕 이후 중앙 정치의 배청 의식에 뿌리를 둔 '소중화(小中華)'라는 현실 외면적 인식을 가지고 있었다.

박제가 등의 북학파가 북학이라는 나름의 개방과 상공업 중시의 처방을 제시했지만, 이것의 실현에는 조선조 유교 제도의 근본인 신분제적 농본주의의 개혁을 필요로 하는 것이어서 현실화되기 어려웠다. 물론 조선 후기에 노비제의 혁파를 위한 점진적 제도적 개혁이 추구되었지만 너무 느려 시대에 뒤쳐졌고, 토지제도의 개혁에 관심은 있었지만 정전제 등 우월한 복고적인 사고에 머물렀을 뿐, 경작권 보호를 위해 소작 기간이나 소작료 등에 관한 직접적이고 실용적 대책이 제시된 것은 없었다. 다만 경작권 보호나 경자유전(耕者有田)을 위한 개혁이 실현되어도 그것이 민생 안정에 긴요하지만 근대로의 출구를 위해서는 현실적으로 개방 체제 아래 상공업 발전이 필수적이다.

유교경세론의 대표적 논자 중의 한 사람인 정약용은 군주 전제를 바탕으로 토지제도 개혁을 중심으로 하는 경세론을 전개했다.[173] 그의 정전론(井田論)이나 여전론(閭田論)은 기본적으로 국·공유론으로 판단된다. 정약용의 경세론은 민생을 위해 토지를 평등하게 제공하는 토지제도를 주장한 것이었지만 당시의 시대상에서 현실적 개혁방안은 아니었다. 조선조에 양반이 토지 사유를 실현하였고, 그들이 지배하는 질서에서 양반의 사유를 폐지하는 토지개혁론이 실현될 수는 없었다. 정약용은 농업이 기본이지만 이외에 사·농·공·상·포·목·우·빈·주(士農工商圃牧虞嬪走)의 9직으로 나누어 사회적 분업 발전의 필요성을 강조했다. 그리고 상업과 수공업의 발전 및 화폐의 유통에 대해서도 그 필요성을 주장했지만 농본의 범위를 벗어난 것은 아니었다. 그에게서 개인(私)의 이해관계를 존중하고 분업과 시장을 통해 국가 사회(公)의 발전을 추구하여 근대 사회로 나아가는 논리적 전개의 가능성은 보이지 않는다. 정약용은 유교적 민본을 중시한 대표적 학자였지만, 귀천과 강약의 위계가 있는 신분제를 옹호하였고,[174] 공전제로

---

173 안병직, 『경세유표에 관한 연구』, 경인문화사, 2017. 참조.
174 정약용은 영조 7년(1731) 노비종모법 폐지에 따른 신분제의 문란을 비판하고, 변등은 안민정지의 요의이고, 등위불명하고 위급이 문란하면 백성이 흩어지고 기강이 없게 된다고 하였다. ("辨等者 安民定志之要義也 等威不明 位級以亂 則民散而無紀矣", 『牧民心書』, 禮典 辨等).

의 회귀를 주장했다.

유교 사회는 민본을 중시하는 '인민을 위한 정부', 또 공거제나 과거제를 통한 '인민에 의한 정부', 또 사유 재산과 장시를 통한 교환의 자유 및 인덕(仁德)의 정치와 예치(禮治) 그리고 법치의 존중 등에서 자율을 중시하는 '인민의 정부'의 초기적 모습을 가지고 있다. 이것들은 서양의 전근대에 비해 앞선 사회상이었고, 서구의 계몽사상가들이 동경하였다. 그러나 시민혁명 후 성립한 근대 서양에서의 '인민의 정부'는 천부인권을 기초로 평등한 인민의 시장에서의 자율 질서를 전제로 인민의 대의 정치를 추구하는 것이었고, 유교 군주제는 이와 크게 달랐다.

특히 조선의 유교 사회는 중국과도 달리 강고한 신분제 사회였고, 비록 사유 재산이 허용되었다고는 하지만 상공업은 천시되고, 상인을 포함한 인민에 의한 영업의 자유 및 자율 질서는 허용될 수 없었고, 평등한 개인의 자유를 기초로 하는 천부 인권과 참정권은 성립할 수 없었다. 조선의 유교 개혁사상은 기본적으로 전근대적 유교 사회의 틀 내에서 인민의 민생을 회복하고자 하는 것이었다. 기존 유교 사회의 틀을 벗어나는 근대성의 요체는 신분제의 해체와 상공업의 중시, 나아가 참정권을 실현하는 것이어서 이는 실제로 구체제의 변화를 요구하는 것이었다.

유교 경세론자들의 개혁사상 중 토지개혁론은 어느 하나 실현된 것이 없었고, 상공업의 발전이나 기술의 도입 그리고 사회적 분업의 발전 등에 관해서도 특별한 정책적 시도가 이루어진 것은 없었다. 그러나 현실에서 토지 소유의 분화가 계속되었고 상업화는 진전되는 가운데 신분제는 약화되고 국가에 의한 노비 해방이 진전되고 있었다. 하지만 한편으로는 국가의 부세 정책은 균등하지 못했고, 삼정이 문란하였다. 전체적으로 높은 인구의 압력과 주기적인 흉년으로 인민의 생활은 어려웠고, 더군다나 부세가 불균하여 경제력이 약한 영세 소농에 집중된 수탈은 농민 경제를 도탄에 빠드리고 있었다.

먼저 전정을 보면 앞에서 보았듯이 총 결수는 140~150만 결을 유지했지만 유래진잡탈(流來陳雜頉), 급재면세결(給災免稅結)을 제외한 약 100만여 결이 실경작지였다. 그리고 여기에서 각종 면세결 20여만 결을 제외한 나머지가 80만 결 정도가 19세기 말까지 출세실결이 되었다. 실경작지로 파악한 것이 100만여 결이었지만 실제로는 은결·누결이 많았다. 1909년 토지조사 사업 직전 과세결수가 99만 5천여 결로 파악됐는데 이는 19세기에 조사된 실경작지 100만여 결과 비슷한 숫자였다. 이것이 일필지 조사가 끝난 1917년에는 약 107만 3천 결로 증가되었다. 8년 간 증가된 77천 결이 은결이었다. 한편 99만 5천여 결에서 얻어질 전국의 과세지를 대략 276만 정보로 추정했는데, 실제로는 최종적으로 446만 7천 정보가 조사되어 1.6배 증가하였다.[175]

토지 조사 사업에서의 예상 면적과 실조사 면적에서 170만 정보의 차이가 난 것은 은결과 결부제의 토지 등급 사정이 정확하지 못한 데 따른 것이었지만 결부제에 따른 면적의 부정확성이 그 중심 원인이었다. 조선조 삼정 문란의 하나인 전정의 문란은 결부 파악의 부정확과 유래진잡탈과 급재면세결의 부정확한 사정 등과 연계되어 있다. 토지 조사 사업 과정에서 드러났듯이 은결도 7~8%에 달했고, 결부 사정이 부정확하여 토지 조사 사업 이전의 결부제에 의한 추정 면적이 실제 조사 면적의 62%에 불과하여, 38%가 과세지에서 누락되었다. 누락된 부담만큼 출세실결의 소유자 그리고 토지 등급을 상대적으로 높게 받은 힘없는 농민이 보다 많이 부담하였다.

한편 군정은 신분제의 문제와 연관되어 호구의 파악이 부정확한데서 기본적으로 연유하는 것이었다. 앞서 살펴보았지만 조선 후기의 호구 파악은 일제강점기 때의 센서스 자료 등과 비교할 때 호수의 약 50%가 누락되고,

---

175 宮嶋博史, 『朝鮮土地調査事業史の硏究』, 동경대학동양문화연구소보고, 1991, 503-506면.

호당 구수의 20%가 누락된 것이었다. 호적상에서 누락된 은호, 혹은 협호가 주로 양반 상층농에게 집중되고 상대적으로 그들은 호를 대상으로 하는 부세 부담이 가벼웠다. 특히 양인의 하층 주호의 경우 군역 및 군포 부담이 집중되었고, 이들이 도망하면 총액제 아래 결원을 채우기 위해 황구첨정, 인징, 족징 등 온갖 비리가 발생하였다. 대원군의 호포세는 이러한 신분별 군포 부담의 차이를 완화하는 중요한 조치였다. 그러나 근본적으로 호구 파악이 정확하지 않으면 여전히 하등 호가 상대적으로 무거운 부담을 지는 군정의 불균형과 문란의 문제가 존속한다.

일찍이 이이는 군정을 바로잡으려면 무엇보다 먼저 군적을 사실과 일치되게 다시 작성해야 한다고 주장했고 당시 널리 행해지고 있던 족징, 인징 등 대징을 폐지할 것을 주장했다. 또한 각 역종 간에 군역의 부담을 고르게 해야 한다고 주장했다. 당시의 정군, 보솔, 나장, 조예 등 각종 군역 중에서 어떤 것은 몹시 부담이 크고 어떤 것은 부담이 적어서 고르지가 못하니 그 고혈(苦歇)을 바로잡아 부담이 평등하게 해야 한다는 것이다. 이이는 구체적으로 당시 군역 중 가장 고역 중 하나였던, 나장과 조예의 대역가는 다른 역의 대역가보다 엄청나게 비싼 것을 지적하고, 나장과 조예도 모두 정병으로 편입시켜야 한다고 주장했다. 이외에도 이이는 당시 성행하고 있었던 지방에서의 불법적인 납포면술(納布免戍), 즉 방군수포를 근절해야 한다고 주장했다.[176] 군정의 문란은 기본적으로 호구 파악의 문란에서 비롯된 것이고, 그 문란의 뿌리는 신분제에 있었다.

환곡도 호를 대상으로 운영하기 때문에 기본적으로 호구의 파악이 불균등하여 부세 부담의 편중을 피할 수 없었다. 더군다나 상층 호는 여러 이유로 환곡의 배정을 피하고, 중하층의 호에게 환곡 이자의 부담이 편중되었다. 특히 하층농은 기근을 조금이라도 면하려면 우선 환곡을 받을 수밖에

---

176 이선민, 「이이의 갱장론」, pp 259-261.

없고, 가을에 비싼 이자를 붙여 갚고 나면 먹을 것이 없는 상황이 되풀이되었다. 나아가 환곡이 진휼의 기능을 잃고 지방 재정의 수입원이 되고, 쭉정이를 지급하며 실곡을 받는 등 백징화가 진행되면서 환정은 원성의 대상이 될 수밖에 없는 구조였다.

정부는 1862년의 진주민란으로 불안한 민심을 확인하고 삼정의 불균형과 문란의 문제를 완화하기 위해 삼정 문란에 대한 교구책을 구하였다. 정부는 여러 의견을 모으고, 삼정이정청(三政釐整廳)을 설치하여 삼정의 교구책(矯捄策)에 대한 절목을 만들어 지방에 내려 보냈다.[177] 그 내용은 전정의 경우 전세, 대동, 삼수미 등 삼세(三稅) 외에 추가적 징렴을 혁파하고, 도결(都結)·방결(防結)의 폐를 일절 없앨 것, 그리고 삼세의 작전(作錢)은 호(戶)·혜청(惠廳) 상정식례(詳定式例)에 따라 시행할 것 등을 규정하였다.

한편 군정은 연한이 지난 첨정(簽丁)은 징수하지 말고, 각 읍에서 만든 사설 군관은 없애고, 교원보솔(校院保率)과 각청(各廳)의 계방(稧房)을 혁파하고 유학을 모칭하여 피역하는 것을 방지하고, 각 군현의 군총을 조정하는 것 등을 내용으로 하였다. 환정에 관해서는 렴산취모(斂散取耗)하는 것을 영구히 혁파하고, 재정의 결축은 파환귀결(罷還歸結)하여 토지에 부과하도록 하였다. 그리고 전국의 실환(實還) 236만여 석을 모두 돈으로 계산하여 거두어서 2년 기한으로 작곡(作穀)하여 비축하고, 그중 150만 석은 항류곡(恒留穀)으로 하도록 하였다. 기타 허류곡(虛留穀) 280여만 석 중 3분의 2는 상사(詳査)하여 탕감하는 등의 조치를 취하였다.

그러나 이같은 교구책은 먼저 토지의 결부 파악과 호구 파악이 정확하지 않으면 근본적인 해결책이 되기 어려운 것이었다. 그리고 결부와 호구의 정확한 파악에는 측량의 방법, 등급 사정의 정확성, 같은 울타리 내의 가족 구성의 파악 등 기술적인 문제들도 적지 않으나, 보다 근본적으로는

---

177 「釐整廳謄錄」, 壬戌 閏 8月 7日, 『壬戌錄』, pp 332-340.

신분제에서 비롯된 융통성 내지는 모호성에 있었다. 호강한 집안의 토지가 은루되고 낮은 토지 등급을 사정받으며 노비 호나 혈족을 한 울타리 내에 거느리고 또한 이들이 실무를 담당하는 향리들을 조종하는 등 행정이 공평하게 시행될 수 없었다.

　조선 사회는 중국과 달리 신분제적 의식이 아주 강하고 양천에 따른 신분 구분과, 사회적으로 아주 강하게 존재했던 반상에 따른 구분 의식에서 나타나는 모순과 갈등이야말로 조선 시대 역사의 가장 큰 특징[178]이었다. 조선의 관리들도 "사족과 노비의 제도는 천하에 없는 것"[179]이라는 표현 등에서 보듯이 특이한 것이었음을 알고 있었다. 중국에서는 송나라 시대 이후 지주제의 발달이 신분제의 약화로 연결되고, 송대 이후에는 노복제가 현저하게 축소되었다. 그러나 조선조에서는 노비제가 오히려 강화되고, 양반의 특권이 허용되고, 반상의 구분 의식이 강하며, 국가와 양반의 상호 보험적 결탁이 이루어진 것은 대다수 농민의 경작권 보호의 부재, 그리고 삼정의 문란과 밀접한 관련이 있었다. 삼정의 문란은 겉으로 드러나는 여러 문제의 내면에 신분제에 따른 불공정이 존재하는 체제적인 문제였고, 따라서 신분제의 폐지 없는 근본적인 삼정의 교구책은 생각하기 어려웠다.

---

178 미야지마 히로시(宮嶋博史), 『나의 한국사 공부』, 너머북스, 2013, p35.
179 『인조실록』, 인조 4년 11월 22일. 大司憲、執義、持平啓.

제5절 상업화와 근세적 임노동의 형성

1. 상품 화폐 경제의 발전

조선 후기에 상업화와 화폐화를 진전시키는 요인들은 복합적이다. 생산력 발전이나 신분제의 동요와 함께 상평통보가 주조되어 유통량이 확대되고 대동법과 균역법이 시행되어 상품 유통이 증가하는 등 여러 요인들이 작용하였다.

앞서 본 바와 같이 조선 후기에 수도작 생산의 발전을 통해 농업 생산력이 향상되고 농업의 상품화가 발전하고 있었다. 비록 토지 생산성이 증가하고 인구 증가로 생활 수준이 향상되기 어려운 구조였지만 소농의 소득 증가를 위한 집약화와 다각화가 진전되고 있었다.

한편 소농에 대한 국가의 부세 징수 과정의 다양한 수탈을 줄이기 위해 대동법이 시행되었고, 이는 상품 유통을 확대하는 계기가 되었다. 국가는 농민에게서 징수한 대동미를 팔고, 시장의 공인에게서 필요한 물자를 공급받았다. 이 과정에서 시장에서의 상품 유통량이 확대되었다. 한편 국가는 양인에게 집중되는 군포 부담을 경감하기 위해 양포 2필을 1필로 줄이는 균역법을 실시했다. 이 또한 시장에서 판매되는 면포의 양을 증가시킴으로써 시장의 확대에 도움이 되었다.

이 밖에 상품 화폐가 경제 발전의 계기가 된 것은 동전의 발행과 유통이다. 농업 생산력 발전과 인구 증가 그리고 내권적 상업화가 진전되고 지방 장시가 성장함에 따라 비록 영세하기는 하나 상거래가 확대되고 금속 화폐의 유통을 위한 조건이 진전되었다. 인조 11년(1633)에 상평통보가 주조되었고, 1634년경 개성에서는 큰 것은 토지와 가옥과 노비로부터 작은 것은 땔나무와 채과(菜果)에 이르기까지 모두 돈으로 사고 있었으며, 개성에 가까운 강화, 교동, 풍덕, 장단, 연안, 박천 사람들도 돈을 사용하는데 아이들까지도 장에서 물건을 매매함에 있어 속지 않을 만큼 되어 있었다고 한다.[180] 그러나 지속적 발행 증가나 유통 지역의 확대는 이루어지지 않다가 숙종 4년(1678)에 허적 등의 주장에 따라 상평통보를 다시 주조했고 이후 간헐적 기복은 있지만 비교적 지속적으로 발행과 유통이 점차 확대하였다.[181]

상평통보는 호조, 상평진휼청(常平賑恤廳)등의 재정기관과 어영청, 훈련도감, 수어청 등 군영, 그리고 각 감영 등 여러 부서에서 주전되었다. 원료인 동철 등의 공급은 국내 채굴에 한계가 있어, 일본으로부터 수입에 크게 의존하였다. 동전의 발행이 증가하고 유통이 확대된 이후에도 농촌의 장시에서는 미곡을 매개로 하는 물물 교환이 많았지만, 서울과 같은 대도시에서는 동전이 보다 일반적인 교환 수단이 되었고, 일반 장시에서도 동전의 유통이 적었다고 하여도 행전에 불편한 것은 아니었다.

동전의 유통에 의한 화폐 경제의 발전은 다른 한편 고리대를 낳고, 곡귀전천(穀貴錢賤)한 봄에 돈으로 빌려줘 곡천전귀(穀賤錢貴)한 가을에 돈으로 받음으로써 궁핍한 농민 경영을 더욱 힘들게 하기도 했다. 또한 금속 화폐의 보급은 뇌물의 성행이나 도적의 발호 등 사회적 부작용과 물가에 따라 곡가 변동에 따른 부작용을 낳아 폐전론(廢錢論)이 대두되고, 1724년 등극한 영조에 의해 18세기 초 이래 1731년까지 동전의 주조가 정지되기도 하였다. 그러나 동전의 부족은 전황(錢荒)을 가져오고, 화폐 부족은 경제 활동의 위축을 초래하여 전귀로 부상대고의 고리대에 의한 차입자의 어려움이 가중되는 문제를 가져오기도 하였다.

---

180 『增補文獻備考』, 財用考 6, 錢貨5.
181 숙종대의 동전 유통 정책에 대해서는 元裕漢, 『朝鮮後期貨幣史硏究』, 韓國硏究院, 1975. 참조.

결국 영조 7년(1731) 이후 동전은 다시 주조되기 시작했다. 일본으로부터 원료인 동의 수입이 증가하는 가운데 1775년경부터 정조 연간까지 동전의 주조량이 지속적으로 증가하여 전황이 해소되기도 하였다. 이후 갑산, 창원 등의 국내 동광의 개발로 원료 공급이 보다 원활해지고 발행량도 증가되었지만 기본적으로 국내의 동 생산은 제한적이었고, 따라서 조선의 동전 공급은 일본 동의 유입에 의존하는 구조가 지속되었다.

2. 국내 상업의 발전

농업의 상업화, 대동법 등 부세제도의 변화와 동전의 발행 등은 상업의 활성화를 가져왔다. 국내 상업은 시전에 의한 도시 상업, 포구의 객주 상업 그리고 장시의 보부상 등이 대표적인 것이었다. 이 중에서 자기의 점포를 가지고 어느 정도의 자본력을 가진 대표적인 상인이 시전 상인이었다. 시전 상인은 조선 초부터 정부와 시민의 물자를 공급하는 역할을 했지만 대동법 이후 정부가 필요로 하는 물자를 독점적으로 공급하는 공인의 역할을 하기도 하였다.

공인은 국가로부터 공가(貢價)를 받고, 왕실이나 관청 등에 필요한 물품을 조달하는 특권 상인이다. 대동법 이후 공물 무납제(貿納制)로 전환되어, 대동법 이전의 불법적인 방납(防納) 상인과 달리 합법적인 공납 청부업자였고, 공인으로 선정된 자는 관청의 사주인(私主人), 시전 상인, 기인(其人), 경주인(京主人), 공장(工匠), 서리(胥吏), 상인, 일반민 등 다양하였다. 공인권은 일종의 권리로서 매매의 대상이 되기도 하였다.[182] 공물은 초기에 공인에게 시가보다 3~4배 비싼 가격으로 구입하였으나 점차 재원이 부족해

---

182 오미일, 「18·19세기 공물정책의 변화와 공인층의 변동」, 『한국사론』 14, 1986.

지면서 시가로 공물을 구입하게 되었고, 이 과정에서 시전의 역할이 보다 증대되었다.

시전 상인은 정부의 요구에 따라 상품을 조달하고 가격을 정했으며 초기에는 시가보다 비싼 상당히 넉넉한 대가를 받았지만 점차 박해진 것으로 보인다. 시전은 중국에 가는 사행단이 지참하는 조공품도 조달하고 왕실의 경조사에 동원되는 등 여러 국역을 부담하였다. 시전은 국역을 부담하면서 그것을 부담하는 푼수를 구성원들에게 배분했다. 그 반대급부로 서울 도성에서 10리까지 시전이 취급하는 물건을 판매하는 것을 금지하는 권한인 '금난전권'(禁難廛權)이 부여되었다

1808년『만기요람(萬機要覽)』에 확인된 한성의 시전은 91종이었고 그밖에 각종의 소규모의 시전이 있었다. 각 전 중에 약간 실(實)한 것으로서 분수(分數)를 양정(量定)하여 국역을 부담하는 유분각전(有分各廛)은 모두 37종이고, 이들의 분수를 합하면 106이었는데, 유분전은 각자 분수의 비율대로 국역을 부담하였다.[183] 시전 중에 필단(匹緞)을 취급하는 선전(線廛), 면포와 은자(銀子)를 취급하는 면포준(綿布廛), 면주(綿紬)를 취급하는 면주전(綿紬廛), 종이를 취급하는 지전(紙廛), 모시와 삼베를 취급하는 저포전(苧布廛)과 포전(布廛), 어물을 취급하는 내·외어물전(魚物廛)을 육의전(六矣廛)이라 하였다. 규모가 큰 시전은 운영 기구로서 도중(都中)을 설치하였다.

한편 시전의 국역에 대한 최대의 보상은 금난전권(禁亂廛權)이었다. 그럼에도 불구하고 17세기 이후 난전이 성행하였고, 그 주체는 소생산자, 군문의 병사, 궁방·아문·관료 세가의 노복이나 차인, 영세상인, 시전 상인, 선상, 여객 주인 등 다양했다.[184] 시전이 국가적 지주적 상품 경제에 기초한

---

183 『萬機要覽』 권 163, 시적고 1.
184 김동철, 「서울 상업」(한국고문서학회 엮음, 『조선 시대생활사』, 역사비평사, 1996, p 455).

유통 체계라면, 난전은 서울 근기 지역(近畿地域) 등 소상품 생산이나 군문의 군졸 등에 의한 상업 활동이 많았다. 정부는 이들의 난전 행위를 일방적으로 규제할 수 없었으므로, 1791년 신해통공으로 육의전을 제외한 시전의 금난전권은 폐지하였다.

한편 시전 상업의 확대는 난전(亂廛)의 시전으로의 편입을 통해서도 이루어졌다. 신전 창설에는 대개 권력층, 특히 전안을 담당하는 평시서 관리와의 결탁이 전제되었다.[185] 신전은 대부분 도성 밖, 특히 경강변에 설치되어 시전은 내외전으로 분화되는 양상을 보였고, 미전만 해도 상미전, 하미전, 문외(門外)미전, 서강(西江)미전, 마포(麻浦)미전 등 다섯 군데가 존재하게 되었다.

신해통공은 포구 상인 등에 의한 사상도고(私商都賈)도 금지했으나, 시전의 영향력이 크게 약화되면서, 독점 금지에도 불구하고 사상도고는 더욱 발달했다. 또한 사상은 금난전권이 적용되지 않으면서 외방의 물자가 서울로 들어오는 요충의 포구와 장시에 다수 존재했다. 칠패와 이현이 난전 상업의 중심지로 성장하고, 칠패는 어물 시장으로, 이현은 채소 시장으로 유명하였다.

'사농공상(士農工商)'의 가산 관료제 국가에서 조세 청부나 공물 조달기구는 가장 직접적으로 이윤 추구의 자본주의 발전이 싹틀 수 있는 토대가 된다. 시장을 통한 공납제에서 그 이윤은 관료나 관상(官商)이 차지하기 쉽고, 전근대적 요소를 지닐 수밖에 없지만, 초기적 자본 형성의 기회가 될 수도 있다. 일본에서 대표적으로 '미쓰이 구미(三井組)'가 막부(幕府)의 공금환업무(公金換業務)와 막부(幕府)의 필요 물자를 조달하는 어용 상인으로 성장했던 것이지만, 조선에서는 공인에게 그런 대규모의 자본 축적의 기회는 주어지지 않았다. 그러나 시전과 공인은 어느 정도 규모가 있는 조

---

185 김동철, 「서울 상업」(같은 책, p 456.)

선의 대표적 상인이었고, 이외에 인삼 무역과 관련된 개성 상인이나 경강 상인(京江商人)이 또 다른 중요 상인이었다.

한편 교통의 요충지이고 특히 선상의 출입이 잦은 포구에서의 상품 유통의 증가로 객주(客主)가 출현했다. 객주란 여객(旅客) 또는 객상(客商)의 주인이라는 의미이고, 흔히 객주는 숙박을 겸하면서 선상(船商) 등 객상이 위탁하는 상품 매매를 중개하고 구문이라는 수수료를 취득했다. 객주는 여러 포구나 교통의 요충지 혹은 소비의 중심지에도 존재하지만, 최대의 도시인 서울에 인접한 경강 객주의 역할이 컸다. 경강은 세곡 조운의 집결지이고, 소비 시장에 가까운 교통의 요충지였다.

초기에 선상은 여객 주인과 자유로운 관계였으나, 선상과 여객 주인의 관계가 점차 고정되어, 선상은 반드시 정해진 여객 주인하고만 거래하게 되어 주인권이 형성되게 되었다. 이처럼 선상이 주인을 설정하게 된 것은 세곡 등 납입에 경사의 아전들이 여러가지 이유로 납입을 지연시키는 등 횡포나 시전 세가의 침탈에 대등하기 위한 것이었다. 이외에 운송한 물자의 판매나 또는 필요 물자를 구입하는 과정에서 현지의 객주에게 중개를 의뢰하기도 하고, 또는 자금을 융통하기도 하는 등 경제적 관계가 형성되기도 하였다. 다양한 요인에 의해 일단 객상이 자신의 거래의 위탁을 전담할 권리, 곧 주인권(主人權)을 인정하면, 주인은 객상을 상대로 판매가의 1/10~1/5에 이르는 구문 수입을 얻는 특권을 가지게 되고, 이 특권, 즉 여객 주인권은 매매의 대상이 되기도 하였다.

여객 주인에는 대개 한량이나 군관과 같은 몰락한 양반이나 경제력이 있는 양인들이 많았다. 여객 주인도 처음에는 시전에 종속되어 상품 유통에 참여했으나, 점차 시전 체계가 붕괴되고 또한 선상에 대한 권리가 강화되면서, 여객 주인은 중도아와 결탁하여 시전을 배제하고 도고 상업을 하였다. 여객 주인은 선운업과 선상을 겸하거나 다른 지역의 주인권을 매입하여 경강의 상입권을 독점하였다.[186] 그러나 비록 일정한 상업 시설을 가진 상인이었지만 객주는 위탁 판매에 머물러 독자적인 유통망을 가진 도매업으로 발전하지 못했다.

선운업자인 경강 선인(船人)들도 17세기 후반 관선 조운 체계가 쇠퇴하면서 세곡 운송(稅穀運送)의 주도권을 장악하여 많은 부를 축적했다. 경강 상인의 세곡 운송의 주도권은 1789년 주교사(舟橋司) 설치로 더욱 강화되었다. 배다리 설치에는 경강선이 이용되고, 세곡 운반에서 이들의 영향력이 강화되었다. 여객 주인권이 강화되면서 경강 주인권은 개별 상인에 대한 주인에서 점차 한 면이나 군현의 전체 상인을 대상으로 하는 지역 주인권으로 발전했다. 지역 주인권은 주로 권력의 개입을 통해 가능했고, 따라서 경강 주인권은 궁방, 아문, 양반 관료 부민의 수중으로 병합, 집중되었다.[187] 이러한 지역 주인권 외에 물종별 주인권도 형성되었다.

한편 가장 영세하지만 다수이고 고정적인 점포나 창고가 없으며 반농반상의 상인인 보부상은 지방의 장시를 통해 주로 활동했다. 다음 〈표 6-15〉는 조선 후기의 도별 장시 수의 변동을 나타낸 것이다. 1770년의 『동국문헌비고』와 1830년의 『임원십육지』 그리고 1911년의 『조선총독부통계연보』의 수치에서 전국적인 장시 수는 큰 변동없이 대체로 1,050개 정도의 수치를 보이고 있다. 장시권의 평균 면적은 약 210km²이고, 반경은 약 9km 정도여서 빠듯한 하루 생활권이었다고 생각된다.

---

186 김동철, 「서울 상업」(『조선 시대생활사』, 역사비평사, 1996, p 460).
187 김동철, 위와 같음.

〈표 6-15〉 조선 후기 도별 장시 수의 변동[188]

자료 (연대)	『동국문헌비고(東國文獻備考)』 (1770)				『임원십육지(林園十六志)』 (1830년대)		『조선총독부통계 년보』(1911)	
지역별	장시 수	A	B	C	장시 수	A	장시 수	A
경기	101(101)	118	6.7	55.3	93(93)	129	110(145)	109
충청	157(164)	107	6.4	60.5	158(156)	106	138(130)	122
전라	216(203)	91	5.9	65.7	188(175)	105	208(178)	95
경상	276(269)	111	6.6	56.5	268(256)	115	246(221)	125
황해	82(82)	211	9	33.6	109(93)	158	97(87)	178
평안	134(134)	327	11.2	30.1	143(117)	306	125(130)	351
강원	68(67)	397	12.4	15.3	51(51)	529	73(66)	370
함경	28(27)	1,921	27.2	9.8	42(42)	1,281	87(100)	618
총계	1,062 (1,047)	208	9.0		1,052 (983)	210	1,084 (1,057)	204

자료: 이헌창, 『한국 경제통사』, 법문사, 1999. 113면.

장시는 장이 열렸다가 흩어지면 공터가 되는 허시였고, 지방에는 상설 점포 등의 고정 시설물은 없었다. 거래의 상당 부분은 농민들 상호 간의 유무상통을 위한 거래이고, 필요 물자를 서로 교환하였다. 거래 방식은 쌀을 간접적 물물 교환의 매개 수단으로 사용하는 것이 많고, 기본적으로 상인이 화폐적 이윤을 얻기 위해 조직된 시장이 아니었다.

1830년대에 서유구가 지은 『임원경제지』가 장시에서 거래된 재화에 대한 상세한 정보를 제공하고 있다. 서유구는 전국 316개 군현마다 대표적인 장시 하나를 선정하여 거래되는 재화의 종류를 조사하였다. 가장 널리 거래된 재화는 쌀, 콩, 보리의 곡류이다. 주목되는 바는 보리(맥)를 거래한 군

---

188 『조선총독부통계년보』의 경우는 조사년도, 나머지는 간행년도. 괄호 속은 총개시 회수를 구하여 5일장으로 환산한 장시수. A는 장시권의 평균면적 (단위: km²); B는 장시권을 정육각형으로 가정했을 때의 반경(단위:km²): C는 1753년 1km²당 인구밀도 (方東仁, 「人口의 增加」, 『한국사』13, 국편, 1974, 312면).

현이 기장(黍)을 거래한 군현보다 훨씬 많다는 사실이다. 보리를 거래한 군현은 160개, 기장을 거래한 군현은 21개이다. 15세기만 하더라도 가장 널리 재배된 밭작물은 기장과 조였다. 뒤이어 가장 일반적인 재화는 면포, 마포, 저포 등의 의료이다. 면포가 거래된 군현의 수는 245개이고, 그 가운데 137개 군현에서 면화가 거래되었다. 다음 의류와 비등하게 거래되었던 것은 어물, 건어물, 젓갈, 소금, 미역 등의 해산물이다. 뒤이어서 연초, 채소, 과일, 용기, 농구의 순서였다. 철기의 장시 거래는 그리 많지 않았다.『임원경제지』가 전하는 장시의 거래 품목은 대략 300종이었다.[189]

장시는 조선 초에는 흔치 않고, 장시가 열리는 곳도 15일이나 10일마다 열리는 등 일률적이지 않았으나 조선 후기에는 장시 수도 많아지고 간격이 단축되어『동국문헌비고』에서는 거의 5일 장이 되었다. 한편 인접 지역은 장시 날을 달리하고, 장시간 분화가 진전하여 물산의 집산지인 대장(大場)이 출현하고, 소장(小場)들은 대장과 연계되었다. 장시의 발전은 장시 밀도의 증가, 장시간 연계의 강화, 장시의 분화를 통한 대장의 출현으로 요약될 수 있다.[190]

대표적인 대장으로는 경기도에서는 광주의 사평장(沙坪場)과 송파장(松坡場), 안성 읍내장, 교하(交河)의 공릉장(恭陵場), 충청도에서는 은진의 강경장(江景場), 직산(稷山)의 덕평장(德坪場), 전라도에서는 전주 읍내장, 남원 읍내장, 강원도에서는 평창의 대화장(大化場), 황해도에서는 토산(兎山)의 비천장(飛川場), 황주 읍내장, 봉산(鳳山)의 은파장(銀波場), 경상도에서는 창원(昌原)의 마산포장(馬山浦場), 평안도에서는 박천(博川)의 진두장(津頭場), 함경도에서는 덕원(德源)의 원산장(元山場)이 유명하였다.[191]

장시에서의 주된 상인은 보부상이었다. 부상은 미, 염, 숯, 기타 곡물, 잡

---

189 이영훈,『한국 경제사』1, p 424. 참조.
190 이헌창,『한국 경제통사』, 법문사, 1999, 113면.
191『만기요람』, 재용편 5, 향시조.

화 등을 팔았고, 보상은 견직물(絹織物), 세도구류(細道具類), 지류(紙類) 등을 취급했다. 보상의 취급품은 부피는 적지만 작지만 상대적으로 고가품이어서 부상보다 오히려 자산 있는 자가 많았다. 행상은 소자본이었지만, 원격지 도매상인 중에는 곡물 만석이나 포 만필 규모의 원격지 유통을 담당하는 거부(巨富)가 존재했고,[192] 개성 상인 중에는 차인을 파견하여 송방을 설치하고 전국적 상업망을 형성하기도 하였다.[193]

보부상은 각각 상호 부조 단체를 만들어 대표인 접장(接長)을 비롯한 임원들을 선출했고, 정치적 필요에 따라 전국 조직으로 만들어지기도 하였다. 이들은 기본적으로 경조사를 함께 하고 친목과 자위를 위한 활동을 하였다. 정부는 필요하면 유사시에 정보를 수집하거나 군량을 운반 보급하기도 하는 등 필요에 의해 동원시키기도 했지만, 특히 개항기에는 1883년에 혜상공국(惠商公局)을 설치하고 보상과 부상을 완전 합동하게 하여 정부의 민간 동원 단체의 역할을 하기도 하였다.

조선 후기는 전기보다 상품 화폐 경제의 발전 수준이 높았지만, 여전히 기본적으로 상업이 특권적 상업 체계로 존속되고, 동전이라는 저가 화폐가 사용되었다. 시전은 전형적인 국가의 보호 아래 금난전권을 행사하는 상인이었고, 객주의 상업 활동의 큰 부분은 부세의 조운과 납입 과정에서 발생된 중개상이었으며, 보부상도 비록 영세하지만 장시에서 활동하는 국가에 의해 보호된 상인 단체였다. 그런 점에서 자유 상업과 일정한 거리가 있었다. 또한 장시의 화폐는 저급 화폐인 동전이어서 상인의 자본 축적의 목적물이 되기에는 저가치의 화폐였고, 장시는 소농의 유무 상통을 위한 상업 활동이 중심이었다. 더군다나 미곡 등의 현물이 보다 많이 사용되어, 일반적인 교환의 매개물로서 동전이 확립되지 않았고, 따라서 장시에는 여전히

192 『經世遺表』 地官修制 賦貢制三.
193 이헌창, 『한국 경제통사』, 법문사, 1999, 115면.

상품의 절대 가격이 성립하기 어려웠고, 가격 정보가 완전하지 못했다. 또한 무엇보다 도량형이 지역별로 차이가 있을 뿐 아니라 부정확하여, 합리적이고 안정적인 거래가 힘들었다. 특히 농민 경제생활에 밀접한 양기(量器)의 규격이 다르고, 사용 과정의 소위 '되질'의 협잡 등 문란이 심했다.

그럼에도 불구하고, 지역 간에 생산물의 상대 가격 차이가 상당하였고, 상대적으로 전라도의 쌀 값이 경상도보다 싸고, 전라도·경상도에서의 면포 생산이 상대적으로 풍부하였다. 반면에 원산 등에서는 해산물이 풍부하고 마포가 저렴했다. 상인들은 풍년이 든 지방의 쌀을 흉년이 든 지방으로 옮겨 쌀값의 지역 간 차이에 따른 이윤을 챙겼다. 일반적으로 전라도의 쌀값이 경상도보다 저렴했다. 전라도 남해의 상인은 경상도 남해와 동해까지 진출해 쌀을 팔고 어물을 사서 돌아갔다. 원격지 상인들은 바다와 강을 통해 이들 지역의 특산물들을 교환하고 제한된 범위에서 시장과 경제의 통합이 진전되고 있었다. 그러나 미곡 시장을 통해 본 전국적 시장 통합의 진전에 관한 연구들에 의하면, 조선 후기에 운송비를 포함한 많은 거래 비용과 공급 능력의 한계로 인해 미곡 시장의 통합도가 높지는 못하고 시장이 분산적으로 존재했으며, 국가적 재분배가 경제 통합을 보완하는 역할을 하였다.[194] 일제강점기에는 교통망이 크게 확충되고 거래량이 증가하면서 통합도가 높아진다.

그 밖의 주요한 원격지 상업로는 경상도 마산, 통영 등의 남해 지방에서 출발하여 전라도의 해남, 강진, 나주, 영광 그리고 충청도의 강경, 염포, 아산을 거쳐 서울 혹은 개성에 이르는 남·서해 유통로가 중요했다. 이들 주요 교통로의 결절점에는 창고와 객주가 존재하여 화물의 유통을 주선했다.

---

194 박기주, 「재화가격의 추이, 1701~1909」. 이영훈·박이택, 「농촌 미곡시장과 전국적 시장통합, 1713~1937」. 박이택·이영훈, 「18~19세기 미곡시장의 통합과 분열」. (이영훈, 『수량경제사로 본 조선후기』, 2004). 이영훈, 「서울시장의 역사적 특질」(이헌창, 『조선후기 재정과 시장』, 2010).

다른 한편으로는 해외 무역과 연계된 인삼 등의 원격지 무역이나 객주 등에 의한 사상도고 활동이 비교적 규모가 크고 어느 정도의 상업 시설과 화폐를 축적한 상인이 존재했다. 그리고 시전 상인은 비교적 자본이 있는 상인이고 그들 중에 사행 무역이나 동래 무역과 연계된 상인은 어느 정도 자력을 갖추고 있었던 것으로 보이지만 하나의 계층이나 사회 세력을 형성하여 사회 변혁을 이끌기에는 크게 부족하였다.

3. 해외 무역의 발전

조선의 대외 무역은 기본적으로 정치적 국제 관계에 제약되었다. 조선은 중국 중심의 조공 무역 체제의 테두리 내에서 대외 관계가 이루어졌다. 중국은 자기 중심의 세계 인식을 가지고 있었고, 조선은 신하국으로서 내치에서의 자율을 인정하지만 기미(羈縻)정책 아래 통제되었다. 조선은 중국에 대한 사대를 안보의 기초로 삼았다. 한편 조공 체제는 중국 중심의 위계적, (반)폐쇄적 국제 체제로서 자유무역이 아닌 외교에 부수하는 일종의 통제 무역 체제이고, 조선 초에는 중국이 금·은 등 조공품을 요구하여 큰 부담이었다. 공물 부담의 의구심은 지속적으로 광산 개발 등 억제 요인으로 작용하고, 대일 교역도 개방의 우회로가 되지 못했으며, 실질적으로는 재정적 부담 요인으로 존속되었다. 19세기 말의 개항은 식민지적 위험에도 불구하고 개방과 다변화의 기회를 제공하였다.

먼저 중국과의 무역은 명·청 시대 대부분의 기간에 해금으로 해상 무역은 금지되고 육로의 사행 무역만이 가능했다. 초기의 조공품에는 금은 기명(金銀器皿), 저세포(苧細布), 마세포(麻細布), 인삼(人蔘), 화석(花席), 황모필(黃毛筆) 백면지(白綿紙) 그리고 종마(種馬) 등이었다. 그 대가로 각종 서적과 비단 그리고 약재 등을 수입했다. 금과 은은 조선의 부담이 커서 성종대 이후 조공품에서 제외되었다. 조선 후기에는 세폐(歲幣)로 세마포(細麻布), 각종 명주, 각종 목면포, 소목(蘇木) 등이 주어졌고, 회사품은 비단과 명주 서적 등이 중심이었다.

사행 무역에는 일종의 공무역과 사무역이 존재하였다. 하나는 공적인 조공 무역으로 조선이 세공품을 바치고 중국이 회사품을 주는 것이어서 사실상 선물의 교환에 해당하는 것이었다. 다른 하나는 사행 사절이 일정한 금액과 상품을 휴대하여 중국 내의 상인들과 북경의 회동관에서 교역하는 것으로 일종의 사무역이라 할 수 있다. 또 하나는 사행단의 출입국 시에 국경에 가까운 책문에서 양국의 상인들이 교역하는 것으로 역시 공인된 사무역이라 할 수 있다.

청나라와의 사행 무역은 1636년 이후 1874년까지 사행단이 474회 파견되고 칙사가 236회 왕래하였다. 그리고 조선이 바치는 공물, 즉 세폐와 방물은 19세기 초 동전 가격으로 연평균 13만 냥, 쌀로 대략 2만 6천 석인데 비해, 청의 회사품은 4,200냥에 불과하였다. 사행단의 여비와 칙사의 접대비를 포함하면 19세기 초 가격으로 연 29만 7천 냥에 달하나, 반대급부는 사행단의 선물을 포함하여 2만 3,500냥에 그쳤다.[195] 청과의 사행 무역이 조선의 입장에서는 비경제적인 것이었다.

이들 공식적인 세폐 이외에 사행원역(使行員役)은 경비의 명목으로 8포 인삼의 휴대가 허용되었다. 18세기 말 이전의 인삼은 산삼이었고, 1인당 8포, 즉 인삼 80근의 휴대가 허용되었으며 그 가치는 은 2,000냥 정도였다. 중국에 가는 정관 30명이 총 2,400근의 인삼을 휴대할 때 그 가격은 약 은 6만 냥에 해당하였다. 은이 풍족하였던 1682년에는 직접 은의 휴대가 허용되어 1인당 2천 냥, 상급 관원은 3천 냥씩 휴대가 허용되었다. 사행단이 지참하는 은은 합계 7~8만 냥에 달했다. 이들 은을 실제로 공급한 것은 한성,

---

195 전해종, 『한중관계사연구』, 1970, 일조각, 70-77면.

개성, 의주 상인들이었다. 상인들은 사행단을 수행하는 노와 마부의 일원으로 북경을 왕래하는 도중에 청의 상인과 사무역을 하였다.[196] 이들은 북경의 회동관에서 숙식하면서 교역했고, 공식적인 8포 인삼 외에도 소량의 물화를 가져가 무역하는 것을 인정받았다. 부상대고(富商大賈)들이 사행원 및 수행자들과 결탁하여 금·은, 인삼, 저마포 등 값비싼 물화를 유출했지만 사행역원과 부상대고가 가장 원했던 품목은 사라능단(絲羅綾段)이라는 비단이었다. 사행단의 경로는 서울(한양) → 의주 → 압록강 → 책문 → 봉황성 → 요동 → 심양 → 산해관 → 통주 → 북경으로 왕복하는 것이지만 국경에 가까운 책문에서 책문후시(柵門後市)가 열렸고 중국 및 조선 상인이 교역하였다. 양국 상인들의 거래품은 조선 측의 인삼, 종이, 우피(牛皮), 모물(毛物) 등과 청국 측의 비단, 백사, 당목(唐木), 약재 등이었다.

사행원은 8포 인삼 또는 17세기 말 이후 은의 휴대가 가능했으나 1758년에는 은이 부족해져 사행단이 휴대하는 8포 은의 확보마저 어렵게 되자, 조정은 정부가 보유한 은을 역관에게 대여하여 중국에서 방한용 모자를 수입해 민간에 은을 받고 판매하였다. 모자 무역은 결과적으로 민간 보유 은을 중국으로 유출시키는 역할을 수행했다. 은 부족에 따른 대중 무역의 침체를 구한 것은 재배 인삼, 곧 가삼(家蔘)이었다. 일본 은의 유입이 줄면서, 18세기 말부터는 개성 상인들이 가삼을 재배하고 홍삼으로 가공하여 중국과의 무역에 사용했다. 가삼은 자연삼과 달리 장거리 수송에 부패할 수 있어서 홍삼으로 가공되었다. 홍삼의 공인된 수출 물량은 1797년 120근에서 1823년 800근, 1834년 8,000근으로 늘었다.[197] 그러나 여전히 무역액은 제한적이었고, 산업 경제에 미치는 파급 효과는 적었다.

한편 대일 무역은 조선 초부터 있었지만, 임진왜란으로 잠시 중단되었다

196 전해종, 100-103면.
197 유승주·이철성, 『조선후기 중국과의 무역사』, 경인문화사, 2002, p 207.

가, 1609년 국교가 정상화됨에 따라 공무역 형식으로 재개되었다. 조일 무역(朝日貿易)은 대마도 종(宗)씨와의 사이에 진상과 회사의 형식으로 진행되었고, 부산포, 내이포와 염포를 개방했다. 일본과의 무역도 공무역과 사무역의 형태로 진행되었는데, 공무역은 대체로 정해진 품목과 양의 상품을 사실상 정해진 가격으로 주고받는 교역이었다. 그리고 사무역은 보다 다양한 상품의 종류와 교역량이 시장의 가격에 따라 교환되는 것이었다.

1609년 국교가 정상화된 이래 해마다 40여 척의 무역선이 부산포 동래에 들어와 교역했으며, 주된 수입품은 은과 동 등의 금속품과 호초(胡椒. 후추), 단목(丹木), 명반(明礬), 수우각(水牛角) 등의 남방 물산이었다. 수입에 대해 회사로 주어진 것 중 중요한 것은 무명과 쌀 그리고 인삼 등이었다. 인삼은 전통적 수출품이었으나 자연삼의 공급은 극히 제한적이어서 조선은 인삼을 재배삼인 가삼으로 바꾸고자 했으나 시행되지 못하다가 순조 32년(1832)에 이르러서야 비로소 예단삼을 현물 인삼과 은(銀), 전(錢)으로 1/3씩 지급하기로 결정을 보았다. 조선의 인삼은 사무역을 통해서도 수출되었다.[198]

조일 무역에서 1609년 기유약조 이후 조일 간의 공무역의 회사품으로 면포가 규정되었지만 그 정확한 수량은 정해져 있지 않았다. 조선은 공목의 지급량을 줄이고 품질을 떨어트려 부담을 줄이고자 하였으나 이는 일본의 반발을 불러오고, 그 해결책으로 공작미를 지급하게 되었다.[199] 효종 2년(1651)에서 현종 원년(1660)까지 공목(公木) 300동(15,000필)을 쌀 12,000석으로 바꿔 지급하다가 현종 원년(1660)에는 100동을 추가하여 공목 400동(20,000필)을 쌀 16,000석으로 대신 지급했다. 그러나 조선 정부는 공목 대비 미가를 높게 평가하고자 하여 결국 16,000석씩 지급되던 공작미가 순

---

198 정성일, 「2) 일본과의 무역」, 『신편 한국사』 33, 2002, pp 466-467.
199 정성일, 『조선후기 대일무역』, 신서원, 2000. pp 53-62.

조 12년(1812) 이후에는 13,333석 5두로 줄었다.[200]

사무역은 왜관에서 이루어졌지만 왜관은 동래부 두모포에서 1678년 초량으로 옮겨졌다. 양국 상인들은 왜관에서 관리의 입회 아래 월 6회 5일마다 개시하여 거래할 수 있도록 규정하였다. 그러나 실제의 개시율은 연평균 18세기 초반까지는 70% 내외에 머물러 있었으나, 그로부터 100여년 뒤인 19세기 초반에는 20%대로 하락했다.[201] 개시율이 낮아진 것은 무역 환경의 변화에 따른 무역액의 감소에 영향을 받은 것으로 보인다. 쓰시마의 사무역액에 대한 추정치를 보면 1694년에 은환산액 최대 11,449관에 달한 후 하락하여 1710년에는 2,057관으로 하락했다.[202] 그리고 이러한 무역액의 증감 변화는 일본 은의 유입액 변동과 궤를 같이 하였다.

일본이 16세기 후반 이후 특히 17세기에 세계적인 은 생산국으로 발전한 것은 동아시아 무역 구조에 중요한 영향을 미쳤다. 일본의 은 생산 증대는 일본 은과 중국의 생사 및 비단의 교역을 증가시켰다. 그러나 명은 왜구 문제 등으로 전통적으로 해금(海禁)을 기조로 삼았지만, 기복이 있었고, 1567년 해금 완화 시에도 중국과 일본 상인의 직접적인 교역을 허용하지 않았다. 그러나 일본 은의 생산 증대는 중일 무역의 수익성을 비약적으로 높여 다양한 밀무역이 중개하고 있었다. 한편 16세기 후기에는 포르투갈 상인이 동아시아로 진출하고 1570년에는 나가사키에 입항할 권리를 얻어 마카오-나가사키 항로를 열 수 있었다.

그러나 16세기 말에는 일본의 그리스도교 탄압으로 포르투갈은 점차 우위를 잃고, 그 자리를 네델란드가 차지하게 되었다. 네델란드 동인도회사는 한편으로 일본 은과 중국 물산의 교역을 추진하면서 인도네시아 바타비야와 나가사키의 중간 기착지에 해당하는 타이완의 남부 현재의 타이난(대

---

200 정성일, 「2) 일본과의 무역」, 『신편 한국사』 33, 2002. p 468.
201 정성일, 같은 논문, p 478.
202 정성일, 같은 책, p 189의 표 V-4(1684~1710) 참조. 단 1관은 3.75kg이고 10냥이다.

남)에 '젤란디아 성(城)'을 쌓고 새로운 무역 거점으로 삼았다.

중일 무역은 명의 해금에도 불구하고, 중국 동남 연안에는 절강의 쌍서(双嶼), 복건 장주(漳州)의 월항(月港) 등에서 중·일 상인에 의한 밀무역이 이루어지고, 포르투갈 상인과 동남아와 교역하는 일본의 주인선(朱印船)에 의해 간접적 교역이 이루어지고 있었다. 그러나 1644년 청이 북경을 점령한 이후, 특히 1661년 명의 잔여 세력을 제거할 목적에서 해금령을 내렸다. 또한 일본이 네델란드 상인을 통해 수입하던 중국산 백사(raw silk)가 정성공(鄭成功)의 타이완 장악으로 어려워졌다. 일본은 우회하여 종래 중국에서 수입하던 상품을 육로를 이용하는 조선을 통해 중계 무역으로 수입하고자 하였다.

일본에서 백사 가격이 오르자 쓰시마 번주(藩主)는 조선을 통해 백사의 중계 수입량을 늘렸다. 결과적으로 1680년대 일본의 수입 백사 가운데 조선 경유가 지배적이었다. 무역액 최대 규모를 보인 1694년 일본과의 사무역에서 조선 수출품의 60%는 중국산 백사였고, 중국산 견제품이 4%, 나머지 36%는 조선 인삼이었다.[203] 한편 은 수입이 최대치인 258,429냥에 달했던 1697년 일본과의 사무역 수입 규모는 은과 기타 상품 총가액이 59만 4천 냥으로 당시 일본의 네델란드 상대 무역액보다 많았다. 조일 무역은 1686~1697년에 절정기에 달하고 일본의 은산이 감소하며 도쿠가와(德川) 막부는 1715년 은의 유출을 규제했고, 18세기 중엽 이후 청국과의 직교역이 가능해지고 또한 견직물과 인삼, 면직물 등의 수입 대체화를 추진하면서 점차 위축되었다.

17세기 후반 중계 무역 형태의 활발한 조일 무역은 비록 화폐의 유입을 가져오고, 일부 상인 및 역관이 부를 이룰 수 있었다. 왜역(倭譯) 김근행, 역관 장현, 허생전의 김령 등 부(富)와 호사스러운 생활 이야기는 조선 시

---

203 田代和生, 近世日朝通交貿易史の研究, 創文社, 1981, 283면.

대 역관 자본의 대표적인 사례이다.204 그러나 일본에서 유입된 은은 모두 중국으로 유출되어 조선에 잔류된 것은 없었고, 중국에의 은의 일방적 유출 구조는 20세기 초까지도 지속되었다. 그리고 조선인이 얻은 부도 생산적 투자로 연결되지 않았다. 오히려 조일 무역에서의 공목과 공작미 등 생필품의 반출을 초래하고, 수출품의 중심인 쌀은 경상도의 조세미를 토대로 하는 커다란 재정 부담이었고, 3포에 거주하는 일본인에 대한 식량 부담도 적지 않은 부담이었다. 그리고 인삼도 자연삼으로 농업 발전에 도움을 주는 것도 아니었다.

개방과 상업적 교역의 확대는 중요한 발전의 계기였으나 조선조 무역은 기본적으로 외교에 부수하는 것이었고, 산업 발전을 가져오는 구조가 아니었다. 18세기 일본이 수입 대체를 추진하여 중국에서 수입하던 백사를 국산화하고 메이지 유신 후에 일본 수출액에서 생사의 비중이 70%에 이른 것은 특징적이다. 이에 반해 조선 정부는 조직적인 수입 대체를 추진하지 않았고, 따라서 개항 이후 일본에 대한 곡물 수출 이외에 중요한 외화 획득원을 개발하지 못했다.

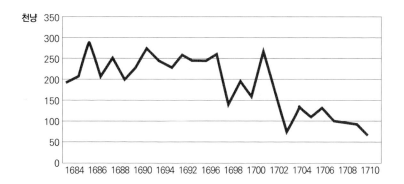

〈그림 6-10〉 일본 은의 유입

---

204 김양수, 「중인 생활」(한국고문서학회 엮음, 『조선 시대생활사』, 역사비평사, 1996.

〈그림 6-10〉은 17세기 말에서 18세기 초까지의 일본 은 유입량의 변동을 보어주는 것이다. 일본 은은 그림에서 보듯이 17세기 말에는 연 20만 냥 이상 근 30만 냥에까지 이르렀으나, 18세기에는 10만 냥 수준으로 감소했다. 이후 일본 은의 유입은 18세기 중엽에는 사실상 중지되었다.

4. 은화와 동전의 시재와 유통

17세기 세계 화폐는 은이고 조선은 적지만 은산국이고, 앞서 본 바와 같이 일본 은이 17세기 후반에 대량 유입되면서 은의 유통량이 증가하기도 하였다. 한편 조선의 문물 도입 창구인 중국은 비록 일반 농민들이 동전을 주로 사용했지만, 국가의 재정 용도와 상인들의 원격지 거래의 용도로 마제은을 사용하는, 세계적으로 은을 가장 선호하는 국가였다. 서양의 근세가 신대륙 발견 및 은의 채굴과 함께 시작되고, 이후에도 세계 은 흐름의 많은 부분이 마지막으로 중국에 종착했다. 조선에 들어온 일본 은도 중국으로 흘러 들어갔다.

다음 〈그림 6-11〉은 정부의 각사·각영(호조, 군향청, 선혜청, 병조, 훈련도감, 금위영, 어영청, 총융청)의 은 시재고(時在庫)와 은으로 환산한 동전의 시재고 변동을 살펴본 것이다. 이에 의하면 은의 시재고가 비록 18세기 후반에 감소했지만 1825년까지도 대체로 40만 냥 이상 수준을 유지하다가 이후 감소하여 1830년대 후반 이후에는 20만 냥 수준으로 되었다가 1860년대 이후에는 다시 10만 냥 내외로 감소했다.

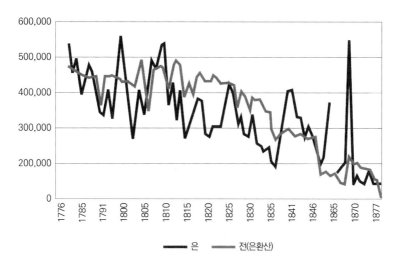

＜그림 6-11＞ 은 시재고와 은으로 환산한 동전의 시재고 변동

한편 은으로 환산한 동전의 시재고는 1810년대 초까지는 은의 시재고와 비슷했고, 이후 1830년대 중엽까지는 오히려 은 시재고의 가치에도 못 미치고, 1840년대에서 1860년대까지는 은 시재고보다 많았으며, 이후에는 그에 비슷하거나 못 미쳤다. 그러나 1867년의 동전 시재고가 당백전의 주조로 780만 5천 냥, 은 환산 260만 냥 이상에 달하는 급증을 보였지만, 극히 예외적인 비정상적인 것이고, 또 시재고 변동의 추세를 크게 왜곡하는 것이어서 ＜그림 6-11＞에서 제외했다. ＜그림 6-11＞을 통해 조선 왕조가 재정의 궁핍이 심화되면서 은 시재고가 감소하는 가운데서도 불가피한 대외 지출과 대외 관계를 유지하기 위해 1840년대까지도 20만 냥 이상을 유지했고, 동전 시재고와 비슷한 수준을 유지했음을 알 수 있다.

18세기 초부터 일본 은의 유입은 감소하고, 대청(對淸) 무역은 크게 감소하지 않아 무역 은으로서 역할은 지속되어, 은의 유출은 계속되었지만 19세기 초까지도 약 40만 냥 수준의 재고가 유지된 것은 역시 정부의 은 집중 증대와 함께 국내 산은의 증가 그리고 18세기 말의 인삼 재배와 홍삼의 수출 증가에 그 원인이 있었다.

전국적인 은의 재고에 관해 1742년의 사료에 의하면 전국적으로 백만 냥의 은이 존재하고, 그중 6성은이 가장 많았으며, 평양 감영에 비축된 것이 30만 냥 정도였다고 한다. 그리고 매년 북경에 들어가는 양이 37~38만 냥이었다.[205] 그리고 1780년에 호조는 6만 냥의 은을 비축했고, 18세기 말인 1782년 7월 서울을 제외한 팔도양도(八道兩都)에 있는 관청이 가진 은은 44만여 냥이며, 1782년 말 한성의 각사각영(各司各營)에 시재(時在)한 은은 43만여 냥이었다.[206] 따라서 개략적으로 18세기 중엽에 시재한 유통 은화의 총량은 전국적으로 100만 냥 정도에 달했으며,[207] 평안도에 집중적으로 소재하고 있었다고 볼 수 있다.

정부 보유 백만 냥의 은 시재는 그 전체가 유통량이 아니고, 또한 정부의 은은 봉부동(封不動)으로 남아 있거나 주로 무역 은으로 사용되었다. 민간 보유 은화량과 그 유통 상황을 상세히 알기 어렵지만, 민간인의 거래에서 은화의 사용이 18세기에는 급감한 것으로 보인다. 18세기 중엽 『영조실록』에서는 "경외(京外)의 은전 총계는 30~40만 냥에 불과하며, 또 삼남(三南)에서는 오로지 쌀, 돈과 무명 세 가지만 쓰고 은전을 쓰는 일이 없는데, 이제 만약 10성으로 주조하여 돈 대신 쓰게 한다면 서북의 은화가 반드시 삼남으로 많은 양이 흘러 들어갈 것이니, 양서(兩西)에는 반드시 도리어 지극히 귀하게 될 것입니다. 그리하여 역관(譯官)은 이익을 잃게 되고 빈손으로 연경(燕京)에 들어가게 될 것이며 뜻밖의 폐단이 없으리라고 어떻게 보장하겠습니까"라고 하였다.[208]

『탁지지(度支志)』에 의하면 호조의 은에는 네 가지가 있는데 천은, 지은

205 『承政院日記』, 영조 18년 6월 30일.
206 『日省錄』정조 4년 12월 7일, 6년 7월 18일; 『正朝實錄』7년 정월 丁未.
207 홍희유, 『조선상업사』, 과학백과사전종합출판사(백산자료원 영인), 1989, 247면.
208 『영조실록』, 영조 18년(1742) 6월 30일.

(9성은), 현은(8성은), 황은(7성은)이라 불리는데 천은은 어용의 기명에 사용하고, 지은은 지칙(支勅) 예단에 사용하며, 현은과 황은은 제반 경용에 사용하는데 현은은 8성은, 그리고 황은은 7성은에 해당하는 것이었다.[209] 따라서 민간에서 사용되는 은자(銀子)는 현은이나 황은이었을 것으로 추정된다. 은의 함량에 따라 구분되는 은의 종류는 조선에 유입되는 일본 은의 순도와 관련이 있다. 일본에서 유입된 은은 초기에 십성은(十成銀)을 가져오던 것이 바뀌어 팔성은이 되고 또 바뀌어 순도 70%의 황은이 되었으며 이것이 60% 수준까지 하락하기도 하였다. 당시 중국에는 다양한 종류의 은이 유통되었으나 국고에서 취급하는 표준적 고평은(庫平銀)은 십성은이었다.

따라서 북경에 가져가는 일은(日銀)은 중련(重鍊)을 거쳤고, 광은(礦銀)도 금령에도 불구하고, 중국에 유출되고 있었다. 특히 18세기 중엽 일본 은의 수입이 거의 단절된 상태에서 국내 산은의 유출은 걱정거리였고, 일체 금지하고자 하였다. "사신의 행차에서 광은(礦銀)을 사용하는 것을 연전에 듣고 마음에 참으로 한심하게 여겼는데 지금 들으니 사신 행차의 팔포(八包) 중에 한 조각의 내은(萊銀:일본에서 동래부를 통하여 들어온 은)도 없다고 하니 이는 나라에 작은 걱정이 아니다"고 하였다.[210] 그러나 조선의 각종 법령이 밝히지 않은 것으로 보아, 역시 이 금령도 철저히 시행되기는 어려웠을 것이라고 한다.[211] 이와 같이 연행 사절의 경비를 위해 18세기 중엽에는 일본 은의 공급 부족으로 필요한 무역 거래 수단을 확보하기 위해 광은(礦銀)의 제련과 유출이 이루어지고 있었음을 알 수 있다. 그런데 은의 제련이 어떻게 이루어지고, 중국에 지참했는지, 국내에 유통된 은화는 어떤 형태를 가지고 있었는지는 분명하지 않다.[212]

---

209 『萬機要覽』財用篇四.
210 『비변사등록』, 영조 34년(1758) 10월.
211 張存武, 『淸韓宗藩貿易 1637-1894』, 中央硏究院近代史硏究所, 民國67年, 127면.
212 여러 사료에서 은을 제련하여 중국의 사행에 사용하는 천은을 만들고 있는 것이

다음 〈그림 6-12〉는 은·전만이 아니라 곡물과 포백류를 포함한 전체적인 정부 중앙 재정의 시재고를 보여주는 것이다. 여러 종류로 구성된 시재를 법정 비가에 따라 모두 동전가로 환산하여 합계한 것이다. 그림에서 재한성 각 경사 및 각 군영의 연말 시재고 변동을 보면 대체로 1812년까지 500만 냥 수준을 유지했다면, 1820년대에는 400만 냥 수준으로 하락하고, 1850년대까지는 300만 냥 수준으로 하락했으며 이후 1867년의 당백전 발행에 따른 명목상에 불과한 시재고의 특별한 증가를 제외하면 200만 냥 이하로 하락했다. 다만 1873년에 또한 동전 주조의 급증에 따른 시재고의 증가가 있었으나 이는 청전(淸錢)의 수입에 의한 것이었다.[213] 중국에서 은 1냥에 청전 10냥이 표준이었던 만큼 청전의 수입은 수지가 맞는 일이었고 정부가 역관들의 청전 수입을 허용한 결과였으나 1874년에 혁파되어 인민들의 화폐 재산이 수탈당하기에 이르렀다.

한편 금·은·전이 총 시재에서 차지하는 비중은 1840년대 초까지도 연도별로 기복이 있지만 대략 50% 가까이 유지했고, 그중 반을 금·은과 동전이

확인된다. "연경에서 매매할 때에도 천은을 쓰고 있으니 지금부터는 동래에서 제련해오는 것이 좋겠습니다" (『備邊司謄錄』, 숙종 25년 5월 22일). "신은은 호조로 하여금 먼저 제련하게 하되 은과 돈의 가격을 정하는 일은 시행하기 어려운 점이 있다" (『備邊司謄錄』, 숙종 25년 4월 21일). "천은·지은은 가격으로서 마련하여, 백목전(면포전의 속칭, 은자도 팔므로 은자전이라고도 칭한다)을 봉수(逢授)하여 은을 사 제련케 하여 임시로 취용한다"(『萬機要覽』 財用篇四). "사행(使行) 때의 사행이 가져가는 8포는 당초 천은(天銀)으로 원래 정하였으나 중간에 정은(丁銀)을 통용한 뒤에 10분의 2를 가계(加計)하기로 하였다"(『備邊司謄錄』, 영조 27년 10월 3일) 등의 기록이 있다. 그러나 중국이나 일본과 달리 조선에는 은화의 특별한 규격이 존재하지 않아서 그 중량과 품질을 보증하는 각인(刻印)이 이루어졌다는 기록이나 실물이 존재하지 않는다.

213 "작년 봄 선혜청(宣惠廳)에 있는 청전(淸錢)이 140여 만 냥이었으나 상평전(常平錢)을 골라서 다른 창고에 옮겨두었다가 각 처에 나누어 보낼 때 여러 차례 출납하며 자연히 축난 것이 1만 5,000냥이나 됩니다." 고종실록 12권, 고종 12년(1875) 1월 22일

반씩 차지했으며, 결과적으로 동전이 20~25% 정도를 점하였다. 그러나 1840년대에는 은의 시재가 크게 감소하여 금·은에 비해 동전의 비중이 높아졌고, 특히 재정 악화가 심화되면서 당백전 발행과 청전 수입 등으로 동전이 시재에서 차지하는 비중이 당백전이 발행된 1867년에는 85%로 높아지기도 했지만, 그때는 예외적인 경우였다.

일본 은의 유입이 단절된 뒤에도 금·은·전의 시재고가 총 시재고에서 차지하는 비중은 1842년까지 대체로 50% 이상이나 이후에는 대체로 40%대로 하락한다. 그리고 은과 전의 시재고는 연도별로 변동이 있지만 대체로 비슷한 수준에서 증감을 같이 했다. 다만 1867년의 당백전 발행, 1873년의 청전 수입기에는 금·은·전의 비중이 88%와 52%로 증가했으나 예외적인 현상이었다. 조선 정부의 시재고는 1880년대가 되면서 거의 비어있는 상태로 되었다.

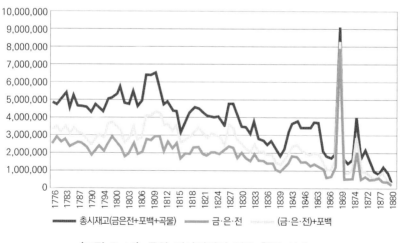

〈그림 6-12〉 중앙 각사경영의 전문 환산 시재고

은화는 17세기에는 대외 무역만이 아니라 국내에도 은화가 많이 유통되었지만 은의 비축량이 감소하면서 국내 유통은 줄었다. 관찬사료에 의하면 1678년에 "우리나라는 본래 통행하는 화폐가 없고 근년 이래로 은을 통화로 삼아서 땔나무와 채소값까지 모두 은을 썼습니다"라고 하여 17세기 후반에 민간에 널리 유통되었음을 말하고 있다.[214] 17세기에는 토지 매매에 관한 문기에도 은 거래로 이루어진 것이 상당수 남아있다. 그리고 18세기에는 민간 유통이 크게 줄었지만, 시전들 사이에서 은과 동전이 거의 비슷할 정도로 쓰인다고 했다.[215]그러나 은이 국제 화폐이므로 18세기 중엽 이후에도 무역 은(貿易銀)으로서의 은의 역할은 지속되었지만 1830년대 이후에는 급감하였다. 국내적으로는 18세기 이후 은이 국내에서 잘 유통되지 않게 되었지만 이것은 19세기에는 더욱 심화되었고, 동전의 유통은 좀 더 증가했다.

그러나 한국의 화폐는 재정이나 시장 거래 모두에서 가치의 척도 기능이 불완전했다. 어디까지나 조세 부과의 단위는 미곡이고, 은이나 동화는 미곡에 대한 비가로 상호 관련이 이루어지고 있었다. 시장 거래에서도 농민들의 관념 속에 미곡이 가치의 척도였다. 조선 정부가 17세기의 중엽 이후에 동전을 발행한 주된 동기는 3개의 목적으로 발행하는 것을 볼 수 있다. 그 하나는 첫째, 기근시에 진휼을 위한 것, 둘째, 병사 등에 급여를 위한 것, 셋째, 일반적인 경비의 보충을 위한 것 등이다. 17세기 말부터 주조된 동전은 18세기 중엽부터는 주된 화폐로 확립되어 가는 바, 이 과정에서 한국의 화폐는 사실상 은·동 복본위제 성격을 가지고 있었다. 법률적으로 1746년의 『속대전』에는 국폐는 동전으로 한다고 규정하고, 이어서 정은(丁銀, 칠성은)은 1냥에 전문(錢文) 2냥으로 하고, 신·구은(舊銀)은 함께 사용하도록 규정했다. 다만 법정 가격보다 시장의 은 가치는 보다 높게 평가되

---

214 『增補文獻備考』 제159권, 財用考.
215 『숙종실록』 권58, 42년 12월 경술조.

었다.[216]

국내에서 사용된 은화의 빈도의 변천과 동전의 사용 확대를 서울대학교 동아문화연구소에 비치되어 있는 다양한 매매 문기들을 정리한 카드들을 통해 확인할 수 있다. 이들 카드는 규장각에 소장되어 있던 매매 문기들을 정리한 것이다. 이들 고문서 일반에서 사용된 은화의 사용 실태를 보면 대체로 은화는 17세기 후반기에 목면과 함께 널리 지불 수단으로 사용되었고, 18세기가 되면 의외라고 생각될 정도로 거의 모든 거래에서 동전이 유통 수단으로 사용되었다.

〈표 6-16〉은 토지 매매에서의 은 거래 빈도의 변화를 조사한 것이다. 서울대학교 동아문화연구소에 조사하고 정리하여 비치한 매매 거래 카드에는 토지 매매에 관한 문기로 40,400여 건의 기록이 정리되어 있는 바, 대부분 18세기 이후의 동전 거래이다. 이들 중 은으로 거래된 것은 167건이 남아 있는데, 절대적으로 많은 것은 아니나 동전이 거의 유통되지 않은 17세기에 국한하여 보면 낮지 않은 빈도이다. 다음 〈표 6-16〉은 은 거래를 연대별로 정리한 것이다. 토지 매매의 은 거래는 주로 1670~1700년 사이에 집중되어 있지만, 가장 이른 시기의 것으로는 1578년도의 것도 있고, 가장 늦은 것으로는 1900년도의 것도 있지만 대체로 은 거래는 18세기에는 드물었다.

한편 17세기까지는 현물 거래에서는 면포가 가장 중심적인 것이었고, 그 외에도 벼(租), 소(牛) 등이 또한 토지 매매의 지불 수단으로 자주 사용되었다. 〈표 6-16〉에서도 보듯이 1690년대에는 은 거래가 면포를 이용한 현물

---

216 정은 1냥의 시장 가치는 18세기 중반에 2냥 3, 4전 내외에 형성되다가, 그 이후 추세적으로 증가했는데 18세기 후반에 2냥 7, 8전으로 상승했고, 1820년대에 3냥, 1840년대에 4냥, 1850년대에 4냥 7전에서 6냥 7전, 1960년대에 5냥 5전에서 7냥, 1870년대 후반에 8냥 8전에서 9냥대에 거래되었다. (박이택, 「제2장 서울의 숙련 및 비숙련 노동자의 임금, 1600~1909」(이영훈편, 『수량경제사로 다시 본 조선후기』, 서울대학교 출판부, 2004), p 54.

거래보다도 오히려 사용 빈도가 더 높았으며, 18세기 이후가 되면 은·목면 등의 사용이 크게 줄어들고 동전이 지배적인 지불 수단으로 되었다.

〈표 6-16〉 토지 매매에서의 은 거래

(단위: 횟수)

년대	1650년대 이전	1660년대	1670년대	1680년대	1690년대	1700년대	1710년대	1720년대 이후
은 거래	5	10	52	25	46	17	8	4
현물 거래	167	69	112	101	39	5	9	17

자료: 서울대학교 동아문화연구소 소장, 「고문서정리기록카드」에서 작성.

18세기에 정부 보유 시재 은이 그래도 40만 냥 수준으로 일정하게 안정된 반면 민간인의 거래에서 은화의 사용이 18세기에는 급감했다. 따라서 18세기에 은화는 유통 수단보다는 가치의 저장 수단으로서 기능이 강해서 18세기에는 동전이 지배적인 교환 수단이 되고 은은 주로 비축 화폐로서 간주되었다.[217]

한편 은은 공물방납권(貢物防納權)의 매매에도 지불 수단으로 이용되었다. 마찬가지로 동아문화연구소에 정리되어 있는 규장각 고문서를 정리한 카드들의 내용을 살펴보면 총 212건의 매매기록이 있는 바, 17세기가 2건, 18세기가 76건, 그리고 19세기의 거래가 134건이다. 그런데 이들 공납 방물권의 거래는 2건의 거래에서 목면과 은의 결합 결제를 볼 수 있는 것 외에는 모두 은으로 결제되고 있다. 따라서 은은 토지 거래에서는 18세기 이후에 극히 예외적으로 사용되었을 뿐이지만 공물 방납권의 거래에는 여전히 많이 사용되고 있었다는 것을 알 수 있다.

다만 은으로 거래되는 경우 은의 종류에 정은자(正銀子)와 정은자(丁銀

---

217 장국종, 「17세기 금속 화폐(銅貨)의 류통에 대하여」, 『력사과학』 6, 1961, 52-53면.

子) 그리고 그냥 은자(銀子)로 구분 기록되어 있다. 은으로 거래된 170건의 토지 거래에서 정은(正銀)이 50건, 은자(銀子)가 117건 그리고 정은(丁銀)이 3건으로 나타난다. 한편 공물 방납권의 경우에는 총 134건 중 3건의 정은 (正銀)과 10건의 은자(銀子)를 제외한 121건에서 정은자(丁銀子)로 거래되고 있다. 정은(正銀)은 의미상 순도가 높은 정순한 은을 말하는 것이고, 정은(丁銀)은 일본 은이고 대체로 칠성은(七成銀)을 말하는 것이었다. 육성은 (六成銀)도 있지만 이는 1716년경에 이미 사화(死貨)로 되어 있었고, 십성천은(十成天銀)과 칠성 정은(七成丁銀)은 영조대에도 국내에서 통화로서 기능하고 있었다고 한다.[218] 그리고 은자(銀子)는 그 순도를 파악할 수 없는 애매한 용어이지만 대체로 70~80% 순도를 의미하는 것으로 이해된다.

은화는 비록 국내 생산이 증가하고 있었다고는 하지만 18세기 이후 국내 유통에서 점차 퇴보하고 동전이 주조됐으며, 그 유통이 증가했다. 17세기에 동전이 주조되기 시작한 데에는 크게 두가지 요인이 있다고 생각된다. 하나는 은의 유통이 증가하면서 그 보조적 기능을 하는 동전에 대한 수요가 증가한 측면이다. 18세기 이후 은의 유통량이 점차 감소하면서 동전에 대한 수요를 증가시키는 역할을 한 것으로 생각된다.[219]

은화와 동전이 화폐 유통을 상호 보조하고 있었던 것은 은과 동의 교환 비율을 정하여 유통시키고자 했던 정부의 노력에서도 알 수가 있다. 1655

---

218 『備邊司謄錄』 숙종 42년 10월 21일, 영조 13년 4월 3일, 14년 5월 7일.
219 다음은 18세기 말의 전황(錢荒)을 설명한 당시대인의 기록인데 이를 통해 은과 동의 관계가 어떠한 것이었는지를 짐작할 수 있다. "대저 오늘날 농민의 곤궁은 전황(錢荒)에 연유하고 전황은 은의 고갈에 연유하고 은의 고갈은 연무(燕貿)에 연유한다. 전(錢)이 처음 통행할 때에는 대소 매매는 은(銀)·전(錢)을 함께 통행하여 민이 괴롭지 않았다. 사치 풍습이 성행하여 연무가 확대된 즉, 해마다 양행(兩行)의 포은(包銀)과 잠화(潛貨)를 합하면 30~40만 냥을 내려가지 않는다. 이에 국내에 은이 없어지고 대소 매매는 주로 전(錢)으로 대신하여 전이 마침내 가물어졌다."(『商山錄』 領敦寧趙箭子)

년에는 은과 동전의 비가도 은 1냥=전 600문으로 처음으로 공정되고,[220] 1678년 상평통보 발행 당초에는 은 1냥=전 400문,[221] 다음 해에는 200문으로 공정되었으며,[222] 1808년의 『만기요람』에는 300문이었다. 물론 은과 동의 교환 비율은 법정 비가대로 움직인 것은 아니며, 이로 인한 재정 거래(arbitrage)의 문제 등이 있을 수밖에 없는 것이었다. 그러나 은과 동이 상호 보완적으로 화폐의 기능을 수행하고 있었던 것에는 변함이 없다.

그러나 은의 부족이 느껴지면서 동전의 수요가 증가하였다고 볼 수 있다. 만약 그렇지 않다면 고문서에서 18세기에 17세기와는 달리 어쩌면 그렇게 완벽하다고까지 말할 정도로 짧은 기간 내에 동전 거래가 지배적인 형태로 되는지를 설명하기가 어려울 것으로 생각된다. 물론 18세기에 동전 거래가 지배적이 되었다고 해서 장시(場市)에서의 농민들의 거래가 대부분 동전이었다는 것은 아니며 여전히 미(米)가 중요하였다. 다만 이것이 행전(行錢)이 원활하지 않은 것을 의미하는 것은 아니었음은 물론이다.

이와 같이 18세기에 동전에 대한 수요가 증가하면서 한편으로 동전의 공급을 제약했던 가장 중요한 요인 중의 하나였던 원료의 부족 문제가 해결되기 시작했다. 조선에서 동전 사용의 역사는 오랜 것이지만 조선 후기까지 본격화되지 못한 이유 중 하나는 주조 원료의 부족이었다. 본격적으로 주조가 개시된 것은 1678년 이후인데 이후의 주조 증가는 일본의 금속 무역과의 관련성이 깊다. 일본은 관영통보(寬永通寶, 1636년)를 주조할 때 그 원료의 확보를 위해 1637년에 동의 수출을 정지했는데, 그 생산이 격증하여 1646년에 해제하였다. 일본은 1680년대 말 겐로쿠(元祿) 초년에 산동액이 급증하고 1697년에 최성기를 맞았으며 당시로서는 세계 제1의 산동국으로 은을 대신하여 동의 수출도 급증했다.[223] 그러나 18세기 말에는 일본

---

220 『文獻備考』, 卷159, 86면.
221 『備邊司謄錄』, 숙종 4년 윤3월 24일.
222 『備邊司謄錄』, 숙종 5년 2월 3일.

이 동의 수출을 규제하기 시작하여 19세기에는 조선에의 일본산 동의 수입이 감소했는데 19세기에는 조선 내의 갑산(甲山) 동광이 개발되어 어느 정도 국내 공급이 가능하게 되었다.

일본 동의 구체적인 수입 규모는 시기별로 다르지만 1693년 이후 급증하여 1697년까지 증가했다.[224] 그 후 막부는 1713~1736년에는 조선에 대한 동 수출을 연간 10만 근으로 제한했는데, 1760년대 중엽까지 그 수준에 머물렀다. 1816년의 동의 수입은 28,000냥으로 감소하였다.[225] 수입된 동은 대개 유기의 제조와 동전의 주전 원료로서 사용되는 것이 보통이었다. 17세기의 중엽 이후부터 18세기에 걸쳐 일본에서의 지속적인 동 수입이 조선의 동전 주조의 객관적인 조건의 하나였다. 우연이지만 18세기의 유럽에도 은의 산출이 감소하는 가운데 스웨덴의 동 생산 증가가 유럽에 결핍되었던 소액 동전의 증가를 가져왔으며, 청나라에서는 명과 달리 송나라 시절과 같이 동전의 번성기를 재현하여 18세기 중엽에 대량의 건륭통보(乾隆通寶)를 주조하였다. 18세기는 전세계적인 동전 주조의 보편화 시기였다.

한편 화폐의 발행 과정에서 초기에는 인플레와 전황이 반복되면서 화폐 주조가 지속적으로 행해지는 경향이었다. 17세기말 무렵 화폐의 발행 과정에서 정부의 다양한 화폐 장려 정책(예를 들어, 주점의 설치, 조세 납부에의 사용 허용, 도로에의 숙박업소의 설치 등)에도 불구하고 화폐는 서울에만 유통되어 유통 구역이 협애(狹隘)하여 인플레가 초래되었고, 재정이 악화되어 주조 금지론이 대두하는 1697~1730년에 주조가 정지되었다. 한편 주조의 정지는 디플레이션 그리고 고리대의 만연과 실질 이자율의 증가 그리고 조세 부담의 증가를 초래하여 화폐의 주조를 촉구하는 경향을 낳는다.

223 田代和生, 『近世日朝通交貿易史の硏究』, 創文社, 1981. p 273.
224 田代和生, 같은 책, 표 Ⅱ-11 참조, p 274.
225 James B. Palais, *Confucian Statecraft and Korean Institutions-Yu Hyŏngwŏn and the Late Chosŏn Dynasty-*, University of Washington Press, 1996, p 988.

이러한 순환의 과정에서 화폐 경제가 정착하고 지속적인 주전이 행해졌다.

1678년부터 주조되기 시작한 상평통보의 주조량은 이후 지속되어 17세기 말까지 약 450만 냥에 달했다. 한편 18세기 초에 고리대 등의 부작용으로 주조가 한동안 정지되었다가 1731년에 재개되었다. 주조량은 1731년부터 18세기 말까지 500여만 냥, 그리고 19세기 초에서 1850년대까지 600만 냥 주조한 것으로 추정된다. 전체적으로 1678~1857년까지 약 1,600만 냥 주조한 것으로 추정되었다.[226] 동전은 특히 발행량과 유통량에 차이가 많아 발행량 전체가 지속적으로 유통된 것으로 보기는 어렵지만 일정하게 화폐 경제의 발전이 이루어졌을 것으로 생각할 수 있다.

동전이 사용되고, 부세의 수취 과정에서 부분적인 대전납을 허용하였다. 부세 수취에서 산군 지역에 대해서는 운반의 편의를 위해 미 대신에 포·목으로 징수하거나 포·목의 전납을 허용하고 그 교환 비율을 법정하였다. 정부는 1714년에 황해도의 산군 4개의 지역, 그리고 1822년까지 45개의 지역을 전납 지역으로 정했다. 그 결과 호조의 수입 중에 은·전의 비율이 차지하는 비중의 변화를 살펴보면 1651년 9.9%에서 증가하여 1713년에 27.3%에 달했으나 이후 하락하여 1785년까지 20% 정도를 유지했다. 1787년에 31.5%로 증가하고 1807년에 다시 27.8%로 하락했다. 전체적으로 증가하는 추세였으나 대체로 19세기 중엽까지 30%를 밑돌았다. 선혜청의 수입도 비슷한 움직임을 보였다.[227] 조선 정부는 기본적으로 물납 체제를 유지했고, 동전의 납입은 조운이 불편한 산군 지역에 한했기 때문에 그 비중이 더 이상 증가하기는 힘들었다.

---

226 이헌창, 「1678-1875년간 화폐량과 화폐 가치의 추이」, 『경제사학』27호, 참조.
227 方基中, 「3. 금속 화폐의 보급과 조세금납화」, 『신편 한국사』 33, 2002, p 431.

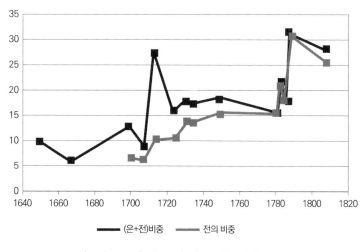

〈그림 6-13〉 호조 수입 중 은·전의 비중

〈그림 6-13〉에서 보았듯이 일본 은의 유입이 단절된 뒤에도 중앙 각사·각영의 총 시재고에서 은·전의 시재고가 차지하는 비중이 1842년까지 대체로 50% 이상에 달하고, 이후에도 대체로 40%대에 달했던 것에 비하면 19세기에 호조나 선혜청 수입에서 차지하는 은·전의 비중 30% 이하는 상대적으로 낮은 것이었다. 특히 18세기 중엽 이후에는 은의 수입이 거의 단절되고, 화폐 수입은 대부분 동전이었던 것을 알 수 있다. 그럼에도 불구하고 시재고에서 은의 비중이 18세기 이후에도 동전보다 오히려 높았던 것은 국제 거래를 위해 최소한 유지하고자 한 '봉부동(封不動)' 은의 존재가 중요했던 것으로 판단된다.

따라서 18세기 이후 대체로 호조, 선혜청 수입에서 동전의 비중은 추세적으로 증가했지만, 전납은 물납을 대전납하는 과정이므로 커다란 문제점을 내포하고 있다. 조선 정부는 조세 징수 시에 적용하는 미, 포 등과 전의 교환 비율을 법정하였다. 예를 들어 1749년에 미 1석은 5냥, 전태(田太)는 2.5냥 등으로 법정하고 있다. 그러나 시장 가격의 변화에 의해 실질의 재정 수입과 농민의 부담이 변하는 것은 당연하다.

한편 주전 원료인 동을 주로 수입에 의존하고 그 수입 가격은 직접 혹은 간접으로 국제 화폐인 은에 의해 평가되는 만큼 은과 동의 교환 비율도 국제 기준에서 크게 벗어나기는 어려웠다. 그럼에도 불구하고 조선 정부는 은과 동과의 비가를 정하고 있었던 만큼, 재정 거래의 문제는 심각할 수밖에 없었고, 결과적으로 대단히 빈번하게 그리고 비현실적으로 은·동의 비가가 정해지고 있었다.

정부는 1655년에 은 1냥은 전 600문, 1676년에는 400문, 1680년에는 800문, 1744년에는 200문, 1807년에는 300문 등으로 정하였다. 대체로 18세기에는 동전의 가치가 상승했지만, 이는 수입 동의 가격 상승과 밀접한 관련이 있다. 다음 〈표 6-17〉은 1706~1814년의 동전의 주조 이익의 변화를 보여주는 것이다. 동전의 성분에서 동이 차지하는 비중이 70% 이상이므로 동의 가격이 동전 주조 비용의 중심적인 것이었다. 〈표 6-17〉에서 보듯이 18세기에는 은으로 평가한 동의 가격이 특히 1720년대에 급상승하면서 동전의 주조 이익이 50% 대에서 30% 그리고 20%로 하락하고 1810년대에는 10%로 하락하는 것을 보여주고 있다. 이후에는 동의 가격이 약간 하락했고, 따라서 주조 이익이 1830년 27%, 1855년 22%, 1857년 24%로 추정된다.[228]

〈표 6-17〉 동전 주조 이익의 변동

년도	은 1냥의 동 구입량(근)	년도	주조 이익(%)
1706	8.3	1731	50%
1723년경	1.5	1775	30
1780년경	1.2	1798	20
1810년경	1.0	1814	10

자료: James B. *Palais, Confucian Statecraft and Korean Institutions-Yu Hyŏngwŏn and the Late Chosŏn Dynasty-*, University of Washington Press, 1996, p 989.

---

228 원유한, 『조선후기 화폐사연구』, 한국연구원, p 110.

정부가 동전을 주조하면서 주조 이익을 고려하지 않은 것은 아니지만 〈표 6-17〉에서 보듯이 그것은 동의 수입가에 크게 의존했고, 수익율이 19세기에는 대체로 20%대여서, 소위 대전이나 악화를 발행하지 않으면 상당한 주조 이익을 기대하기는 어려웠다. 동전 발행의 목적에는 주조 이익 외에 진휼이나 급여 및 교환의 편의 등 또 다른 재정 수단의 확보가 중요한 것이었다.

부세의 납부 과정에서 법정 비가와 시장 비가의 괴리는 언제나 재정 거래의 기회를 제공하는 것이다. 정부가 주조 이익을 통한 재정 수입을 추구한다면 인민은 시장에서 재정 거래(arbitrage)를 추구한다. 한편 조선의 동전은 저가치의 저급 화폐(base money)이고 귀금속이 아니었다. 동전은 소농의 유통을 위한 교환 수단으로는 적합하고, 소농의 상업화와 국가 재정의 보완적 수단으로 이용되었지만, 이윤을 추구하는 자본 회계의 목적물이 되기는 어려웠다. 중국에서는 명·청 시대에 적어도 중앙 재정이 은납이고, 가격도 시장에서 형성되어 자본 회계가 성립한 점에서 조선과 차이가 있었다.

5. 수공업과 광업의 발전

조선은 18세기 후반에 과잉인구가 형성되기 시작하고, 19세기 초에는 노동의 평균 생산물이 생존 수준에 머무르고, 국가 재정은 악화되기 시작했다. 사회적으로 18세기 말에 천주교가 전파되기 시작하고, 1830년대 이후에는 이양선이 출몰해서 통상을 요구하기도 하였으며, 1811년 홍경래의 난, 1862년 진주민란 등 여러 지역에서 민란이 일어났다. 그리고 새로운 세상을 추구하는 동학이 발현하는 등 사회는 불안했고 세도 정치 아래의 삼정은 문란했다.

이러한 사회 경제적 변화의 기저를 이루는 흐름이 무엇인가에 관해 한편에는 조선 사회 정체론을 극복하기 위한 자본주의 맹아론(萌芽論)이 제기되었다. 조선 후기에는 상품 화폐 경제의 발전이 이루어지는 가운데 농업, 수공업, 광업 등 여러 분야에서 초기 자본주의적 생산(manufacture) 경영이 나타나고 임금 노동이 형성되고 있었다. 그러나 이러한 발전은 여전히 미약해 사회의 큰 흐름을 형성하지 못했기 때문에 자본주의 맹아론이 부조적 방법에 그치고 있다는 비판이 제기되었다. 그러나 안병태는 동시에 동아시아, 즉 중국, 일본, 조선은 한편으로 아시아적 토지 소유의 중층성이라는 공통점을 가지고 있으며, 근대화를 위해서는 공통적으로 "부국강병, 식산흥업(殖産興業)을 위한 재원 정비·확보는 객관적 요청"이라고 지적했다.[229] 동아시아에서 밑으로부터의 자생적 자본주의 발전은 쉽지 않고, 위로부터의 개혁이 필요했다.

조선 후기에는 상업화가 진전되고 전기와 다른 상공업 발전이 이루어지고, 가일층의 지주제의 발전과 무산 농민의 대량 창출이라는 사회 변동이 나타나고 있었다. 이러한 새로운 변화를 조선 역사의 근대화의 흐름 속에서 정당하게 평가하고 재정립하는 것이 중요하다.

안병태는 조선의 중층적 토지 소유를 국가적, 지주적, 소농민적 토지 소유라는 중층 구조로 파악하고, 그에 상응하여 상품 화폐 경제를 국가적, 지주적, 소농민적 상품 화폐 경제로 구분했다. 그리고 조선 후기에 지주적 토지 소유와 지주적 상품 화폐 경제가 발전한 것으로 설명하여 중간적 지주의 사적 소유의 발전이 중심적 흐름이었음을 해명했다. 그러나 사실상 예외적인 경우를 제외하면 일반적으로 소작농의 경작권은 성립하지 않았으므로 토지 소유의 관점에서는 국가적 토지 소유와 사적 토지 소유가 중층적으로 존재할 뿐이었다. 따라서 조선의 토지 소유는 국가적 토지 소유와 국가와 상호 보험적으로 결탁한 양반에 의한 지주적 토지 소유가 직접 생

---

229 安秉珆,『朝鮮近代經濟史硏究』, 日本評論社, 1975, p 24.

산자인 농민을 수탈하는 구조였다.

자작·자소작·소작 등 소농은 국가의 수탈이 집중되어 위협받는 존재이다. 이들 "소농민은 중층적 구조의 최하단에서 신음하고, 전정·군정·환정의 폐해를 고스란히 받고, 현물 지대, 현물 수세와 현물 고리대 등에 쥐어짜져 있어 여기로부터의 탈출은 지극히 어려웠다."[230]

한편 18~19세기 상품 화폐 경제의 발전을 배경으로 광산업, 유기제조업, 야철공업, 조선업과 해운업 등에서 자본주의 맹아가 출현했다. 상품 생산으로서 전개라는 점에서 보면 면포, 마포, 저포 등의 제직업을 포함해 도자기 제조업, 제지업 등도 오랜 기원을 가진 것이다. 그러나 자본주의 맹아가 면업, 마포업 등으로 확대되고 그것이 근대적 대공업으로 발전하기 위해서는 새로운 정치 권력에 의한 일대 사회 변혁의 실시, 발전의 저지 환경의 제거, 근대 공업의 이식, 보호·육성이라고 하는 기초 정비가 필요했다.[231]

그리고 부를 축적할 기회를 가진 중간층 중에서도 비교적 여각 주인, 객상 주인 등과 함께 자본주의 맹아가 출현한 분야에 새로운 유형의 상업 자본과 산업 자본이 발생했지만 이들은 극히 소수이고 이들을 새로운 방향으로 향하도록 하기 위해서는 정치개혁이라는 토대의 정비가 필요했다.

조선 후기 상품 화폐 경제의 발전은 국가적 상품 화폐 경제에 기생하여 성장한 아전, 경주인, 영주인, 공인, 시전 상인 그리고 무역 활동에 종사한 의주, 경상, 동래 상인 등의 다양한 중간층과 지주층이 중심이 된 것이었지만 그것은 산업 투자로 연결되지 않았고 봉건 제도와의 공생 관계를 스스로 탈피할 수는 없었다. 따라서 조선 후기는 상업화가 진행되고 소유 분화는 진전되었지만 자본 축적이 없는 노동자 창출로 특징지을 수 있다. 다만 그 의미가 제한적이지만 한편에서 상공업 발전의 자본주의적 맹아가 형성

---

230 安秉珆,『朝鮮近代經濟史研究』, 日本評論社, 1975, p 205.
231 安秉珆,『朝鮮近代經濟史研究』, 日本評論社, 1975, p 206.

된 것을 부정할 수는 없고, 보다 중심적으로는 다른 한편에서 무산자가 대량으로 창출되는 특징을 보여준다. 소농 경제의 상품화와 지방 장시의 발전도 나타나지만 인구 과잉 내권화 과정의 상업화를 벗어나지 못했다. 조선의 근대화는 정치개혁이 선행되고, 국내외에서 자본을 동원하여 농촌에 퇴적된 과잉인구를 공업 부문으로 이동시키는 복합적인 공업화 과정이 필수적이었다.

조선 후기의 상품 화폐 경제의 발전을 토대로 비록 전면적인 초기 단계의 자본주의 발전에는 못 미치지만 노동자를 고용하는 자본주의적 맹아가 나타나고 있었다. 먼저 농업 분야에서는 농민 중에 새로운 농법을 받아들이고 농업 노동자를 활용해 상업 작물을 재배하고 합리적인 농업 경영을 실행함으로써 부를 축적하는 사람들이 생겨났다. 김용섭 교수는 양안 연구를 통해 1~2결을 경작하는 농민이 5~15%의 계층을 형성한다고 주장했다. 비록 추세적으로 경영형 부농이 확대되지는 않았지만 토지 소유의 집중과 다수의 무산 농민의 형성이 이루어지는 가운데 경영형 부농도 존재하였다. 다만 기업농이나 전업농에 의한 상품 생산은 제한적인 현상이었고, 상품 생산은 집약적 소경영의 다각 경영으로서 이루어지는 것이 일반적이었다.

한편 수공업에서의 상품 생산도 진전되고 있었다. 원래 조선의 수공업은 장인의 등록에 기초한 관영 수공업이었지만 조선 후기에 장안에 등록된 장인의 수가 급감했다. 1785년에 편찬된 『대전통편(大典通編)』 공전(工典)에는 조선 초 경공장(京工匠)이 존재했던 중앙 정부의 각사 30개 가운데, 사섬시(司贍寺), 전함사(典艦司), 소격서(昭格署), 사온서(司醞署), 귀후서(歸厚署) 등은 폐지되고, 그 외에 10개 사는 공장(工匠)이 없으며, 나머지 제사(諸司)는 액수의 가감에 정규가 없고, 장안을 작성하여 공전에 등록하는 제도가 없어졌다고 하였다. 또한 외공장도 장안이 작성되지 않고, 관에서 사역할 경우에는 사공(私工)을 임용하여 사실상 폐지된 것으로 보았다.

관영 공장이 쇠퇴하는 가운데 도자기 제조의 관영 수공업인 분원에 소속된 장인들이 점차 '사번(私燔)의 리(利)'를 확대되고 여기에 상인 자본이 침투하여 물주(物主)로 등장하고 있었다. 그리하여 분원은 거의 관권의 지배 없이 경제적 유력자에게 자금을 차용하여 만들어지는 사기를 생산하고, 극히 일부만 왕실에 납품하고 대부분은 전국의 사기 행상들에게 판매하게 되었다.[232]

또한 종이를 제조하는 조지서의 운영도 민영화되고 상인들에 의한 투자와 임금 노동의 고용 그리고 시장 판매가 이루어지고 있다. 관영 수공업이 민영화된 대표적인 사례는 조지서(造紙署)인데, 상품 생산 확대 과정에서 지전상인(紙廛商人)의 지배를 받아 선대제 생산을 하게 되었다.[233] 지전은 서울에서 온갖 종이류를 독점 판매하고, 삼남방물지(三南方物紙)를 수가진 배(受價進排)하는 공인이다.

관영 공장 이외에 전문 수공업 분야인 유기 수공업이나 제부 수공업 그리고 야철 수공업 등에서도 자본주인 물주가 일단의 노동자를 고용하여 매뉴팩추어적인 경영을 하는 사례들이 진행되었다. 유기 수공업은 11명 정도의 모작(募作) 혹은 모작배에 의하여 생산이 이루어지고, 작업 공정은 주형(鑄型)공정, 주물(鑄物)공정, 선반(旋盤)공정 및 끝마무리 공정으로 구성되어 분업과 협업이 이루어졌다.[234] 야철 수공업도 일군의 노동자의 무리인 모작에 의해 행해지고 있었다. 특히 비교적 단순한 단조 공정은 수명의 야장이 함께 이동하면서 임시로 야로(冶爐)를 설치하여 지역별 주민의 철제품 수요를 충족시키기도 하였다.[235]

제부(製釜) 수공업은 상인이나 지주가 자본을 제공하는 물주가 되고, 철

---

232 姜萬吉, 「分院研究」, 『亞細亞研究』20, 高麗大, 1965.

233 宋贊植, 『李朝後期 手工業에 관한 硏究』, 서울大 韓國文化研究所, 1973. 참조.

234 전석담·허종호·홍희유, 『조선에서의 자본주의적 관계의 발생』, 과학백과사전종합출판사, 1970. 참조.

235 이영훈, 『한국 경제사』 1, p 438.

덕을 가동하기 위해 30명 안팎의 노동자들이 원대장(총책임을 진 기술자), 곁대장(부책임자), 오리마지꾼(용해공), 너울꾼(풍구질꾼) 등으로 세분화되어 분업적 협업에 종사하였다.[236]

수공업 생산에서의 상품 생산의 대표적 형태는 상인·지주 자본에 의한 물주제였다. 물주가 자본을 대고 일군의 노동자 집단이 분업과 협업을 이루면서 생산하고, 판매하는 형태였다. 개항기 말의 관찰 기록에 의하면 "공예품의 다수는 공장(工匠) 스스로 제조하고 판매하며, 오직 일종의 공업가로 볼 수 있는 것은 한인 중 물주라 칭하는 자로 공장에 재료를 공급하고 그것을 상품으로 제작하고, 그 제품을 상점에 도매하는 자이다. 그 제조품은 혜(鞋), 립모(笠帽), 지갑·주머니 류, 요대(腰帶)의 류이다"라고 한다.[237] 물주제는 상인 자본이나 지주 자본이 산업 자본으로 전환되는 조선조 특유의 자본 조달제도였다.

수공업 이외에 광업에도 임노동이 형성되고, 물주제가 등장하고 있었다. 조선 후기에는 종래의 광산 금지 정책이 완화되고, 18세기 이후 민간의 광산 개발을 허용하는 설점수세제(設店收稅制)가 시행됐으며 일부 광산에서 또한 물주에 의한 상품 생산이 보인다. 은광업에서는 18세기에 감관을 폐지하고 별장(別將)에 의한 설점수세제(設店收稅制)가 시행되었다. 별장제 아래에서는 제련장이나 부대 시설은 호조가 마련했는데, 수령수세(守令收稅制) 아래에서는 광산 개발에 소요되는 모든 자금을 물주가 부담하고, 채굴권을 따낸 상인 물주는 덕대라는 광산업자에게 자금을 선대하였다.

한편 금광에는 일반적으로 별장이라 칭하는 사금 채굴의 인가권을 가진 이원(吏員)이 있는데, 광부들을 감독하고 그리고 채굴의 양에 따라 그것을

236 홍희유, 『19세기 개천(평안남도)지방 야철(冶鐵) 수공업에서 발생한 경제적 변화에 대하여』. 이헌창, 『한국 경제통사』, p 178.
237 『통상휘찬』 제70호, 1904.11.16. 재경성영사관보고.

매상하며, 그중 몇 푼을 세금으로 관헌에 납부하고, 그 잔여를 각 상인에 매도하므로, 채광자는 별장이라는 자의 인가를 얻지 못하면, 사업에 착수할 수 없었다.[238]

물주제 아래에서 광산의 실질적인 경영자로서 혈주(穴主)나 덕대(德大)가 대두되었다. 덕대는 일군의 광산 노동자의 우두머리이고 노동자를 통솔하여 생산 과정을 책임지는 경영자였으며, 노동자들에게 임금을 지불했다. 덕대가 광부에게 지급하는 임금은 초기엔 광물의 일부를 포함한 현물 임금에서 점차 화폐 임금으로 전환되었다. 덕대는 경영자 겸 노동자의 우두머리였다.

조선 후기에 나타난 분업적 협업을 통한 자본주의적 경영 형태에서 물주와 생산을 담당하는 노동 조직과의 관계는 순수한 임노동 관계로 보기에 한계가 있다. 물주는 경영에 직접 경영에 참가하지 않았고, 직접 생산을 담당하는 노동 조직의 우두머리는 경영 성과에 대한 자본적 책임을 지지 않았다. 그리고 전업적 수공업 생산의 숙련 노동자는 반드시 정해진 급여를 받는 임금 노동자가 아니라 경영의 성과를 부분적으로는 공유하는 존재였다. 광산의 노동자는 대표적으로 수천 명씩 임금을 받고 고용되는 노동자지만, 드물게는 임금 대신에 광석을 받는다든지 하는 경우도 있다.[239] 따라서 조선 후기의 임노동 관계는 근대적 고용 관계의 초기적 발생의 모습을 보이고 있었다고 할 수 있다.

조선 후기에 상품 화폐 경제가 발전하고 자본주의적 경영의 맹아가 형성되고 있었지만, 전근대 사회의 특징인 자연 경제, 즉 농공 결합을 해체하고, 사회적 분업을 본격화하는 직물업 분야의 생산적 발전이 나타나지 않

---

238 『통상휘찬』, 1895. 4. 9. 재원산영사관보고.
239 유승주(柳承宙), 「2) 18세기말 19세기 전반「물주」제하의 광업 실태」, 『신편 한국사』 33.

은 것은 커다란 한계이다. 직조 생산을 중심으로 하는 가내 수공업이 반(半)전업적 내지 전업적인 수공업으로 전환하면서 농촌 공업 지대가 형성되는 초기 공업화와 도시화의 진전을 보여주는 프로토 공업화(proto-industialization)가 보이지 않는 한계를 가지고 있었다.

조선 후기에 자본주의 발전의 초기 과정에 나타나는 소규모 상공업 도시의 형성은 보이지 않는다. 물론 도시는 존재하지만, 도시화율은 낮고, 도시의 대부분은 행정 도시였다. 조선 후기의 개항 직전 1만 명 이상의 도시 인구는 모두 40만 명 내외로 총 인구의 2.5%, 인구 5천 명 이상의 도시를 모두 합쳐도 총 인구의 3.4% 정도로 추정되어 도시화율은 낮았다.[240] 한편 1820년경 인구 1만 명 이상의 도시에 거주하는 인구의 비율이 서구 12.3%, 일본 12.3%인데 비해 중국 3.8%이고 조선은 그에 못 미쳤다.[241]

조선 후기 한성의 인구는 1864년 46,565호, 202,639명으로, 실제로는 25만 명 이상이었을 것이고, 평양이 그 다음으로 11만 명, 1789년 한성을 제외한 전국의 3,951개 부, 면 가운데 인구 1만 명 이상은 12개에 불과하였다.[242] 그리고 조선 도시의 모습은 상공업 도시보다는 행정 도시이고 거주자의 절반은 농민이었다.

조선의 도시 거주자의 직역을 보면, 한성·개성·평양·전주·대구 등 도시 인구의 반은 문무의 관아 및 그에 준하는 공해(公廨)에 부수하는 사람들과 주로 관아에 봉사하는 공장(工匠)에 의해 구성된다. 이것은 당시의 도시가 다분히 정치적 도시의 성격을 가지고 있음을 보여주지만, 공장(工匠) 집단의 존재는 경제적 도시로의 발전의 맹아로 볼 수도 있다. 그러나 조선조 말까지 정치적 도시 이상의 단계에 도달하지 않았다.[243]

240 이헌창, 「조선 왕조의 정치 체제: 절대군주제」, 『경제사학』, 제41권 3호.
241 나카무라 사토루·박섭, 『근대 동아시아경제의 역사적 구조』, 일조각, 2007, p 34.
242 이영훈, 『한국 경제사』 1, p 515
243 四方博, 『李朝社會經濟史研究』 中, pp 312-313.

조선의 유한 계급인 양반은 주로 촌락에 거주하며 소규모의 토지를 경영했고, 유교적 검약주의가 지배하여 소비는 정체되었다. 또한 도시 인구의 절반을 구성하는 양역 부담자는 농업 인구로 보이고, 도시 내에도 면적에 비교해 많은 제언이 보인다. 따라서 도시민의 기초 산업도 의연히 농업이고 공해(公廨)의 사이에는 전포(田圃)가 점철하고, 주민은 도시 내외에서 농사에 종사했다.[244] 따라서 조선의 도시에서 농업과 상공업이 분리되고, 사회적 분업이 발전한 근대 상공업 도시를 발견할 수는 없다. 오직 소위 도시 경제의 단계로 불리는 것과 같은 농촌과의 보완적 분업 관계의 존재는 장인의 존재이지만, 이들의 다수는 관아에 복무하고, 사적인 영업 주체가 아니었다.

조선의 상공업은 발전 유형이 주변 국가와 달랐다. 전근대 사회에서의 군현과 봉건의 차이가 상품 화폐 경제의 발전 유형에도 차이를 가져왔다. 상대적으로 중국은 분산적 농촌 시장의 발달은 가져왔지만, 일본은 상인 단체와 조직된 시장이 발전하였다.[245] 중국이나 한국은 공동의 이익을 추구하기 위한 자발적인 상인 단체가 존재하지 않고 존재한 경우는 일차적으로 정부의 조세 청부 내지는 국역 부담을 위한 것이었으며, 농촌 시장은 정기시(定期市)의 형태로 조밀하게 전국적인 네트워크를 형성하고 농민의 시장 참여에 아무런 장애가 없었다. 반면에 일본은 '자(座)'나 '카부나카마(株中間)' 등의 상인 단체가 존재하고, 독점을 형성하여 안정적 이윤을 얻을 수 있었으며, 상대적으로 농촌 정기시는 적고 시장 참여율도 낮았다.

농민 경제의 상품 화폐 경제 참가와 장시의 발전은 조선과 중국이 보다 높았으나, 일본은 도시에서의 민간 상공업이 발전하고 상인 부르주아가 성

---

244 四方博, 『李朝社會經濟史研究』中, p 313.
245 黑田明伸, 『貨幣システムの世界史: 「非對稱性」をよむ』, 東京: 岩波書店, 2003. 제6장 및 종장참조.

장했다고 할 수 있다. 일본은 에도(江戶), 교토(京都), 오사카(大阪), 나가사키(長崎) 등이 막부 직령 도시여서 지방 영주의 통제 밖에 있었고, 막부가 그들의 상업 활동을 보호한 것이 조직적 시장 발달에 조건이 되었던 것으로 보인다.

6. 근세적 임노동의 형성

조선 후기에 지주제가 발전하면서 토지를 잃게 된 다수의 농민들은 새로운 고용 기회를 찾지 못하고 유리걸식해야 했다. 유민(流民)은 탐관오리의 수탈과 주기적인 재해로 일상적인 것이었다. 유민 현상은 17~18세기에 이르러 더욱 심화되었다. 숙종 37년 전라도 무안 지방에서는 5천 호 가운데서 2천 호가 떠났고, 경종 3년(1723) 평안도 구성(龜城) 고을에는 8천 호 가운데서 남아 있는 호수가 3천 호도 되지 않았다. 영조 5년(1729) 충청도와 평안도 일대에 가뭄이 계속되면서 46만여 명의 기민(飢民)이 발생하였다. 고향을 떠난 유민, 기민들은 대개 서울을 비롯한 도시로 모여들어 행랑살이로 고역에 시달리거나 품팔이로 연명하기도 하였지만, 산 속이나 바닷가로 스며들었다.[246]

유민의 증대는 도적의 무리를 낳고, 사회 불안을 조성한다. 말세의 도래, 변란의 예고 및 피난처 등에 관한 근거 없는 비기(秘記)와 정감록 등의 도참설(圖讖說)이 유포되었다. 17세기 말 숙종조에는 장길산(張吉山) 등 도적의 무리가 강성하여 무력으로 토벌하는 것도 쉽지 않았다. 장길산은 승려, 상인 및 일반 민중과 연결되어 나라를 평정하고자 하였다고 하는 만큼,[247]

246 崔完基, 「4. 임노동의 발생」, 『신편 한국사』 33, 2002.
247 鄭奭種, 「肅宗年間 僧侶勢力의 擧事計劃과 張吉山」, 『東方學志』 31, 1982; 『朝

유민의 증대는 봉건적 체제의 유지와 관련해서도 심각한 문제를 제기하였다.

소작인이 늘어나고 유민이 증가하는 다른 한편에 (반)무산자의 임노동화 경향이 나타나고 있다. 조선 후기의 임노동 양상은 18세기에 이르러서는 매우 다양했고, 비교적 보편화되었다. 업종별로 보면 임노동은 농업, 광업, 수공업, 어업, 임업, 상업, 건설, 토목, 운송, 경비, 잡역 등 각종 부문에 걸쳐 있었고, 그것은 생산 부문뿐만 아니라 비생산 부문에서도 행해지고 있었다. 임노동자들은 관부의 작업장에서도 일했고, 민간의 사역도 담당했다. 임노동은 우선 관부의 작업장에서 그 모습이 두드러지고 있었는데, 궁궐 수리 같은 작업장에서는 17세기 초부터 임노동이 행해지고 있었다. 그것은 임진왜란의 전후 복구사업의 하나이기도 했다.

종래 토목공사에 많이 동원되었던 군인들도 국방에 더 치중하지 않으면 안 되었던 당시의 상황에서 품값을 주고 역군(役軍)을 모집하게 되었으니, 모군(募軍)이 그들이었다.[248] 모군들은 창덕궁뿐 아니라 종묘 중건에도 참여했다. 대동법은 농민들의 대납제를 공인하고 요역의 물납세화, 전결세화를 전국적인 차원에서 추인하고 법제화한 것이며, 17세기 이후 요역의 물납세에 기초해 산릉역, 영건역, 축성역 등의 작업에 모립제(募立制)를 시행하였다.

토목공사 외에 관부가 주관한 작업으로는 운송 부문이 주목된다. 포구에는 세곡선뿐 아니라 상선의 출입도 빈번하여 하역, 운송 작업이 많았고, 이들 작업은 임노동자들의 중요한 호구 수단이었다. 17세기 후반 도성 주변 지역 인구가 급속히 증가했고 그중 용산, 마포, 서강 일대의 인구가 크게 늘어났다. 이는 이 지역이 이 시기의 활발한 경제 활동과 관련해 다른 지역

鮮後期社會變動研究』, 일조각, 1983.
248 尹用出, 「17·8세기 役夫募立制의 성립과 전개」, 『韓國史論』 8, 서울大, 1982.
『조선후기의 요역제와 고용 노동』, 한국사연구총서 3, 서울대학교 출판부, 1998.

보다 고용 기회가 많았기 때문이다.[249]

이밖에 관부의 운송 작업은 왕실용 사기 제조장인 경기도 광주의 분원(分院)에서도 이루어지고 있었다. 또한 이 시기에는 관아의 잡역도 고립되고 있었다. 즉 궁궐이나 관아에서 잡무에 종사하는 차비군(差備軍)이나 별배(別陪), 구종(丘從), 사령(使令), 갈도(喝道) 등으로도 불린 조예, 나장 역시 조선 전기에는 농민들의 부역 동원으로 충당했는데, 이들도 조선 후기에는 고립되고 있었다. 한편 임노동은 민간 용역 부문에서 보다 널리 보급되었다.[250]

또한 앞서 본 바와 같이 농촌의 부농 그리고 상공업에서의 임노동의 고용, 광업에서의 광군의 고용 등 다양한 형태의 일고, 단기고, 장기고 등이 나타나고 있었다. 그러나 도시화율은 낮고, 상공업 발전은 지체된 가운데, 이들 고용 기회가 토지 없는 농민을 흡수하여 과잉인구를 해소할 수는 없었다. 지주제의 확대와 상업화 그리고 신분제 아래서 삼정의 문란이 지속되는 가운데 농민들의 불만이 표출되기 시작했다.

1811년 '홍경래의 난'은 서북 지방민의 차별 대우를 직접적인 불만 요인으로 삼았지만 풍양 조씨, 안동 김씨 등 외척 세도 정권의 가렴주구에 시달린 농민들이 크게 호응하였다. 가톨릭의 전파와 박해, 중국 정세의 불안, 이양선의 출현 등도 사회 불안의 한 요인이 되었다. 여러 비기(秘記)와 도참이 전해지고 농민들의 불만과 희망이 교차하는 가운데, 여러 지역에서 민란이 발생했다. 1833년에는 성격이 좀 다르지만 한성 도성 안에서 쌀 값이 고등한 것을 계기로 폭동이 있었으며, 1841년에는 경주 부민들이 환자곡의 문제로 수백 명이 대궐 앞에서 소청하는 일이 있었고, 1851년에는 해서의 문화·은율의 민란이 있었다.

---

249 崔完基, 「4. 임노동의 발생」, 『신편 한국사』 33, 2002. pp 143-144.
250 崔完基, 「4. 임노동의 발생」, 『신편 한국사』 33, 2002. pp 144-145.

백성들의 불만 제기가 이어지는 가운데 철종 13년(1862)에는 진주민란이 일어났다. 진주민란은 경상, 충청, 전라로 확산되어 삼남 지방에서 37회나 농민 항쟁이 발생했다.[251] 민란은 잔반, 즉 몰락한 양반들에 의해 주도되었지만 중심적인 참여자는 가난한 소농들이었다. 농민들은 먼저 국가의 조세 수탈에 대해 집중적으로 성토했고, 수령의 인부(印符)를 빼앗아 경계 밖으로 추방했다. 또한 농민들을 직접 수탈한 이서들에게 가장 가혹하였고, 향촌 지배자나 토호들 그리고 부세 수탈과 관련된 상인들도 공격하였다.[252] 농민들은 가혹한 수탈이 수령이나 향리 등의 개인적 탐욕에서 비롯되었다고 이해하여, 중앙에서 내려온 안핵사, 암행어사, 선무사 등 관리들의 회유로 해산하였다. 그러나 크고 작은 민란은 지속되었고, 농민 항쟁이 보다 큰 정치적 목적을 가지고 조직된 형태로 나타난 것은 갑오년의 동학 농민 항쟁이었다.

조선 후기는 농민 분화가 진전되는 가운데 고용 기회가 부족한 농촌에 무산 농민이 과잉인구로 퇴적되는 시대였다. 자본의 축적없는 무산자의 퇴적이 조선 후기의 사회이고 무엇보다 자본 창출이 필요했다. 그러나 자본 창출은 투자 기회가 전제되어야 하는데 현실적으로 대외 개방과 상공업 발전이 필수적이었다. 민간 부르조아가 주도 세력으로 성장하지 못한 상황에서 위로부터의 정치개혁을 통해 근대적 재정 국가를 건설하고, 정부가 주도하여 자본주의 발전을 추진하는 외에 다른 출구를 찾기는 힘들었다.

---

251 최진옥, 「1860년대 민란에 관한 연구」, 『전통시대의 민중운동』 하, 풀빛, 1981, p 376.
252 宋讚燮, 「2. 삼남지방의 민중항쟁」, 『신편 한국사』 36, pp 316-317.

제7장

조선 말 개항과
근대화의 시도

제1절 개항과 무역 구조

1. 동아시아의 격변과 강화도 조약

신대륙 발견 이후 서양의 아시아 진출은 지속되었지만, 아프리카 인도와 동남아시아를 거쳐 16세기에 포르투갈이 먼저 일본과 중국으로 진출했고 네덜란드, 영국 등이 그 뒤를 이었다. 동아시아는 인도나 동남아와 달리 잘 조직된 강력한 국가가 성립하여 부분적이라도 직접적 통치는 생각할 수 없었고, 무역 거점을 인정받거나 기항을 허용받아 상업적 거래를 하였다. 포르투갈이나 포르투갈을 합병한 스페인은 교역 이상으로 천주교 포교에 관심을 가졌지만 그들은 유럽에서의 힘의 중심이 북유럽으로 옮겨지면서, 아시아에서 선점했던 우위를 곧 네덜란드에게 내어 주었다.

네덜란드 동인도회사는 인도네시아 바타비야에 본부를 두고, 전통적인 유럽과 동남아 사이의 향료 무역 이외에 일본과 인도 그리고 동남아시아를 연결하는 중계 무역에 종사하여 높은 경제적 수입을 얻을 수 있었다.[1] 네덜란드는 대만에 거점을 확보하고 중국과 교역했으며, 포르투갈은 여전히 마카오에 정착지를 가지고 교역하고, 스페인은 마닐라를 거점으로 중국과의 교역을 지속했다. 그러나 중국이 마카오 외에 서양에 교역항을 개방한 것은 훨씬 이후이다. 중국은 강희제 연간인 1684년에 해금을 완화했지만, 건륭제 시대인 1757년에 모든 서양 선박을 광저우(廣州)로 한정해 교역하도록 하였다.

---

1 Ryuto Shimada, *The Inyta~asian Trade in Japanese Copper by the Dutch East India Company during the Eighteenth Century*, Brill, 2006.

영국은 인도 지배에 집중하여 상대적으로 뒤늦게 동아시아로 진출했으며, 상대적으로 일본에는 관심이 적었고 주로 중국에 집중했다. 영국의 면직물업은 한 때 유럽을 선점했지만, 뒤 이은 후발국들의 산업혁명으로 구미 시장에서 점차 힘을 잃고, 아시아, 아프리카, 라틴아메리카 등 후진 지역으로 밀려나기 시작했다.

그러나 영국의 대중국 면직물 수출은 크게 증가하지도 않고, 생사·차·도자기 등의 수입 수요로 인한 만성적 무역 적자와 은의 유출에 시달리고 있었다. 영국은 이를 타개하기 위해 동인도회사를 통해 인도에서 아편을 재배하여 중국에 수출하였다. 아편의 해독이 심해지고, 은의 유출로 중국 경제가 어려워지자 1939년 흠차대신 임칙서가 광동에 부임하여 아편을 불태우는 등 아편 무역을 금지했다. 영국은 이를 계기로 1840년 제1차 아편전쟁을 일으켜 1842년 남경 조약을 체결하고, 홍콩의 할양, 5항의 개항, 공행 제도의 폐지, 배상금의 지불 등을 강요했다. 그렇지만 이후에도 기대한 만큼 중국 수출이 증대되지 않자 영국은 애로호 사건을 구실로 내세워 제2차 아편전쟁을 도발하고, 천진 조약(1858년)과 북경 조약(1860년)을 체결하여 개항장의 11개소 증설, 내지 통상의 자유, 아편 무역의 공인 등을 규정했으나 이후에도 중국 면직물 시장은 크게 확대되지 않았다.

그러나 제2차 아편전쟁에서 중국은 북경을 점령당하는 굴욕을 당하고 서구 열강의 반식민지로 전락되기 시작했다. 조선도 1860년 제2차 아편전쟁에서 청국이 패배하여 함풍제가 열하로 피난했다는 소식을 듣자 비로소 중화 세계의 동요를 실감하게 된다. 서세동점의 과정에서 조선도 임진란 이후 대외 세계와 좁은 범위에서나마 교류가 있었다. 포르투갈 선교사들이 임진왜란 시기에 일본군을 따라 조선 땅을 밟은 바 있고,[2] 네덜란드인 박연, 하멜 등의 표착이 있었으며, 강항의 간양록, 임진란의 포로로서 북베트

---

2 최병욱, 『동남아시아사-전통 시대』, 산인, 2015, p 290.

남을 세 번 방문하고 귀국한 조완벽, 그리고 1687년 제주도민의 추자도 부근에서의 조난으로 베트남 호이안으로의 표류, 조선 두번째 신부 최양업의 마카오 주재 등이 알려져 있다. 비록 비공식적인 교류이지만 천주교의 선교 활동과 함께 대단히 좁은 통로이지만 한반도 바깥 세상의 모습이 조금씩 알려지고 있었다.

19세기에는 보다 직접적으로 천주교 탄압에 대한 항의를 겸해 통상을 요구하는 서구의 압력이 이양선의 출몰로 이어졌다. 신유사옥(1801년), 기해박해(1839년)와 그 뒤를 이은 병인박해와 병인양요(1866년), 제너럴 서먼호 사건(1866년), 신미양요(1871년) 등이 이어졌으나, 조선은 쇄국의 입장을 바꾸지 않았다. 한편 천주교의 전래와 삼정의 문란이 이어지는 가운데 1860년 최제우에 의해 개벽을 꿈꾸는 동학이 창시되었고, 1870년대 초 박규수 사랑방에서는 조선 후기 실학의 전통을 이으면서 서양의 새로운 학문에 눈뜬 개화사상이 싹트고 있었다.

한편 일본은 17세기 전반부터 네덜란드와의 나가사키 무역 외에는 통상 수교거부정책 아래 일체 서방 세계와 접촉을 단절하고 있었다. 그러나 미국이 1848년 멕시코전쟁으로 캘리포니아를 획득하여 태평양과 접하면서, 하와이를 거쳐 아시아로 진출하는 길목에 있는 일본에 미국 선박을 위한 식료 및 연료 석탄의 보급, 해난 시 피난처 및 구조를 위한 기항지로서 개국을 요청했다. 막부는 페리의 무력 시위에 굴복해 1854년 미일화친 조약(神奈川條約)을 체결했다. 이어 1858년에는 '안세이(安政)' 5개국 조약을 미국, 영국, 프랑스, 러시아, 네덜란드와 체결했으며, 일본은 5항의 개항, 관세 자주권이 없는 협정 관세, 개항장에서의 거류지의 설정과 치외법권, 최혜국 대우 등을 승인했다.

당시 영국은 면직물 산업의 높은 경쟁력을 바탕으로 종래의 영국 동인도회사의 대인도, 대중국 무역 독점권을 폐지하고, 아편전쟁을 기점으로 중국의 광동 무역 체제와 아편 금수를 폐지하고, 자유무역을 기치로 세계 시장을 제패하고자 하였다. 흔히 1840~1860년의 시대를 1870년대 이후에 군사력을 바탕으로 식민지 통치를 추구하는 신제국주의 시대로 나아가기 전의 자유무역 제국주의 시대라고도 한다.[3] 일본은 '안세이(安政)' 조약으로 인한 관세자 주권의 상실로 귀금속의 유출 등 많은 어려움을 겪었다.

격동하는 국제 정세 속에서 국내 정치적으로는 조선 후기 삼정의 문란과 민란이 이어지는 가운데 1863년 철종의 뒤를 이어 고종이 즉위하자 생부 흥선대원군(興宣大院君)이 실권을 장악했다. 대원군은 10년간 집권했는데, 안동 김씨 일파의 세도 정치를 타파하고 왕권을 강화하고자 하였다. 그는 안동 김씨 수중의 비변사를 격하하고, 의정부와 삼군부를 부활시켰다. 재정 확보에 노력했고 특히 양반에게도 군포를 징수하는 호포세를 실시하였다. 그리고 환곡제를 개선하여 사창제로 바꾸고, 사창의 본곡을 유지하고자 하였다. 또한 본래의 학문과 교육의 기능보다도 양반들의 붕당과 농민 수탈의 온상으로 변질된 서원을 크게 축소하였다. 600여개의 서원 중 47개의 사액 서원만 남기고 폐쇄하였다. 또한 경복궁의 재건을 추진하고, 원납전 제도를 만들어 기부금을 징수하고, 1개에 소재 가치는 5문에 불과한 당백전을 그 20배인 100문으로 발행하여 주조 이익을 얻고 인플레로 인민의 화폐 재산을 수탈하였으나, 1년 만에 혁파하였다. 당백전이 실패한 후 또한 재정 궁핍을 타개하기 위해 소재 가치가 상평통보의 1/3에 불과한 청전을 수입하여 유통시켰으나 이 또한 1년여 만에 폐지하였다.

대원군은 지속적인 서양의 개항 요구에 쇄국정책을 강화했다. 그는 천주교를 탄압했는데, 프랑스는 에에 항의하여 병인년에 병선을 파견하여 강화도를 점령하고 신부 살해 책임자의 처벌과 배상 및 통상 조약 체결을 요구했다. 하지만 대원군은 정족산성 전투에서 승리를 거둬 프랑스군을 축출할

---

3 John Gallagher; Ronald Robinson, "*The Imperialism of Free Trade*", The Economic History Review, 6 (1), 1953.

수 있었다. 그에 앞서 미국 상선 제너럴 서먼호가 평양에서 통상을 요구하는 사건이 있었으나 평양 군민들이 배를 불태우고 선원을 살해하였다. 1871년 신미년에 미국은 서먼호 사건에 대한 사과와 통상 조약의 체결을 강요했으나 대원군은 완강하게 거부했다.

그러나 양반에 대한 과세 증대와 서원 철폐 등 대원군의 실정을 최익현을 비롯한 유생들의 반대와 이를 이용한 민씨 일족의 획책으로 1873년 대원군은 실각하고, 고종의 친정이 시작되니, 또 다시 척족 세도 정치가 재개되었다.

한편 일본은 1868년 메이지 유신이 성립하고, 내부적인 개혁과 함께 대외적인 팽창을 시도했고, 정한론이 제시되는 가운데 조선에 대한 국교 정상화를 요구했다. 그러나 그 서계(書契)에는 '황'이니 '칙'이니 하는 전례 없는 문구들이 포함되어 있어 조선은 받아들이기 어려웠다. 박규수는 서계의 자구에 얽매이지 말고 개국하여 무력 충돌을 피하고자 하는 자주적 개국론을 주장했다. 일본은 민씨 정권이 유화적으로 변한 것을 간파하고, 강경책으로 나서 운양호가 강화도에 상륙하고 초지진 포대에 포격을 하는 도발을 하였으며, 이에 대한 대응 포격과 피해를 이유로 배상과 개국을 요구했다.

조선은 논의 끝에 일본과 강화도 조약을 체결하고, 개항하게 되었다. 개항 조약은 그 불평등성에도 불구하고 조선이 아시아의 국제 질서인 중화 체제, 즉 조공 체제에 균열이 발생한 것을 의미한다. 조공 체제에서 조공국은 '속방 자주(屬邦自主)'의 원칙이 있지만, 한편으로는 중국과 중심·주연(周緣)의 관계가 존재했다.[4] 조공 체제를 붕괴시키는데 소중화의 대두, 아편전쟁, 조공 무역의 약화 등도 있지만, 1862년의 베트남 강화 조약과 1876년의 강화도 조약이 그 명백한 균열의 표현이었고, 중국 중심주의는 청일

4 浜下武志, 『朝貢システムと近代アジア』, 岩波書店, 1997.

전쟁으로 파탄에 이르렀다. 신해혁명 초기의 멸만흥한(滅滿興漢)은 중국인들 스스로에 의한 천하관의 포기이고, 조공 체제의 방기였지만 곧 수정되었다.

강화도 조약으로 조선은 이제 형식적으로는 독립 국가로서 상호 간의 평등한 국제 관계를 규율하는 만국공법 체제에 편입되었다. 경제적으로는 세계 자본주의에 편입되어 문호를 개방하고 새로운 문물을 받아들이는 개화의 여명을 여는 계기가 되었다. 강화도 조약 체결 과정에서 고종이 얼마나 개항의 의미를 이해했는지는 알 수 없지만 대원군보다는 전향적이었다. 그러나 청이 남하하는 러시아의 위협을 중시하여 조선이 일본과의 수교에 반대하지 않은 것이 중요한 계기가 되었다. 1876년 2월 강화도에서 일본의 구로다 기요타가(黑田淸隆)와 조선의 신헌(申櫶) 등이 회담하여 일본이 제시한 수호조약 초안을 토대로 협의하였다. 조선은 사대교린 관계를 회복한다는 차원에서 대등한 관계를 보여주는 서계의 형식을 중시하여 조선의 국명을 대조선으로 한다든가, 개항지를 최소화하는 등의 주장을 반영한 조약을 체결했다.

그러나 일본은 자국의 상업적 이익에 충실하게 무관세의 자유무역을 주장했다. 이미 19세기 중엽에는 후발국의 공업화를 위해서는 보호무역이 필요하다는 인식이 있었고,[5] 일본도 1870년대 중엽에는 관세 자주권의 회복을 추진하고 있었음에도 조선에는 저율의 협정 관세도 아닌 무관세를 주장했고, 상업적 협정에 무지했던 조선은 이를 상대적으로 소홀히 하였다. 무관세 조항 이외에도 일본은 개항장에서의 일본 화폐의 유통, 식량 수출의 허용 등 규정이 지니는 경제적 중요성을 잘 인식하고 있었다.

---

5 1840년대에 프리드리히 리스트는 미국의 보호무역을 통한 공업화에 주목했고, 프러시아와 프랑스도 보호무역을 통해 공업화를 추진하였다. Friedrich List, *The National System of Political Economy*, translated by Sampson S. Lloyd, 1885.

강화도 조약과 그 부속 문서들은 조공 체제의 균열을 보여주는 것임과 동시에 조선이 자유무역 체제에 편입된 것을 의미한다. 일본은 영국에게 자유무역을 허용한 후 여러 어려움을 겪으면서, 관세 자주권을 회복하기 위해 노력하고 있는 시기였지만, 조선에 대해서는 스스로가 당한 영일 조약의 저율 협정 관세보다도 더 심한 무관세 조항을 적용하고자 하였다. 일본은 이들을 부속 문서들에서, 때로는 기만적인 방법으로까지 동원해 조약에 포함시켰다.

강화도 조약 제1조는 조선국은 자주 국가로 일본국과 동등한 권리를 갖는다고 규정하고, 제5조는 경기, 충청, 전라, 경상, 함경 5도 중에서 연해의 통상하기 편리한 항구 두 곳을 골라 개항한다고 규정하여 이후 부산 이외에 원산, 인천이 차례대로 개항되었다. 제9조에서는 양국 백성들은 자유롭게 거래하며, 양국 관리들은 간섭하거나 금지할 수 없다고 하여 자유무역을 규정하였다. 또한 제10조에서 일본인이 조선의 지정한 항구에서 범죄를 저질렀을 때 만일 조선과 관계되면 일본에 돌려보내 수사, 판결하게 하며 조선인이 범죄를 저질렀을 경우 일본과 관계되면 모두 조선 관청에 넘겨서 수사, 판결하게 하되 각기 자기 나라의 법에 근거해 처리한다고 규정하여 치외법권을 인정했다.

강화도 조약은 같은 해 8월 타결된 「조일수호조규부록」과 「조일무역규칙」으로 보완됐으며, '부록' 제7조에서 "개항장에서 일본인은 자국의 화폐를 사용할 수 있고, 조선인은 매매에 의해 입수한 화폐를 일본 제품 구입을 위해 사용할 수 있다"고 규정했다. '무역 규칙' 제6칙에서는 "이후 조선국 항구에 거류하는 일본인은 양미와 잡곡을 수출입할 수 있다(嗣後 於朝鮮國 港口在留日本人民 糧米及雜穀 得輸出入)"라고 규정하여, 조선의 미곡이 일본으로 수출되는 근거로 이용되었다.

「조일수호조규」를 토대로 조선의 대외 개방은 지속되었다. 조선은 개항 후 재정 궁핍이 지속되는 가운데 무엇보다 강화도 조약에서의 무관세 규정을 수정하여 관세 수입을 얻고자 했으나 쉽지 않았다. 개항 후 1880년 7월, 일본에 파견된 제2차 수신사 김홍집의 귀국 후 그의 복명서(復命書)와 황준헌의 「조선책략」 등을 제출했다. 조선 정부는 관세 수입을 얻고자 1878년 9월 부산 두모진에 해관을 설치하여 조선 상인에게만 일종의 내국 관세를 징수했으나 일본의 강압적인 항의로 중지되었다. 조선은 수출입 상품에 5%의 관세를 부과하고자 하였으나 일본이 반대하였다.

한편 조선 정부는 대청(對淸) 관계에서도 해금을 해제하여 청국 상인이 조선항에서 교역할 수 있도록 요청함과 동시에 1881년 어윤중을 문의관으로 파견하여 사대관계를 청산하고 공궤나 사대 사행을 폐지하는 등, 만국공법 관계로 전환할 것을 요청했으나 거부되었다. 청국은 조선을 속방으로 인식하는 입장을 버리지 않았으나, 청일전쟁에서 청이 패한 이후 현실적으로 조선은 일본의 식민지가 되는 위험을 안게 되었다.

1880년 김홍집의 귀국 후 조선 정부는 종래 양이로 간주했던 미국과 국교를 수립하는 방침을 세움으로써 대외 정책의 방향을 획기적으로 전환했다. 황준헌의 「조선책략」에서 보인 청국의 '친(親)중국, 결(結)일본, 연(聯)미국'의 권고를 참작하여 대미 교섭을 추진했다. 이홍장의 부하인 마건충(馬建忠)을 매개로 진행된 조미 조약(1882년 5월)은 이전보다 유리한 내용들을 담고 있다. 먼저 "무역을 목적으로 조선국에 오는 미국 상인 및 상선은 모두 수출입 상품에 대하여 관세를 지불하여야 한다. 관세 부과권은 마땅히 조선 정부에 속한다"(제5조)고 규정했다. 수입세는 종가 10%, 사치품은 30%로 정하고, 수출세는 5%로 정하였으며, 수입품에 대한 모든 내지 관세는 부정되었다. 한편 내지 통상 및 연안 무역은 금지되고 다만 연안 해운은 인정되었다. 그리고 곡물 수출의 금지권도 규정되었다. 조미 조약의 체결 직후인 1882년 6월에 대일 통상 장정의 개정 교섭에서 무관세 조항을 개정하고자 하였으나 임오군란이 발발하여 결정을 보지 못하고 연기되었다.

임오군란을 계기로 대원군이 다시 집권했으나, 김윤식, 어윤중이 청국의 개입을 요청하니, 청국은 군대를 파견하여 대원군을 천진으로 압송하고 명성황후가 장호원에서 돌아와 다시 민씨 정권이 부활했다. 청군이 서울에 주둔하는 가운데, 수구파가 병권을 장악했고, 이홍장이 추천한 묄렌도르프가 외교 및 세관을 장악했다.

청국이 조선 정부를 장악한 가운데 조청상민수륙무역장정(朝淸商民水陸貿易章程)의 체결을 강요했다. 장정의 전문에는 "이번에 체결하는 바 수륙무역장정은 중국이 속방을 우대하는 뜻에 속하므로 각국과 더불어 일체 균점하는 예에 있지 않다"고 하여 조미 조약 본문에는 삽입하지 못했던 속방 규정을 명문화하였다. 이를 토대로 청국은 장정 44조에서 서울 양화진의 개시와 내지 통상권을 규정하였다. 특히 한 나라의 수도의 개시란 청국, 일본에도 없었던 일이었으며, 수출 상품의 내지 통상권은 이후 영국이 내지 통상권을 수출입 모두로 확대할 수 있는 근거를 제공했다. 이외에도 장정 제4조에서 연안 무역권을 허용했다.

조청장정의 체결로 조일 조약의 개정도 암초에 부딪히고, 조영 조약의 체결도 새로운 어려움에 봉착했다. 이들은 자기들에게도 조청 관계에 상승하는 대우를 해줄 것을 요구했다. 결과적으로 조청장정의 불리한 조항들은 열강들이 모두 균점하는 결과로 되고, 조미 조약의 유리한 조항들은 받아들여지지 않았다.

묄렌도르프가 주요한 역할을 수행한 이후의 대일 교섭에서 이루어진 1883년 7월의 조일통상장정 최종안은 먼저 수출세 5%, 수입세 8%를 기본 세율로 하는 협정 관세를 정해, 조미 조약에서 최초로 보장된 관세 자주권이 부정되었다. 그리고 조미 조약, 조청장정에서 각각 승인된 바 있는 연안 해운권, 연안 무역권이 조일장정에서 통합적으로 허용되고, 그리고 새로이 전라, 경상, 강원, 함경 4도에서의 연안 어업권이 포함되었다.

영국도 조미 조약 체결 직후에는 조미 조약과 비슷한 수준의 조약을 체결하였으나 비준을 미루었다가, 새로운 조일 조약이 체결되는 것을 보고 비슷한 내용을 포함한 조약안을 관철하였다. 영국은 조일 조약과 비슷한 먼저 수출세 5%, 수입세 5%를 기본으로 하는 협정 관세를 규정하고, 내지 관세를 부정하였다. 그리고 조청장정에서 청국의 배타적 권리로 규정하였던, 한양 양화진의 개시 규정을 그대로 균점하였다. 이외에 조청장정에서 허용되었던 내지 통상권, 연안 무역권과 연안 해운권 등을 모두 최혜국 조항에 의해 균점하게 되었다.

조선 정부는 이후 독일, 이탈리아, 러시아, 프랑스, 오스트리아 등에도 잇달아 문호를 개방했는데, 조영 조약은 이들 나라와 체결한 불평등 조약의 원형이 되었다. 뿐만 아니라, 일본, 청국, 미국도 최혜국 대우 조항에 의해 조영 조약과 동일한 특권을 균점하게 되었다. 조선의 불평등 조약 체제의 기본 골격은 대청 종속을 전환점으로 하여 조영 조약의 체결로서 확립되었다고 볼 수 있다.[6]

한편 1860년 북경 조약에 의해 조선과 국경을 마주하게 된 러시아도 조선과의 수호 통상 조약에 관심을 가지고 있었고, 조미 조약과 조영 조약이 체결되자 적극 나서 묄렌도르프의 주선으로 1884년 수호 통상 조약을 맺게 되었다. 그러나 연해주 지역에서 상선이 부족했던 러시아는 육상 무역을 원해, 1888년에는 연해주와 함경도를 통한 육상 무역을 위한 조로 육로 통상 조약이 체결되었다. 러시아의 등장은 한반도에서 청국과 일본 및 러시아라는 열강의 각축적인 벌어지는 계기가 되었다.

---

6 조선의 불평등 조약 체제의 체결 경위에 대해서는 이병천, 「개항과 불평등조약체제의 성립」, 『경제사학』, Vol. 8, 1984.

2. 내부 갈등과 문물의 도입-임오군란과 갑신정변

조선 말 개항기는 휘몰아치는 격변의 시작이었다. 개항을 통한 일본인, 서양인, 중국인의 등장과 새로운 상업 사회의 출현 그리고 새로운 문물의 도입과 제도의 변혁은 놀라운 것들이었다. 외상들은 각자의 계산에 의해 주도적으로 무역에 종사하고, 한국 상인과 시장은 그러한 시장의 가격 기구의 작동에 포섭되어갔다. 무역의 확대와 새로운 문물의 도입을 둘러싼 갈등은 많은 정치 사회적 격동을 불러오고, 내부적 분열에 외국의 개입으로 속발한 사변과 전쟁은 질서 있는 개혁을 불가능하게 할 정도의 큰 사건들이었다.

1876년 2월의 강화도 조약 체결 후에 조선 정부는 먼저 1876년 4월 김기수 일행을 수신사로 일본에 파견한 데 이어, 1880년 6월에는 김홍집 일행을 제2차 수신사로 파견했다. 특히 김홍집 일행의 귀국 때 청국의 주일공사 황준헌이 「조선책략」이라는 작은 책자를 주어 조선의 대외 정책의 근간으로 러시아의 남하를 경계하는 '친청결일연미(親淸結日聯美)'를 제시했다. 이는 북양대신 이홍장의 입장을 반영한 것이었다. 김홍집은 귀국 시에 정관응의 『이언(易言)』도 지참했는데, 이는 만국 공법과 함께 세무, 상무, 개광(開鑛) 등 여러 문제에 걸쳐 대처 방법을 논의한 것이었다. 조선은 이후 중국을 본받은 양무적 개화론을 정부 시책으로 추진하였다.

정부는 1880년 12월 통리기무아문을 신설하여 내외의 군국 기무를 총지휘하는 역할을 하도록 하였다. 여기에는 사대, 교린, 군무, 변정, 통상, 군물, 기계, 선함, 리용, 전선 기연, 어학 등 12사를 두어 사무를 분담해 관장하도록 하였다. 그러나 1882년 6월 임오군란으로 잠시 폐지되었으며, 대원군이 청나라에 잡혀간 뒤 그해 7월 다시 기무처를 설치하였다.

이어서 1882년 11월에는 기무처를 확대 개편하여, 대외 관계를 관장하는 통리아문(이후 통리교섭통상사무아문)과 내무를 관장하는 통리내무아문(이후 통리군국사무아문)을 분리하여 설치했다. 통리군국사무아문은 1883년 9월 다시 개편되어 이용사(理用司), 군무사(軍務司), 전선사(典選司), 감공사(監工司)와 농상사(農商司)의 5사(司)체제를 갖추었으며, 이후 장내사(掌內司)가 설치되어 6사(司)체제로 되었다. 이들 기구의 인적 구성은 갈등 속에서도 집권파와 개화파 그리고 온건 개화파가 함께 참여하는 방식이었다. 또한 군제도 개편하여 종래 훈련원, 어영청, 수어청, 금위영과 총융청의 오군영제도를 무위영, 장어영의 2영으로 개편하고, 별도로 무위영 소속 아래 별기군을 창설하였다.

한편 유생들의 개화 반대 운동이 나타나는 가운데, 정부는 보다 본격적인 정보 수집과 학습을 위해 1881년 5월에 정부는 일본에 12명의 조사가 이끄는 62명의 신사유람단을 동래부 암행어사로 위장하여 파견하였다. 이때 유길준, 유정수, 윤치호 등은 일본에 유학하여 서양의 학문과 기술을 배우게 되었으며, 귀국한 조사들은 각 부문의 전문가가 되어 통리기무아문이 개편될 때 각사의 요직에 배치되었다. 다른 한편 1881년 9월에 김윤식을 영선사로 삼아 38명의 기술 및 외국어 유학생을 청국의 천진 기기국에 파견하였다.

고종은 척사 세력의 반대에도 불구하고 개화를 추진하고자 하여, 1881년 3월에 피혁 제조법과 세관 사무를 배울 기술 유학생 다수를 일본 오사카(大阪)와 나가사키(長崎)에 파견했다. 그리고 광산, 조폐, 제철, 제혁에 필요한 기계 구입을 위해 정병하 등을 오사카에 파견하기도 했다. 고종은 특히 일본의 신무기에 큰 관심을 가지고, 1881년 4월에 창설된 별기군에 일본 육군 소위 호리모토 레이조(掘本禮造)를 초빙하여 일본식 군사훈련을 시작하게 하였다. 나아가 9월에는 관세 협정 차 파견된 제3차 수신사 조병호의 수행원 신복모, 이은돌 등을 일본 육군사관학교에 입학시키기도 하였다.[7]

---

7 徐榮姬, 「Ⅱ. 개화정책의 추진」, 『신편 한국사』 38, 2002, p 86.

고종의 개화 노력은 지속되었고 1882년의 임오군란은 충격적이었지만, 청국의 개입으로 군란 후 잠시 집권한 대원군이 천진으로 압송되고 고종이 다시 정권을 장악했다. 고종은 7월 25일에는 다시 대궐 내에 기무처(機務處)를 설치했고, 8월 5일 동도서기(東道西器)적인 부국강병을 지향하는 교서를 발표했다. 그리고 전국의 척화비를 뽑아내고 개화 정책을 공식화하였다.

이 무렵 정부의 개혁 구상은 고종이 1882년 청국에 파견한 진주사(陳奏使) 일행에 준 '선후사의육조(善後事宜六條)'에 잘 나타난다.[8] 그리고 김윤식이 대찬(代撰)한 8월 5일의 교서에서 고종은 서양의 종교를 배척하되 그들의 농상(農桑), 의약(醫藥), 무기, 주거(舟車) 등 제조 기술을 전습하여 부국강병을 이루겠다고 언명하기도 하였다.

'선후사의육조(善後事宜六條)'는 정민지(定民志), 용인재(用人材), 정군제(整軍制), 이재용(理財用), 변율제(變律制), 확상무(擴商務)의 여섯 조목으로 구성되었다. '정민지(定民志)'에서는 개국이 불가피함에 그 방향에의 민심 통일의 중요성을 역설하고, '용인재(用人材)'에서는 과거가 문란하고 이서가 사복을 채우는 폐해를 지적하고 있다. 그리고 '정군제(整軍制)'에서는 군제의 정비 방향을, '변율제(變律制)'에서는 법률의 시행에는 우선 믿음이 있어야 하는 등을 논의하고 있다. 그리고 '확상무(擴商務)'에서는 조만간에 닥칠 각국과의 통상을 전담할 상국(商局)을 설치하고, 이에 따른 임무를 완수할 수 있는 외국인의 초빙 문제가 논의되고 있다. 특히 '이재용(理財用)'에서는 구래의 이서가 배를 채우는 세정(稅政)과 조운(漕運)의 폐단을 쇄신할 필요성을 인정하고 그 외에 상국(商局)을 개설하며 동전 외에 금·은화 및 지폐를 같이 사용하도록 하고 광무(礦務)에 힘쓸 것 등을 논하고 있다.

'선후사의육조(善後事宜六條)'의 내용을 실현하고자 하는 시도도 있었다. 경제적인 것을 살펴보면 우선 '이재용'에서 금·은화를 주조하고 지폐를

---

8 『淸季中日韓關係史料』 권3, 문서번호 554, 光緒 8년 8월 8일.

발행하려던 계획과 관련하여 우리나라 최초의 근대식 은화인 대동은전을 1882년 10월에 발행하기도 하였다. 이후에도 근대적 본위화 제도를 마련하여 지폐와 금·은화를 동시에 유통하고자 하는 노력이 지속되었다. 그리고 '이재용' 조항에서 밝힌 광산 개발을 위해 외국인 기술자를 초빙하고자 하였으며 외국인에게 개광권을 허용하기도 했다. 그리고 '확상무'에서의 상국(商局) 설치 계획은 1883년 8월의 혜상공국(惠商公局)으로 나타났다. 그리고 목인덕(穆麟德, Paul Georg von Möllendorff)이 통리아문(統理衙門) 참의(參議)로 부임하여 세관을 설치하고 이후 총세무사가 되었다.

고종은 10월에는 감생청(減省廳)을 설치하여 사도시, 내섬사, 내자시 등 다기한 재정 관련 기관들을 호조로 통합시키고 조지서, 활인서, 주교사 등 시대 변화로 쓸모없게 된 기관들을 폐지하였다. 감생청은 국왕에게 바치는 공물이나 궁성의 하인들로부터 중앙과 지방의 용관이나 이예(吏隸)들까지 일체의 감액과 용비를 절감하는 절목을 마련해 재정을 관리하는 것이었다. 또한 '각사관원준행절목(各司官員遵行節目)'을 발표하여 관료의 부패 방지 등 기강 확립을 시도하고, 보수적인 원로대신들을 대폭 숙청하였다.[9]

특히 12월 28일, 고종이 전국 8도에 내린 유시는 혁신적이었다. 고종은 조선의 오랜 '문벌을 세습하는 유풍(世貴之風)'을 비판했다. 왕은 "귀족들은 지서(支庶)가 수없이 뻗어 나가 부모를 섬기고 자식을 기를 밑천이 없고, 천민(賤民)은 문벌이 한미하다는 이유로 먼 옛날부터 억눌려 살아왔다"고 진단했다. 이어서 "지금 통상(通商)과 교섭(交涉)을 하고 있는 이때에 관리나 천한 백성의 집을 막론하고 다 크게 재화(財貨)를 교역하도록 허락함으로써 치부(致富)를 할 수 있도록 하며, 농(農)·공(工)·상고(商賈)의 자식도 학교에 들어가는 것을 허락하여 다같이 진학하게 한다. 오직 재학(才學)이 어떠한가만을 보아야 할 것이요, 출신의 귀천(貴賤)은 따지지 말아야 할

9 徐榮姬, 「Ⅱ. 개화정책의 추진」, 『신편 한국사』38, 2002, p 95.

것이다"고 하였다.[10] 고종의 유시는 조선조 유교적 사회제도인 사농공상의 차별을 없애고, 부를 추구하는 욕구를 해방하는 근대적 시대상을 표현한 것이었다. 그러나 고종은 권력의 기반을 척족과 수구파에 의존했고, 거기에 서 벗어나지 못한 면에서 한계가 있었다.

새로운 개화 정책을 실시하는 과정에서 종래와 다른 정치적 전망을 가 지고, 개혁을 추진하고자 하는 일군의 젊은 정치인들이 등장하였고, 이들을 흔히 개화파라 부른다. 김옥균, 박영효, 홍영식, 유길준 등 개화파는 일찍이 박규수 사랑방에서 박규수와 오경석이 청국에서 가져온,『해국도지(海國圖 志)』『영환지략(瀛環志略)』과 같은 지리서,『박물신편(博物新編)』과 같은 자연과학서,『양수기제조법(揚水機製造法)』『중서견문록(中西見聞錄)』등 의 서적을 통해 서양 사정을 접할 수 있었다.[11] 이들은 갑신정변의 주역이 되었고, 일본의 메이지 유신을 개혁의 모델로 삼았으며, 흔히 급진 개화파 로 불린다.

이들보다 온건한 입장에서 청국의 양무 정권을 모델로 개혁의 길을 추 구했던 일군의 사람들이 있었다. 김윤식, 어윤중, 김홍집 등으로 대표되는 이들을 흔히 온건 개화파라 부른다. 김홍집과 어윤중 등도 박규수의 사랑 방을 출입한 것으로도 알려져 있다.[12] 이들은 갑오개혁 당시의 주역이었고, 이때 갑신정변의 주역들도 합류하여 같은 개화파라 불릴 수 있는 정치적 입장을 갖게 되었다.

그러나 이러한 고종의 개혁 정책은 민씨 척족이 실권을 장악한 가운데 진행된 것이지만, 개화파들이 중요한 실무들을 맡아 진행하였다. 그러나 임 오군란을 계기로 청이 속방화 정책으로 내정 간섭을 강화하면서, 개화 관 료 내에 온건파와 급진파, 달리 말하면 친청파와 친일파의 대립이 표면화

10『고종실록』19권, 고종 19년(1882) 12월 28일.
11 姜在彦,『朝鮮の開化思想』, 岩波書店, 1980.
12 신용하,「1. 개화파의 형성과 활동」,『신편 한국사』38, 2002, p 19.

되었다. 임오군란이 터지자 청에 구원병을 요청하여 그들과 함께 귀국한 김윤식, 어윤중 등의 친청파 동도서기론자들은 그 세력을 급속히 확대했다. 기무처를 설립할 때도 김윤식, 어윤중, 김홍집, 조영하, 김병시, 신기선 등 친청 세력이 대거 참여했다. 특히 김윤식은 원세개(袁世凱)의 도움으로 강화도에 진무영(鎭撫營)을 설치, 청나라식 군사 훈련을 시작함으로써 평소 그의 주장대로 강병에 의한 어양론(禦洋論)을 현실화하고 있었다. 이제 다 같이 개화를 지향했던 온건파와 급진파는 김윤식 등 친청 세력과 김옥균이 이끄는 반청 세력으로 분화되었다.[13]

급진 개화파와 온건 개화파의 견해 차이는 먼저 급진 개화파가 대청 관계에서 양절체제(兩截體制)를 타파하고, 만국공법의 질서로 나아갈 것을 주장한 반면 온건 개화파는 중국의 종주권을 인정하는 입장이었다.[14] 조선의 자주적 역량이 강화된다면 마땅히 만국공법의 평등한 국제 관계로 나아가야 할 것이지만, 현실의 정책적 판단에서 그들은 길을 달리한 것으로 보인다. 이와 관련하여 급진 개화파가 메이지 유신을 본받아 변법적 개화를 추구한 반면에 온건 개화파는 청국의 양무 정권처럼 법과 질서는 구래의 제도를 유지하면서 근대적 기술과 기기를 도입하고자 하는 동도서기론의 좀 더 점진적 입장이었다. 또한 급진 개화파는 약육강식의 세계 질서에서 명료하게 조선도 경쟁적인 부국강병을 추구해야 한다고 생각한 반면, 온건 개화파는 왕도적 입장에서 평화 독립을 추구하는 소국주의적 민족주의를 주장하는 등의 차이가 있었다.

격변하는 개항기에 조선이 자주적 근대화의 실을 거두기 위해서는 정치적 통합 주체의 형성이 무엇보다 중요했지만, 개화파가 친청파와 친일파로

---

13 徐榮姬, 「II. 개화정책의 추진」, 『신편 한국사』38, 2002, p 95.
14 유길준은 중국과의 조공 체제와 열국과의 평등한 조약 체제가 병행하는 것을 양체제로부터 모두 단절된 체제라는 의미에서 양절 체제라고 불렀다. 양절 체제는 이중적인 모순된 체제였다. 兪吉濬, 『西遊見聞』, 제3편 「방국(邦國)의 권리(權利)」.

분리된 것은 커다란 한계였다. 내부적으로 한편에 위정척사를 주장하면서 종래의 전통적 유교 질서를 고수하는 유생들이 존재하고, 다른 한편에는 보다 급진적인 신분제 해체와 사회적 평등을 추구하는 민중들의 요구가 존재하는 가운데, 선각적 개화론자들이 일본과 청국의 원심력에 휘둘려 주체적으로 정치적 연대를 강화하며 통합하지 못해, 양절 체제를 주체적으로 통합·극복하여 출구를 확보할 수 있는 개혁적 정치 권력을 창출하지 못했다.

임오군란 이후 급진 개화파는 청국군의 개입 및 한성 주둔과 '조청수륙무역장정'으로 대표되는 속방 관계의 강화를 부당한 것으로 인식했다. 온건 개화파가 민씨 척족의 헤게모니 아래 점진적 개혁을 추구했지만, 급진 개화파는 위기감을 느끼게 되었다. 김옥균과 홍영식 등은 국왕을 사적으로 면접할 수 있는 별입시(別入侍)로서 국왕을 개명시키고, 민씨 척족의 중심인 민영익을 포섭하기 위해 노력했으나 민영익은 동조하지 않았다.

급진 개화파 중 박영효는 1883년 2월 한성 판윤에 임명돼 치도국, 순경국 등을 설치하고 수도 서울에 근대적 도시 행정을 추진했으며, 한성부 내에 신문국을 설치하였다. 박영효는 광주 유수 겸 수어사로 전임되었지만 병권을 갖게 된 것을 계기로 약 천여 명의 장정을 모집하여 신식 군대를 양성했다. 그러나 박영효는 광주 유수직도 파직당하고 그가 양성한 군대는 서울로 끌려가 수구파 휘하의 전영과 후영에 강제로 흡수되었다.

한편 김옥균은 1882년 9월 승정원 우부승지, 1883년 1월 교섭통상사무참의를 거쳐 1883년 구력 3월에는 동남제도개척사 겸 포경사, 1883년 4월에는 이조참의, 동 10월에는 호조참판으로 임명되었다. 그는 1883년 6월 일본으로 가 300만 엔의 차관을 얻고자 했으나 실패하고, 1884년 5월 귀국했다.

김옥균 등은 청국을 몰아내고, 자주독립을 이루기 위해서는 구미 열강의 도움이 필요하다고 생각하여 미국, 영국 등의 외교관들과 접촉했으나 적극적인 호응을 얻지 못했다. 그러나 1884년 봄부터 베트남에서의 청불(淸佛) 간의 긴장이 고조되고, 조선 주둔 청국군 3천 명 중에서 그 절반이 베트남으로 이동하면서, 일본이 태도를 바꾸었다. 결국 개화당은 청불전쟁 이후 적극적으로 접근한 다케조에 신이치로 공사 등 일본의 세력을 이용하고자 했다. 김옥균, 박영효 등은 몇 차례 다케조에, 시마무라 등과 회합해 함께 정변 계획을 세워, 내정 개혁과 수구파를 제거하는 일은 개화당이 맡고, 일본군은 왕궁 호위와 청군에 대한 방비를 맡는다는 약속을 하였다. 그리고 정변 후 급박한 재정 원조에 대해서도 합의했다.

예정대로 1884년 12월 4일에 홍영식이 관할하는 우정국 개설 만찬이 열렸다. 여러 외국 사절과 함께 국내 요인으로는 주빈인 홍영식을 비롯해 김옥균, 박영효, 서광범 등의 급진 개화파와 김홍집, 민영익, 이조연, 한규직, 민병석, 묄렌도르프 등 모두 18명이 참석했다. 개화당은 우정국 근처 민가의 방화를 신호로 거사에 돌입, 수구파 대신들을 처단했으나 민영익은 부상을 입는데 그쳤다. 그 와중에 김옥균은 거사를 계속할 것을 성원들에게 알리고 자신은 국왕이 있는 창덕궁으로 가서, 서울에 변란이 일어났으니 경우궁으로 피신할 것을 설득하니 이에 국왕이 따라 나섰다. 이어 국왕의 경호 책임이 있어 입궐한 전영사 한규직, 후영사 윤태준, 좌영사 이조연과 국왕의 부름을 받고 달려온 민태호, 민영목, 조영하 등 수구파 주요 요인들을 처단했다. 또한 개화당에 동조했다가 변절한 내시 유재현도 처단하였다.

이렇게 하여 우정국에서의 실패에도 불구하고 개화당은 일단 정권을 장악하는데 성공했다. 김옥균은 국왕에게 일본군의 경비를 요청하는 것이 좋겠다고 청하여 고종은 "일본 공사는 와서 나를 호위하라"라는 내용의 교서를 써 주었다. 궁내부는 서재필이 인솔하는 사관생도 및 전영의 병사, 그리고 개화당의 장사들이 호위하고, 경우궁 주위는 왕명에 의해 다케조에가 이끄는 150명의 일본군이 맡게 되었다.

수구파 요인들을 처단한 후 12월 5일에는 새로운 정부를 조직하였다. 홍영식을 의정부 좌의정, 박영효를 전후영사 겸 좌포도대장 서광범을 좌우영사 겸 우포도대장, 김옥균을 호조참판, 박영교를 승정원 도승지, 서재필을 병조참판 겸 정령관, 윤치호와 변수를 참의교섭통상사무에 임명했다. 개화당은 신정부가 수립되었음을 내외에 공포하였으며, 조선 주재 각국 외교관들도 경우궁에 들어와 새 정부를 공식 방문하였다.

12월 5일 오후 창덕궁으로 돌아온 후 신정부의 주요 각료들은 김옥균의 주재 아래 새로운 국정개혁의 지침이 될 혁신 정강을 밤새도록 토의하여 만들었다. 새 정강은 6일 아침 전교의 형식으로 '조보(조선 시대의 일종의 관보)'에 공포됨과 동시에 서울 시내의 요소에 게시되었다. 신정강의 원안은 약 80조항에 달했다고 하나 지금 전해지고 있는 것은 김옥균의 『갑신일록』에 간략하게 수록되어 있는 다음의 14개 조항이다.

14개의 정강 중에서, 제1조는 대원군을 돌려보내고, 조공의 허례와 행사를 폐지할 것을 천명하여 청국에 대한 종속 관계를 청산할 것을 규정했다. 제2조는 문벌을 폐지하고 인민 평등의 권리를 제정하며, 능력에 따른 인재의 등용을 공포하였다. 제3, 6, 9, 12조는 경제개혁안인데, 지조법의 개정, 환곡제도의 폐지, 혜상공국의 폐지, 재정을 호조로 통일하고 그 밖의 모든 재무관청을 폐지할 것 등을 공포했다. 제13, 14조는 대신과 참찬은 합문(閤門) 안의 의정부에서 매일 회의를 하여 정사를 결정한 후에 왕에게 품한 다음 정령을 공포해서 정사를 집행하고, 6조 외에 무릇 불필요한 관청에 속하는 것은 모두 폐지하도록 하였다. 제8, 11조는 순사제도를 시급히 설치하여 도적을 방지할 것, 4영을 합해 1영으로 만들고, 영(營) 중에서 장정을 선발하여 근위대를 시급히 설치할 것 등을 정했다.[15] 청국에 대한 종속의 청산, 신분제의 해체, 호조로의 재정 통일, 전제 권력의 제한 등을 중심으로 하는 것이었다.

『갑신일록』의 정강들은 앞서 본 고종의 전국에 대한 유시에 비추어 볼 때 크게 벗어나는 것은 아니어서 고종의 재가를 받았을 수도 있었을 것으

---

15 山邊健太郎, 「甲申日錄の硏究」, 『朝鮮學報』 17, 天理大學朝鮮學會, 1960.

로 보이지만, 급진 개화파의 갑신정권이 붕괴하면서 이들 갑신정강은 폐기되고 실현되지는 못했다. 다만 추진 주체가 달라졌지만 갑오개혁 당시 이들 정강은 적어도 문서상으로는 모두 실시되었다. 한편 갑신 정권은 원세개가 지휘하는 청군이 명성황후와 연락을 취하고, 고종이 경우궁에서 방어가 불리한 창덕궁으로 일찍 환궁하면서, 청군은 혁신 정강이 반포된 12월 6일 오후 3시에 1,500명의 병력으로 공격했고, 일본군은 제대로 전투도 하지 못하고 철병해 버렸다. 결국 개화파 일원은 살해되거나 일본으로 피신하였다.

고종을 호위하던 홍영식, 박영교 등은 살해되고 김옥균, 박영효, 서광범, 서재필 등은 일본 공사 다케조에와 함께 일본으로 탈출하였다. 갑신 정권이 3일만에 허무하게 무너진 것은 정변이 요행히 성공했으나, 주체적인 군사력이 부족한 가운데 일본에 너무 의존했기 때문이다. 이후 고종은 심순택과 김홍집을 각각 영의정과 좌의정으로 임명하고, 정변 때 반포했던 각종 개혁 조치를 무효화했다. 일본은 오히려 정변 당시 공사관이 불타고 40여 명의 인명이 살상되었다는 이유로 조선 측에 사죄와 손해배상을 요구했다. 조선 측은 일본의 무력 시위로 결국 '한성 조약'을 체결하여 10만 원의 배상금과 일본인 청부업자를 처벌할 것을 약속했다.[16]

한편 갑신정변 진압 과정에서 청과 일본의 교전 과정에서 사망 사건이 있었고, 서울에 양국군이 주둔하는 상황이 개전의 빌미를 제공하게 될지도 모른다는 불안감이 있었다. 일본은 청국에 양국 군이 모두 철수하자는 협상을 제안했고, 처음에 청은 소극적이었으나 베트남에서의 청불전쟁으로 인해 태도를 바꾸었다. 청일 양국의 전군대신인 이홍장과 이등박문이 천진에서 여러 차례 만나 최종적으로 양국 군대가 모두 철수하되, 조선에 중대 사건이 발생할 경우 상대국에 문서로 통지하고 출병할 수 있음을 명시하고

---

16 1884년 11월 24일(양력 1885.1.9)에 체결되었다.

1885년 4월 '천진 조약'을 체결, 교섭을 마무리했다. 외형상 조선 지배를 둘러싼 청일의 주도권 경쟁은 무승부였으나, 실제로는 조선 내 청국의 주도권이 강력하게 존재했다. 이후 1894년 갑오농민전쟁으로 청국군이 조선에 파병되고, 이에 상응하는 일본군이 파병되면서 이런 사태를 역전시키기 위해 일본에 의한 청일전쟁의 개전으로 나아가는 것은 그 후의 일이다.

갑신정변의 실패 이후에 급진 개화파는 망명하고, 김윤식, 어윤중, 김홍집 등으로 대표되는 온건 개화파는 중용되지는 않았지만 집권 세력과 협력하여 동도서기적 개화를 추진했다. 한편 수구적 집권파도 경제적 근대화와 국력의 신장에 무관심할 수는 없는 것이며 구래의 질서와 기득권이 위협받지 않는 한 신문물의 도입에 관심을 가지고 있었다.

고종은 1884년 교지(敎指)를 내려 농상(農桑), 직조(織造), 자전(瓷甎), 목축(牧畜), 지다(紙茶) 등 관영을 위해 '설국치관(設局置官)'할 것을 명하였다. 이러한 일련의 움직임 속에서 1883년 기기국(機器局)[17]·전환국(典圜局)이, 1884년에 농상공사(蠶桑公司), 농무목축시험장(農務牧畜試驗場)이, 1885년 직조국(織造局), 종목국(種牧局)이, 1887년 전보국(電報局), 조지국(造紙局)과 광무국(鑛務局)이 각각 설립되었다.

전환국은 구래의 엽전만이 통용되던 폐제를 개혁하고 동전 외에 금·은화 및 지폐를 사용하는 근대적 화폐제도를 마련하고자 설립한 조폐기관이었다. 전환국은 처음에 목인덕(穆麟德)이 총판(總辦)이 되고 독일에서 기계를 수입하여 근대적 조폐 시설로 창덕궁 주변 원동(苑洞)에 만든 것이었다. 정부는 전환국의 설립으로 주전소의 통일을 기하였으나 성공하지 못했다.

---

17 기기국(機器局)은 1881년 청국에 파견된 영선사 일행이 귀국할 때 기기를 구입하고 천진창남국(天津廠南局)에서 각종 서적의 기증을 받고, 천진(天津)의 공장(工匠) 4명을 데려와 1883년 서울 삼청동에 조선 최초의 기기국을 창건한 것이다. 그리고 1887년 6월에 역시 삼청동에서 기기창(機器廠)이 준공되었다. 기기국은 기기창을 통제하는 상부 조직이며 기기창은 화약과 병기 등의 무기를 제조하는 공장이다.

원동(苑洞)의 전환국은 장소가 협소하여 남대문 서측 지대로 옮겼고 이후 인천, 그리고 용산으로 두 번 옮겼다. 전환국은 엽전이나 백동화 등을 주조하기도 하고 때로는 금·은본위화를 시주하기도 했으나 한국이 근대적 화폐제도의 수립에는 성공하지 못했으므로 전환국도 그 본래의 목적은 달성하지 못했다고 할 것이다.

한편 정부는 무농(務農)을 위해 농업 기술을 도입하고 새로운 기구를 설치하여 외국인을 고빙(雇聘)하고자 하였다. 농목축시험장(農務牧畜試驗場)이나 종상소(種桑所) 등이 이러한 이유로 설치되었다. 농목축시험장은 외국 곡물과 외국 가축을 사육하기 위해 서구적 원리에 따라 행해지는 모델 농장이었다. 그리고 정부는 1884년에 잠상공사의 설립을 공포했으나 갑신정변 등 정치적 혼란으로 실현되지는 못했다. 다만 수입한 상수(桑樹)의 관리와 양잠을 위해 종상소(種桑所)가 설립된 것으로 보인다. 종상소는 뽕나무의 경작과 양잠을 위한 일종의 정원이었다. 그러나 실제로 잠사업이 주목받게 된 것은 갑오개혁 이후, 특히 1900년 이후의 일이다.

1885년에 설립된 직조국(織造局)은 중국에서 기계를 수입하고 중국인 기술자를 고빙하여 비단과 공단 등의 직물을 생산하기 시작했다. 초기에는 기계의 수입과 중국인 공장(工匠)의 고용에 왕석창(王錫鬯)이 주요 역할을 하였고, 1888년에는 별견관(別遣官) 최석영이 직접 직조 기계 및 면사 약간을 상해 등지에서 구입해 인천항에 들여왔다. 그러나 직조국은 1891년에 이르러 그 운영이 벽에 부딪쳐, 대략 그해 중반쯤에는 가동을 중지하고 있었던 것으로 보인다.

이러한 개화 노력 외에도 새로운 많은 문물이 도입되고 있었다. 근대적 상회사들이 나타나기 시작했으며 무역에 따른 해운의 증가로 조선에도 불개항장(不開港場)과의 교역을 발전시키기 위한 최초의 관영 증기선 회사인 이운사(利運社)가 설립되고 선박이 도입되기도 하였다. 육영공원(育英公院) 등의 외국 학교, 1886년의 가난한 병자의 처치를 위한 외국 병원으로서 제

중원(濟衆院)의 설립과 의학 생도 교육의 실시, 서양식 사관교육기관으로서 연무공원(鍊武公院), 외국식 군대의 설립 등의 노력이 있었다. 그리고 1887년 9월 영국인 농업 기술자를 고빙하고 2년제 농무학교(農務學校)의 설립을 추진했다. 그리고 같은 날 영국인 전기 기술자의 고빙 계약도 체결하고 전등학도(電燈學徒)의 교도(敎導)를 그 주요한 임무로 명시했다.

그리고 1885년에 청국의 자본과 기술에 의해 인천-서울-평양-의주를 잇는 전보선이 가설되었지만, 1887년에 관제상 우편총국(電郵總局)이 설립되고 1888년에는 우리나라에 의해 서울-부산 간 전보선이 가설되기도 했다. 한편 1887년, 궁전에는 에디슨의 전기가 들어와 환하게 불을 밝혔다.

그러나 조선의 개화 노력은 대부분 지속적이지 못하고 중단되고 말았다. 1888년 6월 한성주보를 폐간한 것을 시작으로 1889년에는 종상소(種桑所)가 폐지되었고 농무목축시험장도 1899년 이후로는 거의 중단 상태에 들어가는 등 상당히 많은 개화 정책이 중단되고 있었다. 무엇보다 조선 정부의 재정이 궁핍해 수입이 불안정한 가운데 지출을 유지·확대하는 것이 어려웠다. 폭 넓은 신분제를 포함한 사회제도의 개혁이 필요했지만, 당면한 문제는 개화를 위한 정부 수입 증대, 이의 효과적 관리를 위한 관료제의 정비 그리고 표준적 화폐제도와 중앙은행의 설립 등을 내용으로 하는 근대적 재정 국가의 수립이었다.

제2절 무역의 전개와 무역 구조

1. 무역의 전개와 시기구분

조선 말의 개항은 조선 경제가 세계 자본주의에 편입된 것을 의미하고, 특히 무관세 그리고 저율 협정 관세의 자유무역 체제에 편입된 것을 의미한다. 조선은 교역량이 점차 확대되면서 비교우위에 따른 무역 체제가 이루어지고, 상대적으로 수출 산업 부문의 소득이 향상되고 수입 산업 부문은 악화되는 변화를 겪게 된다. 이러한 상대 가격 및 교역 조건의 변화 과정에서 국내적으로 소득이 증가하고 산업 구조의 변화가 나타나면서 시장의 확대 과정에서 새로운 상회사(商會社)들과 이식 공업 부문이 나타난다. 다른 한편 귀금속은 무역 결제의 수단으로서 그리고 다른 한편에서는 화폐 금속인 상품으로서 유출입되지만 총체적으로 유출 구조를 가지게 되었다.

개항 이전의 조선은 조공 체제에서 사대교린 관계를 가지고, 중국 및 일본과 외교 관계에 따른 공무역과 이에 부수되는 사무역을 하였고, 그 외의 서구에 대해서는 쇄국을 고수했다. 강화도 조약으로 조선의 대일(對日) 무역은 종래에 조선 무역의 관리권을 가졌던 대마도를 대상으로 하는 관계에서 벗어나 외교 정책에서 자유로운 상업적인 자유 거래로 바뀌었다. 무역은 상업적인 대중적 소비품을 중심으로 확대되고, 교역의 확대는 생산 부분에도 파급적 영향을 주게 되었다.

개항 이후 조선 대외 무역의 전개 과정은 대체로 세 기간으로 구분될 수 있다. 첫째, 1876~1882년에 이르는 기간은 개항장 무역에서는 일본의 독점기였다. 조선의 무역은 개항 초에는 종래에 육로를 통한 전통적인 중국 무역과 개항장을 통한 일본 무역으로 구성되었다. 중국과의 무역은 육로를 통한 국경 무역이 존속했고, 종래 3~4백만 원에 달하던 국경 무역이 1~2백만 원으로 위축되고 있었다.[18] 전통적으로 대중(對中) 무역은 무역수지 적자로 금·은이 유출되는 구조였지만, 개항 무렵에는 수입품 중에는 종래의 비단이 아닌 서양 면포가 압도적인 비중을 차지하는 변화가 나타나고 있었다.

반면에 일본의 개항장 무역은 해로 수송, 자유무역, 근대적 무역 설비의 활용 등으로 급증했다. 개항 직전 일본과의 무역액이 13만 원 정도에 불과하던 것이, 1878년 43만 원으로 그리고 1883년에는 322만 원으로 증가했다. 대일 수출 상품으로는 미곡·금·대두·우피가 주요 품목이었고 이들이 전체 수출의 7~8할을 차지했다. 그러나 아직 이 시기에는 미곡과 콩의 수출은 불안정했고, 흉년이 들면 농민들이 사금 채취에 종사하거나 소를 내다 팔아 금과 우피의 수출이 증가해서, 우피(牛皮)가 최대액을 차지하는 해도 있었다. 수입품은 영국산 금건(金巾, shirting)을 중심으로 하는 면제품을 중계무역으로 수입하는 것이 중심이었다. 1882년까지는 일본으로부터의 수입품은 9할 가까이 영국산 면직물이었다. 면제품 외에는 주전 원료인 일본산 동을 비롯한 금속류 및 기타 각종 잡화로 이루어져 있었다.

둘째, 1883~1894년의 기간은 1882년의 조미 조약과 조청수륙무역장정, 1883년의 조영 조약과 그밖의 각국과의 조약이 체결되고, 중국과 구미의 자본주의 국가도 개항장 무역에 참여했다. 1882년 185만 원에 불과하던 개항장 무역액이 1890년에는 800만 원을 넘었으며, 특히 1890년 이후 수출품의 중심 품목은 미곡과 대두였다. 수출품이 1차 산물로 구성되었다면, 수입품은 공산품이 주종을 이루고, 중심은 면제품이었다. 그러나 상품수지는 적자였고, 그것은 기본적으로 금의 수출로 메꾸어졌지만, 나머지는 부동산 구입, 자본재 수입 등 자본 투자로 메꾸어졌다.

18 姜德相, 「李氏朝鮮開港直後に於ける朝日貿易の展開」, 『歷史學硏究』제265호, 1962, p 10.

이 시기 조선은 여러 구미 열강과도 수교했지만 무역액은 크지 않았고, 주로 중국 무역이 크게 성장했다. 수출에서는 여전히 대일(對日) 수출이 대부분이었지만, 수입에서는 대중(對中) 수입이 전체 수입에서 차지하는 비중이 1885년 19%로부터 1892년 45%로 상승하였다. 결과적으로 1883~1894년은 대청(對淸) 무역이 증대되는 시기이고, 청상의 활동이 높아간 기간이다. 임오군란 이후 '조청상민수륙무역장정'이 체결되고, 조선 내에 청국의 정치적 영향력이 높아진 가운데 대청 무역이 강화되었다. 정치적 요인 외에도 중국 상인의 경쟁력이 강한 데에는 여러 요인이 있었다. 먼저 지리적으로 동양에서는 상해가 영국 상품의 집산지였고, 인천과 상해가 나가사키(長崎)보다 가까워 유리했다. 그리고 중국 상인이 일본 상인에 비해 자본력이 우월하고 사업 수완과 신용도에서 앞선 것도 작용했다. 비록 미곡과 대두 등 수출시장에서는 일본이 9할을 차지했지만, 금건(金巾: 면직물의 일종)의 중계 수입 중에 일본 상인의 비중은 1886년부터 1할 미만으로, 1888년부터 2% 이하로 감소하고 있었다.

조선에는 일본 제일은행이 제일 먼저 진출하고, 또한 해관세 취급 은행으로 지정되었을 뿐 아니라 상업 자금 및 금 매입 자금의 방출에도 적극적이던 것에 비해 청국은 근대적 은행이 존재하지 않았다. 그럼에도 불구하고 청국 상인이 자본력이 강했던 요인은 전통적 금융기관들인 표장(票莊, 환업무를 주로 함), 은장(銀莊, 환 및 대부금을 취급하고, 은장의 대부는 주로 신용이고, 하환법(荷換法)을 이용), 전포(錢鋪, 양환옥으로 은냥, 양은, 동전 등을 교환하고 대부 예금을 한다), 은로(銀爐, 각종 은냥을 개조하는 것을 본업으로 하지만 실제는 은행 업무를 한다) 등의 역할이 활발했기 때문이다.[19]

이 밖에도 청국 상인은 상거래에서 자본을 절약하기 위해, 정은(正銀)거

19 「통상휘찬」, 1900.3.6. 재경성제국영사관보고

래는 부득이한 경우를 제외하고는 사용하지 않고 하물 교환을 하였다. 또한 청국 상인은 관습적으로 자본을 합자하고, 자본주 중 1인으로 사업을 관리하여 자본이 풍부했다. 예를 들어 광동상 동순태(同順泰), 산동상 서성태(瑞盛泰), 쌍성태(双盛泰), 영래성(永來盛) 등이 있고, 동순태는 2~3백 만의 거자를 가지고 있고 기타도 적어도 5~6만 냥에 모자라지 않는 여러 재동(財東, 자본주)으로 조직되어 있었다. 청국인은 단체 영업의 편리함을 확신하고, 상인의 단체 및 연락을 위해 회관을 건설하고 상업상의 연대를 형성했으며, 인내심이 강했다.[20] 이런 요인으로 인해 일본의 상권은 축소되었는데, 이것이 청일전쟁의 한 원인이 되었다.

셋째, 1894년 이후의 무역에서는 대일 무역이 우위를 점하게 되었다. 청일전쟁 후 일본의 정치적 영향력이 높아지고, 일본의 면공업 발전으로 토포 시장을 목표로 한 일본 소폭목면의 수입이 증대하고, 미곡 수출도 꾸준히 증가했다. 한국의 주요 수출품 시장을 점유하는 일본이 수입에서도 자국산만이 아니라 영국산 금건 무역에서도 점차 세력을 확대하였다. 무역의 확대 과정에서 무역이 상품 경제에서 차지하는 비중도 점차 증가하고, 조선의 경제 사회 구조도 변화하기 시작했다. 대두와 미곡 등의 수출 산업은 확대되고 그들 상품의 판매자인 지주나 부농은 상대적으로 부유해지는 한편 미곡을 구매해야 하는 계층과 증대되는 수입 상품인 면직물 생산에 종사하는 계층은 궁핍하게 되었다.

20 「통상휘찬」 제8호 부록, 1894. 8

2. 무역의 상품 구조

개항기 조선 무역의 상품 구조는 농산물을 수출하고 면직물을 수입하는 미면 교환 체제로 특징지워지고, 이는 선·후진국 간의 농공 분업 체제에 상응하는 것이었다. 주요 수출품은 개항 초에는 미곡, 대두, 우피, 사금 등이었는데 특히 흉년에는 우피와 사금이 중요했다. 흉년에 농민들은 소를 파는 경우가 많아 우피 생산이 증가하고 다른 한편 사금 생산에 종사하는 사람들이 많아졌다. 그러나 1890년 일본의 흉년과 조선의 풍작이 겹쳐 조선의 미곡 수출이 증대되는 계기가 되었다. 이와 함께 일본 측의 대두에 대한 수요가 꾸준히 증가하여 조선에서는 논두렁이나 밭두렁은 물론이고 한전에서의 작물 교체를 통한 대두 생산이 증가하여 안정적으로 대두 수출이 증가되었다. 한편 미곡 수출이 꾸준히 증가해 수출의 주종을 차지하게 되었지만, 다른 한편 조선 내의 식량 부족을 초래하여 질이 떨어지는 안남미의 수입이 개시되기도 하였다.

특히 1890년대 이후 조선에서 미곡 수출이 증대되는 과정은 전형적인 비교우위에 의한 무역 발생의 논리로 설명될 수 있다. 개항기 조선에서 곡물은 일본 본토에서 보다도 각별히 저렴하므로 매도하는 물품이 손해를 보아도, 그 매입하는 곡물로 이익을 보는 자가 있었다고 한다.[21] 당시 일본 상인은 미곡 무역의 이익을 얻기 위해 수입품에서 원가를 손해 보면서까지 나누어 파는데에 힘써, 한전을 구하여 미를 매입하는 형편이었다.[22] 이것은 당시에 "당목면, 천축목면, 한냉사 등에 있어 이익금은 고사하고 손해만 있다"는 기록이나[23] 금건도 개항 초에는 제품의 품질이나 내구성을 고려하면

---

21 『通商彙纂』, 1881. 2. 14. 재원산영사관보고.
22 '郵便報知', 강덕상, 같은 논문. 재 인용
23 高須謙三, 『韓地貿易品時價槪算添書』, 강덕상, 같은 논문. 재인용.

토포와 경쟁할 수 없었다는 평가와[24] 함께 당시 일본 상인의 상업 이윤은 주로 수출에서 얻어지고 있었다는 것을 보여주는 것이다.

보다 구체적으로 개항기에 일본은 미 1석에 한화로 20냥이고 금건은 1필에 30냥인데, 조선은 미 1석에 10냥이고 금건은 1필에 20냥이라고 가정하자. 이것은 개항기 조선과 일본의 실정에 가까운 수치라고 할 수 있는데, 절대 가격에서 일본이 미와 금건 모두 더 비싼 것으로 나타난다. 이 경우 일본 상인은 30냥에 금건 1필을 사서 손해를 보고라도 조선에 20냥에 팔고, 그것으로 미 2석을 사서 일본에서 40냥을 받고 팔면 이익이 생기므로 교역이 발생하는 것이다. 물론 이것은 수송비와, 환율 변동에 따른 제반 거래 비용이 없다는 것을 전제로 한 것이지만, 그것들을 도입하더라도 기본적인 논리는 마찬가지일 것이다.

이와 같은 상대 가격의 차이가 있을 때, 예를 들어 원산은 마포와 명태 생산에 특화하고, 마산은 면포와 미곡 생산에 특화하여 교역을 하면 자원 배분의 개선으로 두 지역 모두 생산성이 증가하고, 소비 수준이 높아진다. 상대 가격 차이를 이용한 교역은 분업과 전문화의 이점을 살려 성장의 자극이 될 수 있으며, 기본적으로 대외 무역에서도 마찬가지다. 상업은 자원 배분의 효율을 높이고 생산성을 증가시키지만, 유학자들은 상인의 이동성을 사회 불안 요인으로 간주하고 상업의 역할과 기능을 낮게 평가했다. 다만 대외적인 무역 관계에서 생필품인 농산물을 수출하고, 반드시 필수적이지 않은 상품을 수입하는 것은 생존재의 부족과 가격 상승을 가져와 사회 불안의 요인이 되기도 한다.

개항기 이후 조선의 대외 무역에서 생존재에 해당하는 미곡이 조선의 주된 수출품이 되고, 공산품이 수입되면서 많은 문제점이 발생하였다. 미곡

---

24 梶村秀樹, 「李朝末期の綿業の流通および生産構造」, 『朝鮮における資本主義の形成と展開』. pp 121-122.

수출로 얻어지는 부가 한편으로 시장을 확대하고 새로운 투자 기회의 창출로 이어질 수 있지만, 다른 한편 시장 보호를 통한 생산적 투자와 고용의 창출로 이어지지 않으면 단기적 무역 이익의 발생이 반드시 경제 성장을 가져오는 것은 아니고, 소득 분배의 악화와 많은 사회 문제를 초래할 수 있었다. 취약 산업의 국내 시장 보호가 필요하지만 개항기와 일제강점기에 유치 산업 보호는 실현될 수 없었고, 미곡 수출의 증대는 지주제의 확대를 가져왔다.

개항 직후는 흉작으로 미곡의 수출량이 적었지만, 1879년과 1880년은 풍작을 이룬 데다가 일본의 쌀값이 등귀하여 미곡 수출이 증대하였다. 그러나 1889년 이전까지는 미곡 수출량이 크지도 않고 변동이 심한 반면에 오히려 대두가 간장과 조미료의 원료로서 꾸준히 수출되었다. 콩은 풍·흉의 영향을 적게 받아, 미곡보다 변동이 적고, 금액에서도 80년대에는 미곡보다 수출액이 더 많았다. 그러나 1890년을 계기로 조선 미곡의 대일 수출이 크게 증가하기 시작하고 이것은 하나의 추세로서 일제강점기까지 지속되었다.

조선 정부는 미곡의 국외 유출이 미가 앙등을 초래하고 민생의 위협이 될 것을 걱정하였다. 조선 정부는 1882년 조미 조약 제8관에서 "국내의 식량이 결핍될 우려가 있을 경우 대조선국 군주는 잠시 양곡의 수출을 금한다. 이미 개항한 인천항(仁川港)에서 각종 양곡의 수출을 일체 금지한다"고 규정했다. 이에 힘입어 1883년 7월 '재조선국일본인민통상장정'에서 '국내에 양식의 결핍이 우려되는 경우' 수출을 금하되 '1개월' 전에는 일본 측에 통보한다는 규정을 넣었다. 그러나 이 방곡(防穀) 규정은 '국내에 양식의 결핍이 우려되는 경우'의 해석이나 '1개월' 전의 사전 통보를 둘러싼 시비와 시행 과정에서 많은 마찰을 불러오고, 일본의 강압적인 항의로 실효를 거두기 어려웠다.

1889년까지는 조선의 미곡 수출량이 많은 것은 아니었지만, 주기적인 흉년이 도래해 식량 확보는 필수적인 문제였다. 흉년을 만나면 지방관이 관내 방곡을 실시하여 식량을 확보하고자 하였다. 정부는 방곡권을 확보하고 미곡 수출이 증가한 1889년 이후의 방곡령은 일본과의 심각한 외교 문제로 비화되었다. 특히 1888년 흉년에 여러 지역에서 백성들이 식량난에 항의하는 폭동이 있었다. 이에 곡물 수출항인 원산(元山)을 관장하던 함경도 관찰사가 콩의 유출을 금지하는 방곡령을 발포했다. 일본은 규정상의 예고 기간을 지키지 않았다는 이유로 지방관의 처벌과 손해배상을 강압적으로 요구해 굴복하였다. 그러나 후임 함경도 관찰사도 원산항의 방곡령을 다시 시행했고, 이어서 황해도에도 방곡령을 내렸다. 일본은 다시 배상을 요구하자 정부는 다시 굴복했고, 결국 방곡령은 해제되었다. 청일전쟁 이후에도 방곡령은 있었지만 일본의 외교적 압력이 강화됨에 따라, 시행 빈도수가 한층 줄어들고 강도도 약해졌다. 그러나 곡물 수출의 증가로 미곡 구매 계층의 식량 부족은 날로 심해지고 이에 항의하는 소요가 발생하였다.

미곡 수출의 증대로 식량이 부족해지면 해외에서 값싼 안남미 등을 수입하는 사례가 개항기부터 나타나고 있었다. 정부는 "국내 양식이 부족해 출미 금지령을 내리고, … 국내 양식 결핍 때문에 궁민구휼의 뜻으로 프랑스 상인과 계약을 체결(이용익이 체결)하여 청국에서 안남미를 수입하고, … 수입산 안남미는 품질이 나쁘지만 가격이 싸다"고 하였다.[25]

수출품의 주종인 미곡과 콩은 거의 일본으로 수출되었고, 대일본 수출의 비중이 항상 9할을 넘었다. 중국에는 인삼, 해삼, 종이류 등 소액을 제외하면 특별히 수출할 만한 상품이 없어, 수입품의 대금은 주로 금과 은으로 결제되었다. 따라서 미(米)무역에 종사하는 상인은 주로 일본인이고, 예를 들어 군산에는 "청상(淸商) 동순태 지점 외에 두세 명의 상인을 제외하면 모두 일본 상인이 경영하는 것으로 한상은 본방 상인에 판매하는 것 외에 연안 무역에 중점을 두고, 아직 외국 무역에 종사하는 자는 없는" 실정이었

---

25 『通商彙纂』 임시증간호 제241호, 1902.9.30. 재인천제국영사관보고

다.[26] 미곡 수출의 증대와 무역의 확대는 먼저 개항장 객주의 영향력을 증대시켰다. 개항장 객주는 수입품의 도매상 역할도 하지만, 미곡을 수집하여 일본 상인에 판매하는 역할을 하였다. 그러나 1883년 조영 조약 이후, 내지 통상권과 연안 무역 및 해운권이 균점되면서 청국과 일본 상인들의 내지 침투가 활발해졌다. 다만 일본 상인들이 조선 범선을 임대하여 개항장이 아닌 곳에도 진출하면서 곡물의 매집에 열성이었다면 청국 상인은 수입 잡화나 약품 등의 판매에 중점을 두었다. 그리고 내지에 정주(定住)하거나 토지 등을 불법적으로 매입하는 사례도 증가하고 있었다. 수입에서는 중국의 역할도 컸지만 갑오개혁 이후는 일본의 역할이 커져갔다. 중국과 일본을 제외한 영국 등 여타 국가와의 직접적인 교역은 거의 없었다. 갑오 이후 수입에서도 제1의 상대는 일본이어서, 1905년까지 수입의 60~70%는 대일 수입이었다.

수입품은 영국산 면제품 특히 금건(shirting)의 중계 수입이 중심이었다. 영국은 기계제 면제품을 중국 상해를 중심으로 아시아에 공급했고, 이 중의 일부는 상해에서 직접 인천항으로, 그리고 다른 일부는 일본의 나가사키를 거쳐 인천항으로 공급했다. 금건 이외에 일부 한랭사도 포함되었다. 이들 제품은 촉감과 광택이 좋아서 일부 도시의 중산층 이상에서 판매되었으나, 재래적인 세탁 방법에 취약하고 내구성이 부족하여 종래 서민층이 대중적으로 사용하는 토포(土布)를 구축하지는 못했다.

개항기에 중국 상인과 일본 상인은 영국산 면제품의 중계 무역에 종사하면서 상업적 이윤을 얻었다. 그러나 일본의 경우는 청일전쟁 이전부터 이미 중계 무역을 탈피하려는 조짐을 보였다. 금건의 중계 수입에서 일본 상인의 비중은 1886년부터 1할 미만으로, 1888년부터 2% 이하로 떨어지고, 청일전쟁 이전에는 청국 상인에 의해 완전히 장악되었다.[27] 일본은 일본산

---

26 『通商彙纂』, 제24호, 군산38년무역년보

면직물의 수출을 통해 이를 극복하고자 하였다. 일본에서의 수입품 중 일본 원산지 제품의 비중은 1882년 이전까지는 1할 남짓이던 것이 1883년부터는 5할 전후로 상승했고, 1890년부터는 수입액이 급증하는 가운데 해마다 8할을 넘어섰다.[28] 금건 중계 무역의 열세는 일본으로 하여금 일본산 면직물의 수출을 위해 가일층 분발을 요구했다.

일본은 특히 조선 민중들의 대중적 수요가 구래의 세탁법에 강한 토포에 있는 것을 주목했다. 일본은 청일전쟁 과정에서 조선의 토포 시장을 면밀히 조사하고, 이후 일본의 개량형 직기인 족답기와 수입 방적사를 이용하여 토포와 비슷한 소폭목면을 생산하고 수출하기 시작했다. 방적사는 재래식 방추로는 기계식 생산의 효율성을 도저히 따라갈 수 없어서 수입 방적사를 사용했지만, 족답기를 이용한 직물 생산은 비록 생산성은 떨어지지만 자본 비용이 저렴하기 때문에 나름의 경쟁력을 가질 수 있었다. 일본은 토포와 비슷한 소폭목면을 한국산으로 위장하여 진목(晉木, 진주목), 나목(羅木, 나주목) 등으로 이름 붙여 한국 시장에 판매하고 토포 시장을 잠식했다.

다음 〈그림 7-1〉은 개항기 주요 수출입 상품의 비중의 변화를 살펴본 것이다. 개항기 무역에서 수출품에서는 미·대두의 비중이 1880년대 후반부터는 60~80%에 달했다. 이 중에서 미곡의 비중이 크지만, 미곡은 1890년에 그 비중이 57.4%로 급증했고, 이후 변동폭이 크지만 30~60%대였다가, 1904~1906년까지 그 비중이 10%대로 감소했고, 이후에 다시 근 40%대로 증가한다. 대두는 풍·흉에 관계없이 안정적이면서 그 비중도 컸고 1887~1889년과 1904~1906년에는 미곡보다도 훨씬 많았다. 미곡·대두의 비중이 줄어든 1904~1906년에는 수출 총액도 크게 줄었으며, 상대적으로 우피·인삼·비료

27 李憲昶, 「1. 무역 구조의 변동과 시장권의 재편성」, 『신편한국사』 44, 2002, p157.
28 北川修, 「日淸戰爭までの日鮮貿易」, 『歷史科學』 1-1, 1932. 李憲昶, 「1. 무역 구조의 변동과 시장권의 재편성」, 『신편한국사』 44, 2002, p157.

(정어리) 등의 비중이 높았다.

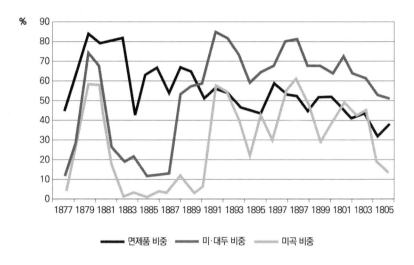

〈그림 7-1〉 개항기 주요 수출입품의 비중

수입액에서 면제품이 차지하는 비중은 1879년의 84%에서 점진적으로 감소하여 1900년대에는 40%대에서 그 이하로 감소하고 있지만 여전히 가장 큰 비중을 차지하고 있다. 1894년 이전 조선에서 동전을 주조할 때는 수입품 중에서 면제품 다음으로 차지하는 것이 동, 주석 등의 주조 원료였다. 그러나 이후 동전의 주조가 정지되면서, 물론 백동화 주조를 위한 금속류가 수입되지만 이것보다는 근대 시설용 자재나 담배, 종이, 석유 등 기타 수입 소비재의 비중이 높아졌다.

수입 금건은 광택이 좋으나 재래식 세탁법에 약해 중·하층민의 의복인 토포를 배척할 수 없었다. 일본은 이에 착안하여 수입 방적사와 개량직기(족답기)를 이용한 소폭목면을 생산하여, 조선의 재래 토포인 진목(晉木: 진주목면), 나목(羅木: 나주목면)에 섞어 팔고, 중국으로도 수출하는 등의 방법으로 아시아 시장에서 영국 면직물업과 경쟁했으며, 점차 조선에서 영국 면직물 시장을 구축하고자 하였다. 이는 일본 산업혁명 성공의 하나의 바탕이 되었다.

면직물 이외의 수입으로는 1894년 이전에는 주전 원료인 동을 비롯한 금속류 그리고 이후에는 기계, 석유, 잡화 등이 증가했다. 조선은 동을 일찍부터 일본에서 수입했지만, 갑오개혁 이전까지 주 화폐가 동전이어서 일본에서의 주전 원료 수입에 의존했다. 그러나 갑오개혁 이후에는 동전 대신 백동을 사용하면서 금속의 수입은 줄어들고, 대신에 기계류 등 자본재와 철도 부설에 필요한 강재 등의 수입과 함께 석유, 잡화 등의 수입이 크게 증가했다.

다음 〈표 7-1〉은 개항기의 수입품 중에 직물을 제외한 비직물 주요 수입품별 금액을 표시한 것이다. 앞서 수입 총액에서 면제품의 비중이 서서히 감소하는 것을 보았지만, 직물을 제외한 주요 수입품의 증가를 소비재와 '금속 및 근대 시설용 자재'로 나누어 살펴보도록 하자.

소비재에서 중요한 것은 종이, 도자기, 담배 등인데 값싼 일본 공산품인 종이의 수입이 꾸준히 증가하고, 개항기에 담배의 수입액도 꾸준히 증가하다가 1908년 이후 감소하기 시작하였다. 한편 금속류의 수입은 꾸준히 증가했고, 철강이나 비철금속 모두 증가하는 것을 볼 수 있다. 특히 주목되는 것은 철도 재료의 수입이 1897년 이후 빠르게 증가하여 경부선이 건설되는 1904년에는 460여만 원에 달했다. 경인 철도가 1897년에 착공되어 1899년에 완공되었고, 경부 철도가 1901년에 기공되어 1905년 1월 1일에 개통하였다. 광산 용구도 1899년 이후 꾸준히 증가하여 1904년에 49만여 원에 달했고, 기타 과학설비·기계류의 수입도 조금씩 이루어지고 있었다. 이러한 비직물류의 수입은 조선에 전기, 통신, 전철, 철도 등 새로운 근대 문물이 도입되는 과정을 무역을 통해 확인할 수 있는 것이다.

〈표 7-1〉 개항기 비직물 주요 수입품[29]

(단위: 원)

년도	소비재			금속 및 근대시설용 자재						
	종이	도자기	담배	금속		등대 재료	철도재료	전신 전 보재료	과학설비·기계	광산 용구
				철강	기타금속					
1894				181,784						
1895				267,512						
1896				299,155						
1897				1,200,206			154,391			
1898				564,895			324,202			
1899				258,891			234,995			180,737
1900	62,290		146,100	421,640			192,500		76,090	217,696
1901	78,614	180,454	170,528	725,720			275,657		123,758	384,282
1902	75,271	187,630	198,582	580,563			451,708		113,720	457,066
1903	119,813		316,476	786,081			1,748,519		247,415	425,915
1904	299,382	151,699	996,262	318,425	595,296	1,773	4,624,164	140,404	85,341	493,478
1905	275,068	228,430	1,166,691	550,216	842,408	11,275	2,636,106	47,510	196,692	230,027
1906	354,748	207,868	1,101,548	528,782	896,628	3,438	2,118,147	206,301	167,890	227,676
1907	439,159	200,228	1,214,387	1,209,372	1,403,027		4,358,548		586,911	
1908	578,536	275,323	1,178,456	904,768	1,511,517		1,625,306		1,003,521	
1909	600,998	253,997	1,167,994	922,724			51,996		1,342,528	
1910	702,090	342,142	931,112	872,167			169,344		1,308,011	
1911	991,209	481,653	845,845	1,422,815	2,456,209		1,185,256		1,729,933	
1912	1,234,348	564,550	930,371	2,056,721	904,828		1,545,204		1,535,360	

자료: 오두환, 「개항기 토착공업과 이식공업」(김종현 외, 『공업화의 제유형(II)』, 경문사, 1995), p 46.

---

29 British Consular Reports, 각년판에서 작성. 단 파운드를 원으로 환산. 1894~1896년의
  금속 수입액은 시노부 준페이(信夫淳平), 『韓半島』, 1901, 630면 참조.

3. 교역 조건의 변화

조선 무역의 상품 구조인 미·면 교환 체제는 상대적으로 미곡·대두의 상대 가격이 수입 면직물에 비해 상승하는 가운데 이루어졌다. 교역 조건이 개선되고 수출품 생산에 종사하는 생산 요소의 소득이 개선되는 다른 한편에서 수입 면직물 생산에 사용되는 생산 요소의 가격은 상대적으로 하락했다. 이것은 소득 분배에 영향을 미쳐 미곡 판매 계층의 소득 증가를 가져온 반면 미곡 구매 계층의 상대적 빈곤을 초래했다.[30] 또한 수출품인 미곡, 대두 생산의 확대를 가져오는 반면, 면직물 생산이 위축되고, 관련하여 면작에 사용되던 토지가 대두작으로 바뀌는 등의 변화가 발생했다.

다음 〈그림 7-2〉는 미곡과 면직물의 교역 조건 변동을 보여주는 것이다. 그림에서 보듯이 금건 1반(反)의 가격에 대한 미 1담(擔)의 가격 비율은 1880년대 초에 약 62%이다가 1889년부터 상승하기 시작하여 1898년에는 122%에까지 올랐다가 1901년에 72%까지 하락한 다음 다시 상승하여 94% 전후로 상승하였다. 추세적으로는 비록 기복이 상당히 크지만 1888년 이후 꾸준히 상승한 것을 볼 수 있다. 대두 1담(擔)의 가격 비율은 40%정도에서 시작해 미곡과 비슷한 움직임을 보이지만 기복이 상대적으로 적고, 1905년에는 72% 정도로 상승했다. 대체로 미곡이나 대두 모두 개항기에 수입 면직물 대비 상대 가격이 80% 이상 증가한 것으로 볼 수 있다.

---

30 吉野誠,「朝鮮開國後の穀物輸出について」,『朝鮮史研究會論文集』12, 1975. 吉野誠,「李朝末期における綿製品輸入の展開」,『朝鮮歷史論集 (下)』, 龍溪書舍, 1979.

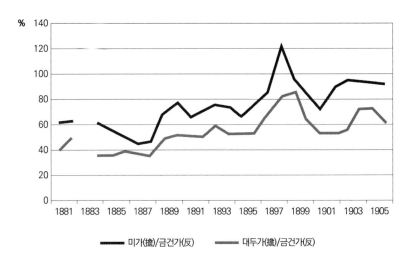

<그림 7-2> 미(米)·면(綿)의 교역 조건 변동

　개항기 조선의 수출품의 70% 이상이 미·대두였고, 수입품의 70%가 금
건을 비롯한 면직물이었다. 수출품인 미곡가의 상승은 미곡 판매 계층의
소득을 증가시키고, 미곡 구매 계층인 빈농과 노동자의 소득을 악화시켰으
며, 지주제의 발전을 촉진하는 역할을 하였다. 한편 미곡가의 상승과 면직
물 가격의 상대적 하락은 종래의 면화 재배지를 미작지(米作地)로 전환시
키고, 재래 면업을 위축시키는 경향을 낳았다. 이러한 미·면 교환의 농공
분업 체제는 기본적으로 일제강점기에도 이어졌다. 그러나 교역 조건 개선
은 소득의 증가와 시장의 확대, 그리고 미곡 구매 노동자의 형성을 초래하
여 조선의 근대적 상회사 출현의 조건을 형성하기도 한다.

　미곡과 대두의 수출 증가와 상대 가격 상승은 일정하게 곡물 생산의 증
대를 가져온 것으로 보인다. "조선인은 유래 농경에 노력하지 않은 결과,
미전(米田) 맥롱(麥壟)이 황폐해도 돌아보지 않았는데, 아연 하루 아침에
풍년을 만나 그 여잉의 미곡을 고가에 방매할 수 있으므로, 종래 버려두고
돌보지 않던 전롱을 개발하여 경운에 뜻을 두기에 이르러, 점차 그 산출액

증가한다"고 하였다.[31] 수익성 향상은 새로운 농법의 도입을 가져오기도 하여 "나주, 영산포, 부안 만경, 전주 지방은 1895년 이후 일본 벼가 전파하여, … 지금도 새로운 일본 종을 시작(試作)하는"[32] 상황이었다고 한다.

개항 이래 국제 무역의 확대는 상품 경제의 확대를 추진하는 동력이었다. 미곡, 콩, 금 등 일차 산물의 수출의 확대는 그 상품 생산을 촉진시켰으며, 면제품을 비롯한 각종 공산품의 수입은 그와 경합한 가내 수공업을 해체시킴으로써 상품 경제를 확대시켰다. 미곡과 콩은 기복에도 불구하고 수출이 증가하는 추세였다. 한편 곡물 수출의 증가는 국내 시장에 공급될 부분이 해외로 전환되는 면이 있었고, 그래서 식량의 부족을 낳고, 방곡령의 필요성을 높였다.

곡물에 대한 해외 수요의 창출은 생산 요소를 수출 농산물 생산에 투입시키는 효과를 낳았고, 가격의 등귀는 노동력의 보다 집약적인 투입과 개간의 진전을 낳았다. 곡물에 대한 해외 수요의 창출과 증가 및 수출 가격의 상승과 유통망의 확대는 거래의 편의를 증대함으로써, 생산 확대의 유인을 제공했다. 반면에 수입 관련 품목에 비한 수출 농산물의 상대 가격의 상승은 전자의 생산에 투입된 노동력과 토지를 후자의 생산으로 이전시켰다.[33]

---

31 『통상휘찬』, 1897.1.18. 재부산영사관보고
32 『통상휘찬』, 제257호, 1903.2.23. 재목포제국영사관보고
33 "지난 1890년 이래 일단 근기(近畿) 부근의 미곡이 일본 상인의 손을 거쳐 계속 일본으로 수출되었으므로, 이에 비로소 조선 농민도 그 잉여 미곡을 상당한 고가로 방매할 수 있고 도리어 그 수입품을 염가로 살 수 있는 이익을 알자마자, 종래 일가 수구(數口)의 굶주림을 메워줌으로써 족하다고 하는 자도 다소 잉여를 얻기를 바라고 따라서 내버려두어 돌보지 않던 논두둑도 잇따라 개발되기에 이르렀다"고 한다. 『通商彙纂』 8호, 「1893년중 인천항상황년보」, p 25-6). "대두작은 면작(棉作)에도 다소 영향을 미쳐서 종래 면작하던 곳도 취향을 바꾸어 콩을 심고 그것을 팔아서 금건, 목면 등을 구입하는 추세이므로 면(棉)의 산액이 도리어 감소하였다."(『通商彙纂』 22호, 「재조선국전라도순회복명서」, 1895.5.28). "외국 상품의 수입은 국내 산업에 놀라운 영향을 미쳤으며 면화의 재배와 그것의 직물로의 제조는 크게 감소

미곡과 콩의 생산이 신장되었고, 면작 등 대두작으로의 전환이 이루어졌다. 이와 함께 토포의 대체품인 면직물의 수입 증가는 토포 생산의 위축을 가져왔다. 가지무라 히데키(梶村秀樹)의 추계에 의하면, 청일전쟁 이전의 면제품 수입량은 옥양목으로 환산하여 60만 반(1반=1/2필)에 달했고, 그것은 총 소비고의 4분의 1정도에 달했다고 한다.[34] 그러나 청일전쟁 무렵까지 수입 면직물의 주종이었던 옥양목은 토착 면포에 비해 가격이 비쌈에도 불구하고 세탁에 약하고 내구성이 부족하여 일반 농민층에는 수요가 확대되지 못했다. 그러나 다른 한편 중국에서 마포와 견포가 수입되었고, 또한 토포 시장을 겨냥한 일본제 소폭목면의 생산과 유입이 증대하면서 토포 생산도 위축될 수밖에 없었다.

가지무라 히데키는 개항기 면직물 수입의 단계로 1876~1894년, 1895~1904년, 그리고 1905년 이후의 세 단계로 구분했다. 제1단계인 1894년 이전에는 영국제의 생금건 및 한냉사의 두 품목이 수입의 대부분을 점했고, 농민의 소비품인 토포 시장은 큰 영향을 받지 않았다. 제2단계인 1895년 이후에는 한냉사 수입이 감소하고, 일본제 소건백목면(小巾白木綿, 소폭목면), 쉬팅(sheeting), 방적사 등의 수입이 급속하게 증대하였다. 특히 일본제 백목면은 한국 토포 시장을 겨냥한 제품으로 이후 토포 시장이 크게 위축되었음을 밝혔다. 그리고 제3단계인 1905년 이후에는 일본산 면직물의 수입량이 비약적으로 증대함과 동시에 면화 수출이 크게 증가하는 특징을 보이고 있다.

개항기 수입 면직물로 인한 토포 생산의 변천을 검토하는 데 가장 기초적인 문제는 토포 생산량의 추이를 파악하는 것이다. 그러나 이에 관한 계통적 통계는 존재하지 않는다. 다만 토포의 생산지로서 가장 중요한 곳은

하였으며 이것은 많은 노동을 다른 경로로 방출시키고 있었다." ("Korean Domestic Trade," TheKoreanReview, Vol. 5, 1905. 11).

34 梶村秀樹, 「李朝末期(開國後)の綿業の流通および生産構造」, 『朝鮮における資本主義の形成と展開』, 龍溪書舍, 1977.

진주와 나주 일대였는데 "진목의 생산고는 1년에 평균 100만 필에 달했다"거나,[35] 주로 남평에 집산되는 전남 목면의 "산액은 1개년에 1~2만 통(桶, 50필 및 55필 포장의 2종이 있다)"[36]에 이른다는 단편적인 기록이 있다. 이외에도 "부산항에 내집하는 경상, 전라와 충청 3도의 조선 목면의 개수 산출을 보면 대략 70~80만 필을 밑돌지 않는다. … 매년 한인이 산출하는 총액을 70~80만 필로 하고, 일본 수입액을 20만 필로 하면 경상도 부근에 집산하는 총액은 대개 수백만 필을 밑돌지 않는다"고도 한다.[37]

생산 통계가 없는 가운데 가지무라 히데키와 무라카미 가츠히코(村上勝彦)는 총 소비량을 추정하고 이것에서 면포로 환산한 수입 면직물을 뺀 것을 국내 총 생산량으로 파악했다. 그러나 이러한 계산 방식은 인당 소비량이 가변적이고, 수입 직물과 토포의 환산에 따른 불명확성, 인구 추계 등에 따라 총 소비량이 변동하므로 정확하다고 말하기는 어렵다. 그러한 한계는 있지만, 이러한 방식으로 계산할 때 무라카미 가츠히코는 1899~1901년의 경우 총 소비량 1,200만 필 중 수입 면직물이 487만 필(41%), 수입 방적사를 이용한 토포가 326~362만 필(27~30%), 재래 토포 생산량이 351~387만 필(29~32%)이었다고 한다.[38] 가지무라는 대체로 1904~1910년에 "기계제 면포를 중심으로 하는 수입 섬유제품의 조선 내 총 수요 중에 차지하는 몫이 이미 50% 정도에 달하였다"고 한다.[39]

다음 〈표 7-2〉는 연도별 주요 직물의 수입액과 주요 직물의 원격지 간

---

35 「한국경상남도시찰복명서」, 『통상휘찬』 제217호 부록, 1902.4.19. 재마산영사관보고.

36 「한국사정」, 『통상휘찬』, 제53호, 1904.8.10. 재목포제국영사관보고.

37 「釜山港における朝鮮木綿および日本木綿の槪況」, 『통상휘찬』, 1896.7.20. 재부산영사관보고

38 村上勝彦, 「日本資本主義による朝鮮綿業の再編成」, 『日本帝國主義と東アジア』, アジア經濟研究所, 1979, pp 168-169.

39 梶村秀樹, 「1910년대 조선의 경제순환과 소농경제」(안병직 외편, 『근대조선의 경제 구조』, 비봉출판사, 1989), p 235.

국내 유통을 보여주는 것이다. 먼저 주요 직물의 수입액의 변동을 보면 수입액에서 면제품의 수입액이 압도적으로 많으며 약간의 기복은 있지만 1894~1910년의 면제품은 직물 수입 총액 중 77~87% 범위 내에 있었다. 절대 금액으로는 1894년의 250만 원에서 1907년에는 1,260만 원으로 5배가 증가했다. 한편 주요 직물의 원격지 간 국내 유통을 보면 품목별, 지역별로 차이가 있지만 대체로 1896년까지 감소하고, 1897년 이후 증가하여 1903년 경 정점에 이르고 이후 1906년경까지 급감했다가 이후 기복은 있지만 어느 정도 안정되는 것으로 나타난다.

〈표 7-2〉 주요 직물의 유통

(단위: 원)

| 년도 | 주요 직물의 수입액 | | | 주요 직물의 원격지간 국내유통 | | | | |
| | | | | 면포 | | | 마포 | 저포 |
	면제품	견제품	마제품	부산 이출	목포 이출	원산 이입	원산 이출	군산 이출
1894	2,494,544	370,905	102,669	346,127		285,409	41,004	
1895	4,713,755	771,309	167,297	273,609		256,169	15,547	
1896	3,478,924	375,921	267,769	135,000		98,839	53,465	
1897	5,273,119	548,445	432,690	95,470	7,276	102,486	78,276	
1898	5,185,406	768,742	484,075	83,628	101,924	82,432	134,834	
1899	5,384,460	638,680	369,690		106,817	76,523	153,506	
1900	5,764,990	655,400	332,370		175,116	95,240	142,923	
1901	6,182,912	1,238,712	533,290		205,281	140,280	128,226	234,104
1902	5,561,400	854,031	92,246	141,716	494,618	256,041	181,654	288,527
1903	6,009,321	824,896	104,375	142,336	468,599	307,908	122,420	315,085
1904	8,456,940	1,027,941	417,087	209,000	512,870	85,905	25,088	229,790
1905	12,005,922	1,187,023	1,018,062	216,000	357,913	186,621		252,979
1906	8,208,706	705,037	776,951	131,000	195,378	118,062		
1907	12,552,862	1,371,587	995,789	147,528	40,695	67,537	224,785	120,417

| 년도 | 주요 직물의 수입액 | | | 주요 직물의 원격지간 국내유통 | | | | |
| | | | | 면포 | | | 마포 | 저포 |
	면제품	견제품	마제품	부산 이출	목포 이출	원산 이입	원산 이출	군산 이출
1908	11,340,330	1,472,545	1,649,905	177,153	72,950	66,828	273,681	98,401
1909	9,257,045	1,244,276	1,530,000	137,025	29,055	23,720	169,277	41,690
1910	11,508,521	1,085,474	906,085	122,534	26,649	13,974	141,406	66,673

자료: 주요 직물의 수입액은 가지무라 히데키(梶村秀樹)의 「李朝末期(開國後)の綿業の
流通および生産構造」, 『朝鮮における資本主義の形成と展開』, 龍溪書舍, 1977
참조. 주요 직물 국내 원격지 유통은 이헌창, 「한국개항장의 상품유통과 시장권」,
『경제사학』 제9호. 오두환, 개항기 토착 공업과 이식 공업(김종현 외, 공업화의 제
유형(II), 경문사, p 37.

이렇게 보면 갑오개혁 이후 러일전쟁 이전까지 국내에서 개항장 간의
상품 유통은 대체로 증가하였다. 예컨대 개항 전부터 경상도 지방의 미곡,
면포 등을 함경도 지방의 명태, 마포 등과 교역했는데, 원산의 명태와 마포
의 이출 및 면포와 미곡의 이입은 노일 이전까지 대체로 증가 추세였다. 이
중 수입품의 압박을 강하게 받은 면포는 심한 기복을 보였지만, 국제 무역과
무관한 명태는 그 유통량이 순조롭게 신장되었다.[40] 개항장 무역의 확대 과
정에서 해운이 발달하고 국내의 원격지 간 유통도 성장했다고 할 수 있다.

한편 수입 면직물이 증대하는 가운데 부분적으로 기계제 방적사의 수입
도 증가하고 있었다. 일본 수입 방적사는 초기에 재봉용으로 사용하는 것
이 많았지만, 한국인이 점차 그 편리함을 알아 그 수요가 증가했다. "한인
이 본품을 수요하는 목적은 재봉용 연사(撚絲)로 하는 외에, 직기의 원료로
하는 것에 있다. 원래 한국 각지, 그중 삼남 지방에서는 내국 무역품으로
백목면을 산출하는 곳이 많았다. 농가의 부녀는 그 부업으로 성히 이 업무
에 종사한다. 그리고 옛날에는 모두 고유의 수방사(手紡絲)만을 사용했지

---

40 李憲昶, 「韓國 開港場의 商品流通과 市場圈」, 『經濟史學』 9, 1985, pp 130-131.

만 한번 외국 방적사 수입이 열리자 점차 변화하고, 근래 대체로 종(縱)에는 외국 방적사를 쓰고, 횡으로 자국산 수방사를 교직(交織)하는 풍속이 행해지기에 이르고, 이들의 말에 따르면, 목면으로 짠 1필의 결과는 자국산 수방사만을 사용한 편이 그 임은(賃銀)이 비교적 많고, 방적사 혼용은 약간 저액의 임전을 감수하지 않을 수 없다. 이는 오직 시간의 경제를 도외시한 계산으로, … 부녀의 임은은 시간당 점에서는 상당히 높은" 상황이었다.[41] 말하자면 수방사와 수입 기계사를 교직하는 것이 시간당 노동 소득 면에서 유리했다.

따라서 방적사의 용도는 기직용과 재봉용이 있지만, 초기에는 재봉용이 많았고 점차 기직용이 증가하였다. "근년 내지에서 목면을 짜는데 방적사를 사용하는 것이 많고, 덧붙여 도읍에서는 기계로 성히 제직하는 것들이 증가하는데 따라 방적사의 수입도 증가하고 있는" 사정이었다.[42] 나아가 청일전쟁 이후 서울에서는 직물업 분야에서 자본주의적 경영이 소수이나마 성립되고 있었다.[43] 당시에 설립된 직물업소로는 예동(藝洞)의 직조단포주식회사, 남죽동제직소, 동령동 한성제직회사, 중곡염직공소, 순창호, 미동직조회사. 박승직염직회사와 경성직뉴합명회사 등이 확인된다. 이 중에서 중곡염직공소, 순창호, 경성직뉴합명회사만이 일제강점기까지 영업을 지속했는데, 이들 업체는 각각 염색, 주단과 사속(紗屬), 허리띠와 대님 등을 생산했으며, 면직물 업체는 아니었다. 그리고 여타 도시에서도 직기 개량과 함께 생산적(manufacture) 경영이 나타났던 것으로 추정되나 성공적이지는 못했던 것으로 보인다.

한편 농촌에서는 근대적 기업의 성립 자체가 보이지 않는 가운데 토포

---

41 『통상휘찬』, 181호, 1900. 11. 22. 재목포영사관보고.

42 『통상휘찬』, 임시증간 241호, 1902. 9. 15. 재부산제국영사관보고.

43 權泰檍, 「조선후기 직물업의 변동」; 「일제시기 한국의 직물업」, 『한국근대면업사연구』, 일조각, 1989.

생산은 기본적으로 가정 부인들의 내직에 머물렀던 것으로 보인다. 예컨대 경기도 일원에서는 "(방적사) 수요가 증가하는 원인은 본품을 원료로 백목면을 제직하는 업이 한인 간에 성행하기 때문으로 당항 부근 지방에서는 도처 농민의 부업으로 그것을 하지 않는 자가 없는 모양이고, 대개 아방적사를 이용하여 목면을 짜는 법은 1894년 중 강화도 민간에서 시작한 이래 경기도 황해 양도 내에 성히 행해지고, 근래는 더욱 제방에 확산되어 충청도 지방에까지 성히 행해지게 된 것"이라 한다.[44]

면작의 대두작으로의 전환과 함께 방적사가 수입되면서 생산된 면화도 방적을 하지 않고 면화 그 자체로 수출하게 되었다. "전라와 경상도는 유래 면포로 정평이 났고, 대개 의료에 바치는 목면은 종래 조선인 스스로 경작하고, 방출(紡出)하며 제직하여 수요에 맞게 제공하고 있었는데 일본에서 방적사가 수입되자 점차 면화의 방출이 감소했다. 따라서 방적사의 수요가 늘고 더 나아가 면화의 기호는 바로 일본에서 수입하는 백목면으로 옮겨지고, 국내 면직물은 수요가 증가하지 않음과 동시에 일본에는 수출의 길이 열려 점차 호황으로 향하게" 되었다고 한다.[45]

이와 같이 면직물의 쇠퇴가 나타나는 가운데 여타 직물업의 변동을 살펴보도록 하자. 면직물 다음으로 가장 중요한 직물은 역시 마직물이었다. 마포는 여름의 계절적인 수요와 함께 상복(喪服)으로서의 고정적인 수요가 존재했다. 마포에는 일반적인 마포와 함께 고급품인 저포가 생산되었지만, 마포는 함경도 북관 지방을 중심으로 생산되어 종성, 회령, 경원, 은성, 부령, 경흥에서 산출되는 육진포와 길주에서 생산되는 길포가 유명했다. 이외에도 마포는 강원, 경상, 전라 등지에서 널리 생산되었던 반면, 저포는 충청남도의 일부 지역에서 생산되었다. 저포의 7처라 칭하는 한산, 서천, 홍

44 「明治三十年中仁川港商況年報」, 『통상휘찬』, 제109호 부록, 재인천제국영사관보고
45 山口精, 『朝鮮産業誌』 中, 1910, p 629.

산, 비인, 임천, 정산, 남포의 7군은 모두 충청남도에 속하고 흡사 저포 제직권을 독점한 것 같았지만, 그중에서도 한산포의 이름이 혁혁하였다.

마포의 경우도 면직물과 같이 그 생산량을 알 수는 없다. 다만 1911년의 통계에 마포 992,350필, 저포 139,817필을 생산한 것으로 나타나는데,[46] 마포도 개항기에는 이보다 훨씬 많은 양이 생산되었을 것으로 판단된다. 그러나 중국산 수직품 수입이 증가되면서 〈표 7-2〉에서 보듯이 1908년에 마제품 수입액이 165만 원에 이르고, 다른 마포의 원산 이출액은 1908년 274,000원에서 1909년에는 169,000원으로 감소했으며, 이 무렵에는 생산량도 같이 감소한 것으로 보인다.

한편 방적사를 경사로 이용한 토포를 생산하는 것과 흡사하게 방적사를 마사와 혼용하는 교직물의 생산도 이루어지고 있었다. "본연에 이르러 당지방인 중 1합 20수(手) 실로 마사(麻絲)와 혼용함으로써 마포를 제직하는 것을 발명하고, 그 성적 최양호를 고하고 그 구용자를 증가하기에 이르렀다"고 한다.[47] 그러나 방적 토포와 마찬가지로 이 교직 마포도 기업화에 성공을 거둔 것으로 보이지는 않는다.

한편 저포는 그 원료인 마는 모두 전라도에 의지하고, 전라도는 마를 생산하지만 이 제품을 생산하지 않아[48] 충청남도에서 그 생산이 이루어졌다. 저포도 가내 부업으로 이루어지는 것은 마찬가지여서 저포 7처에서도 "별로 공장으로 볼 것은 없고, 각 촌락 곳곳에 내직적(內職的) 기장(機場)이 있어서 외관상 기업지(機業地)라 칭하기 어렵다"[49]고 한다. 다만 〈표 7-2〉에

---

46 『조선총독부통계년보』, 1911, p 230.
47 「城津三十三年第一, 二, 三季貿易」, 『통상휘찬』 제183호, 1900.12.4. 재성진제국영사관보고.
48 「群山三十四年貿易年報」, 『통상휘찬』 제231호, 1901.6.27, 재군산제국영사관보고.
49 「韓國忠淸南道及全羅北道觀察復命書」, 『통상휘찬』 제2호, 1904.11.5. 재군산제국영사관보고.

서 보듯이 군산항 저포 이출액이 1903년에 31만 5천여 원에 달한 후 급격히 감소하고 있는 것으로 보아 국내 생산이 감축되었을 것으로 판단된다.

면포, 마포 이외의 직물업으로는 견포 제직업이 있다. 견포는 일종의 사치품에 해당하는 것이어서 일반 농민의 의류는 아니었지만, 상류 및 중상류층의 의류로 사용되었다. 그 대부분은 수입에 의존했지만 소량은 국내에서도 생산이 이루어지고 있었다. 한국 13도 중 어느 방면에서도 다소 양잠에 적합하지 않은 곳은 없다. 특히 평안도의 평양 부근, 강원도 철원, 경상도의 안동·상주 부근, 전라도의 광주·남원·나주·능주 부근은 제일 호적지로 역시 제일 번성한 양잠지이다. 제직품은 주로 평견주류(平絹紬類)로 대개 조잡하지만, 그중에는 다소 볼만한 것도 있다. 평안도의 성천, 태천, 영변, 희천(熙川), 덕천의 주(紬), 전라도 배생(倍生)의 견, 강원도 철원의 주(紬), 평안도 덕천의 원라(元羅) 등이 유명하였다.[50]

그러나 견직물의 경우에도 아직 정책적으로 양잠이 장려되지 않았고, 직기의 개량도 이루어지고 있지 않았던 만큼 수입액이 증대되는 가운데 그 생산이 증대될 수는 없었다. 그러나 마포와 마찬가지로 기계 제품과의 경쟁이 없었던 만큼 오히려 성장의 여지는 있었다.

전체적으로 개항기 직물업, 특히 면직물업은 수입 기계제 면제품으로 말미암아 생산이 위축되고 있었으며, 수입 방적사를 이용한 면직물업도 성공적이지 못했다. 그리고 이러한 경향은 일제강점기에도 지속되어 공장제 공업의 발전이 면직물업 분야에서는 이루어지지 못하고 있었는데, 그 이유는 면직물이 공장제 기계제 생산품과의 경쟁이 가장 치열한 분야였기 때문이다.

---

50 德永勳美, 『韓國總覽』, 1907, p 887.

4. 무역수지와 귀금속 유출

개항기 조선의 무역액은 특히 상품의 수출입액에서 만성적인 무역 적자 구조였다. 조선의 수출품 중 미와 대두에 대한 수요가 중국에는 없었는데, 중국은 일방적인 조선에 대한 수출 중심의 편무역 구조였고, 일본이 주된 수출 대상국이었다. 그리고 우피와 금은 흉년일 때 생계를 위한 방편으로 오히려 생산과 수출이 증가했다.

개항기 무역 구조의 특징 중의 하나가 재화의 수입(면직물, 금속류)이 수출(미곡, 대두, 우피)보다 많다는 점이다. 그러나 금 수출액을 합하면 적자 액이 크게 감소하고 1897, 1900, 1903년 등 때때로 흑자를 보이는 연도들이 있다. 전체적으로 상품 수입의 적자를 금, 기본적으로 사금의 수출로 메꾸고 있다고 할 수 있다. 특히 일본은 조선에서의 미곡, 대두 등의 수입 이외에 정부 정책적으로 제일은행이 금 매입소를 설치하고, 금 매입 자금을 공급하여 적극적으로 금의 매입에 노력하였다. 특히 일본은 1897년 금본위제를 실시하면서 부족한 금의 확보를 위해 조선에서의 금 매입에 크게 의존했다.

이러한 무역수지 구조가 가진 의미를 이해하기 위해서는 다음의 기본적인 항등식 구조를 이해할 필요가 있다. 즉 "상품 수출 + 금 수출 + 외환 유출≡상품 수입이 된다. 이항하여 표현하면 '(상품 수입 - 상품 수출 - 금 수출)≡외환 유출'이 된다. 달리 말해 개항기 조선의 무역은 '상품·금 수출 - 수입'이 적자인데 이것을 메꿔준 것은 일본 은화를 포함한 외환의 유출이다. 유출된 외환은 차관 도입을 통해서, 또는 조선의 건물 등에 대한 실물투자나 토지 매입 등을 위해 주로 일본에서 유입된 자본으로 조달된 것이었다.

다음 〈그림 7-3〉은 개항기 무역수지의 변동을 보여주는 것이다. 우선 전체적인 총 수지를 보여주고, 대일(對日) 수지와 대청(對淸) 수지를 구분하여 표시했다. 그림에서 보듯이 대일 수지는 어느 정도 균형을 보이는데 비해 대청 수지는 항상 적자였다. 〈그림 7-3〉은 수출액을 상품 이외에 금을 포함해 계산한 것을 나타냈기 때문에 적자폭이 그만큼 줄어든 것이고, 상품수지만 보면 훨씬 더 큰 적자였다.

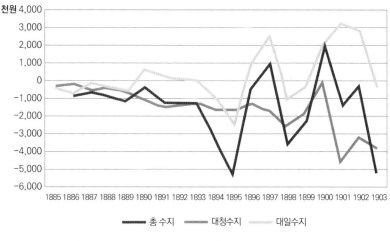

〈그림 7-3〉 개항기 무역수지(상품·금 수출−수입)

당시의 금(金)은 그 자체로 국제 화폐로서 무역 결제 수단이기도 하지만 또한 상품이었다. 금을 상품에 포함해 무역수지를 보면 〈그림 7-3〉에서 보듯이 일본에 대해서는 흑자, 중국에 대해서는 만성적인 적자였다. 그리고 전체적인 총 수지는 1897년과 1900년의 예외가 있지만 대체로 적자였다. 그런데 총 수지의 적자를 메꾸어 준 것은 자본수지로 도입된 은화 등의 외환이다. 당시에 금은 금화가 유통되지 않았기 때문에 상품으로의 성격이 강했고, 반면 은화는 화폐였다. 일본이 금을 매입하기 위해 은화를 지불하면, 중국은 상품으로서 금과 함께 은화(당시 중국의 화폐)를 상품 판매의 대가로 수집하여 중국으로 송금하는 구조였다. 개항기 무역 결제의 큰 흐름은 일본 은화의 조선 유입, 그리고 그 은화의 중국으로의 일방적 유출 구조이고, 이 과정에서 금은 상품으로서 주로 일본으로 유출되고, 중국으로도 일부 수출되는 구조였다.

개항기에 종국적으로 조선에 유입된 외화가 중국으로 유출되는 구조는 개항기 전체를 관통하는 금융 흐름의 특징이고, 이것은 일제강점기에도 지속되었다. 조선은 대일 관계에서 금을 포함하는 실물의 흐름에서 대체로 흑자 내지는 균형을 이루고 있었다. 그러나 조선에 유입된 일본의 자본 투자는 조선의 자산 매입이나 사업 목적의 차관으로 나타나지만 그것들은 다시 중국으로 유출되는 구조였다. 일본은 조선을 통해 중국으로 흘러가는 자본의 유출을 줄이고 다시 회수하고자 하였다. 일제강점기에 일본은 조선은행이 중국으로 진출하여 만주의 일본 자금을 환수하고, 전시가 되면 중국에서의 금융 조작을 통해 통화량 증발을 억제하고자 하였다. 보다 길게 보면 외환의 만성적인 대중(對中) 유출 구조에서 20세기 말 중국의 개혁·개방과 무역의 확대 과정에서 한국의 대중(對中) 수지가 흑자로 돌아선 것은 역사적 전환이라고 할 수 있다.

제3절 화폐·재정개혁의 시도

1. 재정난과 집권파의 당오전 발행

개항 무렵의 조선 경제는 삼정문란으로 대표되고, 민란의 빈발 가운데 농민은 국가의 수탈 당사자인 지방관과 향리 등에게 깊은 적대감을 나타내고 있었다. 농민의 궁핍과 함께 정부 재정의 위기가 병행하고 있었고, 봉건적 기강의 문란은 중간 수탈의 강화와 함께 중앙 재정의 약화를 가져오고 있었다.

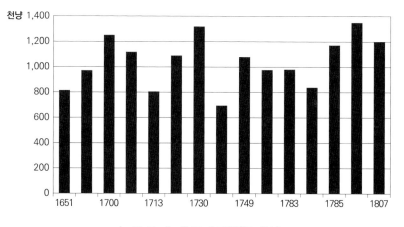

〈그림 7-4〉 호조 수입(전문 환산)

〈그림 7-4〉는 1651~1807년에 이르는 호조(탁지부)의 미, 전미, 대두, 은, 금, 면포, 마포, 전문(錢文) 등의 수입을 일정한 환산 비율에 따라 전문으로 환산하여 나타낸 것이다. 17세기 중엽 이후의 호조의 재정 수입을 보면, 1651년 이후 1807년에 이르는 150년 이상의 기간에 호조의 수입은 적게는

80만 냥 많게는 120만 냥 대체로는 100만 냥 정도, 쌀로 환산하면 20만 석 수준에서 정체 현상을 보이고 있다. 이 점은 또 다른 중요한 재정기관인 선혜청의 수입에서도 마찬가지였다.

앞 장의 〈그림 6-12〉에서 보았듯이 중앙 각사각영(各司各營) 회계부 기재의 시재금·기타를 전문(錢文)으로 환산한 총 시재고의 변동을 보면, 재한성 각 경사 및 각 군영의 연말 시재고 변동을 보면 대체로 1776년 이후 1809년의 661만 냥을 정점으로 대체로 1812년까지 500만 냥 수준을 유지했다면, 이후 경향적으로 감소하여 1820년대에는 400만 냥, 1850년대까지는 300만 냥 수준으로 하락하고, 1860년대의 당백전 발행이나 청전 수입 등 예외적인 연도를 제외하면 200만 냥대 이하로 하락했다. 개항 무렵에는 100만 냥 수준으로 그리고 1886년에는 거의 고갈이라고 할 수 있는 235,000 냥 수준으로 하락하였다. 이러한 전문 환산 총 시재고의 감소는 역시 매년의 세입 감소에 의한 전년도 이월분의 소비에 의해 비롯된 것이며 재정적 위기를 반영하는 것으로 판단된다.

재정적 위기는 각주·부·군·현의 아전에 의한 조세의 수탈에서 조운(漕運)에 의한 중앙 상납에 이르기까지 아전·서리배들의 중간 횡령, 농간에 연유하는 바가 컸다. 이에는 1860년대 이후 대내외적 위기가 지속되고, 국가 기강은 척족의 세도 정치 아래 해이해지는 등의 요인도 작용했다. 호조판서 정범조는 1888년 8월에 "다음 달부터는 창고도, 저축도 없고 정해진 예산도 없으며, 묘당(廟堂)에서 상납을 기한을 정해 엄격하게 지키도록 하였지만 해가 다 지나가는데도 대부분 납부하지 않고 있다"고 개탄했다. 그 원인은 "아전 무리들이 농간을 부리며 도적질한 것이 아니면 선주(船主)들이 횡령한 것이니, 법과 기강으로 따져볼 때 참으로 놀랍기 그지없습니다. 각 해도(該道)의 도신(道臣)이 더 엄격하게 독촉하여 바치는 대로 자문(尺文, 영수증)을 조세대장과 맞춰보았다면 어찌 이럴 리가 있겠습니까?"라고 반문하면서 기한이 지나도록 납부하지 않은 고을의 수령에 대해서는 낱낱

이 적발하여 처벌할 것을 청하였다.[51] 결과적으로 지방에서는 인징, 족징, 백골징, 황구징 등 수탈이 지속되었지만 중앙 재정은 더욱 궁핍해졌다. 또한 개항으로 인해 해외 공관의 개설과 그 유지비, 개항장의 시설비, 해외 시찰단의 파견비, 외국인 고용비, 배상금의 지불, 근대식 군대의 창설비 등 새로운 경비가 발생하였다. 개항 이후의 경비 팽창과 세정 문란에 따른 세입 부족 등으로 재정 위기는 더욱 심화되었다.

그 결과 정부의 경비가 세입을 초과하고, 호조와 선혜청의 창고가 비고, 공가미불액(貢價未拂額)이 거액에 달하는 상황이었으며 왕실 재정도 예외가 아니었다. 임오군란도 종국적으로는 군사들에 대한 급료의 미불이라는 재정난에서 촉발된 것이었다. 재정난은 극심해져서 호조판서 정범조는 1888년 "오직 신하들에게 녹봉을 나누어 주고 군졸이나 구실아치들에게 급료를 나누어 주는 것이 절실한 문제"라고 하였다. 백관들이 9개월이나 녹봉을 받지 못했고 각항(各項)의 군졸이나 구실아치에게 나누어 주는 급료의 적체는 더욱 심각하다고 하였다.[52]

봉건 정부는 개항 후 재정난이 더욱 심해졌지만, 당장의 여유가 없는 가운데 근본적 개혁은 생각지도 못하고 잡세 징수, 악화의 남발, 매관매직 등의 방법으로 재정 수입을 증대하고자 하였다. 그러나 이것으로는 부족했기 때문에 차관을 도입하여 당면의 과제들을 해결하고자 하였다. 개항 후 개화의 담당 아문인 통리아문은 필요 경비를 그 관리 아래에 있는 해관의 수입 일부와 1885년 이후 지방관에 의한 각종의 영업세를 집중하여 조달하고자 했다. 지방관들은 각종 무명의 잡세를 징수하고 있었다. 각지의 포구에 있어서 객주들이 백일세(百一稅)라는 일종의 거래세를 부과하고, 이외에 전주에서의 국자세(麴子稅)와 포목세, 경상도·전라도·충청도에서의 진유기

51 『고종실록』 25권, 고종 25년(1888) 8월 26일.
52 『承政院日記』, 高宗 25年 8月 26日.

상(眞鍮器商)과 유상(油商)에 대한 유유상세(鍮油商稅), 경상도·전라도에서의 염세(塩稅) 등의 물품세 그리고 전라도·충청도에서의 어상선수세(漁商船收稅) 등의 제 잡세를 징수하였다.[53] 정부는 세수의 주축인 결세(結稅)에 대한 근본적인 개혁을 하지 못하고, 재정 수입의 증대를 시도했지만 무명 잡세와 그 유사한 상업세의 남징, 악화의 남발로 그 성과는 크지 않았다.

정부는 목전의 궁핍을 면하기 위해, 때로는 일정한 과제를 수행하기 위해 적지 않은 금액의 차관을 도입하였다. 1882~1894년까지 청나라 차관 1,073,950냥(1원=0.7냥, 약 1,534,000원), 일본 차관 602,673원, 독일 차관 339,890원을 도입하였다. 그리고 1895~1904년에 다시 일본에서 4,530,000원의 차관이 도입되었다.[54] 이들 차관은 조선 정부의 일시적 융통 방안이 되었으나 인삼세, 관세, 조세 등이 담보로 제공되고, 1904년까지 대부분이 상환되었다. 또한 여러 분야의 이권을 열강에 양도했는 바 전형적으로 금광 개발을 중심으로 하는 광산 이권을 광세를 목적으로 양여했으나 그 수입은 보잘 것 없었다.[55]

따라서 조선 정부가 전통적 결세 이외에 수입 증대를 위해 사실상 가장 크게 의존했던 것은 대전의 발행이었다. 대전의 발행이나 차입 등은 지세 이외의 일종의 금융 수입을 얻고자 하는 것이고, 재정 국가로의 지향을 보여주는 것이었지만, 보다 근본적으로 필요한 여러 제도의 개혁과 그를 위

---

53 "낙동강 연안의 여러 염선이 정박하는 포구에는 염문옥이 있어서, 식염 판매의 매개를 하고, 원동(院洞)의 세소(稅所)는 작년 중 이미 철폐되었다고 들었지만, 여전히 징세하고 있고, 염 매석 50문의 세를 징수한다." (『통상휘찬』, 1895, 5, 15. 재부 산항영사관보고). 시장 상인은 시장세로 지금까지 한국 정부에 납세한 것은 없지만, 관찰사 및 군수는 여러 종의 이름으로 시장 상품에 부과 징수한 것 있다고 한다. -(1904년에 폐지되었다고 하지만)-, 지금 여전히 관찰부 군아의 사령은 시장에 모인 미(米), 우(牛), 염(鹽)의 3품에 한해-(일정하게) 수득한다고 한다". (『통상휘찬』, 제26호, 「한국경기도수원시장개황」)

54 김정기, 「1. 제국주의의 경제침탈」, 2) 차관제공, 『신편 한국사』44, 2002.

55 이배용, 「1. 제국주의의 경제침탈」, 5) 이권탈취, 『신편 한국사』44, 2002.

한 조건들이 결어되어 파괴적인 영향을 끼쳤다. 개항 이전에 이미 대원군이 당백전을 발행했지만 1년 만에 폐지했고, 이어서 청전을 수입하여 유통했으나 이 또한 곧 혁파하였다.

대전 발행을 통한 주조 이익의 추구는 효종 2년(1651)에 영의정 김육(金堉)이 당시 청전(淸錢) 통용의 문제점을 해결하고 주전 통용을 위해 건의함으로써 십전통보(十錢通寶)가 만들어진 적이 있지만, 고종 때 당백전 발행부터 1883~1894년까지 장기간에 걸친 당오전의 발행으로 본격화되었다.

개항기 조선에 고빙된 관료로서 역할이 컸던 인물들이 몇 있지만, 재정과 관련하여 조선의 화폐제도를 개혁함으로써 재정 수입을 얻고자 하는 정책을 건의하고 시도한 인물로 목인덕(파울 게오르크 폰 묄렌도르프: Paul George von Möllendorff)과 이선득(샤를 르 장드르: Charles William Le Gendre), 그리고 알렉시에프(Kir Alexeieff) 등을 들 수 있다. 특히 목인덕(묄렌도르프)은 재정난의 타개 방안으로 의당 금·은 화폐를 골고루 만들어야 하나 지금 재정이 궁색하여 우선 급하니 당오·당십·당백 등의 대전을 주조하자는 것이었다. 이에 반해 김옥균은 보조화는 주조 이익은 있지만 나라를 부강하게 하는 방법은 되지 못하므로 재정의 정리는 먼저 본위화를 정하고 보조화에 미치는 것이 가하다고 생각하여, 이를 위해 먼저 일본에서 300만 원의 차관을 얻을 것을 주장했다.

고종은 주전과 차관 도입을 함께 추진했지만, 김옥균의 차관 도입을 위한 제3차 일본행이 실패하자 1883년 3월 당오전을 주조했다. 당오전은 엽전과 마찬가지로 원형방공의 형태이며, 전면에는 '상평통보(常平通寶)' 후면에는 '당오(當五)'라고 표시되어 있었다. 당오전은 그 한 개가 일문전 상평통보 다섯 개의 가치를 가지도록 규정되어 소재 금속 가치가 명목 가치에 못미치는 악화였다. 대량으로 발행된 당오전은 인플레를 초래하고 화폐 유통권의 분할을 가져왔으며, 그 가치가 하락하여 일문전에 대해 가계(加計)가 발생, 지방관이 엽전으로 거두어 당오전으로 상납하는 등 폐제 문란을 초래하였다.

실록에 "당오전(當五錢)이 쓰이게 된 다음부터 방백(方伯)과 수령(守令)들이 백성들에게 거두어들이는 것은 엽전(葉錢)으로 하고 상납(上納)하는 것은 당오전(當五錢)으로 하면서 '가계(加計)'라는 말을 만들어 내어, 이익은 탐관오리(貪官汚吏)에게 돌아가고 해독은 백성과 나라에 흘러들어가고 있습니다. 나라 안에 공사(公私)를 막론하고 4분(分) 이하는 엽전을 쓰고 5분 이상은 엽전을 쓰는 것을 금지시키며, 이것을 어기는 자에게 형률을 시행하여야 합니다. 이렇게 한 다음에라야, 물품에 두 가지 가격이 없고 화폐가 유통되게 될 것입니다"라고 언급되어 있다.[56] 그러나 이후에도 지방관에 의한 엽전 징수, 당오전 상납은 지속되었다.[57]

당오전은 여러 폐단을 가져오는 가운데 1894년「신식화폐발행장정」의 발포 직전에 아무런 대가 없이 당일전으로 통합되어 일문전과 함께 엽전으로 통칭되었다. 당오전의 성분은 표준적으로는 동성분이 약 70~80%를 차지하고 이외에 석(錫), 연(鉛), 철(鐵) 등로 구성되었다. 당오전 1개의 중량은 주조 초기에는 평균적으로 상평통보 일문전의 2배가 되는 2전 4푼 정도가 되었으나 이후 점차 더욱 품질의 화폐가 주출되었다. 특히 당오전 중에서 조악한 것의 대표는 평양전이었다. 평양전에는 소량의 동에 아연, 석, 철 등을 혼합하여 동으로 도금한, 종래의 일문전보다 훨씬 양목과 품위가 뒤떨어지는 것도 있었다.

이러한 조악한 동전의 발행 증가는 인플레를 초래했다. 양질의 당오전이라도 그 소재 가치는 상평통보의 2배에 불과한데 명목 가치는 5배로 되어

---

56 『고종실록』 22권, 고종 22년 1월 16일.

57 "간사한 아전이 백성에게 세금을 받을 때는 어째서 전부 엽전을 쓰며, 청렴하지 못한 아전이 경사(京司)에 바칠 때는 어째서 전부 당오전을 쓰는 것인가 하는 것입니다. 그러니 쓰고 안 쓰는 데 대해 백성들을 책망할 수 있겠습니까? 잘 살피소서". 『고종실록』 24권, 고종 24년 3월 29일

있었으며 평양전은 소재 가치가 상평통보에도 미치지 못하는 것이었다. 소재 가치가 명목 가치에 미치지 못하는 당오전을 명목 가치대로 유통시키기 위해서는 최소한 주조 기관이 통일되고, 품질이 동일하며, 위조화의 주조가 방지되는 등의 조치가 있어야 하나 어느 하나 제대로 되지 않았다.

서울을 중심으로 공가 지급(貢價支給), 급료(給料), 진자(賑資) 등으로 보급된 당오전은 그 발행량이 많아지면서 유통 가치가 하락하기 시작했으며, 양화(良貨)인 일문전(一文錢)은 점차 지방으로 구축되었다. 결과적으로 경기도, 황해도, 충청도 및 강원도의 일부 지역은 당오전 유통 지역이 되고 경상도, 전라도와 함경도 등은 일문전 유통 지역으로 되는 화폐 유통권의 양분 현상이 발생하였다. 이러한 유통권 분할과 함께 당오전 인플레이션은 계속되어 1893년경의 당오전은 1개에 사실상 그 소재 가치와 같은 1문 정도로 통용될 정도로 화폐 가치가 하락했다.

이후 정부는 갑오경장의 일환으로 「신식화폐발행장정」이 발표되기 사흘 전인 1894년 8월 8일 당오전과 엽전의 구분을 폐지했다. 그리고 양자의 구분없이 어느 것이나 모두 100개를 1냥으로 칭하도록 함으로써 종래 당오전 유통 지역의 주민의 화폐 재산을 수탈하는 조치를 취했다. 이에 따라 당오전은 엽전으로 통합되어 양자의 구분이 없어졌다.

정부는 당오전을 주조하여 주조 이익을 얻고 있었지만 한편으로는 근대적 본위화제도의 수립을 위한 시도를 계속해 나갔다. 집권파는 화폐제도에 있어서 금·은·동전 및 지폐가 함께 통용되어야 한다는 생각으로 그 주된 기초 조건이 되는 은전을 주조하기도 하였으나 그 양이 많지 않았다. 집권파는 화폐제도에 관한 한 구제도의 테두리 내에서나마 시대 조류에 따라 신문물을 도입하고자 하는 노력의 일환으로 1891년에 은본위 「신식화폐조례」를 공포하였다. 정부는 「신식화폐조례」를 제정하여 전환국으로 하여금 금·은·동 화폐를 주조하게 함과 동시에 지표(紙票)를 발행하고 교환국(交換局)을 설치하여 신구화를 교환하고자 하였다.

이것은 1880년대 중반 이후 조선의 독립을 세상에 공고하는 가운데 집권파 세력 내에서 외채를 들여 은행을 설립하고 재정을 정리하려는 계획과 연관된 것이었다. 고종은 당오전 발행 당시부터 동전 외에 금·은화 및 지폐를 같이 사용하고자 했으며 이 점에는 변함이 없었다. 이러한 노력은 수구적 정권 아래서 행해진 양무적 개혁 노력을 보여주는 것으로 생각된다. 그러나 이를 위한 외채 모집 계획은 청국의 외채에 대한 조선의 해관 담보의 거부 등으로 성공하지 못했다.

명목상으로 1891년에 반포된「신식화폐조례」는 은본위에 기초한 것이었고 화폐의 형상·중량·품위는 당시의 일본의 은본위제도와 동일하게 되어 있었다. 그리고 새로운 본위화 1원(圓)은 엽전 5냥(兩)에 해당하도록 규정되어 있었으며 보조화로는 백동화, 적동화와 황동화 등이 있었다.

그러나 은본위「신식화폐조례」는 실시되지 못했으니 여기에는 여러가지 이유가 있었다. 표면적으로는 당시의 화폐개혁 업무의 주도권을 둘러싼 갈등으로 정부가 주조 사업의 정지를 명한 것이 그 요인이었다.[58] 그러나「신식화폐조례」가 성공하지 못한데는 보다 근본적인 요인들이 내재하고 있었다. 여러 요인이 있었겠지만 화폐개혁을 추진할 행정 및 재정적인 능력이 부족했다. 목전의 문제로서는 신화폐의 주조와 그 교환에 필요한 경비를 조달하기 어려웠다. 1892년말 현재 주조된 은화는 95,000여 원에 불과하여 그것이 발행되었다 해도 본위화로 원활하게 기능하기 위해서는 태부족이었다.

---

58 당시 정부의 화폐개혁 사업은 두 갈래의 방향에서 이루어지고 있었다. 하나는 일본인 마츠다 노부유키(增田信之)에게서 자금을 차입하여 전환국에서 신화를 발행하는 것이었고, 다른 하나는 교환국을 설치하여 신·구화를 교환하는 업무를 담당하게 하고 그 책임자로 일본인 오미와 조베에(大三輪長兵衛)를 임명한 것이었다. 그런데 이들 두 사람의 임무는 명확하게 구분되어 있지 않고 서로의 이권이 중복되는 부분이 많았다. 따라서 이들 양자의 갈등이 화폐개혁의 실패를 가져온 표면적인 동기가 되었다.

보다 근본적으로 신용 화폐인 지폐를 발행하거나 보조화의 안정된 가치를 위해서는 위조 방지를 위한 기술적 문제와 태환을 위한 준비 등 어려운 전제 조건들이 필요하지만 당시의 교환국 조례(交換局條例)의 지폐 발행 계획에서 이를 위한 논의가 구체적인 논의가 없었다. 이외에도 청국이 신주화에 '대조선개국(大朝鮮開國)년(年)'이라고 되어 있는 것을 트집잡아 한국이 속방임을 강조하면서 대자(大字)를 없앨 것을 주장하여 그 실시를 방해했다. 그리고 당시의 집권파 내부에서도 「신식화폐조례」가 실시되어 주조권이 통일되면 종래의 주조 이권이 박탈될 것을 두려워 맹렬히 반대하기도 하였다. 결과적으로 은본위제도의 수립 계획은 실패하고, 당오전만 남발되어 인플레와 화폐 유통권 분할이라는 폐제 문란이 초래되었다.

2. 갑오개혁

집권파가 이선득(르 장드르)의 제안에 따라 한편으로 근대적 본위화제도의 수립을 계획했지만 현실적으로는 당오전의 발행이 진행되었다면, 개화파는 근본적 재정개혁과 함께 근대적 화폐제도 수립을 추진하고자 했을 것이다. 김옥균의 개화파는 먼저 조세에 관한 개혁·정비를 단행하고 자기의 재정적 기반을 강고히 한 다음 부국강병식 산흥업 정책을 위로부터 추진하고자 하였다. 이와 관련하여 갑신정강에 나타난 개화파의 재정개혁 구상은 지조법의 개정, 환곡의 폐지, 재정기관의 통일 등에 걸친 것이었다. 이외에 박영효의 「상소문」에는 지권의 교부를 통한 사적 토지 소유권의 강화, 인민에 대한 탐학을 방지하기 위한 매관(賣官)의 금지 및 군주권의 제한 그리고 용관(冗官)의 도태를 통한 지출의 억제들을 주장했다. 그러나 이러한 구상은 실현되지 않고 재정 위기는 지속되었으며 이것은 궁극적으로 정부의 개화 정책을 비현실적인 것으로 만드는 근본적인 요인이 되었다.

갑신정변은 실패하고, 청일전쟁 후에 성립된 갑오개혁에서 개화파는 갑신정변과 같은 정책을 보다 광범한 개혁적 조치들과 함께 추진하였다. 1894년 동학 농민군의 봉기가 있고, 이를 진압하기 위해 정부가 청국군의 파병을 요청하자, 일본도 1885년의 천진 조약을 근거로 조선에 파병을 하여, 동학 농민군의 진압을 기회로 청일전쟁을 야기하였다.

일본의 청일전쟁 승리로 동아시아는 종래의 조공 체제가 붕괴됨과 동시에, 1895년의 '시모노세키(下關) 조약'으로 일본은 청국으로부터 요동반도와 대만을 할양받고, 배상금으로 고평은(庫平銀) 2억 냥을 받았다. 배상금의 대부분은 전비로 사용됐지만 그중 일부는 일본의 금본위제 확립과 야하타(八幡)제철소 건립의 기금이 되었다. '시모노세키 조약' 제1조는 "청국은 조선국이 완전무결한 독립 자주국임을 확인하고, 독립 자주를 해치는 조선국에서 청국에 대한 공(貢)·헌상(獻上)·전례(典祀) 등은 영원히 폐지한다"고 하여, 조공 체제에서의 완전 분리를 선언했다.

청일전쟁의 승리로 일본군이 조선에 주둔하는 가운데 조선에는 김홍집, 김윤식, 어윤중 등을 중심으로 하는 1894년 7월 소위 갑오 정권이 성립했으며, 일본의 영향력 아래 광범위한 갑오개혁이 실시되었다. 그러나 일본은 러시아를 중심으로 프랑스, 독일 등의 삼국 간섭으로 요동반도를 되돌려주게 되고, 이를 계기로 조선 내에도 친러파가 힘을 얻고 명성황후가 다시 세력을 회복하자, 일본은 1895년 10월 명성황후 시해 사건을 일으켰고 1896년 2월, 고종의 아관파천으로 갑오 정권은 붕괴 되었다.

1894년 7월에서 1896년 2월에 이르는 갑오개혁은 경제적 측면에서 내용상으로는 1904년 8월 제1차 한일협약이 체결된 이후, 시행된 화폐·재정개혁 정책과 유사성이 많다. 다만 러일전쟁 이후는 말할 것도 없지만, 갑오개혁도 외세 의존적 정권에 의한 개혁이어서 개혁의 정치적 정통성이 없었기 때문에 구조적 취약성을 지니고 있었다. 그러나 유교 가산제 국가를 개혁하고 근대화를 달성하기 위해서 신분제를 비롯한 사회개혁과 필요한 관제개혁 및 부세제도를 비롯한 화폐·재정개혁 등을 포괄하는 근대 재정 국가를 지향하고 있었다.

갑오개혁은 중요 사회개혁으로 공사 노비의 혁파와 인신 매매의 금지, 문벌과 계급의 타파를 선언하였다. 또한 귀천을 불구하고 인재를 선발하고, 과부의 재가 자유를 허용하며, 복색을 개정하여 주의(周衣, 두루마기)는 관민 모두 흑색류에 따르도록 했다. 한편 갑오개혁에서 과거제를 폐지하여 가산 유교 관료제를 일본을 모델로 근대적 관료제로 변화시키고자 하였다. 과거제가 폐지된 후엔 선거 조례, 전고국 조례와 같은 새로운 관리 선발 절차와 시험제도를 만들게 되었다. 과거제에서 과문(科文)이라는 일종의 문체를 중시했던 것과 달리 보다 실용적 지식을 중시하였다. 전고국 조례에 의한 보통 시험에서는 국문(國文), 한문(漢文), 사자(寫字), 산술(算術), 내국정략(內國政略), 외국사정(外國事情), 내정외사(內政外事) 등 7개 과목을 부과하고 여기에 합격한 자만이 응시할 수 있는 제2차 시험인 특별 시험은 후보자의 선장(選狀)에 기록된 적용의 재기(才器)에 따라 발제(發題)하도록 하였다. 이외에 학교를 널리 설치하여 인재를 양성하기 전에는 의정부(議政府)에서 오도(五都)와 팔도(八道)에 공문으로 신칙하여 향공법(鄕貢法)에 의해 추천하여 올리도록 하였다.[59]

이와 함께 지방제도의 근본적인 개혁에 착후하여 1895년 5월, 전국을 23부로 개편하고 종래의 부·목·군·현 등 대소의 행정 구역을 폐합, 군으로 획일화하여 336군을 신설 23개 부 밑에 분속시켰다. 또한 지방의 군사권, 재판권 및 경찰권을 각기 관할기관에서 분리 관장케 함으로써 지방 행정체계를 정비했다. 한편 지방 관제가 새로 실시됨에 따라 지방관의 보수를 일정하게 규정했다. 그것이 중앙 관리의 보수제와 같이 만성적인 재정 고

---

59 고종실록 32권, 고종 31년 7월 12일. 원유한, 「2. 甲午改革」 (3) 甲午改革의 내용, 『한국사』 17 근대 - 동학농민봉기와 갑오개혁, 1984.

갈로 지방관에게도 제대로 소정의 봉급이 지불되지 못했을 것으로 짐작되나, 종래와는 달리 지방관의 봉급에 관한 규정을 명문화한 것은 농민에 대한 지방관의 인습적인 가렴주구를 배제하기 위한 중요한 개혁이었다.[60] 한편 지방제도 개혁은 지방 행정 체제를 계통화하고, 중앙 집권을 강화하는 것이기도 하였다.

갑오개혁은 전근대적 신분제도를 폐지하고, 가산 유교 관료제를 근대적 관료제로 변혁하는 광범한 것이지만, 경제적으로는 일본의 예를 본받아 종래의 분립자판제 재정을 지양하고, 근대 재정 국가를 지향하는 다양한 개혁을 포함하는 것이었다. 갑오개혁은 먼저 왕실 사무와 국정 사무를 분리하고, 조세나 세금을 부과하는 것과 경비를 지출하는 것은 모두 탁지아문(度支衙門)에서 관할한다고 규정했다.[61] 이어서 육의전을 폐지하고 잡세를 철폐하여 자유 상업을 천명하고, 도량형을 통일했다. 한편 근대적 본위화제도를 도입하기 위하여 '신식화폐발행장정'을 공포하여, 5냥은(銀)을 본위화로 하고 1냥은(銀) 이하를 모두 보조화로 하며, 보조화에는 백동·적동·황동을 두었다. 그리고 제7조에서 외국 화폐로서 국내 화폐와 '동질·동량·동가인 가치를 조정, 허용함으로써 사실상 일본의 엔은(円銀)이 개항장만이 아니라 국내에서도 지장없이 통용되게 되었다. 그러나 본위화인 5냥 은화는 물론이고 일본의 엔은도 청일전쟁 후 2~3년 간은 약 300만 원가량 유통되었지만, 1897년 일본이 금본위제로 이행하면서 급감하고, 국내에는 보조화인 주로 백동화만 남발, 유통되어 폐제 문란이 초래되는 단초가 되었다.

갑오 정권은 화폐개혁과 함께 모든 부세의 금납화를 추진하였다. 갑오년 10월부터 각도 각양부세(各樣賦稅, 군보(軍保) 등 일체의 상납대소미태(上

---

60 원유한, 「2. 甲午改革」 (3) 甲午改革의 내용, 『한국사』 17 근대 - 동학농민봉기와 갑오개혁, 1984.
61 『고종실록』, 홍범 14조, 1894.12.12.

納大小米太), 목포(木布)는 모두 대전(代錢)으로 마련하고, 은행을 설립하고, 공전(公錢)을 획급(劃給)하여 미곡(米穀)을 무천(貿遷)케 함으로써 근본을 넉넉하게 하며 원전(原錢)은 정기(定期)를 지켜 탁지아문(度支衙門)으로 상납(償納)하되 대전(代錢)은 다시 상세히 작량(酌量)토록 하였다. 또한 미상회사(米商會社)를 설립하여 미(米)와 전(錢)의 융통을 원활하게 하도록 하고, 부세는 결당 최고 30냥으로 정했다.

또 한편으로는 조세 징수 관제와 절차를 개혁하였다. 칙령 제56호로 관세사(管稅司) 및 징세서(徵稅暑) 관제를 재가하였다. 제1조에서 관세사 및 징세서는 탁지부 대신의 관리에 속해, 조세 및 기타 세입의 징수에 관한 사무를 관장한다고 하였다. 칙령 제71호 수입 조규와 칙령 제72호 지출 조규, 칙령 제74호 각읍부세소장정(各邑賦稅所章程), 칙령 제75호 금고 규칙, 칙령 제76호 출납 관리 규칙을 선포했다. 이들 조치는 종래의 군수 중심의 행정 체계와 분리된 징세 행정 기구를 설립하고, 징세의 절차와 조세의 관리를 명료하게 하기 위한 제도개혁이었다. 그러나 이러한 새로운 징세제도에 관한 개혁은 많은 반발을 불러오고, 1895년 9월 5일에 철회되어 종래의 군수를 중심으로 이서층의 징세 기구가 유지되었지만, 갑오개혁기에 행정 기구와 재정 기구를 분리하고 조세 부과와 징수 절차를 명확히 하고자 하였음을 알 수 있다. 또한 갑오개혁은 예산·결산제도를 마련하여 재정제도를 보다 명료화, 합리화하고자 하였다.

갑오 경제개혁의 구상은 재정 기구를 통일하며, 근대적 본위화제도를 마련하고, 부세 금납화와 부세의 결세 단일화를 시행하며, 은행제도와 금고제도를 마련함과 동시에 미상회사를 설립하여 화폐와 미곡의 원활한 유통을 도모하고, 부세의 징수와 출납에 관한 규칙을 상세히 규정하고, 행정 기구와 분리된 조세 징수 기구를 마련하는 등의 조치를 통해 재정개혁을 달성하는 것이었다. 그리고 이를 바탕으로 잡세를 철폐하고 민간 상업의 발전을 도모하는 것이었다.

갑오개혁에서 부세의 금납화로 현물납제도가 적어도 중앙 정부 차원에서는 최종적으로 폐지되었다. 공인과 시전도 폐지되어, 국가에서 필요한 재화는 징수한 화폐로 시장에서 구입하는 체제로 변화했다. 갑오개혁으로 공인과 시전(육의전)이 폐지되었기 때문에 국가에서 필요한 재화는 조세 금납화에 의해서 징수한 화폐로 시가에 따라 구입하여 사용하는 체제로 변화했다고 할 수 있다. 그러나 조세 징수가 단기간에 모두 농민 차원에서 화폐납으로 바뀐 것은 아니었다. "조세는 일반 전납으로 하였지만, 표면의 규정에 지나지 않고, 지방관 중에서 현물로 징수하는 자가 많다. 그러므로 인민의 납조는 반드시 전납이라 할 수 없고, 지방관이 몰래 이익을 얻었다"고 한다.[62]

그러나 점차 금납화는 정착되었고, 과거제와 관제개혁을 통한 가산 관료제의 폐지와 금납화로 재정적 물류에 기생하는 중간 수탈이 사라진 것은 아니지만 그 기회가 축소되었다. 갑오개혁은 화폐 및 재정제도의 개혁을 토대로 민간의 상공업 발전을 추구했지만 단기에 그쳤다. 갑오개혁은 왕권과 대립적 관계를 가지면서 진행되어 성공하기 어려운 외세 의존적 구조였다. 메이지 유신이 내란을 거치면서도 천황이라는 존재로 인해 또 다른 통합 권력을 만들어낸 것과 달리, 한국에서는 개화파가 왕권과의 통합을 이루지 못했다.

갑오개혁은 정치적으로 정권의 정통성을 결여하고, 민중의 지지를 얻지 못했으며, 경제적으로는 그러한 자본주의적 정책을 지지할 부르주아가 존재하지 않았다. 조선에는 화폐 경제의 미발달로 상업은 천시되고, 상인의 자치 전통은 말할 것도 없고, 중국식의 신상도 존재하지 않았다. 개항 후에 비로소 신상이 발생하기 시작하였으나 그것은 초기적 존재에 불과했다. 결과적으로 갑오 정권은 명성황후 시해와 아관파천으로 무너지고, 친러파가 득세하는 가운데 전제 권력을 강화하는 광무 정권이 시작되었다. 광무 정

---

62 『조선협회회보』, 제1회.

권은 독립적인 대한제국을 선포했지만, 내부적으로는 중국식 양무 정책과 관료 자본주의적 발전을 추구했다. 그러나 이제는 전과 반대로 대한제국이 독립협회나 만민공동회 등 개화파를 통합하지 못했다.

3. 광무개혁

1897년 2월, 명성황후 시해 후 거처를 옮겼던 고종이 러시아 공사관에서 경운궁으로 돌아오자, 칭제건원(稱帝建元)을 하자는 주장 아래, 8월에 건양(建陽)이란 연호를 광무(光武)로 변경하고, 10월에는 고종이 황제로 즉위했다. 다음 날 조정에서 국호를 조선에서 대한으로 개정하여 대한제국의 시대가 열렸다. 그러나 이 무렵의 한반도는 러일 간 힘의 각축장이 되고 있었다. 일본이 청일전쟁에서 승리한 후 요동반도를 차지하도록 되었으나 러시아·프랑스·독일 3국의 간섭으로 청국에 반환했다. 이후 러시아와 일본은 웨베르-고무라 협약(1896년 5월)으로 조선에 대한 러시아와 일본의 군대 주둔을 허용하는 힘의 균형이 이루어지고 있었지만, 북위 39도선 이남에 대해서는 러시아마저도 일본의 우월권을 인정하였다.

그러나 일본은 조선의 북부에 대한 중립 지대안과 만주에 대한 러시아의 단독 지배에 동의할 수 없었다. 1902년 2월 영일 동맹이 체결되어 영국은 청국에 그리고 일본은 한국에 특수한 이익을 갖고 있는 것을 인정하고 제3국으로부터 그 이익이 침해될 때는 필요한 조치를 취한다고 하였다. 따라서 대한제국의 선포에도 불구하고 주변의 역학 관계는 근본적으로 개선되지 않았고, 종국적으로 일본은 조선의 식민지화를 위해 러일전쟁의 개전으로 나아갔다.

열악한 환경이었지만 광무 정권은 서양의 근대 문물을 도입하여 국권을 강화하고자 하였다. 고종은 광무 정권의 정책 방향을 '구본신참(舊本新參)'

으로 하여, 법과 제도에 있어서 구법(舊法)을 기본으로 하지만, 갑오 이후의 신법을 참작해 개혁의 방향을 결정한다는 것이었다. 광무 정권은 장악력이 약한 정부의 내각보다는 사실상 궁내부를 확대하고, 황실의 위상을 제고하며, 황실 재정을 확충하는 것을 바탕으로 근대화 사업을 추진하였다. 고종의 신임을 얻어 사업을 추진한 것은 친러파 이용익이었다. 이용익은 1897년에 전환국장(典圜局長)에 이어서 각도 각군 금은동철매탄각광감독(各道各郡金銀銅鐵煤炭各礦監督), 1898년 철도사(鐵道司監督)을 겸임하게 되어, 화폐 발행과 광산 및 철도 이권을 장악했다. 그는 1899년에 내장사장(內藏司長) 그리고 이를 이어받은 내장원경(內藏院卿)이 되어 1904년까지 재임하면서 황실의 재정을 총괄하고 수입을 증대하고자 하였다.

경제 정책은 한편으로 황실 재정을 강화하고 상공업 발전을 진흥하고자 하였다. 양전·지계 사업을 추진했다. 양전에 대한 찬반 의견에도 불구하고, 고종의 재가에 의해 1899년 4월 양지아문(量地衙門)이 조세 수입의 확대를 명분으로 전국적인 양전을 시행하도록 결정하였다. 양전 사업은 우선 한성부에는 서양의 측량 기술에 의거하여 측량하되 기존의 가계(家契) 발급 제도의 확대 실시라는 방향으로 추진되었다. 지방에서는 옛 제도인 결부제를 준용하는 방식으로 측량하고, 지계를 발행하는 것이었다.

대한제국의 양전·지계 사업은 이전의 양전 사업과 달리 토지 소유자에게 관계(官契)를 발급하여 사유권을 강화한 점에서 특징적이었다. 즉 대한제국이 양전 사업을 통해 개별 토지와 토지 소유자를 조사하고, 그 토지 소유자가 매매 문기 등을 제출하여 현실의 토지 소유자임을 확인하는 사정(査定) 과정을 거쳐 토지 소유권자로 확정되었다. 이 관계 사업은 주도면밀하게 양전 과정과 결합되지는 못했으나 적어도 사적 토지 소유에 대한 근대적 법인(法認)을 목표로 한 것이었고, 조선 후기 이래 지배적 소유관계인 지주적 토지 소유를 그대로 온존시키면서 그것을 토대로 하여 근대적 제개혁을 추구한 것이다.[63] 그러나 외국인에게는 토지 소유권을 인정하지 않은 점에서 특징적이었다.

한편 광무 정권은 관영 공장과 회사를 설립하거나 민간 회사의 설립을 지원하였다. 한편 수입 증대를 위해 각종 잡세가 부활되었고, 홍삼의 제조, 백동화(白銅貨) 주조의 특허, 수리·관개 및 광산 사업을 통해 왕실 재정의 수입원이 확대되었다. 비록 잡세의 징수, 홍삼의 전매, 그리고 광산 이권의 허용과 광세의 징수 등이 약간의 세수 증대를 주었지만 그 금액은 크지 않았다. 여전히 재정 기구의 통일은 되지 않고, 화폐제도는 문란하고, 국가 재정은 궁핍한 상태가 지속되었다. 우선 조세 수입의 큰 부분인 관세는 외국인 세무사의 장악 아래에 있었고, 지세는 탁지부의 관할이라 정부의 유지에 사용되었으며, 사실상 왕실 재정 확충의 주요 수단은 백동화 주조였다. 결과적으로 광무 정권의 경제 정책은 마치 갑오 이전의 집권파의 경제 정책의 특징이 당오전의 남발이었던 것과 마찬가지로, 백동화의 남발로 특징지워지고 이는 인플레와 화폐 유통권 분할이라는 폐제 문란을 초래했다.

광무 정권의 경제 정책이 개혁인가, 아닌가에 대해서는 논쟁이 지속되고 있다. 광무 연간에 황실이 중심이 되어 교통 운수, 화폐 금융, 상공업 그리고 광산 등의 근대화를 위한 노력이 기울여지고 약간의 발전이 있었던 것은 부인할 수 없다. 이외에도 교육제도의 마련이나 서울의 도시 정비 등에서도 새로운 면모가 나타나고 있었다. 그러나 이러한 변화는 기본적으로 새로운 문물의 도입에 그쳤던 것이고 강력한 주체의 형성 위에 한국의 자주적 발전을 가능하게 할 정도의 질적인 전환을 보여주고 있었던 것은 아니었다고 생각된다. 광무 정권의 근대화 정책의 특징은 정책 자체의 내용에 있다기보다는 그것들을 황실 중심으로 추진한 데에 있었다.

광무 정권은 정치 체제에 있어서 갑오 정권의 입헌군주제와 달리 전제 군주제를 추구함으로써 경제 정책에서도 많은 문제점을 노출하였다. 첫째,

63 王賢鍾, 「2. 광무양전·지계사업」, 『신편 한국사』42, 2002, pp 86-87.

갑오개혁이 농업 부문에서 부세의 금납화를 통해 수령을 보좌하는 이서배들의 수탈 체계를 해체하고 역둔토의 불하 등을 통해 서민 지주의 발전을 꾀한 반면 광무 정권은 국유지를 확충하고 도조 징수를 강화하고자 했다. 둘째, 갑오개혁은 재정면에서 재정기관의 통일을 기한 반면 광무 정권은 황실의 재정권을 강화했다. 셋째, 상업 정책에서 갑오개혁이 봉건적 도고를 혁파하고 민영 기업을 장려하며 상품 유통의 자유를 추진한 반면, 광무 정권은 개항장 객주회사에 대한 봉건적 수취 체계를 재편하고 각 포구에서 잡세 징수를 강화하는 등 상반된 정책을 취하였다.[64]

광무 정권은 왕권을 국권과 동일시하여 황실의 재정 확충과 전제 군주권의 강화에 노력했으며 그러한 바탕 위에서 근대적 기술과 기기의 도입에 관심을 가졌던 것으로 생각된다. 광무 정권은 민족적 모순이 심화되는 가운데 위기의식 속에 방어적 입장에서 왕권을 국권과 동일시하여 황실의 재정 확충과 전제 군주권의 강화에 노력했으며 그러한 전제 위에서 근대적 기술과 기기의 도입에 관심을 가졌던 것으로 생각된다.[65] 절대 왕정 아래 근대화를 추진하고자 하였으나 부르주아적 민부와 민권의 동시적 추진이 이루어지지 못하고, 무엇보다 근대화에 필요한 재정 수입을 확보할 수 없었다. 광무 정권은 절대주의적 근대화를 추진할 국권의 안정성, 관료제의 개혁, 재정개혁 등의 조건이 결여돼 있었다.

다음 〈표 7-3〉은 1896~1904년 정부의 세입 예산을 보여주는 것이다. 1897년 광무 정권이 성립되고 처음으로 작성한 것으로 볼 수 있는 1898년의 예산을 보면 총 4,527,000원의 예산 중 조세 수입이 3,779,000원으로 83.4%를 차지하고, 조세 중에서는 지세가 58.9%를 차지한다. 그 다음으로

---

64 갑오개혁기의 경제정책의 구조에 대해서는 吳斗煥, 「甲午經濟改革의 構造와 性格」, 『社會科學論文集』 3, 인하대 사회과학연구소, 1985. 참조.

65 吳斗煥, 『韓國近代貨幣史』, 한국연구원, 1991, p 187.

항세가 19.8%로 많으나 항세는 사실상 외국인 관리여서 지세 수입이 중심이었다. 이러한 구조는 이어지고 1904년에는 지세의 비중이 오히려 69.2%로 더 높아진 것을 볼 수 있다. 지세액이 높아진 것은 지세량이 결당 최고 30냥에서 50냥(1898), 80냥(1902)으로 상승하고, 과세결이 1896년 957,000여 결에서 1904년에 100만여 결로 증가한 것이 그 요인이었다.[66]

<표 7-3> 1896~1904년도의 세입 예산표

(단위: 천원)

	1896	1897	1898	1899	1900	1901	1902	1903	1904
조세	2,428	2,820	3,779	5,108	5,409	8,296	6,808	10,266	14,014
지세	1,477	1,715	2,227	2,773	2,981	5,082	4,488	7,603	9,701
호포전	221	196	229	465	278	487	460	460	460
잡세	9	24	24	300	200	210	210	210	210
인삼세	150	150	150	150	150				
사금세	10	40	40	5	100				
항세	429	495	750	800	800	850	850	850	850
기왕년도수입	130	200	358	613	990	1,667	800	1,142	2,790
잡수입	5	24	40	50	70	90	110	150	200
주조화폐	1,282	200	200	300	350	350	350	350	
전년도 세계잉여	1,093	1,147	508	1,015	333	342	318		
총계	4,809	4,191	4,527	6,473	6,162	9,079	7,586	10,766	14,214

자료: 김옥근, 『조선 왕조재정사연구 IV』, 일조각, 1992, p 37. 단 1901년 잡수입 오류 수정.

한편 <표 7-4>의 세출 예산을 보면 1896년 이후 황실·궁내부 세출 예산이 증가하여 1896년에 500,000원, 경상 세출의 9.7%이던 것이 1904년에는 1,527,000원으로 12.3% 증가했다. 세출 예산에서 비중이 컸던 것은 탁지부, 군부 예산이었다. 탁지부 예산은 1896년에 1,740,000원 - 33.8%에서, 1904년에는 2,741,000원 - 22.1%로 되었다. 절대 금액은 커졌지만 비중은 줄어서 관료의 급여 등

---

66 김옥근, 『조선 왕조재정사연구 IV』, 일조각, 1992, p 89.

일반 행정비의 비중이 감소한 것을 보여준다. 그러나 군부 세출 예산은 1896
년 1,208,000원 - 23.4%에서 1904년에는 5.180,000원 - 41.8%로 증가했다. 군
부 세출 예산의 비중이 크게 증가하여 다른 부서의 비중은 줄어들 수밖에 없
었지만, 경제개발과 직접 관련이 있는 농상공부 예산이 절대액에서도 1896년
의 183,000원에서 1904년에는 51,000원으로 급감했다. 한편 1899~1903년 양지·
지계아문의 세출이 약간 있었고, 경찰 업무과 관련된 경부(警部)와 통신원의
예산이 증가하고 있는 것을 볼 수 있다.

〈표 7-4〉 1896~1904년도의 중요 세출 예산표

단위: 천원(천원 이하 절사)

구분	1896	1897	1897	1899	1900	1901	1902	1903	1904
경상부									
황실·궁내부	500	560	560	650	655	961	1,157	1,261	1,527
의정부		25	32	35	37	38	37	38	61
외부	71	78	132	166	236	244	288	278	287
내부	1,446	1,180	1,225	1,262	1,337	982	973	980	990
탁지부	1,740	878	892	2,037	879	764	578	1,665	2,741
군부	1,028	979	1,251	1,447	1,636	3,594	2,786	4,123	5,180
법부	47	37	46	38	56	56	57	56	63
학부	126	76	89	141	163	184	167	164	205
농상공부	183	150	189	259	377	70	40	46	51
경부						426	276	361	406
양지·지계아문				11	43	129	29	71	
통신원						398	374	461	637
기타				76	135	168	163	187	215
경상부계	5,144	3,967	4,419	6,128	5,558	8,020	6,932	9,697	12,370
임시부	372	222	106	42	102	58	53	53	685
예비비	800			300	300	1,000	600	1,105	1,158
총계	6,316	4,190	4,525	6,471	6,161	9,078	7,585	10,765	14,214

자료: 김옥근, 조선 왕조재정사연구 IV, 일조각, 1992, pp 46-47. 단 1896년 오류 수정.

크게 보아 광무 정권은 조세 수입에서 대단히 비탄력적인 지세에 대한 의존도가 높아져 여유가 없었고, 지출 예산은 특히 1900년 의화단 사건을 계기로 위협을 느끼고 군부 예산에 집중했으며, 황실은 보다 직접적이고 독점적인 방법으로 다양한 수입원을 확보하고 직접 외획(外劃)을 이용한 상업 활동으로 수입을 확대하고자 하였다. 그러나 광무 정권은 정상적인 국가 재정을 확충하여 관료제를 정비하고 군비를 증강하며 근대화 사업을 추진할 여건이 되지 못했다.

그러나 정부의 세출 예산과 달리 황실 재정을 담당하는 내장원은 독자적인 수입원을 확대하고 있었다. 내장원은 1898년에 인삼 전매를 실시하고, 광세도 편입했으며 1899년에는 아문둔토와 목장지, 1900년에는 역토를 내장원으로 이관하고, 그 외에 각종의 잡세를 징수하였다. 내장원『회계책(會計册)』(奎19113)에는 내장원이 가진 별도의 다양한 수입원을 보여주고 있다. 토지 소유에서 얻는 도조(賭租)나 도전(賭錢), 홍삼 전매 등의 금액이 많았고, 그밖에 광산세(鑛山稅), 여각(旅閣), 포구주인세(浦口主人稅), 어염선세(漁鹽船稅), 포사세(庖肆稅) 등 다양하였다.

이에 따라 회계책에 기록된 내장원의 전체 수입액도 1901년 158만 냥, 1902년 247만 냥, 1903년 589만 냥, 1904년 3천만 냥으로 급격히 증가했다. 더욱이 내장원 또는 고종에게는『회계책』에 기록되지 않은 수입이 훨씬 많았다. 홍삼 전매 사업에서의 수익(매년 1백만 원, 즉 500만 냥 정도로 추정됨) 외에도 전환국에서의 화폐 수입, 외획을 이용한 내장원의 상업 활동에서 얻어지는 수입 등이 있었다.[67] 그러나 이 무렵 조선의 화폐제도는 문란하여 1904년 내장원의 수입이 예외적으로 많아 3천만 냥이라 하지만, 그것이 백동화 기준이라면 엽전 기준의 반 정도의 가치이고, 1903년의 589만 냥도 엽전 기준의 70% 정도에 불과하여 거대한 금액이 아니었을 가능성도

---

67 李潤相, 5. 대한제국이기의 재정정책, 신편한국사 42, 2002, p 147.

있다. 이런 문제점들이 있지만 여하튼 내장원은 탁지부 소관의 결호전을 외획의 형태로 지배하고 무미 등의 상업 활동으로 수입을 얻고자 하였으며, 사실상 재정 전체를 지배하고자 하였다.[68] 그리고 이용익은 재정기관들을 장악하여 내장원의 수입을 증대시켰다.

내장원의 연간 수입이 1903년 589만 냥에서 1904년에 3,004만 원으로 크게 증가했는데 이는 회계책에 주로 '이래(移來)'의 증가에 의한 것이었다. '이래'의 내용에 관해 이영훈은 이용익이 관리해 온 황제의 재산이 1904년의 정치 정세에 규정되어 내장원 재정으로 이관되었기 때문이라 하고, 내장원 재정의 중심에는 내장원에 의한 전환국 장악을 통한 화폐 주조가 있었던 것으로 평가했다.[69] 또한 이영훈은 1896년 이후 내장원보다도 명례궁을 비롯한 내수사, 수진궁, 용동궁 등 궁방의 재정 규모가 내장원을 훨씬 초과했다고 보았다.[70]

한편 내장원의 지출을 살펴보면 그 가운데 가장 큰 비중을 차지하는 것은 내입금(內入金), 즉 황제의 명령을 받아 궁궐로 들여간 자금이었다. 1896년 내장원이 황실 재정 담당 기구로 설치된 이후 1907년 일제에 의해 폐지될 때까지 전기간의 지출을 종합하면 용도가 밝혀지지 않은 내입금의 비율이 전체 지출의 37.8%에 달했다. 내입금의 비중은 기복이 심해 1901년 80%, 1902년 43%, 1903년 16%로 감소하다가 1904년에는 다시 47%로 상승했다. 이 시기 내입금의 용도는 명백하지 않지만 주로 내하(內下)·내탕(內帑)에 사용되었던 것으로 추정된다. 내입금은 각종 회사의 자본금이나 운영자금, 학교와 병원 등에 대한 보조금, 진휼이나 행사비 등 정부 재정에서 지출하기 어려운 부문에 쓰였던 것으로 추정된다. 그러나 1904년 이후와 비교하면 이 시기의 내장원 사업비 지출은 적은 편이었다고 할 수 있다.[71]

68 김재호, 「대한제국이기 황실의 재정지배」, 『경제사학』 제28호. pp 28-29.
69 이영훈, 「대한제국이기 황실재정의 기초와 성격」, 『경제사학』51호, 2011, p 24.
70 이영훈, 「대한제국이기 황실재정의 기초와 성격」, 『경제사학』51호, 2011, p 20.

정부의 재정 확충 노력에도 불구하고 정부는 관리의 급여를 지급하기 힘든 상황이었다. 내장원이 독자적인 수입원을 확보하고 1900년대 이후에는 전환국 주조 화폐, 홍삼 전매 수입금, 내장원 잔액 등 풍부한 자금을 고종과 이용익이 운용하여 일부는 개발 사업에도 사용되었다. 황제인 고종의 내탕금은 고종이 전차·전기 사업을 추진하기 위해 설립한 한성전기회사의 운영, 이용익이 의욕적으로 추진했던 서울-개성 간 철도의 부설, 재정난에 시달리는 정부에 대한 대출, 그리고 군사비의 일부 등으로 사용됐으리라고 추측되나,[72] 체계적인 개발 비용으로 사용되기 어려운 성질의 것이었다. 또한 내장원의 수입은 왕권과 독립을 유지하기 위한 현실적 선택이었을 수 있지만, 재정과 정상적인 재정 기구의 희생으로 한 것이고, 악화 남발을 통한 경제 문란을 초래하는 것이어서 지속되기 어려운 것이었다.

따라서 광무 정권도 근본적으로 재정 문제가 시급했기 때문에 화폐·재정개혁을 통해 신축성 있는 재정 수입을 확보하고자 하였고, 이를 위해 근대적 본위화제도를 마련하고 이를 바탕으로 지폐를 발행하며 태환제도를 수립하겠다는 정책 목표를 제시하였다. 이용익은 "일본에서 500만 원을 차입하고 거기에 한국의 홍삼 매상고에서 생기는 이익 및 종래의 준비금 등을 합해 총액 700만 원 내외를 얻어 그것을 모두 본위화로 저장하고 그에 대해 지폐를 발행하며, 그것에 덧붙여 은행을 설립하고, 조세 징수권을 줄 것"[73] 등 여러 구상을 가지고 있었다. 그러나 일본은 이에 필요한 차관을 단독으로 제공하는 것을 거절했다.

이후 이용익은 1899년 말부터 구미 각국과 차관 도입을 교섭했으며 그중 가장 구체화되었던 것이 1901년 4월 프랑스 운남회사(雲南會社) 대표 카잘리(Cazalis)와 체결한 '차관합동계약'이었다.[74] 광무 정권은 이를 전제

71 李潤相, 5. 대한제국이기의 재정정책, 신편한국사 42, 2002, pp 158-159.
72 李潤相, 5. 대한제국이기의 재정정책, 신편한국사 42, 2002, pp 160.
73 『일본외교문서』제32권, p 192. p 313.

로 1901년 2월 금본위 '화폐 조례'를 공포했고, 전환국에 인쇄과를 설치하여 지폐 발행을 위한 준비를 하기도 하였다. 그러나 일본의 끈질긴 방해 공작으로 프랑스 차관 도입은 실현되기 어려웠고, 1902년 5월에는 완전히 실패로 돌아갔다. 이후에도 일본 제일은행에서 차관을 도입하고자 했으나 성립되지 못하고 따라서 금본위제를 마련한다는 '화폐 조례'는 실패했다.

반면에 일본의 제일은행은 제일은행권을 발행하여 한국에 식민지적 통화제도를 수립하고자 하였다. 이에 대응하여 (구)한국은 1903년 중앙은행 조례, 태환금권 조례 등을 선포했으나 사실상 공문으로 귀결되었다. 당시에 비록 폐제개혁을 위한 차관 도입이 성공하여 어느 정도 본위화를 주조하고 그에 근거하여 지폐를 발행할 수 있었다고 하여도, 그것이 본위화제도의 확립으로 되기 위해서는 여러 조건이 필요했다. 먼저 국제수지가 균형을 이뤄 준비된 본위화가 국내에서 원활히 유통되고, 재정도 균형 지폐나 보조화가 태환이 되도록 남발되지 않아야 하는 조건이 성립되어야 한다. 그리고 이를 위해서는 관세 및 내장원을 포함한 재정기관의 통일과 효율적 관리 및 금융기관의 발전 등 또한 전제되어야 하지만 어려운 일이었다.

일반적으로 근대적 본위화제도를 마련하고 유지하는 것은 먼저 근대적 재정 기구를 형성하고, 경제의 대외적 균형을 통한 본위 자금의 유지, 그리고 대내적 균형을 통한 화폐 가치의 안정 등의 거시경제의 균형을 요구한다. 사실 이 과제는 대단히 힘든 것이어서 선진국들도 역사적으로 끊임없는 교란에 시달렸다. 따라서 국내외적인 강력한 정치 군사적 안정성을 필수적 전제로 근대 재정 국가와 근대 본위화제도가 성립될 수 있는 것이지만 구한 말에 이러한 여건을 조성하는 것은 힘들었다.

결과적으로 대한제국의 개혁은 성공하지 못했다. 개혁이 실패로 돌아간 데는 여러 요인이 있지만 일차적으로 지적되어야 할 것은 역시 무엇보다도

---

74 『일본외교문서』제34권, 1901. 4. 24. 「佛蘭西借款契約の佛語正文報告の件」.

외세의 간섭, 특히 일본의 침략과 개혁을 추진해 나갈 주도 세력이 미약했다는 점도 개혁을 제약한 요인이었다. 개혁이 실패한 또 하나의 원인은 역시 자금 부족에 있었다고 볼 수 있다.[75] 이것들을 돌파하기 위해서는 좀 더 안정적인 여건에서 전면적인 개혁이 필요했지만 여러 가지로 역부족이었다.

갑오개혁은 지속되지 못하고, 정권은 붕괴되었지만 그 중요한 사회 경제 개혁 조치들은 이후에도 유지되었다. 대표적으로 신분제의 폐지나 과거제 폐지 및 부세 금납화 등이고 이는 조선 사회의 커다란 변혁이었다. 이후에 성립한 광무 정권과 비교하면 양자 사이에는 개혁 방향에 뚜렷한 차이가 있다. 갑오개혁이 일본의 메이지 유신과 식산흥업을 통한 민간 기업 발전을 추구했다면, 광무개혁은 양무 운동을 본받았고, 기존 질서를 온존한 채, 관독상판(官督商辦) 그리고 관료 자본주의로 진행하는 길을 추구했다고 판단된다.

일본의 메이지 유신이 성공한 요인은 다양하지만. 일본이 민간 기업 위주의 발전으로 나아갈 수 있었던 데는 역사적으로 일본의 상인 단체의 자율성이 상대적으로 강했던 것을 반영한 것으로 생각된다. 일본에서 정부나 관료가 기업 경영에 직접적 관여를 자제한 것은 지대의 배분을 둘러싸고 관료가 개입하는 전통이 낮았기 때문이다. 일본과 중국은 넓은 의미에서는 다 같이 위로부터의 국가 자본주의적 발전을 추구하면서도 지대의 배분에서 민간 기업의 자율성을 존중하는 풍토가 달라, 이후의 경제 발전 과정에 커다란 영향을 미쳤다고 판단된다.

일본에서도 초기에는 지조 개정을 통한 증대된 재정 수입이 관영 공장의 형성과 군사력 창출에 충당되었다. 그러나 이후의 식산흥업 정책은 국내 시장 보호와 수출 증가를 위한 민간 산업의 육성 정책으로 전환되고, 관영 기업을 불하하여 민간 기업들이 재벌로 전환되어 갔다. 이와는 달리 중국 양무 정권의 상공업 발전은 관독상판(官督商辦), 즉 민간이 자본을 대지

---

75 李潤相, 「5. 대한제국이기의 재정정책」, 『신편 한국사』42, 2002, p 161.

만 관료가 경영에 관여하는 형태였다. 관독상판 기업은 한편으로 조세, 정부 수요, 독점의 허용 등 특권을 누렸지만, 정부의 목적을 위해 생산물을 헐값으로 정부에 판매하거나 정책 목적으로 자금을 지불해야 하는 등 기업 경영의 자율성이 침해되었다. 결과적으로 관독상판 기업은 관에 의한 민간 자본에 대한 침탈로 귀결되어 성공할 수 없었다.

종래 조선에는 사대부의 상업 활동이 공개적으로는 존재하지 않았지만 (실제로는 방납, 부세 납부 과정의 주인권의 행사 등으로 존재), 광무 개혁기에는 중국에서 보는 신상의 형성이 장려되고, 일종의 관독상판적 인천 신상회사 등이 생기고, 관료들의 광산 개발이 진행되는 등의 움직임이 보이며, 궁내부나 내장원의 이윤 활동도 두드러진다. 국권이 위태로운 상황에서 이러한 황실의 독자적 재정 확보 노력이 한편으로 이해가 되지만, 이는 관료들의 이윤 추구와 함께 정상적인 시장 경제의 작동이나 민간 기업의 육성과 배치되는 것이었다.

개항으로 세계 자본주의에 편입된 한국이 성공적인 공업 발전 그리고 근대화를 이루기 위해서는 수입 대체이든 수출 지향이든 어느 형태로든 성공적인 공업 발전이 이루어져야 했다. 이를 위해서는 정부의 자주적이며 일관성 있는 상공업의 보호 육성책이 절실했다. 정부는 전면적인 국정 및 재정의 개혁을 통해 재정의 수입을 증가하고 지출을 줄여야 했으며, 동시에 외상에 대한 통제를 통해 민족 자본을 육성해야 했다. 그러나 이런 점에서는 갑오개혁이나 광무개혁 모두 저관세의 외압 아래 효과적인 정책을 시행할 수는 없었다.

제4절 개항기의 화폐 유통권 및 시장의 분할

1. 백동화 인플레와 시장권의 분할

개항기 조선 경제의 구조적 특징은 시장권, 혹은 화폐 유통권이 이중으로 분할되었다는 점이다. 먼저 개항장에서의 외국 화폐의 유통이 허용됨으로써 조선 시장은 외화 유통권과 국내 화폐 유통권으로 분할되었다.

다음 〈그림 7-5〉는 개항장과 국내 시장과의 무역에 따른 상품 및 화폐 유통의 경로를 보여주는 것이다. 그림에서 보듯이 시장은 개항장 시장과 내지 시장으로 구분될 수 있고, 내지 시장에서는 외화가 유통되지 않는다. 개항장 시장에서는 외화가 특히 외상들 사이에는 가치의 척도이자 손익 계산의 기준으로 유통된다. 한편 수출상과 수입상 모두 주로 개항장 객주·여각을 통해 상품을 구입하거나 판매하며, 일부 생산자나 소비자와 직거래도 하고, 지방의 외상들과 거래를 하기도 한다. 개항장에서도 객주·여각 등 한상들과의 거래는 한화가 사용된다. 한상은 한화를 가치의 척도 및 교환의 매개 수단으로 간주하고 있었던 반면, 외상들은 기본적으로 외화를 가치의 척도로 삼고 있었다. 따라서 기본적으로 외국인 사이의 거래에는 엔화(円貨)가 주로 유통되었으며, 한화는 그것을 시가로 환산하여 수수하였다.[76]

---

76 "한인 간 및 한인 대 외국인의 매매는 주로 한화에 의하고 일본인 간 및 일본인 대 외국인(한인은 제외) 및 구미인 간의 매매는 모두 일화로 한다."『통상휘찬』제79호, 1904년 11월 16일, 재경성제국영사관보고). "일본인 간의 거래는 대개 일본 화폐를 표준으로 하고, 한화는 그것을 시가로 환산하여 수수한다"(『通商彙纂』제143호, 1899년 8월 10일, 재인천영사관보고).

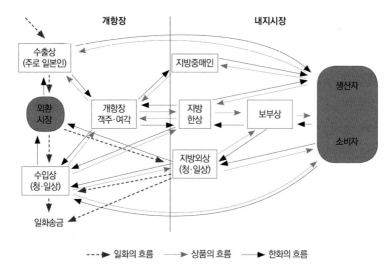

〈그림 7-5〉 개항기 무역에 따른 상품 밑 화폐 유통의 경로

외화는 주로 곡물 매집을 위한 수출상을 통해 유입되며, 수입상을 통해 해외로 유출된다. 수출상과 수입상은 한화수탁소(韓貨受託所) 또는 화폐 거래상을 통해 외환 시장에서의 한화와 외화를 서로 교환했으며,[77] 여기에서 한화 비가(比價)가 결정되었다. 환율은 수출입에 따라 변동하며, 국내 시장과 개항장 시장을 분할하는 역할을 한다. 한국에 유통되는 외화는 개항기 전체를 통해 일본에서 엔화(円貨)가 유입되고 그것이 청국으로 수출되는 특징이 있었으며, 한국에서 일본 화폐의 공급자로 중요한 역할을 한 것은 제일은행 등이었다.

한화를 가격의 표준으로 삼는 한국인과 달리 외국인은 외화를 가격의 표준으로 삼고 있었기 때문에 그들은 한화의 환율 변동에 민감하게 반응하면서 그때 그때의 환시세에 맞춰 수입품의 판매 가격을 조정했다. 바꿔 말해

---

77 부산 지방에는 이미 1881년에 한전의 매매를 업으로 하는 한화매매수탁자조합이 설립되었다고 한다(『通商彙纂』 제60호, 1904년 10월 11일 재부산영사관보고).

외상들은 수입품 판매의 대가로 한국인에게서 한화를 받되 외화에 대한 시세가 하락하면 수입품 가격은 앙등하고 그 판로가 축소되었다. 다만 특히 대규모 거래에는 외화나 '한화 어음'이 사용되었다는 사실에 유의하여 한다.

전체적으로 한국인에 있어서 한화는 변함없는 '일반적 교환의 매개 수단'이고 '가치의 척도'였던데 비해 외상에게는 한화가 한국의 생산물 및 노동을 구입할 때의 필수적인 매개물로서 상품에 지나지 않았다. 따라서 한화는 외상에 있어서는 먼저 그것이 포함하는 일정량의 자금 가치로서 생각되었다.[78] 악화(惡貨)발행을 통한 '한화 비가'의 하락은 내지에서 한국 생산물 가격의 즉각적인 상승을 수반하지 않으므로 수출업자에게 유리한 반면, 수입품은 즉각적으로 그 가격이 상승하므로 판로에 어려움을 겪었다. 물론 '한화 비가(韓貨比價)' 상승의 경우에는 그 반대의 결과가 초래된다. 따라서 개항기에 일인들은 한국 정부의 악화 발행의 기회를 이용하여 주조 원료를 수출하고, 위조화를 밀수입함과 동시에 화폐 투기를 통해 상리를 얻고, 수출품을 값싸게 매집함으로써 이득을 본 반면, 일반 상품의 판매에는 약간 애로를 겪은 것으로 보인다.

개항기의 한국 경제에 '한화 유통권'이 온존하고 있었다는 것은 기본적으로 한국 정부의 경제에 대한 통제력이 약화되기는 했으나, 일정한 정도로 존속되었다는 것을 의미함과 동시에 선진국 상품 화폐 경제의 침투가 환율의 조정을 통해서만 이루어질 수 있었다는 것을 의미한다. 이것은 한국 내지에서의 외상에 의한 부동산 구입의 제한과 함께 제국주의 상품 화폐 경제의 침투에 중요한 제약 조건이 되었다. 따라서 그들은 보다 적극적인 경제 침략의 필요를 느낄수록 한국 화폐제도 정리의 필요성을 느끼고 있었으며 그것이 '화폐 정리 사업'이라는 식민지적인 방법으로 이루어졌다.

외상들, 특히 일본은 개항장을 통해 일본계 은행의 신용 경제권으로 조

---

78 四方博, 「朝鮮における近代資本主義の成立過程」, 『朝鮮社會經濟史研究』, 47면.

선 경제를 편입시켜, 자본을 절약하고자 하였다. 또한 외상들은 개항장을 벗어나 직접 내지로 침투하여 무역을 확대하고 이익을 얻고자 했으며, 상거래의 네트워크를 확대하고자 하였다. 반대로 한국 정부는 국내 경제에 대한 지배권을 바탕으로 외세의 침입에 대응하고, 근대화를 추진하고자 했다. 그러나 이 과정에서 긴급한 재정 수입을 얻기 위한 악화의 발행은 국내 화폐 유통권의 분할과 인플레를 초래하여 시장에 대한 정부의 통솔력이 저해되었다.

한국 시장이 개항장 시장과 국내 시장으로 화폐 유통권의 구분이 이루어지면서, 정부에 의한 악화의 발행으로 또 다시 종래의 일문전 유통권과 백동화 유통권으로 구분되었다. 앞서 갑오개혁 때 발령된 '신화폐발행장정'에서 본위화를 5냥 은화로 하고, 보조화로 백동(25문), 적동(5문), 황동(1문) 등을 규정했지만, 이후의 진행은 본위화는 발행량이 늘지 않고 주로 주조 이익이 있는 백동화만 남발되었다. 백동화는 니켈을 주 성분으로 하고 1개의 제조에 5문의 비용이 든다면 법정 가치는 25문으로 규정되어 일정한 주조 이익을 얻을 수 있었다. 그러나 한국 정부의 전환국에 의한 제조 외에 특주, 묵주, 사주 및 외국에서의 사주화 밀수입 등 다양한 방법으로 제조되어 그 종류가 수백 종에 이르는 것이었다.[79]

백동화는 갑오 이후부터 발행되기 시작했지만 1900년대에 급증했다. 당시의 관찰 기록들에 의하면 1898, 1899년까지도 백동화의 유통 금액은 약 100만 원을 약간 초과하는 정도에 불과했지만, 1901년에는 180만 원, 1902년에는 1,400만 원, 1904년에는 2,300만 원 이상이었다고 한다. 1904년에 1문전의 유통액을 650만 원으로 추정한 것에 비해 훨씬 많은 백동화가 유통되었다. 그러나 1903년 이후에는 백동화는 1문전에 비해 70% 이하의 가치였으므로 1904년의 백동화 유통액 2,300만 원은 1문전으로 환산하면 약 1,500만 원 전후에 해당하는 것이었다.

---

79 자세한 내용은 오두환, 『한국근대화폐사』, 한국연구원, 1991. 제4장 참조.

백동화는 경인 지역에서부터 먼저 발행되고, 그 발행량이 늘어나면서 양화인 엽전을 유통계에서 구축하고 엽전은 서울에서 먼 영·호남 지역 등으로 밀려났다. 일반 경인 지역에 백동화가 방출되고 민간에 수납되어 그것이 유통 과정에서 수입품 판매의 대가로 일상의 손에 집적되면, 그들은 감가하는 조악한 백동화를 처분하기에 바쁜 반면에 영·호남 지방으로 반출하거나 금속 가치로 수출하고자 하였다. 따라서 서울과 그 주변 지역은 점차 백동화 유통 구역으로 변모되어 갔다.

다음 〈그림 7-6〉은 1904년 무렵의 한국의 화폐 유통권의 분할 상황을 보여준다. 그림에서 보듯이 서울과 경기도, 황해도, 평안남북도, 강원도와 충청남북도는 백동화 유통 구역이고, 함경남·북도, 경상남·북도와 전라남·북도는 엽전 유통 구역이었다. 그리고 함경남도와 강원도의 접경지인 원산 일대와 충청남도, 전라북도의 접경 지역인 군산 일대는 엽전과 백동화의 공통 유통 구역이었다. 이들 백동화의 유통 구역은 갑오 이전의 당오전 폐제 문란 때 당오전 유통 구역이기도 했다.

결과적으로 한국 경제는 이중의 화폐 유통권 분할을 겪게 되었다. 하나는 개항장과 국내 시장의 분할, 다른 하나는 엽전 유통 구역과 백동화 유통 구역의 분할이다. 이 중에서 개항장과 국내 시장의 분할은 환율을 통해 조정되고, 엽전과 백동화 유통 구역은 엽전과 백동화의 가계(加計)를 통해 조정되었다.

〈그림 7-6〉 화폐 유통권의 분할

그레셤의 법칙은 악화는 양화를 구축한다고 한다. 그러나 조선에서 양화인 엽전은 악화인 지방으로 구축되었지만, 백동화에 대해 프리미엄을 가지고 거래되었다.[80] 적어도 국내 시장이나 국제 시장에서 엽전의 유통 가치가 금속 가치를 초과하면 엽전은 서울에서 떨어진 지역에서 화폐로 유통되었다. 이 과정에서 그레셤의 법칙이 적용되어 조선의 화폐 유통권이 분할되었다.[81] 한 나라에서 화폐 유통권이 분할되는 것은 역사적으로 특이한 현상이었다.

다음 〈그림 7-7〉은 조선의 국내 경제가 한편에서 개항장과 국내 시장으로 구분되고, 개항장에서는 외상이 주도적 위치에서 외국 화폐를 손익 계산의 기준으로 삼아 한국의 객주·여각들과 거래한 것을 간단하게 표시한 것이다. 그러나 한국 경제는 당오전 그리고 갑오 이후에는 백동화가 유통되면서 특히 1899년경부터 엽전의 유통 구역과 백동화의 유통 구역으로 다시 구분되었다.[82] 그리고 같은 한화이면서도 백동화는 가치가 떨어져서 동

---

80 로버트 먼델은 그레셤의 법칙을 악화와 양화가 동일한 가격으로 교환될 때에만 작동하고, "그들이 동일한 가격으로 교환될 때, 값싼 화폐는 비싼 화폐를 몰아낸다"라고 해석되어야 한다고 하였다. (Mundell, Robert. "*Uses and Abuses of Gresham"s Law in the History of Money*", Zagreb Journal of Economics, Vol. 2, No. 2, 1998).
81 아서 롤닉과 워런 베버는 악화와 양화 사이에 법정 비율대로 교환되지 않고, 양화에 프리미엄이 붙은 채, 함께 통용된다고 생각했다. 그러나 조선 정부는 백동화 유통 구역에서는 백동화로 엽전 유통 구역에서는 엽전으로 징세하였기 때문에 동일 지역에서 함께 통용되지는 않고, 유통 구역이 분할되었지만, 악화와 양화 사이에는 가계가 발생하였다. Rolnick, Arthur J. and Weber, Warren E. "*Gresham's Law or Gresham's Fallacy?*", Journal of Political Economy, Vol. 94, No. 1 (Feb, 1986).
82 같은 국가에서도 복수의 화폐가 거래 상품, 인종, 원격지 거래 여부 등 여러 요인으로 인해 유통권이 분할된 시장에서 상호 간에 환율이 성립하면서 함께 유통되는 화폐의 보완성에 관해서는 다음을 참조. Kuroda, Akinobu. "*What is the complementarity among momnies? An introductory note*". Financial History Review 15.1(2008). "Concurrent but non-integrable currency circuits: complementary relationship among monies in modern China and other regions", Financial History

일한 금액의 엽전과 교환하기 위해서는 가계(加計, premium)를 지불해야
했다.

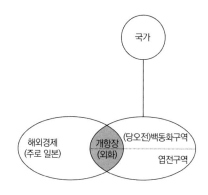

〈그림 7-7〉 화폐유통권 분할과 복수화폐의 유통

아래 〈그림 7-8〉은 한화 1관문에 대한 일본 엔은(円銀)의 교환 비율, 즉
한화 비가로 불린 환율의 변동을 보여주는 것이다. 한화 비가는 '신식화폐
발행장정'에서 한화 5냥은 1원으로 규정되어 있지만, 원래부터 조선의 엽
전 1관은 은화 2원, 즉 멕시코 달러 2달러 정도로 통용되기도 하였다. 따라
서 그림에서 종축의 표시는 한화 1관과 교환되는 엔 원 금액을 표시한 것
이고, 2원과 교환되는 한화 비가 20할이라고 불렀다. 그림에서 보듯이 한화
의 가치는 개항 초에는 상당히 높았으나 1884년 이후는 대체로 1관에
1.5~2.2원 범위에서 등락했다. 그러나 여기서 주목할 것은 1899년 무렵부터
백동화가 증발되면서 백동화의 교환 비가는 엽전보다 하락했고, 백동화를
엽전과 교환하기 위해서는 교환 비가의 차이만큼 가계(加計)를 지불해야
했다. 1903년 이후가 되면 백동화 가치는 엽전의 70% 이하로 하락하고,
1904년 말, 화폐 정리 사업 무렵에는 거의 반으로 하락했다. 백동화 비가의

Review 15.1(2008).

하락은 인플레로 연결되고, 정부의 실질적 재정 수입을 감소시키고, 수입품의 가격을 상승시키는 반면, 수출품 수요 증대를 가져오는 등 그 영향은 복합적이었다.

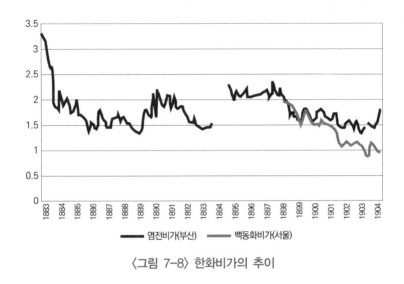

〈그림 7-8〉 한화비가의 추이

화폐 유통권이 분할되고, 복수의 화폐가 국내외 무역, 민족 집단, 대소거래 그리고 지역에 따라 유통되는 것은 그들 화폐에 대한 별도의 시장들이 존재하는 것을 의미한다. 복수의 화폐가 법에 정해진 비가대로 유통된다면, 그것은 마치 하나의 화폐인 것으로 통용될 수 있지만, 현실에서는 그들 간에 변동하는 상이한 환율에 따라 교환되었다. 이러한 환율들은 각각의 시장들을 분리하고 한편으로 보호하는 조정 역할을 하기도 하였다.

조선의 화폐 유통권 분할과 백동화 인플레이션은 상인들과 생산자 및 소비자들에게 복잡한 영향을 미쳤다. 백동화 인플레이션은 조선 민중에 가혹한 수탈이었고 한편으로 일본 상인들도 환율이 불안정하고, 화폐 가치가 불안하여 상거래의 안정성이 저해되었다. 또한 경인 철도와 같은 자본 투자가 증가하면서 인플레는 그 이윤 계산의 합리성과 안정성을 어렵게 하는 요인이었다.[83] 반면에 개항기의 한국 경제에 유통권이 분할되고, 정부와 위조화에 의한 인플레적 수탈이 지속되었음에도, 완강하게 '한화 유통권'이 온존하고 있었다는 것은 기본적으로 한국 정부의 경제에 대한 통제력이 약화되기는 하나, 일정한 정도로 존속되었다는 것을 의미함과 동시에 선진국 상품 화폐 경제의 침투가 환율의 조정을 통해서만 이루어질 수 있었다는 것을 의미한다.

조선 정부는 비록 재정 궁핍의 미봉책으로 백동화를 남발했지만, 그 폐해를 잘 인식하고 있었고, 따라서 백동화를 주조하는 다른 한편으로 차관을 도입하여 금본위제를 수립하고자 하는 등 여러 정책을 추진했지만 실패하였다. 그러나 한국도 법률적으로는 금본위제를 채택하면서 1엔(圓=원) 은화는 점차 교환하거나 환수하는 방침을 정하고, 은화 2원(=10냥)은 금 1원(圜)으로 규정했다. 그러나 일제는 근본적으로 한화 거래 자체를 폐지하는 방법으로 대응하고자 하였다.

외상들은 자본을 절약하기 위해 그들 나름의 부채 증서를 발행하여 유통시키는 방법으로 조선인 경제를 그들의 신용 경제권으로 포섭하고자 하였다. 청상들도 전장표라는 중국 전통의 일람불 어음을 발행했지만 일본은 일본의 사립 은행으로 일찍이 조선에 진출한 제일은행으로 하여금 일본의 금엔(金円)을 대위하는 '일람불 어음'인 제일은행권을 발행하고, 그것을 조선 내에 화폐로 사용하고자 하였다. 그리고 궁극적으로는 조선을 식민지화하면서 제일은행권을 조선의 법화로 삼고, 나아가 그것을 계승한 조선은행권을 법화로 삼게 된다.

---

83 백동화 인플레이션에 따른 복합적인 경제적 영향에 대해서는 오두환, 『한국근대화폐사』, 제4장 백동화 인플레이션과 폐제 위기의 심화. 참조.

2. 식민지 신용 경제권의 확대

화폐는 상품 화폐에서 금속 화폐, 그리고 신용 화폐로 발전한다. 신용 화폐는 소재 가치를 크게 초과하는 가치를 대위하는 가치 장표로서 유통되는 화폐를 의미하며 대체로 지폐를 의미한다고 할 수 있다. 과거에는 지폐가 금속 화폐를 대위하는 가치 장표였으나, 화폐 단위가 금속으로부터 분리 독립된 이후 오늘날의 지폐는 그것이 지배하는 구매력으로 가치가 평가된다. 최근에는 단지 컴퓨터의 계정상에만 존재하는 새로운 신용 화폐로서 전자 화폐가 유통되기도 한다.

근대의 지폐는 '계산의 단위'가 실물로부터 분리되어 있으며, 이것은 오랜 금융제도의 발전과 함께 이루어졌다. 서양에서 오늘날의 지폐의 원형으로 금장증서(goldsmith note)를 들고 있다. 금장증서가 은행권으로 발전하고, 이후 정부의 발행 독점으로 중앙은행 제도가 발생하면서 상업은행의 은행권은 불가능하게 된다. 오늘날의 중앙은행권의 발생은 불특정다수의 예금과 대출을 취급하는 은행의 발전과 함께 이후 정부의 발행 독점으로 나타난 것이다.

그러나 중앙은행 제도가 성립하면 이제 지폐는 민간 경제 내에서의 어느 누구의 부채로 나타나지 않고 정부의 부채로 나타나고 민간 경제 내에서 발생한 것이 아닌 외부 화폐(outside money)로 나타난다. 그러나 정부 발행의 지폐가 발생한 후에도 민간 경제 내에서 신용 창출을 통한 내부 화폐(inside money)가 발전하며, 그런 점에서 여전히 화폐는 시장에서 창출되고 경기 변동과 함께 공급이 자동 조절된다.

정부의 화폐나 민간의 내부 화폐나 지폐는 신용, 즉 부채의 창출을 통해서 이루어지는 것에는 변함이 없고, 이러한 부채의 지급을 약속하는 신용증서(credit note)는 여러 형태의 지급 기능을 하면서 발전되어 왔다. 단순한 상품 매매의 연지불과 금융상의 대차 거래를 위한 양자 간의 신용증서가 먼저 민간에서 고안, 유통되어 오다가, 그것이 익명성을 가지고 널리 유통되는 방법을 찾게 되었다. 그리고 다수의 예금과 대출을 취급하는 종래의 전당포나 대부기관과 구분되는 근대적 금융기관인 은행의 발달과 함께 은행이 발행하는 신용증서가 지폐로 발전되어 왔다. 그러나 이후 정부에 의해 중앙은행 제도가 성립되면서 화폐 발행권이 정부와 중앙은행에 의해 독점되었다고 할 수 있다.

신용증서(credit note)에는 내용상 상품 매매의 연지불(deferred payment)을 허용하는 신용과 상품매매와 관련없이 대차 관계에 의한 신용증서가 있다. 그리고 신용증서는 초기에는 기명증서가 일반적이고, 금액도 비정액이었다. 신용증서는 편의에 따라 부정형의 증서로 부채 관계를 보여주는 증서로 발행, 유통되었지만, 그 신뢰성을 높이고 시장에서의 익명의 유통성을 높이기 위한 방법들이 고안되어 왔다. 서양에서의 탈리(tally)나 한국의 어음도 그 한 형태로 볼 수 있다. 본격적으로 다중의 예금을 이용해 금융을 중개하는 은행이 성립되면서, 이러한 신용증서는 무기명의 정액권의 형태로 발전되고 근대적 화폐로 되었다. 근대 은행의 신용 창출을 통한 화폐의 공급은 자본을 형성하는 계기가 되었다. 한국에서도 고유의 신용증서가 발전되어 왔지만, 근대적 금융기관의 발전이 뒤늦어서, 외상(外商)들은 그들의 신용제도를 한국에서 전개하고자 했다. 특히 일본은 근대적 금융기관을 앞세워 한국을 일본 신용 기구의 영역으로 끌어드리고자 하였다. 한국의 전통적 화폐인 엽전은 한 개에 약 4.5g으로 운반이 불편하고 소액전이라서 계산 불편 등의 문제가 있었다. 덧붙여 금융기관은 발전하지 못했고, 환율의 계절적 변동은 심했으며, 수확기의 조세 징수기에는 지역에서의 전황(錢慌), 즉 화폐 부족의 가능성이 늘 존재했다.

엽전의 부족과 운송 문제를 완화하기 위해 민간에서는 어음, 정부에서는 외획을 이용하였다. 그것들은 표기된 금액을 대위하는 신용증서의 역할을 하는 점에서 공통적이었다. 외획은 중앙 재정의 관서(官署)가 지방관으로 하여금 조세금을 제3자에게 외부로 획급하도록 하는 지시이다. 예를 들어 남원 지방에서 쌀을 매입하여 서울에 팔고자 하는 상인은 먼저 일정 금액을 호조에 선납하고, 영수증인 척문(尺文)과 외획의 지시서를 받아 남원에 가서 지방관에게 보여주고 조세금을 자기에게 줄 것을 요구하는 것이다. 상인은 그 지방의 조세금으로 쌀을 사서 서울로 운반, 판매함으로써 화폐 운반의 불편함을 더는 것이다. 외획과 유사한 환획(換劃)은 지방 감사가 군수에게 조세금을 정부 밖의 제3자에게 획급하도록 하는 지시이다.

이러한 방법 외에 차인(差人)이라는 결함이 많은 방법이 사용되기도 하였다. 이것은 지방 군수가 중앙 정부에 조세금을 납입하기 전에 제3자인 상인에게 대여하고, 상인은 그 대여 조세금으로 상품을 구입하고, 서울로 운반 판매하여 중앙 정부에 조세금을 납입하도록 하는 방식이다. 이 과정에서 지방 군수는 조세금의 태가(駄價)를 절약하여 스스로의 수입으로 삼고, 상인은 조세금을 상업 자금으로 사용할 수 있었다. 그러나 상인이 사업에 실패하면 상인이 중앙 정부에 세금을 납부하지 못할 수도 있었고, 구한말에 이로 인한 조세 건납(愆納)이 재정난의 주요인 중 하나였다.

외획은 기능 면에서 정부의 네트워크를 이용하여 환어음의 역할을 겸하는 지불지도서(支拂指圖書, money order)의 일종으로 볼 수 있다. 그리고 외획은 원칙적으로 선 지급된 조세 납입 영수증과 함께 발행되며 기본적으로 엽전의 운반비를 절약하기 위한 것이었다. 그러나 조선 황실은 재정 궁핍 상태에서 예산 외로 화폐를 획득하는 방법으로 외획을 이용했다. 즉 황실은 내장원을 통해 지방 정부에서 외획전을 받아 미곡 장사를 하기도 했는데, 말하자면 내장원이 정부로부터 외획이라는 형식으로 조세금을 차입하여 상업 자금으로 이용한 것이다.

어음은 민간인들 사이에서 소비자가 아닌 상인을 위한 신용이었다. 그것은 수취인의 기명이 없는 것이 많고, 따라서 양도 가능한 경우가 많았으며, 그런 점에서 익명으로 유통될 수 있었다. 그러나 그것들의 제도적 기반은 불비(不備)되었고, 형식이나 법률적 제도는 잘 정의돼 있지 않아 유통 범위는 제한되었다. 특히 전통 사회의 사회적 연계망은 좁아서, 그 양도 가능성에도 불구하고, 어음은 기명과 무기명 증권의 중간적인 것이었다.

어음은 일정 금액을 지급하겠다는 약속증서이고, 내용상 부채증서로서 개인적 서류로서 시작되어, 반드시 일정한 형식을 가질 수 있었는지는 의문이지만 상당히 신뢰성이 있는 문서였다. 어음은 예탁증서로 발행될 수도 있고, 신용 창조(=부채 창출)의 수단으로 발행될 수도 있다. 어음은 조선 후기에 특히 개성 상인들 사이에서 발전되었다고 한다. 어음에는 날짜, 발행인의 성명, 금액과 지급 약속 등이 기록되고, 작성될 때 반으로 절단하여 발행인의 이름이 적힌 부분이 채권자에게 주어졌다. 어음에는 발행 경위의 예를 들어 옷감 대금조나 품삯조, 등이 기록된 것도 있고, 그렇지 않은 것도 있다. 또한 채권자가 기명된 경우와 무기명의 경우가 있고, 무기명의 경우는 보다 익명성으로 유통될 수 있었다. 상인이 발행한 것이 그러한 이유를 기록한 것이 많다면 후기에 은행에 의한 것은 대체로 없는 것으로 보인다. 외획이나 어음은 모두 초기에 기본적으로 연불증서나 예탁증서로 발행되었다. 그러나 예탁증서로서 어음이 약속어음과 구별되지는 않았고, 그런 점에서 그것은 상호 무분별하게 유통되고 시장 친화적인 것이었다.

이후 채권자가 화폐를 인출을 요구하면, 채무자는 두 개의 절반을 맞추어 보고, 일치하면 지급하는 방식이었다. 어음은 화폐의 수송 비용을 줄이고, 금융의 안전성을 높이기 위해 사용되었다. 어음의 발행인은 실제의 지급인과 다른 경우도 있었고, 그런 점에서 환어음으로 사용될 수 있었다. 어음의 형식은 불완전했지만 그것은 안전하게 유통하였다. 그리고 일본의 금융기관이나 상인 그리고 중국의 상인들이 자국의 약속어음이나 은행권과 유사한 어음의 형태를 도입했을 때 전통적인 어음의 형태도 영향을 받았다. 전통적 어음도 한편으로 가운데가 반으로 절단되지 않고, 작지만 하나의 온전한 형태 그대로 유통되게 되었다.

한편 조선에 진출한 외상들은 자국의 화폐 형태를 본받아, 조선에서 여러 형태의 한화 어음(韓貨手形)을 발행했다. 청상들 중에서 동순태, 광통전행 등은 일람불 어음과 유사한 전장표(錢莊票)를 발행하여 오늘날의 은행권처럼 유통시키고자 하였다. 그리고 일본의 제일은행은 1883년에 해관세 납부를 위한 은화 표시 어음을 발행했고, 그것은 마치 은행권처럼 개항장에서 유통되었다. 또한 일상은 개별적으로 은행권과 비슷한 한화 수형(手形: 어음)을 발행하여 유통하고자 하였다.

외상들은 그들 모국의 신용증서와 닮은 일람불 어음을 도입하면서 한국을 그들의 신용권 내에 통합하고자 하였다. 한국 정부와 신설된 은행들도 그들 스스로의 신용증서(notes)를 유통시키고자 하였다. 그들은 어음을 '일람불 어음'으로, 그리고 궁극적으로 그 발전된 형태인 은행권으로 발전시키고자 하였다. 그러나 이 과정에서 최종적인 승자는 일본의 국립 제일은행이었다. 제일은행은 한국 및 중국 상인들이나 일본계 상인 및 타은행들의 경쟁에서 스스로의 신용증표를 '일람불 어음'으로, 그리고 은행권으로 그리고 최종적으로 법화로 발전시키는데 성공했다. 1905년 재정 고문 '메카타'는 한국의 화폐 재정 정리 사업을 실시하면서, 제일은행을 한국의 중앙으로 하고, 은행권 발행을 독점한 후, 제일은행권을 한국의 법화로 만들었다. 그리고 약속어음 조례와 어음 조합 조례를 만들었으며, 어음의 형식은 법으로 정해지고 다양한 발행자에 의한 형식이 통일되었다.

자본주의의 성립은 물납이 아닌 화폐 재정을 통한 관민(官民) 모두에서의 자본 회계의 성립과 합리적 계산에 따른 이윤 추구를 전제로 하고 이를 위해서는 근대적 화폐제도의 성립이 그 전제 조건이 된다. 그리고 중앙은행을 설립하고, 금고제도를 마련하며, 화폐 발행권의 독점과 신용 화폐제도의 성립은 근대 국민 국가 성립의 주요 지표이다.

페르낭 브로델(Fernand Braudel)이 지적한 바와 같이 자본주의는 독점을 통해 화폐적 이윤을 축적하고자 하는 활동이고, 상업 및 금융 자본이 생산 부문에 투하되면서 산업 자본이 형성된다. 물론 소생산자가 이윤 추구를 위해 자본주의적 생산을 추구할 수도 있다. 그러나 이윤 추구의 목적물로서 화폐, 그리고 합리적 계산의 토대로서의 안정적 화폐제도의 성립은 자본주의 발전의 필요 조건이다. 서양에서 근대 국민 국가의 형성은 흔히 관료제도와 상비군의 성립을 그 지표로 삼지만, 이것이 제대로 성립하기 위해서는 근대적 본위화제도의 성립을 필요로 한다. 중앙은행 제도의 성립은 좀 더 뒤의 일이지만 신대륙 발견을 통한 대규모의 화폐 공급이 근대 국민 국가의 토대가 되고 이를 위해 국가별로 중상주의적 정책이 시행되었다고 할 수 있다.

조선 정부는 갑오개혁 이후에도 1901년 금본위 '화폐 조례', 1903년 중앙은행 조례, 태환금권 조례 등을 선포했으나 성공하지 못하고, 1905년 일본의 '엔(円)블록'에 편입되었다.

3. 근대적 상회사

무역액의 증가와 교역 조건의 개선을 통한 시장의 확대, 그리고 다른 한편에서 노동자의 창출은 자본주의 발전을 위한 조건을 창출하고, 회사 제도의 성립과 함께 근대적 상회사의 출현을 가져왔다. 80년대초부터 개화파는 상회사의 설립과 육성에 관심을 가졌고, 1883년 10월의 『한성순보(漢城旬報)』 등에 여러 사람이 자본을 합하여 영업 활동을 하는 회사를 소개하는 글을 싣기도 하였다.

전우용(1997년)의 연구에 의하면 개항기 회사 설립은 1880년대초(1883~1884년), 갑오개혁 직후(1895~1896년), 대한제국 반포 직후(1899~1900년)에 급증했고, 러일전쟁 이후(1905~1910년)에 가속되고 있다. 1910년 이후의 급격한 감소는 회사 설립에 대해 총독부의 허가를 받도록 규정한 '회사령'의 영향으로 이해된다.

회사 설립이 가장 빠른 분야는 상업 분야의 객주상회사로서, 관의 허가를 받아 설립되고 세금을 상납했다. 개항장이 외국 무역의 거점으로서 발전하면서, 내지의 상인이나 농민을 외국 무역상에 연결하는 객주가 중요한 역할을 담당했다. 객주는 개항 이전부터 위탁 상거래의 대표적인 존재였지만, 개항장의 객주가 거래에 대한 숙련, 일정한 자금력과 시설을 가졌기 때문에, 외상은 초기의 수출입품의 거래에서 이들을 조력자로 삼지 않을 수 없었다. 외상의 내지 진출이 진행되면서, 개항장 객주의 기능이 약화된 면이 있지만, 특히 일본 상인의 내지 정주는 소수였고, 개항장 객주의 역할은 여전히 중요했다. 정부는 객주상회소(客主商會所)를 설립하고, 그들에게 영업의 독점권을 허용하되 상업세를 징수하고자 하였다.

1883년 원산의 객주들이 금물잠상(禁物潛商)의 폐단을 막겠다는 취지로 객주상회소를 설립했으며, 회원으로부터 공비(公費)를 징수하여 관의 경비를 부담하고, 객상에 대한 수세 청부 기능을 담당하기도 하였다. 이후 1885년 인천에 인항상법회사, 1889년에 부산상법회사가 설립되었다. 이들은 객상들에게 구전을 징수하고, 정부에 영업세를 납부했다. 객주회사는 영업의 특권을 보호받는 한편 상거래 과정에서 영업세를 징수하여 정부에 납부하는 역할이었지만, 외상에 대응하여 조선인 상권을 보호하는 역할도 하였다.

그러나 이들 객주회사는 이름은 회사라고 하지만, 사실상은 상인조합과 같은 상인들의 이익단체였고, 정부의 수세기관의 역할을 하기도 하였다. 이들 회사는 단체로서 자체적인 영업을 추구한 것은 아니어서 예를 들어 인천의 객주회사는 1897년 인천신상협회로 되고, 이후 인천상공회의소로 변모하였으며, 다른 지역의 객주상회사도 지역별 상공회의소로 변모되었다.

그러나 점차 자체적인 영업 목적을 가진 회사가 형성되기 시작하여 갑오개혁 이전까지 문헌에 나타난 회사들만도 40여 곳에 달했다.[84] 그러나 이들 회사들은 명칭은 회사 등이나 사실상 개인 상사인 것이 많고, 관설회사도 적지 않았다. 말하자면 민간의 자본에 의한 것이 아니고 관판(官辦) 기업인 경우가 많았고, 정부의 영업 독점권 부여에 기초한 수세 회사인 경우도 적지 않았다.

1883년의 인천순신창상회는 미국의 스탠다드 석유가 판매를 위한 대리점으로 설립한 것이고, 중국과의 국경 무역을 통해 성장한 평양 상인들이 1883년 인천에 설립한 대동회사(大同會社), 그리고 1884년에 서울에서 설립된 의신상회(義信商會) 등은 무역, 선박 운송업 등을 취급했다.

이들 초기에 설립된 회사 중에서 대표적인 것은 관판회사이지만 이운사라고 할 수 있다. 이들 상회사 중 청국의 초상국을 본받아 설립한 기선회사인 이운사(利運社)가 규모 면에서뿐만 아니라 공장의 운영 원리와 흡사한 근대적 동력기를 이용한 기선 항해를 시작한 것이 주목된다. 1893년 1월, 민영준(閔泳駿), 정병하(鄭秉夏), 우경선(禹慶善) 등이 이운사를 창립하고, 청의 회사인 동순태(同順泰) 등에서 연 7.2%의 저리로 새로 은 10만 냥을 차입하여 독일상 세창양행으로부터 기선을 매입했다. 또 나가사키에서 130여 톤의 목조기선을 신조하는 등 5척의 기선으로 평안도 대동강의 상류에 있는 보산에서 충청도 법성포와 웅연(熊淵), 전라도 군산과 목포 및 고금도, 경상도 진주와 마산포 및 부산, 함경도 원산과 북청 등으로 왕복하였다.[85]

이운사(利運社)는 이와 같이 관민합판회사(官民合辦會社)로서 정부의 세

---

84 구체적으로 서울의 長通會社, 長春社, 保嬰社, 信義社, 捲烟局, 釀春局, 豆餠局, 撮影局, 廣印局, 大興商會, 濟興社, 鑪油商會社, 永信會社, 濟生會社, 米商會社 등이 있다. 인천에는 太平商會, 順信昌會社, 大同商會, 紳商會社, 廣成會社, 陸運會社 등이 있었고, 부산에 海産會社, 汽船會社, 均平會社, 客主商法會社, 保險會社, 東航會社, 電察會社 등이 있었다. (趙璣濬, (1) 民族資本의 受難과 抵抗, 한국사 16 근대 - 개화 척사운동, 1983).

85 「통상휘찬」, 1895. 5. 7. 재원산영사관보고

곡 운반에 종사하는 한편 민간 화물 운송도 담당함으로써 그 운영이 비교적 순조로웠던 것이다. 또 이운사(利運社)는 동학란 발발 당시에 관군 수송도 담당한 일이 있었다. 청일전쟁이 발발하자 이운사(利運社)의 선박은 일본군에 징발되어 군수 물자 수송에 사용되었으며, 이후 일본은 강압적으로 이운사 선박을 일본우선주식회사(日本郵船株式會社)에 위탁 운항시켰다.

1896년에 한국 조정에서는 친로파(親露派)가 득세하고 일본 세력이 약화되자 이운사(利運社) 소속 선박은 일본우선주식회사로부터 돌려받았다. 그러나 이 시기에는 갑오경장 이후 조세금납제도(租稅金納制度)가 실시되어 세곡(稅穀) 수송이 대폭 줄어들게 되었고 또 한편 민간 기업에서 해운업을 원하는 사람들도 있어 경합이 점차 심하게 되어 갔으므로 이운사(利運社)의 해운업은 그간 업무량이 대폭 축소되었고 또한 휴업 상태로 있었으므로 다시 본궤도에 오르기에는 여러 가지 어려운 점이 많았다.[86]

그리하여 이운사는 그 소속 선박을 일시 세창양행(世昌洋行) 등에 위탁 경영하게 되었다. 이 시기부터 한국의 해운업은 점차 민간 기업으로 발전을 하게 된 것이다. 이와 같이 민간 기업인에 의한 회사 설립이 활발하게 전개되는 것은 1900년대 초부터였다.

1900년 7월에 안영기 등은 대한협동우선주식회사(大韓協同郵船株式會社)를 설립했다. 한국의 정부 찬정(贊政) 이윤용 등은 종래 한국 궁내부소속 기선인 현익(顯益)과 창용(蒼龍)을 빌려 항운을 시작하였다. 근래 당국 관민에는 당국 연안 항해권을 자기 손에 쥐려는 경향이 있다.[87] 이외에도 같은 해에 이선용, 이영균 등은 인천우선회사(仁川郵船會社), 그리고 이재극, 민영철 등은 인한윤선주식회사(仁漢輪船株式會社)를 설립했으며 1903년에는 김일진 등이 의녕상선주식회사(宜寧商船株式會社)를 설립한 바 있

---

86 趙璣濬, (1) 民族資本의 受難과 抵抗, 한국사 16 근대 - 개화 척사운동, 1983.
87 「통상휘찬」, 제198호, 1901.7.30. 재인천영사관보고.

었다. 이 밖에 1901년에는 통운사(通運社), 1903년에는 통동회사(通同會社), 종선회사(從船會社), 1906년에는 창성사(昌盛社) 등이 설립되었다.

조선의 상회사는 80년대 이후 다수 발생하기 시작했지만, 갑오개혁을 전기로 새로운 움직임도 나타난다. 대체로 갑오개혁에서 육의전의 폐지와 각종 수세도고의 폐지가 추진되면서 점차 회사는 그 조직 및 기능 면에서 근대적 기업의 성격을 띠게 되었다. 초기의 조선의 상회사 발전 과정에서 특히 객주회사는 수세도고의 성격을 가지고 있고, 여타 기업들과 이운사 등에도 특허 회사적인 독점적 성격이 있는 것도 있었으며 이들 기업은 정부와의 관계가 밀접하여 관료가 경영에 참가하는 경우가 많았다. 그러나 이외에도 비교적 일찍 새로운 문물에 눈을 뜬 관료들이 기업 경영이나 광산 개발에 참여하고 정부 출자 사업에 경영자로 참여하기도 하였다. 이러한 모습들은 조선조 유교 사회에서는 생각도 할 수 없는 것들이었고, 짧은 시간 내에 조선 사회에 다수의 신상(紳商)혹은 관상(官商)들이 족생(簇生)한 것을 보여준다.[88]

그러나 한편으로는 상인들이 비교적 경영의 자립성을 가지고 새로운 기업을 설립하고 있었다는 것을 유의해야 한다.[89] 많은 관상 기업들이 정권에

---

[88] 회사 설립에 관여한 고위 관료로는 안경수, 김종한, 윤치호, 이채연 등이 건양·광무 연초에 적극적인 인물들이었다. 이들과 더불어 김익승, 오구영, 우경선, 정현철 등 주로 개항장 일대에서 경력을 쌓은 중하급 관료들도 회사 설립에 적극적인 관심을 기울이기 시작하였다. 그러나 고종의 전제 황권이 체제적으로 확립된 1899년경부터는 황제의 측근들인 이용익, 이윤용, 이채연, 민영환, 민병석, 이재순, 최석조 등이 회사 설립을 주도했다. (전우용, 2. 상회사 설립과 상권수호운동, 신편 한국사 44 갑오개혁 이후의 사회·경제적 변동, 2002).

[89] 김기영, 정영두, 리근배, 백완혁 등 고종의 신임을 받고 있던 서울 주변의 거상들과 조병택, 조진태, 홍충현 등 일찍부터 세도 가문과 연계를 맺어 온 상인들은 정세의 변동에도 불구하고 여전히 각종 회사에 자본을 대고 실무를 담당하는 등 활발한 기업활동을 벌였다. (전우용, 2. 상회사 설립과 상권수호운동, 신편 한국사 44 갑오개혁 이후의 사회·경제적 변동, 2002).

따라 그 성쇠가 결정되기 쉬운 반면에 시장에서의 자립적 경영에 기초한 기업들이 보다 지속적일 수 있었다. 갑오개혁기에 개화파 정권은 상업 부문에서 성립된 모든 특권들을 폐지하고자 하여, 회사 도고 여각은 물론 장시에서의 징세도 폐지하고자 하였다. 이러한 전면적인 특권 폐지의 방침은 개화파 정권의 붕괴와 함께 부정되었다. 따라서 한편에서 민간 상인들에 의한 기업 설립 움직임이 지속되는 다른 한편으로 광무 연간에도 전현직 관료들의 기업 경영 참여는 지속되었다.

먼저 갑오 이후의 기업 설립 과정에서 눈에 띄는 것 중의 하나는 은행의 설립이다. 한국에서 최초로 근대적 은행이 설립된 것은 1896년(建陽원년) 6월의 「조선은행(朝鮮銀行)」이었다. 이 조선은행은 김종한, 안경수 등이 당시의 도지부대신(度支部大臣) 심상훈 등 정부 요인의 협력을 얻어 1896년 6월부터 한성부 중부 광통방 전교환소(廣通坊 錢交換所)에서 창립 준비에 착수하여 동년 6월 25일에 창립을 보게 되었으나, 5~6년 후 영업 부진으로 폐업하고 말았다.

조선은행이 창립된 후 1897년부터는 여러 민간 은행이 창립된 바 있었다. 이 시기에 설립된 은행으로서 오늘에 알려지고 있는 것으로는 한성은행, 대한은행, 한흥은행(韓興銀行) 및 대한천일은행(大韓天一銀行)이 있다. 한성은행과 대한천일은행은 명칭과 경영자는 바뀌면서도 그 계통은 오늘에까지 유지되어 왔으나 그 밖의 은행들은 창립 후 영업이 부진하여 오래 존립을 계속하지 못한 것 같다.

대한천일은행은 민병석 등 귀족 출신과 리근호 등 관료 출신, 최석조, 김기영 등 서울의 거상들이 발기하여 1899년(광무 3년) 3월 30일에 설립된 은행이었다. 개점 초에는 자금의 부족으로 영업이 부진했으나 조진태, 백완혁 등 서울의 대표적 실업인들이 적극 참가함으로써 비로소 영업이 본 궤도에 들어서게 된 것이다. 또, 1906년 8월 8일에는 조병택, 손석기, 백주현 등 30여명의 발의로 한일은행(韓一銀行)이 설립되었으며, 창립 당시 자본금은

15만 원이었다.

이와 같이 1890년대 후기부터 서울의 거상들이 귀족 및 관료 출신의 인사들의 협력을 얻어 여러 민간 은행을 설립한 바 있었으나 그중 자본의 부족으로 폐업한 은행이 많았고 구한 말 및 일제강점기까지 상호는 바뀌면서도 그 명맥을 유지한 것은 전술한 바와 같이 한성은행, 대한천일은행과 한일은행뿐이었다.

근대적 회사로 은행 이외에 철도를 부설하기 위한 회사가 설립되었다. 최초의 민간인 회사는 박기종, 윤기영 등에 의하여 설립된 부하철도회사(釜下鐵道會社)였다. 이 회사는 1898년 5월에 부산과 하단포(下端浦)를 연결하는 노선 건설을 계획하고 농상공부(農商工部)에 신청하여 특허를 얻은 바 있었다. 그 후 1899년에는 대한철도회사가 창립되어 경의선·경원선·함경선의 부설을 계획한 바 있었고 1902년에는 영남지선철도회사(嶺南支線鐵道會社)가 설립되어 삼랑진, 마산 간의 노선, 즉 삼마선(三馬線)을 부설코자 했으며 1904년에는 운수회사가 설립되어 경목선(京木線)의 부설을 기도한 바 있었다. 그러나 한국 민간인 회사들이 주요 간선철도를 건설할 계획을 세우고 특허까지 받고 있었으나 그들 중에는 자금이 충분치 못해 공사를 시작하지 못한 회사가 많아 사실상 성과를 보지 못했다.

갑오 이후에는 상사회사 이외에도 다양한 회사가 설립된다. 그러나 많은 회사들이 상거래, 금융, 해운 등 서비스 관련 회사들이 많고 직접 생산 분야인, 농수산업, 광업, 제조업 분야는 수적으로나 자본 면에서도 적었다. 농수산업 부문에서는 채과회사(茱果會社), 상물회사(翔物會社), 남초회사(南草會社), 만삼광화회사(蔓蔘廣化會社), 종삼회사(種蔘會社), 양잠회사(養蠶會社), 해산회사(海產會社) 등이 있다.

일찍이 정부는 권연국(捲烟局), 양춘국(釀春局)을 두고 권연(捲烟)과 주류의 제조를 시도했고 그 영향으로 남초(南草) 회사 등이 시작된 것으로 보인다. 한국에 담배가 들어온 것은 임진왜란 이후부터로 생각되나, 일본 지권련초를 끽용(喫用)하기 시작한 것은 1895년 일본군의 주둔에서 비롯되었고, 수입이 증가하면서 연초업이 시작되었다고 하나 생산은 많지 않았다.

농업 분야로서 비교적 활발한 것은 홍삼 생산이었다. 「통산휘찬」에 의하면 "1900년 이래 수출액 중에는 매년 홍삼의 수출이 증가하고, 표면 수출의 증진을 보이지만, 실은 종전에 밀수출을 하던 것을 삼정(三井)물산회사에서 공연히 수출을 하여 통계 면에 나타난 것이고, … 거액인 홍삼 대가의 대부분은 내장원의 수입으로 궁중비의 용도에 사용한다. … 민간의 자유매매 당시에 비하면, 민간이 얻는 바 심히 적고, 민력은 오히려 감쇠했다"고 한다.[90]

그러나 양잠 분야에서 한국이 좋은 조건을 가지고 있음에도 발전이 늦은 것은 커다란 손실이었다. 당시 서구 시장의 동양 산품에 대한 주요 수요품이 생사와 견직물이었으므로 양잠의 미발전은 세계 경제에서 한국 경제의 위상이 낮았던 중요한 요인 중의 하나였다. 한국은 상대적으로 기온은 낮지만, 온돌을 잠실로 이용하기 적합한 조건이 있었음에도, 기타 잠종이나 관리 방법 그리고 사육 조건의 조절 등이 미흡하여 잠업 발전이 정체되었다.

개항 후에 우리 정부도 생사 수출의 중요성에 눈을 떠서 중국의 기술을 도입할 계획으로 1883년에 '양잠 규칙'을 공포하고 1884년에는 독일인 메텐스(H. Maertens·麥登司)를 고용하여 '잠상공사'(蠶桑公司)를 설립하려고 하였다. 1886년 봄에는 중국에서 뽕나무 30만~40만 그루를 수입하기까지 했지만 계획한 회사도 설립되지 못하고 생사 수출에도 실패했다. 재정 부족이 직접적인 이유였지만, 뽕나무부터 수입해야 할 만큼 국내 기반이 취약하다는 것이 근본적인 원인이었다.

조선협회회보에서는 "한국 13도 중 다소 재배하고 있는 곳, 특히 경상도의 안동과 상주 부근, 전라도의 남원과 광주 부근을 제일 적지이고, … 그

---

90 「통상휘찬」, 인천1902년무역년보, 1903.10.22. 재인천영사관보고.

리고 마산, 목포, 인천, 경성, 개성은 20여년 전부터 종사하고, … 부산에는 부산양잠회사가 설립되고 김낙준이 사장이고, 경성에는 경성양잠회사가 있고 중추원의장 김가진이 그 사장이고, … 당국 농상공부에서는 양잠의 방법을 개량하고, 잠업을 장려할 목적으로 1900년 11월 필동에 잠업과시험장(蠶業課試驗場)을 세우고, 일본에서 잠업의 전습을 받은 기사 5명으로 하여금 작년 1월부터 전습생에 실제 교습을 하고 있으며, 현재 생도 82명이고, 전습기 2년으로 첫 1년은 오직 전습(傳習)을 하고, 다음 1년은 실지 양잠에 종사하는 조직이다."[91] 라고 전했다. 이 밖에도 신식으로 양잠을 하는 대한제국인공양잠회사가 경성에 있고, 일본에서 전습한 한국 기사 감독 아래 인공식(人工式)을 사용하여 양잠을 했고, 견직 공장(絹織工場)으로서는 대한부인회 소속의 직조소(織造所)가 있었다. 정부에서는 견직 생산의 보급을 위해 1902년에 용산에 양잠소(養蠶所)를 설립하고 정부 고관들의 부인들로 하여금 양잠기 술을 습득케 했으며, 이 양잠소에 견직기 2대를 설치하고 직공 2명을 두고 견포(絹布)를 직조케하였다.

개항기에 회사 설립이 활발한 분야 중의 하나는 광산업이었다. 정부는 광산 개발을 위해 1887년에는 광무국(鑛務局)을 설치하고 미국 광산 기술자 3명을 초빙하여 전국의 광산을 답사, 조사를 시켰고, 미국으로부터 기계를 구입하여 채광을 시작하는 한편 민간인에게 광산회사 설립을 종용하여 서구식 채광법에 의한 광산 개발을 촉구했다. 이후에도 정부가 광세 징수를 목적으로 광산 개발의 허가를 용이하게 해줌으로써 금광 및 탄광 등의 광산 개발이 활발히 추진되었으며, 시대에 흐름을 먼저 파악한 관료들의 참여가 많았다.

함경도 경성(鏡城) 탄광은 사장은 안경수, 해광산의 지주(持株)는 가제(家弟) 김익승이었는데, 1898년 봄 이래 현관인 농상공부 대신 조병식과 전

---

91 조선협회회보 제3회.

함경관찰사 조승우 등 이하 30여명의 결사에 원산항 감리 김익승이 그 주임으로 되고, 일본인이 그 시굴을 하고 있었다.[92] 1900년에 한석진은 해서철광회사(海西鐵礦會社)를 설립했고 같은 해에 김각현, 하긍일 등이 강원도매광합자회사(江原道煤礦合資會社), 흡통매광합자회사(歙通煤礦合資會社), 해서철광회사(海西鐵礦會社)를, 1903년에 김창언, 변내덕 등이 수안금광합자회사(遂安金鑛合資會社)를 설립하였다. 그러나 이 광업 부문의 회사들은 자본 및 기술 부족으로 본격적인 채굴은 할 수 없었다.

그러나 광업 중에 운산 금광이 미국인 모스(J.R.Morse)에게 넘어가는 등 유망한 금광은 대부분 외국인 손으로 넘어가 조선인 소유의 광산은 별로 없었던 것으로 보인다. 한국 광산은 농상공부 관할과 궁내부 소관으로 되어있지만, 정부는 전국 유망의 광산을 궁내부 관할로 옮기고, 제실 어료의 명의 아래 그것을 보존하려고 하였다. 궁내부 관할에 속하는 광산도 실제는 정부 자신이 경영하는 것이 아니고, 일반 민간에 위탁하는 것이 농상공부 광산과 다를 바 없다. 전국의 광산은 수백 개에 달했다.[93]

대부분의 광산의 실제적 경영은 덕대에 의해 이루어지고, 그 관할은 내장원의 소관이며, 순익의 1/4을 바치는 것이 보통이었다.[94] "1900년 현재 채굴 중의 광혈은 45개가 있고, 갱중 주야 폭발음이 그치지 않는다. 한인 갱

---

92 「통상휘찬」, 1899.6.1. 재원산제국영사관보고.
93 「통상휘찬」 제43호, 한국광업사정,
94 "매년 경성 방면에 수송되는 금의 양목은 3,4백관으로, 가격으로는 120~160만 원으로 보아 대차없다.··· 한정에의 상납금은 외국으로 채굴 특허를 받은 자는 순익의 ¼을 바치는 것이 보통이다. 한국인은 통상 채굴자마다 그 채금의 다소를 묻지 않고 매월 광부 1명에 1돈씩을 바친다고 한다. 또 광구 채굴의 명의주를 덕대라 칭하고, 덕대가 광부를 사역함에는 그 채금을 4분하여 그 1분을 덕대의 소득으로 함으로 보통이라 한다. 한국의 유명한 광산은 궁내부 내장원의 소관이이고, 농상공부의 소관에 남아있는 것은 근소하다. 따라서 정부에의 상납금도 본년의 예산을 보면 겨우 1만 원을 지나지 않는다. 궁내에는 광산 감독이라는 자가 있어 그 소관 광산을 총괄한다"고 한다 (통상휘찬, 1900.7.16. 경성제국영사관보고).

부는 사금 채굴자를 합해 3천 명으로 평안도 갱부 2천 명, 경상도 갱부 1천 명의 비율"이라고 한다.[95] 한국사광채취법(1905.8)에 의하면 광산 허가는 농상공부 대신에 출원하고, 채취세는 채취 허가 구역 1천 평, 혹은 하상연장(河床延長) 1정마다 매년 1원으로 하였다. 그리고 궁내부 소속의 사광구는 칙령으로 그것을 고시하도록 하였다.

한국의 근대화 과정에서 어느 분야의 어떤 회사든지 중요하지 않은 것은 아니지만, 인구 과잉형 농업 경제에서 과잉인구의 압력을 완화하고 지속적 성장을 가능하게 하기 위해서는 공업의 발전과 도시화의 진전이 중요했다. 그러나 개항기에 조선인에 의한 근대 공업이나 근대적 동력기를 이용하여 제조업을 발전시키고, 그것이 지속된 경우는 거의 없는 것으로 보인다.

특히 근대 공업의 발전 과정에는 직조업의 발전이 중요하고, 정부에서도 1885년에 직조국(織造局)을 설치하고, 그 관장 아래 모범 직조공장을 건설했으며 모범 직조공장에는 서구식 직조 기계를 도입하고 청국으로부터 방직 기술자를 고빙하여 국내 기술자를 양성하고자 하였다.

1890년대 후반기에 들어서면서부터 기업인들의 근대 공업에 대한 관심이 높아지고 서구의 기술을 도입해 오다가 공장을 설립하는 사람이 날로 늘어났으며, 민간 기업인이 제일 먼저 착안한 것은 역시 방직 공업이었다. 개항 후 가장 주된 수입품이 면사 및 면직물이었고, 비록 토포 시장이 위축되는 가운데서도 면직물 수요 자체는 증가하고 있었으므로 이를 목적으로 직기를 개량하고 수입 방적사를 이용해 외국산 면직물에 대항하는 직물 공업의 발전은 매우 긴요한 것이었다. 물론 이 시기의 공장들은 자본 부족으로 수공업장을 겨우 면한 정도였으나 민간 공업의 발생이라는 점에서 한국 근대 공업사로 보면 획기적인 시기라고 할 수 있다.

---

95 「통상휘찬」, 1900.7.19. 재인천제국영사관보고.

개항 이후 개화파들은 상공업 발전의 필요성을 일찍부터 인식하고 있었지만 특히 90년대 이후의 개화파는 상업보다는 근대 공업의 진흥 문제, 즉 적극적인 공업화 이론을 전개하고 있었다는 점에서 그 특징을 찾아볼 수 있는 것으로 평가된다.[96] 그들은 공산품을 국내에서 생산할 수 있게 된다면 국내에 퇴적된 유휴 노동력을 흡수할 수가 있어 이른바 고용 효과가 실현될 수 있을 것이고, 또 수입해서 소비하는 공산품을 국내 생산품으로 대체하여, 즉 수입 대체 산업을 국내에서 육성하게 된다면 국제수지의 불균형을 시정할 수 있게 되어 국내의 재보가 해외로 유출되는 일이 없어지게 될 것이기 때문이라고 생각하였다.

개화파는 민간인의 근대적인 공장 설립을 권장하는 한편 가장 유망한 민간 공업 부문으로서 직조업, 양잠업과 연초 제조업 등을 제시했다. 그러나 양잠업이나 연초 제조업이 새로운 수요에 맞춘 신산업이라면 직조업은 토착 산업에 속하는 것이었다. 한국의 직물업은 미숙한 채로 질박하고 견고한 제품을 생산하면서 전통적 농업과 결합되어 있었다. 비록 토포의 전반적인 생산 위축에도 불구하고 방적사의 수입이 증가하고 이를 이용한 방적 토포의 생산이 증대되고 있었다.

청일전쟁 이후 서울에서는 직물업 분야에 자본주의적 경영이 소수나마 성립되기 시작하였다.[97] 그리하여 당시의 직물업소로는 한성남서예동 직조단포주식회사(漢城南署藝洞織造緞布株式會社), 종로직조사(鐘路織造社), 김덕창직조공장, 남죽동조직소(南竹洞組織所), 동령동 한성제직회사(東嶺洞 漢城製織會社), 중곡염직공소(中谷染織工所), 순창호(淳昌號), 미동직조회사(美洞織造會社), 박승직염직회사(朴承稷染織會社), 경성직뉴합명회사(京城織

---

96 崔泰鎬, 『近代韓國經濟史研究序說』, 국민대출판부, 1991, p 312.
97 權泰檍, 「朝鮮後期 織物業의 變動」 ; 「日帝時期 韓國의 織物業」, 『韓國近代綿業史研究』, 一潮閣, 1989.

紐合名會社) 등이 있었다는 것을 확인할 수 있다. 그러나 이들 직물업도 정부의 보호가 미흡한 가운데 대다수의 경우 경영이 성공적이지 못했다. 이들 중에 김덕창직조공장, 경성직뉴회사(京城織紐會社), 박승직염직회사 등이 일제강점기에도 일정 기간 이어진 것으로 보인다.[98]

도시에서 근대적 기업 형태의 직물업이 생성되기는 하였지만, 큰 성공을 보지 못한 가운데, 기본적으로 토포 생산은 가내 공업적인 가정부인의 내직에 머물렀던 것으로 보인다. 농촌 면직물 공업이 중소공장으로 발전하는 현상은 발견되지 않는다. 전체적으로 개항기 직물업, 특히 면직물업은 수입 기계 제 면제품으로 말미암아 생산이 위축되고 있었으며, 수입 방적사를 이용한 면직물업도 성공적이지 못했다.

직물업 이외의 토착 공업으로서 중요한 것은 종이(紙), 도자기와 금속 제품 등이었다. 토착 공업 가운데 생산액이 상당히 많으면서 무역상의 관심의 대상이 되었던 것은 종이였다. 재래지는 강인함에 있어서 타의 추종을 불허하여 고가이지만 지속적인 수요가 존재했다. 그러나 제지공업에서 생산 기술을 개선하거나 생산 방법을 발전시키고, 동력기를 이용하는 등의 모습은 보이지 않았고, 종이의 수입액은 늘고 있었다. 제지공업 외에 도자

---

98 이 중에서 종로직조사는 종로 백목전이 주동이 되어 광무 4년(1899)에 건립한 것이며 초대 사장에는 민병석, 부사장에는 이근호가 취임하였다. 또 이 직조 회사에 민병석 및 이근호같은 거물급 관리가 사장 및 부사장직에 추대된 것은 역시 당시의 한국 기업의 운영에 정부와의 유대가 긴요했던 것을 보여 준다. 김덕창직조공장은 기업가 출신인 김덕창이 1902년 서울 장사동에 직포공장을 건설하고 일본에서 개량 기계를 도입해 설립하였다. 이 공장은 일제강점기까지 지속되었고, 1921년에 동양염직주식회사가 건립됨에 따라 이에 합병되었다. 경성직뉴회사는 서울 광희동 부근의 군소 가내 공장이 합동하여 회사를 조직한 것이고, 윤치소(윤보선의 부친)가 사장을 맡기도 했지만, 김연수가 경성방직을 인수하기 전에 김성수 집안에 인수되었다. 박승직염직회사는 두산그룹의 창업자 박두병의 부친인 박승직이 만든 기업이고, 개항기 기업으로 현재까지 그나마 계통이 이어지는 몇 안 되는 기업이라 할 수 있다.

기공업도 중요했다. 910년경 도자기공업은 전국의 566개소에서 2,318명의 직공을 사용하여 172천여 원의 도자기를 생산하고 있었다.[99] 생산의 성격상 상당 수의 인력을 고용하여 생산을 하는 것을 볼 수 있으나 그 생산액은 1개소에 평균 30여 원을 조금 상회하는 미미한 수준이고 전체 생산액도 종이에 미치지 못했다. 따라서 도자기공업도 개항기 동안 그 발전을 논하기는 어려운 것으로 판단된다.

이 밖에 주요한 공업으로는 유기와 철공업 등 금속공업을 들 수 있다. 유기는 식기, 촛대, 재떨이, 편기, 대야, 화로 등이, 백동기는 화로, 젓가락, 숟가락, 담뱃대, 담배함 등을 들 수 있다. 그리고 철기는 주로 농기구였다. 이 중에서 유기나 백동기는 비록 일본 상품이 다양하게 수입되고 있었지만, 토착품의 질이 우수하여 수공업적 생산이 유지되었다. 그러나 철의 경우에는 비교적 일찍부터 일본 거류민들이 농구 류 등을 생산하고 있었으며, 그 대장간의 수도 증가하고 있었다.

그 외에도 제염업이나 다양한 공예품 생산이 이루어졌다. 자리(蓆)나 돗자리(筵蓆), 삿갓(笠), 죽세공품, 칠기 등이 대표적인 것들이다. 공예품의 대부분은 공장(工匠) 스스로가 제조하고, 판매하나 때로는 물주가 공장에 재료를 공급하여 그것을 상품으로 제작하고 판매하였다. 그러나 물주 생산도 선대제적 가내 공업 수준에 머물렀다. 이 외의 공장으로서 거론할 만한 것으로는 1903년에 최석조가 설립한 연초 공장과 1902년에 이용익이 설립한 사기제조소(沙器製造所) 등은 이색적인 것이었다. 또한 조선 말기의 민간 공업으로서 서강 신창 내에 설립된 이흥우의 구성수철공장(九成水鐵工場)을 비롯한 각종 철공장, 개문사(開文社)나 대구의 광문사(廣文社) 등의 인쇄 공장 등이 있다. 그 밖에 탁지부에 의한 마포연와공장(麻浦煉瓦工場), 조선인의 정미공장(精米工場) 등을 들 수 있으나 근대 공장으로서는 규모

---

99 山口精, 朝鮮産業誌 中, 1911, p 432.

가 작은 영세 공업이었다.

개항으로 세계 자본주의에 편입된 한국이 성공적인 공업 발전을 이루기 위해서는 수입 대체나 수출 지향, 둘 중 어느 쪽에서든 성공적인 공업 발전이 이루어져야 했다. 이를 위해서는 정부의 자주적이며 일관성 있는 보호 육성책이 절실했다. 그러나 무방비로 개방된 시장에서 한국의 면직물업이 면포 주도의 면직물 수입 구조 속에서 기계제 공산품과 경쟁하기가 어려웠다. 그리고 다른 한편 수출 상품의 개발과 공업화 그리고 그 분야로의 노동의 이동 등은 일어나지 못하고 과잉 노동력의 농촌 퇴적과 지주제의 확대가 이루어지고 있었던 것으로 판단된다.

4. 이식 공업화

개항기 무역의 확대에 따라 자본주의적 발전의 필요 조건인 시장의 확대는 이루어지고 있었던 만큼 광무 연간에는 다양한 분야에서 한국의 기업들이 다수 싹트고 있었다. 광무 연간에 설립된 근대적 상회사들은 직조업 이외에도 은행, 해운회사, 방직회사, 철도회사, 전기회사, 보험회사, 광산회사 등 다양한 것이었다. 그러나 이들 회사의 발전은 전반적인 토착 산업의 발전 과정에서 나타난 연속적인 것이라기보다는 이식된 근대적 상공업이었다. 개항기 한국 공업은 재래 수공업이 쇠퇴했으며 면직물이 두드러지고, 기타 견직, 마직, 철공업, 도자기공업 등도 쇠퇴하였다. 다른 한편 주로 일본 거류민 및 한국인의 수요에 맞춰 제조업이 시작되었다. 한국인 기업가들이 새로운 문물을 도입하고, 토착화하기 위해 노력했지만 보다 체계적이고 적극적인 정부의 지원이 필요하였다.

일본인 거류민들이 증가하고, 이들 일본인 거류지 공업을 중심으로 새로운 이식 공업이 발전하고 있었고 이것은 점차 근대적 공장제 형태로 발전하면서 식민지적 공업 발전을 예비하고 있었다. 근대적 동력기를 이용하거나 새로운 생산 기술 등이 이식된 것은 물론이고, 수요되는 상품도 수입된 것이 많았다. 담배나 종이(和洋紙), 비누, 납촉(蠟燭), 장유, 통조림 등 새로운 소비재가 도입되었다. 식민지적 이식 공업화는 생산 방법만이 아니고, 생산물의 종류와 형태 등에서도 전통과 급격히 단절하고, 공업화의 주제가 식민지 이주자이며, 공업의 발상지가 농촌이 아닌 식민 도시인 점에서 특징이 있다.

초기에는 일본인들도 제조 공업은 고정 자본에 비해 수익이 낮고, 기술을 요하는 등 미곡 거래에 비해 어려워서 시작하는 사람이 거의 없었다. 그러면서도 제일 먼저 비교적 큰 규모의 공업으로 발전하기 시작한 것이 도정업 분야였다. 한국의 도정업은 토사가 혼입되거나 도정의 정도가 낮은 등 개선의 여지가 많았고, 이를 통해 수출미의 가격을 높일 수 있었다. 일본인과 미국인 등이 증기 기관이나 석유식 발동기에 의한 정미소를 건설하기 시작하였다.[100] 정미업은 개항기 공업의 가장 두드러진 것이었고, 이후에도 1920년대까지 공장 제공업 생산액에서 압도적인 비중을 차지했다.

일본인들은 거류민들의 필요 물품을 본국에서의 수입에 의존하다가 한국에서 생산하게 되고, 한국민에게 팔기도 하였으며, 이 과정에서 한국인도 그 생산에 참여하기도 했다. 대체로 수입이 어렵거나 원료 조달이 편리한 제품들이 우선적인 대상이 될 수 있었다. 나아가 한국인들이 사용하는 일상용품도 생산하기 시작하였으니, 그 대표적인 것 중의 하나가 공구들이었다.

한국민은 토포와 마찬가지로 농구에 있어서도 내구성과 가격을 중시했고, 제조 현장에서 자기의 희망대로 제작시키는 경향이 많았다. 따라서 토

---

100 일본인 도정업의 시초는 1889년 인천정미소를 설립한 것이고, 1892년에는 미국인 '타운젠트'가 엥겔식 정미기를 도입하고 60마력의 증기 기관을 설치했다. 이후 1898년에 목포의 정출정미소가 석유식 발동기를 사용하였다.

포와 같이 대량 생산은 어려웠지만 한국인 제품을 모방하여 그 시장에 침투하였다. 부산과 목포 등지에서 일본인이 한국인 직공을 고용하여 생산하니, 그 판매량이 계속 증가했다. 1904년 6월 일본인 경영 기업의 수가 총 221개인데 그중 철공·대장직이 73인으로 가장 많고, 그 다음으로 정미·인접(籾摺) 등 도정업이 44인이었다.[101] 그러나 자본 규모나 생산액 면에서는 도정업이 압도적이었다.

한국에서 공장제 공업이 싹트기 시작한 것은 무역과 충돌하지 않는 영역에서 먼저 시작되었다. 거류민의 생활상의 요구에 부응하면서 수입이 불편한 품목의 생산이 우선적으로 시작되었다. 거류지 공업은 초기에는 수출 가공업인 정미업을 제외하면, 단순한 생활용품을 생산하는 도시의 전업적 수공업이 대부분이었다. 식품 가공업, 와·연와 공업, 철공업 등이 대표적인 것이었다. 그러나 이들 거류지 독립 수공업은 토착의 농촌 가내 수공업과 달리 점차 공장제 공업으로 성장하게 되었다.

한국 정부에서도 공업 발전에 관심을 갖고, 먼저 그 모범을 보이고 공업 전습을 하고자 1905년 용산에 인쇄국을, 1907년 서울에 공업전습소를, 마포에 연와제조소를 그리고 1909년에 주류양조사업소를 설립했다. 그리고 1908년에는 공업 소유권의 보호 법령을 발포하여 공업 발전을 기하고자 했다. 그러나 공장은 초기에는 대부분 일본인에 의한 것이고, 약간의 학습 기간을 거친 후 한국인 공업이 성장하였다.

다음 〈표 7-5〉는 러일전쟁 이후 한국에서 일본인에 의한 공장제 생산의 변화를 보여주는 것이다. 공장제 생산이란 동력기를 이용하는 공업이다. 1910년대까지의 통계는 그 신뢰성이 떨어지나 그 큰 특징을 읽는 데는 지장이 없다. 〈표 7-5〉에 의하면 공장 수가 1906년의 46개에서 1910년에는 151개로 증가하였다. 그리고 1910년의 경우 정미공장이 46개로 가장 많고,

---

101 德永勳美, 『韓國總覽』, p 905.

그 외에 철공장, 간장, 주(酒), 와·연와 등이 중요했다.

<표 7-5> 공장제 생산의 발전[102]

(단위: 개, 인, 원)

	구분	1906	1907	1908	1909	1910
정미	공장 수	7	16	25	32	46
	자본액			774,500	940,500	1,116,130
	직공 수	220	520	890	1,021	1,374
	생산가액			1,982,300	6,204,370	5,572,686
와·연와	공장 수	13	8	15	13	19
	자본액			138,900	83,800	136,020
	직공 수	1,370	928	564	568	741
	생산가액			251,800	176,700	314,622
철공장	공장 수	13	10	12	11	21
	자본액			86,000	67,000	123,750
	직공 수	161	143	186	123	376
	생산가액			213,000	82,900	170,930
장유(醬油)·주(酒)	공장 수	2	2	1	19	13
	자본액			200,000	743,226	866,000
	직공 수	42	57	30	141	206
	생산가액			17,200	247,200	358,499
연초	공장 수	1	5	4	7	11
	자본액			91,850	1,186,500	1,230,000
	직공 수	120	576	596	3,427	4,037
	생산가액			137,800	707,366	1,257,461
통조림	공장 수	1	1	3	3	
	자본액			11,000	23,000	

---

102 이 시기에는 통계작성의 일관성이 부족하며 일본인 경영 공장만 조사한 것임을
유의해야 한다. 직공 수는 소수이긴 하지만 기술자 수를 포함한 것임. 원표에 자
본액이나 생산액이 누락된 연도가 있으나 이에 관계없이 합산한 것임.

구분		1906	1907	1908	1909	1910
	직공 수	10	13	26	13	
	생산가액			31,000	31,500	
제재	공장 수	1	2	2		2
	자본액			100,000		25,000
	직공 수	110	235	370		125
	생산가액			96,000		17,400
기타 (인쇄, 비누, 염, 조면, 기타 등)	공장 수	8	12	17	25	39
	자본액			706,800	1,357,300	4,489,820
	직공 수	349	471	657	888	1,617
	생산가액			583,026	903,750	1,535,643
계	공장 수	46	56	79	110	151
	자본액			2,109,055	4,401,326	7,986,750
	직공 수	2,382	2,943	3,319	6,181	8,477
	생산가액			3,312,126	8,353,786	9,227,241

자료: 『朝鮮總督府統計年報』, 각년판에서 작성.

개항기 공업은 종래의 생산 방식의 파괴를 통해서, 이식되었다. 그리고 이식 공업화는 식민자가 이식 공업에 의한 토착 경제의 포섭 과정으로 나타났다. 생산액에서 보면 정미업의 생산이 압도적으로 많고, 다음으로는 연초, 이어서 기타(인쇄, 비누, 염, 조면 기타 등) 등의 순서였다.

1911년 말 현재 한국 내에 설립된 공장의 총수(종업원 10명 이상, 동력 이용 공장)는 270개소이며 그중 민족계 공장은 86개소에 불과하고 나머지는 모두 일본인(日人) 소유 공장이었다. 민족계 공장 중 비교적 많은 업종으로는 요업(窯業) 20개, 정미업 9개, 철공업 13개, 직물업 10개, 제지업 9개, 연초제조업 8개이고, 기타 제분업, 금은세공업, 제혁업(製革業), 인쇄업 등이 있었다. 이 통계에서 보는 바와 같이 일인(日人) 소유 공장이 절대 다수를 차지하는 것은 을사조약(乙巳條約) 이후 일본통감부(日本統監府)가 설치됨에 따라 자본이 풍부한 일본인의 대거 진출에 연유한 것이다.[103]

초기 단계에 거류지에서 식민지 이주자에 의해 형성된 공장제 이식 공업이 무역과 함께 한국의 전통 경제 구조를, 한편에서는 파괴하고 다른 한편에서는 착용하면서 완만하게 진행되었다. 그러나 일제강점기 초기 조선인을 포함한 일본인 소유의 공장제 공업 생산이 발전하지만, 다른 한편 공장제 공업의 발전에도 불구하고, 1920년대까지는 면직물이나 식품 가공업 및 농업 부산물 생산 등의 분야에서 수공업이 완강히 존속하고 있었다. 1920년대까지는 수입이 어렵거나, 원료 조달이 편리한 분야에 투자가 이루어졌으니, 이것이 식민지 초기 공업 발전의 특징이라고 할 수 있다.

---

103 조기준, (1) 民族資本의 受難과 抵抗, 한국사 16 근대 - 개화 척사운동, 1983.

제8장

식민지 절대주의와 (반)주변부 자본주의

제1절 식민지 기반 구축

러일전쟁의 발발과 함께 1904년 제1차 한일협약을 체결하여 한국 정부는 일본 정부가 추천하는 일본인 재정 고문과 일본이 추천하는 서양인 고문을 외교 고문으로 고빙하게 되었다. 이에 따라 재정 고문으로는 일본 대장성의 주세국장이었던 메카타 다네타로(目賀田種太郎)가 외교 고문으로는 미국인 더럼 스티븐스(Durham White Stevens)가 부임했다. 재정 고문 메카타는 한국 재정제도 문란의 원인을 나름대로 (1) 궁중부중의 혼효, (2) 폐제의 문란, (3) 세입기관의 부정 돈, (4) 세출의 남발로 파악해 그것을 정리하는 명목 아래 식민지적 방법에 의한 재정기관의 통일, 폐제 정리, 징세제도의 변혁과 금고제도의 마련 등을 추진했다. 이들 조치는 황실로 대표되는 한국의 주권을 약화시키고, 한국의 화폐 재정 주권을 장악하여 식민지적 통치 기반을 정비하고자 하는 것이었다.

한국의 식민지화가 진행되는 가운데, 1905년 11월 제2차 한일협약(소위 을사조약)이 맺어져 한국은 일본의 보호국화되고, 1906년 2월에는 통감부가 설치됐으며, 이토 히로부미(伊藤博文)가 초대 통감으로 부임했다. 헤이그 밀사사건 이후 제3차 한일협약이 체결되고 고종의 퇴위와 각부 차관의 일본인 임용이 규정되었다. 이 과정에서 러시아와 일본은 제2차 러일협약을 체결하고, 1910년 4월에는 러시아가 일본의 한국 병합을 승인했으며, 동년 5월에는 영국이 이를 인정하였다. 1910년 8월에는 순종이 한국 통치를 일본 황제에게 양여하는 한일합병이라는 경술국치가 성립했다.

1. 일본제국주의

조선을 병합한 일본제국주의는 경제적 제국주의가 뜻하는 성숙한 자본주의가 아니었다. 비록 1890년대에 공업화가 시작되었다고는 하나 여전히 미숙하고, 자본 부족으로 선진 자본주의 국가에 금융적으로 종속되어 있었다. 이러한 약점에도 불구하고 일본은 이른 시기에 흔히 군사적·반봉건적 제국주의라고 칭해지듯 경제적 동기 이전에 군사적, 정치적 필요에서 대외 팽창을 시도하였다.

일본은 이미 1874년 대만 원정, 1879년 오키나와 합병으로 대외 팽창을 시작했고, 1894년 청일전쟁으로 동아시아의 제국주의로 등장했다. 일제는 청일전쟁 후에 대만을 할양받고, 1905년 러일전쟁을 통해 조선 및 관동주, 남만주철도 연선 지역을 획득하였다. 일본은 여기에서 그치지 않고 1931년 만주사변과 만주국, 1937년 중일전쟁으로 나아갔다. 중일전쟁 이후에 미국의 전략 물자 금수(禁輸)로 어려움을 겪고, 이를 극복하기 위해 확전의 길로 나아가 1941년 말 진주만 공습과 대동아전쟁으로 나아갔다. 일본은 미국의 금수로 인한 어려움을 극복하기 위해 대동아 공영권을 구상하여 광역의 자급적 경제를 형성할 수 있다고 판단하였다. 그러나 일본의 중국 침략부터 일본의 지배는 '점과 선의 지배'에 불과했고, 은 점차 장기전화하고 결국 미국의 참전으로 1945년에 일제는 패망하였다.

한국은 제1차, 제2차 한일협약을 통해 사실상의 식민지화가 진행되지만, 제2차 협약 즉 을사보호조약(1905년 11월)에 의해 일본이 한국의 외교 업무를 담당하고, 서울에 통감 지방에 이사관을 두게 되었다. 통감은 천황에 대해서만 책임을 지며, 한국 내 일본 관헌의 정무 감독권, 일본군 병력의 사용권, 한국 정부에 대한 조약 이행의 청구권 등 막강한 권한을 가지고 있었다. 제3차 한일협약인 정미 조약은 시정에 관한 폭 넓은 통감의 간여 및 일본인의 한국 관리·임명 등을 규정하여 사실상 전반적인 내치를 담당하게 되고, 이어서 한국 군대의 해산마저 강행했다. 이들 조약에 이어 일본은 최종적으로 합병조약(1910년 8월)을 체결하여 국권을 찬탈하였다.

일본제국주의는 조선 통치에서 영국식의 간접 통치가 아니라 프랑스형 직접 통치, 달리 말해 동화주의를 추구했다. 일본의 동화주의는 프랑스에 비해서도 보다 철저한 것이었고, 특히 일본의 제도를 조선에 적극적으로 이식하였다. 화폐 재정 정리 사업이나 토지 조사 사업 등이 그 좋은 예들이다. 사회적으로 일본은 황민화 등 동화의 논리를 표방했지만, 내실에서는 프랑스와 달리 제한적 참정권도 허용하지 않는 차별주의가 내재하고 있었다.

경제적 통합주의와 사회적 동화주의라는 명분에도 불구하고 사실상의 차별주의라는 특징은 법제도에서 명료하게 드러난다. 조선은 일본과 동일한 법률이 적용되거나 일본의 메이지 헌법이 적용되는 지역이 아니고, 일본과 상이한 법이 적용되는 이법(異法) 지역이었다.[1] 먼저 일본은 대만에 대해서와 동일하게 1911년 3월 '조선에 시행할 법령에 관한 법률'을 제정하였다. 이 법령에서 일본은 '내지'에서 제정된 법령은 특수한 경우를 제외하고는 조선에서는 시행되지 않는다고 전제했다. 조선은 일본의 영토라는 명분에도 불구하고 헌법상의 제권리와 의무를 인정하지 않는 이법 지역으로 규정하여 사실상 식민지로 규정하였다. 이는 제1조에 "조선에 법률을 요하는 사항은 조선 총독의 명령으로 그것을 규정한다"고 하고, 칙재를 얻도록 하였으며, 이것을 '제령(制令)'이라 한다. 식민지는 공식적으로 일본의 영토인데도, 메이지 헌법에 명시된 입헌주의와 참정권을 부정하고, 중의원 선거법을 조선에는 시행하지 않았으며 총독이 위임 입법권을 행사한 것이다.

결과적으로 조선에 시행된 법령에는 제령, 칙령 등으로 공포된 법률, 그리고 조선에서 시행할 목적으로 제정한 법률 및 칙령 등이 시행되었다. 제령(총독의 명령)으로는 대표적으로 조선민사령(1912년), 조선형사령(1912

---

1 김낙년, 『일제하 한국 경제』 제2장 「일본제국주의의 한국 통치」, 해남, 2003.

년) 등이 있었다. 그리고 칙령을 가지고 조선에도 적용한 법률에는 공업 소유권 관계 법률 및 회계, 화폐, 통신, 관세, 외환 등의 경제 관련 법률과 전시 통제 관계 등의 법률이 있었다. 이 밖에 조선에서의 시행을 목적으로 제정한 법률에는 조선은행법, 조선식산은행법 등이 있었다.

일본은 1910년대에 제반 법률을 정비함과 동시에 식민지 지배를 위한 기반 구축을 추진했다. 1912년 조선 민·형사령을 통해 근대 시민법적 법질서를 도입하고, 호주제와 민적부가 실시되었으며, 가족에서 혈연 친족 집단이 아닌 비혈연의 예속인 등은 호적에서 분리되었다. 아사다 교지(淺田喬二)는 식민지 지배의 삼본주론(三本柱論-토지 지배, 철도 지배, 금융·재정 지배)을 제기했지만 일제는 조선에서 일찍부터 철도 건설을 시작하였다. 먼저 1899년 경인철도, 1905년 경부철도, 1906년 경의철도를 건설했고, 이어서 1911년 압록강 철교를 건설하여 대륙과 연결하였다. 이후에도 1927년 조선 철도 12년 계획을 세워 국유 철도의 부설과 사설 철도의 매수를 계획했고, 다수의 노선이 개통되어 1939년에는 국유 철도의 영업선이 4,090km에 달해, 1927년의 2,344km에 비해 1.7배가 되었다.[2] 그밖에 다수의 신작로라는 새로운 도로가 건설되고, 우편·전신 등의 통신기관이나 항만 등의 사회간접자본을 확충하였다. 또한 금융 지배를 위해 1905년에 화폐 및 재정정리 사업을 실시하고, 토지 지배를 위해 1910~1918년에 토지 조사 사업을 실시하여 세 개의 식민 지배의 기초를 형성하였다.

한편 1910년대에 식민 지배를 위한 제도적 기초가 형성되었다면 1920년대에는 조선 경제를 일본 경제에 실질적으로 완전 통합하는 바탕 위에 우선 농업 개발을 추진했다. 일제는 1920년에 조선 회사령을 폐지하고, 같은 해에 또한 「관세법·관세정률법·보세창고법 및 가치장법 등 조선에서의 특

---

2 정재정, 「조선총독부의 철도정책과 물자이동」, 安秉直·中村哲 공편저, 『근대조선 공업화의 연구(1930~1945)』, 일조각, 1993.

례에 관한 법률」을 공포하여 조선과 일본 사이의 거래에는 관세를 폐지하고, 조선의 관세제도를 일본의 관세와 통일하였다. 일제는 조선과 일본 시장에 무관세 그리고 화폐의 등가 교환을 실현하여 통일한 바탕 위에 20년대에 조선을 일본의 식량 공급 기지 및 공산품 시장으로 통합해 갔다.

일제는 조선을 일본의 식량 공급 기지로 만들고, 대만은 설탕을 생산하고, 만주에서 대두를 생산하였으며 농업 생산의 증대를 위해 관개 시설을 확충하고 풍종을 개량하고자 하였다. 이를 통해 일본 경제에 식민지가 1차 산품의 공급지와 공산품의 시장 역할을 하고 동시에 일본의 주된 무역수지 적자 요인의 하나인 설탕을 대만이 공급함으로써 일본의 대외 무역수지의 적자를 축소하고자 하였다.

이에 따라 1920년대에 조선에는 산미 증식 계획이 실시되었지만, 제1차 세계대전 종전 이후 세계 경제는 1920년대에 불황이 지속되면서, 일본 경제도 이에 벗어나지 못했다. 불황과 농업 공황이 나타나는 가운데 조선 산미의 일본 수입에 대한 거부감도 나타나고 경제 불안과 군부의 불만이 나타나는 가운데 일본 군부가 만주사변을 일으킴으로써 일본의 중국 침략이 시도되었다. 일본의 대륙 진출 확대 과정에서 조선의 대륙 병참 기지로서의 역할이 재인식되고 식민지 조선에서도 제한적 공업화가 추진되었다. 일본은 제1차 세계대전 후의 고성장과 1920년대의 불황을 겪고 1930년대의 만주사변 이후 조선에서도 전시 통제 공업화가 추진되었다.

조선의 1930년대 이후 식민지 공업화는 1930년대 전반기에 일반 소비재에서의 공업화로 시작되지만, 특히 유역 변경식 수력 발전에 의한 값싼 수력 전기로 질소 비료를 생산하는 공업화가 추진되었다. 그리고 1937년의 중일전쟁의 개전으로 전선이 확대되는 가운데 이후 전시 통제 공업화가 추진되었다. 통제 경제를 통해 일본제국주의는 식민지 개발에 목표 달성의 효율성을 추구하는 일종의 계획 경제를 실시했다. 특히 중일전쟁 이후 국가총동원법(1938년)과 전시 통제 경제의 실시, 금융, 노동, 물자 등 모든 자원을 군수 생산을 위해 계획적 배분, 징용, 징병 등의 계획적 동원 체제를 마련했다.

일본제국주의, 특히 일본의 전시 총동원 체제는 특히 군국주의적 요소가 강했다. 일본은 메이지 유신 이래 '부국강병'을 목표로 대외 팽창을 추진하였다. 이를 위해 군대 체제는 프러시아를 모방하여 군정기관과 군령기관을 구분하고, 군정은 내각의 군부 대신이 관할했다. 그러나 이와 별도로 군령 기관으로 육군참모본부와 해군참모본부를 설치하되, 내각을 거치지 않고 천황에 직보 체제를 갖추었으며, 일본의 군국주의화의 제도적 토대가 되었다. 구체적으로 내각의 군부 대신(육군 대신, 해군 대신)의 보임 자격이 시기별로 차이가 있지만, 1936년 이후에는 현역 무관제를 실시했고, 이들은 참모본부가 사실상 지명하므로 군부의 내각 영향력이 지대하였다.

일본의 정치 체제도 천황의 절대 권력이 존재하고, 군부의 독자적 세력화가 존재하여 민주적 요소가 약했지만, 조선은 조선 총독의 절대적인 전횡적 권력 아래 통치되었다. 조선총독부는 천황의 아래에 위치하지만, 의회에도 구속되지 않으며, 입법·행정·사법·군사의 독립성을 가진 기관이고, 입법권을 가지고 있었다. 또한 재판소도 조선총독부의 내부 조직이어서 사법권의 독립은 불가능하고, 총독은 재판소의 구성이나 재판관의 자격 및 징계를 제령으로 규정 가능하였다. 따라서 총독은 조선의 입법, 행정, 사법 3권을 장악한 절대 권력자였고, 조선은 식민지 절대주의 체제 아래 있었다. 다만 1942년의 행정개혁으로, 조선은 일본의 지방과 같이 내무성 담당으로 바뀌고, 내무 대신에게 필요한 지시를 내릴 수 있는 권한이 처음으로 부여됐으며, 일본 정부 각 부서의 대신은 해당 분야에서 조선 총독에 대한 감독권을 행사할 수 있게 되었다.

조선은 정치적인 식민 모국과의 차별성에도 불구하고, 경제적으로는 하나의 시장 경제 체제로 일본과 통합되었다. 일제는 조선과의 관계에서 단순한 단기적 무역수지의 흑자를 통해 수익을 얻을 수는 없었고, 일제는 보다 장기적인 개발을 통해 수출 잉여를 추구한 것으로 평가된다. 수출 잉여는 '기존의 생존 수준을 유지하기 위해 필요한 수입을 초과하는 수출의 잉여'를 의미하고, 수출 잉여는 장기적인 관점에서의 투자를 의미하는 것으로 볼 수 있다. 조선은 일본에 대해 무역수지는 적자여서, 단기적으로 수지가 맞는 것은 아니었지만, 일본은 단기적 무역수지의 흑자보다는 수출 잉여를 추구하여 보다 장기적인 지배를 목적으로 한 것으로 볼 수 있다.[3]

그러나 일본의 조선 지배는 네덜란드의 동남아 지배와 달리 수출 부분과 일반 생존 부문이 분리되지 않았고, 수출 부분이 여타 부문과 관계가 단절된 비지(飛地, enclave) 활동으로 나타나지 않았다. 조선의 주된 수출 농산품은 보편적 농민의 생산물이어서 생존 부문 전체가 수출품의 화폐 경제에 흡수되었다. 그리고 상공업을 포함하는 전체 경제의 대외 의존도가 60% 이상에 달해 조선 경제 전체가 일본 경제권과 밀접하게 통합되어 있었다. 결과적으로 상대적인 것이지만 일본 식민지는 상대적으로 균형된 발전을 보였는데 첫째, 일본인은 발전 지향적이었고, 둘째, 일본은 식민지에 수출 농산물 생산의 플랜테이션 제도를 도입할 필요가 없었기 때문이다. 따라서 조선 경제의 엔클레이브적(enclave: 소수민족집단 거주지)인 경제 분리는 나타나지 않았고, 경제 구조의 이중 경제적 성격은 주로 식민 이주자와 조선인 간의 민족적 분배의 문제로 나타나고, 동시에 선도적 대기업과 여타 중소기업 간의 커다란 격차로 표현되었다.

---

3 Samuel Pao-San Ho, "*Colonialism and Development: Korea, Taiwan and Kwantung*" (Ramon H. Myers and Mark R. Peattie, The Japanese Colonial Empire, 1895~1945, Princeton University Press, 1984).

2. 화폐 정리 사업과 조선은행권 제도

일본은 조선 내에 가장 먼저 폐제 문란 개혁을 명분으로 일본과의 화폐 통합을 추진했다. 구한 말에 남발되어 여러 문제를 낳고 있던 백동화를 교환의 방법으로 단기간에 환수하고, 엽전은 납세, 매수, 수출 등의 방법으로 점진적으로 환수하고자 하였다. 그리고 제일은행권을 법화로 하고, 구백동화 대신에 새로운 보조화인 신백동화를 발행했다. 백동화의 환수 방법은 구백동화 2원(元)을 신화 1원(圓)과 교환하는 것이었다. 달리 말하면, 화폐 정리 사업 시 백동화의 교환 비율은 시장 가치인 엽전의 50%를 기준으로 하는 것이어서, 법정 가치의 1/2로 감가하는 것이었다. 이 과정에서 구화인 백동화는 교환을 위해 동결된데 비해 신화(新貨)의 보급은 늦어지고, 다른 한편 한국인의 신화에 대한 거부감이 겹쳐서 화폐 부족, 즉 전황이 초래되고 한국 상인의 다수가 파산하였다.

이 과정에서 조선의 법화로 선포된 제일은행권은 일본은행권을 준비로 발행되고, 일본 엔(円)과 등가 교환하도록 되어 조선은 엔블록에 편입되었다. 이후 제일은행은 잠깐 동안 (구)한국은행으로 되었다가 1910년에 조선은행으로 바뀌었으며 식민지 기간 내내 조선의 중앙은행으로 그 역할을 다했다. 화폐 정리 사업 당시에 새로운 금융기관들로 창고 회사나 어음조합, 금융조합 등이 설립되어 신화폐의 보급에 노력했고, 이외에도 다수의 일본계 및 조선인계 일반 은행이 설립되어 금융제도가 정비되기 시작하였다.

조선은행의 형태는 주식회사로서 중앙은행이면서 보통은행의 기능을 겸해서, 발권은행과 중앙결제은행의 역할을 하면서 일반적인 예금과 대출 업무도 병행하였다. 그리고 조선은행은 소위 해외은행의 역할을 겸하게 되어 일제의 대륙 진출의 첨병 역할을 담당했다. 조선은행은 일제의 만주 및 시베리아 그리고 중국으로의 진출에 따라 해외에 출장소나 지점을 설치하여 일본의 국고 자금의 송금 업무와 함께 현지에서의 보통 은행 업무도 함께 했다. 이 과정에서 조선은행권은 그들 지역에서 부분적으로 유통되기도 했지만, 제도적으로 만주국 성립 이후 만주중앙은행권의 발행 준비 자산으로 되었고, 중국연합준비은행과는 소위 예금 협정을 맺어 중국에서 일본의 금융 조작의 수행 당사자 역할을 하였다. 따라서 조선은행은 한편으로 조선의 중앙은행이지만 대륙 진출 과정에서는 일본은행의 역할을 대위하는 해외은행으로 기능하였다. 조선은행이 일제의 해외은행의 기능 역할을 하면서 상대적으로 소홀해진 조선 내 금융시장에서는 식산은행과 그 예하의 금융조합들이 농업 금융의 중요한 역할을 수행하였다.

일본의 식민지 지배의 구조는 토지 지배, 철도 지배, 금융·재정 지배의 '삼본주(三本柱)'에 기초한 것이었지만,[4] 일본제국 전체의 구조를 결정하는 데 기초가 된 것은 엔(円)블록 체제였다. 일제는 일본 본토를 중심으로, 주변에 한국과 대만, 그리고 그 주변에 만주, 그 바깥에 중국 점령지 등을 배치하는 동심원 체제를 구성하고, 그 핵심 화폐로 일본 '엔화'를 토대로 신축적이고 분리 가능한 등가 교환 체제를 마련하고자 하였다.

일제의 엔블록을 이해하기 위해서는 먼저 엔블록의 기축 통화인 일본 화폐제도의 특징을 이해할 필요가 있다. 일본은 개항 후 한동안 은본위제를 채택했지만 청일전쟁 배상금을 기초로 1897년 금단일본위제로 이행하였다. 그러나 1917년 9월에 금 수출을 금지하여 사실상 엔의 대외 가치가 불안정하고 불완전한 금본위제가 시행되었다. 일본은 1930년 1월 금 수출을 재개(金解禁)하였으나, 곧 1931년 말 일본은행권의 금 태환을 정지하여 사실상 금본위제에서 이탈했고, 이후 서구 열강도 금본위제에서 이탈하면서, 1942년에는 공식적으로 관리통화제도로 이행하였다. 그러나 이러한 일본 엔의 성격 자체의 변화와 관계없이 엔은 엔블록에서 기축 통화일 뿐만 아니라 위성 통화들의 발권 준비가 되어, 위성 통화들과 명분상 등가 관계

---

4 淺田喬二, 「日本植民史硏究の課題と方法」『歷史評論』第308号, 1975.12, p. 64.

를 유지하는 제도를 형성하였다.

일본으로서는 엔블록을 확대하면서 무엇보다 중시한 것은 엔의 발행고를 절약하면서 식민지들에서 엔과의 등가 교환 화폐제도를 마련하여 자본 투자와 상품 거래의 편리성과 안정성을 확보할 것인가의 문제였다. 그리고 유사시에 식민지에서 발생할 수 있는 인플레 등 교란적 영향이 일본으로 파급되는 것을 방지하는 방화벽을 설치할 것인가의 문제였다.

이러한 엔블록 체제의 전형적인 예가 조선은행권 발행 제도이고, 이것이 기본적으로 만주, 중국 등으로 복제되어 갔다. 조선은행을 중심으로 설명하면, 조선은행권은 일본은행권 엔(円)을 발행 준비로 발행하고, 엔(円)과 1:1의 등가 관계를 유지했다. 조선은행은 만주로 진출하고 조선은행권은 관동주에서는 법화로 사용되었다.

그러나 1931년 만주국 설립 이후 일제는 1932년 만주중앙은행을 설립했다. 만주중앙은행은 만주 국폐를 발행하고, 국폐는 발행 준비로 발행고의 3할 이상의 은괴와 금괴, 그리고 확실한 외국 통화(실질적으로는 일본 엔(조선은행권)), 외국은행(실질적으로는 조선은행)에 대한 금·은 예금을 준비하도록 하고, 나머지는 증권 등으로 보증 준비를 하도록 하였다. 만주 국폐는 은본위제에서 출발했지만 1935년에는 일본 엔을 따라서 조선은행권과 등가 교환하도록 하였다.

또한 조선은행과는 1935년 12월 업무 협정을 맺어 만주중앙은행은 금·엔 자금을 조선은행에 예치하고, 일본과 주고받을 때는 조선은행을 경유하도록 하였다. 금·엔 자금을 만주중앙은행에 두지 않고, 조선은행에 두는 것이 일본 금·엔권의 절약 방법일 뿐만 아니라, 일본의 입장에서는 조선과 만주를 분리하는 방화벽을 중복적으로 설치하는 것이었다. 그러나 1937년 1월 만주흥업은행 개업과 함께 조선은행은 만주에서 철수하였다.

조선은행은 원칙적으로 일본은행권을 정화 준비 내에서는 무제한 발행하도록 되어 있었지만, 국채 기타 믿을 만한 증권을 준비로 일정한 한도 내에 은행권을 발행할 수 있었다. 그러나 조선은행의 보증 준비 발행에는 법적인 한도가 있었고, 1942년에 발행 한도 7억 5천만 원이 지시되었지만 실제로는 초과했다. 그리고 원칙적으로 정화 준비가 발행고의 1/3 이상을 점하도록 발행고가 규제되었다. 이를 토대로 조선은행은 '금화 또는 일본은행 태환권'과 교환할 수 있도록 규정되어 있었지만, 1942년 '일본은행권'으로 변경되었다. 그러나 1:1의 교환 규정은 종전까지 법률상으로는 유지되었다.

그러나 다른 한편 엔블록은 경제 비상 시에는 양파 껍질처럼 위성 경제들이 일본 본토 경제와 분리될 수 있도록 설계되었다. 예를 들어 평상시에는 만주 국폐는 조선은행권을 통해 따라서 일본은행권과 등가 관계가 유지되었지만 비상시에는 만주 국폐를 먼저 엔블록에서 분리하여 조선은행권과의 등가 교환을 중지할 수 있었다. 또한 위기가 심해진 전시 말에는 조선은 대륙 인플레의 파급을 막기 위한 최후의 방파제로 기능하도록 조선은행권과 일본은행권의 등가 교환을 사실상 중지하여 엔블록을 분리하게 된다. 이는 곧 조선 경제를 일본 경제와 분리하고 차별하는 것이었다. 따라서 조선 경제는 본토와 분리된 엄연한 식민 경제이지만 평상시에는 통합적으로 운영되다가 비상시에는 분리할 수 있는 것이었다. 전시 때 일제는 이민족을 끌어내기 위해 동화 정책을 한층 강화한 황민화 정책을 표방했지만, 그것을 위한 물적 기반인 엔블록이 해체되는 가운데 진행되어 일제의 식민지 지배의 명분인 동화와 내실에서의 차별과 수탈이 분리되는 것을 보여주고 있다.

다음 〈그림 8-1〉은 조선은행의 관점에서 이러한 엔블록의 구조를 도시화한 것이다. 조선은행은 일본 엔(정화)을 정화 준비로 하여 조선은행권을 발행하고 일본 엔과 등가 교환 관계를 마련했다. 비슷한 방식으로 만주 국폐는 조선은행권을 준비로 하면서, 조선은행권과 등가 관계를 형성하고 간접적으로 일본 엔과 등가 관계를 만들었다. 그리고 일본이 중일전쟁 이후에 중국에서 연은권이라는 중국연합준비은행권을 발행할 때 조선은행에 대한 예금 등을 준비로 발행하여 조선은행과 등가제도를 마련했다.

한편 1937년 일제가 만주에 그치지 않고 중일전쟁을 일으키고, 북중국에 대해 점령지를 확대하면서 일종의 괴뢰 정부인 중화민국 임시 정부를 수립하고 국민당 정부의 법폐에 대항하는 독자적인 연은권을 발행했다. 중국연합준비은행(이하 연은)은 국민당 정부의 법폐와 대항하고 중국 내 일본 엔을 절약하기 위해 조선은행권을 사용하다 법폐에 밀리자, 군표를 발행하는 대신 대외 가치를 금·엔에 링크시키는 연은권을 발행했다. 일본 점령지 내에 1938년에 수립된 중화민국 임시 정부가 발권은행으로 연은을 설립하고, 발행고의 40% 이상을 금은괴, 외국 통화 또는 외화 예금을 준비하도록 하였으나, 연은의 주요 금·엔자금은 주로 조선은행에 예입하고, 예금 협정에 의한 조선은행에 대한 예금을 주요 준비로 하는 연은권을 발행하며 조선은행권과 등가제도를 마련하였다.

이렇게 수립된 일본 엔을 중심 통화로 하는 엔블록 체제는 다음 〈그림 8-1〉에서 보듯이 등심원 체제로 표현할 수 있다. 일본은 명목상 금본위제를 기본으로 한 일본은행권을 발행하고, 조선은행은 그 바깥에서 일본 엔을 정화 준비로 조선은행권을 발행하며, 만주국은 일본 엔과 함께 조선은행권을 준비로 하는 만주 국폐를 발행했다. 그리고 연은은 외국 통화나 외환예금을 준비로 연은권을 발행하도록 하였으나, 사실상 조선은행에 대한 예금이 중심적 발행 준비였다. 그리고 이들 일본은행권과 조선은행권 그리고 국폐 및 연은권을 주로 조선은행권을 고리로 모두 일본은행권과 등가 교환하도록 하는 화폐제도를 만들었다.

이러한 연쇄적인 등가 교환을 토대로 하는 엔블록의 형성은 일제의 입장에서 보면 대단히 저비용의 효과적인 방법으로 여러 지역 간의 등가 체제를 형성하고, 다른 한편 위기 시 언제든지 일본과의 연쇄를 단계적으로 단절할 수 있는 신축적인 방법으로 고안된 것이었다. 한 국가에서 근대적 보조화와 본위화의 태환 제도를 마련하는 것은 오랜 시간과

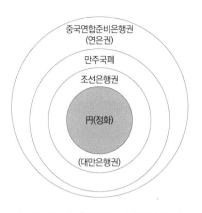

〈그림 8-1〉「엔(円)」블록의 구조

선행 조건들이 필요한 과정이었다. 그러나 일본은 식민지에서의 강권적 지배 질서와 금융기관들을 토대로, 적은 비용으로 대단히 세련되고 때로는 기만적으로 광역의 연쇄적 등가 교환 체제인 엔블록을 형성하였다. 이 과정에서 조선은행은 일본제국주의의 핵심적인 식민지 해외은행의 역할을 수행하였다.

엔블록은 엔을 절약하는 세련된 등가제도의 마련이었으나 정상적 유지는 수출입의 자유와 실질적인 자유 태환이 이루어져야 하지만, 이 길어지면서 사실상 등가 태환이나 수출입이 금지되고, 중국의 전시 인플레가 일본에 미치는 영향을 최소화하고 비용 조달을 위한 금융 조작의 기구로 변질되었다. 이 심화되면서 먼저 1937년 9월의 '수출입품 등 임시조치법'에 의해 상품 이동이 규제되었고, 이어서 1939년 8월에 국폐와 연은권의 태환이 중지되었다. 그리고 만주 국폐와 조선은행권은 44년 7월 교환을 제한하고 원칙적으로 허가제로 변경되었다. 북지(北地: 중국의 북부지방)의 인플레가 만주로 이어서 조선으로 파급되는 것을 방지하고 궁극적으로 일본은행권의 증발과 내지 인플레를 억제하기 위한 것이었다.

3. 재정 정리 사업

재정 정리 사업은 1905년 화폐 정리 사업과 함께 메카타 다네타로에 의해 추진된 재정기관을 통일하고 조세 징수 및 지출 절차를 개혁하는 식민지적 근대화사업이었다. 메카타 다네타로는 재정정리의 방침으로 1) 궁중(宮中), 부중(府中)의 혼효를 정리하고, 2) 폐제를 정리하며, 3) 금고제도를 수립하고 세계정리(歲計整理)를 기하며, 4) 금융기관을 정비하고, 5) 세제개혁을 추진할 것을 정했다. 이들 사업은 모두 상호 연관되어 있지만 특히 세제에 국한하여 보면 징세 기구의 개혁과 징수 및 지출 절차의 명확화 등이 협의의 재정 정리 사업의 중심적 내용이었다.

일제는 재정 정리 사업에서 재정기관을 통일하고, 황실의 재정을 국가 재정의 통일적 관리 아래 두고자 하였다. 우선 황실 예산을 책정하여 경비 지출을 그 범위 내로 제한하고, 황실의 독자적 재정 수입원을 제거하고자 먼저 전환국(典圜局)을 폐지했다. 일제는 또한 1907년 「임시 제실유(帝室有) 및 국유 재산 조사국」을 설치하고 「제실(帝室) 재산 정리국」을 설치하여 황실 재산의 국유화와 황실 재정의 정리를 추진했다. 궁내부 소관 부동산의 국유 이속, 어염세(魚鹽稅) 등의 제세 징수권의 국고 귀속, 홍삼 전매 사업의 국고 이관 등이 추진되었다.

한편 일제는 재정의 통일과 함께 징세제도의 개혁을 추진하였다. 메카타 다네타로는 1905년 이래 각지에 재정 고문 지부 및 분청을 설치하여 세무 뿐만이 아니라 지방에 있어서의 일반 재무를 감독하고 1905년 6월에 「세입세출처리순서」를 마련하여 군수 중심의 징세 기구는 유지하되 향리층을 징세 기구에서 배제하고자 하였다. 나아가서 1906년 9월에는 칙령 제54호 「관세관 관제」를 제정하여 탁지부 대신의 직할 아래 각도에 세무감을 두고 관찰사가 겸직하게 하였다.

이어 1906년 10월 칙령 제60호 「세무징수규정」을 반포하여, 세무관(또는 세무주사)은 면장에게 납입고지서를 발부하고, 면장은 면내의 납세 다액자 5명 이상의 임원을 정하고 그 협의에 의해 각 납세 의무자에 대한 부과 금액을 정하여 납입 통지를 발하도록 하였다. 일제는 지방관의 징세권을 일체 몰수하고, 각 지방에는 세무관 혹은 세무주사를 두어 납세 고지서를 발부한 다음 납세자가 직접 결세를 납부하고, 현금 영수는 임원 중에서 세무관·세무주사의 인허를 얻어 선정된 공전영수원이 처리하도록 하고 향리층을 배제하였다.

그리고 전국의 주요지 36개소에 세무관(세무서)을 배치하고 그 아래 세무주사(세무분서)들을 각군에 파견하여 세무의 집행을 분장하고자 하였다. 지방관 및 향리들에게서 징세권을 탈취하는 것은 지방 행정 조직의 근간을 흔들어 커다란 반발을 수반했고, 1906년과 1907년에 각지에서 활발한 의병 활동이 일어났다. 일제는 이를 억압하기 위해 1907년 1월에 재정개혁의 필요에 따른 경찰의 원조에 관한 요청 및 헌병기관의 대증강이 있었다.

통감부 설치 후 1907년 3월에는 종래의 재정 고문부 및 재정 고문 지부를 확충하여 계승한 '통감부재정감사청관제'를 설립하고, 관세관 관제에 의해 만들어진 새로운 징세 기구의 장악과 감독을 보다 확실히 하고자 하였다. 헤이그 밀사 사건을 구실로 체결한 1907년 7월의 제3차 한일협약으로 일본인을 한국 정부의 관리에 임용할 수 있게 되었다. 통감부는 한국 정부의 징세 기구와 별도로 존재하는 통감부 재정감사청을 폐지하고, 1907년 12월에는 '관세관관제(管稅官官制)'를 폐지하는 대신에 '재무감독국관제' 및 '재무서관제'를 공포했다. 재무감독국은 서울, 평양, 대구, 전주, 원산의 5개소에 설립되고, 각 관할 구역의 재무를 감독함과 동시에 재무서를 지휘하게 되었다. 재무서는 종래의 세무서 및 세무 분서를 인계한 것으로 전국에 231개소가 설치되었다. 그리고 재무서에는 그 등급에 따라 대부분 일본인 재무관 및 주사가 배치되었다. 재무감독국과 재무서의 설치로 재무기관과 일반 행정기관이 완전히 분리되었고, 일본인들이 재무를 직접 장악하는 일원적인 징세·재무 기구가 완성되었다.

이러한 재정개혁 과정에서 나타나는 일관된 경향은 세무를 전담하는 관제를 군수 중심의 지방 행정 관서와 분리하여 설립하며, 징세 기구에서 향리층을 배제하는 대신에 자산이 있고 실무능력이 있는 자를 참여시키고자 하는 것이었다. 이러한 과정은 종래의 지방 질서와 배치되는 것이므로 저항을 초래할 수밖에 없는 것이고 또한 재정개혁이라는 명분으로 조선인에게서 조세 징수권을 찬탈하여 가는 과정이기도 하였다.[5]

1905년의 일제에 의한 재정개혁은 사실상 그 내용의 대부분은 갑오개혁 당시의 재정개혁 조치들과 다를 바가 없는 것이었다. 전통적 징세 절차에는 향리 등에 의한 여러 명목의 불명확한 징수가 많고 상납 과정에도 외획(外劃), 차인(差人) 등을 통해 공전을 상업 자금으로 유용하는 등 비리가 많았다. 또한 세출 규정도 불비하여 출급 명령의 발령이 정연하지 못한 사례가 많았다. 갑오개혁 때도 그것을 개혁하고자 하였지만 정착되지 못하다가, 식민 당국이 추진하면서 실현성은 높았던 반면 주권을 침탈하는 타율적인 성격의 것이 될 수밖에 없었다.

그러나 징세 기구의 개혁에도 불구하고 조세 수입의 근간인 지세의 경우 양안상의 토지 소유자가 불분명한 경우가 적지 않고, 또한 실제 납부자인 소작인의 잦은 변경으로 세무 당국이 조세 납부자를 파악하는데 어려움을 겪었다. 종래에 향리들은 인별 조세 납부액을 파악한 깃기(衿記)라는 작은 책자를 만들어서 사용했지만 일반인, 특히 일본인은 그 내용을 파악하기 힘들었다. 일제는 지세 징수의 기초를 확실하게 위하여, 1908년 7월 탁지부령으로 '지세징수대장조정규정'을 공포하고, 납세자로부터 토지의 면

---

5 田中愼一,「韓國財政整理における徵稅制度改革について」,『社會經濟史學』三九-四, 1974.「韓國財政整理における『徵稅台帳』整備について-朝鮮土地調査事業史研究序論-」『土地制度史學』六三, 1974. 참조.

적 등을 기재한 신고서를 받아 결수연명부(結數連名簿)를 작성하고자 하였다. '결수연명부(結稅連名簿)'라는 새로운 징세대장 작성 사업을 서두른 요인 중의 하나는 엽전 유통 지역의 지세를 백동화 유통 지역과 동일한 수준으로 부과하게 되면서 재정 수입의 대부분을 차지하는 지세 수입이 감소했기 때문이다.6

결수연명부 작성 과정에서 토지 소유자는 토지가 소재한 면에 토지의 자호, 지번, 지목, 면적(두락), 결부, 지세액, 소유자의 주소 및 성명을 신고하도록 하였고, 결수연명부는 이후 토지 조사 사업 과정에서 소유권 확정의 중요한 기초자료가 되었다. 이 과정에서 은결의 색출도 이루어져 출세 결수가 1905년 96만 결에서 1910년에 102만 결로 증가했다. 또한 재정 공금의 유용과 연체를 의미하는 건납(愆納)을 가져오는 주된 요인인 외획(外劃)과 차인(差人)을 폐지하였다. 세무기관은 보다 단순하고 규격화된 토지 소유 대장을 확보함으로써 보다 직접적으로 납세자 개개인을 일원적으로 파악할 수 있게 되었다. 다만 결수연명부도 종래의 결부제에 기초한 것이어서 이로 인한 토지 등급 사정의 부정확 등의 문제를 여전히 가지고 있었다.

한편 황실 재정을 정부 재정에 편입하는 작업이 진행되었다. 궁내부 내장원 소속 광산이 폐지되고, 1905년 3월 내장원이 경리원으로 개편된 후, 역둔토와 궁장토의 수조를 1907년도에는 탁지부에 위탁하게 되었으며, 경리원의 홍삼 전매 사업과 잡세도 모두 정부 재정으로 이관되었다. 그리고 1908년 6월에는 황실 재산의 국유화가 시행되었다. 또한 세수의 근원인 세원을 보다 정확히 확인하기 위해 먼저 호구 조사를 정밀하게 실시하여, 1904년 142만 호의 호총이 1909년에는 274만 호로 증가되었다.

통감부는 지세 이외에 여러 세원을 개발하고, 국가 재정으로 통일하고자 하였다. 종래 총세무사가 제일은행을 해관세 취급 은행으로 하여 별도로

---

6 李潤相, 3. 통감부의 식민지화 정책, 신편 한국사 42. 2002.

관리하던 관세 수입이 1905년에 대한제국으로 이관되었다. 1907년 황실 재정이 폐쇄됨에 따라 내장원이 징수해 온 광세(鑛稅), 해세(海稅), 삼세(蔘稅) 등이 정부로 이관되었다. 황실 소유 역토와 둔토도 국유지로 통합되었으며, 1909년에는 가옥세, 주세, 연초세도 신설하였다. 지세가 증징되고 새로운 세원이 개발되었지만 증가하는 재정 수요를 충당할 수 없어서 통감부는 일본에서 차입하거나 기채하였다. 1909년의 경우 세입 예산 2,922만여 원 중에 차입과 공채가 1,308만여 원으로 45%를 차지했다.

다음 〈표 8-1〉은 1905년에서 1910년 사이의 세입 예산의 실태를 보여주는 것이다. 〈표 8-1〉에서 보듯이 1905~1910년 기간에 조세 수입은 1.6배로 증가했다. 이것은 주로 항세(港稅)와 지세의 증가로 달성된 것이었다. 지세는 세원 파악을 통해 점진적으로 증가했고 항세, 즉 관세 수입의 증가는 재정기관의 통일과 무역의 확대 과정에서 이루어졌다. 지세는 증가율은 크게 높지 않지만, 1910년에 조세 수입의 약 54%를 차지하고, 총 재정 수입의 약 26%를 차지했다.

일제는 또한 보다 정밀한 호구 수를 조사하고, 이에 따라 호세의 증징(增徵)을 추진하여 호세를 부과했다. 그리고 1909년에는 가옥세법, 주세법, 연초법 등 신 3세(稅)를 제정하여 새로운 조세를 징수하기 시작했으며, 수산세와 염세(鹽稅)에 관한 규정들도 신설하거나 다듬어 종래보다 증징하였다. 또한 1906년에 광업세법을 제정했고 이외에도 금액은 크지 않으나 선세, 인삼세, 전당포세, 및 인지세 등 새로운 잡세를 징수했다.

조세 이외의 부분으로는 먼저 역둔토 수입은 재정기관의 통일 과정에서 크게 증가될 수 있었다. 종래 황실의 경리원 소속 수입이던 역둔토의 지대 수입이 역둔도 수입(驛屯賭收入)이라는 명칭으로 탁지부로 이관되었다. 금액도 1909년 이후에는 100만 원 이상으로 증가했다. 1908년 황실 재정 정리 후의 1사 7궁의 토지인 궁장토·능·원(園)·묘위전(墓位田) 및 미간 국유지 등도 이관되었다. 이 과정에서 황실 재정은 급격히 축소되고, 정부 재정은 확대되었다.

한편 조세 이외의 수입으로 1908년부터 관업·관유재산 수입이 급증했는데 관업에는 전보, 전화, 관보, 수도 사업, 도량형 사업, 삼업(蔘業), 관영광업, 염업(鹽業), 인쇄국 등이 있었다. 표에는 나타나지 않지만 1925년 이후 남만주철도회사에서 조선총독부로 철도 사업권이 이관되어 수입이 크게 증가하지만 투자나 지출도 많아 이후에도 순수 세입으로서 의미는 적었다.

이외에 잡세를 전환한 인지 수입이 크게 증가했다. 인지 수입은 '세입 정리'의 한 방법으로 소액의 다양한 세금 및 수수료, 벌금 등을 인지로 납부하도록 한 데에서 비롯되었다. 잡수입은 수수료, 벌금이나 몰수금, 세관 잡수입, 변상이나 위약금 등을 포괄하는 것이었다. 인지 수입보다 잡수입이 훨씬 많았지만 이 두개를 합하면 100만 원 이상에 달했다. 전체적으로 1910년의 세입 예산은 1905년에 비해 3.2배 그리고 뒤에서 보듯이 1910년의 세출 예산은 1905년에 비해 2.5배에 달했다.

〈표 8-1〉 세입 예산표(1905~1910년)

(단위: 천원(이하는 버림))

	1905	1906	1907	1908	1909	1910
경상부						
조세계	7,350	7,374	9,732	10,518	11,334	11,565
지세	4,871	5,208	5,866	6,469	6,299	6,219
호세	231	234	269	503	584	591
가옥세	-	-	-	-	216	216
주세	-	-	-	-	163	244
연초세	-	-	-	-	486	486
항세	850	850	2,221	2,522	3,191	3,216
수산세, 염세	42·	13	18	202	202	36
광세	-	-	40	81	132	152
역도세, 잡세	105	117	117	39	73	36

	1905	1906	1907	1908	1909	1910
전년도 수입	1,250	952	1,200	700	64	362
역둔도 수입	-	-	-	750	1,378	1,516
관업 수입등	128	74	13	1,175	951	693
인지 수입, 잡수입	1	36	170	1,521	2,658	1,011
경상부 합계	7,480	7,484	9,916	13,410	15,178	14,787
임시부						
공채금 전입	-	-	5,562	3,903	6,437	3,063
차입금	-	-	-	5,959	4,653	4,694
공채금 대체	-	-	980	-	2,000	1,063
전년도 잉여 외	-	-	-	-	957	277
임시부 합계	-	-	6,542	9,862	14,049	8,978
총계	7,480	7,484	16,458	23,273	29,228	23,765

자료: 度支部, 韓國財政施設綱要. 奏案(奎), 隆熙3, 4年度歲入歲出豫算書(奎). 奏議(奎).
奏本(奎), 『官報』.

그러나 식민 초기의 재정 수요를 국내의 수입만으로 조달할 수 없었고, 일제는 공채를 발행하거나 본국 정부로부터 차입으로 조달했다. 1906년 통감부가 설치되자 일본은 한국 정부에 강요하여 일본 식민지 기초 작업에 소요되는 자금을 일본에서 차관으로 도입하였다. 1905~1910년에 이르는 약 5년간에 이뤄진 중요한 대일 차관으로는 1905년의 화폐 정리 자금 300만 엔, 국고 증권 200만 엔, 금융 자금 150만 엔의 도입으로 시작되었다. 이후 외채의 증가 추세는 계속되어 1906년의 제1차 기업 자금(起業資金) 5백만 엔, 1908년의 제2차 기업 자금 1,296만 엔, 기업 공채(企業公債), 1907년 2월부터의 일본 정부 차입금 1,168만 엔 등의 차관이 있었다.[7]

〈표 8-1〉에서 보면, 1907년 이후에는 한국 정부 재정 예산 총계 가운데 약 40%가 일본흥업은행, 일본 정부, 한국은행, 제일은행으로부터 이루어진

---

7 李松姬, 「韓末 國債報償運動에 關한 一硏究」, 『梨大史苑』15, 1978, p 6.

금융채 전입과 차입금 등이 차지했다. 화폐 정리 사업으로 엔블록에 편입된 한국은 부족한 재정을 차입금으로 충당했고, 이 과정에서 한국의 재정은 일본제국의 국가 재정의 일부로 편입되고, 차입 과정에서 일본 금융시장과도 연관되게 되었다.

한편 다음 〈표 8-2〉는 1905~1910년의 세출 예산을 보여주는 것이다. 일제는 세출에서 식민지 지배에 필요한 경비 지출에 중점을 두었지만, 1907~1909년의 경우 총재정 지출 가운데 경상비가 60% 이상을 차지하고 나머지 근 40%가 임시비였다. 경상비 중에서는 식민지 통치기관의 확대와 신설 그리고 운영에 소요되는 경비가 많았다.

그리고 주권 상실과 식민지화 정책을 반영하여 1907년 이후에는 외부, 1909년 이후에는 군부가 폐지되고 이들 기관의 예산이 소멸되었다. 한편 구래(舊來)의 한국 정부기관들인 의정부, 궁내부, 기로소, 중추원 등을 포괄하는 '의정부' 등의 항목이 각 기관별로 차이가 있지만 1909년 이후에는 모두 소멸되었다.

〈표 8-2〉 세출 예산표(1905~1910년)

(단위: 천원(천 이하는 버림))

	1905	1906	1907	1908	1909	1910
경상부						
황실	727	1,300	1,339	1,500	1,500	1,800
내부	446	960	2,368	3,528	3,998	4,555
탁지부	2,412	2,170	4,368	6,252	9,208	7,889
군부	2,426	1,379	1,321	314	321	-
학부	109	154	206	329	409	429
농상공부	28	29	406	908	952	721
외부	255	204	-	-	-	-
의정부 등	703	113	183	1,168	-	-
경상부 합계	7,123	6,324	10,193	14,714	18,263	15,395

	1905	1906	1907	1908	1909	1910
임시부						
내부	18	189	1,832	2,071	1,928	3,334
탁지부	2,307	1,326	4,714	6,134	8,447	4,660
농상공부	-	40	228	277	368	1,103
기타	106	86	406	154	218	271
임시부 합계	2,433	1,643	7,182	8,637	10,963	8,370
총계	9,556	7,967	17,375	23,352	29,227	23,765

자료: 度支部, 韓國財政施設綱要. 奏案(奎), 隆熙3, 4年度歲入歲出豫算書(奎). 奏議(奎).
奏本(奎), 『官報』.

재정 지출에서 전체적으로 탁지부 및 내부 예산의 비중이 현저하게 높은데 탁지부의 경우는 지방 재무기관의 정비 확장, 세관 시설의 확장, 재원 개발 사업의 추진, 국채비(공채원리금) 등 지출 증가에 기인한 것이었다. 그리고 내부의 경우는 식민지 통치 기구의 확립을 위한 행정·사법·경찰 기구의 확장에 따른 청사·관사의 신축과 식민지 기초 시설인 도로 정비와 수도 시설 등 토목 시설비가 증가한 데 있었다.

내부의 비용 중에서도 경찰사업비는 1906년에는 251,286환에 지나지 않았으나 1910년에는 2,411,780환으로 거의 10배 가까운 규모로 급증하고 있다. 그중 지방 경무비가 더 빠른 속도로 늘고 있는데 이는 전국적으로 반일 의병에 대한 탄압을 위해 경찰 업무를 크게 확장했기 때문이다. 특히 1907년 군대 해산을 계기로 전국적으로 격렬하게 전개되는 의병 활동으로 말미암은 지방에서의 경찰 활동이 크게 증가하였다.[8]

탁지부 경상비에서는 영선비나 세관 공사나 개항 설비 공사비 그리고 헌병 보조비 등이 포함되었고, 영선비는 징세 기구의 신설과 재무 기구의 확충에 따른 각종 청사 시설의 신축, 개축 비용으로 사용되었다. 탁지부의

8 李潤相, 3. 통감부의 식민지화 정책, 신편 한국사 42. 2002, p 343.

임시비에서는 1907년의 경무 정리비(警務整理費)를 제외하면 치도비(治道費)와 수도 공사비 그리고 해관 공사비가 거의 대부분을 차지하고 있었다.9

4. 토지 조사 사업

토지 조사 사업은 토지 및 지세제도를 확립하고 시정의 근본을 마련할 목적으로 1910~1918년에 2,040여만 원의 자금을 들여 시행한 큰 사업이었다. 일제는 일찍이 일본인의 토지 소유권을 보장하기 위해 보호국기(保護國期)에 '토지가옥증명규칙' 등을 제정했지만 보다 근본적인 소유제도의 개혁을 추진했다. 농지 등의 경우 개항 이후 이미 일본인들이 토지를 한인에게서 사용권 및 수확권을 백 년 혹은 이백 년간 저당으로 획득하는 등의 방법으로 매입하고 있었지만 편법적인 것이었다.10

종래 한국 전통 사회에서 토지 사유제가 성립하지 않았다고 생각한 사유 체계에서는 토지 조사 사업을 통해 법인된 사유제도가 토지의 사적 소유가 최초로 성립한 획기적인 변화였던 것으로 인식될 수 있다. 그러나 조선조에 토지 매매와 지주제가 발전하고 사적 소유가 성립했다. 일본이 토지 조사 사업 이전에 부동산법조사회, 법전조사국(法典調査局) 등에 의해 실시된 광범한 구관 조사에 의한 보고서들에도 그 점은 잘 인식되었다. 일본은 조선의 토지 소유제에 대해 "새삼스레 인민의 토지 소유권은 국가 및 제실의 소유권과 서로 대립하여, 인민 토지 소유권의 유무(有無)를 의심할 여지가 없다"고 하였고, 사적 토지 소유가 일반적으로 성립해 있는 상황을 당연시했다.11 한편 병작지에서도 소작농의 경지에 대한 물권적 권리는 존

9 李潤相, 3. 통감부의 식민지화 정책, 신편 한국사 42. 2002, pp 344-350.
10 『조선협회회보』 제3회.

재하지 않아, 지주를 그대로 소유권자로 법인해도 별다른 문제가 발생하지 않을 것으로 이해하였다. 다만 토지 조사 사업은 조선조와 달리 지적도를 작성하고 등기제도를 마련하여 사적 소유를 보다 확실하게 법인하고, 토지 점유에서 완전히 분리된 추상화된 소유권을 법인한 점에서 한 단계 더 높은 소유제를 마련했다고 볼 수 있다.

지적도와 등기제도가 불명확하면 특히 농지의 소유권은 자연재해나 인접한 토지의 경작자에 의해 그 경계가 쉽게 훼손되고, 나아가 현지의 연고자가 보증을 하지 않으면 소유권자의 문기도 증빙의 효력을 담보할 수 없는 문제점이 발생한다. 일제는 토지 조사 사업 과정에서 삼각측량법이라는 신기술을 이용하여 지적도 작성이라는 많은 비용을 들인 장기의 사업을 시행하고, 이를 바탕으로 등기제도를 수립하고 또한 이를 토대로 토지 담보 금융제도를 마련해 토지의 자본화를 가능하도록 하였다.

조선조에는 사적 토지 소유의 일반적 성립이라는 현실에도 불구하고, 그것을 공적으로 증빙할 제도나 공부(公簿)가 결여되어 있었고, 사유의 인정에도 불구하고 소유권을 보호할 민주주의적 법적 장치가 미숙하고, 드문 경우지만 왕토사상이 존재하여 토지 수용에 따른 보상제도가 없는 한계가 있었다. 법치에 기초한 등기 소유권자의 법적 보호와 지적도 등 정밀한 제도적 공부가 존재하지 않으면 토지 소유가 근린에 의한 점유, 즉 사실상의 소유로부터 완전히 분리되어 추상적인 독점적 권리로 존재할 수 없고, 따라서 보편적 금융의 담보물이 되기에는 부족한 것이었다.

종래의 양안은 소유의 증빙이 될 수도 있으나, 근본적으로 조세 수취 대상이 되는 토지와 인물을 조사한 장부로서 토지의 경계나 면적이 정확하지 못하고, 사실상 오랫동안 새로 작성하지 못해 토지 소유 실태를 정확히 반

---

11 法典調査局編,『不動産法調査報告要錄』, 1907, 調査事項 pp 1-3. 宮嶋博史,『朝鮮土地調査事業史の研究』, 東京大學東洋文化研究所報告, 1991, p 432.

영하지 못했다. 따라서 조선 후기에 민간의 토지 소유권은 토지 매매 시에 작성되는 문기(文記)가 소유의 주된 증빙 자료였다. 문기는 토지의 위치, 면적, 매매 가격을 적시하여 작성되고, 이전의 매매 기록을 함께 첨부(貼付)하여 제시하는 것이 주된 증빙의 방법이었다. 한편 조선조에는 친족 간에 소유권의 귀속과 처분권자가 명확하지 않은 일종의 공유인 종토(宗土)가 다수 존재하는 점 등도 사적 소유제도와 모순되는 특이한 현상이었다.

토지 조사 사업 직전에 일제는 징세제도를 개혁하면서 결수연명부라는 새로운 징세대장을 만들었다. 일제는 종래 향리에 의해 작성되어 본인 이외의 사람이 실태를 파악하기 힘든 일종의 작부부(作夫簿)인 구래의 깃기(衿記)를 부정하고, 완전히 새로운 형식의 징세대장으로서 1909년부터 결수연명부를 제작하기 시작하였다. 결수연명부는 신고제에 기초하여 토지 소유자인 지주를 납세자로 정하고, 신고 사항은 토지의 자호, 지번, 지목, 두락수, 결수와 지주의 주소·이름 등이었다. 이후 신고사항에 변동이 있을 경우, 이를 신고하게 하여 결수연명부를 정정하였다. 결수연명부는 여전히 결부제에 기초하고, 실지 조사가 이루어지지 않아 토지의 소재, 위치와 면적이 불확실한 점에서 한계가 있었지만, 단순한 징세대장에서 국가의 공부인 토지대장으로 변화하고 있었다. 나아가 일제는 결수연명부의 문제점을 극복하기 위해 일종의 간이 측량을 통해 간이 지적도와 같은 과세지견취도(課稅地見取圖)를 작성했다. 이후 토지 조사 사업의 진행 과정에서 결수연명부는 소유권 사정(査定)의 기초 자료로 이용되고, 결수연명부의 소유자는 분쟁이 없는 한 그대로 사업에 의해 근대적으로 법인(法認)되었다.

일제는 1910년부터 토지 조사 사업을 시작하지만, 이와 함께 국유지 조사도 진행하여 모든 토지의 소유권을 확인하고, 국유지는 조선총독부 소유로 이관하고자 했다. 이미 일제는 1907년의 헤이그 밀사 사건을 계기로 황실의 재산과 채무에 관한 본격적인 정리를 개시하고 황실 재정을 약화시키고자 하였다. 당시 국가의 토지는 1사 7궁이 소유한 궁장토와 구래 정부 각

기관이 소유한 아문둔전·역토 등의 두 종류로 구성되고, 이들 토지는 갑오개혁 이후 황실의 재정기관인 내장원에 집중돼 관리를 받고 있었다. 일제는 재정 구조의 일원화를 명분으로 이들 토지를 원칙적으로 모두 국유로 편입하고, 일괄하여 역둔토라 했으며, 1909년 5월~1910년 9월에 걸쳐 '역둔토 실지 조사'를 실행하였다. 역둔토의 소재지, 지목, 면적과 소작농의 성명·주소를 조사하고, 향후 역둔토를 동척이나 일본인 이민에게 불하할 방침을 세웠다.

당시 조사된 전국의 역둔토는 128,868 정보인데, 당시 역둔토를 민유지라고 주장하면서 조사를 거부한 약 2만 정보의 역둔토가 추가로 있었다. 분쟁이 제기된 토지는 관에서는 장부상 무주진전(無主陳田)으로 간주했지만 사실상은 이 농민이 개간한 토지를 절수의 형식으로 궁방과 아문의 소유지로 만든 것이었다. 따라서 이들 토지의 소유권자는 명의상 궁방·아문이지만, 농민은 자기 토지로 인식하여 도지로 국가에 납부해야 할 결세 수준만을 지불했다.

이들 토지를 둘러싼 분쟁의 해결 방식으로 1695년의 을해정식(乙亥定式)에서 절수지에서의 수취를 결세 수준의 결당 조(租) 100두(斗)로 한정하되, 궁방·아문이 주도적으로 개간한 토지의 경우에는 그 두 배인 조 200두를 수취하도록 하였다. 이것은 병작반수의 관행에 비해 낮은 수준이었다. 그러나 토지 소유가 명목으로라도 궁방·아문의 소유지인 유토로 되어 있는 한 소유권 분쟁의 여지는 남아 있었고 지속되었다.

갑오개혁기에 면세지의 혁파, 즉 갑오승총과 관련하여 면세지의 종류를 구분하였다. 『결호화법세칙』에 의하면,[12] 면세지를 무토(無土)와 유토(有土)의 두 종류로 나누고, 유토를 또한 '제1종 유토'와 '제2종 유토'로 구분

---

12 『결호화법세칙』은 내용상 1895년에 탁지부에서 발간된 것으로 보이나 편자는 알 수 없고, 서울대 규장각에 소장되어 있다.

했다. 먼저 무토는 민유지로서 관에서 세금을 징수하여 궁방에서 받는 것이고, 유토 중에서 제1종은 관에서 매입한 토지이고 관에서는 조세를 면제하는 대신에 각 궁방에서 수확의 반을 징수하는 것이었다. 그러나 유토 중 제2종은 민유지에서 관으로부터 세금을 받는 것이라고 하였다. 따라서 무토와 제2종 유토는 모두 민유지이고 궁방이 관에서 세금의 해당분을 받는 점에서는 공통된 것이었다. 그러나 무토는 대개 3~4년에 한 번씩 그 토지를 변환하는데 비해 유토는 그러지 아니하고, 무토는 궁방이 관에서 세금을 받는데 비해, 유토는 각 궁방이 직접 징수할 수도 있고, 관에서 받는 경우도 있는 점에서 차이가 나는 것이었다.

따라서 제2종 유토는 사실상은 민유지이나 공부상에는 유토로 되어 있고, 또한 그 토지가 불변이며 대체로 궁방은 관에서 세금 해당분을 받으나 때로는 직접 징수하는 경우도 있을 수 있는 점에서 약간의 애매함이 남아 있는 토지였다고 할 수 있다. 갑오개혁으로 면세지가 폐지되자 궁방·아문의 무토도 자연히 없어지게 되었지만, '제2종 유토'는 궁방·아문의 소유지라 하여 그대로 존속하다가 결국 일제에 의해 역둔토로 편입되었고, 이들 토지의 소유권을 둘러싸고 국가와 농민 사이의 분쟁이 발생하였다. 1910년 토지 조사 사업이 시작된 후, 1911년 '민유혼입지처리(民有混入地處理)' 방침을 정하고, 각 도 장관에게 통첩을 보내 1913년 2월까지 사실상의 민유지는 역둔토대장에서 제외할 것을 지시했다. 이 과정에서 일부의 역둔토가 민유지로 인정되었으나 여전히 많은 토지가 미해결로 남아 분쟁지 심사 대상으로 존속되었다.

토지 조사 사업의 중심적인 사업 내용은 소유권 조사, 일필지 조사, 지가 조사 등이고 모두 중요했지만, 그 소요 기간과 비용 등 면에서 가장 중요한 것은 각 필지별로 지형, 지모를 조사하는 '일필지조사(一筆地調査)' 과정이었다. 측량 과정은 신기술과 숙련된 인력이 필요하여 비용만으로도 해결될 수 없는 복합적인 것이었다. 토지 조사 사업에서 신고된 필지별 토지가 그 위치와 면적 등이 지적도에 의해 객관화되면 각 필지별 토지의 지가를 조사하고, 그 지가의 일정 비율로 지세를 부과하게 되었다. 그리고 각 필지별 토지는 토지대장에 기록되고 또한 등기되어 공적 문서가 되고, 각급 금융기관은 등기를 토대로 토지 담보 금융을 제공할 수 있게 되었다.

토지 조사 사업에 있어서 소유권 조사는 먼저 토지 소유자가 자신의 소유지를 정해진 기간에 신고하는 방식으로 진행되고, 국유지는 각 도의 장관이 신고하도록 하였다. 농민들이 '신고주의'에 의한 서류 제출에 미숙해 누락이 많았다는 견해도 있으나 소유권이 사정된 전국의 총 19,107,520필지 가운데 신고 그대로 사정된 것이 19,009,054필지(99.5%)로서 절대 다수를 차지하고, 무신고지는 0.05%에 불과했다.[13] 신고 내용은 일치적으로 각 동별로 임명된 지주총대(地主總代)가 확인하고, 신고의 내용이 결수연명부와 대조하여 이상이 없으면 날인함으로써, 일차적 사정이 이루어진다. 그러나 동일 토지에 2명 이상의 신고자가 있으면, 그 토지는 소유권 분쟁지로 처리되어 별도의 분쟁지 심사위원회의 심사를 거쳐 소유권이 사정(査定)되었다.

소유권을 신고하여 조사하는 '준비 조사'에 뒤이어 '일필지 조사'가 실시되었다. 필지마다 면적과 경계의 측량이 이루어졌다. '일필지 조사'는 필지마다 면적과 경계의 측량으로 지형·지모와 지목의 조사가 이루어지고, 소유자가 동장과 함께 입회하여 소유권을 확인하는 작업이다. 1909년의 시험적 조사부터 1916년까지 총 1,910만여 필의 '일필지 조사 및 측량'이 이루어졌다.[14]

이 과정에서 특정 토지에 소유권을 주장하는 당사자가 둘 이상이거나 토지의 경계를 둘러싼 분쟁이 있을 수 있었다. 대체로 대부분의 경계 분쟁은 화해가 성립하였지만, 소유권 분쟁의 경우는 타협적 화해가 어려웠다.

---

13 이영훈,『한국 경제사 Ⅱ』, 일조각, 2016, p 64.
14 미야지마 히로시(宮嶋博史), 501면

분쟁지는 임시 토지 조사국의 분쟁지 심사위원회에 접수되어 별도의 사정 과정을 거쳐야 했다. 분쟁지 심사위원회에 접수된 분쟁은 총 33,937건 - 99,445필지였고, 화해 건수 11,648건 - 26,423필지이었다. 분쟁은 내용상으로는 소유권 분쟁이 99,138필지(99.7%), 경계 분쟁이 307필지(0.3%)였다. 다른 한편 분쟁 대상자를 기준으로 구분하면 국유지와의 분쟁이 64,570필지 (65%), 민유지 간 상호 분쟁이 34,875필지(35%)였다.[15] 총 33,397건 - 99,445 필지로의 분쟁지는 전국 필지수의 0.5%에 해당하였다. 민유지 간 분쟁의 경우에도 민간과 동척(동양척식주식회사) 간의 분쟁이 포함되어 있고, 동척의 토지가 역둔토에서 지급된 것임을 고려하면, 민간과 국가와의 국유지 분쟁의 실제 비중은 더 컸다고 말할 수 있다.

조사 국장의 재결 상황을 전체적으로 알 수 있는 자료는 존재하지 않지만, 일방적으로 국유나 민유에 편향되게 처분한 것으로 보이지는 않는다. 예를 들어 경남 김해군 7개 면에서의 분쟁 사례를 조사한 연구에서는 455 필지의 국유지 분쟁 가운데 353필지가 국유지로 판정되어 국유지 판정 비중이 높다.[16] 그러나 경기도 파주 지역에서는 269필지의 국유지 분쟁에서 245필지가 민유지로 재결되는 등 지역별로 상황이 달라 일률적으로 평가하기는 어렵다.

다만 사정 결과에 불복해서 '고등토지 조사위원회'에 재심을 청구한 경우에는 상대적으로 민간인에 유리한 판정이 내려진 것으로 보인다. 김해군에서 고등토지 조사위원회에 불복 신청한 결과를 보면, 민간인의 불복 신청은 80% 이상이 받아들여진데 비해, 국가의 그것은 60% 정도여서 민간인에게 유리하였다.[17] 1차 사정 결과에 비해 2차 재결에서 민간인에게 상대적

---

15 조선총독부, 『조선토지 조사 사업보고서』, 1918.
16 조석곤, 『한국근대토지제도의 형성』, 해남, pp 142-145.
17 조석곤, 「조선토지 조사 사업에 있어서 소유권조사과정에 관한 한 연구」, 『경제사학』 제10권, pp 42-44.

으로 유리한 결과가 나온 것은 이 기간 동안에 총독부의 국유지를 보는 시각이 달라져 총독부가 완강하게 국가 소유권을 주장하지 않았다고 볼 수 있다.[18]

토지 조사 사업 과정에서 토지 소유의 사정이 이루어지는 한편 국유, 즉 총독부 소유 농지인 역둔토 면적은 감소되고 있었다. 역둔토 면적은 그러나 1912년 말의 152,297정보에서 1914년 3월 말에는 124,121정보로 약 2만 8천여 정보가 감소했다. 이 중에서 2만 2천여 정보는 분쟁지 조사 중의 토지에서 전라남도, 황해도 및 경기도 등의 분쟁지가 민유로 인정된 결과였다.[19] 그리고 공식적으로 토지 조사 사업이 종료된 1919년 3월 말에도 역둔토가 115,317정보에 달했다.

총독부는 국유지를 보유하고 이후 일본인 이민자에게 불하할 계획이었으나, 이주민이 적고 3·1운동으로 국유지에서의 소유권 분쟁이 다시 제기될 위험성이 나타나자, 1919년 말 이후부터 1924년까지 역둔토를 연고 소작인에게 불하하는 조치를 취하게 되었다. 법정 지가를 기준으로 10년간 분할 상환이란 유상 불하의 방식이었다. 불하의 동기나 목적에 관해 자작농 창설을 위한 것인지 재원 확보를 위한 것인지 그리고 그 부담의 무게에 관한 경중의 평가가 상이하나,[20] 불하로 역둔토는 사라지게 되었다.

소유권 사정과 일필지 조사를 토대로 일제는 필지별 지가를 산정하고 그 토지 가격에 일정한 세율을 곱해 지세를 징수하고자 하였다. 토지 가격의 산정식은 다음과 같았다.

18 조석곤, 같은 논문, p 44.
19 宮嶋博史, 『朝鮮土地調査事業史の硏究』, 東京大學東洋文化硏究所報告, 1991, p 483.
20 배영순, 「일제하 역둔토불하와 그 귀결」, 『사회과학연구』 2-2 (영남대), 1982. 조석곤, 「일제하 역둔토불하에 관한 연구」, 경제사학 31권, 2001. 김양식, 『근대권력과 토지-역둔토조사에서 불하까지-』. 해남, 2000.

지가(X) = [수확량 × 곡가 × (1-0.50-0.05)-0.03X] /환원율

산정식의 의미는 수확량에 곡가를 곱하면 총수입이 되고, 그것에서 비용을 공제하여 순수입을 구하는 것이었다. 먼저 공제 항목으로는 당시의 소작 관행인 절반의 지대율과 실제의 생산비를 감안한 50%를 생산비로 공제하고, 또한 토지의 수선 유지비로 5%를 공제했다. 이렇게 구해진 연년의 지속적인 순수입을 환원율, 즉 이자율로 할인하여 현재 가치로 환원한 것을 토지 가격으로 파악한 것으로 볼 수 있다.

생산비 산정과 관련하여 총독부는 "경작비는 내지에 있어서 지가 산출 예에 의하면, 총 수익금에서 종자 및 비료대로 15/100를 공제하고, 노임은 그것을 공제하지 않는 취급이지만, 경작비는 그것을 수확고에서 공제하는 것이 적당하다고 인정하고 소작 관습에 의한 타조(打租)의 예에 준해 총 수확금에서 50/100을 공제하게 되었다"고 한다.[21] 수익금의 50%를 공제하는 것은 일본에 비해 "대폭적인 것이었지만 그 정책적 의도가 어디에 있는지는 사료적으로 확인할 수 없다".[22] 그러나 일본에서 지조 개정 시에 지가를 산정할 때, 자작지와 소작지를 구분했는데, 조선에 적용된 지가 산정식은 기본적으로 소작지 지주의 순수익 계산 방식으로 해석된다. 지주는 기본적으로 생산액의 절반을 소작료로 받아서 토지 개량비와 지세를 지불하고 남는 것을 순수입으로 삼는다고 볼 수 있다. 자작지는 종자비료대 15% 외에 일본과 마찬가지로 노임을 공제하지 않는다면 50%의 비용이 발생할 수 없는 것이었다. 그러나 일제는 자작농의 영세한 현실을 반영하여 또 다른 납세자인 지주와 마찬가지로 50%의 비용을 인정한 것으로 생각된다.

지가 산정식은 총 수입에서 생산비와 수선 유지비를 공제한 이후 다시

21 朝鮮總督府,『朝鮮土地調査殊に地價設定に關する說明書』.
22 宮嶋博史,『朝鮮土地調査事業史の研究』, 東京大學東洋文化研究所報告, 1991, p 522.

지가의 3%인 지세(0.03X)를 추가로 공제한 나머지를 순수익으로 간주한다. 이 순수익을 환원율로 할인하여 토지의 가격을 산정하는 방식이었다. 환원율은 보통 9%였으나 북부 5도에서에서는 12%가 적용되기도 하였다. 이러한 환원율의 차이에 대한 설명은 없으나 "어떤 정책적 배려가 작용했을 수도 있다"고 한다.[23] 그러나 환원율의 결정에 가장 중요한 것은 이자율이고 이자율을 어떻게 평가하느냐가 문제인데, 9~12% 내외의 이자율은 당시 조선은행의 대출금리 수준이며 시장의 이자율에는 물론이고 금융권의 평균적인 대출금리에 비해서도 낮은 것이었다. 환원율을 낮추면 당연히 지가가 올라가고 지세 부담은 증가하는 관계이다. 경제학적 용어로 설명하면 매년 들어오는 토지의 순수입을 구하고 그것을 이자율로 할인한 현재 가치, 즉 자본 가치를 토지 가격으로 산정하는 것이고, 이는 이자율에 반비례한다.

지세의 수취는 이렇게 정해진 지가에 일정한 비율로 과세하는 방식, 즉 '과세지가제(課稅地價制)'가 적용되었다. 과세지가제는 재정적으로는 지세 부과의 공정을 기한다는 목적이 있었다. 그러나 토지 가격을 정부가 산정하는 것은 등기제도 등의 명확한 토지 소유권의 토대 위에 토지의 자본 가치를 명확히 하여 토지의 매매와 저당 그리고 토지 담보 금융을 원활히 하는 데 긴용했다. 토지의 소유권이 점유에서 독립되어 추상화, 객관화될수록 토지의 유동성이 높아지고 토지의 자본으로의 전환이 촉진된다.

지가 산정식에서 보듯 일제는 처음에 일본에서 적용되던 지세율을 적용하여 산정된 지가의 3%를 지세로 부과하고자 하였다. 그러나 일제는 1917년 지세령(地稅令) 개정 때 당초의 의도를 수정하여 지가의 1.3%로 지세율을 인하했다. 그럼에도 불구하고 1917년 낮아진 지세율로 부과한 지세액 1,144만 원은 직전 년도의 977만 원에 비해 약 17% 증액된 것이었다. 지가

23 宮嶋博史, 『朝鮮土地調査事業史の硏究』, 東京大學東洋文化硏究所報告, 1991, p 522.

의 1.3%를 징수하는 지세액은 환원율(=이자율)을 9%로 가정할 때 총 생산량에서 차지하는 비중이 4.9%에 해당하는 것으로 계산된다.

조선조에서는 명분상 1/10세를 가상했고, 결부제의 지세제도는 비록 갑오개혁의 금납화 이후에도 기본적으로 계승되었다고 할 수 있다. 1917년의 과세지가제에서 총 생산량의 4.9% 수준에서 징수한 지세가 결부제에 기초한 마지막 지세 징수액보다 17% 정도 더 높을 수 있었던 것은 경지 면적과 추정 생산액이 증가했기 때문이다. 일제는 사업 초에 전답 등의 경지와 대지, 기타 등을 합해 전국의 조사 대상지를 대략 276만 정보로 추정했는데, 실제로는 당초의 추정치보다 훨씬 많은 487만 정보가 조사되어 76%가 증가했다.[24] 토지 면적의 증가에 농업 생산 및 도정율 향상과 미가 상승 등이 복합적으로 작용하여 지세의 증수가 나타난 것으로 평가된다.

결과적으로 1.3%의 낮아진 지세율에서도 농민의 실질 부담은 상승하였다. 증징된 지세는 지주가 받는 50%의 지대에서 1/10정도에 해당하는 것이어서, 무거운 것이었다고 말할 수 없으나, 재생산 구조가 취약했던 하층 자작농에게는 여전히 적지 않은 부담이었다. 생산액에서 지가 산정식과 관계없이, 노임을 비용으로 산정하지 않는다면, 15%의 종자 및 비료대 그리고 토지 개량비 5% 및 지세 부담액 등을 제외한 총수입의 70% 정도의 소득 중에서 지세 5%가 차지하는 것은 1/10세에도 미달하는 것이었다. 그럼에도 불구하고 생계비를 초과하는 잉여가 극히 적은 빈농에게는 여력이 별로 없었고, 실제로 매년 그리고 흉년에는 더욱 많은 지세 체납자가 발생하였다.

한편 과세 지가제는 전국에 보편적으로 적용되었기 때문에 도별로 그 이전과 비교해 보면, 강원이 6.8할, 경기가 5.8할, 경북, 경남과 평북이 3할 이상 증가하였음에 비해, 충남은 1.8할로 평균 수준의 증가이고, 나머지 가

---

24 宮嶋博史, 『朝鮮土地調査事業史の研究』, 東京大學東洋文化研究所報告, 1991, pp 525-526.

운데 충북, 황해와 평남은 평균 수준 이하의 0.8~1.1할 증가인데, 전북, 전남, 함남과 함북은 오히려 감소했다.[25] 증가한 지역은 조선조에서 결부수에 비해 낮은 지세가 부과된 반면, 감소한 지역은 높게 부과된 지역이었다고 볼 수 있다.

대체로 경기와 충청은 서울과 가깝고 양반·관료가 집중한 곳이어서 요역이 번중한 대신 결세를 헐하게 책정하였다. 경상도의 경우, 세미(稅米)의 상당 부분이 중앙으로 운송되지 않고 대일 무역의 자금으로 배정되어 상대적으로 결부 산정이 너그러웠다. 다른 한편 전라도의 세미는 중앙 재정으로 집중되어 상대적으로 과중한 결부가 부과되었다고 보인다. 또한 평안도는 중국으로의 빈번한 사행에 따른 무거운 요역의 부담을 고려하여 결부가 헐하게 부과되었다.

토지 조사 사업에 의한 과세 지가제는 토지의 가치를 전국적으로 통일적인 기준에 따라 평가한 위에, 일정한 세율의 지세를 일률적으로 부과함으로써 보다 안정적이고 보편적인 지세제도를 마련했다. 그리고 필지별 토지 가격의 산정은 그 토지의 자본 가치를 의미하는 것이어서, 토지 담보 금융의 토대가 되는 것이고, 토지 소유의 자본으로의 전환을 촉진하는 유리한 조건을 창출했다. 토지 담보 금융은 지금까지도 일본과 한국에서 금융 관행의 토대로 작동하고 있다. 많은 문제점도 있지만 토지 가격의 상승은 금융 여력을 증가시키고 이는 자본을 증가시켜 투자를 촉진하는 선순환 역할을 한 것도 무시할 수 없는 측면이었다. 특히 원시 자본 축적이 부족한 조선에서 토지 금융은 자본 축적의 중요한 축이었다. 토지 조사 사업이 마무리되면서 임야에 대해서도 신고주의에 의해 1917~1924년에 전국 임야의 지적을 측량하고 행정기관에 의한 소유권의 사정이 이루어졌다. 불복에 대해서는 1919~1935년까지 임야조사위원회에 의해 재결이 이루어졌다. 1925

---

25 조선총독부림시토지조사국, 『조선토지 조사 사업보고서』, 1918, pp 686-686.

년 기준 전국의 산림 1,576만 정보는 국유림 916만 정보(59%), 민유림 660만 정보(41%)로 나뉘었다. 1927년부터 제2종 불요존림, 즉 연고자가 있는 국유림을 연고자에게 양여하기 시작하여 민유림이 증가했다.

제2절 경제 성장의 개관

1. 산업 구조의 변화

1905년 이후 지속적인 식민지 지배를 위한 기반 구축과 함께 일제는 식민지 개발을 추진했다. 다음 〈표 8-3〉은 일제강점기에 산업별 생산액의 변화와 각 산업이 전체 생산에서 차지하는 비중을 보여주는 것이다. 통계 수치는 총독부 통계를 가공하지 않은 것이고, 따라서 생산액은 부가가치가 아니고 조산출액을 보여준다. 농산액이 차지하는 비중이 1920년대까지 60%를 초과하고 특히 1920년에는 77.1%를 차지하여 압도적인 비중을 차지하고 있다. 농산액 다음으로는 공산액이 차지하고 그 비중이 증가하고 있지만 1929년에도 21.7%에 머물렀고, 이후 1932년부터 빠르게 성장하여 1940년에는 41.3%에 달했다. 그러나 공산액의 부가가치율은 농산액에 비하여 크게 떨어지고, 따라서 1940년에도 공산액은 서비스 산업을 제외한 GDP에서 24%에 불과하고,[26] 서비스 산업까지 포함하면 그 비중이 더욱 감소한다.

---

26 김낙년 외, 『한국의 장기통계』II, 표 N 189-210에서 농축산, 임업, 수산, 광업 그리고 제조업의 생산액 중에서 제조업의 비중을 계산한 것임.

(단위: 천원, 괄호안은 비중)

년	총액	농산액	축산액	임산액	수산액	광산액	공산액	대전년 증가율
15	484,956	331,808(68.4)	43,732(9.0)	22,945(4.7)	21,030(4.3)	10,516(2.2)	54,925(11.3)	
20	1,646,795	1,270,180(77.1)	56,711(3.4)	30,206(1.8)	61,108(3.7)	24,205(1.5)	204,385(12.4)	
25	1,643,063	1,145,829(69.7)	67,681(4.1)	53,487(3.3)	85,825(5.2)	20,877(1.3)	269,364(16.4)	
26	1,613,993	1,087,315(67.4)	52,279(3.2)	59,946(3.7)	90,354(5.6)	24,130(1.5)	299,968(18.6)	11.4
27	1,621,161	1,069,248(66.0)	53,606(3.3)	64,306(4.0)	106,887(6.6)	24,169(1.5)	302,946(18.7)	1.0
28	1,547,035	969,462(62.7)	53,142(3.4)	64,952(4.2)	114,330(7.4)	26,435(1.7)	318,714(20.6)	5.2
29	1,505,093	917,472(61.0)	46,809(3.1)	74,438(4.9)	112,879(7.5)	26,448(1.8)	327,007(21.7)	2.6
30	1,176,094	692,543(58.9)	31,685(2.7)	63,360(5.4)	82,888(7.0)	24,654(2.1)	208,964(23.9)	-14.1
31	1,114,483	673,101(60.4)	29,755(2.7)	59,399(5.3)	77,563(7.0)	21,742(2.0)	310,236(24.2)	-10.0
32	1,307,565	798,720(61.1)	33,096(2.5)	55,070(4.2)	76,095(5.8)	33,747(2.6)	367,236(24.2)	22.9
33	1,520,580	882,809(58.1)	38,033(2.5)	94,330(6.2)	89,871(5.9)	48,301(3.2)	438,402(25.2)	18.1
34	1,739,910	979,383(56.2)	40,765(2.3)	106,031(6.1)	106,157(6.1)	69,173(4.0)	438,402(25.2)	19.4
35	2,090,459	1,100,567(52.6)	46,488(2.2)	114,005(5.5)	133,883(6.4)	88,039(4.2)	607,477(29.1)	38.6
36	2,332,216	1,151,124(49.4)	57,787(2.5)	118,065(5.1)	164,004(7.0)	110,430(4.7)	730,807(31.3)	20.3
37	2,846,459	1,490,839(52.4)	69,595(2.4)	138,709(4.9)	187,954(6.6)	-	959,308(33.7)	31.3
38	3,063,958	1,490,897(48.7)	83,890(2.7)	156,749(5.1)	189,825(6.2)	-	1,142,597(37.3)	19.1
39	3,662,617	1,548,162(42.3)	69,251(2.6)	192,604(5.3)	327,323(8.9)	-	1,498,277(40.9)	31.1
40	4,535,597	1,917,908(42.3)	134,654(3.0)	236,674(5.2)	372,727(8.2)	-	1,873,634(41.3)	25.1

자료: 조선총독부편, 『조선총독부통계년보』, 1940년판, 4-5면.

다음 〈그림 8-2〉는 일제강점기 때 경상 가격 기준 주요 산업별 생산액의
변화를 보여주는 것이다. 여기서의 생산액은 총독부 통계를 가공하여 각
산업별 부가가치를 계산한 것이다. 〈그림 8-2〉에서 뚜렷하게 국내 총생산
이 1916~1920년까지 성장하고, 1920년대는 침체와 불황기를 겪고, 1932년
부터 다시 가파르게 성장한다. 다만 〈그림 8-2〉는 〈표 8-1〉과 달리 부가가

---

27 공산액은 공장 생산액(5인 이상의 지공을 가진 설비를 갖거나 혹은 5인 이상을 상
   시 사용하는 공장의 생산액), 자가 소비액 및 관영 공장의 전매국, 형무소의 생삭액
   에서 가공임을 공제한 것(단 1931년 이전은 자가 소비를 보함하지 않음). 괄호 안의
   숫자는 구성비(%)

치 기준의 경상 가격 표시 주요 산업별 생산액 변동을 보여주는 것이고, 농축산업, 제조업, 도소매 및 음식숙박업, 운수창고통신업 등의 생산액 변동을 보여주고 있다. 표시된 산업 이외에도 또한 전기가스 및 수도업, 건설업, 광업 등이 있으나 그 비중이 작은 것들은 제외하였다.

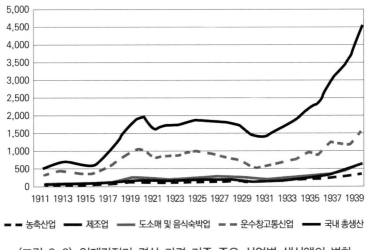

〈그림 8-2〉 일제강점기 경상 가격 기준 주요 산업별 생산액의 변화

〈그림 8-2〉에서 주요 산업 중 가장 큰 비중을 차지하는 농축산업의 비중은 경상 가격 기준으로 1911년의 57.9%에서 1940년에는 34.3%로 감소하였다. 농림어업은 1911년에 67.8%에서 1940년에 42.0%로 하락했다. 그러나 농림업 등 생산에서의 비중 축소에도 불구하고, 유업자 중에서 차지하는 농림어업의 비중은 1940년에도 71.6%에 달하여 조선 사회가 농업 사회를 벗어난 것은 아니었다. 제조업은 생산 비중이 1911년에 4.36%에 불과했지만, 가장 빠르게 성장하여 1940년에는 13.5%로 농축산업 다음의 순위를 차지했다.

한편 일제강점기 전체에 걸쳐 1935년 기준 연도 가격으로 환산한 GDP는

1911~1940년, 30년 동안 3.13배 증가했고, 인당 소득도 2.02배 증가했다. 연평균 성장률은 3.6%, 인구의 연평균 증가율은 1.3%, 그리고 인당 실질소득 증가율은 연평균 2.3%였다. 연간 2.3%의 인당 소득 증가율은 일제강점기에 외형적으로는 적어도 30여년에 걸쳐 근대적 성장이 이루어진 것을 보여준다.

2. 통화량의 변동과 경제

일제강점기 조선의 경제 성장을 이해하는데 중요한 측면 중 하나는 통화량과 GDP의 관계를 살펴보는 것이다. 통화량의 변동은 그 자체로도 생산과 물가 등에 영향을 미치지만, 일제강점기에는 조선은행권과 일본은행권과의 등가 관계를 유지했기 때문에 국제수지와도 밀접한 관련이 있다. 또한 조선은행은 엔블록 체제에서 해외은행으로서 일제의 대륙 침략의 첨병 역할을 했기 때문에, 조선은행권 발행고는 엔블록과 조선 경제의 관계와 그 변화를 잘 보여준다.

다음 〈그림 8-3〉은 일제강점기 조선은행권 발행고의 변화를 보여주는 것이다. 조선은행권은 조선 이외의 지역, 즉 만주, 중국, 일본, 러시아 등에서도 시기별로 다르지만 조금씩 유통되었고, 특히 만주 지역에서의 유통액은 적지 않았다.[28] 따라서 조선은행권 총 발행고와 조선 내의 발행고는 구분된다. 그러나 조선은행권의 총 발행고는 조선은행사에서 확인이 되나, 조선 내 발행고에 대해서는 특히 1929년과 1930년은 명료한 자료가 없고, 따라서 이에 기초한 M1과 M2 등의 통화량 추정치도 그 기간은 명확하지 않다.

---

28 만주 지역의 유통고에 관해서는 오두환, 「만주에서의 조선은행의 역할」, 『경제사학』 제25호. 그리고 山本有造, 『日本植民地經濟史硏究』, 名古屋大學出版會, 1992, p 96. 참조. 1929~1932년 기간에도 만주 내에서의 선은권 발행고는 존재하였다.

그러나 〈그림 8-3〉에서 보듯이 조선은행권의 총 발행고와 조선 내의 발행고는 적어도 그 변동의 추세를 같이 하는 것으로 볼 수 있다.

그림에서 보듯이 조선은행권 조선 내의 발행고는 1910년의 20,163,000원에서 1936년에는 117,624,000원으로 26년 동안 5.8배 증가했고, 1937년 중일전쟁 이후 증가 속도가 빨라져 1943년 9월에는 823,788,000원으로 약 7년 간에 7.0배가 증가했으며, 특히 1943년 9월 이후에는 대단히 가팔라져서 1944년 9월에는 18억 9천 7백만여 원으로 1년 만에 2.3배, 1945년 3월에는 조선 내에서의 발행고가 29억3천만 원으로 1년 6개월 만에 3.6배나 증가했다. 이에 따라 GDP 디플레이터(deflator: 가격 수정 인자)도 1911년에 비해 1936년에는 25년 만에 1.97배 올랐지만, 1936년 대비 1943년에는 7년 만에 1.54배가 상승했다.

한편 도매 물가지수는 1937년 6월 기준으로 경성의 도매 물가가 42년 12월에 173, 그리고 1944년 9월에 213으로 증가했다고 한다.[29] 이러한 물가지수의 상승도 높은 것이지만, 사실상 1937년 이후에는 전시 통제 경제가 시작되어 수출입품의 통지, 가격 등 통제령 (1939년 10월), 미곡 배급제, 배급제 등이 차례로 시행되고 있었기 때문에 시장의 물가는 공식적인 물가지수보다 훨씬 높았을 가능성이 크다. 따라서 1940년대 이후의 조선 경제는 이미 시장 경제가 아니었고, 물가도 앙등하여 통계 해석에 주의를 요하는 기간이었다고 생각된다.

〈그림 8-3〉에 표시되어 있지는 않지만, 조선은행권의 발행고는 1945년 8월 15일, 종전(終戰) 당시에는 약 49억 원 정도로 되었다. 그로부터 종전과 동시에 예금의 인출이 시작되어, 45년 10월 18일이 최고로 89억 원을 조금 넘었다. 지급이 가장 많았던 것은 일본군의 군비 지급(소집 해제되어 내지로 돌아가는 군인의 여비)이었고, 각 회사가 해산을 하여 그 사원에 주는

---

29 『조선은행사』, 691면.

해산 수당, 퇴직사금(退職賜金) 등 다양했으며 조선은행의 협조 아래 이루어졌다.[30]

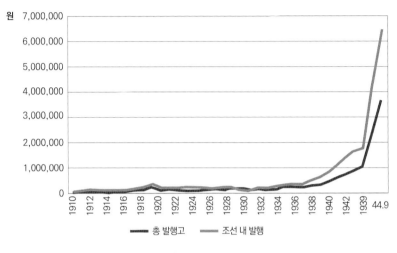

<그림 8-3> 조선은행권 발행고

한편 조선 내의 통화 발행고와 인플레율은 높았지만 엔블록 전체에서 보면 1937년 6월을 100으로 할 때 1944년 9월에 동경이 182, 경성 213, 타이페이 181, 신경 303, 북경 2,799(단 북경은 1936년 말을 기준)로 상승하여, 경성은 중국에 비해서는 안정적이었다. 이에 비해 만주국의 신경(長春)은 보다 불안하고, 북경으로 대표되는 화북 지역의 연은권 유통 지역은 전시 하이퍼(초) 인플레이션이 지배했다고 볼 수 있다.[31] 1944년 9월에 북경 14,725, 상해는 76,888로 되었다.[32]

대체로 1938년 이후 은행권 증발이 높아지지만, 1940년대 이후 가팔라지

---

30 『朝鮮銀行回顧錄』上, p 3.
31 『조선은행사』, 691면.
32 『조선은행사』, 700면.

고, 특히 1943년 9월과 1945년 3월의 1년 6개월 만에 3.6배가 증가했다. 40년대 이후의 조선은행권 증발 요인을 분석한 바에 의하면 만주 국폐의 유입을 위시하여, 만주나 중국에서의 향리 송금으로 보이는 우편환의 수불, 중국에서의 유입, 일본은행권의 조선 내 유입 등 다양한 대외적 요인이 중요하였다.[33] 조선은행은 한편으로 만주국이나 화북정무위원회에 대한 일본의 국고 송금 대리 업무를 담당함으로써 자금 조달의 편의를 얻고 조선의 대외수지와 조선 경제에 도움을 주었지만, 다른 한편 만주 국폐 교환 등으로 통화가 증발되어 조선 경제에 인플레 부담을 주었다고 할 수 있다.

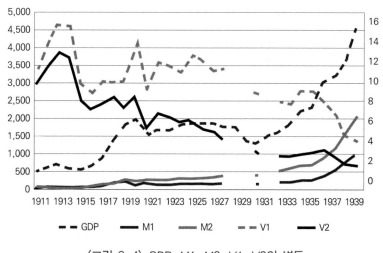

〈그림 8-4〉 GDP, M1, M2, V1, V2의 변동

〈그림 8-4〉는 조선의 통화량과 유통속도 그리고 GDP와의 관계를 보여주는 것이다. 그림에서 보듯이 조선의 GDP는 1915~1919년의 1910년대 후반, 그리고 1932년 이후에 빠르게 성장하였다. 1910년대 후반의 급속한 성장은 제1차

---

33 『조선은행사』, 688-691면

세계대전으로 인한 일본 경제권 전체의 호황에 힘입은 바 있고, 1918년 일본의 미곡 투기로 인한 미소동(米騷動)으로 미곡의 가격 상승과 수출 증대가 있었지만, 농업 성장의 과대 평가에 기인한 것이라는 평가도 있다.

〈그림 8-4〉에서 GDP는 1913년까지 상승하다가 이후 1915년까지 하락했고, 이 과정에서 유통 속도 V1과 V2도 1913년까지 상승하다가 이후 1915년까지 하락하면서 궤를 같이 했다. 그러나 1915~1919년의 빠른 GDP성장기에 V1(GDP/M1)과 V2(GDP/M2)는 상대적으로 안정적이었고, 이 시기에 통화량의 공급이 충분했다는 것을 보여준다. 이후 1920년대에는 GDP가 정체적이었고, V1도 정체적이었다면, 상대적으로 V2는 지속적으로 완만하게 하락하였다. 1930년대에 GDP는 빠르게 성장한 반면 V1은 안정 내지는 완만한 하락을 그리고 V2는 지속적으로 완만하게 하락했다. GDP에 비한 M1, M2의 증가가 보다 빠르면 유통 속도는 하락하고, 느리면 유통 속도가 상승한다. 케인즈 이전의 경제학에서 거시경제에 속하는 이론으로는 화폐수량설 밖에 없었고, 통화량의 증대는 특히 귀금속 본위제에서 거래 총액과 생산액에 영향을 미치는 것으로 간주되었다. 오늘날의 경제학에서도 통화량의 증대가 곧 산출량의 증가로 이어지는 것은 아니지만, 통화량의 부족은 물가가 상대적으로 하방경직(下方硬直)적이므로 생산에 장애가 되는 것으로 이해된다.

일반적으로 경제 발전 과정에서 금융 발전이 선행하는가 혹은 후행하는가는 속단하기 어렵다. 그러나 성장의 초기 과정에서 통화량의 증가율이 경제 성장률을 상회하였다. 적어도 통화량이 부족해 유통 속도가 상승하는 것은 경제 성장에 유리한 상황은 아니다. 19세기와 20세기의 경제 성장 초기 과정의 국가들에게서 유통 속도의 하락은 전형적인 것이어서 미국과 일본 그리고 중국 등에서도 성장의 초기 과정에서 보편적인 것이었다.[34] 통화

---

34 Milton Friedman and Anna Jacobson Schwarts, *A Monetary History of the United*

량의 크기 변동에는 기본적으로 본원 통화인 조선은행권의 발행고가 중요하고 특히 M1은 본원 통화량에 연계된다. 조선은행권은 이미 1915년부터 발행이 급증하기 시작하였으며, 1920년대에는 정체 내지는 감소하고, 1930년대에 다시 증가하여 GDP의 변동과 궤를 같이 한다. 그러나 전시 말에는 통제 불능으로 급증하여 생산과 관계없는 초인플레의 시대를 맞았다.

3. 성장의 요인

일제강점기 조선 경제 성장의 요인을 생각할 때 우선적으로 중요한 것은 수요·공급의 누적적 작용이 가능한 제도와 변화의 계기가 주어진 점이다. 애덤 스미스의 분업론에 의하면, 시장 경제에서 분업은 공급과 수요를 동시에 증가시켜 경제 성장을 가져오고 그것이 누적적으로 작용하는 것이 성장의 일반적 모습이다. 조선 경제가 개방되고 일본 경제에 통합되면서 무역이 증가하고 수출입 의존도가 1912년의 18%에서 1940년에는 56%로 증대하였다. 시장이 확대되고, 비교우위가 있는 농산물에 대한 수요 증가로 미곡 판매 계층의 소득 증가를 가져오며, 그 많은 것이 다시 수익률이 높은 토지 매입에 사용되었겠지만, 그중 일부는 상공업 분야에 투자되고 농외 고용의 기회를 제공했다. 일제강점기 때 관세 철폐를 통한 시장 통합과 엔 블록을 통한 화폐 통합은 수출 수요의 증대와 자본 도입의 증가 그리고 새로운 생산 방법의 도입을 통해 수요와 공급의 상호 누적적 작용을 가져오고, 분업과 전문화의 이점을 제공하였다. 일본은 초기에 자본 유출을 경계했지만 봉쇄하기는 어려웠고, 만주에서의 조선은행의 신용 창출이 조선의

States, 1867~1960, Princeton, 1963. Thomas G. Rawski, *Economic Growth in Prewar China*, University of California Press, 1989, p165.

자금 공급에 보완적으로 이용되었다.

한편 경제 성장의 요인에 관해 여러 설명이 있을 수 있으나 공급 능력의 확대 과정을 설명하는 주류적인 신고전학파의 성장 모형에서 인당 소득은 총요소 생산성을 포함하는 외·내생적 기술 진보와 노동 단위당 자본, 즉 자본장비율(k=K/L)의 함수이다. 자본장비율 k의 증가는 저축률과 노동 증가율 그리고 감가상각률 등에 의해 결정되나 인구 증가율과 감가상각률이 일정하다면 저축률, 즉 투자율이 가장 중요하다. 한편 이자율이 낮아지면 여타 요인이 불변인 상황에서 투자가 증가하고 노동의 자본 장비율이 높아지고 인당 소득이 증가한다.

성장 과정에서의 인당 소득과 인당 자본 장비율 그리고 기술 진보와의 관계를 다음 〈그림 8-5〉와 같이 표시해 볼 수 있다. 조선에는 1910년대에 금융 기구가 정비되고, 중앙은행인 조선은행과 함께 다수의 농공은행을 합병한 조선식산은행이 중심적 기능을 하였고 그 외에 다수의 민간 금융기관이 존재하였다.

조선에 금융기관이 신설되고 자본 도입이 이루어지며 이자율이 하락하면 〈그림 8-6〉에서 이자율과 자본의 생산성이 일치하는 초기의 균형점이 A에서 B로 이동하며, 이러한 자본의 축적 과정에서 기술 도입이나 규모의 경제 등에 의해 생산성이 증가하면 생산함수가 상향 이동할 수 있고, 새로운 균형점은 C에서 형성되고 인당 소득이 보다 높아질 수 있다. 다시 말해 k의 증가는 기술이 체화된 자본의 증가로 다시 자본의 생산성을 증가시키는 내생적 요인이 될 수 있으며, 이는 y=f(k)의 상향 이동을 가져오고, 다시 B에서 C로의 균형 이동을 가져오고 소득 증대를 가져올 수 있다. 환율의 안정이 시장 통합을 통한 시장 확대로 나타나면 더욱 성장의 자극 요인이 될 수 있다. 차명수는 일제강점기 노동자 인당 자본 사용량이 꾸준히 증가한 것으로 추산하였다.[35]

그러나 일제강점기에 화폐 통합과 금융기관의 설립에 의해 공식적인 이

자율이 하락한 것처럼 보여도 사실상 금융시장이 분단되어 있고, 은행의 대출이 선택적으로 이루어지고, 이자율 하락을 가능하게 하는 자본 도입이 이루어지지 않는 경우에는 외형적 이자율의 하락에도 불구하고 자본-노동 비율이 크게 높아지지 않는 경우도 있을 수 있다. 또한 물가 변동이 심하여 명목 이자율과 실질 이자율이 괴리되어 있는 문제도 있다. 한편 금융시장이 분단되어 저금리의 자금이 주로 일본인에게 집중되면 그것은 일본인에 의한 자산 집중과 소득 분배 불평등의 원인이 된다.

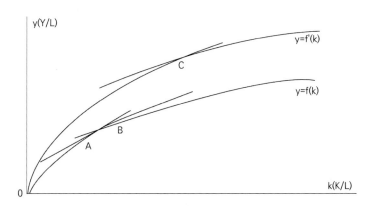

〈그림 8-5〉 이자율 하락과 노동 장비율의 증가 및 인당 소득의 증가

일반론으로 전전기의 일본 경제는 자본 부족형 경제이고 대외 투자를 촉진하기 충분한 여력이 있었다고 생각하기 어렵다. 이 같은 상황에서 조선의 무역수지가 거의 일관되게 적자였으므로 자체적으로 자금의 여력을 가지는 것도 어려운 조건이었다. 따라서 노동의 자본 장비를 높일 수 있는 투자율이 과히 높지 못한 등 문제점이 없지 않았다. 그리고 지대 수익률이 20%대이고, 사채 시장의 금리가 높은 등, 공적 금융기관의 저이자율은 자

---

35 김낙년 외, 『한국의 장기통계』 II, 해남, 2018, p 832.

본시장의 균형 이자율로 보기 어려운 한계가 있었다. 그러나 이러한 제약 조건에도 불구하고 금융기관의 이자율이 낮아진 것은 한편에서 자본 투자에 유리한 환경을 조성하였다.

콥-더글러스 생산함수를 가정할 때 인당 소득(y=Y/L)의 성장률은 총요소 생산성의 증가율과 인당 자본 장비(=k) 증가율의 함수로 나타난다. 일제강점기 총요소 생산성 증가율에 관해 차명수는 1911~1940년 사이에 경제 부문별로 농업에서는 연 -0.03%, 제조업에서는 0.25%였고, 공익(public utilities), 건설, 서비스 등의 비교역재 부문에서는 상대적으로 높은 0.99%인 것으로 추정하였다. 1911~1940년의 총요소 생산성 증가율 1.6% 가운데 제조업과 비교 역재 부문의 총요소 생산성 증가가 1/4이하를 설명하고, 나머지 3/4은 보다 생산적 부문으로의 자원의 재분배를 통한 생산성 향상에 기인한 것으로 평가하였다.[36]

성장회계 분석은 정밀한 통계를 요구하고, 이와 별도로 과잉인구가 존재하는 농업 부문에 한계 분석이 적용될 수 있는가 하는 등에서 문제점이 없지 않다. 이런 한계는 있지만 차명수는 1911~1940년의 노동자 인당 생산 증가율은 2.5%였고, 이 중에서 총요소 생산성 증가율에 의한 것이 1.6%, 그리고 인당 자본 장비의 증가로 인한 것이 0.9%였다고 추정하였다. 구체적으로 1911~1940년에 인당 자본 사용량 증가율은 연 5.4%(=자본 스톡 증가율 6.6%-노동 가능 인구 증가율 1.2%)이고, 여기에 자본 분배율 0.20을 곱하면 자본 집약도 상승 때문에 일어난 인당 생산 증가는 1.1%이다. 그러나 토지를 자본과 구분하여 살펴보면 인구 증가에 따른 인당 경작지 면적 감소가 인당 생산 증가에 미친 부정적 효과가 -0.2%여서 그 두 요소를 함께 고려하면 인당 자본 장비의 증가로 인한 것이 0.9%로 나타난다.[37]

---

36 차명수, Chapter 4. Technological Progress, Working Paper 2021-01, 낙성대경제연구소, pp 24-26. 차명수, 『기아와 기적의 기원』, 해남, 2014, p 105.

일제강점기 총요소 생산성이라는 성장의 잔여 요인에 관해, 차명수는 총요소 생산성 증가율 1.6%의 3/4이 자원의 재분배에 의한 것으로 추정했다. 그러나 자원의 재분배는 이농에 의해 저생산성의 농업 노동이 제조업이나 서비스업 등의 분야로 이동하는 노동의 재분배에 의한 것이다. 따라서 이들 근대 분야에 이농의 기회를 제공한 것은 역시 자본 투자에 의한 것이므로, 무엇보다 총 고정 자본 형성률이 높아진 것이 경제 성장에 중요한 요소였다. 해로드 - 도마 모형이 시사하는 바와 같이 특히 성장의 초기 단계에서는 투자율이 중요하다.

다음 〈그림 8-6〉은 일제강점기 조선의 이자율과 총 고정 자본 형성률, 그리고 인당 GDP를 보여준다. 우선 대출 이자율은 조선은행의 이자율을 제시했는데, 조선은행의 이자율은 식산은행의 대출 이자율보다도 약 2% 낮은 이자율이고, 시장 이자율에 비해서는 반도 되지 않는 낮은 것이었다. 조선은행의 대출 이자율은 1910~1927년까지 대체로 10~12%대에 머물렀고, 이후 하락하여 1933년까지 9%에 미달하는 수준에서 머물렀고, 이후 꾸준히 내려가 1939년에는 5.8%까지 하락하였다. 식산은행 등의 대출 이자율은 조선은행보다 높지만 변동의 추세는 비슷한 움직임을 보였다. 총 고정 자본 형성률은 비록 재고 투자 등이 누락된 것이지만 투자율의 대용 변수로 간주할 수 있고, 총 고정 자본 형성률이 높으면 투자율이 증가한다고 볼 수 있다.

〈그림 8-6〉에서 보듯이 경상 가격 기준 인당 생산이 1915년의 32원에서 1919년에는 100원으로 4년 만에 3.1배 이상 증가했다. 그러나 불변 가격 기준으로는 67원으로 동일하여 GDP디플레이터가 3.1배 증가한 것으로 나타

---

37 차명수,『기아와 기적의 기원』, 해남, 2014, p 106. 다만 차명수가 요소 투입을 노동, 자본, 토지로 구분하여 분석한 것을 여기서는 단순하게 노동과 자본(자본+토지)로 구분하여 해석하였다.

난다. 그리고 그림에서 보듯이 불변 가격 기준 인당 소득은 1910년대에서 중일전쟁 이전까지 비록 1919년과 1924년 그리고 1928년에 비교적 큰 폭의 하락이 있었지만 곧 회복하여 대체로 일정한 추세선에 따라 증가했다. 한편 〈그림 8-6〉에서 이자율이 1920년대 이후 지속적으로 하락하면서 총 고정 자본 형성률이 높아지고 있는 것을 볼 수 있다. 다만 1920년대는 물가 하락률이 높아 실질 이자율은 오히려 높았고, 전후 불황으로 1923~1925년의 조선은행의 감자를 수반한 불량채권 정리기에는 예외적으로 총 고정 자본 형성률이 하락했다. 전체적으로 국내 총 자본 형성이 GDE(=GDP)에서 차지하는 비율이 1913~1922년에 4.83%, 1923~1933년에 6.25%, 1928~1937년에 9.8%였다. 이는 대만에 비해서 낮고 일본에 비해서는 거의 반수준으로 낮은 것이었다.[38] 1911~1938년의 평균으로 조선의 자본 형성률은 9.3%, 대만은 11.4%, 일본은 19.1%였다.[39]

한편 1911~1938년에 조선에서 건설 투자의 증가율이 5.7%, 설비 투자 증가율이 8.9% 였다. 그리고 자본 형성에 점하는 정부 부문의 비중이 1913~1922년에 60.3%, 1923~1932년에 57.1%, 1933~1938년에 59.1%로 큰 비중을 차지하고, 그중의 반은 일본에서 지원된 것이었다. 정부 투자의 사용처는 운수 통신과 도로 항만 등 사회간접자본 부문이 60% 정도를 차지하고,[40] 이 밖에 일반 행정비로도 상당히 사용되었으나 산업 부문에서는 산미 증식 계획과 연계된 농림 수리·치수 사업이 중요했다.

---

38 溝口民行·梅村又次 編, 『旧日本植民地經濟統計』, 東洋經濟新報社, 1988, p 9.
39 위와 같은 책, p 70.
40 위와 같은 책, pp 71-73.

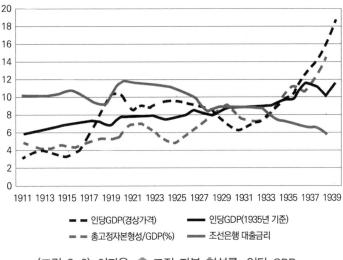

〈그림 8-6〉 이자율, 총 고정 자본 형성률, 인당 GDP

〈그림 8-6〉에서 이자율의 하락과 총 고정 자본 형성률의 증가 그리고 기준 가격 인당 GDP의 증가가 병행적으로 일어나는 것은 대체로 1932년 이후로 나타난다. 그리고 1930년대에는 총 고정 자본 형성률이 높아지는 것과 병행하여 설비 투자의 증가율이 높아진다. 이 과정에서도 정부 부문의 비중이나 일본에서의 자본 수입이 가지는 중요성은 유지되었다. 야마모토 유조에 의하면 1910~1939년에 총독부 이전이 누계 7억 1천 8백만 원, 장기 자본이 25억 1천 5백만 원 총계 32억 3천 4백만 원의 장기 자본이 수입된 것으로 평가했다.[41]

총 고정 자본 형성률의 증가는 역시 성장의 주요인이었지만 그것이 10%대에 도달한 것은 중일전쟁 이후이고, 대체로 6~7년간 지속되었을 것으로 판단되며, 이미 늦어도 1943년 후반기 이후에는 정상적인 경제 운용은 어려웠을 것이다. 로스토우가 도약 단계의 지표로 투자율 10%를 제시했지만,

---

41 山本有造, 『日本植民地經濟史研究』, 名古屋大學出版會, 1992, p 165.

조선에서의 그 지속 기간은 자기 유지적 성장을 가져오기에는 상대적으로 짧은 기간이었다.

4. 이중 경제와 분배 및 생활 수준

일제강점기 조선의 경제 구조의 특징과 함께 조선인의 생활 수준을 검토하는데 중요한 논점의 하나가 이중 경제의 존재 여부이다. 조선 경제의 이중성을 보는 시각은 몇 가지가 있을 수 있다. 이중 경제는 일정한 기준에 따라 경제 부문을 구분할 때, 부문별로 작동하는 경제 원리가 다르거나 생산성 격차가 존재하고 지속적인 경우에 존재한다. 조선 경제의 이중 구조에는 첫째, 조선 내 민족 간 소득 격차가 존재했고, 이것은 계속 지속되었다. 둘째, 조선 내 산업별, 규모별 생산성 격차가 존재하고 지속되었다. 셋째, 거시적 관점에서 시장이 통합된 조선 경제와 일본 경제 사이에 인당 소득의 격차가 줄어들지 않았다.

원리적으로 통합된 시장에서 생산 요소의 이동마저 자유롭다면, 이러한 차별적 격차는 해소되어 간다고 한다. 다만 외형상의 생산물 및 요소 시장의 통합에도 불구하고, 제도적 사회적 차별이 여전히 존재하는 경우 단기적으로 그 격차가 해소되지 않는다. 제도적으로 1910년대의 회사령, 1937년 이후의 「수출입품 등 임시조치법」, 조선인에 대한 금융시장 및 교육 기회 접근의 상대적 차별 등이 존재했다. 그러나 보다 근본적으로 일제강점기의 조선에는 정치 사회적 차별이 존재하고 이로 인해 자본 및 기술시장에의 접근이나 인적 자본의 축적 등의 장벽이 존재했으며 이는 단기적으로 해소될 수 없는 문제들이었다.

물론 조선과 일본 경제는 점차 분업 연관이 발전되고, 이 과정에서 조선의 공업화도 진전되고 조선인 노동과 자본도 성장한다.[42] 일제강점기 때 주된 수출품인 미곡의 생산이 플랜테이션 농장(대규모 농장)에서 이루어지지 않고, 일반 농민의 생산물인 쌀이 지주제를 통해 상품화되고 수출이 될 수 있었다. 따라서 수출 부문이 생존 부문과 따로 분리되지는 않았고, 한편에서 시장 경제의 논리는 보편적으로 작동했다.

경쟁 시장에서의 경제 논리는 강력하여 사회적 차별 구조 속에서도 자본은 수익성이 높은 곳을 찾아 이동하고, 노동도 고소득을 추구하며, 이 과정에서 분업 연관이 심화되고 경제 통합의 논리가 작동하며, 이중 경제가 약화될 수 있다. 그러나 사회적 차별은 대단히 강고하여 일부 계층에서의 융합에도 불구하고 절대 다수의 조선인은 차별당하는 식민지인으로 존재하여 격차가 해소되지 않는다. 특히 스톡(재고)의 격차가 심화되고, 이로 인한 생산성 및 소득 격차가 발생하는 경우 이는 사회적 개혁이 수반되지 않는 한 완화되기 어렵다. 논리적으로는 플로우(시장의 흐름)가 스톡의 분포에 영향을 미치지만 스톡의 분배 상태는 그 자체로 기득권을 옹호하는 사회제도화되기 쉽다. 또한 자본주의는 한편으로 경쟁적인 사회이고 통합적이지만 다른 한편 자본은 끊임없이 독점을 추구하고, 그것을 제도화하고자 하며 이로 인한 차별은 해소되지 않는다.

공업 부문에서 대기업과 중소기업과의 생산력 격차가 크고, 또한 생산성이 높은 분야에 일본인의 고용이 주로 이루어져 공업 규모별 생산성 격차와 민족간 격차가 중첩된 이중 구조가 지속되었다. 조선인은 압도적 다수가 농민이고 또한 그 대부분이 소작농이었고, 이들은 이농이 이루어지지 않는 한 구조 개선이 불가능한 존재들이었다. 일본인들은 기업형 대지주이

---

42 호리 가즈오(堀和生)는 조선 공업 내에서의 산업 연관 증가를 실증하면서 이중 구조론을 비판했지만, 허수열이 잘 인식하고 있듯이 식민지 공업화 과정에서 조선인 자본과 노동의 성장에도 불구하고 조선에서 이중 구조가 해소된 지표는 보이지 않는다. 堀和生, 『朝鮮工業化の史的分析』, 有斐閣, 1995, 서장 제2절. 허수열, 『개발 없는 개발』, 은행나무, 2005, 제3장 2절. 참조.

든 개인이든 모두가 지주였고, 조선인 지주들도 토지 소유를 확대했다. 이 과정에서 지대율은 병작반수 이상으로 상승했고, 따라서 민족 간, 계급 간 소득 격차가 확대되고 지속되었다.

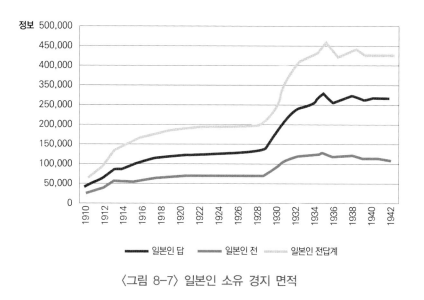

〈그림 8-7〉 일본인 소유 경지 면적

〈그림 8-7〉은 일본인 소유 경지 면적을 보여준다. 일본인 소유 경지 면적은 1910~1918년에 급증하고, 이후 1920년대에는 완만하게 증가하다 다시 1929~1932년에 급증했고, 그 절대 면적과 함께 상대적 비중도 변화했다. 구체적으로 1928년에 전의 2.8%, 답의 9.1%로 전체 5.1%를 차지했으며, 1935년에는 전의 5.2%, 답의 18.2%로 전체 10.2%를 차지하게 되었다. 일본인의 소유 전답 중에서 답이 65~70%를 차지했다. 당시 일본인의 조선 내 인구 비중이 1940년에 3.2%에 불과하고, 이 중의 5~6%만 농업 인구였다. 따라서 일본인 농업 인구 1인당 면적이 답은 조선인 평균의 약 70배, 전체 경지로는 약 40배를 소유하고 그것은 그대로 민족 간 농업 소득 격차로 반영될 수밖에 없었다.

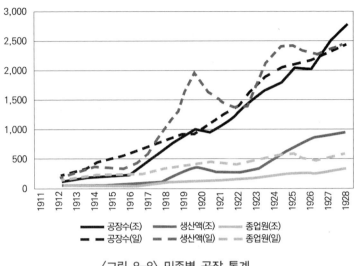

<그림 8-8> 민족별 공장 통계

한편 〈그림 8-8〉은 1911~1928년 민족별 공장 통계를 공장 수, 생산액, 종업원 수 등의 측면에서 살펴본 것이다. 공업 부문에서 조선인은 상대적으로 일본인에 뒤쳐졌지만 점차 새로운 문명에 적응하면서 새로운 산업으로 진입했다. 조선인 공장과 일본인 공장을 비교해 보면 먼저 일제강점기 초기부터 일본인 공장 수는 비교적 안정적으로 빠르게 증가했다. 일본인 공장의 생산액은 제1차 세계대전 동안 매우 빠른 성장을 보이다 종전 후에 후퇴를 겪었지만 1922년 이후 다시 가파른 회복과 안정된 상승을 보이고 있다.

한편 조선인 공장은 공장 수에서는 1910년대 후반 이후 안정적으로 증가하고, 1927년에 그 숫자는 일본인 공장 수를 추월하여, 일본인 공장 2,279개에 비해 조선인 공장은 2,467개가 되었다. 그리고 생산액은 1917~1919년 급상승 후 침체했다가 1922년 이후 비교적 빠른 성장을 보여주고 있으며, 종업원 수는 안정적으로 증가했다. 한편 공장 당 종업원 수에서는 일본인 공장의 경우에는 1925년 이후 감소하는 데 비해, 조선인 공장의 경우에는 비교적 안정적으로 증가했지만 일제강점기에 조선인 공장은 중소 공장이 대부분이었다. 조선인 공장은 양말, 메리야스, 고무신, 제지업, 양조업, 정미업, 착유업 등 상대적으로 중소기업에 적합하거나 기술 수준이 낮은 분야가 많았다. 조선인 공업의 발전이 꾸준히 이루어지고 있었지만, 1930년대이후 전기화학 공업 등의 발전이나 일본 재벌의 대규모 공장 등에서 보는대기업으로의 발전은 어려웠다. 다만 김연수의 경성방직은 예외여서 만주로 진출하기도 하였다.

한편 1930년대에 정책적인 지원 아래 공업화가 진행되고, 일본 대자본의진출이 증가하면서 조선 공업의 모습은 변화한다. 공업을 민간 공장, 관영공장 그리고 가내 공업으로 구분할 때, 1930년대에 민간 공장의 비중이 증가했다. 1926년과 1939년을 비교할 때 관영 공장이나 가내 공업의 비중이줄고, 민간 공장 생산액의 비중이 56.5%에서 75.7%로 크게 증가했다. 이것을 가져온 요인은 주로 일본 대자본의 진출로 일본 대자본의 비중이 3.3%에서 21.8%로 증가한 데 따른 것이었다. 민간 공장 생산액 중에서 조선인공장의 생산 비중이 14.8%에서 20.1%로 증가하여 조선인 자본가의 역할이증가했다.

한편 가내 공업 생산액은 절대액에서 거의 2배로 증가했으나, 그 비중은1926년의 34.8%에서 1939년에는 20.2%로 감소했다. 조선인 가내 공업 생산액은 1926년 1억 9천만여 원에서 1939년에는 3억 2천 3백만여 원으로 1.7배 증가하고, 물가를 감안한 불변 가격 기준으로도 1.3배 증가한 것으로 나타나 가내 공업이 여전히 유지되고 있는 것을 보여주지만, 그 비중은 33.9%에서 17.1%로 감소하였다.[43]

일제강점기 기간에 조선인 공장이 증가하고 생산액이나 종업원 수도 증가했지만 공업 자산의 대부분은 종전 때까지 일본인 소유였다. 다음 〈표

43 허수열, 『개발없는 개발』, 은행나무, 2005, p167.

8-4〉는 공업 부문의 민족별 자산 소유를 보여주는 것이다. 1941년에 공업 자산의 91.5%가 일본인 소유였고, 1945년 8월의 종전 무렵에는 그것이 92.6%에 달했다. 회사 형태의 공업 자산은 95% 이상이 일본인 소유였다. 일본인 공업의 상당 부분은 일본 대자본으로 미쓰이(三井), 미쓰비시(三菱), 스미토모(住友), 일질(日窒), 동척(東拓), 닛산(日産), 카네보(鐘淵)방적, 대일 본방적(大日本紡績), 동양방적(東洋紡績), 일철(日鐵) 등이 대표적이다. 비록 조선인 공장과 조선인 자본가의 진출이 꾸준히 증가하고 발전했지만, 조선인 공업 자산의 비중은 해방 직전에 전체의 7~8% 수준에 불과해 조선의 공업은 일본인의 공업이었다고 할 수 있다.

〈표 8-4〉 공업 부문의 민족별 자산 추계[44]

(단위: 천원)

	1941년 말			1945년 8월		
	일본인	조선인	합계	일본인	조선인	합계
공업회사	2,049,241	102,462	2,151,703	32,928,930	1,646,447	34,575,377
개인공장	97,311	97,311	194,622	1,056,300	1,056,300	2,112,600
합계	2,146,552	199,773	2,346,325	2,702,747	2,702,747	36,687,977
비중	91.5%	8.5%	100.0%	92.6%	7.4%	100.0%

*자료: 허수열, 『개발 없는 개발』, 은행나무, 2005, p171.

다음 〈그림 8-9〉는 조선 및 대만 그리고 일본의 인당 국내 총 지출의 변화를 보여주는 것이다. 〈그림 8-9〉에서 조선의 인당 국내 총 지출(=인당 국내 총 생산)이 1919년에 104원에 달한 후 횡보 내지는 하락하다가 1936년에야 111원으로 1919년 수준을 상회하고, 1938년에 130원으로 증가했다. 그러나 조선의 인당 소득의 증가에도 불구하고 일본 본토와의 소득비는 대체로 250~300%에서 횡보하고 격차가 좁혀지지 않는 것은 역시 상품 이동의

---

44 정부 부문의 공업투자 혹은 공업자산은 제외

제한과 함께 인적 자본의 격차나, 물적 자본 이동의 실질적 제한 등이 존재했던 것으로 판단된다. 다만 30년대 후반기에는 조선의 인당 GDE(국내 총지출) 증가율이 일본을 약간 상회하였다.[45] 장기적으로 경제가 통합된 식민지에서 이중 구조가 해소되어 간다고 논리적으로는 이해할 수 있으나 현실에서는 우원(迂遠)한 일이었다.

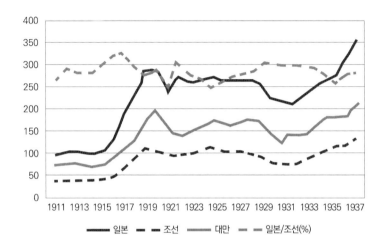

〈그림 8-9〉 조선 및 대만 그리고 일본의 인당 국내 총 지출의 변화

일제강점기에 경제 성장이 이루어졌지만 농지 소유와 공업 자산 소유에서의 일본인 상대적 소유 집중이 이루어지고, 또한 일본 본토와 조선 간 소득 격차가 그대로 유지되어 이중 구조적 성격은 지속되었다. 그러나 총량 평균적인 조선의 인당 소득의 증가가 나타나는 가운데, 조선인의 생활 수준이 향상되었는지의 여부가 논쟁의 대상이 되고 있다. 조선인의 생활 수준이 악화되었다는 주장의 강력한 근거는 뒤의 산미 증식 계획에서 살펴보

---

45 1934~1938년 인당 GDE증가율 일본은 3.65%, 조선은 5.03%로 조선이 보다 높다. 溝口民行·梅村又次 編, 『旧日本植民地經濟統計』, 東洋經濟新報社, 1988, p 8.

듯이 1930년대에 식량 증산에도 불구하고 그 이상의 쌀이 수출되어 1인당 쌀 소비량이 줄어든 것이다.

그러나 지속적인 인당 소득의 증가에도 생활 수준이 악화될 수 있는가에 의문이 있고, 강점기에 평균 신장이 커졌다는 연구도 있다.[46] 강점기에 쌀을 수출하는 대신, 조와 수수 그리고 콩 등의 잡곡류의 수입이 증가하여 칼로리 섭취량을 보충한 측면도 없지 않지만 이것들은 열등재이다. 또한 비숙련 노동자의 실질 임금은 정체하여, 강점기의 생활 수준 지표들 사이에는 합치하지 않는 경우가 있다.[47] 대체로 조선인의 다수가 농촌에 소작농으로 체류하는 가운데 지대율이 높아지고, 인구 증가로 경지 면적은 감소하여 다수인 빈농의 생활 수준이 향상되기는 어려웠다.

조선인의 다수를 차지하는 소작 빈농은 쌀을 판매하는 계층이 될 수 없었고, 절대적인 빈곤과 초근목피로 연명하는 것이 일반적이었다. 따라서 지주에게 쌀을 팔아 돈을 벌 기회가 제공되고 지주제가 확대되며 소작료율이 높아진다는 것은 소작 빈농에게 대단히 열악한 조건이었다. 그렇다고 그들의 생활 수준이 절대적으로 악화되었다고 단정할 수는 없고, 1920년대 후반에서 1930년대 초반까지 1인당 미곡 소비량이 감소한 반면 1930년대 후반부터는 다시 증가했다. 따라서 소작 빈농에게 경제 성장이 암시하는 지속적인 생활 수준의 향상이 이루어졌다고 보기는 어렵지만 특히 1930년대 후반 이후에는 인당 식량 소비량도 증가하고 제한된 범위에서나마 농외로의 인구 이동이 증가하여 조금이나마 상황이 개선되었을 가능성이 있다고 판단된다.

---

46 Kim, Duol and Heejin Park, *Measuring Living Standards from the Lowest: Height of the Male Hangryu Deceased in Colonial Korea*, Explorations in Economic History; 48(4), 2011.

47 차명수, 『기아와 기적의 기원』, 해남, 2014, p 36.

5. 취업 구조, 인구 이동과 교육

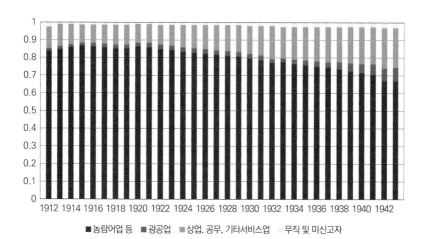

〈그림 8-10〉 조선인 유업 세대 산업 대분류별 비중

조선에 경제 성장이 나타나고 생활 수준이 향상되었다고 하여도 조선의 경제 구조는 여전히 압도적인 농업 국가였고, 도시화율은 낮았으며, 불가역적인 구조적 전환이 이루어진 사회였다고 말하기는 어렵다. 〈그림 8-10〉은 1912~1943년의 조선인 유업 세대의 산업대 분류별 비중의 변화를 보여주는 것이다. 그림에서 보듯이 농림어업 등 1차 산업 종사자의 비중은 비록 조금 감소했지만 1930년까지도 80% 대에 이르는 압도적인 비중을 차지하고, 이후에도 조금씩 감소했지만, 1943년에도 67.1%를 차지했다. 광공업 종사자는 1943년에도 7.6%에 불과했다. 상업, 공무, 기타 서비스업 종사자가 증가하여 1912년의 12.3%에서 1943년에는 22.3%로 농림어업 다음으로 커다란 비중을 차지했다. 농림어업 부문 유업자의 비중이 1912년의 84%에서 감소했지만, 일제강점기 말에도 67%를 차지하는 사회는 여전히 농업 사회의 구조를 벗어났다고 말하기는 어렵고, 농업 부문에 저취업의 과잉인구가

빙산처럼 잠복해 있는 사회였다고 할 수 있다.

조선인의 압도적 다수가 농림어업에 종사하는 구조는 조선 내 일본인의 취업 구조와는 판이한 것이었다. 일본인과 조선인의 직업 분포를 보면 1940년에 일본인은 64%가 상업, 수송통신, 공무원, 전문직, 기타 등 서비스직에 종사하고, 25%가 제조업에 그리고 단지 8%만이 농어업에 종사한 것과 대조적으로 조선인은 71.6%가 농림어업에 종사했다. 또한 일본인은 제조업에 25%가 종사하는데 비해 조선인은 5%에 불과했고, 그것도 직급이 낮은 계층에 집중되었다. 이는 한국인의 고등 교육 비율이 낮고 특히 이공계 교육이 취약하여 전문기술직 근로자가 적은 데서 연유한 것이었다.

그러나 일제강점기 조선에는 조선조에 비해 도시화가 진행되고 또한 역외로의 인구 이동이 활발하게 이루어짐으로써 과잉인구 적체의 농촌 사회에 숨통을 틔워 주었다. 도시, 즉 부(府)의 수가 증가하고 부내의 인구도 증가했다. 경성을 비롯하여 평양, 부산, 청진, 대구, 인천 등 6대 부의 인구는 1930년의 88만 명에서 1940년의 202만 명으로 증가하고, 전체 인구에서 차지하는 비중은 5.8%에서 11.6%로 2배 증가하였다.[48]

도시화와 함께 조선인의 역외 유출, 곧 만주나 일본으로의 이동이 진행되었다. 다음 〈그림 8-11〉은 중국 및 일본에 거주하는 조선인 수의 변동을 보여주는 것이다. 중국으로의 진출이 먼저 시작되었고, 재일조선인은 1920년에도 3만 명 수준이었다. 그러나 이후 빠르게 증가하여 1944년에 재중조선인이 166만 명, 재일조선인이 194만 명 합계 360만 명에 달했다. 이들 중에는 자발적 이민도 있고, 기간에는 각종 동원에 의해 이주한 사람들이 많아졌다. 한편 해방 시점에 조선에 거주한 일본인 수는 민간인이 약 70만 명 그밖에 약 30만 명의 군인이 거주했고, 그중 63%가 남한에 거주했다.

---

48 이영훈, 『한국 경제사 Ⅱ』, 일조각, 2016, p 200.

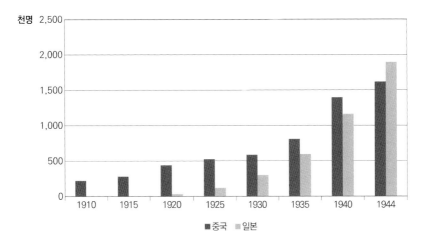

〈그림 8-11〉 재중·재일 조선인 수

　폐쇄 사회였던 조선조에서 강점기 말 1944년에 전체 인구의 2,500만 명
의 14.4%가 해외로 이주했고, 이들은 새로운 문물과 사상을 도입하는 강력
한 매체였다. 조선에는 근대 문명과 함께 자유주의, 민족주의, 사회주의와
무정부주의 등 다양한 사상이 유입되었다. 또한 해외 이주민 외에도 많은
노동자가 고향을 떠나 특히 북선 지방의 공장이나 광산 지대 등에서 일을
했고, 전체적으로 보면 인구의 20% 이상이 고향을 떠나 있었던 것으로 평
가된다. 해방으로 이들의 다수가 귀국하고 귀향하여 강력한 사회 변동의
요인이 되었던 것으로 판단된다.

　한편 일제강점기에 근대 교육이 보급된 것이 조선 사회 발전에 중요한
계기가 되었다. 조선조에도 각 촌락에 사설 서당과 지방의 향교를 비롯해
각 지역의 서원 그리고 서울의 성균관에 이르기까지 각급 학교가 존재했지
만 교육 내용이 주로 유학에 국한된 것이었다. 총독부 통계에 의하면 1911
년 3월 말 현재 서당 수는 1만 6,540개소이며, 그리고 1918년 8월 총독부의
'서당 상황'에 의하면, 서당 수는 2만 4,294개소, 1921년 서당수가 2만 5,482

개소에 이르렀다.[49]

일제는 1911년 조선교육령을 통해 '충량(忠良)한 국민을 육성'함을 목적으로, 4년제의 보통학교, 고등보통학교, 여자고등보통학교 등을 규정하고 실업학교, 사립학교 등 교육 규칙과 학교 관제 등을 공포하였다. 수업 연한은 4년이 되는데 지역의 실정에 따라 1년을 단축할 수 있게 했으며, 입학 연령은 8세 이상으로 정하였다. 그러나 1918년까지 보통학교의 보급은 제한적이었고, 적령기 아동의 취학률도 3%에 불과하였다. 조선인의 보통학교는 초기에 4년제이다가, 1922년 '제2차 조선교육령'이후 6년제 보통학교가 도입되고, 입학 연령은 6세 이상으로 정했다. 고등보통학교는 4년에서 5년으로, 여자고등보통학교는 3년에서 4년(또는 5년)으로 연장하고, 그 위에 3년제 혹은 4년제의 전문학교를 설치하였다.

이후 1938년 '제3차 조선교육령'으로 다시 보통학교를 심상소학교, 고등보통학교를 중학교, 여자고등보통학교를 고등여학교라고 하였다. 일본어 교육을 강화하고 조선어는 선택 과목이 되었다. 이 과정에서 보통학교는 1910년 471개에서, 1918년 3개 면에 1개 교로 확대 방침을 정하여, 1922년 946개 교. 1929~1936년에는 1개 면 1개 교의 정책이 추구되어 1936년 2,504개 교, 1943년까지 3,855개 교로 증가하였다.[50]

다음 〈그림 8-12〉는 초등교육 진학률을 보여주는 것이다. 초등학교 입학률은 1920년의 4.3%에서 1925년에는 15.7%로 급증하고, 이후 1935년에 23.1%로 안정적으로 증가하다가 1935년 이후 급증하여 1943년에는 53% 정도에 달했다. 일반적으로 교육은 생산성을 높이고, 또한 새로운 기술을 습득하는 능력을 증가시키지만, 일제강점기 초등교육은 일본어 습득을 의미

---

49 한국민족문화대백과사전, (서당(書堂)).
50 古川宣子, 『日帝時代 普通學校體制의 形成』, 서울대학교 박사학위 논문, 1996. 이영훈, 『한국 경제사 II』, pp 215-216.

하는 것이어서 사회 진출과 취업에 중요한 요소였다. 특히 규율과 일정한 지식이 요구되는 고소득 직종에는 필수적이었다. 한편 초등학교 입학률을 결정하는 요인들을 인당 생산 증가, 면적당 초등학교 수의 증가, 공업화로 구분할 때 초등교육 보급에 초등학교 수의 증가가 그 대부분을 설명할 수 있는 것으로 나타난다.[51]

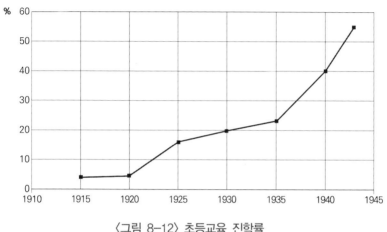

〈그림 8-12〉 초등교육 진학률

초등교육이 어느 정도 보편화되면서 1930년대에는 중등교육, 곧 고등보통학교, 여자고등보통학교, 상업학교, 농업학교, 사범학교에 대한 수요가 증가했다. 고등보통학교는 12세 무렵에 보통학교를 졸업하고, 3~4년제 교육기관으로 출발하여, 1922년 '제2차 조선교육령'에 의해 4~5년제로 정해졌다. 실업학교는 농업, 공업, 상업과 수산학교가 있었고 2~3년제로 시작했다가 3~5년제로 되었다. 사범학교는 5~6년제여서, 일반 중등교육보다 교육 기간이 길었다. 1935~1943년에 인문계 학교는 85개에서 150개로, 실업계

51 차명수, 『기아와 기적의 기원』, 해남, 2014, p 269.

학교(상업학교, 농업학교 등)는 65개에서 118개로, 사범학교는 4개에서 15개로 증가했다. 고등보통학교의 경우, 총독부는 1934년까지 1개 도에 1개 고등보통학교의 방침을 고수하여 전국적으로 공립 고등보통학교의 수는 15개에 불과했지만, 1936년에 고등보통학교를 1개 도에 2개까지, 여자고등보통학교를 1개 도에 1개까지 증설할 방침을 세우면서 학교가 증설되었다. 1938년 조선교육령을 개정하여 고등보통학교와 여자고등보통학교를 일본인 학교와 마찬가지로 중학교와 고녀(高女)로 통칭하였다. 고등교육기관은 전문학교가 3~4년제로 운영되었고, 2년제의 대학예과와 4년제의 대학이 설립되었다.

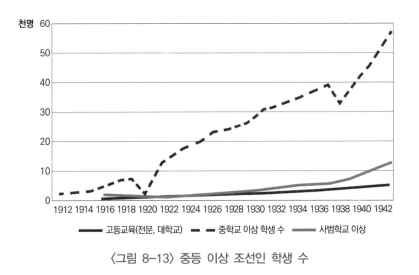

〈그림 8-13〉 중등 이상 조선인 학생 수

〈그림 8-13〉은 중등 이상의 조선인 학생 수의 변천을 보여주는 것이다. 먼저 중학교 이상의 학생 수를 보면 1910년대에 조금씩 증가하다가 1920년에는 1,500명 수준으로 감소했다. 이후 증가하여 1937년에는 거의 40,000명에 이르다가 감소한 후 1943년에는 거의 57,000여 명에 이르고 있다. 한편

고등교육(전문, 대학교)학생 수는 10년대 중반 이후 별 기복이 없이 꾸준히 증가하여 1916년에 482명에서 1943년에는 4,589명으로 증가했다. 사범학교 학생은 보다 빠르게 증가하여 사범학교생도 고등교육 학생 수에 포함하면 1916년의 482명에서 1943년에 12,000명으로 증가했다.

교육기관의 확충과 조선인 취학률 및 학생 수의 증가는 다양한 분야에서 근대 문명을 이해하고 전문직으로도 나아갈 수 있는 토대가 되는 것이었고, 해방 후 한국 사회 경제 발전의 중요한 자산이 되었다. 그러나 이공계 전문교육기관이 부족하고 조선인 학생 수가 극히 적었던 것은 한국의 초기 인적 자본 축적에 장애 요소였다. 비록 1930년대 초에 20만여 명에 불과했던 노동자가 1941년에 77만여 명으로 크게 증가하고, 그중 30여만 명이 공장 노동자였지만 그들 대부분은 단순 노동자였고, 숙련 노동자나 기술자의 수는 적었다.

일제강점기에 형성된 조선인 기술자·기능자 중 거의 대부분은 기능자이고, 기술자는 1942년 4,149명, 1943년 6,130명에 불과했다. 그중 1943년의 예를 들면, 기술자의 44%는 사무소나 상점에 그리고 광업 및 공업에는 각 22%씩 배치되어 있었고, 일본인 기술자의 52%가 공업에 종사하는 것에 비해 특히 공업에 배치된 기술자가 적었다.[52] 일본인 기술자가 핵심 기술을 장악하고, 조선인은 그들을 보조하는 구조였다.

---

52 허수열, 『개발없는 개발』, 은행나무, 2005, pp 258-259.

제3절 연대별 경제 정책과 경제 성장

먼저 일제강점기 전기간의 경제 변동을 살펴보기 위해 다음 〈그림 8-14〉를 통해 명목 GDP와 실질 GDP의 변동 그리고 1935년 기준 GDP 디플레이터의 변동을 살펴보자. 대체로 조선 경제의 경상 가격 GDP는 변동이 심하며, 1910~1914년은 안정기, 제1차 세계대전의 영향으로 1915~1919년은 성장기, 종전 후 1920~1922년은 전후 불황기, 1923~1928년은 상대적 안정기, 1929~1931년은 불황기, 1932년 이후의 만주 진출과 1937년 이후의 전시 성장기로 구분 가능하다. 다만 이러한 경상 가격 GDP 변동의 큰 부분은 물가 상승에 의해 비롯된 것이어서 기준 가격 GDP는 일정한 추세에 따라 상당히 안정적으로 성장했다.

1910년대의 성장은 주로 농업 그리고 보조적으로 도소매업의 성장에 기인한 것이었다면 1932년 이후의 성장은 제조업이 선도하고, 농업, 도소매업이 뒤를 이었다. 1930년대의 공업화는 잘 알려진 것이지만 1910년대 농업의 발전에는 어떤 요인이 중요한지, 그리고 그 통계의 신빙성에 관해서는 논쟁이 있었다.

한편 그림에서 명목 GDP를 디플레이터로 나눈 실질 GDP는 거의 일정한 추세선에 따라 상승한 것으로 추산되고 있다. 달리 말해 명목 GDP 변동과 디플레이터의 변동은 비슷한 추세를 보이면서 동조하였다. 다만 앞서도 말한 바와 같이 1930년대까지는 대체로 시장 경제가 정상적으로 작동한 것으로 생각된다. 그러나 1940년대에는 물자 및 가격 등의 전시 통제는 강화되고, 통화량이 비정상적으로 증가하여 시장 물가와 생산의 실상을 파악하기 어렵다.

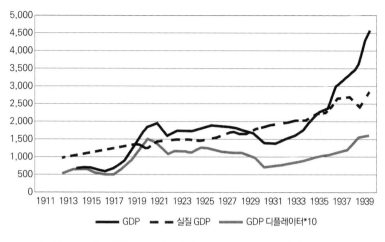

〈그림 8-14〉 명목 GDP와 실질 GDP, GDP 디플레이터의 변동

1. 1910년대의 성장과 농업 통계

일제강점기 경제 변동을 살펴보았지만 눈에 띄는 것은 1910년대에 조선의 경제 성장률이 높아 일본보다 높은 성장률을 보이고 있는 점이다.[53] 이는 1910년의 초기 실적이 조사 조직의 미비로 과소평가되고, 덧붙여 강점기 초기의 성과가 과대평가된 것이 영향을 미쳤다고 볼 수 있다. 1910년대 성장에 생산의 증대 외에 조선총독부의 통계 당국에 의해 파악되는 부분의 확대에 따라 통계상의 생산이 증대되었을 가능성이 지적되고 있다.[54] 커버리지(coverage)의 문제와 연관이 없지 않지만 부분적으로 무역의 확대 등 생산물 상품화의 증대가 생산액의 증가로 반영되었을 가능성도 있다. 조선총독부의 생산 통계는 일종의 매출액 개념인 조생산액이 기준으로 되어 있

53 溝口民行·梅村又次 編, 『旧日本植民地經濟統計』, 東洋經濟新報社, 1988, p 8.
54 溝口民行·梅村又次을 비롯하여 허수열, 김낙년, 차명수 등도 유의하고 있는 부분이다.

고, 당시에는 부가 가치의 개념이 없고, 거시경제 이론은 화폐수량설 밖에 없었으므로, 통화량의 증대와 무역 등을 통한 상품화의 증대는 매출액 기준 생산액 통계에 어떤 형태로든 영향을 미쳤을 것으로 생각된다.

1910년대에는 GDP 중에 농축산업이 대체로 55~60%를 차지하고, 그 다음에 도소매 및 음식숙박업이 10~12%, 그리고 제조업이 4~6%를 차지했다. 1910년대 조선에서의 2차 산업의 비중은 일본제국 내에서 가장 낮은 수준이었고, 1923~1934년에도 인당 2차 산업 생산액에서 일본을 100으로 하면, 대만이 68.9 관동주 189.9, 조선은 13.4에 불과했다.[55] 1910년대 조선 경제의 특징은 무엇보다 높은 농업의 비중에 있고, 따라서 1910년대의 성장 과정에서 농업 부문의 성장이 중심일 수밖에 없었다. 이들 부문이 모두 성장했지만, 농업의 비중이 압도적인 만큼 농업 성장이 주도했다고 평가할 수 있다. 다만 성장률만 보면 오히려 도소매업이나 제조업의 성장이 보다 빨랐고, 특히 도소매업의 성장에는 조선은행을 비롯한 금융기관의 대출이 이 부문에 중점적으로 제공된 것이 중요했다.

조선은행의 기록에 의하면 1910년대 조선은행은 조선총독부의 수이출(輸移出) 장려 정책에 따라 미, 두류, 면화, 우피, 금 등 중요 수이출품에 대한 대출에 '사정이 허락하는 한 편의를 부여'함과 동시에 외국산 면사포를 시장에서 구축하여 "조선 시장에서 일본 면사포의 판매 확대를 위해 지원을 하는 방침을 택하고 그 거래에 대해 특별한 편의를 부여했다".[56] 달리 말하면 주로 수출입 무역의 확대를 위해 조선은행의 발권이 증가되었다. 제1차 세계대전 당시 조선 상점의 "일반대출의 증가의 대부분은 조선은행권의 발행 증가에 의해 충당되었다고 생각되고 이 대출의 대폭 증액은 주로 무역량의 확대에 기인하는 것이었다".[57]

---

55 溝口民行·梅村又次 編, 『旧日本植民地經濟統計』, 東洋經濟新報社, 1988, p 13.
56 『朝鮮銀行五年志』, 64-66면.
57 『朝鮮銀行史』, 89면.

이외에 조선은행은 강점기 초기에 조선총독부에 대한 대상금의 형태로 식민지 개발 자금을 지원했다. 1910년대 조선 금융의 특징은 조선은행과 보통은행이 대출의 60% 이상을 차지하고, 1910년대 중반 이후에는 동척이 약 10%, 그리고 20~30%를 식산은행(농공은행)과 금융조합이 차지하고 있었다. 그리고 이들 대출의 80% 정도가 상업 대출이고, 농업 대출은 20년대, 공업 대출은 30년대에 들어와서 증가되기 시작했다. 일본은 1910년대에만 해도 조선을 일본 경제에 실질적으로 통합하기 보다는 식민지로서 지배하기 위한 기반 정비와 무역을 통한 수탈에 주로 관심이 있었다. 따라서 금융도 주로 이를 위해 이루어지고 있었다고 할 수 있다.

한편 1910년대 성장을 견인한 농업 성장, 그중에서도 중심인 미곡 생산량 증가에 관해서는 조선총독부 통계의 신뢰성에 대한 의문이 제기되고, 비판적 논쟁이 있다. 〈그림 8-15〉는 총독부 통계와 몇몇 연구자들에 의한 미곡 생산량 추계에 관한 그림이다. 그림에는 4개의 시계열이 표시되어 있다. 미곡 생산량에 관한 총독부 통계와 박섭 그리고 허수열의 추계가 표시되어 있고, 벼의 재배 면적에 관한 총독부 통계가 표시되어 있다.

먼저 농업 생산의 토대가 되는 미곡 재배 면적에서 총독부 통계에 의하면 1910년의 795,000정보에서 1917년에 1,159,000정보로 7년 동안 46% 증가하고, 1918년에는 1,535,000정보로 1년에 32% 증가하는 가파른 모습을 보여준다. 1910년과 1918년의 8년 사이에 재배 면적이 93% 증가했다. 그러나 이러한 증가는 불가능한 수치이고, 특히 1918년 1년 동안의 증가는 이해될 수 없는 수치이다.

그럼에도 불구하고 이렇게 상식에 반하는 수치가 총독부 통계에 실린 것은 1910년 토지 조사 사업 시작 당시 결부제에서 예상된 경지 면적과 토지 조사 사업의 결과로 드러난 경지 면적에 큰 차이가 생겼기 때문으로 보인다. 1910년 총독부는 종래의 양안들을 토대로 논의 경지 면적을 834,000정보로 추정했지만 1918년에는 1,532,000정보로 조사되어 84%가 증가했다.

이러한 재배 면적이나 경지 면적의 급격한 증가는 사실을 반영한 것이 아니라 결부제에 따른 부정확한 추정 면적이 측량을 통한 실제 면적으로 수치상으로만 증가한 것으로 볼 수 있다. 토지 조사 사업 준비 과정인 1909년에 경지를 99만여 결(논 47만여 결)로 예상했지만 은결이 노출되어 사업 종료 시 실제로는 107만여 결(논 51만여 결)이 조사되었다. 그러나 증가된 7만 7천여 결은 개간 등으로 실경작지가 증가한 것은 아니고, 단지 은결이 노출된 것이어서 1910년대에 경지 면적의 증가는 거의 없었다고 할 수 있다. 따라서 1918년의 경지 면적을 정확한 것이라고 할 때, 1910년의 논의 경지 면적에 대해 박섭은 1,494,000정보, 허수열은 1,506,000정보로 추정했다.[58] 박섭과 허수열은 서로 조금의 차이가 있지만 대체로 1,500,000정보로 추정하여 사실상 1910년에 이미 1918년과 대등한 경지 면적이었다고 간주하는 점에서는 공통되고 있다.

논의 경지 면적에는 거의 변화가 없으며, 1918년의 미곡 생산량 추정치에도 조금씩 차이가 있지만 대체로 총독부 통계와 큰 차이가 없다. 그럼에도 1910년의 미곡 생산량의 추산에 관해서는 박섭과 허수열 사이에 상당한 차이가 있는데, 이는 주로 토지 생산성의 평가 차이에서 비롯된 것이었다. 먼저 총독부 통계에 의하면 1910년에 논 834,000정보에서 쌀 1,173,000톤을 생산하고, 1918년에는 논의 경지 면적 1,532,000정보에서 2,206,000톤의 쌀을 생산하여 생산량이 88% 증가했다. 그러나 정보당 추정 생산량은 1910년의 1,406kg에서 1918년에는 1,440kg으로 약 3% 증가했다. 총독부 통계는 1910년 대비 1918년 생산량 88% 증가의 대부분은 84%에 달하는 경지 면적 증가율에 의해 이루어지고, 경지 면적당 미곡 생산량 증가는 3% 정도의 증가에 그친 것으로 집계한 셈이다.

---

58 박섭, 「식민지기 미곡 생산량통계의 수정에 대하여」, 『경제학연구』, 44(1), 1996. 허수열, 『개발없는 개발』, 은행나무, 2005, p 343.

한편 토지 생산성에 관해 허수열은 1910년에 1,506,000정보에서 13,772,000석이 생산되어 정보당 9.14석, 즉 1,371kg 생산되고, 1918년에는 1,544,000정보에서 14,531,000석이 생산되어 정보당 9.41석, 즉 1,412kg이 생산되어 경지 면적당 생산량은 3%정도 증가된 것으로 평가했다. 한편 박섭은 1911년에 논의 경지 면적 1,499,000정보에서 11,869,000석을 생산하여 정보당 7.92석, 즉 1,187kg을 생산하고, 1918년에는 논 1,531,000정보에서 14,531,000석을 생산하여 정보당 9.49석, 즉 1,423kg을 생산하여 정보당 생산량 증대가 19.9%에 달한 것으로 높게 평가하였다. 1910년대 토지 생산성 증가의 평가에 관한 양자의 차이는 주로 1910년의 정보당 생산량을 박섭이 낮게 평가했기 때문이다.

1910년대 정보당 미곡 생산량에 관해 허수열은 정체적이었다고 평가하고 있다. 토지 생산성 증가는 새로운 품종과 그에 맞는 시비와 농법이 필요한데 허수열은 그런 것들이 갖추어지지 않아 1910~1920년에 커다란 생산성 증가를 달성하기 힘들었다고 평가한다. 허수열은 1910년대에 조신력(早神歷), 곡량도(穀良都), 다마금(多摩錦) 등 우량 품종의 보급이 크게 확대되었지만, 1930년대 이후에 보급된 은방주(銀坊主), 육우(陸羽) 132호 및 풍옥(豊玉)등과 달리 다수확 품종이 아니었다고 평가한다. 1910년대에 보급된 우량 품종은 일본인들의 기호에 맞고 따라서 높은 상품성과 가격이 보장되는 품목이고, 경지 면적당 생산은 증가하지 않았다고 평가한다.[59] 그리고 허수열은 강점기에 쌀 공급과 가격의 관련성은 극히 낮고, 따라서 가격 탄력성도 제로에 가까웠다고 한다.[60]

이러한 허수열의 견해에 대해 차명수와 황준석 등은 1876~1937년의 지대량 변화와 쌀 가격의 상관 관계를 검토하면서 쌀 공급의 가격 탄력성이

---

59 허수열, 『개발없는 개발』, 은행나무, 2005, pp 47-48.
60 허수열, 『일제초기 조선의 농업』, 한길사, 1911. pp 199-204.

유의미한 양의 값을 가지고 있었고, 1910년대에 약 3% 정도의 생산은 가격 상승에 자극된 것이었다고 추정한다. 한편 박섭에 의하면 1910년대에 근 20%의 생산 증가가 이루어진 바, 이 기간에 비록 약간의 관개 개선도 없지 않았지만, 주로 우량 품종 보급에 따라 이루어진 것으로 추정한다.[61] 그러나 1910년대에 우량 품종이 경지 면적당 생산량 증가를 보여주는 직접적인 증거는 부족하고, 개항기 때 이미 1정보에 쌀 1,200~1,400kg을 생산했다는 기록들이 있다.

개항기의 관찰 기록에 의하면 수전 1결당 일본 두 22석 8두, 즉 3,420kg을 생산하여 대체로 1정보에 1,140kg을 생산했다는 기록도 있고,[62] 단보 당 122kg 정도 생산하였다고도 한다.[63] 이들 추정치는 낮은 수치들이다. 또 다른 관찰 기록에 의하면 일본에서는 중등전 1단보에 2석 5두 내외의 현미를 얻는데 조선에서는 그 반을 얻는다고 하였다. 보다 구체적으로 청안군 중등전으로 일본의 1평에 벼(稻株) 71주, 1주에 도(稻) 10본(本)에서 12본이 있고, 1이삭(穗)에는 80낟알(粒)에서 92낟알이 있어, 벼로 6합 4작(勺), 현미로 3합 1작을 얻으므로, 그것을 다시 일본의 1단보로 계산하면 약 벼 1석 9두 2승, 현미 9두 3승을 얻는 계산이다. 단 당년은 9할작이므로 그 수확이 1할 감소하여, 전기 9두 3승에 1할을 더하면 평년작으로 약 현미 1석 3승 3합에 지나지 않는다.[64] 현미의 90%를 백미로 계산하면 이것은 백미 140kg

---

61 차명수·황준석, 「1910년대에 쌀 생산은 정체했나」, 『경제사학』 제59호, 2015.

62 시오카와 이치타로(鹽川一太郎), 『朝鮮通商事情』, p 91. 『通商彙纂』 제60호, 1897. 1. 7. 인천영사관보고

63 개항기 『通商彙纂』에 "수확고는 충청도 내에 1반보당 상전 벼 5석에서 하전 벼 1석까지로 통상 3석이다. 금 도내 수전 반별 87,600여정보로 1반당 평균 벼 3석으로 계산하면 전도의 산미고는 미 131만 4천여 석이다" 라고 한다. (『통상휘찬』, 조선국 충청도지방순회복명서, 1895.5.1. 재인천영사관보고). 이것은 단보당 미 1.5석 생산이고, 122kg 생산이다.

64 『통상휘찬』, 1896.12.12. 재인천영사관보고.

에 해당하고, 1정보에 1,400kg 생산이 된다.

같은 관찰 기록에서 홍주는 평년작으로 중등전을 시험한 바 일본 1평에 도주 73, 그 1주에 도수 8~10본, 1수에 벼(籾) 92~117립이 있어, 이 벼수량은 7합 3작, 현미 3합 4작을 얻고, 다시 그것을 1반보로 계산하면 벼 2석 1두 9승 3합, 현미로 1석 2승의 계산이라고 한다.[65] 이것은 백미 138kg에 해당한다. 대체로 상전이라 칭하는 것은 1단보에 벼 5석을 얻지만, 하전에는 벼 1석을 얻는데 지나지 않는다. 그러므로 평균 2~3석은 경지에 비해 수확이 적다는 등의 다툼의 여지가 없다고 한다.[66]

1910년 이전의 경지 면적당 농업 생산량에 관한 당시의 관찰 기록들에 의하면 박섭의 추정치는 상대적으로 낮은 평가에 속한다. 한편 1910년경 1정보당 평균 쌀 생산량을 정확하게 평가하기는 어렵지만 앞의 관찰 기록들에서 보았듯이 1,350~1,400kg으로 추정하는 견해도 적지 않다. 이외에도 『조선총독부 통계연보』에서 1910년의 논 1정보당 쌀 생산량을 1,390kg으로 추정하여, 1정보에 1,350kg으로 추정한 시카타 히로시(四方 博)의 수치나 1,371kg으로 평가한 허수열의 수치가 특별히 과도하지는 않다고 생각된다.[67]

이러한 경지 면적 1정보당 1,200~1,400kg에 달하는 쌀 생산량은 제6장에서 살펴본 바와 같이 18세기 말의 1결(=3정보)당 2,500~2,900kg의 생산에 비해 40% 이상 증가된 것이다. 제6장에서 조선 후기에 비해 합병 무렵 약 40% 이상의 경지 면적당 쌀 생산량 증가는 그 반 이상이 도정수율의 향상에 의해, 그리고 나머지 반인 20% 정도가 순수한 토지 생산성 증가로 이루어진 것으로 평가했다. 이러한 토지 생산성 증가는 조선 후기부터 개항기에 걸쳐 이루어진 것이었다.

한편 제6장에서 보듯이 쌀의 총 생산량은 18세기 말 『탁지지』에서 추산

65 『통상휘찬』, 1896.12.12. 재인천영사관보고.
66 『통상휘찬』, 1896.12.12. 재인천영사관보고.
67 四方 博, 『朝鮮社會經濟史研究』 下, 國書刊行會, 1976, p 175.

한 바에 의하면 약 120만 톤이었는데, 허수열은 1910년 쌀 생산량을 1,371만 석, 즉 205만 톤으로 평가했고, 박섭은 1911년에 11,869,000석, 즉 178만 톤을 생산한 것으로 평가했다. 대체로 쌀 생산량이 조선 후기 『탁지지』의 추산에 비해 박섭의 추정치에 의하더라도 약 50% 증가한 셈이다.

이 중의 일부는 경지 면적 증가로, 나머지는 토지 생산성 증가로 이루어졌다. 조선 후기에 대체로 45만여 결로 추산되었던 논의 경지 면적이 토지 조사 사업 준비 단계인 1909년에는 47만 결로 예상되었다. 그러나 조사 사업 종료 시에는 은결의 노출 등으로 논 51만 결이 조사되고, 실제 면적은 150만 정보 이상으로 판정되었다. 조선 후기에 비해 논의 경지 면적이 결수 기준으로 10% 이상 증가한 셈이다. 한편 개항기에 도정수율이 20% 정도 향상되어 생산량 증가의 30% 이상이 예상된다. 따라서 조선 후기에 비해 1910년에 50% 이상 증가한 미곡 생산량 증가에서 나머지 10~20% 정도는 품종 개량이나 시비법의 개선 및 수리 시설의 개량 등에 의한 경지 면적당 벼 생산량의 증가에 기인한 것으로 추정된다.

그리고 총 쌀 생산량 50% 이상의 증가를 시기별로 구분해 보면 10~20% 정도는 조선 후기에 그리고 나머지 30% 이상은 개항기 이후에 증가한 것으로 평가된다. 개항기에는 미가 상승에 따라 미곡 경지 면적이 증가하고, 경지 면적당 생산량도 향상되었으며, 수율도 향상되어 1910년에는 이미 조선 후기에 비해 높은 생산량 수준을 달성했다. 그러나 1910년대 이후의 경지 면적은 대단히 완만한 증가를 보였고, 면적당 생산량도 1920년대 중엽까지 별 변화가 없었을 가능성이 크다. 1910년대 전반에 실제의 미곡 생산량보다 통계상 농업 생산량이 증가하는 대조적인 차이점을 보인 것은, 재배 면적에 대한 착시 현상이 크게 작용한 것으로 보인다.

한편 18세기 말에서 1910년까지 적어도 50% 이상의 미곡 생산량 증가가 이루어진 것은 비슷한 인구 규모를 가정할 때, 이 기간에 평균적인 미곡 소비와 백성의 후생이 증대했을 가능성을 보여준다. 물론 미곡 수출 증가로 국내 소비량 증가는 생산량 증가에 못 미치며, 미곡 단작화의 경향으로 한전 작물의 다양성이 축소되는 등의 문제가 있고, 특히 지주제의 확대 등으로 분배가 악화되고 다수의 미곡 구매 계층이 오히려 궁핍화될 가능성이 있다. 그러나 산술 평균적인 소득은 증대했다고 판단된다. 19세기를 민란과 사회 혼란의 시대 그리고 개항기의 쇠잔한 조선의 역사상과 병행하여 적어도 중간적·지주적 토지 소유와 일부의 경영형 부농 등 조선 사회 일부에서 부가 증진되었을 개연성을 보여준다.

이후 1920년대의 농업 생산은 산미 증식 계획과 함께 완만하게 증가했다. 미곡의 단보당 생산량은 1920년대 전반을 기준 100으로 할 때, 1920년대 후반 106, 1930년대 전반 109에 달했다. 그러나 1930년대 후반에 147을 기록함으로써, 특히 1930년대 후반에 미곡의 토지 생산성이 크게 신장되었음을 보여주고 있다.[68] 1930년대 후반의 생산성 증가는 내비성(耐肥性)의 은방주(銀坊主), 내냉성(耐冷性)의 육우(陸羽) 132호라는 신품종의 개발 보급에 힘입은 바가 크다.

그러나 허수열은 다음 〈그림 8-15〉에서 보듯이 1920년대 이후 1936년까지도 총독부 통계연보와 약간 다른 미곡 생산량 추계를 제시하고 있고, 대체로 총독부 통계보다 많은 생산량 추정이지만 추세는 같이하고 있다. 그러나 어느 경우에도 1937년에 생산량이 급증했는데, 이는 1936년의 생산 조사 방법 변경에 의한 영향이 강하다. 투입 면에서의 검토도 외형상 산출된 동기(同期)의 농업 생산성의 상당한 상승을 지지하기 어렵다는 평가가 있다.[69]

---

68 무라카미 가츠히코(村上勝彦) 등에 의한 뒤의 〈표 8-5〉 참조.
69 溝口民行·梅村又次 編, 『旧日本植民地經濟統計』, 東洋經濟新報社, 1988, pp 45-46.

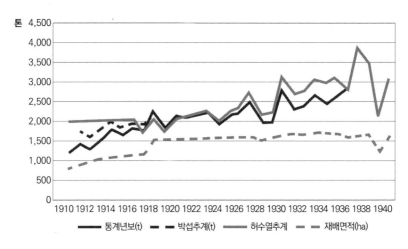

톤

4,500
4,000
3,500
3,000
2,500
2,000
1,500
1,000
500
0

1910 1912 1914 1916 1918 1920 1922 1924 1926 1928 1930 1932 1934 1936 1938 1940

━━ 통계년보(t) ━ ━ 박섭추계(t) ━━ 허수열추계 ━ ━ 재배면적(ha)

〈그림 8-15〉 미곡 생산량 추계

　　한편 1910년대 경제 성장을 검토할 때 농업 성장이 절대적으로 중요했
지만, 성장률 관점에서 보면 비중은 작더라도 공업 부문이 가장 높았다. 공
업 생산액도 증가하고 공장 수나 불입 자본액도 빠르게 증가하고 있었다.
그러나 일제강점기 조선에는 초기 공업화 과정의 보편적 특징인 농촌 면직
물 공업의 중소 공장으로의 발전이라는 현상이 보이지 않고, 가내 수공업
적인 면직물 공업의 생산은 증가했다. 『조선총독부통계연보』에 의하면, 면
포 생산량이 1911년의 150만 필에서 1917년에 237만 필로, 그리고 마포는
99만 필에서 146만 필로 증가했다.

　　그러나 공장제 공업으로의 발전이 보이지 않는 현상의 원인에 대해 기
무라 미츠히코(木村光彦)는 다음과 같이 지적하고 있다. 먼저 개항 후 비교
우위에 기초하는 국제 분업의 원리에 따라 면포 생산의 축소, 수출 농업의
확대가 이루어진다. 그리고 그 한편에서 농가 소득의 향상이 실현되지 않
아 가계 보조적인 직물의 자가 생산이 계속되었다. 농촌의 빈곤이 해소되
지 않은 이유로서는 특히 경지 증가의 여지가 적은 것, 지주제가 확대되어

소득 분배가 불평등한 것, 농업 기술의 진보, 보급이 충분하지 않은 점 등을 원인으로 들고 있다.[70]

1910년대는 전통 경제의 바탕 위에 무역의 확대를 토대로 도소매업과 운수창고통신업의 발전이 이루어지고 한편에서 공장제 이식 공업의 성장이 나타나고 있었지만 여전히 가내 공업의 생산량이 증가하고 있었다. 농업이 압도적인 비중을 차지하고 점진적인 생산 증가가 이루어지고 있었지만 성장률의 크기에 관해서는 여전히 논쟁의 소지가 있다.

2. 1920년대 산미 증식 계획과 농업 구조

산미 증식 계획(이하 '計劃'이라 함)은 일본제국주의의 상황에 따라 세 차례에 걸쳐 시행과 중단이 반복되었다. 1920~1925년 사이에 실시된 '제1기 계획', 1926~1934년 사이에 실시된 산미 증식 갱신 계획('제2기 계획'), 1940년 이후 전시기에 실시된 '전시 증미 계획'이 있지만 제2기 계획이 중심이었다. 실시 배경으로는 1918년 쌀 소동으로 표출된 일본 국내의 식량 부족과 미가 상승, 쌀과 설탕 등 농산물 수입량의 급증과 국제수지의 악화 문제를 해결하는 것이 급선무였다. 또한 조선 내에서는 3·1운동으로 야기된 식민지 지배 체제의 위기에 대응하기 위해 '무단 통치'를 소위 '문화 통치'로 전환하고, 농업을 개발하여 지주 계급을 경제적으로 일제의 지지 세력으로 포섭하고자 하였다.

일본은 조선 미곡의 증산에 일찍부터 관심을 가졌지만, 조선이 취약한 수리 시설을 확충하고, 농사 기술을 개선하고자 하였다. 산미 증식 계획은

---

70 木村光彦, 「植民地下朝鮮の紡織工業」 (安場保吉, 『プロト工業化期の経済と社
會 : 國際比較の試み』, 日本経済新聞社, 1983), pp 250-251.

토지 개량 사업과 농사 개량 사업을 포괄하는 것이었다. 토지 개량 사업은 관개 개선을 중심으로 지목의 전환이나 개간 간척 등을 포함하고, 농사 개량 사업에는 시비의 증대, 신품종의 보급, 경종법의 개선 등을 포함한다.

제1기 계획은 토지 개량 사업과 농사 개량 사업에 의해 약 900만 석의 미곡을 증수하고, 그중 약 460만 석을 일본으로 이출하는 것이었으나 목표를 달성하지 못했다. 토지 개량 사업의 실시 면적이 계획에 미달한 것은 물론이고, 경종법의 개선·시비 계획이 수반되지 않아 실제의 수확량이 목표에 훨씬 미달하였다.

일본은 계획을 수정하고 좀 더 적극적으로 미곡 증산을 계획했다. 제2기 계획은 1926년부터 12년 동안 요컨대 약 817만 석의 미곡을 증산하고 그중 약 500만 석을 일본으로 이출하고자 계획했다. 이를 위해 사업자 조달 자금의 비중을 크게 낮추고, 정부 알선 자금의 비중을 32%에서 73%로 크게 높였으며 이자 부담도 낮추고자 하였다. 예를 들어, 정부 알선 자금의 1/2은 동척과 식산은행이 일본 대장성 예금부로부터 저금리인 연리 5.1%로 자금을 빌려 5.9%로 대출해주고, 나머지 1/2은 양사가 균분하여 연리 7.7%의 채권 발행으로 모은 자금을 8.9%로 대출하도록 하였다.

그리고 토지 개량 사업을 위한 측량, 설계, 자금의 알선과 조달, 공사 감독, 사업의 유지와 관리 등을 대행하는 기관으로, 동척에 1926년 '토지개량부'를 그리고 1927년에는 '조선토지개량주식회사'를 설립했다. 또한 '계획'의 추진기관도 확충하여, 1926년 총독부 식산국에 기존의 '토지개량과' 이외에 수리과와 개간과를 신설했고, 1928년에는 이 3과를 토지개량부로 통합했다. 1929년에는 수원권업모범장을 농사시험장으로 개칭하고 이를 각지에 확장했다. 나아가 각종 행정기관, 농회, 금융조합 등도 '계획' 추진에 동원하였다.

행정적으로 이들 사업의 추진 기구가 정비되는 것이 중요했다면, 기본적인 경제성에 대한 평가에서 저이자율의 공적 자금의 투입은 결정적으로 중요한 역할을 한다. 구체적으로 수리조합 사업은 사업의 비용 편익 분석을 통한 타당성 조사를 기반으로 경제성이 평가되었고, 비용 편익의 계산에는 장래의 장기에 걸친 편익을 현재 가치로 환원하는 할인율이 중요한 변수일 수밖에 없다. 구체적으로 수리조합을 설립하여 토지 개량 사업을 하기 위해서는 수리 사업에 의해 따라 밭에서 논으로 지목이 변경되거나 경작지의 확대 그리고 수리 안전답화에 따른 생산성 증가 등이 편익이다. 한편 사업에 따른 공사비나 필요한 토지 매입비 등이 그 비용이 될 것이다. 비용 편익 분석에서 이자율로 할인한 편익의 현재 가치가 비용의 현재 가치보다 더 커야 경제성이 있는 것이므로, 이자율이 낮으면 편익의 현재 가치가 커지므로 경제성 평가가 개선되는 것이다.

따라서 토지 개량 사업을 진행하는데 저리인 대장성 예금부의 정책 자금을 식산은행을 통해 산미 증식 사업의 자금으로 제공하는 것이 매우 중요했다. 다만 대장성 예금부 자금은 일본 내 각 지역의 소액 저리의 우체국 예금을 토대로 조성된 것이고, 조선에 제공된 자금은 조선 내의 우체국 예금으로 형성된 것이 환류된 것이었다. 한편 편익은 비록 토지 개량 사업으로 인한 일차적 그리고 이차적 편익의 크기를 측정한 것이지만 사업 주체가 되는 수리조합의 입장에서는 보조금과 함께 수리의 혜택을 입는 농민들로부터 징수 가능한 조합비가 현실적인 편익이 되는 것이라 할 수 있다. 따라서 조합비가 장기적으로 공사비나 이자, 그리고 경상비 등을 포함한 모든 비용을 보상할 수 있을 때 토지 개량 사업이 원활하게 진행되고, 수리조합이 원활하게 운영된다고 할 수 있다.

그러나 일본의 정책적 지원에도 불구하고, 토지 개량 사업의 성과는 1926~1937년 누계의 달성률이 착수 면적으로는 46%, 준공 면적으로는 51%에 불과했다. 그러나 기간별로는 착수 면적에서 1926~1929년에는 누계로 105%를 기록한 이후 대공황이 발생하면서 그 실적이 급감하여, 1930년 이후 1930~1933년 누계 35%, 1934~1937년 누계 6%로 급격히 감소했다. 또한 준공 면적도 1930~1933년 누계 85%를 기록한 후 1934~1937년 누계 15%로 급감하였다. 이는 공황기의 미가(米價)의 저락(低落)으로 인한 수리조합의 경영 악화와 일본 농민의 미가 하락에 따른 계획 중단 압력으로 토지 개량 사업을 위한 정부 알선 자금의 공급이 급감한 데 그 원인이 있었다. 따라서 사실상 제2차 산미 증식 계획은 대 후반 4개년간 가장 활발하였다.

계획의 추진 기구도 1931년에 동척 토지개량부가 폐지되고, 1932년 '계획' 수행의 특무기관이던 총독부 토지개량부가 폐지된 채, 사무는 농림국 소관으로 이관·축소되었다. 결국 1934년에는 토지 개량 사업이 중지되고 조선토지개량주식회사도 해산되었으며, 그 뒤에는 진행 중인 사업만 행해지게 되었다.

한편, 일제강점기를 통한 토지 개량 사업의 성과는 수리조합 사업에 의한 것보다 훨씬 더 광범했다. 관개답의 총 면적은 1920년 34만 정보(답 총면적의 22%)에서 1930년 96만 정보(59%), 1940년 126만 정보(71%)로 늘어났다. 그러나 식민지기에 수리조합 사업을 통한 총몽리 면적은 약 26만 5천 정보에 불과하고, 농민들의 주체적인 수리 조직에 의한 토지 개량 시행 지역이 압도적으로 많았다. 특히 저수지(제언)가 아닌 보 관개답의 대부분은 산미 증식 계획과 관계없이 조선인 농민들에 의한 주체적인 수리 조직의 성과였다. 수리조합에 있어서도 초창기의 수립 조합은 일본인 대지주에 의해 주도됐지만, 1926년 이후 산미 증식 계획 기간에 설립된 것은 조선인 중소 지주와 부농이 주도했다. 1916~1932년에 설립된 수리조합 88개 중 61개를 조선인이 주도하였다.[71]

관개설비답의 증가는 미곡 생산의 안정성에 대단히 중요하지만, 농사 개량 사업과 결합하여 보다 섬세한 농사 기술의 개선과 결합될 때 증수 효과가 커진다. 1920년대에 토지 개량 사업이 집중적으로 실시되었지만 미곡

---

71 이영훈, 『한국 경제사 Ⅱ』, p 142.

생산량과 토지 생산성의 증대 효과는 크지 않았으며, 30년대 중반 이후에 본격화된 농사 개량 사업과 결합되면서 1930년대 후반에 미곡 생산량과 미곡생산성의 상당한 정도로 성과를 낼 수 있었다.

농사 개량 사업은 신품종의 보급·교체, 화학비료의 증투, 경종법의 개선을 주요 내용으로 하였다. 벼의 신품종은 20년대에는 조신력(早神力)과 곡량도(穀良都) 그리고 다마금(多摩錦)이 보급되었다. 1930년대에는 은방주(銀坊主)와 육우(陸羽) 132호가 집중적으로 보급되었으며, 이들은 내비성 내지 내한성이 강한 품종이었다. 내비성(耐肥性)은 1930년대에 진전된 화학비료의 투입 증가라는 조건에, 내한성은 '제2기 계획'기에 나타난 북부 지방에서의 수리조합 사업의 급진전이라는 조건에 합당한 것이었다.

한편 신품종의 보급은 격심한 지력 소모를 수반했고, 이에 따라 비료 투입량이 급속히 늘어나게 되었다. 흥남의 조선 질소비료 공장 완공은 비료 사용량 증가의 계기가 되었다. 다만 30년대를 통하여 화학비료의 증투와 함께 자급 비료의 투입량도 크게 늘어난 점에도 유의해야 한다. 1930년대 화학비료의 증투에 따른 지력 소모는 이와같은 자급 비료의 투입 증가에 의해 보완되었다.

1920년대를 통해 어느 정도 진전된 토지 개량 사업의 성과가 30년대 중반 이후의 농사 개량 사업의 성과와 결합됨으로써, 상당 정도의 미곡 토지 생산성의 향상이라는 결과를 가져오고, 생산량이 증대되었다. 다음 〈표 8-5〉는 일제강점기 미곡의 생산량과 수이출량, 그리고 소비량의 추이를 보여 주는 것이다. 표에서 1916~1920년에 평균 1,370만 석을 생산하고, 215만 석을 수이출하여 국내에서 979만 석을 소비했으며 1인당 0.69석을 소비한 것으로 추계하였다. 한편 산미 증식 제1~2차 계획을 거치면서 미곡의 생산량은 1930년대 중반까지 1910년대 후반에 비해 126% 증가했으나 수이출량 약 4배가 증가하여 인당 미곡 소비량이 0.43석, 즉 10년대 후반의 62% 수준으로 감소했다. 이는 생산량 증가에도 불구하고 조선인의 후생은 증대하지 못했다는 정황의 주된 지표로 자주 인용된다. 이후 조선의 미곡 생산은 1941년 2,488만 석을 정점으로 1944년에는 1,605만 석으로 크게 감소한다.

〈표 8–5〉 미곡의 생산량, 수이출량 및 소비량의 추이[72]

	총 생산량① (천석)	수이출량② (천석)	②/① (%)	총 소비량 (천석)	1인당 소비량 (석)
16~20년 평균	13,698(100)	2,154(100)	15.7	9,791	0.686(100)
21~25년평균	14,533(106)	3,942(183)	27.1	10,911	0.615(90)
26~30년평균	14,917(109)	6,021(180)	40.4	9,590	0.499(73)
31~35년평균	17,261(126)	8,515(395)	49.3	8,856	0.428(62)
36~40년평균	20,517(150)	7,041(327)	34.3	13,699	0.609(89)
36~40년 평균	20,204(147)	3,982(185)	19.7	16,465	0.647(94)

자료: 村上勝彦 外(1984), 「植民地期朝鮮社會經濟の統計的研究(1)」, 『東京經濟大學會誌』 136호, 31면

　　조선에서의 미곡 생산량 증가보다 훨씬 빠른 속도로 수이출량의 증가가 이루어진 것은 '계획'의 목적이 조선의 미곡을 반출하는데 있었다는 사실을 여실히 말해준다. 일제강점기 지주제는 한마디로 말해 일본으로 쌀을 이출하기 위한 농업제도였다. 생산을 초과하는 미곡의 수이출 증대로 부족한 식량을 보충하기 위해 잡곡(주로 만주의 좁쌀)의 수입이 격증하였다. 1912~1916년에 266,000석에 불과했던 잡곡의 수입이 1932~1936년에 2,833,000석이 되고, 1939년에도 2,644,000석이나 되었다.

　　한편 산미 증식 계획은 조선의 농업 경제에 미곡 중심의 단작 생산 체계를 강화하는 부작용과 함께 지주제를 확대하는 요인이 되었다. 다음 〈그림 8-16〉은 주요 곡물 생산량의 변화를 보여주는 것이지만, 그림에서 미곡의

72 생산량은 전년도 생산량을 기준으로 함. 1940년 이후의 수이출량에는 일본 군용 공출량이 포함됨. 총 소비량은 (총 생산량+수이입량-수이출량)-익년도 이월량. 괄호 안은 1916-20년평균＝100을 기준으로 한 지수임.

생산이 추세적으로 꾸준히 증가하고, 동시에 맥류의 생산도 증가했으며 따라서 비중도 상승했다. 그러나 밭작물인 조와 콩은 1910년대에는 생산이 증가했으나 이후 정체하고, 팥의 생산은 대체로 생산량의 변동이 적은 것을 볼 수 있다.

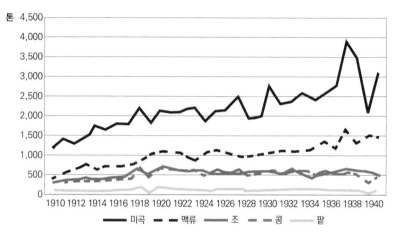

〈그림 8-16〉 주요 곡물 생산량

한편 미곡 중심의 증산과 수출 증대가 이루어지는 가운데 미곡 판매 여력이 있는 계층에게 토지 소유의 집중이 심화되고 결과적으로 지주제가 확대, 심화되었다. 다음 〈그림 8-17〉은 일제강점기 농가 경영 형태별 구성비 변화를 보여주는 것이다. 그림에서 1915년과 1942년을 비교하면 소작농이 36%에서 54%로 확연히 증가하고, 자작농은 22%에서 17%로, 자소작농은 41%에서 24%로 확연히 감소하여 자작농의 경영이 악화되었음을 보여준다. 소작농에 자작과 소작을 겸하는 '자소작농'을 더하면 거의 80%에 달해 일제강점기 동안 대부분의 농민은 소작을 했다고 해도 과언이 아니다.

한편 지주는 15년의 1.5%에서 32년에 3.6%로 증가하고 1942년에도 그 비율을 유지했다. 이는 전체적으로 지주제가 확대되는 가운데 자작 및 자소작농이 감소하고, 소작농이 증가하는 농업 경영의 악화를 보여주는 것이다. 일제강점기 미곡 수출이 증대하는 가운데, 농업 내부의 계층 분화, 분배의 불평등이 진행되고 있음을 보여준다.

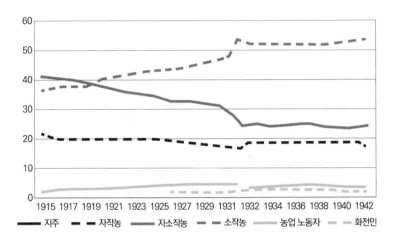

〈그림 8-17〉 일제강점기 농가 경영 형태별 구성비의 변화

한편 토지를 상실한 한국 농민은 소작농이나 농업 노동자로서 농촌에 남아있지 못하고, 이농하는 경우도 많았다. 이농민의 일부는 광산 및 공업 지대로 들어가 임금 노동자가 되거나 혹은 도시의 불안정 빈곤층으로 되었다. 다른 한편 다수의 이농민은 만주와 등지(等地)로 새로운 삶의 기회를 찾아 떠났다. 앞의 〈그림 8-11〉에서 보았듯이 1944년에 재중조선인이 166만 명, 재일조선인이 194만 명 합계 360만 명에 달했다.

지주제가 확대되는 가운데 조선조부터 소작료는 이미 '병작반수(竝作半收)'가 관행이었지만 강점기 시기에는 소작료율이 더 높아져 70~80%인 경우도 있었다. 소작농은 소작료율도 높지만 소작지 면적도 적고, 소작 기간도 불안하여 빈한할 수밖에 없었고, 대부분의 소작농은 춘궁 농가가 될 수밖에 없었다. 부분적인 공업화와 이민에도 불구하고 인구 증가가 이루어지면서 농가 호수는 증가하고 호당 경지 면적은 감소하고 있었기 때문에 토지 수요가 늘어나고, 농촌 과잉인구는 여전히 퇴적(堆積)되었다. 1915년에 농가 호수는 2,629,000호에서 1940년에는 3,047,000호로 증가했다.

지주제가 확대된 기본적 요인은 쌀 시장의 확대 과정에서 지주 경영의 수익성이 높았던 것에 연유하지만, 그 밖에도 다수의 요인이 있었다. 농업 금융이 지주에게 편중되어 있고, 지주는 미곡 판매에서 미곡 가격이 좋은 때를 기다릴 수 있는 등의 요인과 함께 수리조합 사업도 지주에게 유리했다. 수리조합은 조합의 설립과 운영에서 대지주에게 유리하고, 수리조합비의 부담 등에서도 상대적으로 유리했다.

'계획'을 통해 지주제는 양적으로 성장했을 뿐만 아니라 질적으로도 일정하게 변화했다. 특히 일본인 농업 회사 및 지주 경영은 종자의 선택이나 비료 사용 그리고 수확물의 처분과 품질에 대한 규제, 조작인 관리 조직의 강화 등을 통해 수입 증대를 위한 경영 개입을 강화했다. 이는 종래의 전통적 조선인 지주가 기생 지주로서 생산에 직접 관여하지 않고 일정한 소작료를 징수하던 것과 달리 소작인의 노동 과정에까지 개입한 점에서 '동태적 지주', 혹은 '부르주아적 지주'라고 부를 수 있다.

한편 지주제의 확대 과정에서 경영 형태에서는 경영 영세화가 진행되고 소작 빈농층이 퇴적되고 있었다. 다음 〈표 8-6〉은 1922년 대비 1938년의 농업 경영 형태별 그리고 경지 면적별 농가의 변동을 보여주는 표이다. 표에서 보듯이 우선 자작농은 1922년의 22.6%에서 1938년에 18.9%로 감소했다. 자소작농도 1922년의 37.5%에서 1938년에 28.4%로 감소했다. 반면에 소작농은 1922년의 39.8%에서 1938년에는 52.7%로 증가해 자작농에 대비한 소작농의 뚜렷한 증가를 보여준다.

경작 규모 별로는 3정보 이상층이 1922년의 11.5%에서 1938년에 6.1%로 감소하고, 0.3정보 미만층이 25.8%에서 17.0%로 감소했다. 농가 호수의 총계가 1922년의 244만 호에서 1938년에는 287만 호로 증가했지만 3정보 이상층과 0.3정보 미만층은 절대 호수가 감소다. 3정보 이상층의 감소는 중·하층농에 비해 뚜렷한 생산력 우위를 갖지 못한 것을 반증하는 것이고, 또한 0.3정보 미만층이 감소한 것은 1920~1930년대를 통해 농업 인구의 국외 및 도시로의 유출 확대가 영향을 미쳤을 것으로 생각된다.

경영 규모 면에서 0.3~1정보층은 35.0%에서 46.2%로, 그리고 1~3정보층은 27.6%에서 30.6%로 증가했다. 경영 형태와 경작 규모를 함께 살펴보면 0.3~1정보를 경작하는 소작농이 1922년의 14.5%에서 1938년에는 25.8%로 증가했다. 1922~1938년의 0.3~1정보 경작층의 증가 호 47만 호 중에서, 0.3~1정보 경작층의 소작농의 증가분 39만 호가 83%를 차지하여, 0.3~1정보층의 소작농 증가가 뚜렷했다.

〈표 8-6〉 경작 규모별·경영 형태별 농가 호수의 추이[73]

(단위: 호, %)

경영형태 \ 경작규모		0.3 정보 미만	0.3~1 정보	1~3 정보	3 정보 이상	계
자작농	1922	107,819(4.6)	172,390(7.1)	179,016(7.3)	04,453(3.9)	553,678(22.6)
	1938	71,686(2.5)	206,065(7.2)	201,812(7.0)	63,882(2.2)	543,445(18.9)
자소작농	1922	222,605(9.2)	329,431(13.5)	263,747(10.8)	98,628(4.0)	917,411(37.5)
	1938	115,730(4.0)	377,209(13.1)	273,238(9.5)	48,116(1.7)	814,293(28.4)
소작농	1922	298,084(12.2)	354,399(14.5)	233,029(9.5)	88,226(3.6)	973,738(39.8)
	1938	300,893(10.5)	743,269(25.9)	403,354(14.1)	63,908(2.2)	1,511,424(52.7)
계	1922	631,508(25.8)	856,22(35.0)	675,792(27.6)	281,307(11.5)	2,444,827(100.0)
	1938	488,309(17.0)	1,326,543(46.2)	878,404(30.6)	175,906(6.1)	2,869,162(100.0)

자료: 朝鮮總督府 企劃部(1941), 『朝鮮農業人口ニ關スル資料』(其二)

---

73 고농을 제외한 통계임. 소괄호 ( ) 내 숫자는 같은 연도 농가 총호수에 대한 비율임

1920, 1930년대 농민층 분해의 두드러진 특징은 0.3~1정보 경작층의 소작농이 증가했고, 1938년에 전농민의 63%인 약 181만 호가 1정보 이하의 경작자였다. 그러나 이것은 다른 한편 0.3정보 이하 경작층이 감소하고 소폭이나마 1~3정보의 자작 및 자소작농의 현상 유지와 1~3정보의 소작농 증가를 동반하는 것이었다. 따라서 1920~1930년대에 걸친 농민층 분해는 소작 빈농층의 퇴적이라 할 수 있지만, 부분적으로 이농의 기회가 확대되고 있는 상황이라고 볼 수 있다.

경작 규모의 축소와 빈농의 퇴적이 나타나는 다른 한편 지주제가 확대되고 대지주가 성장하고 있었다. 다음 〈표 8-7〉은 50정보 이상의 대지주의 추이를 보여주는 것이다. 우선 전체적으로 50정보 이상의 대지주 수는 1910~13년의 1,899명에서 1942년에는 3,048명으로 증가했다. 그러나 1925년 이후에는 증가세가 하락했다. 규모별로는 1910~1927년 사이에는 100정보 이상을 소유한 대지주 수가 393명에서 1,169명으로 776명이 크게 증가한 반면, 1925~42년 사이에는 오히려 감소했다. 다른 한편 50~100정보 규모를 소유한 대지주는 1925년 이후에도 증가했는데, 그 수가 1,612명에서 1,993명으로 381명 늘었다.

1910~1913년 50정보 이상 대지주 1,899명 중 조선인은 1,785명, 일본인은 114명에서 1925~1927년에는 증가된 2,781명 중 조선인 2,451명, 일본인 330명으로 나타나고, 1942년에는 총 3,048명 중 조선인 1,839명 일본인 1,209명으로 일본인 비중이 증가한 것으로 나타난다. 특히 1925~1942년 사이에는 100정보 이상을 소유한 조선인 대지주 수가 968명에서 488명으로 480명 급감했다. 일본인 지주는 쌀 상품화에 적극적으로 대응하여, 경영에 적극적으로 개입하고 합리화하는 동태적 지주가 되어 경제적으로 보다 유리했다.

(단위: 정보)

		1910~1913년	1925~1927년	1930년	1942년
50-100정보	조선인	1,471	1,483	1,438	1,351
	일본인	35	129	251	642
	소계	1,506	1,612	1,689	1,993
100정보이상	조선인	314	968	800	488
	일본인	79	201	301	567
	소계	393	1,169	1,101	1,055
계	조선인	1,785	2,451	2,238	1,839
	일본인	114	330	552	1,209
	소계	1,899	2,781	2,790	3,048

자료: 장시원, 「일제 대지주의 존재형태에 관한 연구」, 서울대 경제학박사학위논문, 1989.

지주제가 심화되면서 지주와 소작인 간 갈등이 심해졌다. 1920년대부터 지주, 특히 일본인 지주를 상대로 한 소작 쟁의가 잦아지고, 1930년대 이후 에는 농업의 극심한 불황으로 농촌 사회에 계급 갈등이 더욱 깊어졌다. 일 제는 1932년 12월에 일본의 '소작쟁의조정법'을 모방한 '조선소작조정령' 을 제정하여 군수와 경찰서장 등이 참여하는 관제 '소작위원회'를 부·군현 에 설치하고 소작 쟁의를 강제·조정하도록 했다.[74]

그러나 다른 한편 전시의 통제 경제와 군국주의라는 파시즘 체제가 강 화되면서 국내적 안정을 기하기 위해 계급 갈등을 억제하고자 했다. 일제 는 자본에 대한 통제도 강화했지만, 지주권에 대해서도 제한을 가하기 시 작했다. 1932년부터 영농의 복합화와 가내 부업의 증대를 통한 '농촌 진흥 운동'을 실시하여, 농가 경제 갱생 계획을 시작하고 자작 농창설을 지원하

---

74 박섭, 『한국근대의 농업변동-농민경영의 성장과 농업구조의 변동-』, 일조각, 1997, pp. 189-196.

였다.[75] 1932년부터 10년 계획으로 실시된 '자작 농지 설정 사업'을 시행하고, 1942년부터 기간 내 농업 생산력의 확충을 목적으로 '자작 농창설 유지 계획'을 실시했다. 이 과정에서 식산은행의 지원과 감독을 받는 금융 조합은 평상적인 업무 외에 사회 정책적으로 중·하층 농민을 대상으로 고리채 정리와 자작농의 설정을 위한 자금을 공급했다.

또한 1934년에는 '조선 농지령'을 공포하고 소작권을 강화하기 위해 마름을 단속하고 그 인물의 적부를 소작위원회의 의견에 따라 결정하게 하며, 소작 기간을 최저 3년으로 규정하고, 소작료에 대해서도 소작위원회에 판정을 구할 수 있도록 규제했다. 그러나 실제의 법 운용에서 지주 측은 소작인의 배신 행위를 이유로 소작 기간을 지키지 않을 수도 있었고, 소작료에도 특별한 제한을 설정하지 않아 그 실효성은 제한적이었다. 이후 1939년에는 소작료 인상 등 소작인에게 불리한 소작 조건의 갱신을 금지했고, 1940년부터 식량 공출을 시작하여 지주제는 그 토대가 흔들리고, 더 이상의 발전은 불가능한 상황이 되었다.

3. 1930년대 이후 공업화와 전시 체제

1) 자유주의에서 통제·동원 체제로

조선에 대한 공업 정책은 1910년대에는 '회사령'에 의한 허가제로 기업 설립이 규제되어 회사 수가 1918년에도 266개에 불과했지만, 1920년에 회사령이 폐지되어 회사 설립이 신고제로 바뀐 후 회사 수가 크게 늘어나기

---

75 박섭, 같은 책, pp 181-189. 정문종, 「1930년대 조선에서의 농업정책에 관한 연구」, 서울대학교 박사학위논문, 1993. 참조.

시작한다. 그리고 같은 해에 관세제도가 일본과 통일되어 경제 통합이 완성되었다. 이후 상품과 요소 시장이 통합되고, 종래와 같은 인위적인 공업 억제 정책은 사라지게 되었다.

이후 1921년 9월 조선 산업 정책의 기본 방침을 결정하기 위해 설치된 「산업조사위원회」에서 입안된 「조선 산업에 관한 계획 요항」에서 조선의 공업 발전을 장려하고, 관세를 안배하여 공업 발전을 위한 정책적 단서가 마련되었다. 1921년 「산업조사위원회」의 결의에 기초하여 1927년부터 「조선 철도 12개년 계획」이 실시되기도 하였다. 그러나 1920년대까지는 전체적으로 본격적인 공업화 정책이 추진된 것은 아니고, 「산미 증식 계획」으로 대표되는 농업 중심 일변도의 산업정책이 수행되었다.

1920년대 불황과 극심한 농업 공황을 거치면서 식민지 농산물의 수입에 대한 거부감이 커지고, 군부를 중심으로 대륙 진출을 통한 경기 회복에 관심이 커져갔다. 일본은 특히 1931년 평가절하 이후 일본 상품에 대한 고율 관세와 쿼터로 인해 수출이 감소하고, 일본 정부는 사기업 원조를 위한 개입을 점차 증대했다. 일본은 1931년 4월 '중요산업통제법'을 공포하여 모든 산업 부문에서 카르텔을 강화하고 경쟁을 제한하여 독점 자본을 보호하고자 하였으며, 특히 방적, 철강, 시멘트 등 분야에 카르텔 통제를 강제했다. 그러나 이러한 통제에도 불구하고 여전히 개별 자본은 카르텔 협정을 이탈하여 조업률을 높이려는 개별 욕망을 버릴 수는 없었다.

일본 군부는 현상 타개를 위해 1931년 9월 만주사변을 일으키고, 일본의 경제 정책은 사변 이후의 군사적 확장의 필요와 연계되어 중공업의 시급한 확장을 추진했다. 1930년대의 세계적인 블록경제화의 한 가운데 일본 중화학공업의 발전을 위해서는 식민지에 중화학공업 투자를 하면서 수요를 창출할 필요가 생겼다. 이 과정에서 일본의 중화학공업 발전에 수반하여 일본의 임금 수준이 상대적으로 높아지고 특히 섬유공업 자본이 점차로 비교우위를 잃게 되었다. 그러므로 섬유공업의 경우 저임금 노동력이 풍부하고

공장법의 제약을 받지 않는 조선은 좋은 투자 대상지였다.

조선은 일제의 대륙 진출을 위해 유리한 지정학적 위치라는 측면 이외에도 일본 자본의 진출을 위해 유리한 점들이 있었다. 먼저 조선은 일본의 '중요산업통제법'의 시행권 밖에 있었으므로 일본 과잉 자본의 배출구로서 역할을 할 수 있었다. 더구나 조선에는 일본에서 1916년부터 시행된 근로기준법의 전신인 '공장법'이 시행되지 않아 노동력에 대한 법적 보호가 존재하지 않았다. 이외에도 조선은 지하자원이 풍부하고, 수력을 이용한 저렴한 대용량의 전력, 값싼 노동 공급 등 중공업에 유리한 비용 조건을 많이 가지고 있었고, 일본어가 통용된 점 등이 중요했다. 특히 대용량 전력의 개발은 당시로는 첨단의 중화학공업이라 할 수 있는 전기화학공업이 조선에 진출하는 주된 계기였다. 이 밖에 조선 내부적으로도 농업 공황에서의 탈피를 요구하고 있었고, 농공병진을 통해 농촌에 퇴적된 (반)프롤레타리아를 공업 부문으로 흡수하여 농촌의 사회적 위기와 식민지 통치의 위기를 완화할 필요가 있었다.

만주사변 발발 직전의 1931년 6월에 조선 총독에 취임한 우가키 가즈시게(宇垣一成)는 마치 조선해협을 일본의 내해처럼 만들자는 '세도나이카이(瀬戸内海)화' 구상을 제시하였다.[76] 우가키는 1930년대의 세계적인 블록 경제화 가운데 아시아에 일본의 중화학공업을 기축으로 하는 독자적인 국제 분업 체계를 구축하고자 하였다. 그는 일본 중심의 블록 경제에서 '일본을 정공업 지대로, 조선을 조공업 지대로, 만주를 농업·원료 지대'로의 지정을 구상했고, 조선에 대해 농공병진과 산업 개발을 추진하기 시작했다.

우가키는 일본 자본에 의한 조선의 공업화를 염두에 두고, 일본 국내와 달리 조선에는 자유주의 정책을 표방하며, 공장법이나 중통법을 적용하지

---

76 이승렬, 「1930년대 전반기 일본군부의 대륙침략관과 '조선공업화'정책」, 『국사관 논총』 제67집, 1996. 참조.

않았다. 우가키의 자유주의 정책은 군부의 통제계획주의를 기본으로 하는 국방적 견지에 입각한 중화학공업화의 방침과는 대조적인 것이었다. 이를 계기로 일본 자본의 조선 진출에 의한 합법적 도피가 발생하였다. 이와 같이 1930년대 전반의 조선 공업화는 우가키 총독의 공업화 정책과 일본 자본주의의 급속한 중화학공업화가 시기를 같이 함으로써 비로소 가능했다.

총독부는 일본 자본의 유치를 위해 보다 적극적으로 보조금 형태로 대기업에 직접 지원을 해주고, 신공업의 입지를 위한 토지를 공급하는 등 지원을 강화했다. 총독부는 공장 설립을 요청하고, 지방 관청에서도 공장 유치 운동을 전개했으며, 시가의 확장과 신시가의 창설에 중점을 둔 「조선 시가지 계획령」의 실시, 토지 가격 통제 정책, 보조금 정책 등을 채택하고 일본 산업 자본의 진출을 적극적으로 유치하고자 하였다.

이러한 요인들에 힘입어 일본 독점 자본은 카르텔의 규제가 없는 조선에 진출하고, 1930년대에는 방적, 시멘트, 맥주, 제분, 제지, 인견, 통조림 공업 등 일본 산업 자본이 꼬리를 물고 조선에 진출했다. 1930년대 이후 조선에는 대규모 공업이 건설되고 종래의 쌀 생산에 대한 중점이 급속한 공업화에 대한 강조로 바뀌었다. 1930년의 공황과 일본의 대륙 침략은 조선 경제에 공업화가 시작되는 새로운 계기가 되었다. 실제는 1910~1920년대의 조선에도 시장 확대를 토대로 완만하지만 공업 발전이 이루어지고 있었다. 동력기를 사용하는 공장이 증설되고, 새로운 기술과 경영 방법이 도입되었다. 제1차 세계대전 기간인 1917년에 일본의 미쓰이(三井)계의 조선 방직이 진출하고, 1920년대 후반에는 미쓰이계의 군시제사(郡是製絲), 미쓰비시(三菱)계의 조선중공업, 카네보우(鐘紡)계의 종연방적(鍾淵紡績), 카타쿠라(片倉)계의 편창제사(片倉製絲) 등이 진출하였다. 그러나 1930년까지도 제조업이 GDP에서 차지하는 비중은 6%에 불과했지만 1940년에는 14%로 증가하였다.

그러나 역시 일본 자본의 조선 진출과 급속한 공업화의 큰 계기가 된 것은 조선에서 1920년대에 장진강과 부전강 등의 유역 변경식 대규모 수력발전을 건설하여 값싼 전력을 대량 생산할 가능성을 발견한 것이다. 이를 기회로 일본의 신흥재벌인 '일본질소비료'가 전기를 개발하고, 서구에서 매입한 신기술을 이용하여 공기 중의 질소를 전력으로 고정해 질소비료를 생산하고자 조선에 진출했다. 노구치(野口遵)의 '일본질소비료'는 1927년 흥남에 조선질소비료주식회사를 설립하고, 부전강 수력발전으로 생산된 전기로 질소비료를 생산했다. '조선질소비료'는 1930년 1월 조선수전주식회사를 합병하고, 지속적으로 화학비료 생산을 확대했다. 이후 조선수력전기(주)를 조선질소비료(주)에 합병시켜 조선질소비료(주)로 단일화했다.

조선질소비료(주)는 질소비료 이외에도 인산비료, 석회비료, 복합비료 등 각종 비료를 생산했으며, 동해의 정어리를 원료로 한 유지(油脂)공업 분야에도 진출했다. 이 과정에서 영안이나 아오지 등 함경도 일대에 추가로 공장을 설립했다. 조선질소비료(주)는 조선의 전기·화학 공업 발전에 중심적 역할을 했고, (주)일본질소비료(日本窒素肥料)계 자회사들과 함께 북부 지역에 '전기-화학 콤비나트'를 구축했으며, 이는 조선에서 식민지 공업화의 상징이 되었다. 조선질소비료(주)가 확대되면서 화약과 금속제련 부문 등 군수공업 분야에도 진출했다. 이후 (주)일본질소비료는 압록강과 장진강 등에 전력 사업을 확대하였다. 이후 1941년 12월, 마침내 조선질소비료(주)는 일본질소비료(주)에 합병되었다.

조선총독부는 1931년에 「발전 계획 및 송전망 계획」을 세우고, 1932년에는 '조선전기사업령'을 공포하여 전기공사에 인가를 받도록 하고, 전기공사에 필요한 토지 수용 등 편의를 제공하는 등 지원을 해온 결과 1931~1937년 사이에 발전량이 4배로 증가했다. 우가키는 전력 소비량의 80%를 공업용으로 사용할 계획이었고, 실제로 30년대 이후 조선에 전력 다소비형 산업이 안착되고 전력은 조선 경제에서 중화학공업 발전의 결정적 토대가 되었다. 그러나 비록 전기 사업에 관한 산업 정책이 시행되었지만 중일전쟁 이전에는 시장의 논리가 작동하는 가운데 자유주의적 정책을 기간으로 공업화가 이루어졌다. 그러나 1937년 이후에는 전시(戰時) 체제 아래 통제 경제가 강화되고 점차 전시 계획 경제적 성격으로 나아간다. 생산력 확충 계획이나 생산 확충 계획 등이 그 모습을 잘 보여주고 있다.

먼저 일본 본토에서 5년 기한이 만료 예정이었던 「중요산업통제법」을 1936년 5월의 개정에 의해 10년으로 연장하고, 1937년에는 조선에도 그 적용이 확대되는 변화가 있었다. 이 무렵 우가키 후임으로 1936년 8월 조선 총독으로 취임한 미나미 지로(南次郎)는 우가키가 설치를 결정한 「조선산업경제조사회」를 10월에 개최했다. 동조 사회의 설립 목적은 세계적인 블록화와 통제 경향이 강화되는 가운데, 일본의 패권을 유지하기 위해 일본 경제권 전체의 계획적 통제를 강화하고자 한 것이었다. 특히 '일만권(日滿圈) 내의 지리적 중심에 위치하고 개발 이용할 수 있는 자원, 동력, 노력이 풍부하고 또한 각종 산업의 전면적 전개기에 있는 조선의 산업 경제에 관하여 일정의 기준과 침로(針路)를 주어 대국적 견지에서 그 시설의 완급을 조율할 것을 목표로 하였다.

전시 체제에 따른 통제 경제의 강화 과정에서 조선의 경제도 우가키의 자유주의 정책에서 경제 통제, 직접적인 공업화 정책에로 전환되었다.[77] '공업의 통제에 관해서는 조선 내 각반의 사정 및 내지 및 만주에 있어서 공업과의 관계를 고려하고 적당한 시책을 강구할 것', '공업의 합리적 분포를 도모할 것', '중소 공업의 진흥을 기하고 함께 대공업과의 조정적 발달을 도모할 것', '노동 효율의 향상과 노사 간의 융화를 도모할 것' 등의 방책이 세워졌다.[78] 그리고 이에 따른 시설 계획이 세워져서 공업화는 일본의

77 河合和男·尹明憲, 『植民地期の朝鮮工業』, 未來社, 1991.제1장. 이승렬, 「1930년대 전반기 일본군부의 대륙침략관과 '조선공업화'정책」, 『국사관 논총』 제67집, 1996. 참조.
78 『朝鮮産業經濟調査會諮問答信書』(1936), pp 35-44.

정책 목표, 특히 국방상의 필요에 따라 추진되었다. 1937년 이후 조선 산업의 군사적 재편성은 특히 조선에는 풍부하지만 일본 국내에는 부족한 군수 자원과 조선의 풍요하고 값싼 전력을 결합한 철강, 경금속, 인조석유 등의 부문을 주축으로 하였다.

1937년 7월 중일전쟁 이후 산업 통제 정책이 확대되면서, 1937년 9월에는 '수출입품 등에 관한 임시 조치에 관한 법률'이 공포되었다. 이 법은 전반적인 물자 수급을 대상으로 한 것은 아니지만 이 법을 근거로 여러 가지 명령, 통첩을 제정하여 철강, 금속, 석유, 설탕, 섬유, 의약품 등 주요 물자의 수출입, 제조, 배급, 판매 등을 통제하였다.

그리고 1937년 10월에는 '임시자금조정법'이 공포되었다. 이 법은 "자재 및 자금의 사용에 대해 국가 전반의 목적 수행의 견지에서 쓸데없는 낭비를 반성하고 최고의 능률을 발휘하게 하는… 자재 및 자금을 국방 기타 시국에 긴급한 부문으로 돌리고 다른 부분에는 사용하지 않는" 것을 목적으로 사업 자금의 조정, 시국 산업에의 자금 공급, 저축채권의 발행, 금융 산업에 관한 조사, 제재 규정을 그 내용으로 하고 있다. 구체적으로 각 산업 부문을 군사상의 관점과 수급 상황에서의 중요도에 의해 갑·을·병 및 그 각각을 다시 구분하고 특히 최우선 군수 산업인 갑류 1에 속하는 광공업 (인조석유, 유안, 경금속공업 등)에 중점적 융자를 실행하였다.

그러나 이 시기까지 각종 경제 통제가 부분적이고, 통제 단체도 획일적이지 않았다가 1938년 '국가총동원법'이 제정되어 국가는 물자나 자금, 가격 등 이외에도 직접 인력을 통제할 수 있게 되었다. 1938년 4월에 국가총동원법이 공포되고 5월부터 시행되었으며, 일본과 같은 5월 5일부터 조선, 대만 및 사할린에서도 이 법이 의용(依用)되었다. 또한 1941년에는 '중요산업단체령' 등이 만들어지고, 각종 통제회와 통제 조합 등 통제 단체가 산업별·분야별로 계통적으로 모든 분야에서 설립되었다.

조선을 대륙 병참기지로 활용하기 위한 구체적인 방안이 마련되는 것은

1938년 9월에 개최된 「조선총독부 시국 대책 조사회」였다. 동조 사회에서는 「내선 일체의 강화 철저에 관한 건」, 「해외 무역의 진흥에 관한 건」, 「농산 어촌 진흥 운동의 확충 강화에 관한 건」, 「노무의 조정 및 실업의 방지, 구제에 관한 건」, 「군수공업의 확충에 관한 건」, 「지하자원의 적극적 개발에 관한 건」 등 시국 대책 전반에 관한 18개 항의 자문에 관한 답신이 이루어졌다.

이 중 「군수공업의 확충에 관한 건」에는 1941년까지 기업의 신설이나 증설에 의해 알루미늄, 마그네슘, 석유, 폭약, 공작기계, 자동차, 철도차량, 선박, 항공기, 피혁 등에 대한 구체적인 확충 계획 목표를 세웠다. 확충 방법으로서 관계법규 정비, 기업 부지의 알선, 기술자·숙련공 양성 기관의 확충, 자금 융통의 원활화, 보조금의 교부, 운수 시설의 정비, 동력 요금·운임의 경감, 원재료의 공급 알선, 하청 공업의 확충 등 노동력 확보에서 중소기업의 하청화 방안까지 제시했다. 이는 일정한 기준을 설정하는 수준이었던 1936년의 '조선산업경제조사회'보다 훨씬 구체적이고 치밀한 것이었다.[79] 군수공업의 확충은 「국체 관념의 명징」, 「일상생활의 내선 일체화」 등 철저한 「황국신민」화 정책과 보조를 함께 하여 추진되고, 고이소 구니아키 총독(小磯國昭, 1942~1944년), 아베 노부유키 총독(阿部信行, 1944~1945년) 시기에는 더욱 강화되었다.

전쟁 수행을 위한 물자 통제 정책으로서 시행된 조치들로 먼저 1937년의 '수출입품 등 임시조치법'이나 '임시자금조정법' 등 산업 통제 정책은 그래도 간접적인 지침에 따라 실행되는 측면이 있었다. 그러나 전쟁이 길어지면서 '국가총동원법'을 통해 보다 직접적으로 물자와 노동을 동원하여 전력 강화를 위한 계획적 배치로 나아가게 된다. '국가총동원법' 이후인 1938년 9월에는 '공업조합령'이 공포되어 중소기업을 조합으로 편성하여,

---

79 정태헌, 「1. 병참기지화정책」, 『신편 한국사』 50, 2002, p 15.

발전과 통제를 가능하도록 하였다. 이와 함께 '기업허가령'(1941년)을 제정하여 군수 관련 기업도 비능률적이면 정리 대상에 포함시키고, 1942년 5월에는 '기업정비령'을 제정하여 중소기업의 정리, 통합과 하청 기업화가 추진되고, 기업 정비가 법적 강제력을 가지고 추진되었다.

한편 중일전쟁이 확대, 장기화되면서 미국, 영국 등의 일본에 대한 자본 및 물자 수출이 금지되었다. 일본제국주의는 대동아공영권'이라는 이름으로 (반)식민지를 결합하여, 그 세력권 안에 자급적인 군수 자원의 총동원과 군수공업의 급속한 발전을 꾀하였다. 그리고 수행을 위해 모든 자원에 대한 일원적 통제를 강화하게 되었다. 1941년에는 4월에 '생활필수물자통제령' 그리고 12월에 '물자통제령'을 공포하여 군수 물자의 생산을 장려하고 생활 물자의 생산과 소비를 억제하며, 나아가 배급제도를 전면적으로 실시하게 되었다.

전쟁의 확대로 군수물자 생산 장려와 생활필수품의 생산과 소비를 억제할 필요성이 더욱 높아짐에 따라 '생활필수물자통제령'(1941년 4월)과' 물자통제령'(1941년 12월)이 공포되었다. 물자통제령은 철강재, 전력, 식량, 목재, 생사, 금·은을 비롯한 광산물, 신탄, 의약품과 위생자재, 축산물, 채소와 과일 등물자에서부터 생활필수품에 이르는 물자 전반에 걸쳐 적용되었다. 또 물자의 생산과 가공·수리 등의 제한·금지, 판매 및 양도를 총독이 명령할 수 있도록 규정하여 생활필수품을 포함한 배급제도를 전면적으로 확대 실시하게 되었다.[80] 1940년 12월에는 미곡 공출제가 실시되고, 1942년부터 쌀의 자유 판매가 완전히 금지되었다. 또한 쌀을 제외하고도 각종 식량과 축산물, 임산물, 수산물, 섬유품, 금속품, 철기품 등 거의 모든 물자가 공출 대상으로 규정되어 갔다.

---

80 허영란, 「전시체제기(1937~1945) 생활필수품 통제 연구」, 『國史館論叢』 88, 2000. 참조. 鄭泰憲, 「1. 병참기지화정책」, 『신편 한국사』 50, 2002, p 18.

1943년 9월에 조선식량관리령이 공포되어, 식량의 가격 조정 및 배급 통제를 담당할 기구로 조선식량영단이 결성되었다. 조선식량영단은 쌀을 위시하여 점차 잡곡, 맥류 그리고 나아가서는 면류와 빵 등의 가공품에 이르기까지 거의 모든 식량의 매입 및 배급 계획에 기초하여 전국의 소매상 조합 등에 배급하는 역할을 하였다. 매입 대금은 조선식량증권을 발행하여 처리했고, 조선은행은 1944년 3월 말에 1억 6천 9백만 원, 1945년 3월에 7천 3백만 원의 조선식량증권을 보유하고 있었다.

조선에서도 보다 직접적으로 국가총동원법에 의해 전 기구적인 노동력 동원 정책을 시행하게 되었다. 먼저 1938년 '임금통제령', 1939년에 '임금임시조치령'으로 임금을 통제했다. 1939년 6월에는 숙련공 양성을 위하여 '공장사업소 기능자 양성령'을 실시했다. 1939년의 '국민징용령' 실시로 관(官) 주도에 의한 사실상의 강제 동원을 시행하고, 이와 함께 국민 총 동원 체제와 관련하여 노동 강화, 노동 운동을 억제하기 위한 이데올로기를 주입하고자 하였다. 1940년 '직업소개소령'으로 직업소개 활동을 강화하고, 직업소개소를 군수공업을 위한 노동력을 알선, 배치하는 노동력 통제기관으로 이용하였다. 이어서 미숙련 노동자 동원을 위해 1941년 '종업자 이동방지령'을 통해 노동자의 이동을 제한하고, '노무조정령'을 통해 인력과 자원을 강제로 동원·배정하고자 하였다. 1944년에는 징병제로 조선인에게도 병력 동원이 강제 시행되었다.

1937년 이후 1945년까지 조선인 노동력 동원과 관련한 실태를 보면,[81] 국내 동원으로 도외 동원이 68만 4천여 명(이 중 1944~1945년의 도외 동원 약 39만 명은 국민징용령에 의한 것으로 판단됨), 도내 동원이 414만 6천여 명(약 한 달 정도의 단기 노무 동원), 그리고 군요원으로 동원된 것이 징용 21,423명을 포함하여 총 33,891명이었다. 이 밖에 역외 동원으로 모집, 알선

---

81 이영훈, 『한국 경제사』Ⅱ, pp250-253.

및 징용에 의한 대일 동원(내지와 사할린)이 일반 노무 73만여 명, 군 요원 7만여 명(징용 63천여 명)이고, 그밖에 만주·중국·남양으로의 4만여 명이 있다. 1942~1943년의 약 25만 명은 관의 알선에 의한 것이고, 1944년 9월부터는 국민징용령에 의한 징용이 주요 수단이었다. 한편 1944년 징병제로 동원된 조선 청년의 수는 대략 8~9만 명으로 추정된다.

2) 공업화의 전개

조선의 공업은 1930년대에 들어 급격한 약진을 보였다. 공산액은 제1차 세계대전 후의 일본의 전후 공황기에 해당하는 1920~1921년 및 대공황의 타격을 정면으로 받은 1930~1931년의 두 시기를 제외하고는 시종일관 증대하고 있지만 특히 1932년 이후의 증대는 현저하다. 다음 〈그림 8-18〉은 경상가격 기준 GDP와 광공업 및 농축산업의 생산액을 보여주는 것이다. 광공업 부가가치 생산액이 1916년에만 해도 4천 6백만 원에 불과하던 것이 1919년에는 1억 3천만 원으로 증가했다가 이후 전후 불황으로 감소하고 1925년에 다시 1억 3천만 원대로 회복했지만, 다시 1930년대 초에 감소하여 1931년에 8천 7백만 원으로 되었다. 이후 빠르게 성장하기 시작하여 1935년에 2억 3천 2백만 원, 1940년에는 7억 8천 8백만 원이 되었다.

그러나 그림에서 보듯이 여전히 농축산업 생산액이 광공업보다 시종일관 더 많았다. 다만 광공업 생산이 더 빠른 속도로 성장하여 1919년에도 농축산업 54%, 광공업 7.1%이던 것이, 1935년에는 각각 43%, 10.4%로 되고, 1940년에는 34%, 17.2%로 되었다. 1940년에 비록 광공업의 비중이 높아졌지만 여전히 농축산업은 광공업의 2배의 비중을 차지하고 있다. 한편 광공업 생산의 성장률은 1911~1931년의 20년 동안 3.4배 증가한데 비해 1931~1940년의 9년 동안 9배가 증가했다.

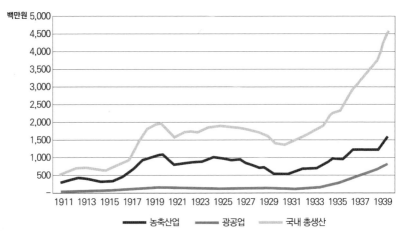

<그림 8-18> GDP와 광공업(경상 가격)

다음 〈그림 8-19〉는 제조업 부문 내에서의 주요 업종별 공장 생산액을 살펴본 것이다. 식품, 화학, 방직, 금속기계 등을 살펴보았는데, 이것들이 금액이 많은 업종들이고 이외에도 요업, 목제품, 인쇄제본 등이 있으나 제외했다. 그림에서 보듯이 언제나 식품공업이 제일 큰 업종이었으나, 1930년 대에 화학공업이 빠르게 성장하여 1939년 이후에는 식품공업을 초과한 제1위 업종이 되었고, 공산액의 31.5%를 차지하였다. 이 과정에서 총 제조업 생산액 중 중화학공업(금속, 기계, 화학) 생산액의 비중은 1912년 8.6%에서 1932년에 19.7%로 증가하고, 1939년에 20.7%, 1939년에 44.5%에 이르고, 1940년에는 53.4%의 과반을 차지하여 경공업(방직, 식품, 요업, 목제품, 인쇄제본 등)생산액을 능가하였다.

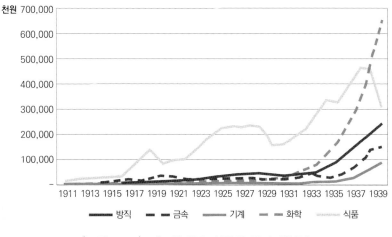

천원 700,000

〈그림 8-19〉 제조업 주요 업종별 공장 생산액

한편 생산 양식별 생산액을 보면, 1935년까지 공장 생산액은 전체의 59%에 지나지 않고, 직공 수 4인 이하의 가내 공업 생산액이 여전히 33%를 점하고 있는데 1939년에는 전자가 72.8%, 후자가 21.9%로 되어있다. 1939년 기준 특히 방직공업, 금속공업, 화학공업에는 직공 수 200인 이상의 대공장만으로 각각 66.5%, 85.4%, 69.3%를 점유했다.[82] 가내 공업 생산액은 1930년대 말까지도 계속 증가했고, 그 비중은 20년대 후반 이후 대체로 지속적으로 하락했지만,[83] 1939년에도 21.9%를 차지한 것이다.

그러나 정미업을 제외한 식료품공업이나 제재를 제외한 목제품공업에는 여전히 가내 공업의 비중이 높고, 가내 공업 생산액에 직공 수 5인 이상 30인 미만의 소공장 생산액을 더하면 그것은 1939년에 각각 68.3%(식료품공업), 71.1%(목제품공업)로 되고 압도적으로 영세 규모 경영에 의존하고 있

---

82 河合和男, 産業と経済,14(3), 奈良産業大學紀要 , 2000, p 128. 河合和男, 尹明憲, 『植民地期の朝鮮工業』, 未來社, 1991.

83 허수열, 『개발없는 개발』, p 143.

다.[84] 그러나 이러한 수치는 부가가치 기준이 아닌 일종의 매출액인 조생산액 기준의 통계이다.

공장의 규모를 구분하여 보면, 압도적으로 5인 이상, 30인 미만의 소공장이 많고, 방직공장을 제외하면 전체적으로 공장 수에서 70%를 초과하고, 특히 식료품 공장에서는 90% 이상을 점하고 있다. 결과적으로 공장 수에서는 2.1%에 지나지 않은 200인 이상을 고용하는 대공장이 생산액의 44.9%(공장생산액의 61.6%)를 점하여 압도적이었다. 특히 화학공업, 금속공업, 방직공업 등에는 그 경향이 현저하였다.[85]

한편 1930년대 초반의 공업 발전은 음식료, 연초 산업과 섬유·의복으로 대표되는 소비재 공업이 발전하고, 예외적으로 조선 질소의 화학공업의 성장이 있었으나 1937년 이후는 군수공업화가 진행되었다. 조선의 군수공업화는 직접적인 병기류나 함정, 차량 등 군수품 생산이 아니고, 군수품 생산에 필요한 광물질과 소재의 생산에 그 중점이 있었다. 일본의 전시 물자 증산 계획에 따라 기획된 '주요 물자 수급 계획' 및 '생산력 확충 계획'에 속하는 물자를 군수 물자로 간주한다면, 1940년대에는 공산액에서 차지하는 비중이 30% 이상이 되었을 것으로 추정되고, 허수열은 1940년에 31%로 추정하였다.[86]

조선의 공업화는 지역별로 편재되어 있었으며 중화학공업은 북부 지역에, 경공업은 남부 지역에 편재하였다. 특히 흥남 등 함경남북도에 걸친 북부 지역은 지하자원과 전력이 풍부했고, 이를 바탕으로 북한의 군수공업이 발전할 수 있었다. 서울과 인천 등의 경인 지역은 정미업, 방직업, 기계기구공업이 발전했다. 이외에 해주 진남포 등의 평안남북도에 걸친 서부 삼

---

84 河合和男, 産業と經濟,14(3),奈良産業大學紀要, 2000, p 128. 河合和男, 尹明憲, 『植民地期の朝鮮工業』, 未來社, 1991.

85 위와 같음.

86 허수열, p 203.

척 등의 강원도 지역, 그 외에 전주, 광주 등의 호남 공업 지대 그리고 부산, 마산, 진해 등 경남의 공업 지대 등을 들 수 있다.

전시 통제 경제는 이미 1937년에는 '임시자금조정법' 등을 통해 광범하게 진행되었지만 군사력 확충을 위한 일정한 계획적 목표를 세우고, 중점적인 저금리의 자금을 배분하는 계획을 세운 것은 생산력 확충 계획이다. 생산력 확충 계획은 일본과 만주 및 북중국을 합친 경제권을 확립하고, 나아가 동남아 지역을 이용하여 일본의 국방력을 자급의 기초 위에 크게 발전시키고자 하는 것이었다. 계획은 육군성이 기안한 「중요 산업 5개년 계획」을 기초로 기획원 회의를 거쳐 '생산력 확충 계획 요강'으로 작성되고 1939년 1월에 일본 각의를 통과함으로써 확정되었다.

계획 대상은 주요 국방 산업 및 기초 산업으로 철강, 석탄, 석유 및 대용연료, 경금속, 비철금속, 금, 소다 및 공업염, 유산 암모니아, 펄프, 공작기계, 철도차량, 선박, 자동차, 양모, 전력의 15개 산업으로 정했다. 이러한 생산력 확충 계획은 직접적인 군수품 제조 공업은 포함하지 않고 그것을 지탱하는 기초적 부문을 주된 대상으로 한 것이었다.

생산력 확충 계획을 실현하기 위해서 국가는 기술, 노동력, 자금 및 자재의 원활한 공급을 확보하는 것 외에 필요한 육성과 지도와 함께 국가총동원법 발동이나 법령의 제정 및 산업 경제의 각 기구의 쇄신 등 적절한 조치를 강구하도록 하였다. 조선에 있어서도 1938년 9월에 확충하려는 군수공업의 상황에 관하여 「조선총독부 시국 대책 조사회 자문안 참고서(군수공업의 확충에 관한 건)」라는 것이 작성되어 경금속(알루미늄, 마그네슘), 석유 및 그 대용품, 소다, 유안, 폭약, 공작기계, 자동차, 철도차량, 선박, 항공기, 피혁 등에 관한 자원 부존 상태, 생산 실적 등과 함께 1938~1941년까지의 수요 및 증산 전망을 기술하고 있다. 그러나 일본에서 생산력 확충 계획이 발표될 때까지 조선 내에서 독자적으로 품목별, 년도별 증산 계획이 일본에서와 같이 구체적으로 세워진 것 같지는 않으며 일본 전체의 계획이 세워진 후 그에 따라 조선의 품목별 분담 비율과 목표 생산량이 정해진 것으로 보인다.

그 품목별 생산 실적은 1941~1944년에 걸쳐 구체적으로 조사된 바 있지만 전체적으로 목표에 대한 생산 실적비가 1941년 84%, 1942년 75%, 1943년 90%, 1944년 상반기에는 109%에 이르고 있었다. 여기서 1943년과 1944년의 전시 말(戰時末)에 목표 대비 실적 달성이 향상되고 있는 것으로 보이는데 이는 생산 설비의 증대를 통해서 이루어진 면도 있지만, 생산 목표 자체의 합리적인 조정과 단기적인 증산 독려를 통해 이루어진 점이 크다는 점을 유의해야 한다.

한편 생산력 확충 계획의 입안과 함께 산업별 확충 계획의 수립이 진행되었고, 결과적으로 많은 계획 물자가 상당한 정도 증산되고, 일본 산업 구조의 중화학공업화가 한층 진전되었다. 그러나 강재, 선철, 철광석, 석탄 등을 일본을 중심으로, 그리고 식민지에서는 주로 만주에서 증산하려는 목표는 크게 미달하였다. 따라서 생산력 확충 계획 아래 추진된 군수 중심의 중화학공업화는 생활필수품 및 생산 수단과 생산 부문을 축소시켰으며 이는 결국 태평양 말기에 이르러 일본 경제의 재생산 구조를 거의 파괴하는 결과를 초래했다.

결과적으로 생산력 확충 계획 자체도 태평양 전쟁이 시작된 1941년 이후에는이 가열되고 일본 경제력의 한계로 생산 설비를 계획대로 확충하는 것은 불가능했다. 제2차 세계대전의 발발로 일본은 생산력 확충 계획에 필요한 기계류, 자재 등의 중요 물자를 수입할 수 없었다. 그리고 기대와 달리 중국과의 전쟁이 장기화되고, 미국과의 갈등이 심화된 가운데 1940년 7월 남방으로의 진출을 감행하자 미국이 석유 등의 산업 물자의 금수(禁輸) 등 구미의 대일(對日) 무역 통제가 강화되고, 동남아시아를 통과하는 해상 보급로를 차단하여 태평양 전쟁으로 이어졌다.

따라서 1943년에는 소위 결전적 시기를 맞아 산업 설비의 확충과 건설

장기적인 관점에서의 생산력 확충 계획과는 다른 관점에서 단기적으로 직접 군수물자의 생산 증대를 목적으로 하는 「생산 확충 계획」이 제창되고 있었다. 그러나 생산 확충도 원활하지 못해 일본의 전시 경제는 어려움에 직면하게 되었다.

또한 1942년 제2차 생산력 확충 계획이 수립되고, 1943년 당시 일본에서 5대 중점 산업이 지정되어 철강, 석탄, 경금속, 선박, 비행기의 획기적 증산이 기대되고 있는 시점에서 조선에서는 철광석, 석탄, 알루미늄, 마그네슘 등의 그와 연관된 원료 증산이 요구되었다. 또한 그와 연관되어 소형 용광로를 이용한 철의 증산이나 소형 선박의 건조 기타 채취된 자원의 가공이 검토되었다. 따라서 기본적으로는 자원 채취가 역시 강조되었고, 이외의 자원으로 코발트, 니켈, 형석, 텅스텐, 수연, 인상(鱗狀)흑연, 연와 등의 생산이 중요시되었으며, 또한 쌀 증산이 강조되었다.[87]

1938년 이후 1942년까지 주요 광물의 생산량이 3배나 증가하였다. 이 외에 1938년 조선 산금 5개년 계획을 실시하여 1942년까지 109톤의 금을 증산하였다.[88] 다만 조선에서는 일본과 별도로 미곡의 증산이 동시에 제창되고 이를 위한 「증미 계획」이 추진되고 있었다. 그리고 전시 말인 1944년 4월에는 조선에서도 「군수 생산 책임제」가 시행되어 쌀을 포함하여 다양한 공·광산품에 걸쳐 강권적인 군수 관련 생산물의 증산을 기도하였다. 실제로 1944년 '일본권' 안에서 생산된 광산물 중 조선산 비중이 50% 이상을 점하는 광물은 형석, 흑연, 텅스텐 등 9가지였고 보통 선철, 알루미늄, 아연, 철광석, 석면, 운모, 철광석 등이 10% 이상을 차지했다.[89]

생산 추이를 보면 광물, 철, 전력과 같이 생산력 확충 계획의 대상이 된

---

87 오두환, 「제6장 전시공업화와 금융」, 安秉直, 中村哲 공편저, 『근대조선 공업화의 연구』, 일조각, 1993, p 214.
88 이영훈, 『한국 경제사』II, p 231.
89 정태헌, 「1. 병참기지화정책」, 『신편 한국사』 50, 2002, p 26.

업종은 그 생산을 전시 말까지 급속하게 늘리는 경우가 많았다. 이에 비해 대중 소비품의 경우에는 중일전쟁 발발에서 1930년대 말에 걸쳐 대체로 감소세로 돌아선 것으로 보인다.[90] 무역도 1930년대 말부터 감소세로 돌아서기 시작했으며 특히 1943년부터 현저하게 감소하였다. 다만 1940년대 초에는 이입보다는 이출의 감소가 더 빨랐기 때문에 무역을 통한 조선 내 물자 소비는 이입 감소만큼 줄지는 않았다. 그러나 1944년에는 결국 물자의 순 유출이 일어났다. 결과적으로 특히 대중 소비품의 조선 내의 소비는 전시 말로 갈수록 크게 줄었을 것으로 보인다.[91]

한편 「생산력 확충 사업」을 추진하기 위해 일본에서는 자금 소요계획이 세워졌으며 이것에 계상된 것은 「임시 자금 조정법」에 의한 자금 통제에서 최우선적인 취급을 받도록 되어 있었다. 자금 소요계획은 생산력 확충에 필요한 산업별 자금 소요 계획은 초기에는 산업별로 어느 정도의 자금이 필요한가를 추정한 것이었다. 그러나 1939년이 되면 자금 소요 계획은 '산업 확충 계획에서 분화, 독립하고 「자금 통제 계획」의 일부로 편입되어 자금 수급의 전반 가운데 위치하게 된다'.

전시기에 일본은 임시자금조정법이나 국가총동원법 등에 의해 경제의 계획화를 추진했다. 또한 계급적 노사 관계를 배제한 채 노동자를 포섭하고자 하였던 '산업 보국회'를 만들어 노사 갈등을 억제하고 노동자를 전시 체제에 통합했다. 또한 주주의 권한 제한과 은행을 통한 간접 금융의 확대, '통제회'라는 업계 단체를 구성하여 정부와 기업 간 정보 및 지령의 효율적인 전달 체제를 구축했다. 정부 통제의 '1940년 체제'가 전후에도 영향을 미쳐 전후 일본 고도성장기 경제 시스템으로 이어졌다.[92]

그러나 조선도 마찬가지였지만, 생산력 확충 계획을 위한 별도의 독자적

---

90 김낙년, 「식민지 조선공업화에 관한 제 논점」, 『경제사학』 제35호, p 44.
91 김낙년, 「식민지 조선공업화에 관한 제 논점」, 『경제사학』 제35호. p 45.
92 野口悠紀雄, 『1940年体制—さらば戰時経濟』, 동양경제신보사, 2002

인 자금 계획을 산업별, 연도별로 구체적으로 수립한 것으로는 보이지 않는다. 다만 「저축 계획」을 세울 때 보듯이 정부 공공단체의 예산, 민영공사비, 사업 자금, 금융기관 대출금 등 자금 산포액(자금 소요액)을 개산하고 전년도 대비 증가율을 고려하여 저축 목표를 세우고 있었다. 이렇게 조달된 자금의 배분에 관해서는 「임시 자금 조정법」을 토대로 여러가지 질적 통제가 가해지고 있었다.

따라서 조선에서의 자금 배분도 이러한 자원 채취와 관련된 산업에 중점적으로 배분될 수밖에 없었다. 이것은 앞에서 살펴본 「임시 자금 조정법」에서 생산액 기준으로 광업은 95.7%, 공업은 단지 8.7%가 우선적 자금 공급 대상인 갑류로 분류된 것과 일맥상통하는 것이었다. 따라서 생산력 확충 산업은 자원 채취 및 그와 관련된 광공업을 중심으로 추진되고, 이는 조선공업화의 성격을 결정하는 것이었다.

1940년대 조선의 주요 산업에 대한 자금 공급의 상황을 보면, 주요 산업에는 계획 산업과 기초 산업이 포함되었으며, 자금 공급의 방법에는 대출과 유가증권 매입 등의 형태가 있었다. 그러나 유가증권 매입은 적고, 자금의 85~95% 가까이 계획 산업에 제공되었다. 계획 산업에는 철강, 석탄, 소다, 금, 선박, 전력, 비철금속 등이 포함되었다. 그리고 기초 산업에도 흑연, 석회석, 염기성 내화물, 광산기계, 전극, 마그네사이트, 형석 등 대부분 광물이 주를 이뤘다.

그러나 다음 〈표 8-8〉은 전시 동안 조선 신설 회사의 수 및 공칭 자본과 불입 자본의 변화를 보여주는 표이다. 먼저 신설 회사가 1937년에 794개였고, 이후에도 1942년까지 600개 이상이었지만 그 이후 약간 감소한 것을 볼 수 있다. 그러나 불입 자본금을 보면 1937년에 250만 원에 달하고, 1940년에 4억 1천 1백만 원, 1942년에 2억 8천 1백만 원으로 감소하고 이후 다시 증가 한 것을 볼 수 있다. 신설 공칭 자본도 1943년에 4억 8천 7백만 원, 그리고 1944년 10월까지 4억 8천 7백만 원으로 증가했지만, 이 무렵에는 물가 상승이 가팔랐던 점을 유의할 필요가 있다. 그러나 일본에서 생산력 확충 계획과 함께 1939년이 되면 자금 소요 계획이 별도로 세워진데 비해, 조선에서는 자금 계획을 종합적으로 수립하지는 않았다.

〈표 8-8〉 조선에서의 계획 자본

(단위: 천원)

연도	신설 회사 수	신설, 증자 공칭 자본(신설 공칭 자본)	불입 자본
1937	794	376,172(249,807)	249,569
1938	648	286,107(223,067)	195,392
1939	609	254,608(179,139)	-
1940	639	373,625(183,653)	*411(백만원)
1942	661	378,446(137,192)	281,360
1942	463	602,869(304,346)	348,374
1943	469	635,712(487,318)	739,813
44. 10	557	687,529(487,636)	463,985

자료: 1937년은 『朝鮮經濟年報』, 昭和14年版. 1938~1940년까지는 『第七十九回帝國議會說明資料』, 1941년. 1942년은 『朝鮮金融事情槪觀』. 1943, 1944년은 『朝鮮銀行統計月報』.

다음 〈표 8-9〉는 1940년대 조선의 산업 자금 조달의 내역을 총괄적으로 보여주는 것이다. 먼저 자금 조달의 내역과 관련하여 조선 외부로부터의 자금 조달과 조선 내 조달이 구분되어 있고, 산업은 계획 산업과 비계획 산업, 군수 산업 등으로 구분되어 있다. 예를 들어 1941년을 보면, 외부로부터의 자금 중에는 내부 자금이 1억 1백만 원, 주식 납입이 2억 2천 1백만 원, 금융기관 차입금 1억 2천 4백만 원 등이 포함되어 총 5억 5천 4백만 원에 달한다. 그리고 조선 내에의 조달 자금도 5억 1천만 원에 달하며, 총 10억 6천 4백만 원 중에서 조선 외부로부터의 조달 비중이 53.1%에 달했다.

이후 1940년대의 변화를 총괄하여 보면, 1940년대의 계획 산업은 조선 내외 자금의 합계로 1942년부터 급증하고 있고, 그중 외부 자금의 비중이 더 높아지고 있지만, 1941년 46.9%, 1942년 42.8%, 1943년 48.6%로 거의 반에 달하다가 1944년에는 내부 자금 조달도 38.4%로 감소했다. 일본의 조선 투자는 1940년 이후 규모가 커졌다.

1940년대 이후 절반 이상이 넘는 자금이 조선 외부로부터 조달되고, 이것은 대폭적인 무역 적자와도 연계하여 일본으로부터의 경상이전(經常移轉)과 투자수지에 의해 이루어진 것으로 보인다. 그러나 〈표 8-9〉의 주에도 표기한 바와 같이, 1941~1943년까지는 자금 조달 실적치이지만, 1944년은 계획치어서 연속성에 약간의 문제가 있다. 그리고 무엇보다 보다 깊이 음미하여 보아야 할 문제는 이러한 일본에서의 자금 조달이 일차적으로 일본의 대조선 자본 투자로 이루어진 것일지라도, 실제로는 그 자금의 일정 부분이 거시적인 관점에서 중국에서의 금융조작을 통해 얻어진 자금일 수 있다. 그러나 이 문제는 다음에서 조선의 무역외수지와 관련하여 보다 자세히 검토하도록 한다.

〈표 8-9〉 국내 자금 조사 결과[93]

(단위: 백만원, %)

년도	분류	조선 외부로부터의 자금 조달						조선내 조달계 (b)	조선 외 조달비율 a/(a+b) (%)	간접소요 자금비율 (%)
		내부 자금	주식 납입	사채	차입금		합계(a)			
					금융 기관	기타				
1941	계획산업	64.1	149.4	35	75	44	367.5	324	53.1	32.7
	비계획산업	37	71.7		49.3	29.1	187.2			51.7
	기타합계	101.1	221.1	35	124.2	73.2	554.6	510.8	53.1	
1942	계획산업	28.3	190.6	45	66.2	36.3	366.5	228.8	61.6	
	비계획산업	45.1	87.4		60	35.5	227.9	237.8	48.9	
	군수산업				25	4.7	29.7			

93 1943년까지는 자금 조달 실적치이고 1944년은 그 계획치이다. 1941년까지의 비계획산업과 1944년의 각 산업은 총액만 알고 있고 그 내역은 알 수 없다. 여기서는 각각 1942년과 1943년의 내역과 동일하다는 가정으로 구한 추정치이다.

년도	분류	조선 외부로부터의 자금 조달						조선내 조달계 (b)	조선 외 조달비율 a/(a+b) (%)	간접소요 자금비율 (%)
		내부자금	주식납입	사채	차입금		합계(a)			
					금융기관	기타				
	기타합계	73.4	278	45	151.2	76.5	624.1	466.6	57.2	31.9
1943	계획산업	34.2	198.5	60	322.7	75.8	691.3	413.1	62.6	11.6
	비계획산업		51.5		18.6	12.2	82.2	347.4	19.1	3.4
	군수산업	7			25		32	0.9		
	기타합계	41.3	250	60	366.3	88	805.6	761.4	51.4	9.1
1944	계획산업	53.7	311.5	94.1	506.4	119	1,084.6	288.3	79	19.7
	비계획산업		131.3		47.3	31.1	209.7	539.4	28	19.4
	군수산업	12.7			45.2		57.9	14.4		1.7
	기타합계	66.4	442.8	94.1	598.9	150	1,352.2	842.1	61.6	19

자료: 김낙년, 식민지기조선의 '국제수지' 추계, 경제사학, 제37호,

제4절 국제수지와 단기 자본의 이동

1. 국제수지 개관

일제강점기 조선 경제의 토대를 형성하고 경제 운용의 기본적인 문제는 조선은행권과 일본은행권의 등가 교환을 유지하는 것이고, 이를 위해서는 조선은행의 정화 준비를 일정하게 유지하여야 했다. 이론적으로 경상수지와 자본수지의 합이 금융수지와 같아야 되고, 따라서 경상수지와 자본수지의 합에서 금융수지를 빼면 제로가 되어야 하나 그렇지 않은 것은 오차 및 누락이 있기 때문이다. 달리 말해서 조선에서의 경상수지와 자본수지의 합은 동액의 금융수지, 즉 정화 준비의 변동을 가져와야 하나 그렇지 않은 경우는 오차 및 누락이 있는 것으로 볼 수 있다.

먼저 조선의 대외 무역에서 수출품에서는 쌀 등의 곡물류가 지배적이었고, 쌀의 비중은 1920년대까지 전체 수출의 50% 이상이었다. 이후 곡물류의 비중은 점차 줄고 석탄 등 광산물의 수출이 증가했다. 1920년대 이후 공업화로 일본으로도 공산품 수출이 증가하지만, 만주 지역에의 섬유류와 화학제품의 수출이 증대하였다. 수입품에서는 면제품을 포함한 섬유류가 가장 많았지만, 점차 공업화에 따른 자본재 및 중간재 등의 수요가 증가하면서 금속기계, 화학제품 등의 비중이 증가했다.

다음 〈그림 8-20〉은 30년대 후반 이후의 조선의 대일 무역의 실태를 보여주는 것이다. 먼저 그림에서 보듯이 대일 무역의 수입이 수출을 초과하는 상황을 보여주고, 대일 수입의 중심은 대부분 공업 제품이고, 대일 수출은 농산물이 가장 컸었지만 1939~1941년까지는 오히려 공산품이 보다 커졌고, 1942년 이후에는 다시 역전되어 농산물 수출이 더 많아졌지만, 공산

품 대신에 광산물의 수출이 증대하여 공산품과 광산물의 합계액은 여전히
농산품 수출보다 많았다.

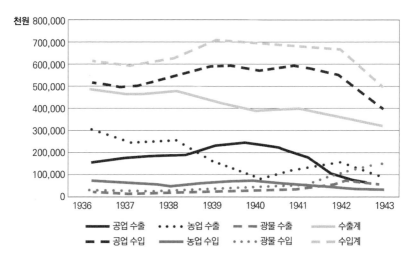

〈그림 8-20〉 30년대 후반 이후 대일 무역

한편 무역수지에서 수출에 비해 수입의 격차가 가장 컸던 기간은
1939~1942년이고 이 기간 일본에 의한 조선의 공업화가 정책적으로 추진
되었다. 공산품의 수입 격차는 1936~1943년까지 변함없이 커다란 격차가
유지되었고, 이는 조선이 일본 공산품의 시장이기도 하고, 기계류의 다액의
수입을 통해 조선공업화가 이루어진 것을 보여준다. 한편 광물의 수출입은
1941년까지도 금액도 적지만 거의 수지가 균형이다가, 1942년 이후 수출이
급증하는 바, 이는 생산력 확충 계획에 따른 군수공업화의 직접적인 영향
으로 보인다. 그리고 1942년 이후는 광물의 수출이 증가하는 외에는 모든
산업 생산물의 수출과 수입이 모두 감소하거나 정체하여 사실상 경제적인
활력이 소진되고 있는 것을 보여준다.

조선의 대외 무역 의존도는 1911년대 말 20%대에서 중일전쟁 이후에는

60%대로 증가했다. 이 과정에서 조선은 수출에서 일본의 비중은 1917년까지 대체로 80%대였다면, 1920년대에는 90%대로 증가했고, 1930년대에는 조금 감소했다가 1939년에는 73%까지 감소했다. 이러한 대일 수출 비중의 변동은 대체로 대중(對中) 수출 비중의 변동으로 메꾸어졌다. 즉 대중((對中) 비중은 1917년까지 11~18%대에 달했다면, 이후 1920년대는 대체로 7~10%대로 감소했고, 다시 1930년대에는 비중이 약간 증가했다가 1939년에는 26%까지 증가했다.

한편 국별 수입 비중의 변동에서는 수입에서 대중국 비중이 1918년까지 15% 미만이었다면 1919~1928년까지 20~28%대에서 움직였지만 특히 1920년대 초에는 높았고, 1929년 이후에 지속적으로 감소하다가 1939년에는 7% 수준으로 감소했다. 또한 수입에서는 대중국 비중의 변화와 반대 방향으로 대일본 비중은 변화하여, 1920년대에 낮아지고 1930년대에 증가했다. 조선의 공업화는 식민지·점령지를 포괄하는 일본제국 광역 경제권 속의 전력 강화를 위해 이루어진 공업화인 까닭에 조선 내부의 산업 연관 보다는 식민지와 본국 간의 산업 연관이 일차적으로 중시되었다.

다음 〈그림 8-21〉은 일제강점기 조선의 지역별 무역수지를 보여주는 것이다. 조선의 무역수지는 금·은을 제외하고 1932년까지는 대체로 큰 적자는 아니었다. 그러나 1934년 이후 대일 적자가 대단히 가파르게 증가해서 전체적인 대규모 무역 적자를 가져왔다. 다만 1936년 이후 대중국 과 대만주 특히 대만주 무역 흑자가 크게 증가한 것으로 나타난다. 그러나 일제강점기 조선의 무역은 부분적으로 중계 무역적 성격도 있다. 일본에서 만주로 수출하는 상품이 조선에서는 일본에서의 이입, 그리고 만주로의 수출로 잡히는 것이다. 반대로 만주에서의 수입은 최종 목적지가 조선이 아닌 일본일 수도 있다. 따라서 1936년 이후의 일본에 대한 대규모 입초의 일부는 사실상 일본의 대만주 및 대중국 수출일 수 있다. 1939년의 수입에서 중요한 품목으로는 직물(14.5%), 철강(7.5%), 기타 금속제품(7.1%), 잡제품(5.5%),

일반 기계(5.3%) 등이었다. 그러나 1937년 이후는 물가지수의 변동에 따른 실질 금액이 크게 다를 수 있다.

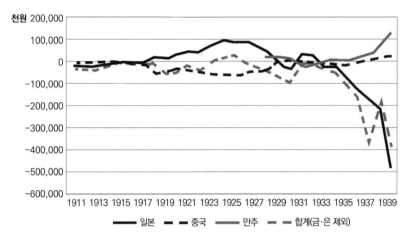

〈그림 8-21〉 주요 지역별 무역수지(경상 가격)

다음 〈표 8-10〉은 강점기 조선의 국제수지 추계표이다. 연도별로 상품 및 금·은수지, 서비스수지, 소득수지, 경상 이전, 투자수지 등을 표시하고, 중간에 1910~1936년의 중간 누계를 별도로 표시했고, 마지막에는 1910~1944년의 총누계를 표시하였다. 〈표 8-10〉은 개념상으로 경상수지(상품 및 금·은수지+소득수지+경상이전)+투자수지='오차 및 탈루'와 같도록 구성되어 있다.

여기에서 주목할 것은 1910~1936년에는 누계로 대일 상품 및 무역수지가 조선의 흑자이고, 서비스수지를 고려해도 흑자라는 것이다. 달리 말해 대일 상품 및 금·은의 수지는 1936년까지 누적 흑자로 나타나서 일본에서의 순상품의 수입은 없었다. 그러나 1940년대에 대일본을 포함한 전체적인 무역수지의 적자가 대폭 확대되고, 이를 메꾸기 위해 대규모의 투자수지가 흑자가 이루어지는 것으로 추정되고 있다.

다시 표에서 1910~1936년의 누적 국제수지를 보면 상품 및 금·은수지 적자는 주로 만주 지역에서 비롯된 것으로 총계 4억 7천 7백만 원의 적자이다. 만주에서의 주된 수입은 철광, 곡물, 석탄 등이었다. 한편 무역외수지에서 서비스수지가 8천 8백만 원의 적자 특히 소득수지가 8억 5백만 원의 적자인데, 이를 메우기 위해 경상 이전 7억 8천 5백만 원, 투자수지 16억 2천 2백만 원이 유입된 것으로 추정된다. 이 결과는 10억 2천 5백만 원의 자금 유입이 나타나는 것을 시사한다.

그러나 〈표 8-10〉은 오늘날의 국제수지표와 비교할 때 단기 자본수지와 금융수지가 누락되어 모두 '오차 및 탈루'에 포함되어 있다. 따라서 '오차 및 탈루'를 단기 자본수지와 금융수지 그리고 오차로 구분하여 이해할 필요가 있다. 달리 말해 1936년까지 누적 '오차 및 탈루' 금액 10억 2천 5백만 원은 누락된 정화 준비(正貨準備)나 엔 표시 국채 보유고의 증가나 단기 자본수지의 적자로 대부분이 설명되고 나머지가 진정한 오차로 표시될 수 있는 게 바람직하다. 그러나 개념적으로 단기 자본수지 항목과 함께 외환보유고의 변동 즉 정화 준비 등의 금융수지가 누락되어 '오차 및 누락'이 대단히 크게 나타나고 있다.

〈표 8-10〉 식민지기 조선의 '국제수지' 추계

(단위: 천원)

구분	상품 및 금·은수지		서비스 수지	소득수지	경상 이전	투자수지	오차 및 누락
	전체	대일본					
1910	-12,234	-2,484	167	-1,806	13,215	5,271	-4,612
1911	-26,690	-11,839	235	-2,381	22,185	966	5,685
1912	-36,953	-16,102	286	-3,714	21,573	14,791	4,018
1913	-29,271	-3,617	-159	-4,954	18,503	11,440	4,440
1914	-17,647	917	-323	-5,634	16,380	10,236	-3,012
1915	1,910	11,281	-290	-6,327	15,315	5,201	-15,808

구분	상품 및 금·은수지		서비스 수지	소득수지	경상 이전	투자수지	오차 및 누락
	전체	대일본					
1916	-2,421	7,072	574	-6,415	16,133	11,862	-19,733
1917	-8,860	2,356	194	-7,122	15,972	13,068	-13,253
1918	3,089	27,189	-264	-10,011	15,320	42,951	-51,086
1919	-55,554	20,520	-719	-13,970	17,043	73,316	-20,117
1920	-36,826	51,263	-537	-20,838	29,240	86,864	-57,902
1921	-6,839	50,473	-710	-24,328	41,459	63,816	-73,399
1922	-30,636	47,898	-8,077	-27,878	37,973	40,321	-11,703
1923	4,488	82,547	-2,288	-33,214	35,634	100,280	-104,900
1924	27,081	102,496	3,105	-35,299	37,619	30,635	-63,141
1925	9,987	91,294	-2,644	-41,116	37,208	107,489	-110,924
1926	2,557	101,942	-610	-33,348	40,273	36,226	-45,098
1927	-14,017	71,986	-23,158	-39,181	35,819	24,543	15,993
1928	-38,747	47,365	-10,856	-44,558	36,536	65,657	-8,032
1929	-67,074	5,167	-6,835	-52,307	39,770	103,937	-17,491
1930	-81,598	-7,004	-7,659	-43,930	40,309	131,572	-38,694
1931	12,957	74,763	3,064	-49,592	34,242	121,079	-121,750
1932	13,453	46,653	-7,665	-56,507	30,214	142,730	-122,225
1933	-10,366	1,250	-9,403	-44,189	32,806	167,541	-136,389
1934	-10,586	11,316	-4,954	-48,711	32,340	33,738	-1,828
1935	36,294	141,340	-3,311	-74,345	34,871	86,205	-79,714
1936	-102,709	-58,363	-5,539	-73,629	37,413	79,283	65,181
10~36	-477,212	897,679	-88,376	-805,304	785,365	1,611,018	-1,025,494
1937	-82,240	-67,198	-8,938	-82,777	62,565	224,074	-112,684
1938	-58,054	-92,538	-9,126	-78,743	51,714	81,334	12,874
1939	-252,285	-363,165	-900	-99,349	43,115	382,461	-73,042
1940	-470,790	-476,523	9,314	-82,366	71,306	330,679	141,858
1941	-422,403	-448,523	8,573	-134,256	159,400	433,350	-44,663
1942	-425,761	-502,788	-8,184	-138,326	98,249	51,387	423,634
1943	-344,446	-320,509	-40,373	-159,981	49,763	629,497	-134,460

구분	상품 및 금·은수지		서비스수지	소득수지	경상 이전	투자수지	오차 및 누락
	전체	대일본					
1944	100,030	95,980	-37,402	-162,359	233,066	46,914	-180,248
10~44	-2,433,161	-1,277,585	-175,412	-1,743,461	1,554,543	3,790,714	-992,225

자료: 김낙년, 식민지기 조선의 '국제수지' 추계, 『경제사학』 37호. 2004.

〈표 8-10〉의 개념을 간추리면 [경상수지+투자수지(=장기 자본수지)='오차 및 탈루']로 되어 있지만, 오늘날의 국제수지 개념을 원용하면, '오차 및 탈루'에는 금융수지가 포함되어 있고, 그 나머지는 단기 자본수지에 의한 것으로 볼 수 있다. 달리 말해 ('오차 및 탈루'=정화 준비고 변동+오차-단기 자본수지)로 구성된 것으로 볼 수 있다. 정상적인 국제수지표라면 오차의 크기는 될수록 작아야 되고, '오차 및 탈루'는 대부분 단기 자본수지와 금융수지, 즉 정화 준비고(국채 제외)의 변동으로 설명될 수 있어야 한다.

그러나 정화 준비고의 증감은 '오차 및 누락'에서 차지하는 비중도 적고, 변동의 방향성에서의 일정한 동조도 보이지 않는다. 따라서 '오차 및 누락'과 정화 준비고 증감의 차이를 일단 단기 자본수지로 추정하면, 〈그림 8-22〉에서 보듯이 '오차 및 누락'이 큰 해는 그 반대 부호로 단기 자본수지가 컸던 것으로 볼 수 있다. 예를 들어 1942년의 경우 무역수지 적자가 -4억 2천 5백만원, 서비스수지가 -8백만원, 소득수지가 -1억 3천 8백만 원 등으로 적자폭이 큰데 경상 이전이 9천 8백만 원, 투자수지가 5천 1백만 원에 불과하여 그 국제수지 적자가 -4억 2천 3백만 원이고(즉 〈표 8-10〉에서의 '오차 및 누락' 4억 2천 3백만 원), 정화 준비고 증가가 5천 2백만 원이므로 단기 자본의 유입이 4억 7천 8백만 원 이었을 것으로 추정된다. 그러나 이러한 거액의 단기 자본 유출입이 생기는 것은 중국에서의 예금 협정과 관련한 자금 도입과 그 자금을 이용한 국채 매입 및 정부 대상 등 자금 이동을 고려하지 않으면 설명이 어렵고, 또한 1943년 이후 종전까지의 거액의

'오차 및 누락'도 마찬가지다.

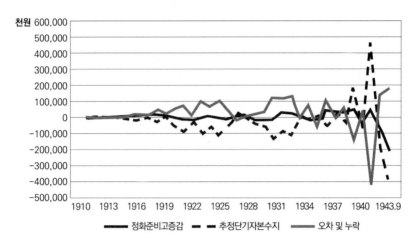

〈그림 8-22〉 '오차 및 누락'과 정화 준비 증감 그리고 추정 단가

따라서 조선의 역외수지를 고려할 때 우리는 국제수지표상의 자본 유출입 이외의 요인에 의한 엔자금의 이동이 있을 수 있음을 유의해야 한다. 그것은 주로 조선은행 내부에서의 지역별 자금 이동을 통해 이루어지는 것이고, 단기 자본 이동의 중요한 부분은 이로 인한 것으로 판단된다. 당시의 조선은행은 무역 관계의 수이입 초과를 국고 관계의 일본에서의 자금 도입으로 어느 정도 보충하고 있었지만 그것으로는 부족하기 때문에 국고 무역 관계 이외의 분야에서의 정화의 유입을 필요로 하였고, 이를 위해 차입금 등 단기 자본의 도입도 적지 않았다.

예를 들어 일본에서의 조선에 대한 자본 투자가 없이도 만주 등지에서 조선은행권의 해외 유통에 따른 정화의 증감 및 단기 자본 이동의 요인이 있는 것이다. 예를 들어 조선은행권을 만주에 유통시키고 수출환을 구입하여 정화를 보충할 수도 있고 혹은 만주 지역의 조선은행권이 환투기를 위해 일본으로 송금되어 결과적으로 정화의 유출 요인으로 나타날 수도 있다.

〈그림 8-22〉는 조선은행 대차대조표상의 정화 준비고(금·은, 일본은행권, 일본은행 예금)의 증감과 〈표 8-11〉의 '오차 및 누락' 그리고 추정 단기 자본수지를 동시에 표시한 것이다. 그림에서 보듯이 대체로 1930년대 말까지는 정화 준비고의 증감이 연도별 변동은 있지만 꾸준히 플러스를 기록하면서 정화 준비고가 증가한 것을 보여주고 있고 1943년 이후 급감하고 있으며, 이는 엔블록의 등가 교환이 이 무렵에 사실상 해체되고 있는 상황을 반영한 것이다.

조선은행권의 적절한 발행은 조선 경제 운용의 기본 조건이고, 조선은행은 원칙적으로 동액의 정화 준비고를 바탕으로 발권이 이루어지고 이외에 국채, 기타 확실한 증권 등을 바탕으로 시기별로 법률에 의한 보증 발행 한도가 정해졌으며, 이를 초과하는 제한 외(制限外) 발행에 대해서는 연 5%(1935년에 3%로 경감)의 발행세가 부과되었다. 다만 1941년 조선은행의 발권제도가 법률이 정한 한도가 아니라 대장 대신(재무 대신)이 최고 발행액을 정하도록 변경되었다. 동시에 발권 준비 제도에서 정화 준비와 국채 보유 등의 준비 구분이 사라지고 국채의 보유고가 크게 증가하는 바, 이는 단기 자본수지의 중요한 부분이지만 누락되어 있었다.

조선은 항상 국제수지가 적자였으므로, 유출되는 정화 준비의 확충을 위해 조선은행은 1936년까지 일본에서 콜머니(call money)를 도입하거나, 만주에서 조선은행권을 유통하고, 일본 정부의 만주에 대한 국고 송금을 취급하고 예금으로 유치하는 등 정화 준비를 보충하였다. 한편 1938년부터는 연은과의 예금 협정과 일본 정부의 중국에 대한 국고금 송금 업무의 취급을 통해 발행 준비를 증가시켰으나, 중국에 대한 국고 송금의 취급을 통한 엔자금은 기본적으로 일본 정부의 엔화 유출 억제책에 따라 국채 매입으로 일본에 환류되었으나 국채 보유고 증가는 조선은행권 발행고 증가의 준비로 이어졌다.

군수공업화 과정에서 화폐 수요의 증가로 조선은행은 1939년 4월 보증 발행 한도가 1억 6천만 원, 1940년 4억 5천만 원, 1941년 3월에 6억 3천만 원, 1942년 2월에는 7억 5천만 원으로 증가했다. 조선은행권은 1937년부터 가파르게 발행이 증가했지만, 1943년 9월에서 1944년 9월의 1년간 227% 오르고, 이후 1945년 3월까지의 6개월 동안 158% 올랐다. 급속한 발권고의 증가는 대외적인 환 관계 외에 국내적으로 계획 산업과 비계획 산업에 대한 자금 공급, 그리고 총독부에서의 대상금 증가를 통한 통제 경제 운영을 위한 것이었다. 그러나 무역수지의 대폭적인 적자로 국채를 제외한 금·은 자금, 일본은행권, 일본은행 예금 등의 정화 준비는 1943년 말에 은행권 발행고의 1/3 이하로 감소하고, 1944년 3월에는 17%, 1944년 9월에는 2%에 불과하였다.

2. 단기 자본수지와 조선은행

일제강점기 조선의 역외수지 문제를 본격적으로 다룬 최초의 연구자는 야마모토 유조(山本有造)라 할 수 있다. 그리고 김낙년은 이를 토대로 야마모토의 연구를 보완하고자 하였다. 그러나 조선의 역외수지 연구는 〈그림 8-22〉에서 보듯이 그 대부분이 단기 자본수지로 추정되는 '오차 및 누락'이 크고, 그 원인을 잘 설명하지 못하는 한계를 가지고 있다.

야마모토 등의 기존의 무역외수지 추계에서 상대적으로 작은 문제들로는 1) 증권 사업 투자의 국채 부분 중 1910년대 초기의 조선은행의 정부대상금을 일본에서의 자금 유입으로 산입한 실수, 2) 조선총독부 이전 지출에서 군사비 처리 문제,[94] 3) 예금부 자금 이동에서 조선 측의 우편 저금도

---

94 야마모토 유조(山本有造)는 이전수지를 일본의 일반회계상의 조선 경영비 지출로

있으나 일본 측의 식산채권의 구입을 제외한 예금부 자금의 대부 등을 잘못 처리한 점이 있다. 4) 또한 1910년대 조선은행에 의한 대외 차관 방자액 등도 누락되어 있다.[95] 5) 이외에도 조선은행 국채 보유고의 자료 출처의 일관성과 연은과의 예금 협정에 의한 1940년대 국채 보유고 증가를 조선의 대일 투자로 볼 것인가 등의 문제도 있다. 적지 않은 작은 문제들도 앞으로 좀 더 밝혀지길 기대하지만, 여기서는 일단 조선은행과 관련된 구조적인 문제를 살펴본다.

일제강점기 조선의 자본수지 추계에서 누락된 구조적인 문제로는 단기 자본수지가 검토되지 않은 것이다. 먼저 조선은행의 정화 준비의 변동이 별도로 검토되지 않았고, 조선은행의 대외 차관 문제 그리고 조선은행 내의 본점과 해외지점 간의 내부 거래를 통한 자금 이동을 검토하지 못했다. 구체적으로는 먼저 조선은행의 별도대 등에 나타나는 조선은행의 만주 및 중국에 대한 차관 제공에 의한 조선과 기타 지역과의 자금 거래에 따른 부분이 통계상에서 누락되어 있다. 그리고 조선은행이 만주, 중국과 일본 내지 등에서 해외은행으로서 영업을 하므로 조선은행 내에서의 본·지점 간의 대차를 통해 자금이 이동한다. 조선은행은 만주 및 중국 진출에 따라 현지에서의 영업이나 국고 송금 업무의 대행을 통해 자금을 취득하고 일본에서는 대출로 유출되기도 하였다. 조선은행은 만주에서 예금으로 자금을 흡수하거나 조선은행권을 유통시키고 수출환을 구입하여 정화를 보충할 수도 있지만, 반대로 만주 지역의 조선은행권이 환투기를 위해 일본으로 송

파악하고 있는데 여기에는 크게 군사비와 행정비가 포함되어 있다. 조선에서 사용되지 않는 군사비의 비중에 대한 검토가 없고, 조선과 일본의 국고 관계로 회금되는 자금이 있지만 그 구체적인 내역이 밝혀져 있지 않다.

95 『선만경제십년사』에 의하면 조선은행은 1916년 말에 300만 원, 1917년 말에 11,807,000원, 1918년 말에는 59,039,000원의 대외 차관 방자액을 가지고 있었다. 조선은행, 『선만경제십년사』, 1919, 444쪽.

금되어 결과적으로 정화의 유출 요인으로 나타날 수도 있었다.

그러나 구조적으로 보다 큰 문제는 중국에서의 금융 조작이나 외환 통제를 통해 조선은행이 취득하는 자금에 관해서 충분한 검토가 이루어지지 않았다는 것이다. 특히 조선은행은 일본의 중국 침략이 진행되면서 1939년 이후 연은과 예금 협정을 맺어 연은권 발행에 대응하는 엔자금을 지급받았고, 그 자금을 국채 매입에 운용한 바 있다.[96] 그리고 조선은행의 보증 준비 발행이 증가하면서 국채 보유가 증가됐지만, 1941년에 조선은행의 발권제도가 법률이 정한 한도가 아니라 대장 대신이 최고 발행액을 정하도록 변경되었다. 동시에 발권 준비 제도에서 정화 준비와 국채 보유의 준비 구분이 사라지고 국채 보유고가 크게 증가하는 바, 이는 단기 자본수지의 중요한 부분이지만 누락되어 있었다. 일본은 기본적으로 엔블록을 유지하고 대륙에서의 수행에 필요한 자금을 조선에 제공하지만, 한편으로는 조선은행으로 하여금 만주나 중국에 대한 일본 정부의 국고 송금의 대리점 역할을 하도록 함으로써 부분적으로는 만주나 중국에 대한 엔자금을 이용할 수 있도록 하는 방법으로 엔자금의 증발과 유출을 최대한 억제하고자 하였다.

조선은행을 통한 단기 자본수지의 흐름의 누락 그리고 이로 인한 국제수지 추계에서의 커다란 '탈루 및 오차'의 실태를 먼저 조선은행 내부의 본·지점 대차를 통한 자금 수급을 통해 살펴보도록 한다. 다음 〈표 8-11〉은

---

96 예금 협정에 의하면 일본은행과 조선은행의 동경 지점을 통해 조선은행 화북 지역 각 지점에 송금하는 일본군의 군비 지출에 관하여 조선은행은 1) 주어진 연은권 금액에 상당하는 금엔액을 선은에 있어서 연은의 금엔 예금 계정에 대기하고 그 뜻을 연은에 통지하며, 2) 연은은 위 통지에 의해 금엔액 상당의 연은권 금액을 연은에 있어서 선은의 연은권 예금 계정에 대기하며, 3) 선은은 전항 연은권 예금 계정에서 소여 연은권 자금을 인출함으로써 중국에서 필요한 자금을 수시로 간단히 조달하도록 되어 있었다. 따라서 예금 협정에 의해 조선은행은 일본의 대중국 군사비 송금의 엔자금을 정화 준비나 국채 매입자금으로 사용하면서 단지 장부상으로만 대변에 동액의 중국연합준비은행의 대조선 은행 예금을 기록하는 것이었다.

조선은행 지역별 각 지점들의 본점을 통한 자금 수급의 실태를 연도별로
보여주는 것이다. 우선 눈에 띄는 것은 만주 지역의 각 지점들이 1937년 말
까지 자금의 여유를 가지고 본점에 대부를 하고 있다는 것이다. 1930년대
만주 지점들은 예금이 대출을 초과해 정화 보충을 위해 환어음을 매입했
고, 또한 일본 정부의 만주국에 대한 국고 송금 업무를 대행했다. 조선은행
은 만주 정부 외환 업무의 유일한 대리자로서 엔자금을 예금으로 유지할
수 있는 특권을 갖고 만주중앙은행의 예금을 가지고 있었기 때문에 만주
지점은 자금의 여유를 가질 수 있었다.

〈표 8-11〉에 의하면 1934년~35년에 조선 그리고 만주에서의 초과 자금
이 주로 일본 지점들의 부족분을 채워주었다. 국제수지표에서는 무역수지
를 제외하고도 조선과 일본 사이의 서비스수지, 소득수지, 경상 이전 수지,
투자수지를 다루고 있지만, 조선과 만주 및 중국 등과의 상호 자금 이동은
제외되어 있고, 일본과도 조선은행의 내부 거래를 통한 자금 이동이 고려
되지 않고 있었다.

조선은행은 이미 1910년대부터 만주로 진출하여 자금을 흡수했지만,[97]

---

97 조선은행은 12년 12월 작성한 「조선은행의 과거 및 장래」에서 만주 지점의 증설과
조선은행권의 남만주 일대에의 유포를 정부 당국에 상신했다. 이 문서는 조선은행
의 국내적 임무는 조선의 재정 원조와 산업 개발인데 조선의 재정 원조는 환결제
자금 충실 여하에 달려있고 정화 부족액은 300만 엔 내외로 견적된다고 한다. 그리
고 조선 산업의 장려에 의해 가까운 장래에 수이출 초과로 전환하는 것은 기대할
수가 없고 수이입 초과가 계속되는 한 조선은행의 정화 보유는 감소하므로 그 대책
을 제안하고 있다. 따라서 조선은행은 수출 초과지인 만주에 지점을 설치하고, 조선
은행권의 유통을 획책하고 "해은행권(조선은행권)으로 수출환의 매입을 하여 환결
제 자금의 안전을 기도하는 일은 크게 곤란한 일은 아닐 것이다"라고 기록하고 있
다. (「朝鮮銀行ノ過去及ヒ將來」, 勝田家文書, 57-13). 그리고 조선은행의 만주 출
점은 단지 정화 준비의 이점이 있는 것만이 아니고 국책에 따라 선만 간의 경제 교
류를 강화하는 것이라고 지적하고 있다. 조선은행의 만주 지점 설치와 조선은행권
의 만주 유포책은 반년도 되지 않아 대장성에 의해 긍정적으로 결론이 났다. 1917
년 일본 정부의 정책적 결정에 의해 남만주 철도 연선과 관동주 지역의 법화로 되

만주국이 성립되고 근 6년이 지난 1937년 1월에 만주흥업은행이 개업하면서, 조선은행의 영업이 만주흥업은행으로 인계되고, 만주국에서의 조선은행의 영업이나 조선은행권 발행은 중지되었으며, 이후 조선은행 만주점은 자금의 여력이 없어졌다. 1936년 말에 조선은행은 만주에서 만주 지점의 본부 대출 1억 2천 9백만 원을 약간 초과하는 1억 3천 4백만 엔의 협정 예금을 가지고 있었지만 그것을 갚을 수밖에 없었다. 따라서 〈표 8-11〉에서 조선은행 본부 대출은 1936년에 1억 2천 9백만 원에 달했지만, 1937년 말에는 3천 7백만 원으로 대폭 감소하고, 1938년에는 만주 지점에서의 본부 대출은 보이지 않는다.

〈표 8-11〉 조선은행의 지역별 자금 수급[98]

(단위: 천원)

년도	지역별 본 지점대					지역별 본 지점차					본지점대
	뉴욕	중국 각 지점	만주 각 지점	조선 각 지점	일본 각 지점	뉴욕	중국 각 지점	만주 각 지점	조선 각 지점	일본 각 지점	(차) 계
34.6	4,670		51,127	41,854			3,536			94,114	97,650
35.6	7,225		28,785	63,158			2,044			97,124	99,168

어 만주 지역에서 유통이 증대하고 이 과정에서 조선은행이 이익을 보았지만 만주 진출에도 불구하고 정화 문제가 해결된 것은 아니었다. 그러나 중국인들은 은화 사용에 익숙했기 때문에 금권인 조선은행권을 사용하지 않았으므로 조선은행권의 유통이 지속적으로 증가되기가 어려웠다. 그리고 중국인들은 환투기나 재정 거래(arbitrage)를 위해 조선은행권을 일본은행권으로 태환하고자 하는 경우가 많았으므로 만주에서의 조선은행권의 유통을 통해 정화를 보충하고자 하는 의도는 간단하게 성공하기가 어려웠다. 따라서 조선은행의 의도에도 불구하고 1910년대에 조선은행이 만주에서 많은 조선은행권을 유통시킴으로써 지속적으로 많은 양의 정화를 보충하기는 어려웠다. 그럼에도 불구하고 조선은행은 만주에서 예금이 대출을 초과하여 초과 자금을 이용할 수 있었고, 또한 일본 정부가 만주국에 송금하는 국고 송금 업무를 대행하면서 엔자금을 이용하고 정화 준비를 보충할 수 있었다.

98 만주 각 점의 경우 1936년 말에 만주에서 조선은행이 철수하여 1937년부터는 관동주에만 국한된 것임.

연도	지역별 본 지점대					지역별 본 지점차					본지점대 (차) 계
	뉴욕	중국 각 지점	만주 각 지점	조선 각 지점	일본 각 지점	뉴욕	중국 각 지점	만주 각 지점	조선 각 지점	일본 각 지점	
5말	3,581		55,787	55,635		2,099				112,904	115,004
6말	1,412		129,747			1,467			18,305	111,387	131,160
7말		27,792	36,913			1,761			26,988	35,956	64,705
8말		161,402				1,145		19,017	73,234	68,006	161,402
9말		365,322				4,717		53,380	304,478	2,747	365,322
10말		442,826			71,557	2,131		88,085	424,167		514,383
11말		786,730				668		35,288	465,958	284,816	786,730
12말		1,214,422				549		110,893	842,693	260,286	1,214,422
43.6		1,604,053				549		49,876	1,314,830	238,799	1,604,054
45.3		3,940,428				549		220,335	3,180,148	539,395	3,940,427

자료: 조선은행, 『제계산서』에서 작성.

한편 1938년 이후에는 중국에서의 초과분이 만주, 조선과 일본의 모든 부족분을 메꾸었다. 앞에서도 지적했듯이 조선은행 각 지점 중에서 여유 자금의 공급원은 1936년까지는 만주 지점들이고, 1937년 이후 특히 1938년 부터는 중국 내의 지점들이었다. 일본의 중국 침략 과정에서 1938년 제1차 예금 협정 이전에는 전비 지출에 직접 조선은행권을 활용하여 조선은행권의 가치가 하락했다. 그러나 1938년 연은과 조선은행 간에 예금 협정이 체결되고, 조선은행이 북지(北支)에서 정금은행(正金銀行) 대신 국고 사무를 취급하는 일본은행 대리점 업무를 취급하도록 하였다.[99] 이후 국고금 송금은 대리점 업무-예금 협정을 일체로 조선은행의 중국 내 활동과 그 자금을 바탕으로 조선은행은 자산 규모가 크게 증가했다.

예금 협정에 의한 자금 처리 절차를 보면, 먼저 "지불의 칙재를 얻은 군 사비는 조선은행 동경 지점이 수입(受入)하여 조선은행 재(在)화북 점포로 송금, 현지군은 필요에 따라 이것을 각지의 일본은행 대리점인 조선은행의

---

99 조선은행사 551면

점포 등에 배포하고, 개별 용도가 정해지면, 조선은행의 각 점포가 예금 협정에 의해 (장부상의-필자)연은 예금을 증가 계상(積上)하여 소요 연은권을 조달, 이것을 현지군에 공급한다는 수순으로 행해지게 되었다."[100] 이 과정에 일방적으로 조선은행 각 점포의 연은 예금이 누적된다. 조선은행은 내부적으로 예금 협정에 의해 생긴 엔예금 중 군사비 관계분은 이것을 경성 본부에 대한 북경 지점의 대계정(貸計定)으로 하여, 경성 본부는 이것으로 국채를 매입하고, 조선은행권의 발권 준비에 충당했다. 이후에는 국채 매입 외에도 정부에 대상하였다.

원칙적으로 조선은행은 연은의 금·엔 예금에 대해서는 자위상의 견지에서 상당액의 국채를 보유하고, 금·엔 예금의 인출에 준비에 충당하고, 정부 대상금에 상당하는 연은의 금·엔 예금에 대해서는 대상금 증서를 담보로 보유하도록 하였다.[101] 따라서 연은의 예금이 증가하면서 조선은행의 국채 보유고와 정부 대상이 증가한다.

다음 〈표 8-12〉는 중국에서의 연은의 예금과 국채 보유액 그리고 정부 대상의 추이를 보여주는 것이다. 연은의 예금의 증대 과정과 그에 따른 사용처를 나타낸 것으로 볼 수 있다. 예금 협정에 의해 조선은행의 연은에 대한 예금을 증가시키면, 동액의 조선은행에 대한 연은의 예금이 증가하도록 되어 있었고 조선은행의 연은 예금은 조선은행의 뜻에 따라 인출이 가능했지만, 연은의 조선은행 예금은 임의로 인출이 불가능했다. 그 결과 연은의 조선은행에 대한 연은의 예금은 계속 누적적으로 증가하였다.

〈표 8-12〉에서 연은의 예금은 1939년 3억 2천 6백만 원에서 1941년에는 7억 6천 5백만 원으로 급증하고, 전시 말이 되면서 더욱 빠른 속도로 증가하여 1943년 9월에는 21억 5천 9백만 원, 1945년 3월에는 81억 6천 4백만

---

100 조선은행사 551면
101 『조선은행사』, p 683.

원으로 증가했다. 이 과정에서 연은에 대한 조선은행 예금도 증가하지만, 그 대부분은 연은권으로 인출되어 중국에서 전비로 사용되었다. 따라서 조선은행의 연은 예금이 증가하는 것은 동시에 연은권의 증발과 중국 내에서의 인플레를 가져오는 것이다.

한편 조선은행의 부채인 연은 예금의 증가 대신에 조선은행은 그 자금을 이용하여 일본의 국채를 매입하거나 일본 정부에 대상(貸上)하였다. 중국에서의 거액의 자금 초과는 조선은행과 연은과의 예금 협정에 의해 가능해진 것이었다. 그러나 중국에서 조선은행에 의해 창출된 연은의 예금 중 일본에서의 송금을 수반한 엔자금은 주로 국채 매입에 사용되고, 엔자금의 송금을 수반하지 않은 연은의 예금은 본점에서 일본 정부에 대한 대상으로 사용되어 군사비로 지출되었다. 국채 보유의 증가는 조선은행의 발권 준비가 되어 통화량 증가를 통한 조선 내 자금 공급의 토대가 되었다.

대체로 〈표 8-12〉에서 보듯이 연은 예금은 조선은행의 국채 보유고와 일본 정부 대상을 합한 금액과 궤를 같이 한다. 그러나 1937년의 예에서 보듯이 연은 예금이 없을 시기에도 조선은행의 국채 보유는 존재하고, 1939년 이후의 통계에서 보듯이 조선은행의 국채 보유고 중에서 국채(연은 분)는 국채 보유고 총액보다 상당히 적었다. 따라서 연은의 예금액이 (조선은행 국채 보유고+조선은행의 일본 정부 대상)과 일치하는 것은 아니었다.

한편 조선은행의 일본 정부 대상은 『조선은행사』에서의 「조선은행 지역별 예금 대출과 주요 계정에서 보이는 본부 대출금(1)과 대체로 일치한다. 그러나 차이가 있는 것은 본부 대출금(1)에는 일본 정부가 아닌 조선총독부에 대한 대출금이 포함된 것으로 생각된다. 한편 조선은행 제계산서의 자금운용표에 본부계정 대출금(2)가 별도로 실려 있는데, 본부 대출금(1)과 본부계정 대출금(2)의 차이는 표에서 보듯이 조선은행의 대외 차관 금액이 포함되어 있는지의 여부였다.

또한 조선은행이 연은에서 조달하는 자금은 연은 예금 외에도 연은에서 차용금을 통해 조달하는 금액이 44년 후반기부터 별도로 거액이 존재했다. 1944년 8월 1일부터는 국고금 이외의 국제수지 결제 자금이나 경제개발 자금은 예금 협정에 의한 연은에서의 자금 조달이 불가능하게 되고, 북지개발(주)의 1945년 3월기 대증금(貸增金) 56억 8천만 원 등을 연은에서 차입금으로 대체했기 때문이고, 따라서 1945년 3월 말의 순예금고 73억 8천 5백 5십만 원(연은에의 예금잔고를 뺀 것)에 차입금 62억 6천 5십만 원을 더한 136억여 원이 조선은행의 연은권 조달액이 된다.[102] 이후에도 연은에서의 차입금은 계속 증가하여 7월 말에는 121억 9천 1백 3십만 원이 된다.[103] 또한 외자 금고 예금 3월분 13억 원, 그리고 3월분 1945년 3월 동경 지점 내 '일본질소'의 군수 융자 36,834,000원 동액의 차입금도 미계상이다.[104] 이들 미계상액은 사실상 일목요연하게 파악되지 않으며, 조선은행이 연은에서 조달하는 자금에는 연은 예금 외에도 차용금 등도 있었다.

---

102 『조선은행사』, pp 611-613.
103 『조선은행사』, p 613.
104 『조선은행사』, p 613.

(단위: 백만 원)

년도	연은 예금	선은 국채 보유고	국채 (연은분)	선은의 일본 정부 대상	본부 대출금 (1)	본부 계정 대출금 (2)	차이의 내역
1937					41	10	교통은행 차관 7, 대만 차관 14, 홍은 저리자금 10
1938					47	12	교통은행 차관 7, 대만 차관 12, 홍은저리 자금 10, 중화민국임시 정부대출 6
1939	326	429	201		41	9	교통은행 차관 7, 대만 차관 10, 홍은 저리자금 10, 중화민국임시 정부대출 5
1940	382	508	272		64	34	교통은행 차관 7, 대만 차관 8, 홍은 저리자금 10, 화북정무위원회 차관 5
1941	765	899	475		61	33	교통은행 차관 7, 대만 차관 6, 홍은 저리자금 10, 화북정무위원회 차관 5
1942	1,084	1,371	837		57	33	교통은행 차관 7, 대만 차관 4, 홍은 저리자금 10, 화북정무위원회 차관 4
43.6.		1,499			346	323	교통은행 차관 7, 대만 차관 2, 홍은 저리자금 10, 화북정무위원회 차관 4

105 1936~1944년까지『조선은행사』의 '본부 대출금'수치와「자금운용표」(『제계산서』
에 수록)의 '본부계정대출금'의 수치에 차이가 나는 이유는『조선은행사』의 자료
에는 교통은행 차관, 대만 차관, 홍은 저리 자금, 중화민국임시정부에 대한 대출금
등 차관 관계 대출액이 포함되어 있는 반면「자금운용표」에는 그와 연관된 금액
들은「본부계정대출금」과 별도의 계정으로 나와있기 때문이다. 따라서「자금운용
표」상의 수치는 차관을 제외한 정부 대상금이나 기타의 본부 대출을 포함한다고
보면 된다. 1945년 3월의 본부 대출금의 수치가 크게 차이가 나는 이유는『조선은
행사』, 609면의 자료에 나온 본부 대출금 금액에 공표하지 않은 정부 대상금 22억
원을 포함시켰기 때문이다. 따라서 이 수치는『조선은행사』, 자료편의 대차대조표
(1945. 3.)상의 대출 금액보다 22억 원의 차이가 나는 불일치가 있다. 1943년부터
본부 대출금이 급증하는 것은 주로 '연은권 정부 대상'에 기인하는 것으로서 그
금액은 1943년 6월에 2억 9천만 원, 1943년 9월에 4억 2천만 원, 1944년 9월에 29
억 3천만 원에 달하고 있었다.

년도	연은 예금	선은 국채 보유고	국채 (연은분)	선은의 일본 정부 대상	본부 대출금 (1)	본부 계정 대출금 (2)	차이의 내역
43.9.	년말 2,159	1,652	1,222	420	475	?	
44.9.	년말 5,474	2,613	1,030	2,930	2,982	?	
45.3.	8,164(순예금 7,385)	3,046		2월말 5,130	5,182	2,963	불공표 정부대상금 2,200, 교통은행 차관 7, 흥은 저리자금 10, 화북정무위원회 차관 2

자료: 『조선은행사』, p 379, p443.p 526. p 609. p 611. p 683. pp 860-862. 조선은행, 『제계산서』에서 작성.

한편 원칙과 달리 연은 예금은 처음부터 부분적으로 내지 일본점에서의 자금 수요에 충당되거나 국제수지 결제 자금 등으로도 사용되었다. 예금 협정 초기에 이미 조선은행은 동경 지점의 수입 국고금을 당초는 내지 점포의 차입금이나 콜머니의 반제에도 충당하여, 그것이 조선은행 동경 지점을 비롯한 내지 점포의 자금 운영을 호전시키고, 수익도 개선되었다.[106] 그리고 이어서 1942년 6월에도 중국에서의 대출을 초과하는 예금(주로 연은 예금)은 내지에서 국채 매입이나 대출에 운용되고 있는[107] 상황이었다.

이러한 조선은행의 편법적인 자금 운용을 제한하기 위해 1943년 9월에는 제4차 예금 협정이 체결되었다. 제4차 예금 협정에 의해 연은 자금은 일본 정부 국고금 지불 자금, 경제개발 자금, 일지간 국제수지 결제 자금, 기타 국제수지 결제 자금에만 사용하도록 제한하고,[108] 이자율도 높이는 등 연은권 증발을 억제하고자 하였다. 조선은행은 이 새로운 협정에 의해 연은 예금의 일부를 반제하기도 했으나, 예금 협정에 의한 연은권의 조달은

---

106 『조선은행사』, p 552.
107 『조선은행사』, p 610.
108 『조선은행사』, pp 662-663.

증가할 뿐이었다. 임시군사비 대상 외에 경제개발 자금과 국제수지 결제 자금이 덧붙여져 "조선은행의 예금 협정에 의한 연은권의 조달 누계는 제4차 협정이 체결된 1943년 9월 말 15억 9천 7백만 원에서 동 12월 말 21억 5천 9백만 원, 1944년 12월 말에 54억 7천 4백만 원으로 급증했다.[109] 이에 연은의 사카타니(阪谷) 고문이 조선은행에게 예금 협정 개정의 취지는 자금의 범위를 한정한 것인데 조선은행은 자금의 용도에 관계없이 모든 자금을 일단 예금 협정에 의해 조달한다고 항의했다. "1943년 10월~12월 3개월 간 조선은행의 정부 대상은 2억 4천만 원인데 연은권의 조달은 5억 6천 2백만 원으로 차익 3억 2천 2백만 원이 일본 정부의 국고금 지불 자금 이외의 것"으로 사용하였다.[110] 연은이 항의하는 바와 같이 조선은행은 필요 자금을 그 용도와 상관없이 예금 협정을 이용하여 조달하는 행태를 보여주고 있다.

중국에서 조달된 자금은 주로 국채 매입과 정부 대상으로 사용되었지만, 일부는 국제수지 결제 자금이나 일본에서의 대출 등에도 사용되었다. 연은의 (순)예금은 중국점에서의 본부 대출로 나타나고, 그것은 본부에서는 조선점에의 대출이나 일본 정부 대상으로 사용되고 일부는 조선총독부에 대상되기도 한다.[111] 대체로 연은 예금은 국채 매입에 많이 사용되었지만 1944년에는 국채 매입에 사용된 것 보다 거의 3배가 정부 대상으로 사용되었다. 정부 대상은 대부분 직접적인 군비 지출로 사용되고 일부는 통제 경제를 위한 자금으로 사용된 것으로 나타난다.

---

109 『조선은행사』, p 663.
110 『조선은행사』, p 663.
111 조선은행의 대출금 중에는 조선식량영단에 대한 대출금 8천 9백만 원, 조선중요물 자영단에 대한 대출금 1천 6백만 원 등이 나타나는 바 이는 전시 통제 경제의 강화에 따른 자금 대출이었다. (오두환, 「조선은행의 발권과 산업금융」, 『국사관 논총』, 제36집, p 168. 조선은행, 『제계산서』)

1945년 7월 말 조선은행의 연은에서의 예금 잔고는 382억 원, 그리고 연은 차입금이 122억(조선은행사 799면) 원 등 약 500억 원을 초과하는 채무를 가지고 있었다. 또한 이 시점에서 외자 금고의 예금 잔고는 356억 3천만 원이었다. 외자 금고의 조선은행에서의 연은권 조달은 8월에 들어서도, 3일에 15억 원, 7일에 15억 원, 10일에 15억 원으로 급속 증가하고, 이에 수반하여 연은의 조선은행에의 예금도 10일에는 7월 말보다 50억 원 증가하여 431억 9천 7백만 원이 되었다. 종전이 다가오면서 일본은 중국에서의 예금 협정이라는 금융 조작의 방식을 통해 지불한 막대한 전비로 조선은행이 연은에 지고 있는 거대한 금액의 부채를 청산할 긴급한 필요를 느끼게 되었다. 일본은 공식적으로 연은이 조선은행에 가지고 있는 거대한 금액의 예금을 1945년의 초인플레 과정에서 소량의 금을 판매함으로써 공식적으로는 청산하였다.[112]

조선의 역외수지는 구조적으로 조선은행을 통한 거액의 자금 흐름이 존재하고 이것이 단기 자본수지의 중심적인 내용이었다고 판단된다. 그리고 만주나 중국에서의 자금 유입이 본부 대출로 이어지고, 이것이 조선 및 일본 그리고 만주점에서 여러가지 용도로 사용한 것으로 보이며, 국채의 매입이나 정부 대상이 중심적 용도가 되었으리라고 생각된다. 그러나 이것을 종합적으로 보여주는 공식적인 자료가 없으므로 여러가지 미해결의 문제점들이 남아있다. 또한 간접적이지만 국채 보유고의 증가는 조선은행권의 발행 여력을 높이고, 실제로 전시기(戰時期) 발행고는 급증했으며, 급증 요인 중의 하나는 만주 국폐와의 교환이었다. 발행고 증가는 국내적으로 인플레를 초래하면서 다른 한편 국내 자본 조달의 편의를 제공했다. 이외에 전시 말에는 송금이나 휴대를 위해 예금 인출 등을 통한 조선은행권의 증발이 많았다. 이들 조선은행권은 역외와의 자금 이동을 초래하는 것이고,

---

112 구체적인 청산 방식은 『조선은행사』, p 711 참조.

국제수지에 잡히지 않는 것이었다.

중일전쟁 이전까지는 국제수지 통계가 실물의 흐름과 대체로 궤를 같이 하는 것이었다면, 전시기의 자금 이동이 국내 실물 경제에 미치는 영향을 파악하는 것은 어렵다. 그러나 일본에서의 자본 도입이 전시기 산업 자본 조달의 중요 원천이 되었지만, 보다 거시적 관점에서 중국에서의 금융 조작이 일본의 금융 환경의 배경이 되었다. 그리고 보다 직접적으로는 조선 내의 자금 조달은 조선은행권의 발행 여력을 높인 금융 조작을 통한 국채 보유고 증가를 통해 가능한 것이었다.

3. 전시 말 자금 조달과 무역외수지

야마모토 유조(山本有造)는 조선과 대만의 역외수지를 비교하면서 조선은 경상수지의 적자, 대만은 흑자인 점에서 큰 차이가 있다고 하였다. 또한 그는 식민지에서 '스톡면에서의 자본 수출과 플로우면에서 자본 수출의 괴리' 즉 '자금 유출 없는 자본 수출'과 함께 '대규모의 단기 자금의 유출'이 있는 현상을 조선 역외수지의 중요한 특징으로 지적했지만 그 내용에 대한 구체적 실태를 제시하지는 않았다.

대체적으로 일본인 소유 자산은 조선 내의 소유권의 축적 형태로 이루어졌지만, 특히 중일전쟁 시점까지 일본의 대조선 투자는 앞의 〈표 8-10〉에서 보듯이 1910~1936년 누적 16억 원 정도로 제한적이었다. 같은 기간 조선의 대일 무역수지는 누적 약 9억 원 흑자여서 일본에서의 자본 수입이 그에 상응하는 일본에서의 물자 도입으로 이어지지는 않았음을 보여준다. 이러한 점을 감안하면 실질적으로 식민지에 대한 자본 수출은 단지 실물면에서의 무역수지로 파악해야 된다고 서상철은 제기한 바가 있다.[113]

조선 공업화의 자금이 어디에서 왔는지의 문제와 관련하여, 일본인 자본의 압도적 우위 속에 조선인 회사가 전체 회사 자본 중에서 차지하는 비중은 대체로 10%대에 불과했다. 따라서 일본인 자본의 역할이 압도적인 것은 사실이지만, 야마모토의 지적처럼 일본인이 축적한 자산액과 일본에서 조선에 투자된 자금의 누적액 사이에 큰 괴리가 있었다. 연합군 총사령부(SCAP)가 추정한 바에 의하면, 1945년까지 일본인이 조선에 투자한 금액은 1900~1945년까지 79억 3천 3백만 원인데, 1945년 8월 일본인이 소유 자산액은 786억 9천 7백만 원으로 거의 10배에 달했다.[114] 이 금액의 근거는 정확히 알 수 없으나 야마모토와 마찬가지로 '자금 유출 없는 자본 수출'이라는 현상의 또 다른 일면을 보여주는 것이라 할 수 있다. 앞의 표 8-10에서도 보듯이 1910~1944년 누계 일본의 투자액은 38억 정도로 일본인 소유 자산 규모에 비해서는 제한적이었다.

김낙년은 '본점 회사 출자'로 유입되는 자금이 조선의 전체 회사 납입자본금 증가에 어느 정도 기여하였는지와 관련하여 1920년대 후반에서 1930년대에 걸쳐 회사 납입 자본금 증가는 조선 내에서 조달된 자금에 더 크게 의존했다고 한다.[115] 이에는 조선에 거주하는 일본인에 의한 투자가 이루어지고, 회사가 올린 이윤의 재투자가 그 중심에 있었다.

한편 공업화 과정의 조선인 공장도 근대적인 대공장으로까지 성장하지 못한 한계를 가지고 있었지만, 허수열의 1930년대 '조선공장명부'를 이용한 연구에 의하면 수적으로는 크게 증가했을 뿐만 아니라 규모도 커지고 업종도 다양화됐다. 그리고 장시원은 대주주 및 중역 명부를 대조하는 작업을 통해 당시 대지주의 농외 투자가 상당히 일반적이었음을 보여준다.[116]

---

113 Suh Sang Chul, *Growth and Structural Changes in the Korean Economy 1910~1940*, Harvard University Press, 1978.

114 허수열, 『개발없는 개발』, 〈표 3-11〉, 〈표 3-12〉, p 170.

115 김낙년, 「식민지기 조선공업화에 관한 제 논점」, 『경제사학』, p 47.

116 장시원, 「일제 대지주의 존재형태에 관한 연구」, 서울대 경제학박사학위논문, 1989. 참조

이러한 지주 자금의 자본 전화가 가속화된 배경에는 1930년대 지주 경영의 수익율이 비농업 분야에 비해 불리한 방향으로 돌아선 것도 한 요인이었다. 그러나 공업화의 자금 원천을 회사 자본에 한정하지 않고, 사회간접자본(특히 철도 건설)에 주로 투자되는 국채 발행이나 특수금융기관을 경유하는 자금으로 범위를 넓혀 생각한다면 조선의 공업화는 일본으로부터의 유입 자금에 크게 의존했다. 그리고 중일전쟁 이후에는 일본에 대한 대규모의 수입 초과와 다액의 자본 투자가 있었다.

이와 관련하여 조선의 무역 적자를 어떻게 처리했는지 개략이나마 검토해보자. 중일전쟁 이후 조선의 무역 적자는 대부분 일본에 대한 것이고, 이는 일본으로부터의 자본 수입으로 결제된 것으로 볼 수 있다. 일본의 자금 운용은 대장성의 감독 아래 엔블록 전체 자금 계획 아래 이루어졌고, 그것은 대륙에서의 금융 조작을 통해 전비 지출이 이루어지는 것을 바탕으로 하고 있었다. 일본은 중일전쟁에서의 막대한 전비를 조선은행 등을 매개로 연은과의 예금 협정을 통해 연은권으로 지급하고, 중국에 대한 전비 등 국고금 송금을 조선은행을 경유토록 했으며, 그것을 일본 국채 매입으로 환류하여 엔(円)의 유출을 절약하였다. 그러한 금융 조작을 토대로 얻은 자금이 직접 조선에 투자된 것은 아니지만 간접적으로 영향을 미쳤다. 조선의 군수공업화를 위해 자금 조달 계획상 약 50~60%가 조선 외부에서 조달되어 무역수지 적자를 결제한 것으로 보인다.

그러나 조선 내에서는 보다 직접적으로 조선은행이 금융 조작으로 얻은 자금을 바탕으로 매입한 국채 준비 증가를 발행 준비로 조선은행권을 증발하여 조선 내의 계획 및 비계획 산업의 투자에 필요한 자금 조달을 가능하게 했다고 할 수 있다. 따라서 군수공업화의 자금은 일본에서 수입된 것이든 조선 내 조달이든, 그 자금은 크게 보면 일본의 엔블록 체제에서 대륙에서의 금융 조작과 깊은 연관성을 가지고 있었다.

일본은 수행 과정에서 연은권을 사용하고, 이 연은권은 조선은행을 통해 조달되었으며, 이것은 조선은행의 부채로 나타나지만, 다른 한편으로는 조선은행의 국채 보유 증가와 대일본 정부 대상금 증가로 나타난다. 이것은 대일 조선의 투자이지만, 한편으로는 일본 정부에 의한 서류상의 엔자금 송금이나 조선은행에 대한 부채로 대체 상쇄된다고 할 수 있다. 따라서 이것들이 직접적인 조선의 대일 투자로 파악될 수는 없다. 그러나 조선은행에 의한 연은권 조달은 일본의 자금 조달에 큰 도움이 되는 것이고, 이것이 간접적으로 일본의 대조선 투자에도 도움을 주었을 것이다. 그러나 조선 내부적인 자금 조달에는 보다 직접적으로 도움을 주었다. 전시 말 조선의 막대한 국제수지 적자와 일본에 대한 송금 등으로 정화 준비(금·은 예금과 일본은행권 및 일본은행 예금)가 고갈됐음에도 불구하고, 국채 보유고 증가는 조선 내의 조선은행권 발행 증대를 가능하게 했고, 이는 자본 조달의 기반이 되었다.

전체적으로 중국 인민의 무상 동원을 통해 얻은 자금으로 조선에 수행을 위해 투자되는 자금의 일부를 조달했다고 볼 수 있다. 이런 점에서 특히 일본의 대만주 및 대중국 거래에는 외환을 통제하는 기초 위에서의 금융 조작이 있었기 때문에 실물의 거래와 자금의 흐름이 괴리될 수 있었고 이 중간에 조선은행이 역할하고 있었다. 따라서 일본제국 전체의 자금수지의 흐름에서 조선의 무역외수지 문제를 이해할 필요가 있다. 조선이 식민지이면서 엔블록의 중앙에 근접한 반주변부의 식민지였기 때문에, 조선이 일제의 대륙 병참 기지로서 공업화되고 이를 위한 자본 투자 대상국이 된 것은 역사적 아이러니이다.

제5절 식민지 근대화의 유산

1930년대 후반 무역 증가세가 둔화되고, 수출입에 대한 물자 통제로 1939년부터 대일 무역의 절대액이 감소했다. 앞의 〈표 8-10〉에서 보듯이 대일 무역 적자는 1939~1943년에 급증하여 거액에 달했지만, 〈그림 8-20〉에서 보듯이 대일 수출은 1930년대에 계속 감소하고, 수입도 1939년 이후 감소하더니 1942년 이후에는 급감했다. 일본에서의 수입액 감소는 1940년대 조선에 대한 설비 투자가 크지 않았음을 시사한다. 비록 1930년대 중엽 이후 공업화와 경제 성장을 주도한 것은 투자이고, 조선의 병참 기지화로 일본의 군수 관련 기업이 활발하게 건너와 공장을 건설했지만 1940년대에는 물자 통제로 정상적인 투자 활동이 어려워졌을 가능성을 보여준다.

1930년대에 이루어진 공업화를 둘러싸고, 한국에 근대화를 가져왔는지, 혹은 아닌지에 대한 견해 차이가 있다. 종래의 수탈론은 조선이 후기에 자체적으로 자본주의 맹아가 형성되고 발전적 모습을 보인 사회였는데, 일본의 침략으로 인해 자주적 발전이 좌절되고 식민지 기간에 민족적 수탈이 진행되어 건전한 경제 구조를 가지지 못했으며, 이러한 왜곡된 구조에 해방 후 분단이 이루어져 한국의 경제 성장과 국가 발전이 파행성을 가지게 되었다는 견해라고 할 수 있다. 물론 종래에도 일제강점기에 농업, 공업, 사회간접자본 및 기타 사회 부문에서도 부분적인 개발과 근대화가 진행되었다는 것을 부정하는 것은 아니었다. 그러나 그것은 어디까지나 수탈의 부산물이고, 또 개발은 사실상 민족적, 구조적 왜곡을 가진 '저개발'의 모습이어서 적극적으로 평가할 만한 것이 못되고, 부정적인 극복의 대상으로서 '저개발'이었다고 인식한다.

한편 근래에 일제강점기 당시 성장과 공업화의 의미를 보다 높게 평가하는 견해가 제기되었다. 먼저 종래의 자본주의 맹아론은 '부조적 수법'에 의한 것이고, 사회 전체의 변화를 추동할 만한 구조적인 것이 되지 못했다고 평가한다. 다른 한편으로는 일제강점기 당시의 물적인 성장이나 공업화를 높게 평가한다. 물론 양적인 성장도 중요하지만 식민지가 가져온 근대적 법질서와 광범한 사회적 변화 등의 질적인 변화가 중요했다. 물론 식민지 아래 근대의 가장 기본적 특징인 참정권이 배제된 것이었지만 법과 질서의 변화는 중요한 것이고 또한 식민지적인 한계가 있지만 달성이 어려운 근대적 재정 국가의 모습을 갖추게 되었다. 이 과정에서의 개발은 조선의 경제 성장을 가져오고 이것이 1960년대 이후 경제 성장의 역사적 토대 형성과 연관되었다고 인식한다.

나아가 일제강점기 당시 경제 성장은 비록 불충분한 점이 없지 않지만 반드시 왜곡된 구조를 가진 이중구조적 성장이라 할 수 없고, 또한 비록 일본인들이 주도한 성장이라 하나 조선인들의 기업가적 능력과 새로운 산업으로의 진출이 이루어지고, 인적 자본의 개발도 이루어져서 해방 이후의 성장과 연계되는 연속성을 지닌 성장 과정이었다고 인식한다. 소위 식민지 근대화론은 제국주의의 문명화 작용과 오늘날에의 연속성을 인정함으로써 일본의 식민 지배에 대한 저항의 배타적 정당성을 부정하고, 이후의 친일 세력 청산의 당위성을 흐리게 하는 등의 함축성을 지니고 있지만, 다른 한편으로는 현재의 한국의 경제 발전과 체제적 우위에 대한 인식을 바탕으로 하고 있다.

일제강점기 당시 조선에 대한 일본의 투자가 과히 크지 않고, 만주와 중국에서의 금융 조작이 이루어지고, 또한 조선은행의 정치적 대외 투자도 이루어져 일본 자본 투자의 의미를 과대 평가하기는 곤란하다. 그러나 이것이 일제강점기 조선의 경제개발이 없었다거나, 혹은 일방적 수탈이 이루어졌다거나 하는 방식으로 이해되어서는 곤란하다. 사실 경제개발은 단지 자본만으로 이루어지는 것이 아니고 오히려 이민에 의해 선진적 제문물이 도입됨으로써 촉진되는 측면이 강해 사실상의 경제개발이 이루어지고 있었다는 것은 인정되어야 할 것이다. 보다 근본적으로 근대적 법과 질서, 사회간접자본과 교육제도, 신분제 해체와 근대 재정 국가 등은 일제강점기에 형성되었다. 물론 개항기 때부터 이러한 방향으로의 개혁이 진행되고 있었지만 쉬운 일이 아니었다.

그러나 역시 일본은 자본 부족의 제국주의 국가였고 조선에 진출한 일본인은 그야말로 일기조(一旗組)처럼 맨손으로 진출한 사람들이 대부분임을 감안할 때 그들이 수탈을 통한 개발을 추진했다는 것을 지적할 수 있다. 그러나 이러한 개발이 모두 뚜렷한 생산성 향상을 수반하지 못한 채 이루어진 것인 반면 중일전쟁 이후의 경제개발은 대규모의 자본 도입과 생산성 향상이 이루어지는 과정에서 추구되었다는 것을 지적할 수 있다. 그러나 이 경우도 광업의 중요성이 컸다는 것을 유의할 필요가 있다.

다만 일제강점기 당시 개발의 유산이 한국의 고도성장과 연속성을 가지고 있는가와 관련하여 일제강점기에 개발이 있었어도 일본의 지배가 끝났을 때, 일제강점기를 통해 이루어졌던 개발은 신기루처럼 사라져 버리고, 해방 후 한국 경제는 다시 일제 초기의 상태로 되돌아가버렸다는 평가가 있다.[117]

일제강점기에 수탈성과 근대성의 양면이 존재했으나 조선의 개발과 성장이 이루어졌음은 부인할 수 없다. 다만 그것이 일본인의, 일본에 의한, 일본을 위한 개발의 성격이 강했으므로, 해방 후 조선이 일본과 단절하면서 그 구조적 왜곡이 드러나고 일제강점기 전후의 단절성이 두드러지게 나타났다. 그리고 일제강점기에 민족별 소득이 불평등하고, 일제강점기 초기의 성장률이 과도하게 높게 평가되었다는 비판도 타당하다고 생각된다. 그렇다고 개항 이후 일제강점기를 거치는 조선 근대에 세계 자본주의의 세례

---

117 허수열, 『개발없는 개발』, p 333.

와, 일본의 식민지 지배와 개발, 그리고 성장이라는 식민지 근대화의 경험이 우리에게 부정적 측면과 함께, 해방 후의 고도성장에 연속적 영향을 지니고 있었다는 것을 부정할 수는 없다. 식민지 성장은 미화할 것은 아니지만 부정될 수는 없는 것이고, 수탈 가운데 개발이 병행되고, 이 과정에서 민중이 단련되고 교육을 받으니, 이것이 하나의 유산으로 침전된다. 그리고 비록 해방 후 성장의 물적인 단절성이 있었지만, 사회제도의 변화는 이후에도 존속되고 한국의 근대를 각인했다. 다만 식민지적 근대화의 직접적 수혜자는 일본인과 지주, 그리고 소수의 기업가와 친일 관료 등이었고, 특히 압도적 다수인 소작농민을 포함하는 다수의 조선인은 근대화의 혜택에서 소외되었다. 이후 조선의 근대성과 대중의 반일·반제에 기인한 민족 감정의 괴리가 오랫동안 한국 사회 갈등의 주요인의 하나가 되었다.

제9장

해방과 1950년대 자유시장 경제의 형성

제1절 한국 자본주의의 토대 형성

일본의 무조건 항복으로 한국은 해방되었지만 한국 경제 상황은 어려웠다. 밀접히 연관되었던 일본과의 관계가 단절되었을 뿐 아니라 분단으로 남한은 북한의 중공업 지역과 분리되고 농업이 지배적인 가운데 경공업이 어느 정도 발전되어 있었다. 그러나 분단과 일본 경제와의 단절로 종래의 분업 연관이 해체되어 1946년의 남한의 광공업 생산은 부가가치가 아닌 조생산액 1955년 불변 가격 기준 430억 원으로 1944년 1,154억 원의 37.2%에 불과했다.[1] 한국은 다시 농업국이 되었고, 일제강점기 개발의 성과가 "신기루처럼 사라져 버렸다"고 묘사하기도 했다.[2] 그러나 근대 재정 국가나 자본주의 사회의 제도적 틀, 그리고 항만, 철도, 도로, 행정기관, 교육 등 사회간접자본은 그대로 유지되었다. 공업화의 유산도 그 외형적 축소에도 불구하고 그 경험과 기술 등이 다양하게 유지되었다.

물론 한국 경제의 자본주의적 발전은 60년대 이후 본격화되었다고 볼 수 있지만 자본주의적 경제제도의 골격은 일제강점기에 이미 이루어져 있었다. 일제강점기의 공업화는 해방과 분단 새로운 민족국가 건설이라는 새로운 환경에서 재건될 수밖에 없었다. 해방 당시의 한국은 비록 반봉건적 토지 소유 아래 농업이 주된 산업이었지만 어느 정도의 공업 시설과 사회간접자본을 가지고 있었다. 사회간접자본에 있어서는 1945년에 철도가 6,200km에 이르렀고 도로는 5만 3천km에 달해 비교적 잘 발달되어 있었다. 그리고 제2차 산업의 순생산이 국내 순생산에서 차지하는 비중이 1936~1938

---

1 박기주, 류상윤, 「1940~50년대 광공업 생산통계의 추계와 분석」, 『경제학연구』 58권 3호, p 73.
2 허수열, 『개발없는 개발』, 은행나무, 2005, p 333.

년의 3개년 평균 16.9%에 이를 정도로 공업 부문의 발전이 있었고,[3] 약 200만 명의 노동자가 존재하였다. 특히 1944년경에 한국 인구의 11.6%가 만주나 일본 등 해외로 나가 있었고 인구의 20%가 고향을 떠나 있었다.[4] 이러한 사회적 이동은 대단한 수준의 것이었고 새로운 경험과 시야를 가진 이들의 귀향은 정치적, 사회적 격변기에 중요한 변수였다.

수년의 혼란을 겪은 후 냉전 구도가 고착화되는 가운데 비록 아직 미국 국무성의 '민족주의 대 국제주의', '보수 대 자유'의 상이한 견해가 통일되어 있지 않았지만 1946년 초부터 서울에서는 봉쇄주의가 취해지고 있었다.[5] 워싱턴 당국이 이 뒤를 따랐지만 1947년 봄에는 명백히 미국이 소련과 함께 한국을 관리한다는 국제주의적 외교를 포기했다. 미국은 트루먼 독트린, 즉 사회주의권에 대한 봉쇄 정책(containment policy)을 선포하여 일찌감치 한국을 그리스, 터키(튀르키에)와 함께 전략적인 주요국으로 분류했다. 그리고 국무성은 남한에 대해 6억 달러의 경제, 군사 원조 계획을 세우고 남한 만의 선거를 통한 단독 정부 수립을 추진하여 1948년 8월에는 대한민국 정부가 수립되었다.

해방 후 분단 상태에서 한국은 통일 정부 구성의 기회를 포착하는데 실패하고 남·북한은 독자적인 국가 건설을 추진하게 되었다. 당시 남·북한이 당면한 주요 경제 문제는 첫째, 반봉건적 토지 소유를 어떻게 폐지하고 농민에게 경지를 줄 것인가, 둘째, 일본인이 남겨놓은 공업 기반을 어떻게 신국가 건설을 위한 토대로 재건할 것인가, 셋째, 일본에 의존하고 있었던 재

---

3 溝口敏行·梅村又次 編, 『旧植民地經濟統計』, 東洋經濟新報社, 1988, p 239에서 계산. 단 여기서는 산업을 3차 산업으로 분류하고 2차 산업은 광공업을 포함한다.
4 브루스 커밍스(김자동 옮김), 『한국전쟁의 기원』, 일월총서 71, 일월서각, 1986, p 91.
5 브루스 커밍스(김자동 옮김), 『한국전쟁의 기원』, 일월총서 71, 일월서각, 1986, p 536.

정 금융 구조를 어떻게 자립적인 것으로 만들 것인가 하는 것이었다.

이 세 가지 경제 문제는 남·북한만이 아니고 일제의 식민지 해방국에서는 공통된 과제였다고 할 수 있다. 이들 문제를 해결하는 방법은 나라마다 달랐다. 북한과 중국이 사회주의 경제의 토대를 형성한다는 관점에서 문제를 처리했다면 남한은 자본주의 경제의 토대를 형성한다는 관점에 입각해 있었다. 예를 들어 북한은 사회주의적 무상 몰수와 무상 분배에 의한 농지개혁과 기업의 국유화를 추진한 반면에 남한은 유상 몰수와 유상 분배에 의한 자본주의적 농지개혁과 함께 기업의 민유화와 민간 자본의 육성을 시도했다. 그리고 대만은 자본주의적 방식이기는 하지만 적산기업을 재편하여 국유기업으로 만들고 관료 자본을 육성하는 방식으로 문제를 접근하였다.

이들 문제를 처리한 세가지 방식, 즉 사회주의적 방식(북한, 중국)과 민간 자본적 방식(한국) 그리고 관료 자본적 방식(대만)은 사회주의, 자유 자본주의, 민생주의라는 이데올로기 및 체제 원리에 대응하는 것이기도 하다. 당시에 선택된 체제는 현재의 각국의 경제 제도의 근간이 되었다. 그러나 한국의 경우 해방 직후 민족적 정치 주체가 형성되지 못한 채 미군정이 실시되어 이들 문제의 처리 과정이 지연되거나 무원칙한 측면이 적지 않은 문제점이 있었다.

1. 농지개혁

해방 이후 한국을 둘러싼 여러 정치적 논란이 진행되는 가운데 한국에 독립국가를 건설하기 위해 중요한 경제적 문제들이 제기되었다. 그중에서 중요한 것들로는 농지개혁, 귀속 사업체 정리 그리고 화폐개혁 등이 있었지만 역시 정치·사회적으로 가장 관심이 큰 문제는 농지개혁, 그리고 어떻게 농민의 관심사를 해소할 것인가의 문제였다.

해방 당시 한국민의 7할 이상이 농민이었던 만큼 농민 경제의 안정은 사회 안정의 기본적인 전제였다. 일제강점기 한국 농민은 대부분이 소작농이어서 소극적으로는 소작료율의 경감과 소작 기간의 안정화를, 그리고 보다 적극적으로는 농지의 분배를 원했다. 그리고 일제강점기 말에 미곡 공출제가 시행되어 생산비에 전혀 미치지 못하는 공출 가격에 쌀을 빼앗겼던 만큼 자유 미곡 시장이 회복되기를 원했다. 미국은 사유 재산을 존중하는 국가였으므로 농지개혁에는 부정적이었으나, 자유 미곡 시장을 회복하겠다고 약속을 해놓고 실제로는 식량 부족으로 인해 이마저 약속을 지키지 못하고 미곡 수집령을 내려 강제 매수를 하게 되었다.

미군이 한국에 주둔하면서, 미군정은 먼저 농지개혁은 하지 않았지만 동양척식회사 등 일본이 소유했던 토지를 인수하여 신한공사로 하여금 관리하게 하고, 소작료율은 최고 수확고의 1/3로 제한하는 조치를 취했다. 이것은 근원적인 농지개혁과는 다른 것이지만 소극적으로나마 농민의 이익과 부합하는 것이었다. 이러한 미군정의 태도는 당시의 농민들의 이해와 부분적으로 합치하는 것이지만, 근원적인 요구에는 미치지 못하는 것이어서 끊임없는 마찰의 원인이 되었다. 소련 군정 아래의 북한이 일찍이 토지개혁을 실시한데 비해 미군정은 한국의 농지개혁을 늦추고 귀속 농지의 분배마저 신속하게 추진하지 않는 차이를 보이고 있었다.

그러나 미군정은 1947년 초 종래의 미소공동위원회를 통한 한반도에서의 통일 정부 구성이라는 목표를 버리고 현실적으로 남한에서의 단독 정부 수립을 목적으로 하면서 종래에 사유 재산 보호라는 입장에서 벗어나 한국에서의 농지개혁을 생각하기 시작한다. 이는 맥아더의 연합국최고사령부(GHQ)에 의한 일본에서의 농지개혁의 방침, 그리고 북한에서의 농지개혁 등이 영향을 미치고, 나아가 한국의 민심을 얻기 위해서는 농지개혁이 필요하다는 인식을 갖게 된 것으로 보인다.

미군에 의해 추진되는 귀속 농지 불하와 농지개혁의 내용과 그 성격은 어떠한 것이었는가를 살펴보도록 하자. 우선 중요 정치 일정을 보면 미군정은 1946년 6월 남한만의 단독 정부 수립을 주장한 이승만의 정읍 발언 이후 좌우합작을 통한 통일 정부 수립 움직임, 1946년 12월 미군정에 의한 남조선 과도 입법 의원의 설치, 1947년 2월 남한 과도 정부 발족, 1948년 2월 한국 문제 유엔에 상정하여 선거를 통한 독립 정부 수립, 1948년 5월 총선거를 통한 제헌국회 구성, 1948년 8월 정부 수립 등의 과정을 밟게 된다.

미국은 1947년 봄 무렵에 남한의 단독 정부 수립의 방침을 분명히 갖게 되면서, 남한에서 모든 면에서의 한국화와 함께 좌우합작의 과도 입법 의원을 설립하고 농지개혁을 추진할 것을 계획했다. 그러나 사태의 진전은 미국의 뜻대로 신속하게 진행되지 않았고 따라서 미국은 우선 1948년 3월 군정법령 제173호로 중앙토지행정처를 설치하고 귀속 농지의 분배 사업을 실시하였다. 상환 조건은 평년작 300%를 매년 20%씩 15년 간 균등 분할 상환하는 것이었다. 미군정의 농지개혁은 이후 한국 정부에 승계되어 시행되었다.

이제 농지개혁 실시 전의 남한의 농지 소유 상태에 관한 총괄적 상황을 살펴보자. 일본인 소유의 농지는 일부에 불과하므로 이후 한국 정부에 시행된 농지개혁의 전체상을 이해하기 위해서는 당시의 전반적인 농지 소유 상황을 살펴보아야 한다. 해방 후 경지 상황을 살펴보면 남한의 경우 1945년 말 현재 추정 총 경지 232만 정보이고, 이것을 논, 밭을 구분하고 자소작지를 구분하여 나타내면 다음 〈표 9-1〉과 같다.

〈표 9-1〉 해방 당시 남한 농지 소유 상태 총괄

(단위: 1만 정보)

	답	전	계
총 경지	128	104	232
소작지	89	58	147
1) 전일본인 소유	18	5	23
2) 조선인 지주 소유	71	53	124
(1) 5정보 이상 소유(약 5만 명)	43	14	57
(2) 5정보 이하 소유(약 15만 명)	28	39	39
자작지(약 100만 호)	39	46	85

자료: 농림신보사, 『농업경제년보』, 1949, p 241.

위의 〈표 9-1〉에서 전경지의 232만 정보 중에서 147만 정보가 소작지로서 전체의 63.4%가 소작지였던 것을 알 수 있다. 그런데 소작지 중에서 소위 적산토지 약 24만 정보(답이 18만 정보, 전이 5만 정보, 기타가 1만 정보)를 제하고 나면 남한에서의 조선인 지주 소유지는 답이 71만 정보, 전지가 53만 정보, 합계 124만 정보에 달하는 것이었다.

한편 당시 남한 농가 구성의 실태를 보면, (1) 전농가의 52%인 1백 6만여 호는 전연 농지를 소유하지 못하고 있으며 (2) 전농가의 18%(자소작농 71만 6천 호 중 37만 8천 호)는 자기 경지의 과반 이상을 소작하는 순소작농과 근사한 위치에 있는 농민이며 (3) 전농가의 16%(33만 8천 호)는 자기 경지의 과반을 소유하고 있으나 그 경작 능력에 비해 자기 소유 토지가 부족하므로 소작하는 농가이다. (4) 전농가의 13%(28만여 호)는 완전히 자기 소유지를 가지고 경작하는 농민이지만 그의 7할에 가까운 191,000호는 남한의 평균 경지인 1정보 이하를 소유하는 농가이다. (5) 결국 토지 소유 상태에서 만족할 만한 수준을 가진 농가는 전농가의 3.2%인 9만여 호에 불과했다. 그 나머지의 약 200만 호에 가까운 농민은 토지가 없거나 부족한 농민이었으며 그 외에 조금의 경지도 갖지 못한 농업 고용 노동자가 13만 2

천여 명이 존재하고 있었다.[6]

　미군은 1945년 9월 진주 이후 한국의 사회 안정을 위해서는 무엇보다 농가 안정이 중요함을 잘 이해하고 있었다. 당시의 농민들은 일제의 공출제도에 압박을 받고 있었으며 고율 소작료에 신음하고 있었다. 미군정청은 먼저 소작료 1/3제와 함께 미곡 자유시장을 허용할 것을 공포하였다. 미곡의 자유시장은 농지개혁 및 소작 조건의 개선과 함께 농민의 중요한 희망 사항이었다. 그러나 미군정은 이후의 식량 부족과 가격 앙등으로 인해 자유시장의 약속을 지속하지 못하고 1946년 2월 미곡 자유시장을 폐지하고 양곡 수집령을 내리게 되었다.

　다음 〈표 9-2〉는 미곡 수집령에 의한 연도별 양곡 수집의 실적을 보여주는 표이다. 1945년산은 수집 할당량에 비해 실적은 극히 적은 것이었다. 할당량에 비해 수집량이 1945, 1946년에는 크게 못 미쳤지만 1947년에는 할당량 515만 석 대비 수집량이 506만 석으로 실적이 목표치에 근접하였다.

〈표 9-2〉 미곡 수집령에 의한 양곡 수집 실적

(단위: 천석)

	1945		1946		1947	
	추곡	하곡	추곡	하곡	추곡	하곡
생산량	13,849		12,047	4,963	13,850	
할당량	5,511		4,295	1,289	5,156	707
수집량	681		3,562	619	5,063	699

자료: 농림신보사, 『농업경제년보』, 1949, p 241.

　그러나 이러한 대량의 미곡 수집은 농민에게 커다란 희생을 강요하는 것이었다. 먼저 가격면에서 1947년의 나락 1가마니의 추정 생산비가 3,500원인데 비해 미군정의 수집가는 1등품은 660원, 2등품은 640원에 불과했다.

---

6 농림신보사, 『농업경제년보』, 1949,

따라서 미군정의 미곡 수집가는 생산비의 1/5에도 미치지 못해 사실상 미곡 공출제도와 다름이 없었고, 농민들의 불만이 클 수밖에 없었다.

앞서 미군정이 1948년 3월 군정법령 제173호로 중앙토지행정처를 설치하고 귀속 농지의 분배 사업을 실시하였음을 보았다. 미군정에 의한 농지개혁의 상환 조건은 평년작 300%를 매년 20%씩 15년간 균등 분할 상환하는 것이었고 이는 이후 한국 정부에 승계되었으나 전체 소작지에 대한 농지개혁은 한국 정부 수립 후에 추진되었다. 해방 후 한국에서의 농지개혁의 원칙은 좌우익을 불문하고 내건 강령이었고, 좌우합작위원회에서도 토지개혁의 원칙을 밝힌 바 있으며, 농지개혁이 이루어질 것이라는 원칙은 모든 정파에서 적어도 외견상으로는 표명한 것이었다.

그러나 실제로 농지개혁법이 통과된 것은 한국 정부가 수립된 이후 1949년 4월에 국회를 통과하게 되었다. 이때의 법안 내용은 보상 150%, 상환 125%를 골자로 하는 것이었다. 보상과 상환의 차이인 25%는 정부의 재정 부담으로 해결한다는 것이었지만 이는 현실적으로 난관에 부딪쳤다. 정부의 재정 부담이 문제가 되어 농지개혁법안은 1949년 10월에 개정하게 되었다. 즉 상환 150%, 보상 150%의 농지개혁법안이 통과되고 이것이 실행되게 되는 것이다.

그런데 정부는 농민에게서 토지 분배의 대가로 받는 상환곡은 현물로 받되, 지주에게는 현물이 아닌 지가 증권을 교부했다. '지가 증권'이란 그 액면에 보상받을 석수를 정조(正租) 수량 석두로 표기하고 그것을 5년으로 나누어 지급하도록 하는 지급보증서였다. 그리고 1년에 보상받는 석수를 또한 표기하였다. 그러나 실제의 보상은 현물로 이루어지지 않고, 법에 따라 현물을 환가(換價)한 현금으로 상환받았다. 지가 증권의 뒷면에는 보상 기록이 적혀 있다. 인플레이션이 심했던 당시에 정부가 정한 법정 미가는 현시가에 크게 모자라고, 그 지급이 규정과 달리 늦어지는 경우가 많았다. 따라서 인플레 과정에서 그 지급이 늦어져 감가가 심했고, 따라서 지가 증권의 시장에서의 거래는 액면에 크게 못 미치는 경우가 허다했다. 지가증권은 ① 귀속 재산 매수 시 대금 지급 가능 ② 담보 제공 가능 ③ 양도 가능 등 법적 효력을 가지고 있었다.

흔히 간과되기 쉽지만 농지개혁은 귀속 사업체 처리와 함께 연계 추진된 것을 상기하는 것은 중요하다. 정부는 지주들의 농지를 농민에게 돌려주지만, 지주들에게는 귀속 사업체를 불하받을 기회를 제공하여 토지 자본을 산업 자본으로 전환하고자 하는 구상을 가지고 있었으며, 이것이 지주 계급의 저항을 완화하는 역할로 기대되었다. 그리고 뒤에서 보듯이 이 과정에서 정부는 공업화를 위한 개발 자금도 동시에 얻을 수 있기를 기대했다. 농지개혁은 저개발국에서 공업화를 위한 대규모 국내 자금 조달의 마지막 수단일 수 있었다.

정부는 농지개혁을 통해 농민에게는 토지를 주고, 지주에게는 귀속 사업체 인수 기회를 주며, 정부 스스로는 현물로 상환을 받되 지가 증권으로 보상하는 기간의 차이에 자금을 이용하여 공업화를 하는 1석 3조의 효과를 기대했다. 그러나 뒤의 농지개혁 평가에서 보듯이 정부가 기대했던 효과를 거두지는 못했다.

한편 1차 농지개혁법안이 국회를 통과한 후 1949년 6월에 농지개혁을 위한 농가 실태 조사가 행해진 바 그 결과는 다음과 같았다. 농가별로 보면 자작 92만 호(37.4%), 자소작 102만 호(41.3%), 소작 52만 호(21.3%)였다. 그리고 경지 면적별로 보면 자작지 124만 정보(60%), 소작지 59만 정보(28%), 귀속 농지 23만 정보(12%)로 나타났다. 이 조사 결과는 해방 후 농지개혁이 예상되었지만 농지개혁법안이 확정되기까지 오랜 시간이 걸리면서 해방 직후의 조선인 지주 소유 소작지 124만 정보였던 것에 비해 소작지가 59만 정보로 지속적으로 감소하고 있었음을 보여준다.

농지개혁법안이 확정된 후 각 지방별로 농지위원회를 구성하고 여기에서 분배 대상 토지와 수배(受配) 농민을 결정하게 되었다. 1950년 4월경에 정부는 농민에게 분배하는 농지의 소재지, 지번, 지목, 지적 등이 기록된 '농지 분배 통지서'를 교부하기 시작하여 어떤 토지를 분배하게 되는지를 확정 통보했다. 그러나 그때까지 소작료를 미납한 경우에는 유보되었으며 이 결과 '농지 분배 통지서'가 충분히 발급되지 않은 채 6월에 한국전쟁이 발발했다. 사료에는 1950년 중에도 지역에 따라서는 '상환증서'라는 분배 통지서가 발행된 것을 볼 수 있다. 그러나 전쟁 중에 농지개혁이 전면적으로 시행될 수는 없었고 수복과 휴전이 이루어지면서 다시 재개되었다.

농지개혁으로 실제 매상된 토지를 보면 해방 후 오랜 기간 농지개혁이 예상되는 가운데 다수의 토지가 자작지화 되고 있었고, 그 결과 1949년 농가 실태 조사 결과에서는 이미 조선인 지주 소유지와 소작지가 크게 축소되었지만 농지개혁으로 실제 매상된 토지는 더욱 적었다. 실제 매상된 토지의 상황을 보면 일반 농지 33만 정보, 귀속 농지 24만 정보, 총 57만 정보가 접수, 분배되었는데 이에 따른 수배 농가는 일반 농지 92만 호, 귀속 농지 72만 호 총 164만 호였다. 이때의 분배 농지는 1949년 실태 조사 당시의 소작지의 68.6%, 그리고 해방 당시의 소작지 147만 정보에 비하면 39.4%에 불과했다.

한편 상환과 보상도 원래 계획했던 5년이 만료되는 1954년에 끝나지 않았다. 1955년 3월 현재의 분배 농지에 대한 상환 상황을 보면 다음과 같다. 먼저 일반 농지의 경우 요구 상환량 581만 석 중 62%인 366만 석이 수납되었다. 그리고 귀속 농지는 요구 상환량 439만 석 중 50%인 220만 석이 수납되는데 그쳤다. 한편 보상에 있어서는 1955년 3월 현재 총 소요 지급액 153억 2천 7백만 원 중 28%인 42억 2천 5백만 원만 보상하고 72%가 미보상으로 남아 더욱 지체되고 있었다.

이렇게 보면 상환과 보상 모두 원래의 계획에 비해 늦어지고 있었지만 특히 보상이 지체되고 있었음을 알 수 있다. 이후 법적으로 농지개혁은 1968년 3월 13일 농지 개혁 사업 정리에 관한 특별조치법 제정으로 일단락되었다. 원래 5년 동안 분배·상환 및 소유권의 이전·등기 등의 절차를 모두 완료하도록 되어 있던 농지개혁이 이렇게 지연되었던 것은 지가 상환, 소유권 이전, 등기 절차 등 과정에서 많이 지연되었기 때문이다. 농지개혁이 처음에 계획했던 대로 순조롭게 진행된 것은 아니었지만, 농지개혁에 의해 일본인들이 소유하고 있던 농지는 거의 대부분 농민들에게 분배되었으며, 조선인 지주들이 소유하고 있던 농지는 농지개혁에 의한 분배와 지주들에 의한 처분으로 농민들에게 소유권이 이전됨으로써 일제강점기에 형성된 식민지 지주제는 해체되었다.

그럼에도 불구하고 농지개혁의 결과에 관해 통설적인 평가는 개혁 대상 토지가 축소된 점 등에서 미흡했다는 것이다. 우선 해방 직후의 농지개혁 대상 소작지 147만 정보 중에서 실제로 매상된 것은 57만 정보에 불과했다. 특히 귀속 농지를 제외한 조선인 지주 소작지는 124만 정보 중에서 실제 매상된 것은 33만 정보에 불과했다. 농지개혁 법안 마련이 지체되는 가운데 많은 토지가 자작지화된 것이다.

그리고 농지개혁의 상환 과정에서 농민들이 부채농화(負債農化)하여 농가 경제의 또 다른 어려움을 겪게 되었다. 우선 상환 부담인 평년작 30%는 해방 후의 혼란과 비료 부족 등으로 생산량이 감소한 상황에서 실제로는 수확고의 40~50%에 달했고, 덧붙여 농민들이 자작농화됨으로써 농지세를 부담해야 되었다. 농지세는 한국전쟁으로 인해 임시 토지 수득세라는 명목으로 현물로 부여되었는데 그 부담이 결코 적지 않았다. 덧붙여 한국전쟁 이후 미국의 값싼 잉여 농산물이 대량으로 유입되는 가운데 저농산물 가격으로 인해 농가 경제가 궁핍해졌다. 그 결과 비록 농민이 자작농화되었지만 부채농화되어 농가 경제의 자립이 이루어졌다고 보기는 어려웠다.

이러한 점들로 인하여 농지개혁이 미흡했다는 것이 보편적 평가이나 여기에는 몇 가지 유보적 고려사항이 있다. 먼저 소작지의 많은 비율이 자작지화되어 분배 대상 토지에서 탈루되었으나 그럼에도 불구하고 그 과정에서 많은 토지가 소작농에게 상대적으로 헐값에 매각되어 간접적으로 농지개혁의 효과가 있었다는 점이다. 그리고 비록 농가 경제가 부채농화되었으나 그럼에도 불구하고 농민들이 자작농화되어 이후 경제개발 과정에서 농민들이 자작지를 바탕으로 자녀들을 교육시킴으로써 양질의 노동력을 공급하는 토대를 마련했다. 그리고 농가 경제가 부채농화된 것은 사실 농지개혁 자체가 철저하지 못한 요인 이외에 1950년대에 미국의 잉여 농산물이 대량 도입되어 농산물 가격이 낮았던 것이 보다 중요한 요인이었다.

그리고 무엇보다 중요한 것은 농지개혁이 소기의 성과를 충분히 거두지 못하였으나 그럼에도 불구하고 한국에는 지주 계급이 사실상 사라지고 많은 농민이 적어도 형식적으로나마 자작농화되어 이후 공업화를 통한 경제개발 과정에 모두 동의할 수 있는 계급적 동질화가 이루어진 점이다. 동남아에서 농지개혁이 이루어지지 않아 대규모 지주가 여전히 특권을 가지고, 또한 그들은 공업적 이익보다 농업적 이익에 여전히 관심을 갖고 일반 소작농민들과 경제개발의 방향에서 이해관계를 달리하고 있는 것과 비교하면 한국은 상대적으로 공업화에 유리한 환경을 갖게 되었다고 할 수 있다.[7]

한국이 사회주의권의 무상 몰수, 무상 분배와 달리 유상 몰수, 유상 분배라는 자본주의적 방식으로 농지개혁을 실시한 것은 사실이다. 그러나 토지의 국유화로 연결된 사회주의적 방식은 역사적으로 좋은 결과를 가져온 것이 아니었다. 또한 한국에서 급속한 공업화 과정에서 과잉인구가 해소되면서 비로소 실질적 자립적 소농 경영이 성립해갈 수밖에 없었다는 것을 생각하면 농지개혁이 비록 불충분하였다고 하나, 현재 한국 경제의 고도성장에 긍정적 역할을 했다고 할 수 있다.

---

7 농지개혁의 전반적 평가에 관해서는 다음 논문 결론부 참조. 장상환, 「농지개혁과정에 관한 실증적 연구(下)-충남 서산군 근흥면 사례를 중심으로-」, 『경제사학』, 9권, 1985.

2. 귀속 재산 불하

1) 귀속 재산의 실태

　미군정청에 귀속된 재산을 「적산」 혹은 「귀속 재산」이라 부른다. 미군정에서는 행정을 장악하면서 점차 적산의 실상을 파악하게 된 것으로 생각되지만, 그 실태가 종합적인 통계로 남아있지 않다. 다만 당시의 신문기사에 의하면 '귀산(歸産) 국재(國財)의 8할; 귀속 재산은 주택이 약 8만 점포, 약 1만 3천의 기타 건물과 소기업체 건물이 약 8천 4,5백이요 대·소 3천여 종의 기업체가 약 2,500 곳, 광산권 기타 주식 또는 지분권을 합해 8·15 장부 가격으로 1,630여억 원이나 되는 실로 우리나라 국재의 8할 이상을 점하고 있는 것이다'[8] 라고 한다. 이외의 귀속 재산으로는 신한공사(新韓公社)가 관리하는 농지 28만여 정보 그리고 과원(果園), 산림 등을 포함해 32만여 정보가 존재하였다.[9] 그러나 귀속 농지는 동양척식주식회사의 뒤를 이은 신한공사(新韓公社)에서 관리하다가 1948년 3월부터 귀속 농지 분배 사업으로 처리된 것만 지적하여 둔다. 그리고 귀속된 동산과 주시 및 지분(持分)의 실태는 불명이었다.

　다양한 귀속 재산 가운데 해방 후 한국 자본주의의 틀을 형성하는데 중요한 것은 귀속 사업체의 처리 문제였다. 미군정청은 귀속 재산 관리를 위해 1945년 10월 중앙에 재산관리과(후의 관재처)를 설치하고 그 책임자로 재산관리관을 두고 각 지방에도 재산관리관을 임명하였다. 그리고 각 사업체에는 관리인을 지정하여 운영하도록 하였다. 이들 사업체는 사업체가 2개 도 이상에 걸쳐있는 경우는 중앙관리사업체라 하고 지방에 소재하는 경

---

8 동아일보, 1949.11.1.
9 『農業經濟年報』, 農林新聞社編, 1949, 90면.

우는 지방관리사업체라고 불렀다. 그러나 재산관리관이 총괄적으로 관리한다고는 하나 중앙관리사업체도 소관 부처(部處)가 상이했고 지방관리사업체는 각 도가 관리하는 등 통일성이 결여되어 있었다.

한국이 교전 당사자가 되지 못해, 미군정이 해방 후 군정이 실시된 것이 적산 처리 과정에서 여러 가지 문제점을 낳게 된 한 원인이 되었다. 미군정은 해방 직후 한국에 대한 뚜렷한 정책 방향이 없었던 것으로 알려져 있지만 사유 재산 보호의 원칙은 가지고 있었다. 이에 따라 적산 사업체를 접수하여 관리인 제도를 도입하여 운영하다가 그것을 한국 정부에 이관한다는 것이 기본 방침이었다. 이 과정에서 관리인은 관료도 아니고, 기업주도 아닌 애매한 지위에 있었지만 귀속 사업체와의 연고권을 가지게 되고 불하의 우선권자로 되어 갔다. 관리인 제도는 한국의 임시 관리자인 미군정으로서는 불가피한 것이었지만, 관리인의 선정 과정이 무원칙했고 사회 정세가 불안하여 귀속 사업체의 관리가 원활하지 못한 문제점이 있었다.

한편 미군정의 관리인 제도와 대립하면서 적산 문제를 접근한 것은 노동자 자주 관리 운동이었다. 건국준비위원회와 여운형의 인민공화국에서는 건국 시까지 노동자들의 자치 관리를 권장했다. 좌익은 일본제국주의자와 매국적 민족 반역자 및 친일파의 기업을 공장위원회(관리위원회)에서 보관하고 노동자가 그 관리권에 참가할 것을 주장하였다. 그리고 노동자 대중 운동이 갖기 쉬운 소부르주아적 경향을 배제하기 위해 공장위원회를 인민위원회의 통제 아래 두고자 하였다. 그 운동의 확산 범위가 어느 정도인지는 정확하지 않지만 한 자료에 의하면 1945년 11월 4일 현재 16개의 산별 노조에 728개의 공장관리위원회가 조직되어 8만 8천여 명의 노동자가 연관되어 있었다고 한다.[10] 노동자 자주 관리 운동은 46년 이후 전반적인 미군

___

10 『해방선언』, 제8호. 김기원, 「미군정기 귀속재산에 관한 연구」(서울대학교 박사학위논문, 1989), 76면.

정에 의한 좌익의 탄압과 함께 패퇴하였다.[11]

노동자 자주 관리 운동이 전반적인 좌익정치 운동과 함께 패퇴하면서 관리인 제도가 보다 안정적으로 정착되어 갔다. 그러나 그 시행 과정에서 "일부 악질 관리인들의 발호로 사업체는 옳게 경영되지 못하고 공장에서의 기계 등 시설은 해체, 산매되는 일이 횡행하게 되어 온 민족의 고혈로 된 적산은 몇몇 개인의 악질 관리인의 것이 되고 말았다"고 한다.[12]

귀속 사업체의 수나 그 구성에 관해서는 일관된 통계가 결여되어 있어서 조사 시점과 기관에 따라 달리 나타나고 있다. 그러나 한 통계에 의하면 미군정에 의해 가동 중인 귀속 기업체 수는 공업 1,901개, 광업 69개, 은행 48개, 기타(농업, 어업, 상업, 유흥, 해운, 기타) 429개, 합계 2,447개였다.[13] 여기에서 공업 부문이 77.7%로 압도적인 비중을 차지하고 있음을 알 수 있다. 그리고 1947년 9월에 조사된 바에 의하면 공업 부문에서 귀속 공장이 사업장 수에서 28.1%, 종업원 수에서 39.4%를 나타내고 있다.[14]

한편 귀속 사업체의 업종별 내용을 살펴보면 공업 부문 사업체 총수가 2,354개로 전체 3,550개의 69.3%를 차지하고 있으며 공업 중에서는 식품공업, 화학공업, 기계공업, 섬유공업 등의 순으로 숫자가 많은 것을 알 수 있다. 그리고 지역적으로는 서울과 경남이 가장 많았다.

미군정은 46년부터 소규모 공장의 불하를 구상하기 시작하여 47년에 적산 기업체 불하 초안을 과도 입법 의원에 회부하고, 7월에 그 안이 통과되어 해방 당시의 장부가 1백만 원 이하의 적산의 불하가 실시되었다. 이때 불하 방침은 경매나 비개봉 입찰에 의하되, 적당하다고 생각할 때는 점유

11 김기원, 같은 논문, 72면.

12 '적산총액 해방전 시가로 100억원 평가', 동아일보, 1948.10.3.

13 USAFIK, Republic of Korea Economic Summation, No. 36, 1948. Nov.-Dec. p 7. 김기원, 같은 논문, 22면.

14 조선은행 조사부, 『조선경제년보』, 1948년판, -p 324의 제41표에서 작성.

자와 직접 교섭하여 불하할 수도 있도록 하였다. 불하인은 매각 가격의 최고 20%를 계약 시에 납부해야 하며 잔액을 연 5~7%의 이자로 최고 10년 이내에 분할 상환하도록 되어 있었다. 이러한 불하 방침은 이후 한국 정부에 의해 대체로 계승되었지만, 한국 정부의 경우는 최초 1년간에 대상(代償)의 1할 납부, 이후 15년 이내의 분할불(分割拂)로 되어 있었다.

이 결과 미군정 때 불하된 곳의 수는 기업체 513개, 부동산 839건, 기타 916건, 총 2,258건이었다.[15] 또 다른 불하 관계 자료에 의하면 이 기간 중 불하 계약이 체결된 사업체 수는 135개에 불과한 것으로 나타나고 있다.[16] 그 정확한 실상은 파악하기 어려우나 미군정 때 불하된 것은 극히 적었고 대부분의 귀속 사업체가 한국 정부로 이관되었다.

2) 한국 정부의 적산 불하

한미 간에는 1948년 9월 11일에 「한미 간 재정 및 재산에 관한 협정」이 체결되어 한국 정부에 이관된 귀속 사업체 수는 모두 2,203곳으로 나타나고 있다.[17] 물론 협정에 의하여 이관된 재산 속에는 귀속 사업체 말고도 주택, 대지, 점포, 임야 등 각종 부동산 재산이 포함되어 있을 뿐만 아니라 나아가 귀속 재산 이외에도 미군정이 보유하고 있던 각종 국유 재산, 이를테면 등기부상의 국가 소유 재산이나 미국 원조 물자 재산 등이 함께 포함되었다. 인수 재산의 종별 건수는 사업체 2,203건, 부동산 287,555건, 기타 2,151건, 총계 291,909건이었다. 그러나 당초는 170,605건이었는데 중간에

---

15 財務部, 『財政金融의 回顧』, 1958, p 121.
16 재무부 관재국 『法人臺帳』에서 작성한 것임. 金胤秀, 「8.15이후 歸屬企業體 拂下에 관한 一研究」, 서울대학교 석사학위논문, 1988, p 63.
17 재무부 관재국, 「불하기업체 명부」(필사본), 이대근, 「정부 수립후 귀속 사업체의 실태와 그 처리과정」(安秉直·中村 哲 編, 『近代 朝鮮工業化의 研究』, 일조각, 1993), p 266.

농림부로부터 임야 등의 귀속 농지 재산의 재무부 이관으로 121,304건이 추가된 것이다.[18]

이상과 같이 1948년 이승만 정부의 성립과 더불어 미군정으로부터 인수한 귀속 사업체 수는 적어도 2,000곳 이상, 그중 제조업체 수만 하더라도 1,500곳 이상에 달하는 것이었다. 그러나 이들 재산이 신속하고 원활하게 이양된 것은 아니었다. 당시의 정부 조직법에는 관재를 주관하는 사무부서가 결여되어 있었고 '이양기관이 불분명하여 이론이 분분'[19]하였다. 그 후 1948년 12월 29일에야 대통령령 제42호로서 국무총리 직속의 임시관재총국 직제가 마련되었지만 이것은 그 권능의 강화를 위해 1950년 4월에 대통령 직속의 관재청으로 개편되고 다시 1955년 2월에는 재무부 관재국으로 바뀌었다.[20] 이러한 제도의 정비가 있었지만 귀속 사업체의 관리는 여전히 각 부처에 의한 중앙 직할 사업체와 지방 관할 사업체로 구분되어 있었다.

한국 정부는 이후 귀속 재산의 관리와 재정 수입의 증대를 위해 그 불하를 서두르게 되었다. 1949년 2월에 「귀속재산처리법안」이 국무회의에 제안되고 이어 국회에 회부됐으나 국회에서는 그 심의가 지연되었다. 국회는 오히려 1949년 6월 15일 「귀속재산임시조치법」을 통과시켜 불하 사무는 정지되었다. 이러한 사태는 "정부 제안의 귀속재산처리법이 전면적으로 부적당한데 기인한 것 보다는 정부 당국에 대한 국회의 정치적 태도와 관재 정책에 대한 간섭 의욕이 주원인이었다고 볼 수 있는 것이다.… 국회 주장의 요지는 토지개혁과 그로 인한 지주층의 기업으로의 전환을 위하여 관재 정책과의 관계를 염려하는 나머지 관재기관의 재편성에 심각한 관심을 갖는 바로 추측"[21]된다. 그러나 '관재 당국은 최근에 다시 날이 갈수록 파손

---

18 이대근, 같은 논문, p 266.
19 「管財政策」(조선은행조사부, 『經濟年鑑』, 1949, p 28.
20 이대근, 같은 논문, p 271.
21 「管財政策」(조선은행조사부, 『經濟年鑑』, 1949, p 28.

되어 가는 재산을 다소라도 방지하기 위해 주택 재산에 한해 가계약에 의하여 불하 사무를 계속하고'[22] 있었다.

정부와 국회의 대립과 우여곡절을 겪은 끝에 1949년 12월 귀속재산처리법이 국회를 통과하고 동법에 대한 시행령이 대통령령 298호로 1950년 3월 30일부로 공포 실시됨에 따라 귀속 재산 처리가 본격화되기 시작했다. 이에 따라 귀속 재산은 특별히 국·공유 내지 국·공영으로 지정해야 할 기업체를 제외하고는 원칙적으로 민간에게 매각하도록 하였다. 그리고 귀속 재산 불하의 수속과 절차는 외형상은 경쟁 입찰이지만 사실상의 내용에서는 연고권자에게 우선권이 부여되는 형식으로 되었다. 즉 '귀속 재산 불하 형식은 우선권인지, 혹은 무엇인지를 다 제쳐놓고 어느 주택이나 공장을 경매로 한다는 것을 공포하고 사고 싶어하는 모든 사람들로 하여금 입찰을 시켜 그중 최고 가격을 결정하여, 그 가격으로 우선권을 가진 자가 사겠는가 하는 것을 물어, 그대로 사겠다면 그 우선권자에게 불하하는 것이요, 그렇지 않으면 최고 가격을 부른 사람에게 팔게 하자는'[23] 독특한 것이었다.

이러한 제도에서는 역시 우선권이 사실상 중요할 수밖에 없었다. 그리고 불하를 받을 자는 사상이 온건하고 또 운영 능력이 있는 선량한 자로 규정하되 우선권 소지자는 적산의 종별에 따라 다음과 같이 정해졌다. '(1) 주택= ① 임차인 ② 국가에 유공한 자로서 주택 없는 자 또는 그 유가족 ③ 주택 없는 빈곤한 근로자 ④ 귀속 재산 이외에는 주택을 구입하기 곤란한 자의 순이다. (2) 기업체=주식회사, 법인, 조합 등 기업체가 있는데 이에는 ① 임차인 관리인 ② 주주, 사원, 조합원, 2년 이상 계속 근무한 종업원, ③ 지주의 순으로 되어 있는데 주주, 사원, 조합원은 단기 4287년(1954), 즉 해

---

22 '귀속 재산은 어찌되나? 기달려지는 처분법, 관재처선 주택을 가계약으로 불하', 동아일보, 1949. 8. 26.
23 '귀산불하입찰, 6월 초순부터 개시, 이 대통령 쌀값 조정에 언급', 동아일보, 1950.5.6.

방 전 8월 9일부터 당해 기업체의 주주, 사원, 조합원이어야 한다. (3) 점포, 창고, 공대지=임차인과 관리인 이외에는 부여되지 않았다. (4) 동산=연고자 뿐이다'[24].

이와 같이 귀속 사업체의 불하 조건은 형식상으로는 경쟁 입찰에 의하되 관리인이나 임차인에게 최우선권을 부여하고 미군정 때와 유사하게 1945년 8월의 장부 가격을 기준으로 이루어졌다. 이 결과 관리인은 미군정 아래의 소규모 기업체 불하 과정에서도 불하를 받는 사람이 적지 않았으나 정부 수립 후에도 1950년 3월 30일 '귀속재산처리시행령'에 의해 귀속 재산 불하의 제1의 우선권을 가지게 되었다. 그리고 우선권자는 경쟁 입찰에서 입찰 가격이 얼마든지 간에 최고 가격으로 매수하겠다는 의사만 표시하면 불하를 받을 수 있어서 결국 불하를 받을 수 있었던 것이다.

실로 해방 후 귀속 재산 처리의 특징은 미군정에 의한 관리인제도의 실시, 한국 정부에 의한 그 정책의 답습과 민간에 대한 불하 방침이었다. 그리고 그 불하 방법이 관리인에게 우선권을 허용하는 것이었으므로 사실상 미군정 당시의 관리인 선임이 귀속 재산 처리의 요체가 되는 것이었다. 이러한 정책은 자유 자본주의적 민간 자본의 육성 정책이라고 할 수 있지만 관리인 선임 과정에서 확고하고도 섬세한 정책 방향이 제시된 바가 없었다.

귀속 재산과 기업체의 연도별 불하 실적을 보면 불하인의 출신은 지주라기 보다는 일제 아래의 회사 임원이나 기술자 등이 많았다. 불하인의 출신 배경을 보다 구체적으로 보면 총 조사 인원 681명 중 관리인을 경험했던 사람이 449명으로 단연 1위이고 그 다음에는 일제강점기 말에 기업을 경험했던 사람이 200명이었으며 세 번째가 미군정 당시 기업주로 132명을 차지하고 있었다. 그런데 관리인이나 미군정 당시 기업을 경영했던 사람의

---

24 '귀재경매 오늘 개시, 입찰에 연명도 가능, 그 수속과 절차는 이렇게', 동아일보, 1950.6.22. 「귀속재산처리법」 참조.

대다수가 일제강점기에 기업 경영의 경험이 있거나 회사의 기술자로 종사한 사람들이었다. 순수한 지주 출신으로 기업을 불하받은 사람은 조사 인원 중에서 23명으로 극히 소수였다.[25]

연세대의 「지주의 자본전환에 관한 연구」 결과에 의하면 농지개혁 당시 20정보 이상의 농지를 처분당했던 호남 지역 지주 418명을 조사한 결과 산업 자본가로 전업한 지주는 이 가운데 47명에 불과했다고 한다. 불과 11%의 지주만이 성공을 거두었을 뿐, 토지 자본의 산업 자본화라는 시대의 흐름에 편승한다는 것이 말처럼 쉬운 일은 아니었다.[26] 그리고 농지개혁 때 일반 보상으로 지급된 지가 증권의 총 보상액 가운데 귀속 재산 매입에 동원된 비율은 54%로 집계됐다. 전체 귀속 기업체 불하 대금의 절반 정도만 지가 증권으로 납입되어 산업 자본화됐고, 나머지 절반은 생활 자금, 소비 자금 등으로 부스러기 돈으로 흩어진 것이다.

이와 같이 토지 자본의 산업 자본으로의 전환은 이루어지지 않았으나, 1950년대의 유명한 재벌들은 적산기업을 불하받았거나 그 후에 그것을 인계하여 성장할 수 있었다. 삼호, 태창, 대한방직, 화신, 대한제분 및 금성방직 등이 대표적인 것이었다. 이렇게 보면 한국의 민간 자본은 기본적으로 일제강점기 귀속 사업체의 불하를 통해서 형성되었다고 할 수 있다. 이 과정에서 어느 정도의 정경유착과 불합리가 존재했지만 이들이 한국 자본주의의 토대를 형성하는 기틀이 되었다는 것은 부인할 수 없다.

그러나 1950년대의 공업화 과정에서 이들 기업의 시설이 모두 미국제 시설로 치환되는 과정에 전후 복구가 이루어졌다는 점에서 귀속 사업체의 '단절적 측면'[27]도 있다. 1960년대에는 1950년대와는 다른 기업이 그리고 1970, 80년대에는 또 다른 기업이 주된 재벌로 형성되었다는 점에서 한국

---

25 김기원, 같은 논문, 264면.
26 이지수, 「해방 후 농지개혁과 지주층의 자본전환 문제」, 연세대 석사학위논문, 1994.
27 이대근, 같은 논문, 298면.

의 기업은 부침이 심했고, 또 부침이 심한 만큼 경쟁적이고 활력이 있었으므로, 1950년대의 재벌이 지금까지 이어졌다고는 할 수 없지만, 그러나 그 초기의 형성과 정에서 귀속 사업체의 중요성은 지배적이었다.

3. 화폐개혁과 금융제도의 개편

1) 화폐개혁

일제강점기 조선은행권은 일본 엔블록의 일부로 형성되고, 일본은행권을 발행 준비로 발행되어 일본은행권과 등가의 교환 체제를 가지고 있었다. 따라서 원칙적으로 한국의 화폐 가치도 일본의 일본은행권과 동조 관계를 갖도록 되어 있었다. 그러나 이러한 조선은행권 제도는 중일전쟁 이후에 쇠퇴하기 시작하여 조선과 일본의 물가 변동은 괴리되기 시작했다. 그럼에도 불구하고 제도적으로는 해방까지 엔블록의 일환으로서 조선은행권 제도는 유지되었다. 그러나 해방과 함께 이러한 제도가 단절되고, 조선은행권은 일본은행권 발행 준비와 무관하게, 미군정과 이후 한국 정부의 필요에 따라 남발되고 인플레가 높아진 만큼, 일본과 단절된 독립국의 새로운 화폐제도를 만들고 재정 독립을 이루는 것이 중요한 과제가 되었다. 북한에서는 1946년에 벌써 조선중앙은행을 설립하고 1947년 12월에는 종래의 조선은행권은 폐기하고 조선중앙은행권을 발행한데 비해 남한에는 1950년까지도 종래의 조선은행권을 그대로 사용하였다.

이러한 와중에 한국전쟁은 막대한 인명 및 재산 피해를 가져왔다. 3년에 걸친 과정에서 통화의 증발과 물자의 부족으로 극심한 인플레가 초래되고 있었다. 그럼에도 화폐 금융제도는 일제강점기 그대로 유지되었고, 정부 수립 이후 뒤늦게 1950년 6월 12일 한국은행이 설립되고, 지체된 조선은행권

제도의 개혁이 시작되었다. 초기의 한국은행은 갑작스러운 6·25전쟁으로 한국은행에 남아있던 조선은행권을 폐기하지 못했다. 서울을 접수한 북한군이 이 조선은행권을 남발하여 경제를 교란시켰으므로 정부는 조선은행권을 새로 발행한 한국은행권으로 대체하지 않을 수 없었다.

정부는 적성 통화의 유통을 막아 적군의 경제 교란 행위를 봉쇄하기 위해 1950년 8월 28일 대통령 긴급명령 제10호로 '조선은행권의 유통 및 교환에 관한 건'을 공포했다. 동 명령에 의한 제1차 통화 조치의 주 목적은 적성 통화의 폐기와 신권으로의 교환이었으며, 교환비율은 1:1이었다.

1950년 10월 24일에는 대통령령 제391호 '조선 은행권 교환 금액 한도에 관한 건'에 의거 조선은행권 교환 금액은 금융기관에 예입하고, 예금은 1개월 1세대 5만 원을 초과하지 않는 생활비에 한해 지급하도록 했다. 아울러 정부는 대통령 긴급명령 제10호의 제2조 규정에 의해 1950년 9월 7일부터 1950년 11월 3일의 기간 중에 4차에 걸쳐 조선은행권의 유통 및 교환에 관한 내용을 고시하여 행정권이 미치는대로 조선은행권을 폐기하고 한국은행권으로 교환하였다.

먼저 제1차 고시(재무부고시 제17호, 1950. 9. 7)는 "1950년 9월 23일부터 포항시, 영천읍, 대구시, 창녕읍, 마산시와 통영읍으로 연결하는 선의 이남 지역의 경상남북도, 제주도 일원 내에서의 조선은행권 100원권의 유통을 금지한다. 교환 기간은 1950년 9월 15일부터 9월 22일에 이르는 기간이며, 은행과 금융조합에서 무제한 등가 교환으로 한다"고 하였다.

제2차 고시(재무부고시 제18호, 1950. 11. 3)는 9·28 수복 후 1950년 11월 3일부터 서울특별시, 경기도와 강원도 전역에서의 조선은행권 100원 권의 유통을 금지했다. 교환 기간은 1950년 10월 25일부터 11월 3일까지의 10일간이고, 각 은행과 금융조합에서 등가 교환으로 한다고 하였다. 동시에 제2차부터는 지급 제한부 교환을 실시하여, 매 세대 당 지급을 2만 원으로 제한하고 초과액은 금융기관에 예치하되 그 인출을 주 2만 원, 월 5만 원으로 제한했다.

한편 제3차 고시(재무부고시 제21호, 1950. 11. 3)는 1950년 11월 11일부터 1950년 9월 14일자 재무부고시 제17호제(1)항에 규정된 지역 및 1950년 10월 24일자 재무부고시 제18호 제(1)항에 규정된 지역을 제외한 전역에서의 조선은행권 100원 권의 유통을 금지하는 것이었다. 교환 기준은 등가 교환으로 하며, 교환 기간은 1950년 11월 11일부터 동월 18일에 이르는 기간이었다.

그리고 제4차 고시(재무부고시 제22호, 1950. 11. 3)는 1950년 10월 21일자 재무부고시 제(1)항에 규정된 지역 및 1950년 11월 3일자 재무부고시 제21호 제(1)항에 규정된 지역에 있어 치안 상태로 기인하는 불가피한 장애로 인한 교환 기관(은행 또는 금융조합) 점포의 재개 불능 또는 재개 지연으로 말미암아 소정 교환 기간 중에 교환하지 못한 지역 내의 조선은행권은 전기 각 고시 제(2)항에 규정된 교환 기간에 불구하고 본 고시로서 정하는 바에 의하여 특별 교환을 할 수 있다고 하였다. 단 특별 교환 기간은 지정된 교환일로부터 5일을 초과하지 못하도록 하였다.

4차에 걸친 교환으로 1951년 4월 30일 일단락되었으나 미교환 지역이 수 개군 남게 되어 이에 대한 특별 교환을 1951년 8월에 재개하여 1953년 1월 16일에 완전 마감하였다. 4차에 걸친 고시가 한 차례 재개되어 사실상 5차에 걸쳐 화폐 교환이 이루어졌다고 볼 수도 있다. 결과적으로 한국은행은 긴급명령 제10호에 의거 1953년 1월 16일까지 교환 대상액 771억 원의 93%에 해당하는 719억 원을 한국은행권으로 교환하였다. 2차 때부터는 세대당 2만 원까지만 현금으로 교환하고 나머지는 금융기관에 예치했으며, 3차부터는 조선은행권 고액권의 유통을 금지시켰다.

화폐 교환이 단순한 화폐개혁의 일환이었지만, 전란으로 인한 막대한 전비 지출과 생산 활동의 위축, 통화의 대외 가치 폭락, 만성적인 인플레이션의 수습 등을 목적으로 1953년 2월 15일 대통령 긴급명령 제13호로 '제2차 긴급 통화 및 금융 조치'를 단행하여 화폐 단위를 100분의 1로 절하하는 화폐개혁을 실시했다.

이 명령에 의한 제2차 통화 조치의 주요 내용을 보면, 첫째, 1953년 2월 17일부터 구(舊) 원화 표시 한국은행권의 유통을 일체 금지하는 대신에 새로 발행되는 환화 표시 은행권을 법화로 운용하도록 하고, 구 원화와 환화 간의 교환 비율은 100:1로 하였다. 둘째, 2월 17일부터 9일간 구권과 어음 수표 등은 모두 금융기관에 예입하고 금융기관으로부터의 예금 등 인출을 금지한다. 셋째, 금융기관의 예금 등 원화 금전 채무의 지급은 2월 25일까지 금지하고, 구 은행권과 수표 등 지급 표시를 금융기관에 예입한 자연인에 대해서는 2월 25일까지의 생활비로 1인당 500원을 한도로 새 은행권을 지급한다는 것이었다.

1953년 2월 15일의 통화개혁은 100:1의 액면 절하를 하는 외에 내용상 예금 자산의 일부를 강제 동결 조치함으로써 시중의 유휴 자금을 흡수하고 그것의 생산 자금화하여, 나아가 화폐 자산의 분포 및 유통 경로를 올바르게 파악함으로써 화폐적 편재를 함께 시정하고자 하였으나 실제의 예금 동결 조치액은 13억 환에 불과하여 당초의 부수적 개혁 목적은 달성되지 못했다.

2) 금융제도의 정비

해방 후 한국의 금융제도는 커다란 변화를 겪게 되었다. 외형상으로는 당분간 조선은행권의 유통이 지속되었지만, 조선은행권과 일본은행권과의 등가 관계가 단절된 만큼 화폐제도의 성격은 크게 바뀌고, 등가 관계 유지를 위한 대외 균형 우선이라는 한국 금융의 기본 전제가 해소되었다. 이에 따라 조선은행권은 크게 증발되고 인플레가 초래되었다. 해방 직후의 증발 요인으로는 일본인들의 귀환 자금 마련과 예금 인출이 중요했지만 1946년 이후 한국전쟁 발발 이전의 통화 증발의 요인은 재정수지의 불균형과 금융기관의 신용 창출에 있었고, 동란 발발 이후는 유엔군에 대한 원화 대여가 압도적인 비중을 차지하고, 그 외에 신용 창출이 약간 작용하고 있었다.[28]

해방 후 한국의 금융 환경은 크게 바뀌게 되었다. 우선 조선은행은 일본 콜시장에 의존하지 않게 되고, 식산은행은 일본에서 장기 자금을 도입할 수 없게 되었으며 비록 미미하기는 하나 조선은행은 직접 외환을 다루게 되었다. 이런 가운데 미군정은 경영난에 빠진 특수은행들을 구제하기 위해 상업 금융 업무를 허용함으로써 일제강점기 금융기관의 분업적 설립에 따른 금융기관 상호 간의 구분을 불분명하게 하였다. 예를 들어 조선저축은행은 1945년 말부터 일반은행 업무를 취급하기 시작했고, 조선중앙무진(주)은 1946년 2월 조선상호은행으로, 조선신탁(주)은 이해 10월 조선신탁은행으로 전환하여 일반은행 업무를 취급했다. 또한 조선식산은행은 광복 후에 특수 업무인 설비 금융의 장기 대부 업무보다는 일반은행 업무에 치중하였다.

따라서 미군정 당시의 은행 업무는 대부분 단기 상업 금융 업무로 수렴되었다. 이것은 상업은행 업무를 행하는 금융기관의 점포를 증가시키고 "금융기관의 경쟁이 예상 이상으로 격심하게 되어 미군정은 1947년에 이르러 점포 수를 25%정도 삭감하도록 각 은행에 지령" 하였다.[29] 그리고 무역 금융의 효과적인 운영을 위해 1947년에는 조선환금은행을 설립했는데 이는 후에 한국은행에 흡수되었다. 사실 한국 독자의 외환 업무는 해방 후에 비로소 시작되었으며, 금융제도 발전의 중요한 부분이지만, 한국이 안정적 외환 관리에 성공하는 데는 오랜 시간이 필요했다.

1948년에 한국 정부가 수립되고 비로소 독립 국가에 걸맞은 새로운 금

---

28 日本銀行 外國爲替局, 「韓國の通貨措置とその背景」 1953, pp 17-18.

29 久保田太郎, 「商工業金融機關」(植木三郎, 『韓國の金融事情』, アジア經濟研究所, 1969).

융제도의 전반적 구상이 이루어졌다. 미군정 시대에 재무부 내에 금융법규조사위원회가 설치되어 중앙은행법을 비롯한 다수의 법률안이 구상되고 있었다.[30] 이를 토대로 1949년경에 만들어진 신중앙은행 설립 및 은행법에 관한 정부 초안은 정부가 미국연방준비제도이사회에서 초빙한 블룸필드 (A.J.Bloomfield, 당시 국제수지국장)와 엔센 (J.P.Jensen, 당시 은행감독국 차장) 두 사람의 검토와 수정을 거쳐, 1950년 5월 국회의 심의를 거쳐 통과했다. 그 결과 조선은행은 청산됨과 동시에 한국은행(전액 정부출자)이 1950년 6월 새로이 한국의 중앙은행으로 설립되었다.

이렇게 제정된 "한국은행법은 철저한 관리통화제도의 채용, 한국은행의 외국환업무 겸영 등 많은 특색 있는 내용을 포함하는 것이었지만 동법의 최대의 요점은 중앙은행의 신용통제력의 강화, 정치적 독립성의 확보"에 있었다.[31] 한국은행법은 ① 공정 이자율 정책 등 전통적인 정책 수단 이외에 강력하고 다종류의 직접적인 금융통제 수단을 한국은행에 부여하고, ② 금융 정책의 실시, 결정에 대한 정부의 간섭을 배제하였으며, ③ 한국은행의 정부에 대한 신용 공여에 있어서 국회의 사전 승인을 필요하도록 하고, ④ 한국은행의 상업은행 업무 겸영을 금지하는 등 강력한 권한을 부여하고 한국은행의 최고 의사결정 기구로서 금융통화위원회를 설치했다.

1950년 10월 「한국은행법」과 함께 공포된 「은행법」은 한국전쟁의 발발로 시행이 유보되었다가 1954년 8월 15일부터 시행되었다. 「은행법」에 의해 금융기관은 금융통화위원회가 정하는 바에 따라 예금 지급 준비금을 보유하게 되었으며, 한국은행 은행감독원장의 감독과 검사를 받게 되었다. 또한 금융기관의 위험 자산 보유 한도를 자기 자본의 10배 이내로 제한하는 동시에 유가증권 투자 한도도 요구불 예금의 20/100으로 제한하여 은행 경

---

30 朝鮮銀行調査部, 『經濟年鑑』. 1949, p I-137.
31 植木三郎編著, 『韓國の金融事情』, アジア經濟研究所, 1969, p 72.

영의 건전화와 공신력 제고를 도모했다. 그리고 1954년 10월에는 「은행 귀속주 불하 요강」이 발표되고 우여곡절이 있었지만 1957년 2월에는 은행 귀속 주 불하 완료로 일반은행의 민영화가 실현되었다. 은행의 민영화는 한국은행법과 함께 민간 주도의 자율적 시장제도의 형성이라는 이승만 정부의 방향을 보여주는 것이기도 하다. 그러나 은행의 민영화는 재벌에 의한 은행의 사기업화를 초래하여 1961년 국유화의 빌미를 제공했다. 한편 1954년 11월에는 한국신탁은행과 한국상공은행의 통합으로 한국흥업은행이 발족했으며, 1956년 5월 1일 금융조합과 동연합회의 업무를 인수한 농업은행이 「은행법」에 의하여 설립되었다가 1958년 2월 특별법으로서 「농업은행법」을 제정하였다.

해방 후 군정과 50년의 「은행법」의 성립 과정에서 일반 상업은행과 특수은행과의 구분이 불분명해지고, 은행 업무가 상당히 포괄적으로 인정되면서도 은행 경영의 건전성을 위해 상업은행주의적 규제도 명시적으로 도입되기 시작했다. 「은행법」에 의하면 대상으로 하는 금융기관은 "예금의 수입, 유가증권 기타의 채무증서의 발행에 의하여 일반대중으로부터 채무를 부담함과 동시에 이에 의해 획득한 자금을 대출하는 업무를 계속적이고 조직적으로 영위하는 법인으로서 한국은행 이외의 것을 말한다"고 포괄적으로 정의했다. 다만 보험회사, 무진업, 신탁업은 비은행 금융기관으로 인정하였다. 그리고 "금융기관은 상업 금융 업무 및 장기 금융 업무를 겸영할 수 있다"고 하였다. 상업 금융 업무는 원칙적으로 1년 이내의 대출을 의미하며(예외적으로 별정의 최고한도 내의 3년 이내 대출 포함) 장기 금융 업무는 원칙적으로 10년 이내의 대출(예외적으로 별정 최고한도 내의 15년 이내 대출 포함)을 의미한다. 또한 금융기관은 그 요구불예금(要求佛預金)의 25/100를 넘지 않는 범위에서 주식의 인수 내지는 상환 기한이 3년을 넘는 사채 기타 유가증권에 대한 투자를 할 수 있었으며(제22조), 금융통화운영위원회의 인가를 받아 비은행 업무까지 겸영할 수 있도록 규정되었다(제

25조).

이러한 1950년 「은행법」에서의 업무 영역에 관한 규정을 1928년의 「은행령」과 비교하면 업무 내용을 보험업, 무진업(無盡業), 신탁업과 구분하고, 기타 은행 업무의 범위를 포괄적으로 인정하되 장기 금융과 증권 업무에 관해 구체적인 제한을 두고 있는 차이점이 보인다. 은행 업무의 내용이 보다 구체적으로 정의되고 타업무와의 구분이 명시되었다. 그런데 일제강점기 말기에는 이미 여타의 법령에 의해 보험업, 무진업, 신탁업이 은행업과 구분되어 있었으므로 그 점은 차이가 없었고, 장기 금융과 증권 업무에 대해 명문의 규제가 없었으나 실제 운영에 있어서 일반은행의 경우 상업은행주의에 따라 운영되고 있었으므로 1950년대에 분업주의가 실제적으로 강화되었다고 보기는 어렵고 일제강점기와 비슷했다고 판단된다.

전체적으로 통화금융제도에는 관리통화제도가 성립되면서 「한국은행법」에 의해 중앙은행의 독립과 화폐 가치의 안정을 기하고, 큰 테두리에서의 금융기관의 분업주의와 상업은행주의를 채택하되 특수은행의 일반은행 업무 취급을 확대 허용하고, 일반은행에 대해 제한된 범위 내의 장기 금융 업무와 증권 업무를 허용하는 융통성이 보인다. 그러나 중앙은행의 독립성 확보 노력에도 불구하고, 일본은행권과의 등가 관계가 소멸됨으로써 통화 발행의 안전 장치가 해제되어 실질적인 정부 개입의 여지가 증가되었고 한국에서 이후 오랫동안 고인플레가 지속되어 양적 금융 억압은 증가되었다고 할 수 있다.

한편 질적 규제의 측면에서 금리 규제는 지속되었고, 특수 금융기관에 의한 신용 할당도 지속되었다. 특히 1950년대에 신용 할당과 관련하여 중요했던 것은 복수의 환율이 존재하는 가운데의 외화 할당이었다.[32] 그리고

---

32 秀島敬一郞, 「外國爲替の管理と爲替相場」(植木三郞, 『韓國の金融事情』, アジア經濟硏究所, 1969).

일반 상업은행이 민영화됨으로써 재벌의 사기업화되는 소위 기관은행화 경향이 없지 않았다. 그러나 당시에 공식적으로 정부의 산업 정책에 의해 신용 할당을 하지는 않은 것으로 보인다.

1950년대 한국은행의 관리통화제도는 비록 화폐 가치를 특정 금속이나 기축통화와 연계한다는 구속에서는 해방되었지만, 화폐 가치의 안정을 관리한다는 본래의 취지를 달성하여 화폐 가치 안정을 기하게 된 것은 오랜 뒤의 일이다. 신생국 대한민국은 혼란기의 위조화나 북한에서의 구조선은행권의 유입 등에 통화량이 증가하기도 했지만 전비 조달 및 경상적 재정상의 필요에 의해 통화량이 급증했고, 인플레가 극심하여 액면 평가절하가 불가피했다.

1950년에 100:1의 액면 절하가 있었지만 1962년 화폐개혁 당시 다시 10:1로 절하하여 일제강점기 조선은행권 시대에 비해 1,000:1로 절하되었다. 그리고 현재 대체로 일본 엔화에 대한 환율을 10:1이 되어 결과적으로 해방 전 일본의 엔과 등가였던 원화가 일본 엔의 만분의 1가치로 감소했다. 반면에 일본은 전후의 혼란기에도 화폐개혁을 하지 않았고 통화 증발 요인을 예금 동결이라는 방법으로 억압하여 화폐 가치 안정을 유지했다. 대한민국은 건국 후에도 오랫동안 물가 안정을 이루지 못하고 또한 대외 채무와 국제수지 적자 등으로 대외 균형을 달성하지 못해 외환 사정에 크게 동요하는 상황이 근래까지 지속되었다. 한국이 최근에 화폐 가치 안정과 대외 균형을 달성한 것은 한국 경제 수준의 질적 향상을 보여주는 중요한 지표이다.

한편 1961년의 군사 정권 성립 이후 1962년에 「한국은행법」 및 「은행법」의 개정이 이루어졌다. 금융통화위원회가 사실상 정부 측 인사에 지배되어 한국은행에 대한 정부의 간여권이 강화되었다. 한편 정부는 1961년 6월에 「금융기관임시조치법」을 통해 대주주의 의결권 행사를 제한하고, 10월에는 「부정축재처리법」에 의해 대주주가 소유한 시중은행 주식을 모두 환수했다. 이로써 정부는 중앙은행과 일반은행을 모두 장악하여 개발 금융의 제도적 틀을 만들었다. 정부에 의한 금융 통제가 바탕이 되어 비로소 1960년대 이후 국가 주도의 경제개발이 가능하게 되었다. 그리고 1962년 6월 화폐개혁을 실시하여 화폐 단위를 '환'에서 '원'으로 바꾸고 화폐 가치를 1/10로 평가절하했다.

제2절 1950년대의 공업화

1. 1950년대의 성장과 변동

해방 직후는 극심한 인플레이션과 경제 혼란의 시대였다. 1945년 8월부터 12월까지 1600%의 물가 상승 그리고 1949년까지 다시 1800%의 추가 상승이 있었다.[33] 1948년까지도 남한의 제조업 생산은 1939년보다 85.8%나 낮은 수준이었다. 1950년에도 수출은 1947년 가격으로 1939년 수준의 10%에도 미치지 못했다. 1946년과 1947년에 수입은 수출보다 거의 두 배나 많았고, 엄격한 외환 통제가 모든 수입을 규제하여 암시장이 활발하였다.

그러나 이후의 한국 경제의 기초를 형성하는 농지개혁이나 교육제도의 개혁 등이 시작되었다. 이러한 개혁은 바로 성장을 가져온 것은 아니고 여타의 정책 조치들과 결합되어서 비로소 잠재력을 발휘할 수 있었다. 이후 1949년에는 생산이 1946년의 두 배에 달하는[34] 성과가 있었으나, 이것은 전쟁에 의해 다시 무효화되었다.

해방 직후에서 1952년까지의 기간에 대한 일관성 있는 국민 계정 자료나 생산 지수 통계는 없다. 다음 〈표 9-3〉은 김광석과 L. 웨스트팔이 1946~1953년의 18개 주요 상품 생산 통계에 기초하여 작성한 주요 상품의 평균 생산 지수를 보여주고 있다. 이 생산 지수는 단순 기하 평균치이지만 1946년의 매우 낮은 수준에서 시작해서 그 후의 생산 동향을 개략적이지만 잘 나타내준다.

33 Kim, Kwang Suk and Michael Roemer, *Growth and Structural Change,* Harvard University Press, 1979, p 27
34 Kim and Roemer (1979), p 29

〈표 9-3〉 남한의 주요 상품 평균 생산 지수, 1946~1953년 (단순 기하 평균 지수)

	1946	1947	1948	1949	1950	1951	1952	1953
평균 지수(18개상품)	100	115	149	209	132	106	184	241
평균 지수(중석제외)	100	108	141	201	133	99	165	210

자료: 김광석, L. 웨스트팔,『한국의 외환·무역정책』, 한국개발연구원, 1976.

위의 〈표 9-3〉에 의하면 해방 직후의 경제적 혼란에도 불구하고 산업 생산이 1947년부터 회복되기 시작했고 1948년에는 1946년 수준보다 40% 이상 높아진 것을 보여주고 있다. 그렇지만 1948년 남한의 제조업 생산고는 여전히 1939년 수준의 약 15% 수준에 불과하였다. 1939~1948년의 제조업 중에서, 생산고가 4%밖에 감소하지 않은 금속공업 부문을 제외한 거의 모든 부문에서 생산은 66-90% 정도씩 감소했다.[35] 그나마 이 감소된 제조업 생산 중 35%가량은 철수한 일본인에게서 인수한 정부 관리 기업체에서 생산된 것이었다.

공업 생산이 부진한 가운데 새로운 제도를 위한 개혁도 순조롭게 이루어진 것은 아니다. 해방 후 미국과 이승만의 동맹은 전 기간을 통해 불안정했으며, 경제 사회 안정의 중심축이 되는 농지개혁도 많은 우여곡절 끝에 1950년이 되어야 사실상 시작되었으며, 이것도 전쟁으로 일시 중단되었다.

북한의 남침으로 시작된 한국전쟁은 1953년 7월 27일 휴전 협정이 될 때까지 만 3년 이상 지속되었다. 먼저 인적 피해의 규모에 관해 자료에 따라 수치가 다르지만 한국 정부 발표에 따르면 한국군 987,000명(전사 147,000명, 부상 709,000 명, 행방불명 131,000명), 북한군 926,000명(전사 520,000명, 부상 406,000명)이 피해를 입었고, 기타 유엔군 151,500명(사망 35,000명, 부상자 115,000명, 행방불명 1,500명 등) 중공군 90만 명의 인적 피해가 발생했다. 민간인은 한국인 804,600명(사망 244,663명, 부상자 229,625명, 행

---

35 조선은행,『조선은행년보』, Ⅳ, pp 158-159.

방불명 330,312명 등), 북한에서 200만 명이 피해를 입었다.[36] 남북한 전체 인구 3천만 명 이상에서 13%에 이상에 해당하는, 대체로 남북한의 군인과 민간인을 합해 417만여 명에 달하는 사람들이 직접적인 인적 피해의 대상이었다

한편 건물, 구조물, 장비, 시설물 및 기타 동산 등에 대한 비군사적 물적 피해도 막대했다. 이러한 비군사적 부문의 총 피해액 중에 민간 주택에 대한 피해가 가장 크고 민간 산업 시설과 교육 시설에 대한 피해액도 상대적으로 컸다. 생산 시설 피해에 관한 정부의 추계에 의하면 공업 부문 시설에 대한 피해는 전전에 대비하여 1951년 8월 말에 전체적으로 건물은 44%, 시설은 42%가 피해를 보았다. 업종 별로는 방직공업을 비롯하여 인쇄, 기계, 요업 및 화학공업 등의 순으로 피해가 컸다.[37]

1953년 남한의 GNP는 경상 시장 가격으로 약 479억 원에 달했고 1인당 GNP는 경상 달러 기준으로 67달러에 불과했다. 그리고 1953년의 총재화 순생산을 1940년 수치와 비교해 보면 동기간 중 총재화 순생산이 전체적으로 약 27% 감소한 것으로 나타난다. 제조업 부문의 경우만이 그 감소율이 좀 낮았을 뿐 다른 모든 주요 부문의 순생산은 상당한 감소를 나타냈다. 1940~1953년의 1인당 재화 순생산은 무려 44%나 감소하였다.[38]

전쟁 후 극심한 경제 혼란을 극복하기 위해 전후 복구 사업이 시작되었으며 비록 원조에 의존한 것이었지만 경제 성장이 시작되었다. 콜과 라이먼(Cole & Lyman)은 50년대의 한국 경제를 두 시기로 구분하여 설명하고

---

36 백종천, 윤정원, 「6·25전쟁에 대한 연구-결과와 영향을 중심으로-」, 『국사관 논총』 제28집, 1991, pp 139-141.

37 백종천, 윤정원, 「6·25전쟁에 대한 연구-결과와 영향을 중심으로-」, 『국사관 논총』 제28집, 1991, p 142 표 2 참조,

38 Kim, Kwang Suk and M. Roemer, *Growth and Structural Transformation*, Cambridge, Harvard Univ. Counsil on East Asian Studies, 1979, p 35.

있다.[39] 1953~1958년은 전후 복구 기간으로서 대규모 원조가 투자와 소비를 위해 도입되었으며 인플레이션은 지속적이고 국내 자원 동원은 제한적이었다고 한다. 한편 1959~1963년은 정체와 정치적 불안정기로서 인당 산출량은 거의 불변이며 총 수요의 제약은 많은 산업에서 유휴 설비를 초래했다. 원조 및 수입의 감소는 생산과 투자에 대한 제약이 되었으며 좋지 못한 기후 조건은 1960년과 1962년의 농업 생산에 영향을 미쳤다.

그러면 다음 〈표 9-4〉를 통해 이 기간의 연간 성장률과 물가 상승률 그리고 무역 관계를 살펴보자. 우선 경제 성장률을 보면 1954~1958년에 연 5.5%, 그리고 1959~1962년에는 연 3.6%의 성장을 보이고 있다. 그리고 광공업만 보면 1954~1958년에 연 15.1%, 그리고 1959~1962년에는 연 9.4%의 성장을 보여 성장률이 상당히 높았음을 알 수 있다.

〈표 9-4〉 산업별 성장률

(단위: %)

	1954~1958	1959~1962	1963~1968	평균
농림수산업	4.0	0.8	4.8	3.5
광공업	15.1	9.4	17.8	14.7
사회간접자본	12.4	10.0	18.9	14.4
기타서비스	4.1	3.8	9.3	6.1
총계	5.5	3.6	10.1	6.8

자료: D.C.Cole & Princeton N. Lyman, Korean Development: the Interplay of Politics and Economics, Cambridge, Mass., Harvard University Press.

전후 복구 사업은 정부의 정책에 의존한 바 크다. 정부는 먼저 경제 성장보다는 경제 재건과 안정에 초점을 맞추었다. 시급한 민생 안정을 기하는 한편으로 파괴된 시설과 인프라를 복구하는 것이었다. 이를 위해 정부

---

39 D. C. Cole & Princeton N. Lyman, *Korean Development: the Interplay of Politics and Economics*, Cambridge, Mass., Harvard University Press.

는 1953년 10월, 6억 2천 8백만 달러에 달하는 원조 자금을 가지고 이른바 "종합 부흥 3개년 계획"을 수립하였다.[40] 미국은 경제 성장보다는 안정에 중점을 두었기 때문에 자금의 배정은 자연히 시설 투자보다는 원자재나 소비 재투자 및 방위비 지출에 역점을 두었다. 자금의 배분 내역을 보면 시설 투자가 31.3%, 방위비가 21%, 나머지 47.7%는 원자재 및 소비재 투자에 충당되었다.[41]

시설 투자에서는 도로, 교통, 통신, 항만 등 사회 기반 시설과 전력, 석탄, 비료, 시멘트 등 기간 산업의 재건에 역점을 두었다. 이는 주로 정부의 재정 투융자 사업으로 추진했는데 공공성이 강한 사회 기반 시설의 경우에는 정부가 직접 투자를 하고, 기간 산업의 경우에는 금융기관을 통한 융자 사업으로 추진하였다. 재정 투융자 사업의 재원은 산업 부흥 국채의 발행과 대충자금(對充資金) 수입[42]으로 충당했는데 대충자금이 재원의 주종을 이루었다. 예컨대 1954년에는 대충자금의 비중이 43.5%였으나 1955년에는 65.2%, 1957년에는 70.3%로 늘어났고, 산업 부흥 국채의 발행이 중단된 1958년부터는 무려 90% 내외에 달할 정도로 절대적인 위치를 차지했다.

그러나 재정 투융자 사업은 1958년부터 미국의 대한 원조(對韓援助)가 줄어들면서 규모가 감소했고, 이는 경제 성장에도 적지 않은 영향을 미쳤다. 왜냐하면 재정 투융자가 우리나라의 총 고정 자본 형성에 차지하는 비중이 워낙 컸기 때문이다. 예컨대 1957년과 1958년의 경우 재정 투융자가 총 고정 자본 형성에 차지하는 비중이 각각 73.9%와 65.7%였으나 1959년

---

40 김적교, 『한국의 경제 발전』, 박영사, 2012, p15.
41 이대근, 『해방 후~1950년대의 경제』, 삼성경제연구소, 2002, p285.
42 대충자금(counterpart fund)이란 미국의 대외 원조법(Foreign Assistance Act of 1948)에 따라 미국의 원조 물자를 받는 나라가 증여 물자(贈與物資)에 상당하는 그 나라의 통화액(通貨額)을 중앙은행에 예치하되, 그 예치금의 인출은 미국의 승인을 얻어 통화 안정이나 생산 증강 등에 충당하도록 한 자금을 의미한다.

에는 46.3%로 크게 떨어졌다.

종합 부흥 계획의 적극적인 추진으로 휴전 후 우리 경제는 빠른 회복세를 보였다. 원조 물자의 대량 도입으로 도로, 항만, 통신, 전력 등에 대한 정부의 복구 활동이 본격화되고, 전쟁으로 위축되었던 민간의 수요가 살아나고, 건축 경기에 자극받아 시멘트와 판유리 등 건축 자재 생산이 크게 늘어나는 등 광공업 부문의 생산이 활기를 띠기 시작하였다. 이 결과 1956년 말까지는 대부분의 산업 생산이 1949년 이전 수준을 회복하거나 능가하게 되었다.

그러나 다른 한편 정부의 적극적인 복구 계획과 국방비의 증가로 원조 자금의 급증에도 불구하고, 재정 적자가 늘어나 통화량은 크게 증가했고, 이는 물가 상승으로 이어졌다. 물론 정부는 통화량 증가와 물가 상승의 목표를 세우는 등 나름대로 안정화에 노력을 기울였으나 높은 물가 상승은 지속되었다.

물가 상승률을 보면 1954~1958년 평균 30.1%이 달하는 높은 상승률을 보여주고 있다. 물론 1959년 이후에는 크게 낮아져 년 10.4%의 상승을 보여주고 있다. 구체적으로 물가 상승률은 1954년 32.8%, 1955년 57.4%, 1956년 30.1%, 1957년 20.9%, 1958년 -0.7% (1954~1958 평균 30.1%)였다. 1958년의 불황을 겪은 후, 1959년 이후 크게 낮아져 1959년 2.3%, 1960년 9.3%, 1961년 16.1%, 1962년 13.9% (1959~1962년 평균 10.4%)였다.

1958년의 급격한 불황은 미국의 정책과 직접적인 관련이 있다. 미국은 인플레이션 압력이 지속되자 1957년부터 한국 정부에 좀 더 강력한 긴축 정책을 요구했고, 이를 관철시키기 위하여 재정 안정 계획의 채택과 미국 측과의 합의를 계속적인 원조의 조건으로 제시하였다. 「한미합동경제위원회」의 협약에는 통화 가치의 안정과 국민 경제의 건전한 육성을 위한 균형 예산의 편성, 단일 환율의 책정, 금융의 수신 내 여신 원칙, 대충자금의 운영 등에 관한 기본 방향이 포함되어 있었다. 합동경제위원회의 활동은 1956년 전반기까지는 정기적이 되지 못했으나, 후반기부터는 매주 정기적으로 개최되었다.

1957년부터는 재정 안정 계획이 수립 집행되었는데, 해가 갈수록 세분되고, 단순한 정책 가이드 라인이 아니라 세부 집행 계획으로 되었다. 확정된 정부 예산이라 해도 월별, 또는 분기별 재정 안정 계획에 포함되지 않으면, 집행이 불가능하는 등 자금 집행은 엄격하게 통제되었다. 다시 말하면 미국 측의 동의가 없으면 대한민국의 예산도 쓸 수가 없었다는 것으로서 내정 간섭적인 면이 없지 않았으나 원조에 의존해야만 하는 우리의 처지로서는 선택의 여지가 없었던 것이다.[43]

어떻든 이와 같은 강력한 안정화 정책의 노력으로 우리 경제는 1957년부터 안정되기 시작했다. 우선 다양한 조세 수입의 증대와 지출 억제로 재정 적자가 크게 줄어들게 됨에 따라 통화량 증가가 줄고, 이에 따라 폭등하던 물가가 크게 안정되기 시작했다. 재정 적자가 줄어들게 됨에 따라 통화량 증가도 크게 둔화되고, 앞에서 보듯이 인플레율도 크게 감소했다.

지방 정부를 포함한 일반 정부의 통합 재정수지는 1953년부터 1955년까지는 계속 적자를 보였으나, 1956년부터는 원조 자금의 증대에 따른 대충자금 수입의 증대와 정부의 강력한 안정화 정책으로 대체로 균형 내지는 흑자 기조를 유지할 수 있었다. 여기서 주목할 것은 조세 수입이 일반 정부 수입의 50%도 충당하지 못하고, 대부분을 대충자금 수입에 의존했으며, 이로 인하여 재정의 균형은 어느 정도 유지할 수 있었으나 원조 의존도는 심화되었다고 할 수 있다.

콜(D.C.Cole)은 이런 점을 강조하여 1960년대의 경제 정책의 특징은 수출 지향적이었다면 1950년대의 정책은 원조 극대화였다고 한다. 당시 환율은 높은 인플레이션 때문에 휴전 이후에도 여러 차례 평가절하되었으나 상당히 과소평가된 상태로 운영되었다. 이는 정부가 유엔군 대여금의 상환에

---

43 김정렴,『한국 경제정책30년사』, 중앙일보, 1990, p 75.

따른 외환 수입을 올리고 원조 자금을 많이 받기 위해서는 고평가 환율을 유지하는 것이 유리했기 때문이다. 반면 미국은 환율을 현실화하는 것이 대여금 상환이나 대충자금 수입을 올리는데 유리하기 때문에 한미 간에 환율 결정에 있어서 적지 않은 마찰이 있었다.

위에서 보듯이 1950년대의 전후 재건에 원조와 그에 의존한 재정이 주도적 역할을 한데 비해 금융의 역할은 매우 소극적이었다. 인플레이션은 매우 높은데 은행의 수신 금리는 상대적으로 낮아 자금 공급이 원활히 이루어지지 못함으로써 금융이 제 역할을 할 수 없었다.

그러면 이제 무역과 환율, 그리고 원조 등 대외 문제를 살펴보도록 하자. 은 무역 및 경제와 관련하여 두 개의 중요한 영향을 미쳤다. 하나는 한국 경제의 대외 관계가 해방 당시로 후퇴한 것이고 둘째는 미국이의 주된 조달자가 되었다는 것이다. 한국 정부의 만성적인 대미 원조 의존으로 환율을 낮게 유지하려는 한국 관리들의 인센티브는 강했다. 한국은 유엔군에 대해 원화 대출을 위한 달러의 상환액을 증가시키고, 수입 대체를 통한 공업화를 장려하며, 또한 국내 생산과 경쟁적일 수밖에 없는 재화의 수입을 제한하고자 하였다.

이들 세 개의 현상 중 - 외환 부족, 원당 달러를 극대화하고자 하는 동기, 수입 대체 - 어느 것이나 제한적 무역과 지불 체제를 가져오는 것이었다. 이들 세 개의 현상이 모두 작용하여 대단히 혼란스러운 외환제도가 존재했다. 예를 들어 1954년 말에는 세 개의 합의된 환율: 공식 환율(18.0), 대충자금 환율(counterpart deposit rate, 원조 자금 구매 환율 당시 18.0)이 존재했다. 당시로는 또한 유엔 대여금 환율(U.N. Finance Ofiice Rate 당시 31.0) 등이 존재하고 있었다.44 이후 1955년 8월에 1달러 당 50원으로 단일 환율을

---

44 Frank, Charles R. Jr., Kwang Suk Kim, and Larry E. Westphal, *Foreign Trade Regimes and Economic Development: South Korea, Columbia University Press*, 1975, 30-31면.

채택하여 이를 원조 자금이나 유엔군 대여금 상환에도 일률적으로 적용했으며, 이는 1959년까지도 유지되었다. 그러나 1959년의 시장(암시장) 환율은 1달러당 125원에 달하고 있어서 공정 환율이 여전히 원화를 고평가하고 있었음을 알 수 있다. 다만 수출 환율은 공정 환율과는 별도로 지속적으로 평가절하되어 현실화가 이루어지고 있었다.[45]

이들 환율은 1950년대에 국내 물가와 함께 자주 변했고 외환에 대한 초과 수요의 압력은 공식 환율과 자유시장 환율을 조정하게 만들었다. 1954년의 18-77.7의 범위에 비해 1959년의 환율은 50-139.9의 범위에 걸쳐 있었다. 그러나 도매 물가 지수가 1965=100일 때 같은 기간에 17에서 41로 상승했으므로 실질 조건(real term)으로의 환율 변화는 훨씬 적었다. 결과적으로 1950년대의 공식 환율은 여전히 수출·수입 환율에 비해 훨씬 낮았으며, 또한 1958년에 IMF의 안정화 계획이 실행될 때까지 수출업자에 의해 수령되는 실질 환율은 상당히 변동하고 있었다.

1950년대의 한국 경제는 GDP 중에 수출의 비중이 적고 무역수지가 만성적인 적자이며 그것을 원조로 보충하고 있는 특징이 있다. 이것을 극복하기 위해 정부가 수출을 위해 노력하지 않은 것은 아니다. 복수 환율제를 도입하여 수출에 우대 환율을 적용하고, 또 수출입 링크제를 실시하여 수출액의 일정 비율을 인기 품목을 수입하는데 사용하도록 하였다. 수출용 원자재에 대한 관세를 감면하였고, 수출 금융에 대해서는 우대 금리를 적용했다. 모든 수출업자와 수입업자는 상공부에 등록을 해야 하는데 일정액의 수출을 한 자에게만 등록이 허용되었고, 이를 허가함에 있어서 수출업자보다는 수입업자에게 더 많은 수출액을 요구하기도 하였다.

그럼에도 불구하고 수출은 1953년에 3천 9백만 달러였는데 1955년에는 1천 7백만 6천 달러로 감소했고 1956년에는 2천 5백만 달러로 증가하고

---

45 김적교, 『한국의 경제 발전』, 박영사, 2012, p24.

1958년에는 1천 6백만 4천 달러로 다시 감소했다. 이것은 GDP의 1.7에서 3%에 달하는 것이었다. 전체 중 1차 생산품이 65~85%를 차지했는데 공산품은 대부분 가공된 1차 생산품이었다.[46] 1950년대의 수입을 보면 수출이 GDP의 3.4% 이하인 반면 수입은 GDP의 13% 이상이었다. 그 차이는 대부분 해외 원조로 조달되었다. 외국 원조 수입은 1958년에 GDP의 8%를 초과했다. 그러나 미국은 1957년에 "원조는 증가하지 않을 것이며 그 대신 소비 수준을 유지하는 데만 배분될 것"임을 천명했다. 이것은 한국 경제의 성장의 전망을 어둡게 하는 것이었으며 불황의 직접적인 원인이 되었다.

다음 〈표 9-5〉는 수입이 수출을 초과하는 수입 잉여의 크기를 GNP에 대한 비중 변화를 중심으로 살펴본 것이다.

〈표 9-5〉 수입, 수출 그리고 수입 잉여의 GNP에서의 비중

(단위: 1965년도 불변 가격 기준 %)

년도	수입	수출	수입 잉여	수입 잉여(경상 가격)
1953	22.1	5.6	16.5	6.6
1954	14.9	3.7	16.3	5.2
1955	18.9	4.0	14.9	6.9
1956	21.8	3.5	18.3	10.8
1957	23.7	4.0	19.7	9.7
1958	19.4	4.4	15.0	7.9
1959	15.2	4.8	10.4	6.8
1960	17.0	5.2	11.8	8.5
1961	14.8	6.2	8.6	8.5
1962	18.9	6.8	12.1	10.8
1963	22.1	6.7	15.4	10.7

---

46 Krueger, Anne O., *The Developmental Role of the Foreign Sector and Aid, Studies in the Modernization of the Republic of Korea: 1945-1975*, Harvard University Press, 1979, pp 59-60.

년도	수입	수출	수입 잉여	수입 잉여(경상 가격)
1964	15.2	7.4	7.8	7.1
1965	16.0	9.5	6.5	6.5
1966	22.2	12.8	9.4	8.5
1967	27.5	16.4	11.1	9.1
1968	35.5	19.8	15.7	11.7
1953~1968평균			13.1	8.5

자료: D.C.Cole & Princeton N. Lyman, Korean Development: the Interplay of
Politics and Economics, Cambridge, Mass., Harvard University Press.

앞에서 1950년대의 성장과 물가 그리고 무역 관계를 살펴보았지만 1957~1958년을 경계로 경기의 후퇴와 상대적인 물가 안정이 이루어지고 있었음을 알 수가 있다. 그런데 한국의 GNP에서 수입 초과가 차지하는 비중을 파악하기는 어렵다. 왜냐하면 외환을 국내 통화로 환산을 해야 하는데 공식 또는 유효 환율이 비현실적 수준에 묶여있기 때문이다. 여러 문제점을 감안한 최적의 추산치는 전 기간에 걸쳐 수입 잉여는 대략 GNP의 11% 정도로 생각되고 있다. 이러한 수입 초과는 원조로 충당되었고 원조는 전후의 민생 안정과 경제 부흥에 불가결의 한 요소로서 되어 있었다. 그러면 이제 원조의 규모와 종류 및 그 의의를 살펴본 다음 50년대의 공업화 과정의 특징을 검토하도록 한다.

2. 원조 경제

원조의 일반적 의의에 관해서는 그것이 해외 저축을 의미하고 제공국이나 수원국에 상호 이익을 주는 것으로 평가하는 긍정론이 있는가 하면 다른 한편에는 그것을 국가 독점 자본의 하나의 운동 양식, 즉 중심부의 주변부 지배를 위한 하나의 물적 수단으로 파악하는 부정적 견해가 있다. 이와 연관되어 1950년대 미국의 원조에 관해서도 한편에는 그것이 자본 조달에 중요한 역할을 한 것으로 평가하는 견해가 있는가 하면 다른 한편에는 1950년대 한국 농업의 피폐를 가져온 원인이고, 성장에 별 공헌을 하지 않은 것으로 평가하는 견해가 있는 것은 주지의 사실이다. 이들 문제에 관한 결론을 내리기 전에 우선 원조의 내용을 검토하여 보도록 한다. 미국의 원조는 1945~1965년에 38억 8천 6백만 달러가 도입되었다. 그것을 종류별로 검토하면 다음의 〈표 9-6〉과 같다.[47]

〈표 9-6〉 원조의 종류와 규모

(단위: 백만 달러)

군정 기간	1945~1949 GARIOA(점령 지역행정 구호 계획)	502
한국전쟁 기간	1949~1953 ECA & SEC(경제 협조처 원조)	109
주로 기간	1950~1956 유엔 CRIK(민간 구호 계획)	457
	1951~1960 UNKRA(유엔 한국부흥단)	122
	1953~1965 ICA & AID(국제협조처, 국제개발법)	2,188
	1956~1965 PL480	487

상기한 원조 가운데 GARIOA, ECA & SEC, CRIK는 구호 원조 시기에 해당하는 것이고 '국제협조처'(ICA, International Cooperation Administration)는 기본적으로 상호안전보장법(MSA)에 기초한 원조로서 준군사적 성격을 띄고 있는 방위 지원 원조였다. 그 특징은 대충자금의 운영에서 나타나는데 대충자금제는 이미 '경제협조처'(ECA) 원조에서 나타나고 있었지만 수입된 원조 물자에 상응하는 금액의 현지 화폐를 수원국 정부의 책임 아래

---

47 정일용, 「원조경제의 전개」(李大根 外, 『韓國資本主義論』, 까치, 1984), pp. 147 -156. 단 ECA & SEC는 1억1천 2백만 원에서 1억 9백만 원으로 수정 (한국은행, 『경제통계년보』, 1963, p 240).

조달, 적립하고 그 자금을 합동경제위원회, 혹은 미경제조정관실을 통해 원조국의 허가 또는 합의 아래 사용하는 제도였다. 이때 대충자금은 주로 국방비나 치안 유지비에 사용되었다. 그리고 1961년 이후 대외원조법(Foreign Assistance Act)의 등장 이후 AID원조는 경제 원조 중심이었다고 할 수 있다.

원조는 연도별로 보면 1956~1957년에 각각 3억 2천 7백만 달러와 3억 8천 2백만 달러에 달해 최고 수준에 달했다. 1957~1958년 원조의 국민소득(NI)에 대한 비율은 10%를 넘고 총수입에서 원조 수입이 차지하는 비율은 80% 이상을 차지하며 중앙 정부의 경상 수입에 대한 이들 원조의 규모는 70%에 달하는 높은 것이었다.

이러한 원조로 인해 한국 경제는 커다란 영향을 받았다. 첫째, 재정의 대외적 종속이 나타나게 된 것이다. 재정 수입에서 원조가 차지하는 비중이 1950년대에 약 50%에 달했고, 당시의 재정 지출에서 국방비가 30% 이상에 달했으며 이외에 준군사비에 해당하는 사법, 경찰 비용을 합하면 재정의 1/3을 초과하는 것이었다. 이와 관련하여 1954~1963년의 대충자금 지출 실적을 보면 국방비가 18%, 경제특별회계와 외자특별회계에 대한 예산 지원이 33%, 융자가 48%, 기타 비용이 1%에 달했다. 그리고 예를 들어 1957년 총 고정 자본 형성에서 정부의 재정 투융자가 차지하는 비중이 70%이며, 재정 투융자 재원 중 대충자금이 차지하는 비율이 73%이었다. 다시 말하면 방위비 지원과 UN군 행정비 지원(2.7%) 이외의 지출은 전부가 투융자 사업비로서 자본 형성적 지출로 구성되었다.[48] 그 당시 일반회계에서는 투융자 사업을 지원할 형편이 되지 못했기 때문에 정부의 투융자 사업은 전적으로 대충자금 특별 회계에 의존하였다.

이와 같이 미국의 원조가 한국 경제에 차지하는 비중 때문에 원조 당국

---

48 Bahl, Roy., Chuk Kyo Kim, Chong Kee Park, *Public Finance During the Korean Modernization Process*, Harvard University Press, 1986, p 262.

은 한국 경제 정책 전반에 걸쳐 막강한 영향력을 행사했으며, 모든 중요한 경제 정책 사항은 1952년 12월에 창설된 합동경제위원회(Combined Economic Board)를 통하여 조율되었던 것이다.[49] 이 과정에서 원조가 국가 자본 형성의 물적 기반이 되고 또한 국가 자본이 예속적, 관료적 민간 자본과 더불어 자본의 중요한 구성 요소가 되었다. 그리고 원조는 민간 자본의 형성에도 중요한 기반이 되었다. 민간 자본은 원조 물자 구입시 적용되는 환율과 실제 환율상의 격차, 대충자금의 투융자에서의 특혜적 자금 배분 그리고 독과점의 형성에 따른 독과점 이윤의 축적으로 부를 축적했다. 결국 원조가 행한 민간 자본의 본원적 축적의 매개 역할은 이들 원조 자금 융자의 특혜적 성격에서 비롯된다고 할 수 있다. 둘째, 잉여 농산물의 도입이 농업의 절대적, 상대적 정체와 농민의 빈궁화의 한 원인이 되었다.

원조의 도입 과정에서 한국 정부와 미국 간에 원조 자금의 사용과 관련하여 마찰이 없었던 것은 아니다. 한국 정부는 더 많은 돈을 시설재 구입과 공장 건설에 사용하고자 하였고, 미국 측은 원자재 도입에 더 많이 할당해서 대충자금의 수입을 늘리자고 주장했기 때문이다.[50] 미국의 원조가 주로 농산물과 원자재로 구성된 반면 정부는 나름대로 많은 원조 자금을 시설재 도입에 사용하고자 했다. 그러나 시설재 도입이 매우 빈약하여 경제 성장에 큰 도움이 되지 못했다는 비판이 없는 것은 아니다.

거시적으로는 원조 자금이 만족스럽지는 못했으나 비교적 착실한 경제 성장을 가져오는 데 도움이 되었다. 비록 계획 사업 원조가 전체 원조 금액의 20%에 지나지 않는다고는 하나 금액으로는 6억 달러에 달해 결코 적은 금액이 아니며 또 이 자금의 대부분이 광공업과 전력, 교통, 통신, 운수 등의 사회 간접 시설을 위한 기계 및 시설재의 도입에 사용되어 생산을 직·

---

49 김적교, 『한국의 경제 발전』, 박영사, 2012, p 15.
50 김적교, 『한국의 경제 발전』, 박영사, 2012, p 25.

간접적으로 지원하였다. 뿐만 아니라 비사업 원조의 경우에도 판매 대전인 대충자금 수입을 통해 상당한 금액이 투융자 사업에 사용되어 자본 형성에 주도적 역할을 함으로써 경제 성장을 지원했다.[51]

3. 1950년대 성장의 특징과 산업 구조

1950년대의 산업 정책은 생필품 등 비내구성 소비재를 중심으로 한 물자의 국내 생산에 초점을 두었다고 할 수 있다. 한국전쟁으로 생산 시설은 크게 파괴된 데다가 북한에서 내려온 많은 피난민으로 인한 소비 인구의 급증은 심각한 물자 부족 현상을 가져왔다. 이에 정부는 우선 생활에 필요한 물자의 생산에 주력했고, 그 재원은 원조로 충당했다. 원조 자체가 소비재 중심으로 이루어진 데도 원인이 있겠지만, 그 당시의 사정으로 보아 식량 및 원자재를 중심으로 한 소비재 원조는 우리 실정에 부합했다고 할 수 있다. 미국의 원조가 농산물과 원자재 위주로 이루어졌기 때문에 이를 활용하는 원료가공형 공업화 정책이 추진되었으며, 특히 제분, 제당, 면방의 이른바 삼백 산업을 중심으로 한 수입 대체 산업이 발달되었다.

이러한 산업 정책의 추진은 높은 관세와 수입의 양적 통제를 통해 이루어졌다. 정부는 1950년에 관세임시증징법을 제정하여 국내에서 생산되는 반제품이나 완제품 및 사치품에 대해서는 고율 관세를 부과하여 국내 산업을 보호하는 한편 식량이나 국내 생산이 적은 원자재에 대해서는 무관세나 저율 관세를 부과하여 물자의 원활한 공급을 기하도록 하였다. 단순 평균 관세율은 약 40%에 달했으며, 정부는 1957년에 다시 관세율은 평균 4.1% 포인트나 인상하는 등 산업 보호를 위한 고율 관세 정책은 계속되었다.

---

51 김적교, 『한국의 경제 발전』, 박영사, 2012, p26.

1953~1960년에 투자율은 평균 12.3%인데 비하여 GDP성장률은 평균 3.9%로서 한계자본계수 3.2가 되는데, 이는 비교적 낮은 편으로 투자가 그만큼 효율적으로 이루어졌다는 것을 의미한다. 이는 제조업과 건설·전기·가스 등 사회 간접 시설이 비교적 높은 성장을 시현하고 있음에서도 알 수 있다. 1954~1960년에 제조업과 건설·전기·가스업 등은 각각 연평균 12.8%와 9.8% 성장했고, 이로 인하여 농림어업 부문이 2.4%의 저조한 성장을 보였음에도 불구하고, GDP는 3.9%의 안정적인 성장을 할 수 있었다.[52]

　1950년대 공업화 과정에서 산업 구조의 변화를 보면[53] 1차 산업은 저하하고 2차 산업은 증대되고 3차 산업은 거의 일정한 비중을 나타내고 있었다. 공업 내부를 보면 1957년까지 소비재 공업이 주도하고 이후 중간재가 주도하는 상태를 보이고 있다. 구체적으로 1954~1957년 연간 평균 자본재 산업이 18.5%, 중간재 산업이 14.5%, 소비재 산업이 17.0% 성장하여, 골고루 빠르게 성장했다. 그러나 1958년의 불황 이후 1958~1961년의 소비재 공업 성장률은 연간 4.9%로 급격히 감소한 반면, 자본재 산업은 성장률이 18.9%, 중간재 산업은 20.0%로 오히려 증가했다. 먼저 소비재 공업의 수입 대체화가 진행되고, 자본재, 중간재의 수입 대체화가 뒤를 이은 것이다.

　한편 업종별로 보면 식료, 음료, 담배와 섬유의 비중이 일관되게 큰데 1957년과 1958년을 경계로 그들 부문의 비중은 감소하기 시작하고, 또한 성장률도 둔화하기 시작한다. 이를 계기로 비중을 늘린 것이 있다면 그것은 고무, 화학, 유리 등 제1차 금속이었다. 그리고 비중은 크지 않았지만 석유, 석탄제품, 전기기계, 지류, 지제품 등의 업종이 급속히 증가하기 시작했다. 즉 1953~1957년에는 소비재 공업을 중심으로 하는 식료품, 담배, 섬유

---

52 김적교, 『한국의 경제 발전』, 박영사, 2012, p 27.
53 鈴木義嗣, 「50년대 한국의 경제 성장과 공업화」, (『한국 경제의 구조: 민족경제의 발전과 왜곡』, 학민사, 1985).

등에 의해 성장이 견인되고 1958년 이후에는 이전부터 계속 성장한 중간 생산재 공업 부문을 중심으로 한 비료, 고무, 펄프, 시멘트, 전기기계, 유리 등의 업종에 의해 견인되었다. 그러나 생산 비중에서 삼백 공업(제당, 제분, 면방직공업)의 비중이 크기 때문에 이들 삼백으로 대표되는 소비재 공업을 중심으로 1950년대 성장이 이루어졌으며, 이들은 대기업에 의해 주도되고 당시의 재벌의 토대가 되었다. 삼백 공업 이외의 소비재 공업으로서 높은 성장을 보인 새로운 산업이 합판 생산이었고, 1960년대에는 섬유 산업과 함께 한국 수출 산업의 선구 중 하나가 되었다.

한편 공업화에 따른 자본 형성의 과정을 살펴보면, 우선 주체별 국내 총 고정 자본 형성을 보면 1956년까지는 민간 자본, 특히 민간의 대기업을 축으로 하는 공업화였고 그 이후는 공기업의 비중이 커지고 있다. 자본 원천에 있어서 투자와 국내 저축의 갭은 외국 원조와 해외 차입으로 메꾸어진다. 1953~1963년간 평균 국내 총 투자율은 13.4%인데 국내 저축은 4.1%였으므로 나머지 중 원조가 8.9%, 해외 차입금이 0.5%를 차지했다.

외국 원조는 미국 원조와 CRIK(유엔국 한국 민간구호처), UNKRA(유엔 한국 재건단) 등의 UN원조도 있지만 주로 미국의 것이 많았다. 원조는 해방 후의 GARIOA(미국 점령 지역 구제 기금)원조에서 시작되었고 한국전쟁 종전 후의 원조 협약에는 기본 정책으로서 재정 금융의 균형, 단일 외환 시세, 경쟁 가격, 민간기업 육성이 합의되고 미국 측은 재정 금융의 안정을 가져올 수 있는 자금 배분을 강력하게 주장했다. 한국 측은 산업 부흥 중심의 자금 배분을 중시했지만 자본재와 소비재와의 투자 비율은 각 3:7로 결정되었다.

그런데 원조 중 PL480(미국 농업 수출 진흥 및 원조법)과 CRIK는 모두 소비재 원료이고 고정 자본 형성에 기여한 것은 UNKRA와 ICA였다. 그중에서도 UNKRA는 원조 총액의 70%를 설비 도입에 지출하고 있다. 구체적으로 UNKRA원조에 의해 인천판유리공장, 문경시멘트공장이 그리고 ICA

원조에 의해 충주화학비료공장을 비롯해 제지, 제약 관계의 중소 공장 등이 건설되었다. 충주비료공장은 흥남질소비료에서 단절되어 수입 의존도가 높았던 비료 산업의 새로운 발전을 여는 것이었다. 문경시멘트는 일제강점기부터 존재한 삼척시멘트에 이은 두번째 시멘트 공장이고 이를 통해 시멘트의 자급이 가능하게 되었다.

이러한 자본 형성에는 재정 투융자도 중요한 역할을 하였다. 재정 투융자가 국내 총 고정 자본 형성에 점하는 비중은 1957년까지는 70%여를 점하고 그 이후의 비중은 점차 감소했다. 이외에 원조 물자의 판매 대금이 민간 융자금으로서 정부 설립의 특수은행을 통해 민간 기업에 대출하거나 혹은 정부 기업에 직접 출자되거나 하였다. 그러나 일반은행은 자본 형성에 크게 기여하지 못했다.

원조의 구성은 미국의 잉여 농산물이 많았으며 먼저 섬유공업을 보면 면방직공업에 대한 설비면의 원조는 UNKRA를 중심으로 원료 공급은 FOA(미국 대외 활동 본부), ICA, PL480호 등의 원조를 중심으로 행해졌다. UNKRA원조는 1953년 7월부터 1959년까지의 총액은 1억 2천 2백만 달러에 이르고 그중 64.5%가 설비 투자에 사용되고 면방직공업은 그중 32%를 점하고 있다. 원면 공급은 1953년부터 1961년까지 FOA와 ICA만으로 1억 7천 347만 달러로서 전 원조 물자의 10%를 점하고 또한 PL480호로는 전체 원조액의 20%에 상당하는 3,968만 달러를 원면 공급에 할당했다.

1958년 불황 이전의 1950년대 한국 경제는 기본적으로 물자 부족의 국가였고, 삼백으로 대표되는 소비재 공업은 시설을 확충하고 원조 물자를 많이 배정받는 것이 성장의 비결이었다. 관련 기업들은 산업별로 협회를 만들고 협회에서는 기업의 시설 규모별로 원조 물자의 배정을 할당했다. 면방직을 비롯해 제분, 제당 등의 산업이 그 대표적인 것들이고 1950년대 재벌은 이들 산업을 토대로 구축되어 갔다.

그러나 1년 전에 180환이었던 환율이 1955년 8월에는 500환으로 대폭 상승했고, 이는 1957년부터 원조 감소로 이어졌다. 정부는 전반적으로 경제의 긴축에 덧붙여 1957년에는 환시세의 유지와 균형 재정을 실현하기 위해「재정 안정 개혁」이라는 디플레 정책을 수행했다. 정부의 경제 긴축에 기인하여 불황 가운데 기업의 이윤율도 감소했다. 예를 들어 면사 생산 순이익률이 1950년대 초에는 100~200%, 1954년에는 50% 이상에 달하다가 1960년에는 5%, 1961년에는 3.8%로 되었다. 불황의 1차적 원인은 원조 물자의 값비싼 판매, 원조의 감소, 디플레 정책의 강요 등에 의한 것이었다. 그러나 이외에도 국내 시장의 절대적인 협소와 대중의 빈곤에 의한 유효 수요의 부족때문에 일찍 설비 과잉과 생산 과잉에 부딪친 것도 주요인이 되었다.

기업들은 불황을 극복하기 위해 통·폐합에 의한 경영의 합리화, 설비의 근대화, 그리고 제품의 품질 향상과 제품 종목의 다양화 등을 모색했다. 동시에 새로운 시장 개척을 위해 시장의 소비자 취향 변화에 적응하고 새롭게 수출시장을 개척하고자 하였다. 정부 차원에서도 1950년대 말부터 불황을 어떻게 타개할 것인가에 관한 논의가 시작되었다. 불황을 타개하고 원조 감소에 따른 경제 안정을 기하기 위해서는 경제 계획이 필요하다는 인식이 높아졌다. 특히 원조의 감소와 유상 차관으로의 전환 과정에서 유상 자금을 효율적으로 사용하여 원리금을 무사히 갚도록 하기 위해서는 자유시장 경제에만 경제 운용을 맡기기에는 부족하였다.

한국의 경우도 종합적인 중장기 경제개발 계획을 세우지 않으면 안 될 입장에 놓이게 되었다. 이러한 시대적 요구에 따라 정부는 1958년에 '외자 도입법'을 제정하고 부흥부 내에 산업개발위원회를 설치하여 본격적인 경제 개발 계획의 수립에 착수했다.[54] 정부는 1958년 봄에「산업개발위원회」에서, 원조 자금의 효율적인 사용에 목적을 둔「경제개발 3개년 계획(1960~1962)」이란 중기 경제 계획을 마련했다. 또 후자의 조건을 충족하기

---

54 이대근, 1945~1950年代 經濟의 전개, 한국사론 27권, 1997.

위해서는 1960년 1월 「외자도입촉진법」을 제정함과 동시에 「한-미 간의 투자 보장 협정」을 체결하게 되었다. 그러나 자유 경제 원리를 신봉한 이승만 정권은 이러한 시대적 요청에 부응하지 못했고 민주당 정권도 경제 제일주의라는 슬로건 아래 앞서의 산업개발위원회에서 만든 「3개년 계획(안)」을 발전시켜 「제1차 5개년 계획(안)」을 편성만 했을 뿐 그것을 실천하지는 못했다.

한편 흔히 간과되기 쉽지만 중요한 것은 1950년대 한국 경제에서 중소기업의 역할이다. 한국전쟁 후의 경제 재건 과정을 보면 먼저 공업부면에서의 복구는 먼저 기존의 공업 기업을 중심으로 개시되고 있으며 그들은 주로 중소기업이었다.[55] 1953년의 기업체 수의 비율은 대기업의 4.1%에 비해 중소기업은 95.9%였다. 그 후 외국 원조나 정부의 특별 조치에 의해 소비재 공업을 중심으로 공업 건설이 진전되고 생산이 궤도에 오르면서 국내 시장을 독점하는 기업이 삼백 공업이나 고무공업을 중심으로 출현하고 시작되었다. 그러나 이러한 상황에도 불구하고 대기업과 중소기업의 구성비는 별 변화가 없을 뿐만 아니라 오히려 중소기업의 비중이 증가했다. 이들 중소기업은 UNKRA나 ICA 등 외국 원조에 의해 설립된 것이 많았다.

비록 휴전 후 원조를 바탕으로 소비재 공업 부문에 대기업이 출현하지만 그러한 대기업이 독점적 지위를 확보하고 있는 부문은 제당, 방적 그리고 타이어, 튜브의 고무공업 분야에 국한된 것이었다. 중소기업과 대기업의 구성비를 보면 1953년의 95.9% 대 4.1%에서 1955년에는 97.2% 대 2.8%, 1960년에는 97.6% 대 2.4%로 오히려 중소기업의 비중이 증가하고 있다. 부가가치를 보면 중소기업이 67%를 차지하고 대기업은 33%이다. 더욱 종업원 수의 구성비로 보면 각각 76% 대 24%이다. 중소기업은 개별 기업의 규

---

55 鈴木義嗣, 「50년대 한국의 경제 성장과 공업화」, (『한국 경제의 구조: 민족경제의 발전과 왜곡』, 학민사, 1985).

모는 작지만 국민 경제에서 차지하는 비중은 어느 모로 보나 크다.

중소기업과 대기업과의 관련은 다양하여 섬유공업 중에 보인 대기업의 원료 공급과 중소기업에 의한 완성품화라는 분업적 보완 관계, 또한 고무 공업에 보여지는 바와 같이 생산 품목에 일정한 분업화가 보여지고 대기업과 경합적 관계가 보이지 않는 경우도 있다. 흥미로운 것은 당시의 통계에 중소기업의 대기업에의 계열화는 거의 진전되지 않았으며 중소기업의 주문 생산 비율은 51.7%, 시장 생산은 43.3%로서 주문 생산의 비율이 높은 특징이 보인다.

중소 공업의 독립적 생산과 주문 생산의 높은 비중의 유지는 중소기업 제품에 대한 독립적 시장의 존재 가능성을 시사한다. 아직 고속도로가 개설되지 않아 교통이 불편한 가운데 도시 시장과 밀접하게 통합되지 않은 광범한 농촌 시장이 존재했다. 농촌 장시에 거래하는 소매하는 상인들은 중소기업과 밀접히 결부된 도매업자에게서 제품을 구입했다. 또한 소규모 도매상은 도매와 소매를 겸하고 있고 직접으로 중소기업에게서 구매하거나 하여 판매하였다. 중소기업의 주문 생산 비율의 비중이 높은 것은 이들 농촌 장시와 연결된 도소매 상인들의 존재와 그들에 의한 주문을 바탕으로 형성된 것이라고 할 수 있다.

이와 같이 1950년대의 한국 경제는 대기업을 기축으로 한 근대적인 도시형의 유통 구조를 가진 시장권과 도매업을 결합한 중소기업을 기축으로 하는 전근대적=전통적 농촌형의 유통 시스템을 가진 시장권이라는 이중 구조가 존재하고 있었다. 이러한 구조때문에 생산성에서는 압도되어 있지만 중소기업은 본래의 생산의 지역적 성격과 아울러 국내 시장에 존립 기반을 확보할 수가 있었고 대기업의 하청화, 계열화에서 면할 수가 있었던 것이다.[56]

---

56 鈴木義嗣, 「50년대 한국의 경제 성장과 공업화」, (『한국 경제의 구조: 민족경제의

1960년대 초 경제개발 계획의 수립과 집행 과정에서 농공병진에 기초한 여러 산업 간, 대기업과 중소기업 간의 균형 성장을 추진하는 점진적 수입 대체화를 추구하는 방향과 대기업 중심의 급속한 수출 지향의 불균형 공업화 정책의 방향이 대립했다. 이러한 논쟁은 50년대 원조에 의존하여 성장한 대기업과 농촌 장시에 기반한 중소기업 사이의 성장 방향을 둘러싼 견해 차이일 수 있다. 결과적으로 한국은 수출 지향의 불균형 성장 정책을 선택했고, 이후 많은 문제점에 직면했으나 주체적인 노력 및 능력과 함께 외부적으로 유리한 환경이 작용하여 지금까지 그야말로 세계사적 기적으로 성공하였다.

1950년대의 한국 경제는 비록 국가 재정 자체가 원조에 크게 의존하는 비자립적 경제였지만 소비재 공업의 빠른 성장으로 국민생활의 안정을 높이고 또한 미약하나마 중화학공업도 초기적 발전을 시작했다. 특히 제도적으로 민간 자본의 토대를 형성하고 농업의 반봉건성도 타파하였으며 내실이 부족했지만 자유시장 경제를 형성했다. 1960년대 공업화도 1950년대의 성취를 바탕으로 하는 것을 유념해야 한다.

제10장

고도성장기와
21세기의 과제

제1절 경제개발 계획과 연대별 특징

주지하는 바 한국 경제는 1960년대 이래 대외 지향적 공업화를 추진하여 50년 이상 세계에서 유례를 보기 어려운 연 8~9%에 달하는 고도성장을 지속하였으며 그 과정에서 소득이 높아진 것은 물론 공업화를 통해 산업구조가 고도화되고, 도시화가 추진되고, 핵가족화가 진전되었으며, 배금주의적 가치관이 보급되는 등 사회의 다방 면에 걸쳐 커다란 변모를 보이게되었다. 이러한 한국 경제의 변모는 한국사에서 새로운 현상일 뿐만 아니라 세계사적으로도 초유의 현상이므로 이것을 어떻게 평가할 것인가에 관해서 다양한 각도에서 논의되고 있다.

현재는 대체로 한국 경제가 선진국의 일원이 되었고, 취약점이 없지 않으며 또 다시 성장이 무위로 돌아가지 않을 것이라고 생각되지만 성장 과정에서 과연 한국 경제가 성장을 지속할 수 있을 것이며 그 결과 선진국의 모습을 가질 수 있을 것인가 하는 것은 끊임없이 제기되는 문제였다. 일반적으로 경제 성장은 소위 양적인 증가, 즉 지속적인 인당 소득의 증가를 나타내는 것으로 이해되고 있다면 경제 발전은 양적인 성장 이외에 구조적인 변화를 포함하는 보다 포괄적인 개념으로 생각된다. 경제 발전은 성장을 포괄하면서도 숫자로 표현할 수 없는 성장에 수반되는 구조적인 변화라든지, 혹은 성장을 가져오는 경제 체질의 향상이라든지, 또는 성장에 따른 소득 분배의 문제를 포함하는 생활의 질의 향상 문제 등 여러 가지 측면을 포괄하는 것이고 성장이 지속적인 성격을 가지게 되는 것을 의미하는 것으로 인식된다. 대체로 성장과 발전은 동행하는 것이지만 역사적으로 아르헨티나와 같은 라틴 아메리카 국가가 1910년대 이래 농산물의 수출과 그에 이은 수입 대체형 공업화로 상당히 빠른 성장을 지속하다가 결국 아직 자기 유지적 성장(self-sustained growth)을 경험하지 못하고 있는 것을 보면 대표적으로 성장과 발전이 괴리된 사례로 보고 있다.

한국은 부존 자원에서는 라틴 아메리카 보다도 열악하고, 외채에 의존한 경제 성장을 하여 언제든지 중위권 소득에서 좌절될 위험이 없지 않았다. 그럼에도 그 모든 문제를 극복하고 지금에 도달한 것은 여러 가지 우연적 외부 요인도 영향을 준 것으로 보인다. 대표적으로 엔고에 의한 3저 호황이나 중국의 고도성장 과정에서 한국 경제의 수출시장이 크게 증가하고 자본재, 중간재 판매가 증가할 수 있었던 것 등은 그 대표적인 것들이다. 한국은 정부와 기업의 현명한 결정으로 주변 환경의 변화를 잘 이용하여 '중위권 소득에서의 좌절'이라는 우려를 극복했다.

1. 개발 계획의 실시

한국은 1960년대에 들어와 커다란 변모를 보이기 시작했다. 해방 후 한국에 대한 강력한 영향력을 가지고 있던 미국은 일본과 달리 재정 금융의 관제 고지만을 장악하는 간접 지배 방식을 위해 화폐 수량설에 기초한 금융 정책 등에 의한 명목적 안정을 추구하고 있었다. 이것은 예속 자본의 성장을 위한 좋은 토양을 조성했고 이 과정에서 예속 자본은 귀속 재산을 불하하는 관료와의 결탁으로 생산 수단을 취득하고 이에 의해 실수요자용 외화의 우선 할당을 배타적으로 받았으며 이외에 은행 융자나 재정 자금의 배타적 이용을 통해 빠른 성장을 보였다. 그러나 공업화는 소비재 공업에 집중되었는데 미국이 이러한 부문에 중점을 두고 정책을 수행한 것은 대중 소비재 공업의 안정에 의한 인플레의 저지라는 기본 정책과 함께 원조 물자의 구성이 대부분 잉여 농산물로 이루어졌기 때문이기도 하다. 이에 반해 미국은 자국 제품과 경쟁하는 중화학공업의 발달에 대해서는 극히 소극적이었다.

미국의 원조 축소 가운데 한국의 독점 재벌은 이러한 벽을 돌파하기 위해 몇가지 방법을 모색하였다. 1) 중화학공업 부문에의 진출 2) 기존 부문 제품의 수출 증대 등이 그 방법으로 고려되었다. 한국의 독점 재벌은 중화학공업 부문의 진출에 의해 그들 제품이 부당하게 비싼 원료 수입을 통해 빼앗기고 있던 독점 이윤을 스스로가 장악하기를 바랐다. 그리고 중화학공업 설비를 수입하기 위한 외자를 획득하기 위해서도 수출 증진을 부르짖게 되었다. 독점 재벌은 선진 자본주의 국가에게 자본적, 기술적으로 의존하지 않고는 성장할 수 없으며 그렇다고 해서 중공업화를 억제하려고 하는 자본주의 국가의 요구대로 안정 정책을 취하고 있다가는 점차 빈곤해지는 상태가 예측되는 것이었다. 여기에 예속적이면서 민족적이지 않으면 안 된다고 하는 독점 재벌의 양면성이 있었다.[1]

이러한 조건에서 1950년대 말부터 불황을 어떻게 타개할 것인가에 관한 논의가 시작되었다. 불황을 타개하고 원조 감소에 따른 경제 안정을 기하기 위해서는 경제 계획이 필요하다는 인식이 높아졌다. 그러나 자유 경제 원리를 신봉한 이승만 정권은 이러한 시대적 요청에 부응하지 못했고 민주당 정권도 경제 제일주의라는 슬로건 아래 앞서의 산업개발위원회에서 만든 「3개년 계획(안)」을 발전시켜 「제1차 5개년 계획(안)」을 편성만 했을 뿐 그것을 실천하지는 못했고, 박정희 정권이 이것을 시행하게 되었다. 이후 7차에 걸친 경제 계획은 1997년까지 이어지고 IMF 외환위기를 맞아 더 이상 추진되지 않았다. 1962년 이래의 경제개발 계획은 한국의 고도성장기를 특징 지우는 것이고 개발 계획의 중점 변화는 바로 경제 정책의 변화를 의

---

1 가지무라 히데키(梶村秀樹), 『60년대초 한국의 지배구조와 예속자본』 그는 이러한 양면성을 반영하여 60년대 초의 박 정권의 일정한 대미 비판 노선은 야당 구정치가의 노골적인 대미 종속 노선과 상호 보완적으로 독점 재벌의 이해를 대변하고 있었다고 한다.

미하고 성장의 내용을 결정하는 것이었다. 이제 연차별 개발 계획의 흐름을 살펴보도록 한다.[2]

1) 1960년대의 공업화 - 수출 지향적 공업화의 정립

박 정권은 피폐한 경제 재건을 제1의 과제로 삼았다. 박 정권은 개발 계획의 실시 이전에 단기 대책으로서 농어촌 진흥을 위한 시책(농어촌 고리채 정리, 농산물 가격 유지법 공포, 농협과 농업은행의 통합, 수리조합의 합병 등), 긴급 실업 대책(도시 토목 사업, 개간에 의한 귀농 정착 사업), 위축한 기업 활동의 촉진(경제 활동의 자유로운 분위기 조성, 재정 금융의 원활화), 국제수지의 개선(보세 가공 무역의 촉진, 수출 장려 교부금의 교부, 수출 조합법의 제정, 수입의 강력한 규제와 밀수의 취체), 단일 환율제의 채용 등이 취해졌다.

이와 함께 재정 운용의 개혁(세제개혁, 예산제도의 개혁, 조달 업무의 일원화, 국토 건설 사업의 일원화), 금융제도의 정비·강화(중소기업은행의 설립, 산업은행법의 개정, 금융기관에 대한 임시 조치법의 공포, 한국은행법의 개정 등을 행하고 정부는 금융기관의 인사를 완전히 장악하고 과감한 개발 금융 정책을 실시할 수 있는 제도를 창설) 등을 실행하였다.

(1) 第1차 경제개발 계획(1962~1966년)

제1차 계획은 그 목표로 1) 사회 경제적 악순환의 시정 2) 자립 경제 기반의 구축을 들고 이를 위한 주요 정책 과제로 1) 에너지 공급원의 확보 2) 국민 경제의 구조적 불균형의 시정 3) 기간 산업과 사회간접자본의 확충

---

2 이후의 경제개발 계획의 흐름에 관한 기술은 주로 핫토리 다미오(服部民夫)編, 『韓國の工業化, 發展の構圖』, アジア經濟研究所. 1 9 8 7, 서장과 제1장을 주로 참조.

4) 유휴 자원의 활용 5) 국제수지의 개선 6) 기술의 진흥을 들고 있다.

제1차 계획은 1959년에 작성된 '경제개발 3개년 계획'을 모체로 하여 입안되고 실시된 것이었다. 이는 원조 의존형 경제에서 탈피하여 국민의 생활 개선을 목표로 표방하였고 농어촌 고리채 정리를 추진했다. 당초 혁명 정부는 종합제철, 기계, 정유, 석유화학 등 자본 집약적인 수입 대체 산업의 육성에 상당한 역점을 두었다. 이를 바탕으로 7.1%라는 당시의 경제 상황으로는 상당히 의욕적인 목표성장률을 세웠던 것이다.

정부는 수입 대체 공업화를 수행함과 동시에 사회 자본의 확충, 농업 개발의 진흥 등을 목적으로 하였다. 그러나 이 계획은 시행 첫 해부터 여러 가지 어려움에 봉착하게 되었다. 먼저 자금 조달에서 정부는 필요한 국내 저축을 동원하기 위한 비상수단을 강구하고, 적극적으로 외자 도입을 촉진하기 위해 국내법을 정비하는 등 구미제국에서의 자금 도입에 힘을 기울였으나 결과는 좋지 않았다. 정부가 1962년에 내자 동원을 위해 단행한 통화개혁은 실패했고, 군사 정부에 대한 미국의 대한(對韓) 원조의 감소 등으로 외자 도입이 계획을 하회하고 개발 계획의 진행으로 수입 수요가 급증하여 1963년과 1964년 외화 보유고가 급감하고 국제수지 위기가 초래되었다. 그 때문에 적극적인 수출 진흥과 외자도입이 불가피하게 되었다. 둘째로는 농업 부문의 고용 흡수력이 낮았다. 제1차 계획에서의 고용 상황을 보면 고용 증가율은 4.7%로 계획되어 있음에도 불구하고 실적은 3.2%에 그치고 있다. 실업 문제의 해결을 위해서는 무엇보다 노동 집약적인 수출 산업의 육성이 요구되었다.

이러한 사정으로 정부는 개발 전략 그 자체에 커다란 변경을 가하여 공업화의 기본 전략이 수입 대체에서 수출 촉진으로 방향 전환이 되었다. 막대한 투자 재원의 조달이 어려운 상황에서 자본 집약적인 수입 대체 산업의 육성을 무리하게 추진할 것이 아니라 경공업 제품의 수출을 촉진시켜 우선 외환 문제도 풀고 목표 성장률을 달성하는 것이 현실적이라는 판단을 하게 되었고, 이에 따라 정부는 1964년부터 각종의 다양한 수출 지원 정책을 실시했다. 정부는 금리 인상, 환율 조정, 개방 경제 체제로의 전환 등을 분명히 하고, 이 계획의 수행 과정에서 수출입 링크 제도의 강화, 수출 금융 금리의 인하, 한국무역진흥공사의 설치 등이 행해지고 수출 지향으로 나아갔다.

다시 말하면 전략을 수출 중심의 대외 지향적 개발 전략으로 바꾸었으며 이러한 기본 전략은 제2차 5개년 계획까지 계속되고, 이후에도 기본적으로 변하지 않았다. 그러나 수출 지향적 정책은 그 내용상 다음 단계의 수출 산업의 육성을 포함하는 것이어서 부분적인 수입 대체가 병행되는 수출 대체적 정책이라 할 수 있다.

정부는 경제개발에 필요한 자금 조달을 위해 외자 도입법을 개정하여 종래 국회의 동의를 얻지 않으면 안 되었던 상업 차관의 도입을 한은의 지급보증 방식으로 바꾸고 외자 도입에 커다란 문호를 열었다. 또한 역금리 체제(차입 금리가 대출 금리를 상회하는 상태)를 채택하여 기업에 대한 간접 보조와 내자 동원의 극대화를 도모하고 1965년 3월에는 단일 변동환율제를 실시하며 수입 자유화를 추진하는 것으로 물자 도입을 용이하게 하였다.

이외에 1차 계획 기간 동안에 외화 부족 타개의 계기가 두 번 있었다. 그중 하나가 소위 대일청구권 자금의 도입이었고 이것은 1965년의 한일 국교 정상화에 의해 실현되었다. 또 하나는 월남전쟁 파병이었다. 이로 의해 한국은 1억 5천만 달러의 차관 도입에 성공하고 또한 GNP의 2~4%에 달하는 특수를 누렸다.

정부의 정책 의지의 시행은 재정 정책과 함께 금융 통제를 통해 자금 등을 특정 분야에 집중시키는 것으로 달성되었다. 특정 분야를 어디로 할 것이냐는 그때그때의 정책적 판단으로 변화하지만 정부는 프로젝트가 결정되면 실수요자를 선정하고 그 실수요자에 저리의 자금, 외화의 할당 등을 실행하였다. 제1차 5개년 계획 기간에는 수출 진흥과 함께 전력, 석탄 등 에너지 자원의 개발과 비료, 시멘트 등의 기간 산업의 확충에 주력하였다.

그러나 정부는 경제에 대한 깊숙한 개입으로 기업의 생사여탈권을 쥐게 되었다. 이러한 정부 주도의 자금 배분은 정부 주도의 개발 체제의 필연적 산물이지만 자원 배분을 왜곡하고 인플레를 조장함과 동시에 정경유착이나 부정 축재의 온상으로도 되는 점에서 엄격한 비판을 받았다.

실적을 보면 성장률은 계획치 7.1%를 상회하여 8.5%를 달성했고 1962년의 수출 실적 5,500만 달러에서 1966년에는 2억 5천 4백만 달러로 증가했다. 그리고 1966년의 수입은 6억 7천 3백만 달러로 계획보다 1억 8천 1백만 달러 많았는데 미국의 대한 원조의 감소 경향으로 해외 자본은 차관에 의존하게 되었다.

(2) 제2차 경제개발 5개년 계획(1967~1972년)

제2차 계획은 제1차 계획의 경험을 토대로 계획 작성 과정이 보다 충실하게 되었다. 제2차 계획에서는 계획의 일관성을 확보하기 위해 총량 계획에 관해서는 아델만 모델을 사용하였다. 그리고 부문별 투자 및 수입 소요량을 추정하기 위해 산업 연관 모델을 사용하여 계획을 작성했다.

정부는 대외 지향적 개발을 추구하면서도 제1차 5개년 계획에서 시도했던 철강, 기계, 석유화학 등 중화학공업의 육성을 결코 포기하지 않았다. 이는 자립 경제의 달성은 공업화로만 가능하고 공업화는 중화학공업의 육성 없이는 완결될 수 없다는 최고 통치자의 굳은 신념이 있었기 때문이다.[3] 이러한 의도는 제2차 5개년 계획에서 서서히 구체화되었다.

정부는 제2차 계획의 목표로 1) 산업 구조의 근대화 2) 자립 경제의 확립을 더욱 추진할 것을 표방했다. 그리고 주요 정책 과제로 1) 식량 자급, 산림 녹화 및 수산 자원의 개발 2) 고도의 공업화 기반의 조성 3) 국제수지 개선 4) 고용 증대, 가족계획 추진 및 인구 팽창 억제 5) 영농의 다각화와

---

3 김적교, 『한국의 경제 발전』, 박영사, 2012, p29.

농가 소득의 향상 6) 과학 기술의 진흥과 인력 개발을 통한 기술과 생산성의 향상 등을 들고 있다.

제2차 계획은 박 정권이 입안 당초부터 일관하여 담당한 최초의 계획이다. 제2차 계획은 두개의 큰 목표가 있었다. 제1의 목표는 1차 계획부터 문제점으로 남은 사회간접자본과 기간 산업 정비 및 이들의 투자를 지탱하기 위한 국내 저축율의 향상이나 원활한 외자 도입 등의 유치이고, 제2의 목표는 제1차 계획 이상으로 수출 지향적 성장을 선명히 내세우고 풍부한 노동력을 바탕으로 한 섬유 등 노동 집약적 수출의 진흥에 한층 힘을 쏟는 것이다. 그리고 값싼 노동을 이용한 공업화에 성공하기 위해서는 값싼 농산물의 공급이 중요했으며 1969년에 농산물 가격이 인상될 때까지 농촌은 값싼 농산물과 공업 부문에의 노동력의 공급처로서 중시되었다.

당시 미국에서의 원조는 1차 계획 때와 같이 감소 경향을 보이고 있었다. 그러나 이것을 보충하는 것으로서 대일청구권 자금의 역할은 컸다. 청구권 자금은 1966년부터 10년에 걸쳐 유상 2억 달러와 무상 3억 달러가 공여되게 되었는데 이 중 경부고속도로 건설에는 690만 달러, 종합제철소건설(1970년 착공)에는 7,370만 달러가 사용되는 등 제2차 경제개발 계획의 주요 재원으로 사용되었다. 또한 앞에서 서술한 월남 파병의 대가로 1억 5천만 달러의 차관과, 그 후의 월남 특수에 의한 외자 수입도 컸다. 이 기간의 성장률은 9.7%, 국민 저축률은 13.1%, 해외 저축률은 15.3%였다.(계획 9.8%) 자본 조달에서 해외 저축 의존의 증대는 외채 누적을 가져오는 계기가 되었다.

참고로 월남전을 통한 외환 수입의 크기를 살펴보면 다음 〈표 10-1〉과 같다. 표에서 보듯이 월남전을 통한 한국의 외환 수입은 총계 1966년에 5천 8백 9십만 달러, 1967년에 1억 4천 4백 7십만 달러, 1968년 1억 7천 2백 2십만 달러에 달하고 각각 그 해당년의 총 외환 수입의 10.6%, 19.4%, 17.3%에 달하는 큰 금액이었다.

〈표 10-1〉월남전을 통한 한국의 외환 수입(1966~1968년)

(단위: 백만 달러)

수입 형태	1966	1967	1968
상업적 수출	13.8	7.3	5.6
군수품 판매	9.9	14.5	30.8
건설 및 용역 계약	12.3	43.5	58.4
송금			
민간인	9.7	40.6	38.4
군인	13.2	30.0	34.4
기타	0.0	8.8	4.6
총계(A)	58.9	144.7	172.2
상품수출과 용역수출 및 사적 이전의 계(B)	558	744.8	993.0
총수입에 대한 월남 수입의 비중(A/B)	10.6	19.4	17.3

자료: United States Operations Mission to Korea, 1969. Cole & Lyman, *Korean Development: the Interplay of Politics and Economics*, Cambridge, Mass. Harvard University Press, 재인용.

대일청구권 자금과 월남전 참전으로 자본 조달의 숨통이 트이고, 이 기간에 중요한 공업화의 기반이 달성되었다. 첫째, 종합제철소 건설을 위한 회사들이 이 기간에 설립되었으며 포항제철의 건설은 제3차 계획 이후의 중화학공업화의 상징이 되었다. 둘째, 화학섬유, 전기, 시멘트 등에 있어 대규모 공장이 이 기간에 생산을 개시하고 공업화의 기초가 구축되었다.

한편 1960년대 말까지 경제 성장을 가져온 공업 발전은 방대한 외자와 외국, 특히 일본과 미국의 기술에 의해 뒷받침되었다. 예를 들어 석유화학의 기지가 되어 공업의 기초 자재를 제공한 울산 석유기지는 미국의 기술에 의존했고 포항제철은 일본의 기술에 의존했으며, 기타 전자부품 등의 분야에서도 일본과 미국의 기술은 지배적이었다. 이 시기에 도입된 기술의 많은 것은 석유화학과 같은 자본에 체화된 공업형 기술이거나 한국의 비교 우위인 값싼 노동력을 이용하는 조립형 기술이었다. 이 과정에서 기술을 담당하는 기술자와 현장에서 생산에 종사하는 기능자의 역할이 확연히 구분되었고, 이후에도 한국은 조립형 기술의 도입을 계속하여 산업 구조의 고조화(高調化)를 추진하는 과정에서 기술과 기능의 격차는 해소되지 않고 있었다.

한편 고도성장이 지속되면서 이미 1960년대 후반에는 1) 부실기업 문제 2) 경제력 집중의 문제가 발생했다. 외연적 확장에 급급하여 기업의 반제 능력에 관한 충분한 심사없이 외자 도입을 허가했으므로 반제 불능에 빠지는 기업이 속출했다. 이 때문에 1969년에는 부실기업의 정리를 단행함과 동시에 현금 차관을 비롯한 상업 차관의 도입 기준을 엄하게 하는 등 차관 도입의 규제 강화와 외자 도입 정책의 일부 수정이 부득이하게 되었다.

그리고 경제력 집중을 가져온 원인은 직접적으로 수출 지향적 공업화에 기인하는 측면이 컸다. 예를 들어 수출 산업에 대해서는 외화의 우선적 배분과 수출 금융의 저리 자금이 파격적으로 공여되었고, 당시의 금융시장에서 자금의 할당자체가 선택적이었으며 수출 금융의 대출금리는 시중금리의 1/3 내지 1/5의 저리였다. 수출도 수출 총액이 저리 금융 획득의 조건이었으므로 기업은 매상고를 신장하기 위해 성능이 좋은 자본재의 수입이나 고품질의 부품을 수입하고 그것에 값싸고 양질의 노동력을 결합하여 수출하고자 하였다. 이 결과 자본재·중간재(資本財·中間材) 수입이 구조화되었으며 이것은 중소, 중견기업의 성장을 저해하는 하나의 요인이 되었다.

수출 지향적 공업화의 고도성장 과정에서 광공업의 성장률이 연 20.0%에 달한데 비해 농업은 1.5%에 그쳤다. 농업 투자에 있어 원래 계획은 전체의 16.3%였지만 실적은 8.5%에 그쳤고 농가 가계 소득은 67년에 도시 가계 소득의 55.8%에 그쳤다. 그 때문에 정부는 1968년부터 소위 고미가 정책을 도입하기 시작했다. 한편 제2차 계획 때 이미 중화학공업 육성을 위한 제도 정비가 착수되었다. 정부는 철강, 석유화학, 기계, 전자, 조선 및 비철금속을 전략적 육성 산업으로 지정하고, 이를 위해 1967년에는 섬유공업 근대화 촉진법과 기계공업 육성법, 조선공업 육성법, 1969년에는 전자공업 육성법, 1970년에는 철강공업과 석유화학공업 육성법, 그리고 1971년에는 비철금속 육성법을 제정했으며, 이들 산업을 위한 공업단지를 조성하였다.

2) 1970년대 중화학공업화의 추진

1960년대가 월남전쟁이라는 국제적 긴장 요인에도 불구하고 국제 경제, 무역 관계의 확대라는 점에서는 상대적으로 안정된 시기였다. 그러나 1970년대는 반드시 한국에 바람직하지만은 않은 환경에서 시작되었다. 특히 한국에 영향을 미친 것은 미국의 대(對) 아시아 정책이었다.

1970년대 전반의 아시아는 월남전쟁의 종결과 미·중의 화해에 따른 미국의 아시아 전략의 변화로 격동하였다. 미국의 아시아 개입이 줄어들 가능성을 가지고 있었고 미국의 아시아 방위선이 어디인가에 관해 논란이 있었다. 이러한 상황에서 한국에는 1972년 7·4 남북공동성명이 선언되었다. 아시아에 있어서 긴장 완화는 바람직한 것이었지만 충격은 적지 않았고, 미국은 1975년 한국을 포함한 아시아 제국의 동요를 막기 위해 종래의 아시아에 대한 공약을 지킬 것을 약속했다. 그러나 1976년 인권과 주한미군의 철병을 내건 '카터'가 미국 대통령으로 당선되자 미국의 한국에 대한 대응은 매우 엄중해졌다.

이러한 안보상의 위기의식은 방위 산업의 육성을 위해서도 중화학공업 건설에 박차를 가하는 요인이 되었다. 물론 정부는 1960년대 후반에 이미 중화학공업 육성을 위한 제도 정비에 착수했기 때문에 중화학공업 육성 자체는 자립 경제 달성을 위한 공업화 과정의 연장선상에서 봐야 할 것이다. 다만 1960년대 말과 1970년대 초에 나타난 대내외 경제 여건의 악화와 안보상의 위기가 중화학공업의 육성을 더 절실히 필요하게 하였다.[4]

한편 국제 경제 질서 면에서는 1973년의 제1차 오일쇼크와 1979년의 제2

차 오일쇼크로 크게 흔들렸다. 제1차 쇼크는 중동에의 건설 진출 등으로 국제 금융의 흐름을 성장에 유리하도록 이용하고자 하여 비교적 잘 극복할 수 있었으나 제2차 쇼크는 급속한 중화학공업화를 추진하는 시기였으므로 타격이 컸다.

(1) 제3차 경제개발 5개년 계획(1972~1976년)

제3차 계획은 계획의 목표로 1) 성장, 안정, 균형의 조화 2) 자립형 경제 구조의 실현 3) 국토종합개발과 지역개발의 균형을 들고 있다. 그리고 주요 정책 과제로 1) 주곡의 자급 2) 농·어촌 생활 환경 개선 3) 국제수지 개선 4) 중화학공업 육성을 통한 공업 구조의 고도화 5) 과학 기술의 향상과 인력 개발 6) 사회간접자본의 확충 7) 국토 자원의 효율적 개발과 산업·인구의 적정 분산 8) 주거 환경의 개선과 국민복지 향상을 들고 있다.

제3차 계획은 정치적으로는 10월 유신체제와 같이 출발했고 「100억불 수출」, 「1,000달러 소득」의 슬로건이 제기되고 「전산업의 수출 산업화」 아래 수출 지향적 공업화가 더욱 박차를 가하게 되었다. 1973년 가을의 제1차 오일쇼크가 한국 경제에 커다란 충격을 주었지만 이들 목표는 1977년에 조기 달성되었다.

정부는 목표 달성을 위해서는 중화학공업 육성이 절대적으로 필요하다고 보았다. 그 이유로는 첫째, 노동 집약적인 경공업 위주의 수출 상품으로는 선진국에서의 보호무역과 임금 상승 때문에 수출의 한계가 있는 반면에 중화학공업 제품은 수요의 소득 탄력성이 높기 때문에 지속적인 수출 증대가 가능하며, 둘째, 중화학공업은 전후방 연관효과가 큰 기초 소재 및 자본재 산업으로 공업 구조의 고도화와 지속적인 성장을 위해서는 필요불가결하며, 셋째, 만성적인 국제수지 문제를 해결하기 위해서도 중간재와 자본재

---

4 김적교, 『한국의 경제 발전』, 박영사, 2012, p38.

의 수입 대체가 필요하고, 넷째, 남북 간의 긴장 고조에 따른 방위 산업의 육성을 위해서도 중화학공업의 육성이 필요했다.

정부는 제3차 계획에서의 중화학공업화의 강력한 추진을 통해 경제적으로는 기초 생산재나 중간 생산재 공업을 육성하고, 산업 구조를 고도화하여 수출 제품의 외화 가득율을 높이고 수입 유발 산업 구조를 개선하고자 하였다. 이에 못지않게 중요한 또 다른 동기는 주한미군 철수 움직임의 대응으로 병기의 국산화와 자주국방 체제를 강화하고자 한 것이다.

중화학공업 육성과 관련하여 가장 중요한 정책 변화로는 1960년대 말까지의 산업 유인 정책은 수출 촉진에 집중되었으나 중화학공업의 지원 정책은 수출보다는 수입 대체를 촉진하는 것이었다. 수출에 대한 지원은 점진적으로 줄이는 반면 중화학공업에 대한 지원은 강화하는 방향으로 조세, 금융, 무역 및 외환 정책이 변화했다. 다시 말하면 개발 전략의 중심이 수출 촉진에서 수입 대체 정책으로 이동했다고 볼 수 있다.[5] 예컨대 수출 소득에 대한 직접세 감면제도의 폐지(1973년), 수출 기업에 대한 전기요금의 할인 폐지(1975년), 수출용 원자재에 대한 관세 면제의 관세 환급금 제도로의 전환(1975년) 등이 있었으며, 주요 산업의 시설 재도입에 대해서는 관세 감면 혜택을 주는 반면 수출 산업에 대한 관세 감면은 폐지하였다. 또한 중화학 제품에 대한 관세율을 올리는 반면, 경공업 제품에 대해서는 관세를 인하하는 등 중화학공업을 보호하는 방향으로 관세제도도 개편하였다.

정부는 1973년 12월에 국민투자기금법을 제정하여 이 법에 의하여 조성된 자금을 중화학공업에 일반대출 금리보다는 낮은 저리로 제공하도록 하였고, 금리 차는 재정에서 보전하여 주었다. 국민투자기금 외에 산업은행의 수출 자금, 설비 금융 등 정책 금융도 중화학공업에 우선 지원되었고, 외자 도입에 있어서도 중화학공업을 우선하는 등 금융 지원도 중화학공업에 집

---

5 김적교, 『한국의 경제 발전』, 박영사, 2012, p40.

중되었다. 환율 정책도 제도 자체는 변동환율제이나 중화학공업을 지원하기 위해 1974년 이후에는 조정이 되지 않고, 변동이 거의 없었기 때문에 수출 산업에는 불리하게 작용하였다.[6]

이와 같이 1970년대의 수입 대체 추진 과정에서 정부의 경제에 대한 개입과 간섭은 강화되었다. 중화학공업은 자본 집약적이고, 기술 집약적 산업으로서 막대한 자본이 필요할 뿐 아니라 상당한 기술력이 있어야 하나, 그 당시 우리나라에는 이를 감당할 수 있는 기업은 많지 않았기 때문에, 정부의 과감한 지원 없이는 중화학공업에 대한 투자는 기대하기 어려웠다. 그래서 정부의 막대한 지원에도 불구하고, 기업이 중화학공업에 투자하는 것을 주저하였다. 그러나 점차 정부의 간여에 의해 적지 않은 기업이 자의 반, 타의 반으로 중화학공업에 투자하게 되었다.

중화학공업화의 제도적 기반으로 1973년에 '중화학공업화추진기획단'이 창설되고 이후 중화학공업의 추진 주체는 이원화되었다. 중화학공업화를 위한 기획단과 경제기획원의 계획은 매년의 연차 계획에 의해 조정되었다. 청와대의 견해는 유동화의 경향을 보이기 시작한 아시아의 정세를 배경으로 국가의 안전 보장을 자주적인 병기 체계에 의한 자주방위로 실현하고자 하는 것이었지만 이러한 정치적 요청에 기초하여 실행한 중화학공업에 과도로 편중된 투자는 효율 저하의 위험을 내포하였다. 예를 들어 창원의 기계공업단지는 오랫동안 국방부 소관이었는데 상당 기간 부실의 대명사가 되었던 것이고 이원적 공업화는 1977년 이후의 경제 과열 시기에 통제가 미비하여 과잉 투자, 중복 투자의 하나의 원인이 되었다.

그럼에도 불구하고, 정부의 과감한 지원은 중화학공업에 대한 집중적인 투자로 이어져 제조업 성장의 견인차 역할을 하였다. 중화학공업은 1971~1979년에 연평균 20.0%나 성장함으로써, 제조업 성장 (18.2%)을 주도했다. 중화학

---

6 김적교, 『한국의 경제 발전』, 박영사, 2012, p41.

공업에 대한 집중적인 지원은 비단 중화학공업에 대한 투자만을 촉진했을 뿐 아니라, 전 산업에 걸쳐 투자 붐을 형성함으로써 고도성장을 유지하는 데 결정적인 역할을 하였다. 1971~1979년에 전 산업에 걸쳐 투자가 연평균 두 자리 수 이상의 실질 증가가 있었으며, 특히 광공업에는 연평균 29.0%의 급증을 보였다. 이로 인해 국민 경제 전체의 총 고정 자본 형성도 연평균 16.7%의 실질 증가를 하였고 GDP도 8.3%의 고도성장을 하였다.

제3차 계획의 중화학공업화 이외의 다른 특징은 농촌에의 개입이다. 농촌을 살리기 위해 정부는 제3차 계획의 기본 목표에 「농어촌 경제의 혁신적 개발」을 강조했다. 이 기간 중에 농촌에는 새마을운동(1972년에 시작)이 정력적으로 추진되어 많은 문제점을 가지면서도 인디카 계통의 통일벼를 재배하여 주곡의 자급을 가능하게 하였다. 새마을운동은 농어촌의 환경 개선 운동을 통해 농어민의 자조, 자주, 협동의 이념 아래 농어민의 자조 노력을 환기하고 소득 증대를 도모하는 운동이었다. 다만 새마을운동에는 농촌에의 특별 조치에 의해 박 정권의 강화를 도모하는 정권 안보와 북조선과의 교류에 대비한 체제 강화라는 측면도 있었다. 이 과정에서 도시 가계와 농촌 가계의 소득 격차는 한 때 크게 줄어들었다. 그러나 통일벼가 한국인의 기호에 잘 맞지 않아 1980년대에 오히려 그 재배 면적이 축소되었다.

한국은 수출 지향적 공업화의 진전으로 1962년에 23.1%였던 무역 의존도는 1972년에는 50.8%로 배증하고 있다. 그 때문에 한국 경제는 해외의 움직임에 민감했다. 특히 1973년의 오일쇼크로 물가에 미치는 영향은 크고 도매 물가는 1974년에 한꺼번에 42.1% 상승하였다. 에너지원의 석유로의 전환, 통화 팽창, 8·3조치 후의 가격 동결 등도 사태를 악화시킨 요인으로 인식되었다.[7]

---

7 8·3조치는 비공식 자금시장에서 조달된 차입금의 경우 3년 거치 5년 상환에 매월 1.35% 이자 지불로 계약조건을 변경시키고, 장기 고이자 은행 대부금은 3년 거치

그러나 성장만을 본다면 한국은 제1차 오일쇼크에도 불구하고 새로운 수출시장의 개척에 의해 크게 타격을 받지 않았다. 1973년의 국제 금융의 재편 당시 일본 엔 및 서독의 마르크화가 대폭으로 절상되었는데, 이 해의 대일·대독(對獨) 수출은 각각 약 3배, 약 2배로 증가하고 전체로 98.7%로 경이적인 신장을 기록했다. 그리고 1976년에는 상품 수출과 함께 중동의 건설시장에 진출했다.

또한 정부는 지속적으로 수출을 증대하기 위한 수단으로 활용하기 위해 주요 재벌을 중심으로 1975년에 종합무역상사의 설립을 유도했다. 정부는 국제 입찰 시 종합무역상사를 우선적으로 지원했고, 종합상사를 위한 완제품 비축 금융을 실시했으며, 해외지점 외화 보유 한도를 철폐하고, 수출조합 및 협회의 가입비 및 가입 조건 완화와, 원자재 수입 요건 개방, 네임밸류에 의한 대외 공신력 향상을 통해 종합상사의 영업 환경을 크게 개선시켜 주었다.

또한 정부는 기업 공개 정책을 추진하였다. 1972년 8월 3일의 사채동결로 정부는 불황에 고전하는 기업을 구제했는데 그 후 자본시장의 육성, 기업 경영의 근대화 등을 도모하기 위해 기업 공개 정책을 추진했다. 위장 사채나 '기업은 망해도 기업주는 산다'는 등의 모순을 개선하고 경제 체질을 강화하기 위해 동족 경영이나 차금 경영이라는 체질 개선이 필요하다고 생각하게 되었다. 정부에 의한 기업 공개의 추진은 정부에 의한 기업 체질 개선책의 효시라고 할 수 있다.

한편 이 기간에 중화학공업의 발전을 보여주는 기념비적 사건들이 있었다. 1973년에는 포항제철이 완공되었고, 1974년에는 현대조선의 준공과 26만 톤 탱커의 완성이 있었으며 승용차의 본격적인 생산 개시, 중동에 대한

5년 상환 연리 8%의 장기 대부로 대체해주는 동시에 은행의 일반대출 이자율을 2% 낮추어 주는 것을 주요 골자로 하였다.

건설 수출의 활황 등이 이어졌다. 정부는 세제 금융상의 지원 외에도 고급 기술 인력의 양성과 전문출연연구소를 설립하여 중화학공업 육성을 지원했다. 중화학공업은 고급 기술 인력의 뒷받침 없이는 성공할 수 없기 때문에 정부는 1970년대에 들어오면서 공과대학의 신설과 학과의 증설을 실시하고, 공과대학의 특성화를 추진하여 중화학공업화에 필요한 기술 인력을 대폭 양성하도록 하였다. 또한 한국과학기술연구소만으로는 급증하는 연구 개발 수요를 충족할 수 없기 때문에 기계, 화학, 전자, 통신기술 등 국책 전문 출연 연구소를 설립하여 도입기술의 흡수 개량을 지원하고, 기술 개발 능력을 제고하도록 하였다. 그리고 보다 기초적으로 공업계 고등학교와 전문대학을 육성하여 숙련된 기능공과 많은 기술자들을 배출하고자 하였다.

그러나 이러한 성장의 이면에는 적지 않은 부작용이 있었다. 먼저 인플레이션 문제를 들 수 있다. 소비자 물가는 1971~1980년 사이에 연평균 16.5%가 상승했는데 이는 중화학공업 지원에 따른 통화량의 급증과 임금의 가파른 상승이 크게 작용한 것으로 보인다. 같은 기간에 통화량(M2)은 연말 기준으로 연평균 33.1%나 증가했고, 제조업의 임금은 26.5%나 상승했다. 이 밖에도 오일쇼크로 인한 수입 물가의 상승도 영향을 미친 것으로 보인다. 특히 노동 생산성 증가를 앞지른 임금의 상승은 단위당 노동 비용을 크게 올려 우리 산업의 국제 경쟁력을 약화시켰다. 여기에다 환율마저 1974년 이후 전혀 평가절하되지 않아, 산업의 경쟁력은 더욱 악화되었으며, 이로 인해 무역수지 적자는 누적되었다. 경상수지 적자는 1980년에 GDP대비 8.3%에 달했다.[8]

1970년대에 나타난 두드러진 현상 중의 하나는 오랫동안의 고도성장과 인플레이션 지속으로 인플레이션 기대 심리가 확산되어 부동산 투자가 재산 증식 수단으로 인식됨에 따라 주택 및 택지 가격이 급등했다는 점이다.

---

8 김적교, 『한국의 경제 발전』, 박영사, 2012, p48.

이는 도시 근로자 가계 소득의 증가를 크게 앞질러 부익부 빈익빈의 계층 간 위화감을 조성하고 소득 분배를 악화시키는 요인으로 작용하였다.

이와 같이 1970년대는 중화학공업의 육성과 새마을운동의 추진으로 한국 경제의 새로운 성장 동력을 추진하고 주곡의 자급 및 도농 간의 소득 격차를 해소했다는 매우 긍정적인 면이 있으나 한편으로는 높은 인플레이션의 지속은 산업의 경쟁력을 약화시키고, 부동산 투기를 유발함으로써 소득 분배를 악화시키는 등 부작용도 있었음을 지적할 수 있다.

제3차 5개년 계획 기간 중 비록 국내 저축율이 급속히 신장되었지만 투자에 대한 외자의 비율이 수십 %에 달할 정도로 높았고, 오일쇼크로 인한 국제적인 고물가 시대에 한국도 1976년까지 GNP디플레이터로 보아 물가 상승률이 20~30%에 달해 계획 기간 중 상승폭은 2.5배가 되는 어려움을 겪었다. 이 기간 중 성장률은 10.1%, 국민 저축률은 18.2%, 해외 저축률은 목표 대비 5.4%에, 실적은 9.8%에 달하고 있었다.

3) 1980년대 경제 안정화와 구조조정 그리고 3저 호황

1980년대는 경제개발 전략에 있어서 하나의 큰 전환기였다. 1970년대까지는 정부 주도의 경제개발 5개년 계획을 통해 목표 지향적인 자원 배분을 했고 그 전형이 중화학공업화였다. 그러나 1980년대에 경제 규모가 커지고 민간 부문의 역할이 증대됨에 따라 정부 관료 중심의 의사결정만으로는 효율적인 자원 배분이 어려워지고, 중화학공업화의 부작용이 집중적으로 드러나기 시작했다. 1980년대에 들어오면서 정부는 자원 배분에 있어서 민간 부문과 시장의 역할을 중시하고 물가 안정을 추진하는 방향으로 개발 전략의 수정이 필요하다는 인식을 하게 되었다.

(1) 제4차 경제개발 5개년 계획(1977~1981년)

제4차 계획은 계획 목표로 1) 자력 성장 구조의 실현 2) 사회 개발을 통한 균형의 증진 3) 기술 혁신과 능률의 향상을 들고 있다. 그리고 주요 정책 과제로 1) 투자 재원의 자력 조달 2) 국제수지 균형의 달성 3) 산업 구조 개편과 국제 경쟁력 제고 4) 고용 기회 확대와 인력개발 5) 새마을 사업 확대 6) 생활 환경의 개선 7) 과학 기술 투자의 확대 8) 경제 운용과 제도의 개선 등을 들고 있다.

제4차 계획 기간은 한국 경제의 하강기였다. 1979년부터 과도한 중화학 투자의 모순이 분출하고 제2차 오일쇼크가 엄습했다. 이 기간의 특징은 성급한 중화학공업 투자와 그 실패라고 할 수 있다. 수출의 순조로운 신장을 축으로 한국은 제1차 오일쇼크를 극복하고 1976년부터 수출 증가와 투자의 신장에 힘입어 성장했다. 그러나 국제수지의 개선이나 중화학 투자에의 정책 금융의 급증은 통화를 팽창시켰다. 이것은 물가고와 부동산 투기를 가져오는 하나의 요인이 되었다. 그리고 이 과정에서 경제력 집중이 심화되었다. 경기가 과열되었던 1977년과 1978년에는 인플레가 소득 격차를 확대하고 한편에는 인재 부족이 임금 격차를 확대하였다. 또한 경기는 침체된 가운데 물가는 오르고 국제수지 적자가 심화되는 등 심각한 위기 상황을 맞게 되었다.

이 기간의 한국은 한편에는 활기가 넘쳤지만 다른 한편에는 불만과 사회에 대한 저항이 점차 축적되고 있었다. 여기에 1976년 12월에 시행된 부가가치세제의 도입은 중소기업인들의 조세 부담 증가를 가져옴으로써 불만을 누적시키는 요인이 되었다. 이러한 요인들은 정치적인 유신체제에 대한 불만과 함께 저항이 구축적되는 조건이 되었다.

한편 1979년에는 제2차 오일쇼크가 닥쳐왔다. 경기는 1979년에 들어와 급격히 악화하고 4월에는 중화학 투자의 축소를 중심으로 하는 급격한 긴축 정책이 실시되어 경기는 더욱 하락했다. 8월에는 YH무역 노동자의 신민당 농성 사건이 발생하고 이것이 김영삼 총재의 제명, 그리고 이어 부마사태로 연결되고, 급기야는 10월 26일 박정희 시해 사건으로 이어졌다. 정치 사회적으로는 힘의 공백과 혼란이 발생했고 경제적으로 1980년의 미작은 발표를 기피할 정도로 대흉작이었고, 성장률은 일거에 -4.8%로 추락했다.

이후 12·12사건과 5·17로 이어지는 정치적 격변기를 겪으면서 1981년에는 전두환 정권이 공식적으로 등장했다. 실질적으로 1980년에 새로 출범한 전두환 정부는 여러 측면에서 개혁을 단행했는데 1차적으로 정부 개입을 축소하고 물가 안정에 집중적인 노력을 하였다. 물가 안정은 시장 경제가 제대로 작동하기 위한 기본 요건으로서 경제 성장과 국제 경쟁력 강화를 위해서도 절대적으로 필요하다고 판단했다. 안정화 정책과 함께 긴급한 많은 조정 조치가 행해졌다. 1980년에 중화학공업 재편, 기업 계열 정비, 기업 보유 토지의 방출 등이 강제되었다.

한편 제4차 계획의 최종 연도인 1981년에 흑자로 전환할 예정이었던 경상수지는 제2차 석유 위기에 의한 유가의 급등, 과대한 중화학 투자에 의한 수입 수요의 증대, 국제적인 인플레에 수반하는 고금리, 국내 인플레에 의한 수출 경쟁력의 약화에 의해 1979년 이후 대폭 적자를 지속하고 그 보전을 위해 외자 도입이 급증하고 대외 채무 잔고도 급증하여 경제적 난국이 지속되었다. 이 결과 4차 계획은 목표를 달성하지 못하고 미완의 계획이 되고 말았다. 이 기간의 성장률은 5.5%(계획은 9.2%), 국내 저축 23.9%, 해외 저축 11.2%(계획 2.8%)이었다.

(2) 제5차 경제 사회 발전 5개년 계획(1982~1986년)

제5차 계획은 계획 목표로 안정·능률·균형을 이념으로 하여 1) 안정 기조 정착과 경쟁력 향상 및 국제수지 개선 2) 고용 기회 확대와 소득 증대 3) 계층 간 및 지역간 균형 발전을 들고 있다. 그리고 주요 정책 과제로 1) 경제 안정 기조의 정착 2) 국제수지의 균형과 자력 성장의 실현 3) 기술 혁신과 산업 능률의 향상 4) 국토의 균형 개발과 생활 환경 개선 5) 사회 개발의 확충 6) 정부 기능의 정립과 행정의 효율화 7) 올림픽대회 준비 등을 들고 있다.

제5차 계획 기간은 종래의 계획과는 달리 계획의 정식 명칭이 제5차 경제 사회 발전 5개년 계획으로 되어 사회가 덧붙여지고 개발이 발전으로 바뀌었다. 이는 전두환 정권이 계층 간 소득 격차의 시정이나 복지 중시를 표방한 것이었다. 이 계획은 제2차 오일쇼크 후 세계 경제의 기조는 안정 성장으로 이행하면서 한국 경제도 기존 성장 지상주의 대신에 안정 성장이 과제로 되어있었다. 한편 제5차 계획은 중화학 분야에의 과잉 투자에 의해 현재화한 광란 물가의 진정과 부문간 불균형의 회복 그리고 국제수지 안정이라는 과제 외에 정부의 과도의 개입에 의해 조정 활력을 잃은 시장 기능의 회복을 중시하였다.

우선 안정화를 위해 정부는 일련의 강력한 재정 금융상의 긴축 정책을 시행하였다. 재정 정책에서는 1982년 예산 편성 제도를 제로베이스 예산 방식으로 바꾸어 예산 낭비를 제거하였다. 이러한 긴축 정책으로 재정 적자는 크게 감소하였다. GNP 대비 재정 적자는 1981년의 4.6%에서 점차 감소하여 1986년에는 재정이 거의 균형 수준을 유지했으며, 그 이후에는 소폭이나마 흑자를 유지하였다. 통화 관리도 긴축적으로 운용하여 기간 중 연평균 36%에 달했던 총 통화 증가율은 1979~1981년에 25% 수준으로 떨어졌고, 1983~1985년에는 14% 수준에서 억제되었다. 이와 아울러 정책 금융을 축소하고, 시중은행의 민영화를 추진하는 등 금융의 효율화를 기하도록 하였다. 또한 임금 상승이 물가 상승의 중요한 요인이었음을 감안하여 임금 가이드라인 등의 강력한 소득 정책을 실시하여 비용 상승 요인을 제거하도록 하였다.

그리고 정부는 이 기간에 생산성 향상, 시중은행의 민영화, 대한석유공사의 불하 등 금융과 경제의 자율화를 추진하였다. 그러나 경제의 자율화가 추진되는 한편에서는 산업 구조의 조정을 위해 합병, 분업 및 독점화가 추진되었다. 현대는 선박용 엔진의 독점 제조업체로 지정되고 기아는 자동차 생산이 중단되고 대우는 선박 엔진 제조가 금지되었다. 그리고 68개의 해운회사 중 53개의 해운회사가 16개로 합병되었다. 또한 재무 구조의 건전화를 위해 기업의 비업무용 부동산의 처분 규정을 시행하기도 하였으나 성공하지는 못했다. 구조조정 과정에서 부실기업의 정리가 추진되었지만 사실상 경제력 집중은 더욱 진전되고 재벌 간 격차도 상위 5그룹과 이하와의 격차가 확대되었다.

한편 이 기간 국제 고금리, 고유가 등으로 대외 채무 잔고가 격증하여 1985년에는 468억 달러에 달했다. 이것은 브라질, 멕시코, 아르헨티나에 다음가는 세계 제4위의 규모로 동년의 GNP대비 55.7%의 규모에 상당한다. 더욱이 동년의 경상수지 수취에 대한 원리금 지불액(debt-service ratio)이 18%대에 달했다. 그러자 한국 경제를 출구가 없고 채무 반제 불능이 속출하는 남미 경제에 비견하는 비관적 견해도 나타나기 시작했다.

그러나 정부의 일련의 정책이 상승 작용을 하면서 물가가 안정되고, 국제수지가 개선되면서 우리 경제는 다시 건조한 성장세를 보이기 시작하였다. 특히 다행하게도 1985년 9월부터 엔고와 달러가치 하락, 유가 하락, 금리 하락이라는 3저 현상이 발생하여 한국 경제 구조 전환의 큰 계기가 마련되었다. 1986년에는 고성장, 국제수지 안정, 물가 안정이라는 좋은 성과를 얻었다. 특히 경상수지의 흑자화는 투자 재원의 완전한 국내 조달도 있어 획기적인 것이었다. 흑자로의 전환에는 중화학공업화의 진전에 의한 수출의 계속적인 신장과 수입의 둔화가 그 배경이 된 것을 잊어서는 안 된다. 경상수지 흑자로의 전환으로 1986년부터는 1945년 이래 처음으로 대미 환율이 절상되었다. 이제 한국은 새로운 가능성을 가지고 기술 집약적 산업에 집중하게 되었다. 정부는 석유사업안정기금으로 중소기업 육성, 기계공업, 부품공업 육성에 나서게 되었다.

한편 1980년대에는 안정화 이외에 여러 부문에서 시장의 기능을 중시하는 정책을 추진했는데 그중 대표적인 것이 수입 자유화 정책이다. 정부는 중화학공업을 육성함에 있어서 관세율을 높이고, 수입 통제를 강화하는 등 강력한 보호를 하였다. 이는 중화학공업의 빠른 성장을 가져왔으나 다른 한편 중복·과잉 투자 등 상당한 비효율을 유발함으로써 중화학공업의 국제 경쟁력은 크게 약화되었다. 더구나 중화학공업은 국내 시장에서 거의 독과점적 지위를 누리고 있어 기술 개발이나 생산성 향상을 위한 유인이 거의 없었다.

따라서 중화학공업의 경쟁력을 향상시키기 위해서는 외부로부터의 경쟁력을 강화하는 것이 불가피하다고 보았다. 국제 경쟁력 강화 문제는 비단 중화학공업만의 문제가 아니라 우리나라 제조업 전체의 문제라고도 할 수 있었다. 왜냐하면 우리나라의 무역 정책은 1970년대까지는 전반적으로 보호주의적 색채가 강했기 때문에 수입 자유화를 통해 경쟁력을 강화할 필요가 있었다. 정부는 1983년에 수입 자유화 5개년 계획을 세워 수입 자유화율을 1983년의 23.7%에서 1988년에는 95%로 올리기로 했으며, 이와 함께 관세제도를 개편하여 국내 산업에 대한 보호를 줄이도록 하였다.

금융 분야에서도 점진적이지만 자유화 조치가 있었다. 1980년대 4개 시중은행(한일은행, 제일은행, 서울신탁은행, 조흥은행)의 민영화 조치가 있었고, 금리 정책도 1984년부터 고객의 신용도에 따라 차등 금리를 적용하는 등 자유화 조치가 있었으며, 환율도 복수바스켓 환율제도로 이행하여 명목 환율을 지속적으로 조정하여 주었다. 또한 그동안 선별적으로 허용했던 외국인 투자와 기술 도입도 대폭 자유화하였다. 1984년 12월에 외자 도입법을 개정하여 외국인 직접 투자는 포지티브 제도에서 네거티브 제도로 바꾸었고, 기술 도입은 허가제에서 신고제로 바꿨다.[9]

---

9 김적교, 『한국의 경제 발전』, 박영사, 2012, p53.

4) 1990년대의 민주화와 자유화 그리고 외환위기

　제5 공화국이 7년 단임제로 끝나고 1987년 6월의 시민, 노동자에 의한 대항쟁으로 대통령 직선제가 쟁취되었다. 이에 따라 1987년 말 대통령 선거가 시행되고 1988년에 예정대로 서울올림픽이 개최되었다. 그리고 1992년 말에는 김영삼이 민선 대통령으로 선출되었다.

　1990년대는 국내적으로 민주화가 크게 진전된 시기임과 동시에 국제적으로는 사회주의가 붕괴된 커다란 변혁의 시기이기도 하다. 고르바초프에 의한 페레스트로이카가 주창된 1989년에는 구소련이 붕괴되고 현실 사회주의는 그 실험의 종막을 내리게 되었다. 사회주의의 쇠퇴로 민주화의 요구가 줄어드는 것은 아니지만 현실의 개량적 개혁의 성향이 강해졌다.

　국제적으로는 우여곡절 끝에 1994년 UR이 타결되고 WTO 체제가 출범하게 되었다. 이로써 종래의 GATT=브레튼우즈 체제가 발전적으로 해체되었다. WTO 체제는 GATT 체제에서 보다도 가일층의 관세 인하와 무관세의 도입 그리고 비관세 장벽의 철폐로 시장을 개방하고, 농산물에 대한 교역 자유화, 서비스 교역에 대한 새로운 다자 간 규범의 도입, 지적재산권 보호의 무역 체제로의 편입, 그리고 GATT 규범의 명료성 및 합리성 제고 등의 점에서 특징이 있는 것이다. 또한 WTO는 GATT와 달리 회원국 간의 분쟁을 효율적으로 해결·조정할 수 있는 기능을 갖추고 있었다. 한국도 이 체제의 일원으로 시장 개방을 추진하지 않을 수 없고 개방 체제 아래서의 경쟁력 제고를 이루지 않을 수 없게 되었다.

　한편 국내적으로 1987년의 6월 항쟁은 정치적 민주화와 함께 경제적 민주화를 추구하는 커다란 계기가 되었다. 노동자들의 조직화와 함께 임금 인상, 근로 조건 개선을 요구하는 노사 분규가 빈발하게 되었다. 그리고 1980년대 중엽 이후의 3저 호황이 1989년에 종식되고 미국이 쌍둥이 적자의 부담을 해외로 떠넘기면서 한국의 시장 개방을 요구하게 되었다. 민주화 과정의 임금 상승으로 인한 경쟁력 약화와 개방 압력으로 경상수지가 다시 적자로 전환되고 한국 경제의 안정 기조가 흔들리기 시작했다.

이제 권위주의 정부의 일방적 보호와 지원에 의한 성장은 어려워지고, 개방체제 아래에서 보다 안정적인 노사 관계와 경제 활동에 보다 다수의 참여가 보장된 바탕 위에서 경제의 선진화를 추구해야 됐다. 그러나 이 과정은 순조롭게 진행되지 않았으며, 만성적인 국제수지의 적자와 자본시장 개방에 따른 투기적인 단기 자본의 급격한 유·출입에 따라 한국 경제는 1997년에 외환위기를 맞게 되고, 급격한 구조조정이 강요되었다.

(1) 제6차 경제 사회 발전 5개년 계획(1987~1991년)

제6차 계획은 계획 목표로 능률과 형평을 토대로 한 경제 선진화와 국민 복지 증진을 근본 목표로 삼고 중점 목표로는 1) 형평성 제고와 공정성 확보, 2) 균형 발전과 서민생활 향상 3) 경제의 개방화와 국제화의 추진을 들고 있다. 그리고 주요 정책 과제로는 1) 조세 부담의 형평성 제고 2) 부동산 투기 억제와 토지제도 개선 3) 금융 자율화의 추진 4) 경제력 집중 완화와 공정거래제도 확립 5) 미래 지향적 노사 관계 정립 6) 농어촌 개발 7) 저소득층 주택과 환경 개선 8) 사회보장제도의 확충 9) 지역 간 균형 개발 10) 국제수지 흑자 관리 11) 국제화 관리 등을 들고 있다.

제6차 계획은 21세기 초에 한국이 선진국으로 탈바꿈하기 위한 기반 형성을 목표로 내용상으로는 국제수지 흑자 기조의 정착, 자력 성장 기반의 조성, 적극적인 형평 시책의 실시 등을 달성하고자 하였다. 그 중심 내용을 살펴보면 다음과 같은 내용을 담고 있다. 1) 고용 기회의 확대를 위한 경제 성장을 지속하여 7~7.5%의 성장률을 달성하고 농촌 공업화를 통해 내수를 확대하며 중장기적으로 경제 성장의 과도한 수출 의존을 완화한다. 2) 국제 수지 흑자 기조의 정착과 외화 부담의 완화, 3) 산업 구조 조화의 추진과 기술 입국의 실현-기계, 전자, 자동차 등 유망 산업의 설비나 기술력을 확충하는 일방, 섬유 잡화 등 전통적 수출 주도 산업의 경쟁력 강화와 고부가 가치화를 도모한다. 그리고 중소기업을 육성한다. 4) 지역 간 균형 발전과 지방 경제의 활성화, 5) 국민복지의 증진과 형평화의 추진, 6) 시장 경제 질서의 활성화와 정부 기능의 재정립을 기한다.

제6차 계획은 달러화의 가치가 최고 수준에서 막 떨어지기 시작하고 또한 미국의 금리나 석유가격이 떨어지게 되는 시점인 1985년에 시작하여 1986년에 완성된 계획이다. 계획 시행 초년도인 1987년부터 이른바 3저 현상으로 말미암아 한국의 국제수지 흑자가 크게 증가하기 시작했고 이에 따라 물가 상승, 주가 급등, 부동산 가격 상승 등 많은 부작용이 나타나기 시작했으므로 계획 초년도부터 6차 계획의 수정 작업이 필요하게 되었다. 6차 계획 기간에 성장률의 목표치는 7.3%인데 실적은 9.9%에 달했다.

(2) 제7차 경제 사회 발전 5개년 계획(1992~1996년)

제7차 계획은 계획 목표로 경제 사회 선진화와 민족통일 지향을 근본 목표로 삼고 중점 목표로는 1) 산업의 경쟁력 강화 2) 사회적 형평성 제고와 균형 발전 3) 국제화 및 자율화의 추진과 통일 기반 조성을 들고 있다. 그리고 주요 정책 과제로는 1) 산업 사회에 부응하는 교육 및 인력 양성 제도 개편 2) 기술 혁신과 정보화의 추진 3) 사회 자본 시설의 확충과 수송 체계의 효율화 4) 기업과 산업 조직 및 중소기업 강화 5) 농어촌 구조 개선 및 지역 균형 개발 6) 주거 및 환경 문제에의 적극 대응 7) 사회보장제도 확충과 정신문화 창달 8) 자율화 추진과 정부 기능 재정립 9) 남북의 교류화 협력을 통한 통일 기반 조성 등을 들고 있다.

그리고 총량 지표에 대한 전망으로 연평균 경제 성장률 7.5%, 연평균 소비자 물가 상승률 6% 내외, 연평균 국내 저축율 35.5%, 연평균 국내 총투자율 36.4%, 주택 보급률 82.0%(1996), 경상수지(1996) 65억 달러 흑자 등을 제시하고 있다.

제7차 계획은 김영삼 대통령 취임후 신경제 5개년 계획(1993~1997년)으로 사실상 대체되었다. 신경제 계획은 제7차 계획과 대동소이하지만 신경제 100일 계획을 추진할 것을 포함하고, 4대 개혁 추진을 표방한 점에서 다른 것이었다. 신경제 100일 계획은 경기 활성화, 중소기업의 구조 개선, 기술 개발의 촉진 등을 목표로 한 것이었지만 단기적인 경기 부양책의 집대성에 그친 것이었다고 할 수 있다.

한편 1990년대에는 세계 경제가 하나의 시장 경제 체제로 급속히 통합되어 가는 흐름에 대응하여 우리 경제도 전면적인 개방화를 추진할 필요가 있다고 판단하여 김영삼 정부는 세계화를 신정부의 큰 국정 지표의 하나로 설정했다. 정부는 개입을 줄이고, 시장의 기능은 살리면서 이른바 작은 정부·큰 시장의 원칙 아래에서 일련의 과감한 개혁 정책을 추진했다. 아직도 정부의 개입이 많고 이것이 경제 발전의 장애가 되기 때문에 정부 개입을 줄여 시장에 맡겨야 한다는 것이다. 이러한 개발 전략의 변경은 신자유사상의 영향을 많이 받은 것이었다.

이러한 기조 아래 김영삼 정부가 추진한 4대 개혁은 재정개혁, 금융개혁, 행정규제개혁, 경제의식개혁에 농업·농어촌개혁을 포괄했다. 재정개혁은 재정 기능의 정상화, 세제개혁, 재정제도의 효율화를 이루는 것으로 규정하고 있다. 금융개혁은 1) 금융 자율화의 적극 추진 2) 통화 신용 정책의 효율화 및 금융 감독 기능의 강화 3) 금융 구조의 개편을 통한 금융 산업의 선진화 추진 4) 금융의 국제화 5) 금융실명제의 실시 및 정착의 다섯가지를 들고 있다. 행정규제개혁은 1) 진입 규제 및 공장 설립 관련 규제개혁 2) 생산·유통·수출입 관련 규제개혁 3)가격 규제개혁 4)환경·산업안전·보건의료 관련 규제의 합리화 5) 준조세 부담의 완화와 대민 봉사 행정 풍토의 조성 6) 행정 절차의 정비 및 행정규제개혁의 제도화 등의 내용으로 되어 있다. 그리고 경제의식개혁은 공동체 의식의 중요성을 강조하고 이를 바탕으로 직업정신·진취정신의 배양, 합리성 추구, 성숙한 통일 의식 등을 갖출

것을 요구하고 있다. 그러나 김영삼 정부의 신경제 5개년 계획은 경제 활성화의 과제나 경제개혁의 과제를 달성하지 못하고, 정권 말인 1997년에 외환위기를 맞아 한국 경제에 커다란 시련을 안겨주게 되었다.

2. 1997년의 외환위기

김영삼 정부 마지막 해 이자 7차 계획을 대체한 「신경제 5개년 계획」의 마지막 해인 1997년 말에 외환위기가 발생하자 이후 개발 계획은 다시 실행되지 않았다. 주요 아시아 제국은 1995년까지 고성장에도 불구하고 1997년에 통화위기에 빠졌다. 1997년 7월의 태국의 통화가 폭락하기 시작하여 곧 주변의 말레이시아, 필리핀, 인도네시아에도 통화 가치가 폭락하고, 연말에는 한국에도 통화위기가 발생했다. 이로 인해 아시아 제국은 1997년에 성장률이 떨어지고, 1998년에는 대폭적인 마이너스 성장을 가져왔다. 이들 나라에는 통화가 폭락하여 많은 금융기관과 기업이 무너지고, 금융위기, 경제위기로까지 파급되었다.

통화위기의 원인에는 아시아의 고정환율제도에도 문제가 있었고, 한국도 1997년 12월 이전의 환율제도는 관리변동환율제도였지만 하루에 변동폭이 제한되어 고정환율적 요소가 있었다. 그러나 보다 직접적으로는 국제수지 적자가 투기적 단기 자본의 유입과 축적을 가져오고 이것이 어느 계기로 갑자기 빠져나가면서 생긴 외환 고갈 상태가 위기의 발생 요인이었다. 실물적으로는 기업들의 과잉 투자에 따른 중복 과다 투자로 부채 비율이 높아지고 부실화가 진행되어 위험성이 높아진 요인이 작용했다. 외부적으로 엔고가 엔저 달러 가치 상승으로 바뀌면서 아시아 제국이 통화를 절하하지 않아 경상수지 적자가 확대된 것이 주요 원인이었다.

1997년 초부터 태국의 바트화를 필두로 통화 위기는 여타 아시아 제국으로 확산되었으며 한국도 예외가 아니었다. 한국의 원화는 급락하여 환율이 1997년 11월 17일 1달러=1,000원을 돌파하고, 12월 23일 2,000원으로 수직 상승했다. 이에 11월 21일에 IMF에 긴급지원을 요청하고, 12월 3일에는 사상 최대 규모의 550억 달러의 지원이 결정되었다. 한국의 은행은 채무변제를 위해 외환시장에서 원화를 팔아 달러를 매입하기 위하여 분주했다. 이 과정에서 국제 신용기관들은 한국의 등급을 일제히 하향 조정했다.

IMF 융자 조건은 엄격했다. 내용은 고금리의 금융 재정의 긴축과 금융기관의 개혁을 요구하여 단기 금리가 30% 이상에 달했다. 한편 은행의 국제결제은행(BIS)의 자기자본비율 8% 이상을 엄격히 적용하고 금융감독기관의 권한을 강화했다. 기업은 국제 회계 기준에 의한 재무제표의 투명성과 독립적인 외부 감사제 등 코퍼레이트 가버넌스(기업 지배 구조)의 개선이 요구되었다. 그리고 기업개혁과 관련하여 1999년 말까지 부채 비율을 200% 이하로 낮추도록 하였다. 부실기업과 관련해서도 빅딜(대규모 사업교환)을 통해 LG반도체를 현대산업전자로 흡수하고 석유화학에서 통폐합이 추진되었다. 또한 노동시장의 개혁이 강조되었는데 정리해고제, 근로자 파견법의 제정 등 노동시장의 유연성 향상이 요구되었다. 이 밖에도 무역 자본시장의 자유화, 적대적 M&A 등의 허용 그리고 자본시장의 가일층의 자유화와 외국기업에 의한 매수의 자유화가 요구되었다. 이 과정에서 한국에서는 대우그룹이 해체되고, 다수의 은행과 기업이 도했으며 실업률이 급증하였다. 한편 지속적인 개혁, 개방 과정에서 한국 기업의 많은 지분이 외국인 손에 헐값으로 양도되기도 하였다.

이후 김대중 정권은 IMF의 압력 아래 지속적으로 금융, 기업, 노동, 공공 부문의 4대 개혁을 추진하였다. 마침내 정부의 의지와 국민의 협조에 힘입어 2001년 8월에 정부는 IMF 융자액 195억 달러 전액을 반제하고, 한국은 IMF 체제에서 완전히 졸업하고 통화위기는 끝났다고 선언하였다. 한국 경제는 2000년대에 IMF 체제에서의 개혁과 1995년의 WTO 체제의 출범으로 신자유주의 세계 체제에 편입되고 정부의 직접적인 경제 개입은 축소되었다. 이후 국제수지도 흑자국으로 전화되어 경제 안정성이 높아졌으며 민간 주도의 선진 경제의 모습을 갖게 되었다.

제2절 한국 경제 성장의 후발성과 성장 전략의 특징

1. 후발성의 특징

알렉산더 거센크론(Alexander Gerschenkron)은 1760년대에 시작된 영국의 산업혁명과 19C 중엽에 공업화를 시작한 프랑스, 독일 그리고 그보다도 더 늦게 공업화를 시작한 미국, 일본의 경험을 비교하였다.[10] 그리고 이들 19C 후발국의 성장 과정의 특징을 제시했던 바 이것은 한국에도 적용될 수 있다고 생각된다.

그는 1) 후발국은 성장의 속도가 보다 빠르며, 2) 후발국은 처음부터 기업의 규모가 커지는 경향이 있고, 3) 후발국은 처음부터 중화학공업에 우선 투자하는 경향이 있다. 그리고 4) 후발국의 자본 축적 과정에는 정부나 은행의 역할이 커지며, 5) 후발국의 발전 과정은 욕구와 현실 사이의 격차가 크기 때문에 국민적 에너지를 성장으로 동원하기 위하여 급진적인 이데올로기를 사용하는 경향이 있다고 한다.

상기한 '거센크론 모델'은 세계에서 최초로 자생적인 공업화를 달성한 영국과 비교하여 후발국의 성장 과정의 특징을 분석한 것이다. 영국에서는 산업혁명 과정에서 민간 기업인이 많은 시행착오를 거치면서 점진적으로 기술을 개발하고, 그것에 따라서 기업의 규모도 점진적으로 증대하며, 소비재 공업에서 시작하여 점차 기계공업 및 철도공업으로 발전하며, 그에 필요한 자본은 처음에 민간인끼리의 합자 형태(partnership)로 조달하고 기업

---

10 Alexander Gerschenkron, *Economic backwardness in historical perspective*, a book of essays, Cambridge, Massachusetts: Belknap Press of Harvard University Press, 1962.

의 규모가 커지면서 이윤을 재투자하며, 은행은 상업은행의 기능을 주로 하고 국가도 경제 활동에 적극 간섭하지 않으며 자유방임사상 아래서 야경 국가로서의 특징을 가지고 있다.

이에 비해 프랑스, 독일 등 후발국은 처음부터 최선진의 기술을 도입하고 이에 따라 기업의 규모도 커지며 처음부터 운송 수단 등 중화학공업이나 군수공업 등에 투자하고, 이에 필요한 대규모 자본은 은행이나 국가로부터 조달하며 이 과정에서 국민적 에너지를 동원하기 위해서는 민족주의나 심지어는 사회주의 등의 과격한 이데올로기를 사용한다는 것이다.

이러한 '거센크론 모델'에 비추어 볼 때 한국도 이에 유사한 많은 특징을 지니고 있음을 알 수 있다. 한국의 성장은 '압축형 성장'이라는 표현에 나타나듯이 속도가 빠른 것이었고, 고도성장을 뒷받침한 주요한 경영 주체가 신흥 재벌을 중심한 거대 기업 집단이었으며, 기술 자본 숙련 노동 등 방해 요인을 타파하고 전략 부문을 설정하는 등 육성을 도모한 것은 정부였고, 남북 대립 속에 정권의 정통성이 결핍된 정부가 '민족 중흥', '경제 입국'의 기치를 내걸고 때로는 유신 등 폭압적 정치 체제를 수립하면서 국민적 에너지를 경제 성장에 동원하고자 하였다.

그러나 한국 경제의 성장 과정은 역사적으로 상기한 비교사적 특징을 가지고 있을뿐 아니라, 거센크론이 주목한 19세기 후발국들이 산업혁명을 수행하여 선진국으로 진입한 이래 저개발국으로서는 처음으로 상당 기간 성장을 지속하여 선진국으로 진입했다. 그런데 거센크론은 영국의 산업혁명과 19세기 후발국을 비교 분석했지만 이들 국가와 아시아의 NICs(Newly Industrializing Countries: 신흥 공업국)와의 직접적인 비교 분석을 행한 바는 없다. 이 점을 인식하면서 양자를 구분하여 비교 설명하고자 한 연구자가 앨리스 암스덴(Alice H. Amsden)이다.[11]

---

11 A. H. Amsden, *Asia's Next Giant: South Korea and Late Industrialization*, Oxford

암스덴은 Nics 현상과 19세기 후발국과의 차이점을 역사적인 관점에서 설명하고자 하였다. 그는 영국의 산업혁명을 제1차 산업혁명, 19세기 후발국의 산업혁명을 제2차 산업혁명, 20세기 후반의 Nics화를 제3차 산업혁명으로 구분했다. 그는 각 산업혁명의 특징을 과학 기술의 특성과 연관 지어 각각 발명(invention), 혁신(innovation) 그리고 학습(learning)에 기초하는 것으로 설명하였다. 암스덴에 의하면 제1차 산업혁명에서는 일차적으로 관찰과 시행착오로 이루어지는 특성이 있었다. 그러나 제2차 산업혁명은 이론과 실험에 기초하여 격단의 기술 진보를 가져왔고, 과학의 발전은 기술 이전을 용이하게 하였다. 과학은 기술의 내용을 보다 명확히 하여 기술을 보다 상품적이고 접근가능한 것으로 만들었으며, 수송·통신·관리에 대한 과학의 적용은 기술 이전의 방법을 개선하고, 과학에 의한 재능의 구축은 공장에서의 숙련 장인에게 타격을 주었다.

19세기 후발국의 대표격인 독일의 공업화를 특징적으로 만든 산업은 화학공업과 전기공업이었다. 이들 산업은 1860년대 이래 급속한 발전을 이루면서 소위 제2차 산업혁명을 이끌었는데 여기에는 효과적인 대학의 과학 교육과 더불어 대규모의 기업 활동을 적극 지원한 은행제도가 큰 역할을 하였다. 다액의 자본 조달을 위해서는 주식회사제도가 널리 사용되었다. 그러나 다른 한편에서 과학의 진보는 소득 수준과 기술 능력에서 후진국의 상대적 격차를 확대하였다. 따라서 전체적으로 20세기의 개도국들의 성장 속도는 19세기 후발국들 보다 빠르지 않았을 수도 있었다.

그러나 제3차 산업혁명 과정에서 개도국의 국가는 경제 활동을 자극하기 위해 보조금 등으로 사려 깊게 상대 가격을 왜곡시켰으며 특히 아시아 국가는 보조금과의 교환으로 사기업에 성취 기준을 부과하여 그 달성을 독려했다. 국가의 지원과 값싸고, 풍부한 그리고 상대적으로 잘 교육받은 노

University Press, 1989.

동력의 기초 위에서의 경쟁력의 창출은 현대 20세기 공업화의 학습 과정에서 매우 중요한 것이었다.

20세기의 공업화와 추월 과정에서는 정부 개입이 시장의 힘을 조정하기 위해서 필요하다. 예를 들어 생산성이 낮은 국가에서는 투자를 자극하기 위해서는 저이자율이 필요하지만 저축을 장려하기 위해서는 높은 이자율이 필요하다. 그리고 수출을 장려하기 위해서는 저평가된 환율이 필요하지만 외채의 상환이나 저개발국에서 생산이 불가능한 중간재·자본재의 수입을 위해서는 고평가된 환율이 필요하다. 그들은 해외 경쟁에서 신산업을 보호할 필요도 있지만 수입 요구를 만족시키기 위해서는 자유무역이 필요하다. 그들은 성장을 위해 그리고 자본을 국내에 유치하고 장기 사업으로 투자를 유도하기 위해 안정을 원하지만 안정의 전제 조건은 성장이다. 이런 조건에서 개도국의 국가의 역할은 시장의 힘을 조정하는 것이다. 국가는 복수의 가격을 창출함으로써 저축자와 투자자, 그리고 수출업자와 수입업자의 요구를 동시에 만족시키고자 개입하였다.

후발국의 성장의 계기를 이해하기 위해서는 그 생산성 증가의 원천에 대한 이해가 필요하다. 후발국의 생산성 증가의 원천은 첫째로 외국 기술의 수입, 둘째로 규모의 경제를 통한 외국 기술의 운용, 셋째로 효율적으로 외국 기술의 수입을 사용하는 방법의 학습이다. 이들 생산성의 세 결정 요인은 산출물 증가율이라는 하나의 변수에 용해될 수 있다. 산출 증가는 투자 증가와 자본에 체화된 외국 기술의 수입 증가를 가져오고 산출 증가는 규모의 경제 실현을 쉽게 하며 기술을 효율적으로 사용하는 것은 사용자의 경험에 의지하는데 산출 증가가 빠를수록 경험의 축적이 빠른 것이다. 바꾸어 말해 '행위를 통한 학습'(learning by doing)은 누적적 산출물에 의존하는 것이다.

2. 정부 주도의 성장과 시장 경제 중시의 병행

한국 경제 성장 패턴의 중요한 특징의 하나가 수출 지향적 공업화이다. 그리고 수출 지향적 공업화에 대립되는 개념으로서 흔히 수입 대체형 공업화를 말한다. 수입 대체형 공업화는 성장을 통해 상당히 자급적인 경제를 지향하는 것이고 세계 경제의 소우주를 형성하고자 하는 것이다.

한편 수출 지향적 공업화는 세계 경제에서의 전문화된 역할을 지향하는 것이고 국내 수요에 제한되지 않는 규모의 경제와 저비용 생산을 추구하는 것이다. 수출 지향적 공업화는 상대적으로 불균형 성장을 추구하는 것이고 수출 촉진책에 힘입어 정부의 보호를 받고자 하는 것은 수입 대체형 공업화와 다를 것이 없으나 한 번은 세계시장에서 경쟁을 거쳐야 생산물의 판매가 이루어진다는 점에서 효율성을 보다 제고하는 정책인 것으로 생각되고 있다. 수출 지향적 공업화는 초기에는 특정 생산물의 수입 대체에서 수출 촉진으로 그리고 보다 고도의 생산물의 수입 대체에서 수출 촉진으로 나아간다는 점에서 수출 지향적 공업화는 수출대체형 공업화라고 할 수 있다.

그런데 이러한 수출 지향형 공업화는 1차 상품 공급국에서 표준화된 저기술 집약적인 제조업을 육성하는 과정에서 수입 대체형에 비해 효율적인 것으로 생각되고 있지만 문제는 혹시 종속이론에서 논하는 바와 같이 국제 분업에서 주변부의 위치를 영속시키게 되는 것이 아닌가 하는 것이다. 일반적으로 후진국에서 선진국으로의 진입 전형에는 1단계로서 1차 산품 공급국에서 표준화된 저기술 집약 공산품의 공급국으로의 전형, 그리고 2단계로서 저기술 산품에서 기술 집약적 공산품의 공급국으로의 전형이 있다. 한국은 1단계의 전형 과정에서 농업 발전이 취약하여 원조가 농업을 대신하면서 성공적인 전형을 한 것으로 평가되지만 종국적으로 2단계의 전형 과정에서 중심-주변의 관계를 타파할 수 있는가가 관심의 대상이 되어 왔다고 할 수 있다[12].

와타나베 도시오(渡邊利夫)는 한국의 공업화 과정의 주요 특징을 거센크론 모형으로 설명하면서 수출 지향적 공업화에 의존한 압축형 성장으로 집약하고 수출 지향적 공업화는 '후발성 이익'을 내부화하기 위한 정책 체계였다고 한다[13].

수입 대체형 공업화와 수출 지향적 공업화의 개념적인 차이에 대해서는 위에서 살펴본 바와 같다. 그런데 20세기 중반 이후의 자본주의 발전 과정에서 수출 지향적 공업화는 성공한 반면에 19세기 후발국들은 성공한 수입 대체형 공업화가 왜 실패했는가 하는 것이 흥미로운 과제이다.

이러한 의문에 앨버트 허시먼(Albert O. HIrshman)은 19세기 유럽 후발국의 경우에는 새로 나타나는 동태적 산업 부문으로 비약해 들어갈 수 있었던데 비해, 오늘날의 후발국의 산업화는 '매우 순차적(sequential)이고 단계적이며(staged) 이미 수입한 생산 공법의 모방과 도입에 완전히 치우칠 수밖에 없다'고 하였다. 허시먼은 19세기 후발국이 수입 대체 산업화를 통해 동태적 산업 부문으로 비약해 들어갈 수 있었던 메커니즘으로서 후방 연쇄 작용을 들고, 후방 연쇄가 작용할 수 있게 한 조건으로서 조기 산업혁명(proto-industrialization)을 들고 있다. 즉 이들 후발국들이 소비재 및 경공업에 치중하고 있을 때에도 수공업적 방법을 통해서이기는 하지만 스스로의 힘으로 생산재를 생산하고 있었던 것이 후방 연쇄를 작용하게 하는 요인이 되었다는 것이다.

그러나 20세기 후반의 '후후발국'의 수입 대체 산업화가 성공할 수 없는 이유는 조기 산업혁명의 역할이 결여되었으며, 조기 산업혁명이 있었더라도 20세기 후반기의 개발도상국에서 수입 대체 산업화가 19세기의 후발국

---

12 이제민, 『*The late-late Industrialization*』, Ph.D.Dissertation, Harvard University. 제1장 참조.
13 와타나베 도시오(渡邊利夫), 『현대한국 경제의 분석』, 유풍출판사. 제1장.

에서처럼 후방 연쇄에 따라 진행되지 못하는 가장 중요한 이유는 선·후진국 간 기술 격차가 너무 커졌기 때문이라 한다.

기술 격차가 큰 여건 아래에서 수입 대체를 추구하면 가장 단순한 기술을 흡수하는 단계, 즉 표준화된 소비재 산업이나 신산업이더라도 '끝손질(final touch)'을 하는 조립 단계까지는 산업화가 비교적 쉽게 진행되지만 그다음 단계부터는 어려움에 봉착하게 된다. 소비재에서 바로 수요하는 생산재가 기술의 위계상 낮은 곳에 위치하라는 법이 없기 때문에 개발도상국이 흡수하기에는 너무 고급 기술일 가능성이 크다. 즉 20세기 후반의 수입 대체 산업화는 그 '용이한 단계'가 '그 다음으로 용이한 단계'로 이어지지 못하는 것이다. 국내 생산이 시작된 생산재가 국제 경쟁력을 확보하지 못하면 소비재 산업도 국제 경쟁력을 확보할 수 없게 된다. 또한 기술적 위계가 길어질수록 수입 대체의 단계도 많아지기 마련인데 그만큼 보호와 정부 규제로 인한 비효율의 문제가 커질 수 있다. 그 결과는 외환의 부족으로 나타나 성장은 지속적이 되지 못하고 주기적 외환위기 때문에 단속적(stop-go) 형태를 띨 수밖에 없게 되는 것이다.[14]

이에 반해 동아시아의 수출 지향적 산업화가 수입 대체 산업화와 다른 점은 수입 대체의 용이한 국면 다음에 선택하는 산업화의 방향이다. 즉 다음 단계의 수입 대체로 나아가는 것이 아니라 수입 대체의 용이한 국면에서 건설된 단순 노동 집약적 제조업을 수출하여 1차 산품의 수출을 대체하는 쪽으로 나아가는 것이다. 이 단계가 어느 정도 계속된 다음 다시 새로운 국면의 수입 대체와 수출 증대로 나아가는 것이다. 따라서 수출 지향적 산업화는 좀 더 정확하게 '수출 대체 산업화'(export substituting industrialization)라고 표현하는 것이 맞다고 생각된다.

---

14 이제민, 「전후 세계체제와 한국의 수출 지향적 공업화」, 1993년도 경제사학회 연말 발표대회 발표요지문.

수출 대체 산업화에서는 국내 수요의 존재가 투자의 기준이 아니라 비교우위가 산업 정책의 기준이 된다. 즉 현재 또는 머지않은 장래에 국제 시장에서 경쟁력을 획득할 수 있는 산업을 육성하는 것이다. 자연히 수출 대체 산업화는 가장 기술적으로 단순한 산업에서 시작하여 국내 생산과 수출을 거치고, 그 다음 단순한 산업을 택해 국내 생산과 수출, 이런 식으로 '제품 주기'를 따라서 나아가는 것이다. 따라서 수출 대체 산업화는 그 '용이한 국면'이 '다음 용이한 국면'으로 이어지기 마련이고 기술상의 애로가 발생할 가능성이 적다. 그 결과 외환위기나 성장 과정의 교란이 적게 나타나는 것이다. 수출 대체 산업화 아래에서는 국제 경쟁에서의 노출이 항상 현실로 되거나 가까운 장래에 실현되리라고 보기 때문에 기업도 생산비를 최소화하라는 압력을 더 강하게 받게 되고 따라서 비효율성을 줄이게 된다.

그러나 이러한 일반적 요인만으로 수출 지향적 공업화가 성공할 수는 없으며 이 외에 보다 현실적인 조건이 필요하다. 이것을 가능하게 했던 요인으로는 먼저 세계 무역의 급속한 증가를 들 수 있다. 1950년대 이후의 세계 경제 성장률과 무역 증가율은 높았고, 소위 세계 경제의 황금기로 불리는 1873~1913년에 비해서도 비록 1973년 이후 오일쇼크로 인해 경제 성장률이 하락했으나 여전히 상대적으로 빠른 성장이 지속되고 있는 것을 확인할 수 있다.[15]

---

15 이 기간에 세계 경제가 번영을 누릴 수 있었던 요건으로는 먼저 노동력의 공급이 풍부하고, 노동력이 필요한 부문으로 저임금의 노동력이 안정적으로 공급되었다는 점이 중요하다. 그리고 자본의 공급도 원활히 이루어졌다. 대부분의 선진국은 투자율의 급속한 증가를 경험했는데, 특히 제조업에서 높은 투자율을 보였다. 실질 임금의 상승세 속에서 자동차를 대표로 하는 내구소비재에 대한 수요가 커지면서, 제조업에 대한 투자 수요가 급증하였던 것이다. 그리고 각국의 정부가 적극적인 총 수요 관리 정책을 사용한 것, 노사 간의 안정을 위해 정부가 적극적으로 노력한 것, 세계 무역을 촉진하는 국제 제도가 완비된 것 등이 중요했다. 그리고 기술 진보가 급속히 이루어졌는데, 특히 중공업과 유기화학공업 분야가 두드러졌다.

이러한 객관적 현실과 함께 지적되어야 할 것은 두 번째, 선진국 특히 미국이 냉전 체제 아래에서 개발도상국에 대한 특혜적 조치로 IMF-GATT 체제 아래에서 개발도상국들이 유치 산업 보호를 이유로 국내 시장을 보호하면서 단순 노동 집약적인 공산품들을 선진국 시장에 수출할 수 있도록 덤핑을 허용했고, 수출 보조금도 큰 문제로 삼지 않았다.

여기에 덧붙여 인도나 중국과 같은 대규모 국가들이 여전히 비동맹 중립이라는 노선 아래 수출 지향적 공업화에 나서지 않았던 것이 상대적으로 소국인 아시아의 용들로 하여금 성장에 성공할 수 있도록 만든 조건이 되었다. 만약 이들 국가들이 모두 동일하게 수출 지향적 공업화에 나섰다면 비교적 일찍부터 선진국 시장은 개발도상국의 공산품으로 포화 상태가 되었을 것이고 한국의 성공 가능성은 상대적으로 적어졌을 것이다. 이와 같이 일본이 먼저 그 다음에 대만, 이어서 한국 그리고 ASEAN 등으로 이어지는 아시아의 경제 발전 과정은 소위 안행형(雁行型, wild-geese flying pattern)의 경제 성장을 가능하게 하였다. 이 과정에서 한국 경제 성장의 사다리 가운데 비교적 빨리 올라갈 수 있는 조건을 마련할 수 있었다.

한국의 수출 지향적 공업화 정책은 1960년대 중반에 나타난다. 대체로 한국은 그 이전에는 1950년대의 원조를 극대화하기 위한 저환율 정책의 영향과 개발 계획 초기의 농공병진에 의한 자립 경제 달성이라는 민족주의적 가치관이 강조되어 수입 대체형 공업화를 추진한 것으로 생각된다. 이것을 뒷받침하는 정책 수단으로 수입 중요도 기준에 의한 수입 수량 통제, 차별 관세제도, 공식 환율에 있어서의 원화의 과대평가, 저금리 정책 등 일련의 보호주의적 수단이 있었다. 이들 정책은 상대적으로 노동 집약적인 국내

자동차, 제트엔진, 컨테이너, 플라스틱, 합성고무, 합성세제 등의 혁신이 빨랐고, 공장 설비에서 자동화로 대표되는 노동 절약적 공정이 새로 도입되기 시작했다. 정부가 연구개발 사업을 적극 지원하고, 기술 진보의 원천으로 교육의 중요성이 강조되고, 인적 자본에 대한 관심이 높아졌다.

투입재 보다도 자본 집약적인 수입 투입재에 대한 보다 낮은 가격을 설정하는 것이었고 따라서 이것은 수입 편향을 강화하는 기능을 가짐과 동시에 수입 대체형 생산 방법이 보다 자본 집약적인 것으로 되는 고유의 경향을 만들어 내었다. 그리고 저금리 정책도 일부 산업에 낮은 가격의 은행 자본을 제공함으로써 생산 방법을 과도로 자본 집약화하는 경향을 만들어 냈다.

환율 현실화 정책에서, 환율은 1950년대 저환율 시대에서 1964년 5월 공식 환율이 달러당 130원에서 257원으로 올랐다. 그리고 1965년 4월 다시 단일 변동환율제로의 이행이 선언되었다. 1964년에 단행된 극적인 평가절하에 의해 공정 환율은 미조직 시장 환율의 90% 수준까지 끌어올렸으며 그 후 이 수준은 1970년대 초까지 유지되어 왔다. 1965년의 공식 환율은 265.4원이었는데 1965년 이후의 실효 환율(공정 환율에 미화 1달러에 대하여 부여되는 원화의 수출 보조액을 더한 것)은 비공식 시장 환율을 능가하게 되었다.

다음은 수출에 대한 지원을 고려했을 때의 실효 환율의 변화를 보인 것이다. 〈표 10-2〉에서 보면 달러당 수출 지원이 1972년까지 대폭 증가하다가 이후 정체 내지는 감소하고 있는 것을 볼 수 있다. 특히 1987년 이후 자금 분야에서의 수출에 대한 지원은 사라진 것 즉 수출 금융에 대한 지원이 없어졌음을 알 수 있다.

〈표 10-2〉 수출에 대한 지원 상황

(단위: 백만 원, 백만 달러, 원)

연도	세제상의 지원(A)	자금조(B) 이자보급 상당분	A+B(C)	수출총액 (D)	공정환율 (E)	수출1$당지원액 (C/D)=F	F/E(%)	E+F
1962	565	52	617	54.8	130.0	11.26	8.66	141.26
1967	15,948	3,636	19,584	320.2	274.6	61.16	22.27	335.76
1972	158,660	18,795	177,455	1,624.1	398.9	109.26	27.39	508.16
1977	918,052	76,789	994,841	10,046.5	484.0	99.02	20.46	583.02
1982	1,905,703	71,478	1,977,271	21,853.4	748.8	90.48	12.08	839.28
1987	4,752,291	0	4,752,291	47,280.9	792.3	100.51	12.69	892.81

자료: 김창남·와타나베 도시오(渡邊利夫), 『現代韓國經濟發展論』, 1996. 〈표 3-2〉에서 작성.

한편 1980년을 기준으로 했을 때 구매력 평가 환율 [1980년의 도매 물가 지수를 100으로 하여 각년의 상대 도매 물가지수(한국의 도매 물가지수를 무역상대국의 가중 평균 도매 물가지수로 나눈 것이 한국의 상대 도매 물 가지수임)로 환율을 나눈 것임 = 환율×상대국 가중 평균 도매 물가지수/한 국의 도매 물가지수]를 계산하면 1974년까지 기준 환율을 크게 밑돌고 있 다. 그러나 1975년 이후 1987년까지는 1979년과 1987년을 제외하면 전 기 간을 통해 기준 환율에 접근하거나 또는 그보다 높게 설정되고 있다. 즉 1965~1974년까지의 공정 환율은 기술했던 바와 같이 시장 실세에 크게 접 근하는 수준이었다고는 하나 물가 상승에 의한 구매력 저하를 정확하게 반 영하고 있지 않았기 때문에 실질 환율은 결과적으로 수출 억제적·수입 촉 진적 경향을 갖고 있었다고 할 수 있다. 이같이 구매력으로 평가한 실질 환 율의 추이가 공업화에 필요한 원소재, 중간재, 자본재 등 생산재를 도입하 는데 유리하게 작용했다고 볼 수 있다. 그러나 1975년 이후에는 전반적으 로 구매력 평가 환율이 기준년도의 균형 환율을 크게 윗돌고 있어서 외화 에 대한 원화의 실질 가치를 대폭적으로 과소평가하여 수출 촉진적·수입 억제적 방향으로 조정되어 왔다.

수출 보조금을 감안한 실효 환율의 실질 가치를 나타낸 구매력 평가 실효 환율의 추이를 보면 1965~1972년까지는 1980년 기준 환율에 거의 접근하는 수준이었다. 이 기간의 실질 실효 환율의 기준율 607.4원에 대한 비율은 연평균 94.1%였다. 그리고 1973년 이후 이 구매력으로 평가한 실질 실효 환율은 1980년 기준보다 평균적으로 18.8% 높은 수준으로 설정되어 수출업자에게 인센티브를 부여했다고 할 수 있다.

1) 수출 촉진 정책

수출 보조에는 직접 보조, 관세 면제, 국내세 경감 및 면제, 이자율 보조 등이 있는데 1964년까지는 수출 산업에 대해 약간의 직접 보조금이 부여되고 있었지만 1965년 이후는 완전히 정지되고 있으며 이후에는 수출 산업에 대한 특혜적 이자율의 적용이라는 간접적인 보조 형태로 바뀌어졌다. 정부는 파격적인 수출 금융 우대 정책을 실시했다. 정부는 공금리의 반에 가까운 낮은 금리로 그것도 거의 무제한으로 수출 금융을 공급하도록 하였다. 1965년에 금리 현실화 정책으로 일반대출의 금리는 16%에서 26%로 올렸으나 수출 금융의 금리는 8%에서 6.5%로 내렸고, 1968년에는 6%까지 내려, 오히려 수출 관련 산업에 대한 대출 금리는 이전보다 낮아졌다. 이러한 파격적인 우대 금융 정책은 수출업자에게는 엄청난 유인책이 아닐 수 없었으며 가장 효과적인 지원 정책이었다. 이 밖에도 수출을 위한 시설 자금은 외화 대부 및 외자 도입 등에 의해 지원되었다.

세제면에서는 수출용 원자재 수입에 대한 관세 면제, 수출 제품에 대한 영업세 및 물품세 면제, 수출 소득에 대한 소득세 감면, 특별감가상각 인정 등 다양한 지원을 하였다. 일부 품목에 대해서는 철도 및 전기요금과 같은 공공요금을 할인해 주었다. 또한 수출진흥확대회의를 개최하여 애로사항을 해결하여 주고 각 도에 1개씩 수출 및 중소기업 공단을 조성하여 중소기업의 수출을 지원했으며, 1962년에 무역진흥공사(KOTRA)를 설립하여 국제 박람회 참가 지원 등 해외 시장 개척의 문을 열어주었다.

그러나 1972년 이후의 수출 보조금은 절대적으로는 물론 오르는 경향이었지만 미화 1달러당으로 보면 감소했다. 이것은 과도한 수출 요인 부여가 무역 상대국에게 수입 제한 조치를 유발시킬 가능성이 있음을 걱정한 정부가 1972년에 종래의 적극적인 수출 촉진 정책에 제한을 가했기 때문이다. 즉 1972년 이후 수출 산업의 사업소득세, 법인세 50%의 우대 조건이 철폐되고 재수출 투입 재수입의 자동적 관세 면제의 특권도 폐지되어 수출 후에 관세를 돌려받는 관세환급제로 환원된 것이다. 1975년 이후에는 관세환급제의 도입에 의해 관세 감면의 비중은 크게 감소한 반면 관세 환급에 의한 지원 비중이 크게 확대되었다.

2) 수입 자유화

1964년 이후 수입 자유화는 조금씩 추진되었지만(전 수입 허가 항목 중 자동 승인 항목이 조금씩 확대되고 준제한 항목이나 제한 항목 그리고 수입 허가 항목이나 수입 금지 항목의 비중이 줄어들었다), 정부는 1967년에 GATT에 가입하고, 1967년 7월에 종래의 '포지티브 리스트' 방식에서 '네거티브 리스트' 방식으로의 변경에 의해 수입 자유화가 크게 진전되었다. 자동 승인 항목은 수입 대체 생산을 위한 생산재였으며, 준제한 항목을 비롯한 제한 항목이 수입 대체 품목인 최종 소비재였었기 때문에 수입 통제의 폐지는 수입 대체를 위한 보호의 중요한 일부분을 배제시키게 되었다. 이것을 가능하게 한 것은 1966년의 수출의 확대와 이에 수반한 외환준비고의 대폭적 확대였다. 그러나 국제수지가 다시 악화되면서 오래 지속되지는 못했다.

다음 〈표 10-3〉은 수입 자유화율의 추이를 보인 것이다. 수입 자유화율은 1962~1966년에는 35~37%였으나 1967년에 일시에 60%로 높아지고 이후에는 오히려 낮아져 1977년에는 52.7%가 되었고 이후 꾸준히 높아지고 있는 것을 볼 수 있다. 그리하여 1996년에는 99.3%에 달하고 있다.

여하튼 한국의 수입 자유화가 본격적으로 추진된 것은 1978년의 일이며 1960년대 중반부터 1970년대 중반까지는 생산재 부문을 제외하면 수입 규제적 경향이 강하였고 대부분의 국내 산업이 행정 규제나 관세에 의해서 보호되고 있었다고 말할 수 있을 것이다. 따라서 이 시기의 수출 확대를 촉진했던 주요인은 시장 자유화에 따른 경쟁력 강화라고 하기 보다는 오히려 자유스러운 생산재의 도입과 낮은 노동 비용, 여기에 기술한 수출 보조금에 의해서 가격 경쟁력이 유지되었고 이것이 수출을 확대시켰다고 볼 수 있다. 그리고 시장 개방에 수반한 치열한 경쟁이 기술 혁신을 촉진했고 그로 인하여 국제 경쟁력을 갖춤으로써 수출을 확대시켰던 것은 1978년 이후의 일이라고 할 수 있다.

〈표 10-3〉 수입 자유화율의 추이

(단위: 개, %)

년도	총 품목 수	자동 승인 항목	제한 품목	금지 품목	수입 자유화율
1967	1,312	792	402	118	60.4
1972	1,312	668	571	73	50.9
1977	1,312	691	560	61	52.7
1982	7,560	5,791	1,769	0	76.6
1987	7,915	7,426	489	0	93.8
1988	7,915	7,553	362	0	95.4

3) 금리 현실화 정책

1965년 5월 이전 부의 실질 금리에서 대폭적인 금리 인상이 이루어졌다.

예를 들어 1964년 이전 상업어음 할인율의 실질 금리는 한국은행은 -11.9%에서 ~12.9%에 이르고 있었으며 상업은행은 0.6%에 불과했던 것이다. 정부는 1965년에 은행 금리를 대폭 올려 1년 만기 예금 금리를 연 15%에서 26.4%로 인상하고, 대출 금리는 16%에서 26%로 인상했다. 이와 같은 역금리 체계는 은행 자금에 대한 가수요를 억제하고, 저축성 예금을 획기적으로 증대시키는데 결정적 역할을 하였다. 이러한 금리 현실화 이후에는 상업 어음 할인의 실질 금리가 한국은행은 18.9%, 그리고 상업은행은 14.9%로 되었다.

그러나 여전히 투자 수익율이 높아 투자가 저축을 상회하고 사금융시장이 존재하고 있었던 것은 틀림이 없다. 그리고 금리 인상 이후에도 1965년 한국은행을 비롯한 일반 상업은행의 수출 어음 할인율은 전자가 3.5%, 후자가 6.5%였으며, 당시 상업어음 할인율이 각각 28.0%, 24.0%였던 것에 비하여 극히 낮았다.

이러한 금리 인상으로 예금의 증가와 함께 투자의 증대를 가져와 1965~1970년의 투자 증가율은 32%에 이르고 있었다. 그리고 금리 인상은 K/L ratio의 하락을 가져오고 한계 자본 산출계수(제조업 분야)를 낮추는 역할을 하였다(1954~1962년은 2.1 그리고 1963~1967년은 1.7, 또한 1968~1972년은 1.4, 그리고 1973~1976년은 2.0이었다).

그러나 1965년의 대폭적인 금리 인상에도 불구하고 한국은 아직도 저금리 상태였다. 특히 일반 예금 금리와 상업어음 할인율은 모두 대폭적으로 인상되었으나 정책 금융인 수출 관련 금융의 이자율은 오히려 큰 폭으로 인하되고 있다. 그리고 상업어음 할인율과 수출 금융 금리 간의 금리차를 수출업자에게 보조하고 금융 비용의 부담을 경감시킴으로써 수출 확대를 시도해 왔던 것이다.

이러한 상황 아래에서 1972년 8월 3일 '경제의 성장과 안정을 위한 긴급 명령'을 공포하였다. '8·3조치'로 불리는 이 긴급 조치는 모든 기업이 현재

가지고 있는 사채를 신고하고 신고된 사채는 3년거치 월 1.35%의 이자를 합해 5년간에 분할 상환하든가 아니면 사채업자가 대출금을 전액 해당 기업에 출자하는 형식을 취함으로써 사채를 완전히 일소시킨 조치였다. 이 조치와 병행하여 상업은행의 일반대출 금리도 연 19%에서 15.5%로 인하되면서 저금리 정책으로 환원되었다. '8·3조치'에 신고된 사채 총액은 3,456억원이었으며 이것은 당시 M1의 80%에 달하는 엄청난 규모였다. 이 조치에 의해 사채시장은 크게 위축됨과 동시에 악명 높은 사채 금리는 급속하게 인하되었다. 그러나 일반 시중은행의 대출 금리가 인하되었기 때문에 양자 간의 금리 차는 1980년대 초기까지 일정한 수준을 유지해 왔다. 그리고 1982년 6월부터 수출 금융으로 대표되는 정책 금융의 차별적 특혜 금리 제도가 철폐됨에 따라 금리 체계는 일원화되었고 더구나 안정된 물가 수준을 반영하여 실질 금리는 상승했던 것이다.

3. 해외 의존형 농업 역할의 제한 - 이농과 그 성격

종래에 농민 분해에 관한 이론은 농업에서의 지주, 차지농 기업가, 농업 노동자로의 삼분할제가 농업에서의 자본주의 발전의 모습이라고 하였다. 그러나 조선에서는 여기에 지주제를 통한 소작농의 증대라는 반봉건적 분해가 나타난다. 이러한 농민 분해의 형태적 차이도 중요하지만 이러한 농업의 변화가 사회의 자본주의적 발전과 어떻게 연관되어 있는가에 관해 종래의 정치 경제학 이론은 명료한 설명이 없다. 이에 반해 인구 과잉형 경제에서의 무제한 노동 공급 가설을 토대로 하는 2부문 성장모형(two-sector growth model)이 근대화, 나아가 자본주의 발전에서의 농업의 역할과 그 과정을 잘 설명해 준다.

폐쇄 경제에서 공업화를 위해서는 농업의 선행 역할이 필요하다. 농업혁명을 통해 농업 생산을 증대하고, 생산한 농산물을 농업 내부에서 소비하고 비농업 부문으로 공급할 수 있는 농업 잉여(agricultural surplus)가 증가해야 한다. 이를 통해 공업화에 필요한 식량 공급, 자본 공급, 외환 공급, 공산품에 대한 수요의 제공 등을 해야 한다. 이것이 농업과 공업화 사이의 농산물 공급을 통한 생산물 연관(product linkage)이다.

그리고 농업 부문에서는 공업화에 필요한 노동력도 이농을 통해 공급(labor linkage)해야 한다. 이농 과정에서 농업 노동력이 감소함에 따른 공업 부문으로의 농업 잉여의 공급이 감소하지 않는 것이 빠른 공업화를 위해 중요하다. 이를 위해서는 농업 생산성이 증가하거나 혹은 정부나 지주에 의해 농산물의 농업 내 소비 증대를 억제하고, 조세나 지대를 통한 농업 생산물의 공업 부문으로의 이전 시스템이 필요하다. 한국의 1960년대 이후의 공업화 과정처럼 개방 체제에서는 공업 부문으로 공급해야 하는 '농업 잉여'를 해외 수입에 의존하고, 농업은 주로 이농을 통해 노동력 공급만 하는 전략이 성립할 수 있다. 이것이 수출 지향적 공업화 전략의 특징 중의 하나이다.

조선조의 폐쇄 경제에서 경제 성장을 위해서는 농업 생산 증대가 필수적이나, 농업 잉여가 창출되어 상공업 부문으로 투자되는 사회적 분업의 확대가 이루어지지 않고, 단지 여유 있는 계층이 토지 소유를 집중하는 방향으로 농산물의 배분이 이루어진다면, 근대화를 가져오기 어렵다. 그런 점에서 경제 성장을 위한 농업의 역할은 농업 생산의 증대 그 자체보다 오히려 상공업 부문으로의 농업 잉여의 동원과 투자가 이루어지는 것이 보다 중요하다.

〈그림 10-1〉은 윌리엄 루이스(William A. Lewis)와와 페이-래니스(Fei-Ranis)의 2부분 성장 모형을 보여주는 것인데, 성장을 위한 농업의 역할을 잘 설명하는 모형이다.

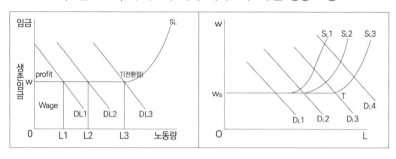

그런 의미에서 조선 후기에 먼저 농업에서 농업 잉여가 창출되고, 그것이 상공업 부문으로 이전되고 있었는가를 검토할 필요가 있다.

농업 생산력이 증대하여 농업 잉여가 증가하고, 실업 상태의 잉여 노동이 존재하면 임금을 올려주지 않고 공업 부문으로 공급 가능한 노동공급곡선이 S1, S2, S3로 이동한다. 그리고 노동수요곡선이 D1, D2, D3로 이동함에 따라 공급과 수요가 만나는 점에서 공업 부문의 고용이 이루어지고, 공업화가 이루어지지만 초기에는 노동 임금을 올려주지 않아도 된다. T점, 즉 잉여 노동이 없어지는 전환점에 도달하면 임금을 올려 주어야만 농업에서 공업으로 노동의 이동이 이루어진다.

1) 경제 성장과 농업

(1)경제 발전과 농·공의 상호 관계

경제 발전 과정에서의 농업의 중요성은 애덤 스미스 이래로 중시되어 왔다. 그러나 공업 발전이 경제 발전을 선도하는 근대 사회에 공업화를 위한 농업의 역할 그리고 농·공의 상호 관계를 설명한 이론들 중 루이스의 무제한 노동 공급가설과 그를 이은 페이와 래니스의 인구 과잉 경제의 발전 이론이 고전적이다.

자본주의 발전 과정에서의 농업과 공업의 상호 관계에 대해서는 잘 알려져 있다. 성장 과정에서 농업은 식량 공급, 자본 공급, 외환 공급, 국내 시장 형성 등의 역할과 노동력 공급의 역할을 담당한다. 이 중에서 앞의 것들은 생산물 연관(product linkage)에 관한 것이고 후자는 노동력 연관(labor linkage)에 관한 것이다. 그런데 '생산물 연관'은 농업혁명을 통한 '농업 잉여'의 존재가 전제되어야만 가능한 것이며 '노동 연관'도 폐쇄 경제에서는 농업 잉여가 존재해야 비로소 원활히 작용할 수 있다고 할 수 있다.

다른 한편 공업의 발전은 농업 진보에 다양한 영향을 미친다. 공업의 발전은 임금제 수요를 증가시키고 농업 생산물에 대한 유리한 시장은 농업의 상대적으로 정체적인 생존 경제를 파괴하고 보다 전문화되고 효율적인 기초 위에 현금 작물의 생산을 자극하며 농산물 가공업을 발전시키고 도시와 농촌 경제의 통합을 증진시킨다. 공업화는 좀 더 다양한 소비재를 제공하여 농민의 욕망과 보다 생산적인 노력을 자극한다. 그리고 보다 나은 농업 생산재를 제공하여 농업 생산성을 높이는 것이고, 더 중요한 것은 공업 및 도시의 발전은 농업 내에 보다 효율적인 요소시장을 형성하는 것이다.

또한 공업의 발전은 보다 생산적인 비농업 고용을 창출함으로써 공업화는 유휴 노동력을 농업에서 전환시켜 농업에서 떠난 자와 잔류하는 자 모두에게 도움을 준다. 그리고 이농의 증가는 농업의 노동 임금을 올리고 그것에 상응하는 생산성 증가를 가져오는데 이것은 농업 생산의 규모 증가나 자본-노동 비율의 증대를 통해 이루어진다. 도시와 공업의 발전은 이러한 농업의 재조직을 가져오는데 첫째, 이농이 토지 가격을 떨어뜨리고 토지의 통합을 가져오며, 둘째, 공업의 발전은 총 금융 자원을 증가시키고 보다 효율적인 금융기관의 발전을 가져와 그중 일부는 농업에 도움이 된다. 따라서 공업과 도시의 발전은 보다 효율적이고 대규모이며 기계화된 기초 위에 농업의 재조직을 촉진함으로써 생산성 증대에 유리한 조건을 형성한다고 볼 수 있다.

이러한 성장 과정의 농·공의 상호 관계에 대해 특히 인구 과잉형 경제에 관해서는 루이스와 페이, 래니스에 의해 흥미로운 모형이 개발되어 있다. 그들은 한계생산력이 0이거나 0에 가까운 과잉인구가 존재하는 경제에서 성장의 초기에는 공업 부문에서 생존 임금(또는 생존 임금+a)를 지불하면 무제한의 노동 공급을 받을 수 있는 경제를 가정했다.

〈그림 10-1〉에서 인구 과잉 경제에서의 과잉인구가 해소되는 전환점에 도달할 때까지는 농업에서 공업 부문으로의 노동공급곡선이 수평선으로 나타난다고 한다. 달리 말해 노동이 맬서스 인구 법칙이 작용하는 농업 부문에서 누리는 생존 임금 수준을 공업 부문이 제공하면 농업 부문에서 공업 부문으로 노동 공급이 임금 상승 없이 무제한으로 이루어진다는 것이다. 그러나 전환점에 도달해 과잉인구가 해소되면 도표에서 노동공급곡선과 노동 수요 2가 만나는 점이 보여주듯이 노동 수요가 증가할 때 임금이 상승하게 된다.

이러한 무제한 노동 공급가설이 현실적으로 타당하기 위해서는 과연 농업 부문에 한계생산성이 0이면서 생존 임금을 누리는 과잉인구가 존재하는가, 그래서 이농이 이루어져도 총 생산물은 감소하지 않는지, 그리고 이농이 이루어질 때 인구가 감소한 잔류 농민에게 돌아가는 임금 수준이 종래의 생존 임금 수준보다 높아져서 이농하는 노동의 기회 비용을 높이고 그에 따라 이농 농민의 임금 수준을 초기부터 상승시키게 되지는 않는가 등의 의문이 제기된다

종래에 농업에 얼마만큼의 위장 실업이 존재하고 또 그 크기를 어떻게 측정할 수 있으며 그것이 존재할 수 있는 근거는 무엇인가에 대해 다양한 이론이 있어 왔다. 일단 위장 실업(disguised unemployment)을 노동의 적은 양이 철수되어도 남은 노동력으로 경영의 조그마한 변화와 단순한 자본 설비의 소량 추가만으로 동일 생산량이 가능한 경우에 농업 생산량을 감소시킴 없이 인출 가능한 노동의 크기를 말하는 것이라고 하자. 그런데 이러한

노동이 여전히 존재할 수 있는가를 이론적으로 해명하기 위해서는 첫째, 노동이 실업 상태에 있고 낭비되고 있다면 왜 노동에 비해 토지나 자본을 적게 쓰는 기술이 도입되지 않는가, 둘째, 주어진 기술 상태에서 왜 노동이 아무런 생산의 증가를 가져오지 않을 만큼 이용되는가, 셋째, 왜 임금이 한계 생산물 보다 높은가 등의 문제가 해명되어야 하는 것이다.

이러한 위장 실업의 존재 이유와 그 크기를 측정하는 데는 여러 가지의 논리적 방법이 있을 수 있지만, 과연 실제로 어느 정도의 위장 실업이 존재하는가에 관한 한국의 사례에 대한 연구에 의하면 엄격한 의미에서 한계생산력이 0인 노동은 존재하지 않았고, 다만 저고용의 저생산성의 노동력은 상당히 존재했던 것은 사실이다.

이러한 인구 과잉형 경제에서의 농·공의 상호 관계에 관해서는 흥미로운 분석 모델이 존재한다. 소위 '2부문 성장 모형'으로 불리는 모델은 인구 과잉형 경제(무제한 노동 공급)를 가정하여 공업화에 따른 노동력 흡수의 과정, 그리고 그 과정에서의 농·공간의 교역 조건의 변화 및 임금의 변동을 설명하는 이론이다. 이에 의하면 〈그림 10-1〉에서 보듯이 잠재 실업 형태의 과잉인구가 존재하는 한, 공업은 저임금의 노동력을 무제한으로 이용할 수 있다고 한다. 이 과정에서 소위 실업, 혹은 저고용 상태의 생산 요소를 고용하는 형태로의 성장, 즉 외연적 성장(extensive growth)이 비교적 수월하게 이루어질 수 있는 것이다. 그러나 일단 잠재 실업이 해소되기 시작하면 임금 상승이 시작되므로 임금 상승을 허용할 수 있는 생산성 상승이 이루어져야 고용이 확대되고 경제 발전이 가능한 내포적 성장(intensive growth)의 단계가 나타날 수 있다.

그러나 임금이 일찍부터 상승하면, 공업 부문에서 고용 증가가 느려지고 이농도 늦어져서 구조조정이 지체되므로 될수록 저생산성의 잠재 실업 인구의 흡수가 늦어지지 않도록 임금 상승이 조기화되지 않는 게 필요하다. 이를 위해서는 농업 생산성이 계속 상승하여 공산품의 농산품에 대한 교역 조건의 악화를 가져오지 않고 따라서 임금 상승 압력이 조기화되지 않도록 하는 것이 중요하다. 노동력 흡수를 가능하도록 하지 않는 한 공업 발전은 지체될 수밖에 없는 것으로 설명된다.

그런데 단순한 형태의 생존 임금 수준에서의 수평적 노동공급곡선을 가정한 2부문 성장 모형은 이론적으로 약간의 문제점을 가지고 있다. 수평적 노동공급곡선의 2부문 경제 모형은 농업 노동의 이동에 따라 평균 농업 소득이 증가하는데도 불구하고 농업 부문의 제도적 임금(institutional wage) 수준은 불변이라고 가정하고 있으며 농업 인구가 절대적으로 감소하는 이후에야 임금이 상승된다고 한다. 이러한 논의는 몇가지의 의문점을 제기한다.

첫째, 이것은 이농에 따른 농업 부문에서의 소득 증가가 지주에게 귀속되는 것을 의미하므로 농업 생산의 봉건성을 전제로 한 것이며, 또한 이농 노동자가 소농 가계의 구성원이 아닌 지주를 위한 임금 취득 노동자였다는 것을 의미한다. 따라서 이러한 가정은 그들의 소농 가계의 구성원의 한계 생산성은 0이라는 가정과 모순되는 내부적 불일치를 나타내고 있다. 이 불일치를 제거하고 생각하면 한계생산력이 0이라는 의미에서의 잉여 노동이 존재하더라도 노동공급곡선은 수평이 될 수 없고 더욱이 공업 부문 노동자의 노동 강도의 강화로 인한 식량 수요의 증가를 고려하면 위의 가설은 더욱 그러하다.

둘째, 위와 마찬가지로 임금의 동향과 관련된 것이지만 우선 페이와 래니스는 농업 생산성이 증가하면 평균 농업 소득이 증가하고 이에 따라 공업 부문 실질 임금도 상승시키는 실질 소득 효과가 나타나나 상대적인 농업 생산물 확대로 말미암아 농산물의 교역 조건이 악화되고 따라서 공업 생산물로 측정한 공업 부문 실질 임금을 감소시키는 교역 조건의 효과가 나타난다고 한다. 그리하여 총체적으로 보면 농산물에 대한 수요의 소득 탄력성이 낮아 교역 조건의 효과가 실질 소득 효과를 상쇄하여 공업 부문의 실질 임금은 제도적 임금에서 불변이며 이러한 노동공급곡선의 수평 부분은 제도적 임금 수준과 농업 노동의 한계생산성이 같아질 때까지 지속된다고 간주하고 있다. 그런데 문제는 이러한 교역 조건에 관한 논의가 타당하기 위해서는 그들의 자연적 내핍(natural austerity) 이론이 타당해야 한다는 것이다. 즉 공업과 농업 부문의 임금 수준이 일정한 상태에서는 공업 소비재에 대한 수요가 크게 증대될 수 없으므로 공업 생산은 주로 회임 기간이 긴 투자 재생산에 집중되어야 하며 또한 기업가나 농업 생산 잉여의 소유자들이 그 잉여를 소비하지 않고 비교적 회임 기간이 긴 기업의 자산을 구매하는데 투자해야 하는 것이다. 페이와 래니스는 이러한 자본 동원을 위해 금융 중개기관의 정비와 함께 정부의 역할 증대를 강조하면서도 저개발국 지주들은 저축과 투자의 동시적 담당자이고 경제적 기회에 민감하여 교역 조건의 변화에 따라 산업 간 최적의 투자 배분까지도 할 수 있는 것으로 가정하고 있다. 페이와 래니스는 이와 같이 지주의 자발적 투자를 강조하고 있지만 이것은 비현실적으로 그들이 강조하는 일본에서조차 메이지(明治) 초의 높은 저축률은 자연적 내핍에 의한 것이라기 보다는 봉건지주에게 돌아갔을 소득을 정부가 조세로 흡수한 결과인 것이다. 따라서 페이와 래니스 모형은 인플레나 조세를 통한 강제 저축을 도입해야만 이론적 또는 현실적인 내부적 불일치의 문제가 제거된다.

셋째, 루이스 모형은 암묵적으로 도시 부문에서의 노동 이동과 고용 창출률은 도시 자본의 축적률에 비례한다. 그러나 자본가의 이윤이 보다 정교한 노동 절약적 자본 설비에 투자되면 자본 축적에도 불구하고 고용의 확대가 일어나지 않을 수도 있는 것이다. 그리고 암묵적으로 루이스는 농촌에는 잉여 노동이 존재하지만 도시에는 완전 고용이 존재한다는 가정을 주장하고 있지만 이는 현실과 배치되는 것이다.

한편 소득 분배와 관련해 루이스는 무제한 노동 공급이 가능한 한에서는 국민 소득 중 이윤 부분이 증가한다고 했다. 바꾸어 말해 경제 성장의 초기 단계에서는 소득 분배의 불평등이 증가하고 전환점 이후에는 감소하는 사이먼 쿠즈네츠(Simon S. Kuznets)에 의한 소득 분배의 역전된 U곡선 (reversed U-shape curve)이 나타난다고 한다. 그러나 페이와 래니스에 의하면 임금이 다소간 일정한 수준에서 유지되더라도 노동의 고용이 수입 대체가 아닌 수출 지향적 공업화 과정에서 급격히 증가하면 소득 중 임금 비중이 증가할 수 있고 따라서 소득 분배의 불평등이 성장 초기부터 감소할 가능성이 있다는 것이다. 이를 위해서는 지역적으로 분산된 공업화와 농촌 공업의 성장을 통해 농가 소득 중 농업 소득의 비중을 낮추고 토지의 평등적 배분을 통해 농업 소득의 분배 구조를 개선하면서 급속한 공업화를 통한 고용 증대가 필요하게 된다고 한다.

페이와 래니스는 폐쇄 경제 아래에서 노동과 자본의 공급을 위해 농업 생산성 증대를 강조한 것과 동일하게 개방 경제 아래에서도 성장을 위해서는 농업 부문의 역할이 중요하다고 본다. 왜냐하면 농업 부문이 정체하면 국민 경제 내의 가용 저축 기금이 감소하고 식량 부족을 유발시키는 인플레의 위험이 뒤따르게 되어 곧 국제수지가 악화된다는 것이다. 이와 같이 논리적인 측면에서 약간의 미비점이 없지 않지만 선진국의 역사적 경험에 의하면 영국이나 독일, 프랑스 그리고 일본에서도 대체로 농업혁명을 토대로 농업 잉여가 창출된 다음 공업화를 시작하는 것이 일반적이었고 노동력의 상대적인 희소화가 진행되면서 경제 구조의 고도화가 추진되었다.

그러나 한국은 농업혁명을 수행하지 못한 채 급속한 공업화와 경제 발전을 위해 농업의 역할을 해외 부문으로 대체하면서 수출 지향적 공업화를 추진하였다. 그리고 대체로 1970년대 중엽까지는 외연적 성장이 지속되고 1970년대 중엽에는 전환점(turning point)이 나타나면서 내포적 공업화가 불가피하게 필요하게 된 것으로 판단된다. 1970년대에 시작되는 중화학공업화나 산업 구조 개편의 필요성의 증대도 기본적으로 임금의 상승에 따른 노동 집약적 상품의 경쟁력의 상실이라는 문제가 중요했던 것으로 생각되는 것이다. 이와 같이 한국의 공업화는 농업의 역할을 해외 부문이 대체하면서 수행되어 급속한 성장을 이룬 반면에 농·공간의 산업 연관의 취약, 해외 의존도의 심화, 외채의 증가 등 구조적인 문제가 나타나게 되었다. 그러나 이러한 문제점에도 불구하고 한국의 공업화는 급속한 고용 확대를 통해 경제 구조 전체의 상향 이동을 가져온 것으로 생각되며 이것이 한국의 성장 경험의 가장 중요한 강점인 것으로 생각된다.

그러나 한국의 고용 흡수력이 높았고, 잠재 실업이 빠르게 해소되었다고는 하나, 국내의 임금이 높아가는 가운데 첨단 산업 위주의 공업화가 추진되는 만큼 이것이 한편에는 산업 구조의 고도화, 생산력의 향상 등을 의미하지만 다른 한편에는 실업의 문제 그리고 임금 격차 확대 등의 문제를 가져올 가능성을 지니고 있는 것이다. 초기의 한국의 공업화가 농업을 경시하는 가운데 고용 증가를 통해 경제 구조 전체의 상향 이동을 가져왔다고는 하지만, 만약에 경제의 글로벌화 과정에서 한국의 첨단 공업화가 실업자의 증가 가운데 수행된다면 한국 경제는 특히 사회적인 불평등의 증대 속에 취약한 구조를 가질 가능성이 여전히 남아있는 것이다.

이와 같이 한국의 고도성장 과정에서 농업의 역할이 노동 공급의 측면에 국한된 것이어서 농업의 자본주의적 발전의 양상에도 중요한 특징을 가져온 것으로 판단된다. 선진국에서는 농업의 역할이 생산물과 노동력 연관의 양면에서 중요한 역할을 할 수 있는 농업 생산력의 발전이 있었고 또한 그것을 가능하도록 하는 농산물 가격 조건이 허용되고 있었으므로(기본적으로 폐쇄 체제를 이용) 공업화에 따라 농업 부문에서도 상당 기간 자본주의의 발전이 가능했던 것이다. 그러나 한국에서는 농업의 역할이 노동력 공급에 국한되었기 때문에, 달리 말하면 농업 생산의 증산이 성장의 기본 조건이 아니었기 때문에 농산물의 가격 조건은 불리했고 따라서 농업의 자본주의 발전을 위한 기본 조건이 존재하지 않았다. 농업의 자본주의 발전을 위해서는 도시화, 공업화에 따른 농산물의 수요 증대 그리고 농산물 가격 조건의 호조가 기본적 전제이며 그 다음으로는 농업의 노동력이 부족해지고 그에 상쇄되는 농기계 등의 보급이 농업의 자본주의화를 가져오는 주요 요인이 되는 것이다.

그러나 한국은 그러한 조건이 결여되어 있었던 만큼 농업의 자본주의적 발전은 어려웠던 것이다. 그렇지만 농업 부문의 노동이 공업 부문으로 고용 흡수가 빠르게 이루어지고 있었던 만큼 이것이 농가 소득의 향상과 농업 부문 노동력의 고용 증대를 가져오면서 경제 구조 전체의 상향 발전을 가능하도록 한 것으로 볼 수가 있다. 그리고 농업의 자본주의적 경영이라는 구조 변동을 가져오지는 않았지만 농업 인구가 급속히 감소하는 가운데, 농업의 다각화·상업화가 진전되면서 소농 체제의 테두리 내에서 농업 부문의 취업률 증가, 소득 향상이 꾸준히 이어져온 것으로 판단된다.

(2) 전환점에 관한 논의

앞에서 2부문 성장 모형과 한국의 이농 과정의 특징을 살펴본 바가 있다. 이에 의하면 한국 농업은 주로 노동 공급의 역할을 했고 이농 과정은 견인 측면이 강했다고 할 수 있다. 그렇다면 한국은 언제 과연 전환점에 도달했다고 볼 수 있는가 하는 문제를 살펴보도록 한다. 주지하는 바 한국의 공업화는 농업의 역할을 해외 부문이 대체하면서 수행되어 급속한 성장을 이룬 반면에 농·공간의 산업 연관의 취약, 해외 의존도의 심화, 외채 증가 등 구조적인 문제가 나타났다. 그러나 이러한 문제점에도 불구하고 한국의 공업화는 급속한 고용 확대를 통해 경제 구조 전체의 상향 이동을 가져온 것으로 생각되며 이것이 한국의 성장 경험의 가장 중요한 강점인 것으로 생각된다.

그러나 한국의 성장 과정에서 나타난 농·공간의 불균형, 해외 부문에 대한 의존과 취약성, 소득 분배의 격차와 빈곤 문제 등에 주목하면서 성장 과정에 비판적인 시각을 가졌던 논자들은 오랫동안 한국 경제 구조 전체의 상향 이동에 대한 믿음에 비판적인 시각을 견지하였다. 이러한 상이한 논점들은 특히 한국 경제의 과잉인구 해소와 전환점 통과에 대한 대립적인 가설로 나타나기도 하였다.

한국 경제에 비판적 견해를 가졌던 논자들이 뒤에 보듯이 안정적 고용의 빠른 확대를 부정하고 소위 '비공식 부문 확대설'을 주장한 것과 달리, 한국 경제에 긍정적, 낙관적 견해를 가졌던 논자들은 한국 경제가 고용 흡수력이 높았던 특징을 가지고 있고, 1970년대 중반에 과잉인구가 해소되는 전환점을 통과했다고 주장했다. 이러한 점들을 염두에 두면서 긍정론자의 대표적 논자인 와타나베 도시오(渡邊利夫), 배무기 등에 의한 견해를 살펴보자. 먼저 1960년대 이후의 공업화 과정에서 고용의 확대가 어떻게 이루어졌는가를 살펴보도록 하자. 한국의 성장 과정의 고용 흡수력을 보기 위해 아래 몇개의 지표를 검토하여 보기로 한다.

1970년에서 1977년 사이 한국의 제조업의 연평균 고용 증가율은 연 12%였으며(같은 기간 싱가포르 및 말레이시아의 제조업 연평균 고용 증가율은 각 8.3%, 7.4%였다), 이를 산업 전체로 확대하면 연평균 고용 증가율은 연 4.1%였다. 같은 기간 한국 제조업의 고용 탄성치(GLm/Gym)는 0.610이었으며, 건설 및 그 외를 포함하는 광의의 공업 부문에서의 한국의 고용 탄성치는 0.736이었다. 이와 같이 한국은 상대적으로나 절대적으로 높은 고용 흡수력을 보이고 있었지만 1960년대와 1970년대의 전반기에 걸쳐 의류, 잡공업, 전기, 기계, 합판, 목재 등의 수출 부문의 높은 고용 흡수력이 제조업 전체의 고용 흡수를 견인한 중심 부문이었다.

〈표 10-4〉 제조업 상품 수출의 고용 흡수(1960~1975년)

(단위: 천명)

	1960	1963	1966	1970	1975
제조업 상품 수출 유발 고용 수(Lme)	26	43	158	303	898
제조업 노동자 수(Lm)	523	610	833	1,284	2,205
전산업 노동자 수(L)	5,962	7,662	8,423	9,745	11,830

	1960	1963	1966	1970	1975
Lme/Lm(%)	4.97	7.04	18.97	23.99	40.73
Lme/Lm(%)	-	19.54	51.56	33.26	64.06
Lme/L(%)	-	1.00	15.11	11.35	28.30

그러나 유의할 것은 이러한 고용 흡수력은 점차 약간씩 퇴조하고 있었다는 것이다. 이것을 우리는 다음의 몇개의 지표에서 확인할 수 있다.

〈표 10-5〉 고용 흡수력의 변화

	1972~1976년	1977~1980년	1981~1984년
고용 흡수력의 감소(성장률 1%당)	51.5천	48.7천	24.7천
종업원 증가율의 감소	15.2%	4.2%	3.3%
고용계수(산업연관표상)	0.099	0.074	0.059
K/L	1,896.3	4,232.4	9,374.6
대 GNP 고용탄성치	0.49	0.28	0.21

이러한 고용 흡수력의 감소는 한국 경제의 중요한 과제 중 하나이지만 이 문제는 일단 차치하고 공업화 과정에서의 고용 확대에 따른 산업 구조의 변화, 도시화의 진전을 살펴보자.

한국의 농가 인구 및 농가 호수의 전년 증가율은 1967~1978년 -2.98%로 나타나는데 (일본은 농가 인구가 절정인 1949년 이후 년 -2.26%였다) 지역 간 인구 이동에 관한 통계를 보면 서울은 1960년 이후 순이입률이 증가했지만 1970년 이후 순전입율이 오히려 감소하고 부산직할시와 경기도의 순전입률은 상대적으로 커지는 등 인구 집중의 핵이 다양화하기 시작했다(수도권의 확장). 그리고 지역 내에서는 군에서 시로의 이동하는 인구의 착실한 증대 경향이 눈에 띤다.

그러면 이러한 이동의 원인은 무엇인가? 일반적으로 이농의 원인은 압출 요인(push- out effect)과 견인 요인(pull-out effect)이 존재하는 것으로 설명된다. 압출 요인은 물론 농촌이 살기 어려워서 떠나는 것이고 견인 요인은 도시가 살기 좋아 이동하는 것이다. 그런데 이 두 요인은 논리적으로 분리될 수 있지만 현실적으로 반드시 분리 가능한 것은 아니다. 이농은 기본적으로 도시와 농촌의 상대적 격차에 기인하는 것이고 압출 요인은 노동의 공급 측 요인이라면 '견인'은 노동의 수요 측면에 관한 것이라고 할 수 있다. 따라서 이농은 이 양 측면이 상호 작용하면서 일어나는 것이지만 그러나 상대적으로 어느 측면의 요인이 강한가 하는 것이 이농의 공과를 평가하는 중요한 요인이라고 할 수 있다.

한국에서 1960년대 이후 도시 진입 인구의 중심은 영세 농가 계층이었다. 그렇지만 1960년대의 한국 농업에 있어 영세 농가의 가계 소득, 가계 소비의 지출이 중간 규모, 대규모 농가의 그것과 비교하여 그 상대적 지위가 저하된 것으로는 보이지 않는다. 실제로 가처분 소득에서 소비 지출 및 기타 약간의 지출을 뺀 농가 가계 잉여에 있어서는 경작지 규모에 있어 가장 영세한 0.5ha 이하의 농가, 0.5-1.0 ha의 농가는 그 상대적 지위의 개선까지도 보이고 있다. 그리고 한국 도시화에 있어서 견인 요인이 강함을 보여주는 가장 중요한 요소는 대규모적인 도시화에도 불구하고 진행된 도시 내부에서의 고용 조건의 개선과 임금 수준의 향상이었다고 할 수 있다.

그 논거로 먼저 고용과 임금 구조의 변동을 살펴보도록 하자. 고용 상태를 근대 부문의 상용 노동자, 보다 한계적인 노동자로서 일용 노동자, 임시 노동자, 무급가족 종사자, 자영업주로 구분하여 보면 전 노동자 수에서 차지하는 상용 노동자의 비중이 증가하고 후자의 비중이 감소하는 것이 최근의 추세로 나타나고 있다. 또한 실업률은 1965년의 13.5%에서 1978년에는 4.7%로 감소했다. 한편 주당 8시간 미만의 노동자를 나타내는 불완전 취업률은 1965년의 2.5%에서 78년에는 0.4%가 되었으며 비농업 부문 고용 조건의 개선은 실질 임금의 특징적인 상승 경향 속에서도 잘 반영되고 있다. 그리고 이것은 저생산성, 저임금 부문인 기타 제조업, 섬유, 의류, 가구, 완구 등에서도 동일하다.

농업 부문에서도 농업 기계화, 근대적 농업 투입재의 증가에 의한 생산성의 증대와 병행하여 농민에 의한 평균 노동 시간의 증가 경향이 나타난다. 농업 노동 시간의 증가 경향은 다른 부문에 비해 컸으며 1965년의 41.0시간이 1976년의 절정기에는 48.5시간에까지 늘어났다. 이와 동시에 불완전 취업률은 당연히 감소하게 된다. 1965년의 농업의 불완전 취업률은 10.6%였는데 1978년에 이것은 1.9%로 저하되었다.

또한 제조업 부문의 성장과 그것에 의해 유래되는 농업 부문에서의 노동력 유출은 제조업과 농업의 양부문에서 종래에는 노동시장에 참가하기 어려웠던 여성 노동력, 특히 농촌의 여성 노동력을 새로운 노동력으로 흡수해 간다는 과정을 발생시켰다. 농가 여성의 경제 활동 참가율(경제 활동 인구의 생산 연령 인구에 대한 비율)은 1965년의 41.0%에서 78년의 54.0%에 이르기까지 상당한 증가 경향을 보였다. 특히 1960년대 후반에서 1970년대 전반까지의 증가율은 높다. 비농가 여성의 경제 활동 참가율 역시 1970년대 후반에 이르러 약간의 증가 현상을 보이고 있다.

한편 상대 요소 가격과 요소 대체, 생산성에 관한 것을 보면 1963년 이래 계속 제조업 임금률(Wm)이 농업 임금률(Wa)을 상회하고 그 격차가 커지고 있으며 이는 이농의 원인이 되고 있는 것이다. 그리고 농업 부문에서의 자본의 임대 가격(rental price)이 임금률 보다 높아짐으로써 Ka/La가 계속 상승하고 있는 것이다. 또한 자본재의 상대 가격은 하락하고 토지의 상대 가격은 대폭적으로 상승하며 노동의 상대 가격은 일정하거나, 혹은 약간의 상승 경향을 나타내는 것이다. 이와 같은 사실은 노동과 토지의 사용을 줄이고 자본재를 보다 집중적으로 사용하는 경향을 촉진한다. 즉 한국의 농업 부문은 생산 요소의 상대 가격 변화에 대응하여 생산 구조를 고도화하며 농업 부문의 부가가치를 높이는 방향으로 움직이고 있다. 예를 들면 자본의 대체에 있어서 경운기는 소형에서 대형으로 탈곡기와 살충제,

확산기의 경우는 수동식에서 동력식으로 바뀌면서 자본재의 도입이 국내 요소 부존의 변화와 잘 대응하면서 진전되고 있는 것이다.

이와 같은 한국 농업의 개발 과정에 있어서 한가지 특성은 그 생산성 향상이 농·공 간의 비교적 강한 연계에 의해 실현되었다는 점이다. 공업 부문의 발전에 의해 실현된 고도 경제 성장은 토지 가격의 등귀를 초래함과 동시에 농업 부문에 존재하고 있던 과잉인구를 공업 부문으로 끌어들여 그 임금을 상승시키게 되었다. 또 다른 한편에서는 공업화의 진전에 따라 자본재의 상대 가격이 현저하게 저하되었다. 이와 같이 공업화에 따른 상대 가격의 변동이 농업에 대한 자본 투입을 촉진시키고, 결국은 이 자본 투입이 생산 증가를 가져오게 하고 소득 증가를 초래하는 것이다. 그리고 이 소득 증가가 자본재의 구입을 촉진하는 형태로 농·공간의 연계가 상승적으로 움직이게 된 것이다.

그 결과 농업 부문에서의 생산성 증가의 몇 지표를 들어보면 1) 수도 생산량은 1956~1975년에는 2배로 증가하고(일본은 1880년에서 70년 소요) 2) 노동 생산성(식량 곡물 생산량/농업 인구)은 1969~1971년의 100에서 1977년에는 135로 증가했다. 그리고 노동 생산성을 단위 시간당 생산량, 즉 생산량을 노동 시간 수(농가 1호당 평균 노동 시간 수 x 농가 호수)로 나눈 수치의 지수를 보면 이것은 1977년에는 419에 달한다는 급속한 증가 경향을 보이고 있다. 3) 토지 생산성은 1969~1971년에 식량 곡물 1ha당 2.59톤에서 1977년에는 3.48톤으로 증가하고 같은 기간 1ha당 수도 생산량은 3.32톤에서 4.88톤으로 증가하고 있다. 이것을 일본과 비교해 보면 1977년의 일본의 1ha당 수도의 토지 생산성 4.87톤과 비교해 볼 때 한국의 토지 생산성이 단기간에 많이 개선된 것을 알 수 있다.

이러한 농업에서의 변화에 비해 제조업은 상대 요소 가격 변화가 농업처럼 분명하게 나타나지 않고 따라서 자본과 노동 비율의 상승은 농업처럼 예민하게 나타나지는 않고 있다. 1963~1978년에 산출 성장의 고용 탄성치가 농업이 0.128인데 비해 제조업은 0.594로 나타나고 있다. 그리고 한국의 한계자본산출고 비율이 최근까지 1.5~2.8(다른 개발도상국은 3.0~5.0)이라는 낮은 수준을 나타냈으며 이는 희소 자원을 절약적으로 이용하려고 노력했던 한국의 국내 경제 정책의 성과였다고 말해도 좋을 것이다.

이러한 논리를 토대로 와타나베 도시오와 배무기 등은 1970년대 중반에 한국 경제는 소위 전환점을 통과한 것으로 말하고 있다. 전환점의 명제는 실질 임금의 상승, 그중에서도 미숙련 노동력의 실질 임금의 상승이 나타나는 것을 주된 지표로 삼고 있으며 한국에서 대표적으로 비숙련 저임금 노동력을 사용하는 섬유업 부문에서 이러한 변화가 생겨났다고 하는 것이다.

섬유업의 경우 1963~1972년 부가가치 생산성의 연평균 증가율이 8.4%였는데 임금 증가율은 7.7%였고 1973~1977년은 부가가치 생산성 증가율이 7.0%인데 비해 임금 증가율은 12.1%였던 것이다. 이러한 수치들은 과잉인구의 해소에 수반한 노동 공급의 제한적 경향이 노동시장의 핍박화를 가져오게 했고 그것이 임금 상승의 급증을 낳았을 것이라는 사실을 시사하고 있는 것이다.

농업의 한계 생산력과 임금의 변화를 보면 한국은 1970년을 조금 지나면서 한계 생산력이 임금보다 약간 커지게 된다. 즉 한국 경제는 1970년을 약간 지나는 시점에서 농업의 과잉 취업이 해소됐고 그 이후에는 임금이 한계 생산력에 의해 규제되었으며 따라서 임금의 지속적인 상승이 구조화되는 새로운 국면으로 접어들게 되었다는 것이다.

1969~1971년을 100으로 하는 농가의 판매 종합 물가지수와 구입 종합 물가지수의 변화를 보면 1968년에서 1970년까지의 기간에는 판매 물가지수의 상승률이 높고 1971년 이후에는 양자가 거의 같은 비율의 상승을 보이고 있다. 따라서 상품 교역의 조건은 1972년경까지는 상승하고 그 이후로 한동안은 농가 가계에 유리한 채로 거의 일정한 수준을 유지하고 있었다.

이러한 사실을 바탕으로 와타나베 도시오는 한국 경제가 70년대 중반에 전환점을 통과하고 이후의 한국 경제는 다음의 변화가 있는 것으로 추정하고 있다. 첫째, 규모별 임금 격차의 축소가 이루어지고 둘째, 도시와 농촌 간 소득 격차가 해소된다는 것이다. 제조업의 규모별 임금 격차는 1970년을 기점으로 하여 그 후 1973년까지 또 도시와 농촌 간의 소득 격차도 1970년을 기점으로 이후 해소 과정을 밟아왔다는 것이다.

이와 같은 전환점 통과에 관한 가설은 한국 경제의 변모 과정에 관한 많은 특징을 밝혀주고 특히 비숙련 노동자의 임금이 상승하기 시작해 경제 구조의 개편이 필요하게 된 것을 잘 보여주고 있지만 와타나베 도시오의 분석대로 1970년대 중엽 이후 계속 실업자가 감소하고 도시와 농촌 간 소득 격차가 해소되었다고 보기에는 어려운 점도 있었다. 그리고 전환점 통과설은 이론적으로 완전 고용을 전제로 임금 격차의 해소, 도시와 농촌의 소득 격차의 해소 등을 함축하고 있지만, '1970년대 중반 이후의 전환점 통과설'은 이것을 엄격하게 받아들이기 보다는 상대적인 문제로 즉 노동력의 상대적인 부족이 나타난 것으로 해석하는 것이 합당할 것으로 판단된다.

한편 '1970년대 중반의 전환점 통과설'과 달리 한국은 1970년대 중엽 이후 중화학공업화가 진행되는 가운데 일찍부터 고용 흡수력이 감소하면서 소위 '도시 비공식 부문'이 증대된 측면이 있다. 이에 주목하여 서관모, 윤진호 등이 전환점 통과설을 비판하고, 한국 경제의 고도성장 과정에서의 빈곤과 격차 그리고 실업 문제를 제기한 바가 있다.

먼저 비판론자에 의하면 1970년 이후의 한국의 실업률 통계를 보면 1970년 4.5%, 1975년 4.1%, 1980년 5.2%, 1985년 4.0%, 1990년 2.4%로 되어 있어 공식적으로 실업률은 약간 감소한 것으로 나타난다. 그리고 불완전 취업율도 낮아졌으나 취업의 내용이 얼마나 개선되었는가 하는 것은 별개의 문제라는 것이다. 따라서 취업자 중에서 비교적 저고용 상태에 있을 것으로 추정되는 도시 비공식 부문 (영세 기업의 임금 노동자, 자영업주, 무보수 가족 종사자, 하청 생산에 종사하는 가내 노동자) 종사자의 비중을 검토함으로써 고용 상태에 대한 보충적인 이해를 할 수 있다.

다음 〈표 10-6〉은 도시 비공식 부문 종사자의 비중 변화를 보여주는 것이다. 이 표에서 보면 불안정 취업자의 비중은 총 취업자에서 차지하는 비중이 1965년의 25.7%에서 1975년의 30.1%, 1985년의 38.9% 그리고 1991년의 43.1%로 증가하고 있다. 그리고 비농가 취업자에서 차지하는 비중은 1965년의 67.4%에서 1975년의 57.1%, 1985년의 52.2% 그리고 1991년의 52.6%로 낮아졌다. 그러면 전체적으로 불안정 취업자층의 규모 변화를 어떻게 평가할 것인가, 총 취업자에서 비중이 증가하는 현상을 중시할 것인가, 혹은 비농가 취업자 중 비중이 감소하는 것을 강조할 것인가에 따라 그 평가가 달라질 수 있다.

〈표 10-6〉 불안정 취업자의 규모(비농가 부문)

(단위: 천명, %)

	1965	1970	1975	1980	1985	1991
불안정 노동자 (임시고, 일고)	996	1,003	1,728	1,847	2,704	4,151
영세자 영업 (영세자영업자, 가족 종사자)	1,116	1,498	1,831	2,405	3,111	3,849
불안정 취업자 계(C)	2,112	2,501	3,559	4,252	5,815	8,000
총취업자(A)	8,206	9,745	11,830	13,706	14,935	18,576
비농가 취업자(B)	3,135	4,629	6,228	8,592	11,140	15,202
C/A	25.7	25.7	30.1	31.0	38.9	43.1
C/B	67.4	54.0	57.1	49.5	52.2	52.6

자료: 윤진호,

이들 노동자나 소생산자들로 구성된 불안정 취업자층은 하청 거래, 시장 관계를 통한 잉여의 이전, 잉여 노동력 등으로 자본주의적 생산 양식에 의해 수탈당하고 있는 것으로 생각되지만 이들이 증가하게 된 데에는 몇 가지 원인이 있다.

앞에서도 살펴보았지만 1970년대 들어 광·공업 고용 증가율의 둔화로 건설, 서비스 산업 부문(80%가 비공식 부문)에서 고용 흡수력을 발휘하고 있는데 1960년대 후반 이후 급증해 온 외국 자본 및 기술의 도입은 근대 부문의 고용 흡수력을 더욱 떨어뜨리는 효과를 가져온 것이다. 고용 탄성치의 감소와 함께 급격한 노동 장비율(勞動裝備率)의 증가가 나타나고 있다. 1971~1980년 기간 중 제조업 부문 차관 기업의 노동 장비율은 평균 1,241만 원으로 우리나라 전체 제조업 평균 264만 원에 비해 무려 4.7배나 되었다. 한편 최근에 급격히 노동 장비율이 증가하는 있는 바 다음 표는 80년대 이후의 노동 장비율의 변화를 보여주는 것이다. 표에서 보듯이 특히 80년대 중엽 이후 노동 장비율의 증가율이 급격히 높아지고 있음을 알 수 있다.

〈표 10-7〉 노동 장비율

(단위: 천원, 1990년 불변 가격)

년도	경공업	중화학공업
1980	5,054	10,467
1985	8,022	15,806
1990	17,276	31,236
1992	24,872	41,772
증가율 1980~1985	9.7	8.6
1986~1990	16.6	14.6
1991~1992	20.0	15.6

이러한 고용 흡수력의 감소는 한국 경제 선진화의 과정에서 산업 구조상의 중간재, 자본재 생산을 위한 중소기업 육성과 함께 한국 경제가 당면하는 가장 중요한 문제의 하나가 되어 왔고 생각된다. 바꾸어 말해 한국 경제는 지속적인 성장 기반의 조성을 위해 산업 구조를 고도화하고 첨단 기술 산업을 육성해야 하는데 고용 기반이 불완전한 상태에서 고용 흡수력이 떨어지고 있으므로 이것을 보완할 수 없으면 경제, 사회적인 불평등의 확대

를 가져올 가능성이 있는 것이다. 사실 경제적 평등이나 소득의 형평 분배는 소득 재분배로 달성하기는 어려운 것이고 기본적으로 고용의 확대와 경제 과정에 의한 임금 격차의 해소가 무엇보다도 중요한 것이다. 그러므로 첨단 산업의 육성과 함께 중간재, 자본재를 생산하는 광범한 중소기업의 육성과 고용 기회의 확대가 긴요하게 요청되는 시점이라 할 수 있는 것이다.

2) 한국의 이농과 농가의 계층 분해

주지하는 바와 같이 한국은 농업혁명을 수행하지 못한 가운데 급속한 수출 지향적 공업화를 추진하게 되었다. 거기에는 두가지 이유가 있었던 것으로 보인다. 하나는 군사혁명을 통해 집권한 박 정권이 정권의 정통성을 회복하기 위해 소위 개발 독재를 통해 급속한 공업화를 추구한 측면이고, 다른 하나는 남북 간의 체제 경쟁에서 자본주의 체제의 우월성과 남한의 우위를 확보하기 위해 급속한 공업화를 추진한 측면이다.

이러한 동기에서 박 정권은 농업의 발전과 그것을 통한 농업 잉여의 창출 그리고 그것을 바탕으로 한 점진적인 농공병진 보다는 개방 체제 아래에서 농업의 역할을 해외 부문으로 대체하면서 자본의 공급, 식량의 공급, 그리고 외환의 공급을 외자에 의존하고 국내 시장은 해외 시장으로 대체했다. 다만 농업 부문이 수행하는 역할은 주로 노동력 공급에 국한하는 형태의 수출 지향적 공업화를 추진하게 된 것이다.

한국의 경제 성장 과정에서의 농업의 역할의 특수성을 검토하기 위해서는 이농의 특징을 검토해야 한다. 경제학에서는 이농의 요인을 일반적으로 견인 효과(pull-out effect)와 압출 효과(push-out effect)로 구분하여 설명하고 있다. 그런데 실제의 이농은 이 양자가 동시 작용하는 과정에서 일어나는 것으로서 견인 효과는 노동의 수요 측면을 의미하고 압출 효과는 노동의 공급 측면을 의미한다고 할 수 있다. 그리고 수요와 공급이 작용하는 가운데 이동의 유인을 결정하는데 있어서 가장 중요한 것은 상대적인 임금 격차이다. 임금 격차는 소득 격차를 의미하는 것이고 이것이 지표가 되어 이농의 유인을 제공하는 것이다. 그런데 마이클 폴 토다로(Michael Paul Todaro)는 제3 세계에서의 과잉 노동은 농촌에만 존재하는 것이 아니고 오히려 도시에 존재한다고 한다. 그에 의하면 고용 가능 확률을 도시의 임금에 곱한 도시의 기대 소득과 농촌에서의 기대 소득이 일치할 때까지 노동의 이동이 이루어지면 결과적으로 과잉인구가 농촌에 존재하는 것이 아니라 도시에 존재하게 된다고 한다.

여하튼 이농의 과정에서 농업의 비중은 국민 소득에서나 취업 구성에서 모두 줄어든다. 이 과정은 불가피하게 농업 그리고 농민의 희생을 수반하는 것이다. 특히 농업의 역할이 노동 공급에 한정되어 있는 경우에는 농업의 희생이 보다 크다고 할 수 있다. 그러나 다른 한편에서 농업의 비중 감소는 자본주의 발전의 일반 법칙이고 체제를 불문한 근대 문명의 속성이기도 하다. 그렇지만 이 과정에서 이농이 견인 요인에 의해서 이루어진 것이 많은가, 압출 요인에 의해 이루어진 것이 많은가, 하는 것은 공업화 과정의 성공 여부를 평가하는 기준이 되기도 한다.

이런 점을 감안하면서 한국 농업에서의 이농 과정을 살펴보도록 하자. 한국 농업은 1970년을 경계로 극적인 전기를 맞이한다. 즉 1960년대 후반까지 증가하고 있던 농가 인구, 농가 호수, 경지 면적이 1960년대 말 이후 모두 감소로 돌아선 것이다. 그러한 경향은 1970년대 이후에도 지속되는데 감소의 속도는 1970년대보다 1980년대에 더욱 빠르다. 농가 인구는 1970년대에 매년 평균 36만 명(연평균 감소율 2.8%), 1980년대에 매년 42만 명(연평균 감소율 4.7%)씩 감소했다. 농가 호수는 1970년대에 매년 3만 3천 호씩(연평균 감소율 1.4%), 1980년대에는 매년 3만 9천 호(연평균 감소율 2.0%)씩 감소했다. 경지 면적은 1970년대에 매년 7천 5백 정보씩(연평균 감소율 0.3%), 1980년대에는 매년 8천 7백 정보씩(연평균 감소율 0.4%) 감소했다.

이처럼 한국의 농업은 1960년대 말을 기점으로 농가 인구가 급감하고 있으나 그에 비해 농가 호수의 감소율은 상대적으로 완만하다. 따라서 농가 인구의 급격한 감소에도 불구하고 후술하는 것처럼 한국 농업은 영세농 경제를 벗어나지 못하고 있다. 다만 경지 면적은 농가 호수에 비해 덜 감소했기 때문에 1호당 경지 면적은 조금씩 증대하고 있다. 한국은 1960년에 도시 인구의 비중이 28.3%, 비농업 취업자의 비중이 34.1%였는데 1990년 현재 도시 인구의 비중이 인구의 약 3/4이고, 취업자의 80% 이상이 비농업 부문에 취업하고 있다. 참고로 2009년 한국의 도시 인구 비율은 81.5%에 달하고, 농업 부문 취업자 비중은 2000년에 10.2%, 2009년 7.0% 수준이었다. 지속적으로 도시화와 이농이 이루어지고 있으나 그 속도는 1990년대 이후 크게 둔화되었다고 할 수 있다.

〈표 10-8〉 농촌 인구의 순도시 이동량의 추이[16]

기간	이동량(1,000명)			이동률(%)		
	계	남	여	계	남	여
1955~1960	584	258	327	-	2.8	3.6
1960~1965	953	471	482	-	4.9	5.1
1965~1970	2,522	1,281	1,241	-	13.8	13.5
1970~1975	1,873	868	1,005	10.5	9.6	11.4
1975~1980	2,573	1,304	1,269	16.1	16.2	16.0
1980~1985	1,861	879	981	13.3	12.4	14.2

출처: 원자료는 경제기획원, 인구 및 주택센서스, 각년도. Kwon, Tai Hwan, *"Estimates of internal migration of Korea 1955~1970"(1970~1975, 1975~85)*, Bulletin of The Population and Development Studies Center, vol. 4. (vol. 7, vol. 17.) 박진 도, 「농가 인구의 유출과 농가취업구조의 변동」(한국 자본주의와 농업구조, 한길 사, 1994), 149면에서 재인용.

---

16 전방 센서스 생존비율법(Forward census survival ratio method)에 의해 추정한 것임. 이동률은 기간 동안의 이동량을 나중 센서스의 인구로 나눈 값임.

인구 및 취업자의 도시 집중은 물론 이농의 결과인데 한국의 경우 이에는 뚜렷한 특징이 있다. 첫째, 농촌 인구의 도시 이동은 1960년대 후반에 본격화되기 시작해 1970년대 전반에 일시적으로 둔화되었다가 1970년대 후반 이후 다시 급증하고 있다. 순이농 인구를 기준으로 할 때 1965~1970년에 연평균 약 50만 명의 농촌 인구가 도시로 순이동했는데 이는 1950년대 전반의 약 12만 명, 1960년대 전반의 19만 명에 비해 크게 증가한 숫자이다. 1970년대 전반에 순이동 인구는 약 37만 명으로 약간 둔화됐지만 1970년대 후반에 다시 51만 명으로 급증했다. 1980년대 전반에는 다시 연평균 약 37만 명으로 이동이 상대적으로 둔화되고 있다.

둘째, 1965~1985년 이촌 인구 가운데 약 35%가 서울로 유입되었는데 이유입 비율이 시간이 경과함에 따라 감소하고 있다. 그러나 수도권으로의 유입 비율은 1960년대 후반에 비해 다소 낮아지기는 했지만 45% 수준에서 커다란 변화가 없다.

셋째, 시간이 경과함에 따라 도시 지역에서 농촌 지역으로의 이동자가 늘어나고 있다. 특히 1980년대 전반의 도시와 농촌 간 이동 인구의 증대가 두드러진다. 위의 네 기간의 농촌 인구의 이촌 추이가 보여주는 것은 이농이 기본적으로는 공업화에 따라 도시 노동시장이 확대된 결과이기는 하지만 농촌 인구의 이농은 단순히 도시의 흡인력(pull)에 의해서만 규정된 것이 아니라 농촌의 밀어내는 힘(push)에 의해서도 적지 않은 영향을 받았음을 의미한다. 이것은 1960년대 후반 이후 농촌 인구의 이동량이 농촌의 경제 사정과 밀접한 관련을 보이는 것에서 알 수 있다. 1960년대 후반의 연속 흉작과 농가 경제 악화에 따른 이농의 급증, 1970년대 전반 농가 경제의 상대적 안정에 따른 이동의 둔화, 1970년대 후반 이후 농가 경제의 급속한 악화에 따른 이동의 급증이라는 대응 관계를 보이고 있다.

1960년대 이후 한국처럼 해외 자본이 도입되고, 생산된 공산품을 해외 시장으로 판매하는 수출 지향적 공업화가 가능하지 않은 사회에서의 공업화를 위해서는 먼저 농업 생산 증가를 통한 농업 잉여(agricultural surplus)의 증가와 상공업 발전을 위한 농외 투자가 필요하다. 부농이나 지주의 농외 투자는 농외 투자의 수익율이 토지 투자의 수익율보다 높아야 이루어진다. 따라서 자본주의 맹아를 말하기 위해서는 농외의 프로토 공업화(proto-industrialization)와 그에 따른 사회적 분업의 발전, 그리고 무역과 상업의 발전이 있어야 하며, 소농 사회의 발전은 그 자체가 자본주의 발전의 길이 될 수는 없다.

나아가 일정 시점에 경영형 부농이 검출되어도 상공업 발전이 전제되지 않으면, 그것이 지속적으로 확대 재생산될 수 없고, 따라서 자본주의 맹아가 되기 어려운 것이다. 자본주의적 경영형 부농의 존재를 보여주는 농민 분해는 토지/노동 비율(land-labor ratio)이 증가되는 가운데, 노동 생산성 증가와 임금 상승이 전제되어야 이루어지며, 이는 상공업 발전을 통한 이농의 가능성이 있어야 성립한다.

다만 소위 '근면혁명'을 통한 토지 생산성의 증가를 수반하는 소농 사회의 발전이 양질의 근면한 노동력을 축적하여, 일정한 조건 아래 예를 들어 해외 시장 개척 등 농외의 상공업 발전의 계기를 맞아 공업화가 시작되면 그에 유리한 조건으로 작용할 수는 있지만, 소농 사회의 발전이 자본주의 발전의 내재적 길이 되는 것은 아니다. 따라서 근대화의 길을 설명하기 위해서는 상공업 발전과 이를 위한 자본 축적과 기술 진보의 과정을 설명하는 것이 무엇보다 중요하다.

근대화는 성장률이 높은 상공업 발전을 통해서만 이루어지고, 농업 발전도 견인하는 것이지 그 반대는 아니다. 달리 말해 폐쇄 경제에서 농업혁명이 산업혁명에 선행하여 공업화의 필요 조건을 마련할 수는 있어도, 가일층의 농업 발전과 근대화를 선도하는 것은 산업혁명이다. 현실적으로 한국 전통 사회에서 상공업의 발전을 위해서는 내부적으로는 사농공상의 신분제의 폐지가 선행되어야 했고, 외부적으로는 개방을 통한 무역 확대와 자본 도입이 이루어져야 가능한 것이다. 그리고 정치개혁과 발전 지향적 국가의 성립을 통한 적극적이고 선도적인 정책이 필요하다. 조선 사회가 19세기 말의 위기적 상황에서 구각을 탈피하고 새로운 문물을 도입하기 위해 몸부림을 쳤으나, 스스로의 힘으로 이러한 정치개혁에 성공하지 못하고, 식민 지배를 경험한 이후, 이러한 내부적 개혁과 유리한 외부적 환경이 20세기 중반에야 갖추어지고 이후 비로소 급속한 성장이 가능해졌다.

아시아 사회론이나 소농 사회론은 한국의 내재적 발전의 가능성을 역사 현실에서 존재하지 않았다고 부정하는데서 그치지 않고, 비록 시민의 성장을 통한 근대화가 어려운 구조였으나, 정치개혁과 국가의 개조를 통한 발전의 가능성으로 이어지는 실마리를 논리 체계에서 제시하지 못하는 취약점이 있다고 판단된다. 현실이 보여주듯이 외부적 환경의 변화와 이에 따른 정치 변혁에 의한 국가 개조가 정부 주도의 국가 자본주의적 발전을 가능하게 하고 또 역사 진행이 그러했다는 사실을 논리 체계에서 이끌어 낼 수 있어야 한다.

제3절 경제 성장의 요인 분석

한국 경제의 성장 요인을 개발 경제학적인 관점에서 특히 성장 회계론적인 접근을 이용하여 설명하는 견해가 있다. 일찍이 송병락 교수는 데니슨 (Denison) 접근 방법을 이용하여 1963~1973년의 한국의 성장 요인을 분석한 결과 그 동안의 성장률은 9.54%인데 이 중 1) 생산 요소의 증가에 의한 것이 4.81%(노동 증가에 의한 것이 2.88%이고 자본 증가에 의한 것이 1.93%), 2) 생산성 향상에 의한 것이 4.73%(지식의 진보로 인한 1.56%와 자원 배분의 개선으로 인한 1.12%, 그리고 규모의 경제를 통한 2.05%)라고 추정한 바 있다.

그런데 1994년에 크루그먼 교수가 동아시아의 성장은 생산성 향상에 기인하기 보다는 요소의 양적 투입에 의존한 것이어서 성장을 지속하기 어렵다는 견해를 밝혀서 커다란 반향을 불러일으킨 적이 있다.[17] 더 더욱 수년이 지나지 않아 아시아의 여러 나라가 금융위기를 겪게 되어 그의 비관적 전망이 현실화된 것으로 간주되고 생산성 향상의 필요성에 대한 보다 더 큰 관심이 환기되었다.

그런데 로렌스 라우(Lawrence Lau)와 그의 공동 저자들이 사용한 자료나 추정 방법의 질에 대한 평가는 유보하고 그 추정이 현실의 합리적인 반영

---

17 폴 크루그먼(Paul Krugman)은 "아시아의 신흥 공업국은 1950년대의 소련과 마찬가지로 대부분 놀라운 자원의 동원을 통해 급속한 성장을 달성하였다"고 한다. 이러한 결론은 알윈 영(Alwyn Young)과 로렌스 라우(Lawrence Lau)의 연구에 기초한 것이다. 영과 라우는 그들의 분석에서 결론을 이끌어내는데 보다 신중하지만 영은 동아시아 NICs(Newly Industrializing Countries, 신흥 공업국)의 총요소 생산성은 다수의 국가나 OECD국가에서 발견되는 것과 유사하다고 한다(한국의 비농업 부문의 경우 년 1.7%). 라우는 상이한 방법론을 사용하여 한국을 포함하는 동아시아 NICs의 총요소 생산성은 제로였다고 한다.

이라고 할 때 그것이 말하는 경제적 이야기는 무엇인가? 기본적으로 그 이야기는 신고전학파적 패러다임에 잘 맞는다. 지속적인 성장 과정을 따라 시작하는 개발도상국은 자본에 대한 수익이 높은 생산 함수를 만난다. 이들 고수익은 부분적으로 이용 가능한 소량의 자본이 대량의 노동과 잘 결합될 수 있다는 사실에서 출발한다. 나아가서 주로 수입을 통해 이용 가능한 자본은 전세기의 축적된 기술 지식을 체화한다. 그 나라는 이 기술에 재투자할 필요가 없으며 단지 그것을 체화하는 것을 구입하면 된다. 인적 자본도 마찬가지다. 교육에 대한 투자는 처음에 대단히 높은 수익성을 가지고 있고 인적 자본 투자가 축적됨에 따라 점차 떨어진다.

한국과 기타 동아시아 신흥 공업국은 선진국에 비해 반드시 그들의 경제를 잘 관리하고 있는 것이 아니며 그들은 단지 생산 함수의 다른 지점에 있을 뿐이다. 성장이 지속됨에 따라 그들은 일시적으로 규모의 경제에서 가속을 받을 수도 있으나 그들이 OECD 수준에 접근함에 따라 감소한다. 자본과 인적 자본의 탄력성도 감소하고 고성장은 단지 보다 가속적으로 자본량을 증가시킴으로써 유지될 뿐이다.

말하자면 성장의 초기에 보다 많은 땀과 눈물에 기초하여 투자를 증가하고 노동 투입을 증가시키면 규모의 경제의 이익 등으로 빠른 성장이 이루어질 수 있으나, 자본 축적이 증가함에 따라 규모의 경제가 감소하고, 나아가 자본 투입을 증가시키기 위해 끊임없이 저축률, 그리고 투자율을 높이거나 혹은 노동 투입을 증가시키기 위해 경제 활동 참가율을 높이고 주당 근로시간을 늘리는 것은 불가능하므로 투입물의 증가에 기초한 성장에는 과거의 소련이 그랬던 것처럼 한계가 있다는 것이다.

그러나 이들의 연구가 반드시 정확한 것인가에 관해서는 의문도 없지 않다. 한국의 성장 과정에서 생산 함수를 이용한 성장의 원천을 계산하기 위한 시도가 많이 있지만 일례로 미국의 경제학자 드와이트 퍼킨스(Dwight Perkins)도 한국의 경제 성장의 원천을 계산한 바가 있다. 그에 의하면

1960~1990년, 30년 동안에 걸친 한국의 GDP 연간성장률 8.6%는 다음의 요소들로 분해될 수 있다.

$$Gy = A + Wk \times Gk + Wl \times Gl$$
$$0.086=0.0246+0.297 \times 0.124+0.703 \times 0.035 \quad (1960{\sim}1990년)$$

위의 계산에서 총요소 생산성은 1960~1990년의 30년 간 연간 8.6%의 GDP성장 중에 2.46%를 설명하고 자본은 GDP성장의 2/5인 3.68%를, 노동력 성장은 나머지를 설명한다. 그러므로 자본은 생산성보다 중요한 것으로 보이나 생산성 증가가 없었다면 한국은 6% 성장을 달성하여 비록 상당한 증가율이긴 하나 1970년대 남미의 평균 성장률(5.4%) 보다 그렇게 높지 않다. 퍼킨스에 의하면 한국의 경제 성장은 크루그먼의 평가보다 생산성 증가에 기인하는 바가 높은 것이다.

한편 최근 한국개발연구원에서도 한국 경제 성장의 요인 분석을 한 바가 있는데 이에 의하면 1981~2000년의 통산 경제 성장률 평균 7.13% 가운데 총요소 생산성의 증가에 의한 것이 1.48%인 것으로 나타나고 있다.

〈표 10-9〉 성장 회계 분석 결과

(단위: %)

기간	GDP증가율	기여도			
		취업자	인적 자본	물적자본	총요소 생산성
1881~1985	7.53	1.18	0.83	3.41	2.10
1986~1990	9.06	2.47	0.68	3.81	2.09
1991~1995	7.19	1.60	0.94	4.04	0.61
1996~2000	4.75	0.40	0.80	2.45	1.11
1981~1990	8.29	1.82	0.76	3.61	2.10
1991~20000	5.97	1.00	0.87	3.24	0.86
1981~2000	7.13	1.41	0.81	3.43	1.48

자료: 한진희 외, 「한국 경제의 잠재성장률 전망: 2003-2012」, 한국개발연구원, 2002.

크루그먼의 견해에 대해서는 이와 같이 실증적인 측면에서 이의를 제기할 수도 있지만 혹시 동아시아가 지금까지 요소 투입의 증가에 의해 성장했다고 하더라도 이후에 생산성 증가에 기초한 성장으로 전환할 수는 없는가라는 의문도 제기될 수 있다. 아래와 같이 앵거스 매디슨(Angus Maddison)의 통계에 의하면 미국과 일본이 한 때는 생산성 증가가 아닌 요소의 투입 증가에 의한 성장이 이루어지고 이후에 성장의 내용이 바뀌었음을 보여주고 있다.

〈표 10-10〉 영국, 미국 그리고 일본에서의 총요소 생산성의 성장

(단위: %)

국가	1820~1870	1870~1913	1913~1950	1950~1973	1973~1992
영국	0.15	0.31	0.81	1.48	0.69
미국	-0.15	0.33	1.59	1.72	0.18
일본	n.a.	-0.31	0.36	5.08	1.04

Angus Maddison, "*Monitoring the World Economy 1820-1992*", OECD, 1996.

이와 같이 한국의 경제 성장의 원천이 어느 정도 생산성 증가에 기인하는가에 관해 견해 차이가 있지만 여하튼 서구의 선진국이나 일본에 비하여 상대적으로 낮고 따라서 앞으로 지속적인 증가를 가능하게 하기 위해서는 무엇보다 기술 진보와 이에 기초한 생산성 증가가 필요하다는 인식에는 변함이 없다고 할 것이다.

한국개발연구원에서 분석한 수치에 의하면 1963~2000년 우리나라 국민소득 증가율은 평균 7.24%이고, 최근으로 올수록 둔화되고 있다. 동기간 중 국민소득의 성장에 대한 총요소 투입의 기여도는 3.83%로 추정되고 기간별로는 1980년대까지 4.2~4.8%로 높은 수준을 유지했으나 1990년대에는 3.0%로 둔화했다. 총요소 투입을 항목별로 보면 전기간에 걸쳐 노동의 성장 기여도가 자본의 기여도를 크게 상회하며, 그것은 대부분 취업자 수의

증가에 기인한다. 한편 노동의 기여도는 꾸준히 감소하는 반면 자본의 기여도는 전반적으로 증가하는 추세이다.

〈표 10-11〉 성장 요인 분석-경제 전체

(단위: %)

항 목	1963~ 1970	1970~ 1979	1979~ 1990	1990~ 1900	1963~ 1979	1979~ 2000	1963~ 2000
국민 소득(성장률, %)	8.94	7.67	7.29	5.61	8.23	6.49	7.24
총요소 투입(기여도)	4.35	4.23	4.80	3.00	4.09	3.92	3.83
노동	3.67	3.06	2.90	1.60	3.21	2.29	2.61
자본	0.68	1.17	1.90	1.40	0.89	1.63	1.22
총요소 생산성(기여도)	4.59	3.44	2.49	2.61	4.14	2.57	3.41
자원 재배분 효과	0.25	0.55	0.47	0.01	0.41	0.26	0.34
규모의 경제	1.16	1.24	1.31	0.90	1.24	1.13	1.22
환경 보전	0.00	0.00	-0.02	-0.05	0.00	-0.03	-0.02
불규칙 요인 (기후, 수요 변동 등)	1.54	0.67	-0.63	-0.47	1.13	-0.56	0.26
기술 진보 및 기타	1.64	0.99	1.36	2.22	1.35	1.78	1.61

자료: 한진희 외, 「한국 경제의 잠재성장률 전망:2003-2012」, 한국개발연구원, 2002.

1963~2000년 기간 중 총요소 생산성의 성장 기여도는 3.41%로 추정되었으며, 기간별로는 1960년대의 4.59%를 정점으로 점차 둔화하기 시작하여 1980년대 이후에는 2.5-2.6% 수준을 보이고 있다. 항목별로는 총요소 생산성의 경우 산업 간 자원 재배분, 규모의 경제 및 기술 진보의 효과가 대부분을 차지하고 있다. 그러나 규모의 경제 및 자원 재배분 효과는 꾸준히 감소하고 있으며 향후 성장에 대한 기여도가 점차 소진될 것으로 전망된다.

한국개발연구원의 연구에 의하면 한국이 제도의 질을 개선하고 대외 개방을 확대하면 2003~2012년 잠재 성장률이 5.2%(취업자 수 0.6%, 인적 자본 0.6%, 물적 자본 2.0%, 총요소 생산성 2.0%)에 달할 것으로 전망하고, 제도의 질이나 대외 개방도를 현수준으로 유지하면 잠재 성장률이 4.6%에 불과할 것으로 전망하고 있다. 이것은 절대적 수준도 문제이지만 추세적으로 낮아지고 있는 것을 보여주는 것인 바, 그 주된 요인으로는 1) 노령화(노동 및 자본 투입의 감소, 생활의 구조의 변화), 2) 비용 조건의 역전[상대적 단위 노동 비용=(상대적 노동 비용/상대적 생산성)×실효 환율], 3) 기술 모방의 어려움을 들 수 있다.

이러한 잠재 성장률의 하락 추세를 저지하기 위한 대책으로 1) 노령화 사회에의 대책, 2) 과학 기술의 발전과 혁신의 고양, 3) 제도개혁(시장의 효율성과 조직의 정보축적의 장점을 살린 제도개혁-정부·금융기업·노사관계)[18], 4) 교육개혁이 필요하다. 이와 관련하여 한국은행은 성장 잠재력 확충을 위해서 연구 개발 및 인적 자본 등 질적 투자 확대를 통한 혁신 기술 및 상품의 창출로 생산성을 상승시켜 양적 투자와 선순환적 상승 작용을 유도해야 한다고 밝혔다.

대기업과 중소기업 간, 산·학·연 간 연계를 강화한 산업 집적의 형성, 소재 부품 산업의 육성을 통한 소재 부품의 국산화율 제고 등을 통해 산업 연관 관계를 높임으로써 수출 호조의 국내 파급 효과를 극대화하고 양극화 문제를 완화할 필요가 있고, 지식 기반의 서비스 산업 적극 육성, 외국인 투자 유치 등을 통해 소득 수준 향상 및 경제 규모 확대에 따른 교육, 의료, 법률 등의 고급 서비스 수요 급증에 대응할 필요가 있다.

---

18 홀 앤 존스Hall and Jones(1999)에 의하면 총요소 생산성은 사회적 하부 구조에 의존하며, 이는 경제 내의 개인 및 기업에 대한 유인 체계를 결정짓는 정부 정책 및 제도로서 그 핵심적 요소는 개별 생산 주체의 생산물이 전용되지 않도록 보호해주는 제도이다. 홀 앤 존스는 제도의 질, 즉 각국의 1) 법 질서의 유지, 2) 부정부패 3) 개인 재산의 징발 위험 4) 계약의 보호 5) 관료의 질 등에 대한 국제 투자가들의 평가지수의 평균값이 높고 대외적으로 개방된 사회적 하부 구조가 갖추어지면 생산물을 전용할 유인을 줄임으로써 총요소 생산성에 유리하다.

또한, 노동력의 활용도 제고를 위해서는 경제 활동 참가율, 특히 여성의 참가율을 높이는 방안을 마련하고, 산업계의 수요에 부응한 인력 양성 및 급속한 기술 발전에 대응한 재(취업)교육을 강화하는 방향으로 시스템을 구축해야 하며, 민간이 급변하는 경제 환경에 잘 적응할 수 있도록 기업의 투자 환경 개선을 위한 규제 완화, 금융의 자금 중개 기능을 회복시키기 위한 장치 설계 등 정부의 선제적 제도를 마련하는 노력을 경주해야 한다.

이러한 순수 경제학적인 설명 이외에 외국의 저널리즘이나 연구자들은 국제 수준의 고급 인력을 활용할 수 있었고 수준 높은 경제의 관리와 운용(경제 계획과 정책의 수립 및 실시, 포철·한전과 같은 공기업 활동을 통한 생산 활동의 참여, 도로·항만·다목적댐과 같은 사회간접자본의 건설, 보건, 환경, 교육과 같은 공익사업, 경제 과학 관련 연구기관이나 무역 촉진 기구의 설립을 통한 민간 부문 경제 활동의 제도적 뒷받침, 민간 부문에 대한 행정지도 등이다)이 이루어진 것을 중요한 것으로 평가되고 있다.

이외에도 초기의 초등교육의 거의 완전에 가까운 확충, 그리고 이후의 중·고등학교로의 교육 수준의 상승 나아가 대학교육의 확대 등은 양질의 값싼 노동력과 함께 숙련 노동과 고급 기술의 노동을 공급하는 주요 기반이 된 것으로 생각되고 있다(1979년 기준으로 한국은 이미 국졸의 93.4%, 중졸의 81% 고졸의 20%가 상위학교로 진학하고 있으며 대학진학률을 기준으로 볼 때 일본의 39%, 미국의 40%에 비해서는 여전히 낮으나 유럽의 15%에 비해서는 오히려 높았다. 그리고 1991년의 경우를 보면 한국의 중등교육 진학률은 88%, 고등교육 진학률은 40%로 당시의 일본과 비교하여 보면 중등교육 진학률은 97%에 비해 조금 낮으나 고등교육 진학률은 31%에 비해 한국이 좀 더 높다. 그리고 유럽에 비해서도 고등교육 진학률은 보다 높고 미국에 비하면 미국의 90%, 76%에 비해 낮은 편이다. 그러나 2001년의 경우 한국은 거의 100%가 고등학교까지 진학하고 있으며, 고등학교 졸업자의 70% 이상이 대학에 진학하고 있고, 일반계 고등학교에 국한하면

85% 이상이 진학하고 있다. 이러한 높은 교육열은 유교적 문화권의 전통의 하나로 생각되고 있다. 또한 높은 문화 수준을 가지고 있으며 유교 문화권에 속해 가정과 사회에 대한 책임감이 높고 성취와 진보를 강조하는 의식구조를 가지고 있어 기업과 근로자의 일치감이 비교적 높고 신분제도의 파괴로 사회적 이동성이 높은 점 등의 특성이 성장에 유리했던 것으로 판단하고 있다.

제4절 공업 구조의 취약성

1. 경상수지 흑자로의 반전

한국 경제는 IMF 외환위기 이후 1998년부터 국제수지가 흑자로 전환되었으며, 비록 2008년에 또 다른 대폭 적자가 있었으나, 반전되어 지금도 흑자가 지속되고 있다. 따라서 종래의 국제수지 적자와 그에 기초한 외자에 의존한 초과 투자의 구조는 종식되었다. 반대로 국제수지 흑자로 들어온 외화는 대외 투자로 유출되거나, 준비 자산의 증가로 비축되었다. 그리고 기업들도 이제는 초과 투자가 아닌 초과 저축 상태가 되어 거액의 현금자산을 비축하고, 투자가 부족한 상태가 되었다고 할 수 있다. 기업들로 하여금 과거와 같은 투자 의욕을 불러일으킬 수 있는 새로운 투자 기회의 창출, 달리 말하면 이윤 기회의 창출이 한국 경제의 주요 과제가 되고 있다.

2. 산업 구조의 변동 요인

산업 구조의 변화에는 수요 측면과 공급 측면의 요인이 있다. 수요적 측면은 후방 연쇄효과를 통해 산업 구조를 규정하게 된다. 수요 구조의 변화에 따른 산업 구조에 미치는 영향은 1차 산품 생산과 더불어 1) 소비재 수입 대체 2) 소비재 수출 3) 자본재 수입 대체 4) 자본재 수출의 단계로 이행한다는 것이 정상적인 과정이라 할 수 있다. 한편 공급 조건, 즉 생산 요소와 생산 기술 수준에 따라 전방 연쇄효과를 통해 산업 구조를 규정하게 된다. 전방 연쇄효과란 예를 들어 철강이 산출된 이후에 장차 자동차, 선박,

각종 금속 제품 및 건설업 등의 수요로 나타나는데 총 수요에 대한 산업 간 수요 또는 중간 수요의 비율을 말한다. 그러므로 산업 구조는 사실상 한 국민 경제의 생산 구조의 내용을 나타내는 지표라 할 수 있다. 따라서 공급 측의 요인은 생산성 상승률의 상대적인 크기로 집약된다. 이것은 또한 수요 면에서의 소득 탄력성의 크기와 사실상 표리 관계(表裏關係)에 있는 것이다. 이제까지의 실증적 경험으로부터 생산성 상승률은 일반적으로 농업 부문 보다는 공업 부문이, 공업 부문 내부에서도 경공업 부문 보다는 중화학공업 부문이 상대적으로 높다는 것이 명백하게 밝혀지고 있다. 다만 중화학공업이라 하더라도 전업종이 예외없이 생산성 상승률이 높은 것이 아니며 거기에는 끊임없는 기술 혁신 과정이 요구되고 있는 것이다.

이와 같이 구조 변동을 일으키는 수요와 공급의 양측 면의 요인은 기본적으로 독립적이지 않으며 양자는 상호 관련 작용에 의해 경제 활동이 전개되고 있는 것이다. 즉 시장 확대라는 수요 조건과 규모의 경제라는 공급 조건은 결과적으로 표리 관계에 있는 것이다.

한국의 경우 GNP 및 취업 노동의 산업별 구성비를 보면 수출 주도형 공업화 과정에서 2차 산업의 비중이 급속히 높아진 것을 알 수 있다. 그러나 아직도 국제 비교를 하면 한국의 산업 구조는 농업 부문의 비중이 여전히 높고 서비스 부문의 비중이 낮은 특징을 가지고 있다.

한편 중화학공업과 경공업의 비율이 1965년에 각각 34.8%, 65.2%로서 경공업 비율이 월등하게 높았으나 그 후 점진적으로 중화학공업화가 진전됨으로써 1976년에는 경공업 비율을 압도하기 시작했으며 1984년에는 중화학공업화율이 60.1%를 나타내고 있다. 그리고 2005년에는 86%에 이르러 압도적인 비중을 차지하게 되었다. 이것은 소비재에 대한 생산재의 비율을 나타내는 호프만계수가 그만큼 낮아진 것이다. 이와 같은 공업 부문의 구조적 변화는 공업 성장이 1960년대에는 섬유와 식품공업 등 초기 산업이 성장을 주도해 왔으나 1970년대부터 기계, 금속, 철강 및 중화학공업 등 중기 산업과 후기 산업이 성장의 중심을 이루어 왔기 때문이다.

<표 10-12> 중화학공업 비율[19]

(단위: %)

년도	중화학공업	경공업
1965	34.8	65.2
1970	44.3	55.7
1976	50.1	49.9
1979	56.3	43.7
1983	57.9	42.1
1984	60.1	39.9
1990	63.5	36.5
1995	66.9	33.1
2000	79.9	20.1
2005	86.0	14.0

* 생산액 기준, 1980년 불변 가격 단 2000, 2005년은 경상 가격

3. 중화학공업화의 과정

앞에서도 공업화 과정에서의 산업 구조의 변천을 조금 살펴보았지만 한국은 수출 지향적 공업화를 수행하면서 소위 가공 무역형 공업 구조(수출은 노동 집약적인 경공업품 또는 우회 생산의 말단에 위치하는 최종 소비재를 수출하고 반면에 원자재와 일부 중간 제품, 자본재를 수입에 의존하는 공업 구조)를 가지고 있었지만 일정한 한계 내에서 1970년대에 급속한 중화학공업의 발전이 이루어졌다.

---

19 경공업(음식료품 섬유 및 가죽 제품 목재 및 종이 제품 인쇄 및 복제석유 및 석탄제품)과 중화학공업(화학 제품, 비금속광물 제품, 제1차 금속 제품, 금속 제품, 일반기계, 전기 및 전자기기, 정밀기기, 수송 장비, 기타 제조업 제품)으로 분류 계산.

제3차 계획 기간부터 특히 중화학공업 발전을 표방한데에는 앞에서 언급한 자주국방의 필요라는 정치, 군사적 요인 이외에도 몇 가지 중요한 경제적 요인이 있었다. 첫째, 제2차 계획에서 생산재, 자본재 부문의 수입 대체 공업화가 부진하여 최종 소비재 수출에 따른 원자재의 수입이 증대하고 국제수지 불균형이 한층 확대되어 수입 유발형 산업 구조의 개편이 필요해졌다. 둘째, 1960년대에 노동 집약적 최종 소비재를 중심으로 하는 수출의 급증과 공업화의 진전 과정에서 노동력 수급의 핍박이 생기고 여타의 개발도상국에 비해 임금이 상승하여 한국의 노동 집약적 산업의 비교우위가 점차로 사라진 것을 들 수 있다. 셋째, 1973년 초의 제1차 석유위기를 계기로 선진 제국의 과잉 생산력에 따른 구조적인 세계 불황이 계속되는 가운데 선진 제국의 보호주의적 경향이 강해지고 한국의 주요 수출 품목, 그중 노동 집약적 상품에 대한 수입 규제가 높아졌다. 한국의 경우 선진 제국의 수입 규제 대상 품목이 수출 총액에 점하는 비중은 1973년의 15%에서 1977년에는 24%로 높아지고 있다. 넷째로 오일쇼크 이후 해외 원자재의 수입가공에 의한 수출의 취약성이 인식되고 단순 가공 산업보다는 고부가가치 산업을 개발할 필요성이 생긴 것이다. 중화학공업화의 실적을 우선 광공업 부문 내부의 구조 변화의 과정을 통해 살펴보면 다음과 같다.

〈표 10-13〉 광공업 내부의 구조 변화

(단위: %)

연도	경공업 식료, 담배, 의복, 가구, 인쇄, 출판, 기타	소재산업 섬유, 공업용 화학제품, 석유정제, 기타 비금속, 1차 철강, 1차 비철금속 등	조립·가공·공업 금속제품, 기계, 전기, 운수, 정밀기계
1960	72.3	19.6	8.1
1965	66.6	23.7	9.7
1970	61.8	24.9	13.3
1975	53.3	28.6	18.1

연도	경공업 식료, 담배, 의복, 가구, 인쇄, 출판, 기타	소재산업 섬유, 공업용 화학제품, 석유정제, 기타 비금속, 1차 철강, 1차 비철금속 등	조립·가공·공업 금속제품, 기계, 전기, 운수, 정밀기계
1980	44.6	33.6	21.8
1985	38.9	33.3	27.8
1990	35.0	32.4	32.6

자료: 송병락, 『한국 경제론』 제3판, 박영사, 435면.

위의 〈표 10-13〉에서 보면 공업 중 소비재 공업의 비중은 점차 감소하면서 생산재 공업 부문의 비중이 꾸준히 증가하고 있으나 1980년대에 들어와 조립 가공의 공업 분야가 발전하고 소재 산업의 비중은 오히려 감소하고 있는 것을 나타낸다. 이것은 바람직한 발전의 방향이지만 아직은 기술적으로나 산업 구조, 무역 구조 상 생산재 공업의 자립화가 달성된 것은 아니다.

한편 경제 성장 과정에서 호프만 비율(Hoffman ratio: 생산재 공업에 대한 소비재 공업의 비율)이 하락하는 것이 일반적이고 그 비율의 크기에 따라 공업화의 단계를 구분하기도 한다. 예를 들어 1단계는 3.5~6.5, 2단계는 1.5~3.5, 3단계는 0.5~1.5, 4단계는 0.5 이하로 구분한다. 이렇게 볼 때 한국은 선진국에서 20~30년이 걸린 공업화의 2단계로의 진입을 1960~1967년의 8년 만에 달성했으며, 또한 1973년에는 3단계로 진입하고 1980년대 후반에는 4단계로 진입하는 빠른 구조 변화를 보였다.

중화학공업은 일반적으로 다음과 같은 특징을 지니고 있다. 즉 1) 소득 증가에 따라 수요가 증가하게 될 자동차, 텔레비전, 에어컨 등 내구 소비재 관련 산업이고, 2) 탱크, 미사일, 전투기 등 방산 제품과 관련된 산업이므로 국가 안보와 밀접한 관련이 있다. 3) 자원 빈국인 한국의 경우 필수적인 석유, 식량, 광석, 목재 등 자원의 대량 수송이나 탐사에 필요한 장비와 관련된 산업이며, 4) 정보화 사회를 맞이하여 각종 정보의 처리에 필요한 컴퓨터나 FA, OA, HA(Home Automation)등 하이테크 산업이며, 5) 앞으로 성장이 빠르게 될 각종 산업 발전에 필수적인 소재 관련 산업이다. 그리고 6) 생산 기계·장비 등 생산자 내구재 관련 산업이다.

그리고 이들 산업의 발전에는 경공업의 경우와는 달리 다음과 같은 문제가 따른다. 즉 1) 고도의 기술과 고급 인력의 확보, 2) 방대한 투자 재원의 조달, 3) 안정된 해외 자원의 공급원과 시장의 확보, 4) 수송, 전력, 통신, 용수 등 사회간접자본 시설의 대대적 확충, 경우에 따라서는 배후 도시 건설의 필요성, 5) 세계적 기업, 다국적 기업 또는 범세계적 기업 형태의 운영과 관련된 경영 관리나 세계적인 마케팅의 능력 및 기술의 확보, 6) 환경 오염과 파괴의 방지, 그리고 7) 금융 및 조세 등 부대 정책의 효율적 운용의 문제가 따른다.

1) 중화학공업화의 성공 요인

(1) 시장의 힘을 통한 후방 연관효과의 강조설

그러면 한국에는 어떠한 요인들에 의해 중화학공업화가 추진되었는가? 우선 한국의 중화학공업화는 가공 무역형 공업화를 추진하는 과정에서 후방 연관효과가 작용하는 형태로 추진된 측면과 정부가 인위적으로 비교우위를 창출해준 두 측면이 병존하는 것으로 생각된다.

중화학공업의 대표적인 부문의 하나인 철강 산업의 예를 보면 그것의 공정은 3개로 구분될 수 있다. 1) 선철 생산의 제철 공정 2) 강괴와 강편의 중간 생산물을 생산하는 제강 공정 3) 각종 강재를 생산하는 압연 공정 등이 그것이다. 한국은 그 세 단계의 비중이 역순으로 보았을 때 1960년에 1: 0.39: 0.13 그리고 1969년에는 1: 0.53: 0.14 또한 1976년에는 1: 0.73: 0.42 (80년에는 1: 0.71: 0.72)로 나타나고 있어 최종 소비재에서 중간재로 그리고 선철로 철강의 생산 구조가 심화되는 것으로 나타나고 있다. 이것은 수송기계, 일반기계, 전기기계 등의 기계 산업, 금속 제품 및 건설업 등 철강

소비 산업의 신장, 특히 전기기계와 선박업의 성장으로 그 후방 연관효과가 작용하는 가운데 철강공업이 발전한 것을 나타내는 것이다. 이에 따라 수입 의존도를 보면 강재는 계속 감소하고 1972년부터는 선철의 수입 의존도도 감소하고 있는 것이다.

또한 석유화학공업의 공정은 1) 석유를 분해하여 에틸렌, 프로피렌, 벤젠, 부타디엔 등 기초 원료를 생산하는 과정 2) 기초 원료를 중합, 혼합시켜 저밀도 폴리에틸렌(LDPE), 고밀도폴리에틸렌(HDPE), 폴리프로피렌(PP), 아크로니틀(AN), 카프로락탐 등 2차 원료 제조 공정 3) 2차 원료를 합성수지, 합성고무, 합성섬유 등으로 가공하는 제3의 과정 등으로 되어 있다(이 중에서 한국에는 합성수지와 합성섬유가 중요).

그런데 석유화학공업의 발전 과정은 1972~1973년 이전에는 합성수지나 합성섬유 모두 중간 원료를 선진국에서 수입하여 이것을 최종 소비재로 국내 시장과 수출용으로 생산하는 경향이 일반적이었다. 그러나 울산 석유화학 콤비나트의 건설을(1972년 준공) 계기로 석유, 화학 분야가 눈부신 발전을 하게 되었다. 1973년에 후방 연관 압력이 작용하는 가운데 에틸렌, 프로필렌의 생산이 개시되고 석유화학 기초 원료인 중간 원료 포함, 23개 품목의 국내 자급율은 1968년에 13.8%에서 1973년에는 50% 이상으로 증가하게 되었다.

한편 또 다른 중화학공업인 자동차 산업을 통해 후방 연관효과가 작용하는 경과를 확인할 수 있다. 자동차 산업은 기술·자본 집약적 종합기계 공업이며 관련 산업에 대한 파급 효과가 가장 큰 대규모 기계공업 부문이다. 한국의 자동차 산업은 1962~1974년까지 KD 조립 단계에서 출발하여 1975~1982년까지의 국산차 개발에 의한 대량 생산 단계를 거쳐 1983년 이후 현재까지 수출 산업화 단계로 발전하여 왔다.

한국의 자동차 산업의 발전은 1962년에 자동차 공업 보호법이 공포됨으로써 본격화되었다. 이 법률은 국내 자동차 산업을 보호, 육성하기 위해 외국산 완성차 및 부품의 수입을 제한함과 동시에 수입 대체를 조기에 달성하기 위한 국산화율의 향상을 의무화하였고, 더구나 규모의 경제를 달성하기 위해 기업의 신규 진입을 규제하는 것을 주요 내용으로 하고 있다. 이에 따라 새나라, 아시아, 기아, 현대가 외국기업과 합작을 통해 자동차 생산에 참여했다.

한편 정부는 1973년에 '장기 자동차 공업 육성 계획'을 발표하여 국산 소형승용차를 개발하고자 하였다. 이러한 정책적 의지 아래 현대자동차가 이탈리아 이탈 디자인사의 설계와 미쓰비시 랜사모델의 샤시를 도입하여 만들어진 국산 포니 승용차의 생산에 착수했다. 국산 고유 모델차 개발에는 방대한 자금과 리스크가 수반되는데도 불구하고 현대는 여기에 도전함으로써 한국 자동차 산업의 생산 기술을 종래의 단순 조립 기술에서 제조 기술로 진보시켰던 것이다.

1980년대 초 이후 한국의 자동차 업계는 외국으로부터 자본과 기술을 적극적으로 도입하였다. 현대자동차는 1982년에 미쓰비시 측의 지분율 10%의 조건으로 자본 합작한 다음, 1985년에는 그 출자 비율을 15%로 높여줌으로써 미쓰비시 자동차와의 협력 관계를 더욱 강화했다. 그리고 미쓰비시 자동차로부터 수출용 전륜구동식 소형승용차의 생산 기술을 도입하여 엑셀과 프레스토를 생산하기 시작했다.

다운스트림에 위치한 완성차 단계의 이러한 발전은 그 후방 연관 압력에 의해 미들스트림에 위치한 중간 투입재인 부품 산업의 발전을 유발하고 더 나아가서는 그 업스트림에 위치한 소재 산업이나 자본재 산업의 발전까지도 촉진한다.

한국 자동차 부품의 국내 생산은 1960년대 후반과 1970년대 후반, 그리고 1980년대 후반기에 가속적으로 증가했고 이 3기에서 부품의 수입 대체가 크게 진전되었다는 것을 시사하고 있다. 1970년대 중반 이후는 기술했던 바와 같이 국산 소형승용차의 개발과 그 양산 단계에 있었으며 부품의 국산화는 자동차 산업 발전에 중요한 요소였다. 한국 정부는 일찍이 1984년에 '장기 자동차 공업 진흥 계획'을 발표함으로써 부품 산업에서의 수입 대체를 위한 정책 방향을 제시했다. 그리고 1987년에는 '부품 국산화 5개년 계획'을 발표함과 동시에 핵심 부품의 국산 개발에 대하여 정책적 지원을 본격화하였다. 그 결과 완성차의 생산 증가 과정에서 부품의 수출은 증가하고 수입 의존도는 감소했다. 산업연관표를 이용하여 자동차 부문의 중간 투입 총액에서 차지하는 국산 투입액 비율로 국산화율을 계산해보면 그 비율은 1975년 71.1%, 1985년 76.2%, 1990년 86.7%가 된다.

이상과 같은 부품 산업의 발전은 다음 단계에서 부품 생산에 투입되는 중간투입재나 원소재로서 철강 부문과 석유화학 부문 더 나아가서는 부품 그 자체를 제조하는 기계 부문의 생산까지도 촉진시킨다. 철강 산업과 석유화학 산업의 발전 과정은 이미 검토했으나 자동차 산업과 관련하여 그 연관 관계를 고찰하는 것은 흥미로운 일이다. 1985년과 1990년의 산업연관표를 이용하여 각 산업 부문에서 생산된 국산품의 중간 수요 총액에서 차지하는 자동차 부문의 중간 수요 비율을 계산하여 보면 그 결과는 다음과 같다.

합성수지, 기타 화학, 플라스틱, 석유, 고무 등 4개 제조업을 합한 석유화학 부문에서 자동차 부문으로 향한 중간 수요 비율은 1985년 1.2%에서 1990년 9.4%로 크게 증가했다. 더구나 철강 제품 부문은 같은 시기에 5.1%에서 11.1%로 또 비철금속 부문도 2.8%에서 4.7%로 각각 증가하고 있으며, 금속 조립 부문은 3.9%에서 6.2%로, 전기기계는 1.1%에서 9.1%로 증가했다. 한편 일반기계는 같은 시기에 15.4%에서 6.8%로, 또 전자기기는 2.6%에서 1.8%로 감소하고 있다. 그러나 절대액으로 보면 양 시점 간에 일반기계는 1.5배, 전자기계는 2.5배의 증가를 보이고 있다. 여기서 금속 조립 부문과 전자기기 부문은 부품으로서 성격이 강하고 일반기계(원동기나 모터를 제외한)나 전기기계 등은 자본재로서 성격을 갖고 있다. 더욱이 석유화학과 철강은 분명히 소재 부문이다. 이와 같이 생각했을 때, 이러한 모든 산업 부문에서 그 중간 수요액에서 차지하는 자동차 부품의 비중이 양 시점 간에 크게 증가했다는 것은 무엇보다도 자동차 산업의 발전에 수반한 후방 연관효과가 그만큼 강하고 자동차 산업과 연관된 산업의 국내 생산은 자동차 산업의 발전에 의해 촉진되고 있다는 것을 입증하는 것이다. 이 중간 수요에 의한 분석은 산업 연관 분석에서 직접 유발 효과를 나타내는 것이며 이것이 복잡한 산업 연관 관계를 통해서 얻어지는 간접적 유발 효과까지를 감안한다면 자동차 산업이 연관 산업에 주는 생산 유발 효과는 더욱 큰 것이다.

이와 같이 중화학공업의 발전이 촉진된 것은 자본과 경영 능력을 겸비한 민족 자본이 1960년대 초 이후의 고도성장 과정에서 대두되고, 중화학공업은 남북 대립 속에 자립 경제를 지지하는 국가적 사업으로 제창되고, 투자 재원이 풍부하게 되었으며(국내 저축률이 1960년의 5% 이하에서 1976년에는 21.4%로 증가하고 1980년대 중반에는 30%에 달함), 후발성 이익을 이용하고 후방 연관효과가 작용한 것 등이 모두 중요한 요소였던 것이었다.

(2) 정부 지원에 의한 인위적인 비교우위의 창출 강조설

그러나 중화학공업의 발전에는 이러한 시장 경제력의 작용도 중요했지만 정부의 지원이 크게 작용했던 것도 사실이다. 정부가 조세, 금융, 입지 선정 등 면에서 적극적인 지원을 하지 않았다면 포철이나 울산 석유화학단지의 출현을 생각할 수는 없었을 것이다. 이런 면에서 정부가 다양한 지원으로 '인위적인 비교우위'를 창출하고 다만 이후의 공업화의 지속 과정에서 후방 연관효과가 작용하여 성공적인 중화학공업화가 이루어진 것으로 볼 수 있을 것이다.

또한 중화학공업의 발전을 위해서는 저축률이 1960년대의 5% 이하에서 1976년에는 21.4%로 높아지고 현대, 선경, 한국화약 등 국내 기업체가 성장하고 후발성 이익이 작용하는 가운데 정부의 중점 산업 육성법이나 중화학공업기지 건설 등을 고려하지 않으면 중화학공업 발전을 설명할 수 없다. 정부는 제2차 계획 때부터 1) 외화 가득이 높고 2) 수출 산업으로의 개발 육성이 비교적 용이한 부문, 3) 장래의 자립 경제 달성의 기반이 되는 기초 산업 부문의 육성·강화를 방침으로 하여 1966년에 석유화학육성법, 1967년에 기계공업진흥법, 조선공업진흥법, 1969년에 전자공업진흥법, 1970년에 철강공업진흥법을 제정, 시행하였다. 이와 함께 중점 산업마다 중화학공업기지를 조성하여 지역적 집단화, 규모의 경제, 집적의 이익을 얻으려 하였다. 포항제철기지, 창원기계공업단지, 울산석유화학기지, 온산비철금속공업기지, 포항철강관련공업기지, 옥포조선공업기지 등을 육성하였다.

구체적으로 중화학공업 육성을 위한 정부의 노력을 보면, 조선업의 경우 한국은 1960년대에 약 2만 톤 규모의 소규모 연안 어선(craft)이나 저인망 어선(trawler)을 생산하고 있었으니 비교우위를 가지고 있다고 보기는 어려웠다. 1960년대에 정부는 석유 거래의 붐을 이용하면서 유조선(tanker) 제조로 나아갔으며 1974~1975년의 세계의 불황에 따른 목표의 수정에도 불구하고 확장을 계속하여 1976년에는 약 70만 톤, 1983년에는 약 4백만 톤의 생산에 이르렀다. 그럼으로써 한국은 일본을 제외하고는(일본은 약 1,300만 톤의 생산 능력 보유) 기존의 경쟁자를 능가하게 되었다. 1973~1983년의 세계의 선박 생산은 반감했지만 한국은 그 생산을 150배 증가시켰으며 1983년 초에는 세계 시장의 약 23%를 차지했다. 달리 표현하면 1973년 스웨덴의 생산은 한국의 230배였지만 1983년에 한국의 생산은 스웨덴의 그것보다 5배 이상 더 컸다. 한국이 상대적 저임금, 노동시간, 생산성 등에 이점을 가지고 또한 신뢰할 만한 제조 기간, 고도의 조직과 훈련 등에서 이점을 가지고 있었던 것은 사실이다. 그러나 조선은 자본 집약적 산업이다. 정부가 그러한 차이를 만든 것이다. 정부는 수요 감소와 저유가 등의 조건 아래 기업 확장에 자금을 제공하고 국내 경쟁을 줄이기 위해 합병과 카르텔을 강요하며 기업으로 하여금 특정의 분업 패턴을 채택하도록 기업들을 강제했다. 요약하면 자유 세계 시장이 아닌 정부가 비교우위를 창출한 것이다.

동일하게 철강에 대해서도 논의해 보면, 국영 기업인 포항제철의 생산은 1973년의 100만 톤에서 시작하여 1984년에는 약 1,200만 톤에 달했다. 1983년의 570만 톤의 수출은 워싱턴에서 항의를 초래하고 일본의 고도로 카르텔화한 시장에서의 가격 하락을 초래했다. 한국은 원료탄(coking coal), 석유, 철광 등을 국내에서 공급하지 못했고, 생산물당 노동 비용은 중요한 요소가 아니었다. 근대 기술과 단단히 훈련된 조직은 중요한 차이를 만들었을 것이나 정부가 산업에 제공한 충분한 특권의 집합체(panoply)를 통해서 달성된 것이다. 그리고 정부가 비교우위를 창출하기 위한 시도는 이제 자동차 제조 공업에서 시험을 받고 있다. 이를테면 한국의 수출 실적의 근간은 진정한 비교우위에 기인할지 몰라도 제2 세대의 성장 산업은 정부의 도박의 산물인 것으로 판단된다.

1) 평가와 중화학공업화의 한계

한국의 중화학공업화의 성공을 후방 연관효과를 이용한 자율적인 시장의 힘만으로 설명하거나 혹은 반대로 단순한 정부의 지원만에 의해 설명하는 것은 부적합하다. 마치 한국의 수출 지향적 공업화의 성공을 시장의 자유화만으로 설명하거나 혹은 정부의 지원만으로 설명하기 어려운 것과 마찬가지다. 한국의 수출 지향적 공업화의 성공에 정부의 지원이 중요했지만 장기적으로 그것이 시장의 효율성을 높이는 방향에서 이루어져서 성공할 수 있었던 것과 마찬가지로 중화학공업의 발전도 마찬가지라고 할 수 있다.

자유무역과 시장 경제를 신봉하는 학자들에 의하면 무역을 자유화하면 노동이 상대적으로 풍부한 나라에서는 처음에는 노동 집약적인 산업에 특화를 하게 되나, 수출이 증가하면서 시설이 확장되고 시설 확장으로 인한 규모의 경제와 대외 노출에 따른 기술 향상으로 생산성이 올라가고, 이로 인해 단위당 비용을 줄일 수 있게 된다. 비용의 감소는 이윤과 저축의 증대로 이어지고 저축 증대는 다른 노동 집약적인 산업에 대한 투자로 이어져, 제조업 부문이 확대되고 수출도 증가하게 된다.

수출과 성장이 지속되면서 노동과 자본 간의 상대 가격에도 변화를 가져오게 된다. 노동 집약적인 산업의 성장으로 노동은 점점 비싸게 되고, 자본은 자본 축적이 진행되면서 상대적으로 싸게 되어 비교우위는 비내구 소비재와 같은 단순 노동 집약적인 산업에서 내구소비재나 중간재 및 생산재와 같은 자본 및 숙련 집약적 산업으로 이동하게 된다. 그러나 이들 산업은 대규모의 시설과 수평적 또는 수직적 특화가 요구되나 국내 시장의 협소성 때문에 정부의 보호나 지원의 필요성이 제기된다. 이러한 이유에서 많은 개도국이 전후 대내 지향적 개발 전략을 추구했으나 실패한 반면 한국과 대만 등 동아시아 국가는 대외 지향적 개발 전략을 추구함으로써 성공을 했는데, 이들 국가가 성공을 할 수 있었던 것은 다음과 같은 원칙 아래 정책을 운용하였기에 가능했다고 한다.

첫째, 유치 산업의 보호를 위해 제조업에 대한 특혜 조치가 필요하나, 비효율적인 산업의 건설과 유지를 피하기 위하여 적절한 수준에 그쳐야 하며 과도한 지원을 하지 않는다. 둘째, 내구 소비재나 중간재 및 생산재를 지원해도 수출과 수입 대체에 대해 동등한 유인을 제공해야 하며, 이는 비교우위가 있는 상품이나 부품에 특화하게 함으로써 효율적인 수출과 수입 대체가 가능하다. 셋째, 제조업의 산업 간 유인율의 차등을 최소한으로 줄여야 한다. 이는 경제 원칙의 문제로서 기업이 어떤 사업에 투자를 할 것인지를 스스로 판단하도록 하며, 특히 수출의 경우는 세계 시장의 상황에 따라 수출 상품의 구성을 어떻게 해야 할지를 완전히 기업의 자유의사에 맡겨야 하며 정부가 개입해서는 안 된다.

벨라 발라사(Bela Balassa)에 의하면 대외 지향적 개발 전략을 추구한 나라들은 이러한 원칙에 충실했다고 한다. 수입 대체보다 수출에 현저하게 유리한 유인을 제공하지 않았으며, 대체로 양의 실질 이자율을 가졌고 산업 간 유인의 차별을 줄이는 등 가격 왜곡을 최소화하고 시장 기구를 활용하는 방향으로 정책을 운용하였다고 한다. 한국의 경우 정부에 의한 시장 개입이 있었으나 1970년대 후반 중화학공업 육성 시기를 제외하고는 수출과 수입 대체에 비슷한 유인을 제공하고, 환율을 현실화하며 금융의 자율성을 제고하는 등 자원 배분을 시장 기능에 맡기고자 하는 정책적 노력이 있었기에 고도성장을 할 수 있었다고 한다.

크루그먼도 이와 비슷한 의견을 제시하고 있다. 한국은 1964년 이후 환율의 현실화와 무역 자유화 등 자유화 조치를 취했으며, 1970년대의 중화학공업 육성을 위한 수입 대체 정책이 있었으나, 부작용으로 오래가지 못했고, 1980년대 들어와서 다시 대외 지향적 정책을 썼기 때문에 수출을 통한 고도성장을 할 수 있었다는 것이다. 수출과 국내 판매에 대한 실효 보호율도 다른 나라에 비하면 완만하여 산업 유인 체계도 비교적 중립적이었다고 한다. 그에 의하면 한국의 경험으로 비추어 볼 때, 자유화와 무역에 있어서 유인의 쏠림 현상을 줄이는 것이야 말로 만족스러운 산업 성장의 필수 전제조건이라고 강조한다.

물론 와타나베 도시오(渡邊利夫)도 이러한 시장 자율성을 강조한 학자 중 하나이지만 주지하는 바와 같이 암스덴(Amsden)은 이와 대립적으로 정부의 지원을 강조하는 대표적 학자 중 하나라고 할 수 있다. 앞서 본 신고전학파의 성장 모델은 시장 기능이 제대로 작동하는 것을 전제로 하기 때문에 가격만 정상화시키면, 즉 가격 결정을 시장에 맡기면 비교우위에 있는 산업으로 자원이 투입됨으로써 자원의 효율적인 배분이 가능하며 이를 통해 지속적인 성장이 가능하다는 것이다. 저임금 국가는 처음에는 노동 집약적인 산업에 비교우위를 가지나 공업화가 진전되면서 물적 및 인적 자본 축적을 통해 자본 및 숙련 집약적 산업으로 비교우위가 이동하기 때문에 비교우위를 따라 특화를 하게 되면 지속적인 수출 증대와 성장이 가능하다는 것이다.

그러나 암스덴에 의하면 이러한 고전적인 무역 이론을 바탕으로 하는 시장 모델은 현실을 제대로 설명할 수 없다고 한다. 그 이유로 그는 다음과 같은 것을 지적한다. 첫째, 저임금은 경쟁력의 필요 조건은 되지만 충분 조건은 되지 못한다는 것이다. 경쟁력은 임금 외에 생산성도 중요한 요인이기 때문에 비록 후발 공업국가가 저임금의 이점이 있어도 먼저 공업화를 시작한 나라의 높은 생산성 때문에 노동 집약적인 산업에서도 경쟁력을 지니기 어렵다는 것이다. 예를 들어 1960년대 한국과 대만의 섬유 산업은 저임금의 이점을 가지고 있었으나 일본 섬유 산업의 높은 생산성 때문에 경쟁력을 유지할 수 없었고, 정부의 장기 저리 금융과 같은 보조금 정책을 통해서 이를 극복할 수 있었다는 것이다. 역사적으로 보아도 19세기 독일이나 미국의 산업혁명도 기술 혁신을 통해 영국과의 경쟁에서 이겼지 저임금으로 이긴 것은 아니라고 한다. 둘째, 신고전학파의 시장 모델은 물적 및 인적 자본이 축적되면서 비교우위가 노동 집약적인 산업에서 자본 및 숙련 집약적인 중공업으로 자연적으로 이동한다고 하는데 이것도 현실과는 상당한 괴리가 있다는 것이다. 노동 집약적인 산업은 자본 집약도가 낮아 기술이 비교적 단순하여 생산성 향상의 여지가 크지 않고 경쟁력의 기초가 임금인 반면 중공업은 자본 집약도가 높고 기술이 복잡하여 숙련과 근대적 시설이 경쟁력의 기초가 되기 때문에 섬유 산업과 같은 노동 집약적인 산업을 발판으로 해서 중화학공업 분야로 사업을 다각화하는 것은 쉽지 않다. 기업가는 보수적이고 단기적 이윤 극대화에만 관심을 가지기 때문에 위험도가 높고 회임 기간이 긴 중공업에 투자하는 것을 기피하는 경향이 있기 때문이다.

그러면 한국에서 어떻게 하여 새로운 기업이 중공업 분야에 진출하고 성공하게 되었는가? 우리나라의 경우 정부는 제1차 5개년 계획 때부터 시멘트, 비료, 정유 등의 수입 대체 산업을 육성하기 시작했으며, 제2차 5개년 계획에서는 중화학공업 육성을 위한 제도를 정비하고, 1970년대 들어와서 거의 모든 중화학공업으로 확대하여 본격적으로 추진되었다. 이를 위하여 정부는 각종 세제 금융상의 지원을 강화했으며, 민간 기업의 참여를 적극 권장했다. 이에 따라 새로운 기업이 중화학공업에 진출하게 되었다. 정부는 이들 수입 대체 산업을 육성하기 위해 저리 금융, 세제 지원, 관세 장벽 등 여러 형태의 보조금을 장기간 지원했는데, 이러한 지원 정책이 효력을 가질 수 있었던 것은 상호주의 원칙을 철저히 따랐기 때문이다. 정부는 지원의 대가로 수출 기업의 경우는 수출 실적을, 수입 대체 산업의 경우에는 생산 실적을 요구했고, 실적이 나쁜 기업에 대해서는 제재를 가하고, 실적이 좋은 기업에 대해서는 보상함으로써 효율성을 기하도록 하였다.

또한 이들 산업의 경쟁력을 향상시키기 위해 외국 자본과 기술 도입을 지원하고 인력 양성을 통해 기업이 필요로 하는 인력을 공급하도록 하였다. 기업은 기업대로 현장의 생산 기술을 향상시키는데 집중함으로써 세계 수준의 생산성과 품질을 달성할 수 있었으며, 이를 통해 수출 신화를 창조할 수 있었던 것이다.

이와 관련하여 암스덴은 특히 투자와 외국 기술의 중요성을 강조하고 있다. 중화학공업의 경쟁력은 생산성에 의하여 결정되는데 선발 공업국에서의 생산성 증가는 새로운 기술 개발에 의해 이루어지지만 후발 공업국에서는 기술 개발을 통한 생산성 증가는 어려우며, 외국 기술을 얼마나 빨리 도입하고 흡수·개량하는가에 달려 있다는 것이다.

따라서 정부가 저리 금융 등 상대 가격의 왜곡을 통해 투자를 지원하면, 기업의 투자가 늘어나게 되고, 투자 확대로 시설 재수입이 증가하고 생산이 증가하면서 시장도 확대된다. 시장의 확대로 기업의 투자는 더욱 증가하고 최신 기술이 체화된 시설재의 수입도 증가한다. 투자의 증가로 규모의 경제를 누리게 되고, 생산 과정을 거치면서 외국 기술을 효율적으로 활용하는 방법을 터득하게 되어 생산성도 증가하게 된다. 즉 투자는 높은 성장을 가져오며, 높은 성장은 학습 효과(learning by doing)와 규모의 경제 및 기술 도입을 촉진시켜 생산성 증가로 이어지며, 생산성 증가는 높은 성장으로 이어지는 누적적인 확장 과정이 전개된다는 것이다.

이와 같이 정부는 자원 배분을 시장에 맡기지 않고, 저리 금융 관세 및 비관세 장벽 등의 형태로 기업을 지원하되 실적을 전제로 하였고, 이에 기업이 적극 호응함으로써 자원의 효율성을 기할 수 있었다. 다시 말하면 우리나라의 고도성장은 시장의 보다 자유로운 작동 때문이 아니고, 보조금 지원 과정이 질적으로 탁월했기 때문이라는 것이다. 상대 가격의 왜곡이 있었으나 수출 지향적 개발 전략을 추구했기 때문에 방향 설정이 옳았고, 이에 따라 왜곡의 정도는 심하지 않았다고 한다.

한편 비록 중화학공업의 발전이 이루어졌지만 다른 한편 그것은 대체로 '대용량 처리형'의 일종의 장치 산업에 한정된 측면이 강하고 보다 자본 집약적이고 기술 집약적인 기계공업 분야의 발전은 여전히 취약하여 중간재, 자본재 등을 해외에 의존하고 있는 것 등은 하나의 중요한 제약 요인이라고 할 수 있다. 대용량 처리형 장치 산업이란 제당 산업, 제철 산업 등과 같이 생산비에서 원부재료비의 비중이 크고, 원료의 투입에서 완제품의 생산까지 일관된 공정에 따라 가공이 이루어지는 공업을 말한다. 이런 장치 산업에는 웨이퍼를 가공하여 제품을 생산하는 반도체 산업도 속한다. 여기서는 수율이 수익성을 결정하는 중요 요소이며 수율은 원재료에서 완제품이 생산되는 비율을 의미한다. 이러한 산업에서는 누가 최신의 기술을 체화된 대규모 일관 공장을 짓느냐가 경쟁력을 결정하는 주요인이다.

그러나 자본 집약적이고 기술 집약적인 기계공업 분야에서는 보다 높은 기술력, 그리고 숙련을 지닌 장인들, 그리고 기업가정신이 풍부한 중소기업 등이 중요하고 이러한 분야의 중화학공업에서는 여전히 한국은 취약하다. 따라서 중화학공업의 발전을 단순하게 호프만 비율에 기초하여 높게 평가하는 것은 편향된 시각이라 할 것이다.

4. 산업 구조의 고도화와 서비스화

경제 발전이 이루어질수록 재화에 비해 서비스의 수요가 증가하고 있다. 외식 수요의 증가, 관광, 레저, 통신에 대한 지출 증가, 은행·증권회사 등 금융서비스 활용의 증가, 교육비 및 의료서비스에 대한 지출의 증가 등이 그 예이다. 이러한 소비 행태를 뒷받침하기 위해서는 산업 구조가 바뀌어야 하고, 서비스는 재화에 비해 무역이 잘 이루어지지 않는 비교역재(non-tradable good)의 성격이 강하다. 따라서 국내에서 공급되지 않는 서비스를 해외에서 조달하는 데에는 일정한 한계가 있다. 물론 오늘날 수송 기술의 발달로 국가 간의 이동이 쉬워지고 정보통신혁명으로 서비스의 국가 간 이동도 촉진되고 있는 것은 사실이다. 그럼에도 불구하고 서비스의 국제적 이동에는 상품에 비해 아무래도 물리적인 제약이 따르기 때문에 전체 서비스 소비에서 외국의 서비스 공급이 차지하는 비중은 상대적으로 낮다.

소득의 증가는 서비스에 대한 수요를 증가시키고 이에 대응하여 산업 구조에서 서비스 산업의 비중이 강화되는 현상이 발생한다. 다음은 주요 선진국별로 소득이 1만 달러에서 2만 달러로 증가함에 따라 서비스업의 비중이 변화한 것을 보여준다. 다만 상대적으로 독일과 일본에서 제조업의 비중이 상대적으로 크게 남아있는 것을 볼 수 있다.

〈표 10-14〉 주요 선진국 소득 별 서비스업의 비중 변화

(단위: %)

	서비스업의 비중			제조업의 비중		
	1만불	2만불	증감	1만불	2만불	증감
미국	63.6	70.4	6.8	22.5	19.1	-3.4
영국	60.2	67.9	7.7	26.0	20.3	-5.7
독일	55.7	62.1	6.4	31.8	26.5	-3.3
일본	56.4	59.0	2.6	27.0	25.8	-1.2
핀란드	53.2	59.6	6.4	27.4	24.1	-3.3

자료: 삼성경제연구소

서비스 산업의 확대는 단순히 산업 간의 상대적 비중 변화에 그치지 않고, '유형 자산'보다 '무형 자산'의 기여도가 커지는 질적 변화를 초래한다. 금융, 통신, 미디어 등 전형적인 서비스 산업뿐만 아니라 공산품의 생산 및 판매에서 '무형 자산'이 결합되는 경우가 점점 더 늘어나고 있다. 예를 들어 컴퓨터 산업에서 소프트웨어는 하드웨어보다 더 높은 부가가치를 창출하고, 자동차에도 컴퓨터와 인공위성이 제공하는 서비스가 결합되는 등 갈수록 정교한 통제 장치를 갖추어 부가가치를 높이고 있다. 인터넷 환경에서 새로운 아이디어로 무장한 웹사이트는 큰 투자 없이도 막대한 수익을 창출할 수 있게 만들기도 한다. 이러한 서비스 산업의 확대와 경제의 소프트화 현상은 무형의 지식 자산의 중요성에 대한 새로운 인식을 낳고 있다.

한국의 서비스 산업도 빠르게 그 비중을 증가하고 있는 바, 2000년 기준 총고용의 70% 이상이 서비스 산업(건설업 포함)에 종사하고 있으며, GDP의 64%를 차지하고 있다.

(단위: %)

	농림수산업	제조업	서비스업
1960	36.8	3.8	49.4
1970	27.1	21.2	51.7
1980	14.8	28.2	54.0
1990	8.5	28.8	62.7
2000	4.7	31.3	64.0

자료: 한국은행

세계 주요국의 산업 구조와 비교할 때 한국 경제가 빠른 서비스화를 겪었다고 할 수 있으나, 미국이 기타 서비스를 포함한 서비스 산업 전체의 비중이 83.1%에 달하고, 일본과 독일의 경우도 각각 70%를 상회하고 있음을 볼 때 한국도 서비스화가 더 진행될 여지가 있는 것으로 보인다. 이는 산업 공동화의 우려를 낳을 수 있지만, 한국에서 지난 10년간 서비스 부문에서 약 400만 개의 일자리가 창출되면서 고용 수준을 지속적으로 유지, 확장해 온 점을 감안할 때 서비스 부문의 고용 창출 효과가 경제 안정에 기여한 바를 알 수 있다.

그러나 한국의 서비스 산업은 부가가치가 높은 분야가 상대적으로 취약하고 생산성이 낮은 저부가가치 업종의 비중이 높은 문제점을 가지고 있다. 서비스 산업은 금융, 통신 등 일부 분야를 제외하고는 업체당 고용 규모가 적고, 고급 인력에 대한 수요를 필요로 하지 않는 특성을 갖고 있다. 그리고 서비스 부분은 고용 비중에 비해 부가가치 산출이 상대적으로 떨어진다. 통계에 의하면 2002년 현재의 서비스업의 노동 생산성은 제조업의 절반에도 미치지 못하고 있다. 다시 말하면 산업 구조는 빠른 속도로 서비

20 명목 GDP에 차지하는 비중 기준으로서 서비스 산업은 도소매, 음식, 숙박, 운수창고 및 통신업, 금융보험, 부동산, 사회 및 개인 서비스업, 정부 서비스 생산자, 건설업, 전기·가스·수도사업 등을 모두 포괄한 것임

스화 되었음에도 불구하고, 서비스 산업 내의 생산성 증가가 충분하지 못해 경제의 효율성에 기여하지 못하고 있다. 따라서 서비스 부문의 고도화와 전문화를 통해 생산성 향상이 이루어지지 않는다면 진정한 산업 구조의 고도화를 이루었다고 보기 힘들 것이다.

이런 점은 서비스 산업의 구성에서도 잘 나타난다. 한국은 음식, 숙박, 부동산업 등 비생산적 서비스업이 전체 서비스 업종에서 차지하는 비중이 여타 선진국들에 비하여 지나치게 높다. 생산적 서비스업은 물류, 금융, 비즈니스 관련 서비스업 등 연관 산업에 대한 파급 효과와 생산 및 고용 창출 효과가 큰 업종을 의미한다. 비생산적 서비스업은 소비의 관점에서 볼 때 일정 수준 불가피하게 존재해야 하지만, 여타 생산 활동을 촉진하는 효과가 작은 산업이며 따라서 이들 산업이 차지하는 비중이 과도할 경우, 전반적인 산업의 동력을 저하시킬 수 있다. 따라서 산업 구조의 서비스화는 앞으로 추구해야 할 방향이지만, 생산성이 높은 서비스업 부문으로 자원이 유도되어야 하며, 특히 제조업과의 연관성 확보를 통해 경제의 전반적인 효율성이 확보되도록 해야 한다.

한편 비록 서비스 분야에서도 무역이 점차 확대되고 있지만, 한국의 서비스 산업은 수출 경쟁력을 충분히 갖추지 못하고 있는 반면에 제조업은 수출에서 결정적으로 중요한 비중을 갖고 있다. 2000년 수출이 GDP에서 차지하는 비중은 한국이 44.0%인데 비해, 독일은 33.4%, 이탈리아는 28.4%, 영국은 27.2%, 미국은 11.0%, 일본은 10.8% 수준이다. 그런데 유럽 국가들의 수출 비중이 높은 것은 유럽의 경제 통합 과정에서 고도의 역내 분업화가 이루어졌기 때문으로 역내 수출입을 제외하면, EU 이외의 국가에 대한 수출 비중은 10% 수준에 불과하다.

한국의 수출품 중에 중요한 것은 2000년 세계 시장 점유율이 D램이 38.0%, CDMA단말기가 54.0%, TFT-LCD가 40.7%를 차지하는 가운데 가장 중요한 역할을 하고 있으며, 그밖에 자동차, 전자제품, 선박, 철강, 섬유 등이 중요하다. 수출 품목으로 보면 세계 최고 수준의 고부가가치 품목으로 구성되어 있다.

한편 이러한 수출 품목의 고도화와 서비스 산업의 발전에 IT 산업이 중요한 역할을 하였다. 1990년대에 들어 한국의 IT산업은 여타 어느 산업보다 빠른 속도로 성장했으며, 외환위기의 극복과 한국의 경제 성장에 견인차 역할을 하였다. 이는 인프라 확충, 규제 완화, 시장 개방 등 정부 정책과 기업들의 혁신적 기업 활동의 결과이다. IT산업의 발전은 IT산업 자체뿐만 아니라 향후 한국의 산업 구조를 고도화하는데 기술적 인프라를 제공해 줄 수 있다는 점에서 의의가 있다. 즉 IT기술이 산업 전반에 확산됨으로써 생산성의 획기적 증대에 기여하는 동시에 IT 등 신기술과 전통 산업과의 접목을 통한 새로운 성장 산업 창출에도 중요한 역할을 할 것으로 보인다. IT 산업은 1997년부터 2002년까지의 기간 중 연 22.7%의 성장을 보였으며, GDP에서 차지하는 비중은 1997년의 8.6%에서 2001년에는 12.9%로 증가했다. 그리고 2001년 총 수출액 1,504억 달러 중 25.5%인 384억 달러를 차지했다. 그리고 정보통신산업의 흑자 규모가 2001년 105억 8천만 달러로 전체 흑자 93억 4천만 달러를 12억 4천만 달러 초과하기도 하였다. 따라서 IT 산업이 한국 경제의 새로운 성장 동력으로 중시되고 있다.

새로운 성장 동력을 확충하는 데는 생산성 향상과 함께 기업의 혁신을 위한 노력이 요구된다. 종래 한국의 GDP 대비 R&D(연구개발)투자는 선진국에 비해 상당히 취약했다. 그러나 1990년대 중반 이후 대기업을 중심으로 혁신형 개발 전략을 추진하여 일부 산업에서 상당한 성과를 거두었다. 이러한 결과는 R&D에 대한 투자가 없이는 불가능한 것이었으며 2001년의 GDP 대비 R&D 투자비율이 2.9%로 프랑스, 독일, 미국보다 약간 높아 일본에 버금가고 있다. 그러나 절대적으로는 미국의 1/20(2,653억 달러), 일본의 1/10(1.420억 달러)에 불과하며, 외형적인 증가에도 불구하고 이러한 투자가 IT산업 및 자동차 분야의 대기업에 집중되어 있다는 것은 문제점으로 지적된다. 주력 산업 전반은 물론 중소기업의 연구개발 투자가 활성화되고, 기업의 혁신 노력이 제고돼야만 주력 산업의 질적 고도화도 기대할 수 있을 것이다.

최근 우리나라 GDP대비 R&D투자 비율은 2006년과 2007년 각각 3.01%(27조 3,457억 원·4위), 3.21%(31조 3,014억 원·4위)로 증가하고 해마다 R&D 투자는 10%씩 증가하였다. 지식경제부는 2008년을 기준으로 우리나라의 GDP대비 R&D 투자 비율이 3.37%(34조 4,981억 원)로 OECD 국가 중 4위를 기록했다고 밝혔다. 절대 투자 규모 면에서도 2008년 34조 4,981억 원으로 2001년(16조 1,105억 원)에 비해 2배 이상 증가했고, 투자주체로는 2001년 이후 민간 부문이 75%로 우리나라 R&D투자를 주도했다. 근래 정부는 2012년까지 한국의 R&D투자 비율을 GDP의 5%까지 증대하겠다는 계획을 제시한 바 있다.

1) 2000년 산업연관표로 본 한국의 경제 구조

〈표 10-16〉 2000년 산업연관표

(단위: 천억 원)

		중간수요				최종수요				총 수요 (A+B)	수입 (공제) (C)	총산출액 (A+B-C)
		농림 어업	광공업	기타 산업	중간 수요계(A)	소비	투자	수출	최종 수요계(B)			
중간 투입	농림어업	18	254	32	304	125	1	7	134	438	55	383
	광공업	86	3,598	1,146	4,830	1,004	748	1,927	3,679	8,509	2,010	6,499
	기타 산업	40	860	1,899	2,799	3,011	1,135	435	4,581	7,380	333	7,047
	중간 투입계	144	4,712	3,077	7,933	4,140	1,885	2,369	8,394	16,327	2,398	13,929
부가 가치	임금	33	692	1,946	2,671							
	기업 이윤등	206	1,095	2,024	3,325							
	부가가치계	239	1,787	3,970	5,996							
총투입액		383	6,499	7,047	13,929							

자료: 2000년 산업연관표

(1) 공급과 수요

2000년 중 한국의 재화와 서비스의 총 공급(=총 수요)은 1,632조 7,160억 원으로, 총 공급 중 국내 총 산출은 1,392조 원(86.3%), 수입은 239조 원(14.7%)이며, 수입의 비중이 1995년(11.7%)에 비해 1.5% 상승했다. 총 수요 중에서 국내 수요는 1,395조 원, 수출은 236조 원으로 수출 비중이 1995년에 비해 2.8% 상승하였다.

한편 2000년 중 한국의 대외 의존도((수출액+수입액)/총 수요)는 29.2%로 1995년(24.9%)에 비해 4.3% 상승했고, 일본(2000년에 10.8%)에 비해 약 3배 수준이다.

(2) 산업 구조

2000년 중 한국의 산업 구조(국내 총 산출액에 대한 산업별 산출액 비중)를 보면 제조업 비중이 46.5%로 가장 높고, 다음으로 서비스업(39.0%), 전력, 가스, 수도 및 건설업(9.4%)의 순서로 나타난다. 산업별 산출액 구성에서 제조업은 1995년에 비해 1.1% 낮아진 반면, 서비스업의 비중은 1995년 대비 4.9% 높아진 것이다. 제조업 중에서는 전기 및 전자기기의 비중 증가(1995년의 7.9%에서 2000년 10.2%) 등에 따라 2000년 조립 가공 업종의 비중(19.2%)은 1995년(17.7%)에 비해 높아진 반면, 기초 소재 업종과 소비재 업종의 비중은 1995년에 비해 낮아졌다. 1990년 이후 한국의 제조업 비중이 낮아지는 반면 서비스업의 비중이 높아지고 있으나, 일본과 비교하여 한국의 제조업 비중이 상대적으로 높고, 서비스업 비중은 낮게 나타난다.

(3) 중간 투입과 부가가치

2000년 중 국내 총 투입액(=총 산출액) 중에서 원재료, 연료 등으로 투입된 중간재가 차지하는 비율을 나타내는 중간 투입률은 57.0%로 1995년 55.3%에 비해 높아졌다. 2000년 생산에 투입된 중간재를 국산과 수입으로 구분하여 총 투입액에 대한 비율을 보면, 국산 중간재 투입률(국산 중간재/총 투입액)은 43.8%로 1995년의 44.4%에 비해 낮아진 반면, 수입 중간재 투입률(수입 중간재/총 투입액)은 2000년 중 13.1%로 1995년 10.9%에 비해 높아졌다. 그리고 중간재의 국산화율이 낮아지는 추세이다(1990년 81.2%→1995년 80.4%→2000년 77.0%). 한편 생산에 투입된 중간재를 물적 재화와 서비스로 구분하여 2000년 중 중간재 구성비 추이를 보면, 물적 재화의 투입 비중은 68.5%로 1995년의 70.0%에 비해 낮아진 반면, 서비스 투입 비중은 31.5%로 1995년(30.0%)에 비해 높아졌다. 2000년 중 환율 및 유가 상승 등으로 수입 중간재 투입율이 높아짐에 따라 중간 투입율이 상승했다.

2000년 중 부가가치율(부가가치액/국내 총 산출액)은 43.0%로 1995년 44.7%에 비해 낮아졌으며, 이는 일본의 부가가치율 2000년 51.0%이 비해 크게 낮은 수준이다. 한편 2000년 부가가치 항목별 구성을 보면 피용자 보수의 비중이 44.5%로 가장 높고, 다음으로 영업 잉여 32.4%, 고정 자본 소모 14.5%의 순으로 나타난다. 2000년 중 피용자 보수율(피용자 보수액/국내 총 산출액)은 19.2%로 1995년 21.4%에 비해 낮아졌고, 산업별로 보면 모든 산업(부동산 및 사업 서비스 제외)의 피용자 보수율이 1995년에 비해 낮아졌는데 특히 제조업의 피용자 보수율은 10.6%로 1995년(13.3%)에 비해 2.7%, 서비스업의 피용자 보수율은 30.4%로 1995년(35.2%)에 비해 4.8%가 각각 낮아졌다. 제조업 내에서 업종별로 보면 모든 업종에서 하락했으나, 특히 조립 가공 업종의 피용자 보수율이 2000년 11.1%로 1995년(13.9%)에 비해 크게 낮아졌다.

(4) 중간 수요와 최종 수요

2000년 중 중간 수요율(중간 수요액/총 수요액)은 48.6%로 1995년(48.0%)에 비해 0.6% 높아졌다. 산업별로 보면 2000년 중 제조업은 54.5%로, 1995년(54.2%)에 비해 높아졌으나, 서비스업은 38.2%로, 1995년(40.5%)에 비해 낮아졌다. 특히 제조업 가운데 조립 가공 업종의 중간 수요율이 2000년 중 40.1%로 1995년(37.5%)에 비해 2.6% 높아졌으나, 기초 소재 업종은 77.1%로 1995년(79.3%)에 비해 낮아진 것으로 나타났다.

한편 2000년 최종 수요 항목별 구성비를 보면 소비의 비중이 49.3%로 가장 높고, 다음으로 수출 28.2%, 투자 22.4%의 순서로 나타난다. 이것은 투자가 1995년(29.6%)에 비해 낮아진 반면, 소비와 수출의 비중은 높아진 것이다. 특히 2000년 중 민간의 소비 지출은 1995년 대비 1.74배로 증가하여 동 기간 중 최종 수요 증가율보다 높게 나타났으며, 민간 소비 지출 증가율은 피용자 보수 증가율(1.48배)보다도 높게 나타났다.

2) 한국의 산업 구조와 무역 구조

한국 공업화의 주요 특징의 하나는 가공 무역형 공업화이다. 한국은 선진국 특히 일본으로부터 자본재, 중간재를 수입하고 노동을 투입하여 최종재를 생산하고 이것을 구미에 수출한다는 무역 구조를 지니고 있다. 그리고 수출을 통해 얻어진 외화에 외채를 도입하여 다시 자본재 등을 구입하여 산업 구조를 고도화한다는 경제 구조를 가져왔다. 자본재의 수입은 그것에 체화된 선진 기술의 도입을 통한 생산성 향상을 가져오고 이는 수입에 의존한 공업 제품의 국산화, 즉 수입 대체를 가능하게 함과 동시에 다음 단계에서의 수출 경쟁력을 강화하는 것이다. 이러한 사실은 수출입이 모두 확대되는 가운데 1987년 수입 총액에 차지하는 자본재의 비중이 35.5%, 수출용 중간재의 비중이 27.3% 합계 60%라는 사실에 잘 나타나고 있다.

한국의 가공 무역형 구조는 일본의 완전 자급형 공업 구조(one-set or full-set industrialization)와 대비된다. 일본은 식료품, 목제품 등 일부 자원 집약적 산업에서 약간의 수입 의존이 보이지만 그 이외의 대부분의 부문에서는 광범위한 자급체제를 정비하고 있고 이 기반 위에 서서 제철, 철강 1

차 제품, 일반기계, 전기·전자기계, 수송기계 등의 부분에서 적지 않은 수출이 행해지고 있다. 일본의 공업 패턴은 전 범위 공업화에 구축된 충족적 구조와 이와 같은 구조에서 지지된 중화학공업 부문에서의 수출 의존을 뚜렷한 특색으로 하고 있다고 말할 수 있다. 일본의 여타 선진국에 비교한 공업 구조의 특징은 현저히 자급적인 성격이 강한 것이고 소재, 중간재, 자본재에서 최종 소비재에 이르기까지 우회 생산의 다운스트림(down-stream)에서 업스트림(up-stream)까지 한 세트로 움직여 온 것이다.

이에 비해 한국은 편향된 공업 구조(truncated industrialization)를 가지고 있다. 한국은 수출과 수입 양면에서 문호를 완전히 개방한 외향적 체질을 보이고 있으며 식료품이나 펄프 등 자원 집약적 산업은 물론이고 특히 중화학공업 분야에 있어서 상당히 큰 수입 의존도가 나타난다. 물론 특정 중화학공업 제품에서도 상당한 수출 의존도를 볼 수 있으나 일반 기계나 1차 금속과 같은 중심적인 공업 부문에서는 국내 수요를 충족시키기에는 아직 불충분하다.

이를 보다 자세히 보면 한국은 내구 소비재에는 1960년대 초부터, 노동 집약적 중간재와 내구 소비재는 1970년대 초부터 수출이 수입을 상회하였다. 당초는 해외 의존도가 현저히 높았던 자본재와 자본 집약적 중간재의 공급력도 1970년대를 통해 계속 강화되고 1980년대에 들어 특히 3저 호황기에는 수출입이 거의 균형 상태에 있었고 무역 상대국과의 사이에 수평 분업적 관계를 구축하기에 이르렀다. 그러나 이러한 급속한 중화학공업화에도 불구하고 한국은 여전히 중요한 자본재, 중간재에서 일본과 미국 특히 일본에 의존하는 경향이 강하다. 우리는 이를 국제산업연관표의 연결 구조를 가지고 이해할 수가 있다.

국제산업연관표의 연결 구조
중간 수요 최종 수요 제3국에 대한 수출 총 산출

중간 A국 Xaa Xab Faa Fab Ear Xa(=Xaa+Xab+Faa+Fab+Ear)

투입 B국 Xba Xbb Fba Fbb Ebr Xb(=Xba+Xbb+Fba+Fbb+Ebr)

여기에서 일반적으로 수평적 국제분업의 확대라고 하면 Xab 및 Xba라는 중간재의 흐름이 Fab 및 Fba라는 최종 소비재의 흐름에 비해 커져가는 사실을 말하는 것이다. 그리고 Xaa 및 Faa가 상대적으로 크고 Xba 및 Fba가 상대적으로 작은 경우에는 A국은 B국에 비해 의존하는 비중이 적은 자기 충족형의 경제 체질을 보유하고 있다는 것을 의미하며 반대로 Xbb 및 Fbb가 상대적으로 적고 Xab 및 Fab가 상대적으로 큰 경우에는 B국은 A국에 대한 의존도가 큰 비충족형의 경제 체질을 갖고 있는 것이 된다. 덧붙여 말한다면 Xab 및 Fab가 Xba 및 Fba에 비교하여 클 때 A국에 대한 B국의 의존은 일방적이라고 할 수 있다. 우리는 대체로 A국은 일본, B국은 한국이라고 할 수 있다.

〈표 10-17〉 한·일 국제산업연관표(1985)

(단위: 억 달러)

		한국		일본		중간수요계	한국최종수요	일본최종수요	기타지역수출	총산출
		광공업	기타	광공업	기타					
한국	광공업	380	205	15	6	608	274	11	216	1,107
	기타	209	209	4	4	426	597	6	56	1,085
일본	광공업	43	6	4,941	2,406	7,396	17	3,221	1,557	12,191
	기타	4	2	2,540	4,127	6,673	2	9,391	362	16,428
기타 지역 수입		191	36	943	374	1,544	32	216		
중간 투입계		827	458	8,443	6,917	16,645	922	12,844		
부가가치		280	627	3,748	9,511	14,166				
총 투입		1,107	1,085	12,191	16,428	30,811				

이런 점을 보다 분석적인 관점에서 생산 유발 계수의 누출이라는 관점에서 분석해 볼 수 있다. 한국의 대일(對日) 유발 생산 계수는 한국의 특정 산업 부문에서의 최종 수요가 한 단위 증가했을 때 그것이 일본의 국내 생산 체제를 어느 정도 유발시키고 있는가를 나타낸 것이다. 그리고 유발 생산 효과의 대일(對日) 누출율이라는 것은 최종 수요 1단위의 총 유발 생산액 중에서 일본에 대한 유발 생산액의 비율을 말하는 것이다.

한국의 경우 생산 유발 효과의 대외 누출율이 큰 분야는 화학(36%), 금속 제품(47%), 일반기계(54%), 수송기계(40%) 등의 분야이고 이들 모든 분야에서 일본에 대한 누출율이 미국을 훨씬 능가하고 있다. 특히 금속 제품(36%), 일반기계(37%), 수송기계(32%)등의 분야의 대일 누출율은 30%를 초과하고 있고 화학 분야도 22%에 달하고 있다. 반면에 일본의 대외 누출율은 어느 분야에서나 5~6%를 초과하지 않으며 그것은 미국에 편중되어 있다. 따라서 한국에 대한 누출율은 언급할 만한 수준이 아니며 최대의 섬유 제품에서도 1% 미만으로 나타난다.

상기한 산업 구조의 특징이 한국의 대일 무역수지 적자를 가져오고 있으며 이러한 산업 구조의 개선이 근본적이 대책이 될 것이다. 그러나 이외에도 다수의 요인이 대일 적자 구조에 기여하고 있지만 그 원인을 살펴보는 것은 중요한 일이다. 한국은 1965년 한일 국교 정상화 이후 1991년까지 대일 적자 총액은 무려 663억 달러에 달하고 있는 것이다.

일반적으로 국가 간 쌍무 무역에서 무역수지가 불균형을 이루게 되는 근본적인 원인은 당사자들 간 무역 구조와 산업 경쟁력 차이에서 발생되지만 이외의 요인들도 있다. 첫째, 무역 구조상 한·일 양국은 모두 자원 미보유국으로서 원자재를 수입하여 가공품을 수출하는 입장에 있기 때문에 부존 자원의 차이에서 발생하는 보완성은 거의 없다. 이런 경우 어느 한 나라의 경쟁력이 다른 국가보다 크게 열세에 놓여 있을 경우, 그 나라는 일방적으로 적자를 감수해야 할 가능성이 높은 것이다. 또한 무역 구조가 비슷하고 경쟁력이 뒤져 있더라도 다른 국가로의 수입선 대체가 가능하다면 특정 국가로부터의 대규모 적자는 피할 수 있겠지만 한국과 일본 간에는 지리적·문화적으로 근접성이 높은데다 한국이 주로 수입해야 하는 기계·부품·소재 등에 일본이 세계적인 경쟁력을 가지고 있어 여타 지역으로의 수입선 대체에도 한계가 있는 실정이다.

둘째, 일본 시장 내에 각종 무역 장벽이 존재하여 우리 상품의 일본 시장 진출이 용이하지 않다는 것도 대일 역조의 원인이 되고 있다. 먼저 관세 장벽을 살펴보면 일본의 평균적인 관세율은 2.9% 수준으로 미국·EU 등과 비슷하게 유지하고 있지만 의류·신발 등 일본 내에서 사양화 되고 있는 품목들에 대해서는 15% 내외의 높은 관세율을 부과하고 있기 때문에 우리가 일본에 대해 어느 정도 경쟁력을 갖추고 있는 섬유류, 철강, 1차 산품 등이 일본 시장에 침투하는데 한계가 있다. 또한 비관세 측면에서도 일본은 수입과 관련하여 매우 복잡한 제도와 절차를 지니고 있고, 유통시장도 생산 업체에 의하여 계열화 되어 있으며 문화·관행상으로도 특이한 요소가 많아 이 역시 애로가 되고 있다.

아울러 1980년대 중반에 일본이 '엔고' 현상을 극복하기 위해 동남아 등에 대규모의 직접 투자를 단행하여 이들은 일본의 기술에 동남아의 저임금을 결합시켜 막강한 경쟁력을 보위하게 되었는데 여기에서 생산된 제품들이 일본에 역수입되고 있어 이 또한 애로 요인이 되고 있다. 셋째, 우리의 산업 구조와 관련된 것으로 그 동안 추진해온 공업화 전략이 우리의 산업 구조를 중간재 산업의 발달보다는 조립·가공형 구조로 진행시켜 수입 유발적인 경제 구조가 어느 정도 체질화되어 있는 데서 발생하는 적자 요인도 있다.

대일 역조의 원인은 구조적인 요소가 많아 이를 개선하기 위해서는 산업 구조의 조정을 포함한 보다 근원적이고 장기적인 경쟁력 제고에 주안점을 두어야 할 것이다. 물론 이러한 대책은 단기적으로는 기술 도입 증대,

설비 투자의 확대 등으로 대일 자본재 수입이 증대되는 효과를 수반할 수
도 있겠지만 체질 강화를 위해서는 불가피하다고 생각된다.

이러한 장기적인 대책 외에 개별적·단기적인 대책도 병행되어야 할 것이
다. 예를 들어 대일 수출 주력 기업에 대해서는 세제·금융상의 특별 지원을
실시하고, 일본 시장 진출 확대를 위한 마케팅 활동의 강화 및 일본 현지
유통망의 진출 확대 등을 다각적으로 도모해야 할 것이다. 그리고 대일 수
입 절감을 위해서는 대일 역조의 대부분을 차지하는 기계류 수입의 대체를
위해서 기계류·부품·소재 국산화 계획을 강력하게 추진해야 될 것이다.

다음 〈표 10-18〉은 지난 10년간의 한국의 지역별 경상수지를 보여주고
있다. 이 표에서도 보듯이 한국의 일본에 대한 적자 구조는 변함이 없으며,
2000년대에도 계속 증가하다가 2007년에 최고에 달하고 이후 약간 감소한
것을 볼 수 있다.

〈표 10-18〉 한국의 지역별 경상수지

통계표				지역별 경상수지(1998년 이후)		
항목명1	경상수지	경상수지	경상수지	경상수지	경상수지	경상수지
항목명2	총계	미국	중국	일본	EU	동남아
단위	백만 달러	백만 달러	백만 달러	백만 달러	백만 달러	백만 달러
가중치						
변환	원자료	원자료	원자료	원자료	원자료	원자료
1998	40,371.2	1,256.7	5,645.5	-1,938.8	7,282.7	19,254.6
1999	24,521.9	2,681.6	4,458.4	-5,584.5	8,018.5	17,487.3
2000	12,250.8	6,616.0	5,101.1	-8,406.2	8,874.2	15,660.9
2001	8,032.6	7,818.0	4,115.9	-7,269.5	5,441.8	10,614.6
2002	5,393.9	7,273.8	5,119.0	-12,972.4	2,087.8	11,253.6
2003	11,949.5	6,970.0	12,763.5	-17,069.2	4,169.1	14,189.2
2004	28,173.5	13,770.4	19,889.7	-22,137.9	10,457.8	19,989.4
2005	14,980.9	8,316.6	23,341.0	-22,171.0	14,288.8	16,988.5

통계표				지역별 경상수지(1998년 이후)		
항목명1	경상수지	경상수지	경상수지	경상수지	경상수지	경상수지
항목명2	총계	미국	중국	일본	EU	동남아
단위	백만 달러	백만 달러	백만 달러	백만 달러	백만 달러	백만 달러
가중치						
변환	원자료	원자료	원자료	원자료	원자료	원자료
2006	5,385.2	6,741.1	21,506.5	-25,232.3	18,099.8	21,375.0
2007	5,876.0	9,649.6	21,641.3	-28,788.9	16,288.0	18,564.3
2008	-5,776.3	11,127.3	20,859.2	-25,292.1	12,678.7	22,981.6
2009	42,667.6	7,958.3	38,362.4	-22,988.6	12,215.6	24,189.0

일본의 아시아경제연구소는 아시아 국제산업연관표를 작성하여 발표한 바 있다. 다음 표는 2006년에 발표한 2000년도의 국제산업연관표이다. 〈표 10-19〉를 보면 2000년 중 한국에서는 1조 2,001억 달러의 재화와 서비스를 생산하기 위해 중국과 일본으로부터 각각 77억 달러와 212억 달러를 수입 했으며, 기타 지역으로부터 1,123억 달러를 수입했다. 이렇게 생산된 한국 의 재화와 서비스는 다시 중국의 중간재로 191억 달러가 투입되고, 최종 수요 부문으로 24억 달러가 수출되었다. 또한 일본의 중간재로 125억 달러 가 투입되고 최종 부문으로 65억 달러가 수출되었으며, 기타 지역의 중간 재 및 최종 수요 부문으로도 1,646억 달러가 수출되었다.

한·중·일 국제산업연관표는 이와 같이 한·중·일 산업 부문간의 거래 관 계를 나타내고 있으므로, 이 표로부터 투입계수표와 역행렬계수표 등을 작 성하면 우리나라 최종 수요 발생에 따른 산업 부문별 대중 및 대일 수입 유발 효과를 추정할 수 있는 등, 한·중·일 산업 간 상호 연관 관계를 수량 적으로 분석할 수 있다. 이와 같이 국제산업연관표는 국제 무역과 경제 협 력 증대 등으로 심화되고 있는 국가 경제 간 상호 의존 관계에 대한 분석 과 대외 통상 정책 수립 등에 유용한 기초 자료로 활용될 수 있다.

<표 10-19> 한·중·일 국제산업연관표 (2000)

(단위: 억 달러)

| | | 중간 수요 | | | | 최종 수요 | | | | 통계적 불일치 | 총 산출 |
		한국	중국	일본	계	한국	중국	일본	수출		
중간 투입	한국	5164	191	125	5480	4807	24	65	1646	-20	12001
	중국	77	17846	170	18092	24	10473	279	2456	-212	31112
	일본	212	270	37151	37632	69	75	44329	4681	37	86823
수 입		1123	1348	2571	5042	290	307	1297			
국제운임보험료		67	94	93	253	12	19	68			
관세와 상품세		55	209	215	480	117	58	141			
중간 투입계		6697	19956	40324	66978	5318	10956	46179			
부가가치		5304	11155	46499	62957						
총 투입		12001	31112	86823	129935						

자료: 산업연관분석해설, 한국은행, 2007. 169면

우리나라는 수출에 필요한 부품·소재 등을 주로 일본에서 수입해 왔기 때문에 수출이 잘 될수록 대일 무역 적자는 확대되는 구조였다. 대일 무역 수지가 크게 감소한 경우는 IMF 외환위기가 불거진 1998년과 글로벌 금융 위기가 한창이던 2009년 정도다. 이때는 '수출 부진→국내 투자 위축→대일 수입 감소→대일 적자 감소'로 이어지는 달갑지 않은 구조였다. 대일 무역 적자가 크게 줄어든 것은 일본 대지진과 엔고의 영향도 작용했다. 2011년 3월 11일 일본 대지진으로 정유 시설이 타격을 받으며 대일 석유 제품 수출이 130% 급증했다. 석유 제품 수출액은 전체 대일 수출액의 5분 1을 차지했다. 물론 지진으로 인한 어부지리만 있었던 것은 아니다. 우리 기업들의 대일 수출 경쟁력이 강화된 것이 보다 근본적인 이유다. 대지진이 일본 기업과 소비자에게 한국 제품에 대해 새로운 인식을 갖게 만든 계기가 된 측면도 있다. 반대로 한국 기업에는 수입선 다변화를 이끌었다는 분석이다. 2009년부터 이어진 '엔고(엔화 강세)'도 일본 기업들이 한국 제품에 눈을 돌리거나 아예 한국에 공장을 세우도록 만들어 대일 무역 적자 감소

의 원인이 됐다는 분석이다.

대일 무역 적자 개선에도 부품 소재 분야는 여전히 취약했다. 2011년 11월 말까지 부품·소재의 대일 적자는 207억 달러로 전체 적자액의 78.5%를 차지했다. 전년보다 13억 달러 적자가 줄었지만 다른 업종의 개선폭에는 크게 못 미쳤다. 또 대일 수입 중에서 부품·소재 비중은 여전히 60% 수준에 머물고 있다.

5. 재정 및 금융의 변화

1) 재정의 모습

중앙 정부의 재정을 별도로 그 내용을 나누어 그림으로 표시하면 다음과 같다.

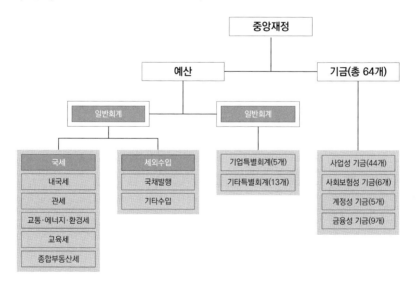

〈그림 10-2〉 중앙 정부의 재정

앞의 그림에서 표시된 중앙 재정 중 우리가 앞으로 보다 자세히 검토할 중앙 정부 예산에 포함되지 않는 64개의 기금은 다음의 표에서 보는 바와 같다. 사회보험성기금 6개, 금융성기금 10개, 계정성기금 4개, 사업성기금 44개로 구성되어 있다. 근래 국회에 제출된 기획재정부 자료에 따르면, 2013년 연간 여유 자산 운용평잔이 약 471조 원인 64개 기금 운용 수익률은 2.66%로, 전년 수익률 대비 1.35% 감소한 것으로 나타난다. 이 중에서 국민연금기금은 2013년 64개 기금 여유 자금 운용평잔의 84.1%인 약 396조 원을 보유하고, 2013년 수익률이 4.16%를 기록해 전년 대비 2.87% 떨어져 다른 기금에 비해 투자 여력도 있고, 자산 운용 체계가 잘 갖춰져 있음에도 불구하고 수익률이 하락했다는 평가이다.

〈표 10-20〉 중앙 정부 예산에 포함되지 않는 기금

기금명	2012년 운용평잔 (백만원)	2012년(A) 수익률	2013년 운용평잔 (백만원)	2013년(B) 수익률	차이 B-A
총계	422,925,517	4.01%	470,965,595	2.66%	-1.35%
사회보험성기금	384,356,909	4.94%	427,020,551	3.29%	-1.65%
고용보험기금	5,096,988	4.56%	5,604,116	3.09%	-1.47%
공무원연금기금	4,650,630	3.06%	4,650,004	3.28%	0.22%
국민연금기금	356,864,993	7.03%	396,648,756	4.16%	-2.87%
군인연금기금	607,689	3.12%	737,957	1.75%	-1.37%
사립학교 교직원연금	10,051,033	6.62%	11,115,892	3.99%	-2.63%
금융성기금	17,835,797	4.17%	18,921,517	2.93%	-1.24%
구조조정기금	644,081	4.15%	493,932	3.22%	-0.93%
기술보증기금	2,298,125	4.33%	2,315,344	2.92%	1.41%
농림수산산업 자신용보증기금	2,303,781	4.47%	2,557,274	3.13%	-1.34%
녹어가 목돈장려기금	11,000	3.65%	5,100	2.72%	0.93%

기금명	2012년 운용평잔 (백만원)	2012년(A) 수익률	2013년 운용평잔 (백만원)	2013년(B) 수익률	차이 B-A
무역보험기금	1,643,388	3.90%	2,073,988	2.93%	0.97%
부실채권 정리기금	321,985	3.66%	2012년 운용종료	2012년 운용종료	
산업기반 신용보증기금	551,964	4.85%	601,288	2.83%	-2.02%
신용보증기금	6,038,289	4.60%	5,849,785	2.93%	1.67%
예금보험기금 채권상환기금	1,302,599	3.44%	1,689,522	2.73%	-0.71%
주택금융신용 보증기금	2,720,676	4.64%	3,335,283	3.00%	-1.64%
계정성기금	2,712,419	3.39%	1,557,624	2.66%	-0.73%
공공자금관리기금	2,057,566	2.27%	1,132,674	2.38%	0.11%
공적자금상환기금	34,566	3.30%	53,609	2.69%	-0.61%
복권기금	541,069	4.04%	320,493	2.73%	1.31%
양곡증권 정리기금	79,216	3.96%	50,846	2.83%	-1.13%
사업성기금 (44개기금)	18,020,392	3.89%	23,465,903	2.52%	-1.37%
과학기술 진흥기금	22,134	3.21%	20,345	2.60%	-0.61%
관광진흥 개발지금	251,102	3.73%	248,111	-3.23%	-6.96%
국민건강 증진기금	여유자금 없음	-	1,754	2.56%	-
국민주택기금	9,716,089	4.14%	15,932,441	2.85%	-1.29%
국민체육 진흥기금	662,383	4.47%	642,264	2.87%	-1.60%
국유재산 관리기금	107,898	3.22%	345,616	2.66%	-0.56%
국제교류기금	160,669	13.83%	156,713	2.89%	-10.94%
근로복지	210,506	3.73%	384,781	2.08%	-1.65%

기금명	2012년 운용평잔 (백만원)	2012년(A) 수익률	2013년 운용평잔 (백만원)	2013년(B) 수익률	차이 B-A
진흥기금					
금강수계 관리기금	2,745	2.01%	154,286	2.19%	0.18%
낙동강수계 관리기금	10,700	2.90%	7,006	1.59%	-1.31%
남북협력기금	956,551	4.71%	6,400	3.48%	-1.23%
농상물가격 안정기금	483,210	3.78%	866,163	2.44%	-1.34%
농어업재해재 보험기금	186,415	4.07%	260,352	2.88%	-1.19%
농지관리기금	919,978	3.83%	35,967	2.23%	-1.60%
대외경제 협력기금	300,988	4.70%	382,865	3.58%	-1.12%
문화예술진흥기금	239,562	0.63%	202,308	4.10%	3.47%
문화재보호기금	29,832	3.27%	201,533	2.65%	-0.62%
방사성폐기물 관리기금	338,276	4.14%	32,010	3.15%	-0.99%
방송발전기금	368,470	4.02%	455,309	2.99%	-1.03%
범죄피해자 보호기금	14,970	3.27%	358,762	2.65%	-0.62%
보훈기금	233,970	4.19%	16,914	2.58%	-1.61%
사학진흥기금	93,073	3.40%	256,102	2.68%	-0.72%
석면피해 구제기금	4,487	3.09%	56,017	2.60%	-0.49%
수산발전기금	89,062	3.63%	13,348	2.72%	-0.91%
순국선열애국 지사사업기금	29,200	2.83%	139,483	2.17%	-1.66%
쌀소득보전변동 직업지불지금	16,475	3.76%	59,200	3.07%	-0.69%
언론진흥기금	43,599	5.05%	34,524	2.12%	-2.93%
여성발전기금	7,045	3.59%	34,117	2.61%	-0.98%

기금명	2012년 운용평잔 (백만원)	2012년(A) 수익률	2013년 운용평잔 (백만원)	2013년(B) 수익률	차이 B-A
영산강섬진강 수계관리	6,565	2.98%	8,222	2.71%	-0.27%
영화발전기금	207,616	4.03%	9,557	1.57%	-2.46%
원자력연구 개발기금	19,961	3.34%	228,791	2.66%	-0.68%
응급의료기금	106,218	3.30%	18,622	1.77%	-1.53%
임금채권 보장기금	302,734	4.55%	89,948	2.66%	-1.89%
자유무역협정 이행지원기금	224,464	3.50%	466,774	2.58%	-0.92%
장애인고용촉진 및 직업재활기금	190,502	4.42%	113,617	2.83%	-1.59%
전력산업 기반기금	423,473	3.89%	292,851	3.23%	0.66%
정보통신 진흥기금	370,964	3.67%	390,953	2.81%	-0.86%
중소기업창업 및 진흥기금	95,575	3.39%	288,311	2.83%	-0.56%
지역신문 발전기금	19,394	3.51%	92,650	2.56%	-0.95%
청소년육성기금	19,580	3.27%	11,619	2.65%	-0.62%
축산발전기금	170,400	4.68%	14,133	3.38%	-1.30%
특정물질사용 합리화기금	8,071	4.04%	92,700	2.20%	-1.84%
한강수계 관리기금	28,723	2.79%	9,677	2.31%	-0.48%

* 연중 운용평잔이며, 기금 운용 수익률 산정의 근거와는 상이함(기금 여유 자금 운용 수익률은 일별 수익률을 시간 가중하여 연간 수익률로 환산하여 구하며 수익률 관련 운용평잔 자료는 없음)

자료: 기획재정부, 심재철 의원실

다음 표는 중앙 정부의 예산 규모(2013)를 보여주는 것이다. 먼저 일반회계란 조세 수입을 재원으로 운영되는 일반적인 정부의 재정 활동을 의미한다. 또한 일반회계에 재정 융자를 비롯하여 특별회계 전체를 포함하는 경우, 이를 예산 순계라고 한다. 특별회계란 특정 사업을 운영하거나, 특정 자금을 보유·운영하거나 또는 특정 세출을 특정 세입으로 충당하기 위해서 일반회계에서 별도로 분리한 회계를 말하며, 교통 시설의 확충, 농어촌 구조 개선 등 다양한 내용이 있다. 마지막으로 일반회계 및 특별회계는 물론 기금까지 모두 포함하는 것을 통합 재정 규모라 한다. 기금에는 앞서 본 바와 같이 현재 각종 연금기금은 물론 국민주택기금, 농어촌개발기금, 산재보험기금, 관광진흥개발기금, 남북협력기금, 대외경제협력기금 등이 포함된다.

〈표 10-21〉 2013년 예산 규모를 나타내는 지표들

구분	포괄범위	2013년 예산 규모
일반회계	일반회계	232.4조원
예산 순계	일반회계+특별회계(재정융자포함)	292.9조원
통합 재정 규모	일반회계+특별회계+기금	300.2조원

자료: 기획예산처

위 표에서 보듯이 2013년 중앙 정부 일반회계의 규모는 232조 4천억 원인데 이는 불과 40여년 만에 500배 이상 증가한 것이다. 한편 지방 정부의 예산 규모도 크게 증가하여 1970년에 947억 원이던 것이 2012년에는 약 132조 5천억 원이 되었다. 2013년의 경우 한국의 일반회계의 대GDP 비율은 16.3%로 나타나고 있으며, 일반회계와 특별회계를 합한 예산 순계의 대GDP 비율은 20.5%, 그리고 일반회계, 특별회계 및 지방 재정을 모두 합친 일반 정부 예산의 대GDP 비율의 평균은 24.1%로 나타나고 있다. OECD국가들의 일반 정부 예산의 대GDP 비율에 비해 우리나라 정부의 예산 규모

는 높지 않은 것으로 평가된다. 이는 선진국에 비해 사회복지, 보건 등에 대한 지출이 상대적으로 적기 때문이다. 정부의 수입이라고 할 수 있는 세입은 어떻게 구성되어 있을까? 2014년 중앙 정부 세입 예산은 총 309조 6천억 원인데, 그 구성은 다음 표에서 보는 바와 같다.

〈표 10-22〉 중앙 정부 세입 예산의 구성(2014)

구분	2014년도 예산(조원)	비중(%)
일반회계	247.2	79.8
국세	216.5	69.9
내국세*	182.7	59.0
교통세	13.5	4.4
관세	10.5	3.4
기타(교육세, 농어촌 특별세, 종부세 등)	9.8	3.2
세외 수입**	30.7	10.0
재산 수입 및 관유물 매각	4.2	1.4
경상이전 수입	10.8	3.5
전년도 이월	0.8	0.3
기타	14.9	4.8
특별회계***	62.4	20.2
특별회계	52.7	17.0
기업 특별회계	9.7	3.3
합계	309.7	100.0

* 내국세에는 소득세, 법인세, 상속세, 증여세, 부가가치세, 소비세 등등이 포함됨.
** 세외 수입은 국세 이외의 수입을 말하는데 정부 출자 수입, 벌금 등의 경상 세외수입과 공기업 주식 매각 수입 및 전년도 이월금 등으로 이루어진다.
*** 특별회계는 설치 목적에 따라 2가지 유형으로 나뉜다.
　① 국가에서 특정한 목적의 사업을 운영하는 경우 - 기업 특별회계 (예: 양곡, 조달, 우편사업, 우체국예금, 책임운영기관 특별회계로 5개)
　② 기타 특정한 세입으로 특정한 세출에 충당함으로써 일반회계와 구분 계리할 필요가 있는 경우 - 기타 특별회계 (예: 농어촌 특별세 관리, 교통 시설, 등기 등 11개)
자료: 기획재정부

한편 내국세가 세입에서 차지하는 비중이 매우 높은 만큼 2014년도에 내국세 자체의 구성을 보면, 부가가치세가 32.0%로 가장 큰 비중을 차지하고 있고, 그 다음으로 소득세 29.8%, 법인세 25.2%가 차지하고 있으며, 기타 개별 소비세(3.3%), 상속 및 증여세(2.5%)가 있다. 다음으로 정부의 세출을 살펴보면 중앙 정부 세출의 일반회계 가운데 일반행정비가 11.2%, 국방비 11.9%, 교육비 16.5%, 사회개발비 17.1%, 경제개발비 30.3%, 지방 재정 교부금 11.7%, 기타 예비비 등으로 나타나, 경제개발비의 비중이 가장 큰 것을 알 수 있다. 여기서 사회개발비는 문화예술진흥, 환경 개선, 사회보장, 주택 및 지역 사회개발에 들어가는 비용이며, 경제개발비는 농림수산개발, 국토자원보존 및 개발, 상공업개발 등에 들어가는 비용을 의미한다.

이러한 세출의 구성비를 10여년 전인 2003년과 비교하여 보면 국방비가 5% 가까이 줄어든 반면, 사회개발비가 4% 정도 증가했고, 교육비 비중이 2% 가까이 줄고, 경제개발비 비중이 증가한 것으로 나타난다. 다음으로 중앙 정부 특별회계는 기타 특별회계와 기업 특별회계로 나뉘는데, 기타 특별회계가 특별회계의 대부분인 84%를 차지하고 있다. 기타 특별회계는 광역 지역 발전 특별회계, 교통 시설 특별회계, 농어촌 구조 개선 특별회계, 에너지 및 지원 사업 특별회계, 환경 개선 특별회계, 행정 중심 복합도시 건설 특별회계, 혁신 도시 건설 특별회계, 주한미군기지 이전 특별회계 등으로 구성되고, 이 가운데 교통 시설(30.8%)과 농어촌 구조 개선(24.5%), 광역 지역 발전(17.7%)의 비중이 높게 나타나고 있다.

이제 국민의 조세 부담을 살펴보자. 국민의 조세 부담을 1인당으로 계산하면 한국은 2005년에 인당 약 347만 원(2003년은 약 308만 원, 2006년 363만 원, 2010년은 472만 원)의 세금을 부담하고 있다. 준조세적 성격을 띠는 사회보장기여금도 2005년에 43조 9천억 원, 2010년에는 67조 1천억 원에 달해 조세와 사회보장기여금을 포함한 국민 부담은 2010년에 총 294조 원에 달하는 것으로 나타났다. 이는 국민 1인당 약 612만 원이 된다.

〈표 10-23〉 조세의 규모 및 조세 부담률[21]

구분	규모(조원)			사회보장 기여금	부담률(%)		인당 조세 부담액 (만원)
	조세				조세 부담률	국민 부담률	
	국세	지방세	합계				
2010년	177.7	49.2	226.9	67.1	19.3	25.1	612
2011년			244.7	75.3	19.8	25.9	

자료: 기획재정부

한국의 조세 부담률은 선진국에 비해 높은 수준이라고 말하기는 어렵다. 한국의 조세 부담률은 일본, 미국, 독일에 비해서는 높지만 프랑스, 영국 등에 비해서는 아직 낮은 수준이기 때문이다. 그리고 국민 부담률의 경우는 대부분의 선진국보다 낮지만 사회보장기여금이 적기 때문에 빠르게 증가하고 있다.

〈표 10-24〉 한국의 조세 부담률[22]

(단위: 조원, %)

	2003년	2004년	2005년	2006년	2007년	2008년	2009년	2010년
조세 총액	147.8	152.0	163.4	179.3	205.0	213.0	209.5	218.0
국세	114.7	117.8	127.5	138.0	161.5	167.0	164.5	170.5
지방세	33.1	34.2	36.0	41.3	43.5	46.0	45.0	47.6
명목GDP	767.1	826.9	865.2	908.7	975.0	1023.9	1063.1	-

---

21 조세 부담률=조세총액/GDP, 국민 부담률=(조세총액+사회보장기여금)/GDP
22 GDP통계(한국은행 ECOS참고)
　　1999년 이전 자료는 구 계열(2000년 기준), 2000년~2009년은 신 계열(2005년사회보장 부담률과 관련된 국민 부담률이란? 국민 부담률은 국민들이 1년 동안 낸 세금과 국민연금·의료보험료·산재보험료 등 각종 사회보장기여금을 합한 총액이 국내총생산(GDP)에서 차지하는 비중을 말한다. 즉, 국민 부담률은 조세 부담률과 사회보장 부담률을 합한 것이다. 사회보장 부담률은 4대 연금(국민, 공무원, 군인, 사학), 건강보험, 고용보험기금, 산재보상보험기금 등 각종 사회보장기여금을 합한 금액이 GDP에서 차지하는 비중을 말한다.

	2003년	2004년	2005년	2006년	2007년	2008년	2009년	2010년
조세 부담률	19.3	18.4	18.9	19.7	21.0	20.8	19.7	19.2

*출처: 정부 발표자료
*기준: 적용 조세 수입 및 조세 부담률 관련 연도별 목록

　국민 부담액은 앞으로도 빠른 속도로 증가할 전망이다. 국민 부담액이란 국민이 부담해야 하는 조세에 각종 연금과 건강보험, 고용보험 등 사회보장기금 부담을 합친 금액을 말한다. 1인당 국민 부담액은 2010년 600만 원을 초과하고, 2013년에는 784만 9천 원으로 급증한 것으로 추정된다. 4인 가족을 기준으로 2013년 국민 부담액은 3,139만 6천 원으로 3천만 원을 넘어설 전망이다. 이처럼 국민 부담액이 늘어나는 것은 연금의 고갈을 막기 위한 연금제도 개혁이 '더 많이 내고 더 적게 받는' 쪽으로 진행되고 있는 데다 국민소득이 꾸준히 증가하며 부담액은 소득 증가 폭 이상으로 누진적으로 늘어나고 있기 때문이라는 분석이다. 반면 감세 정책 등으로 조세 부담률은 횡보세를 유지할 것으로 보인다. 조세 부담률은 2010년 19.8%에서 2011년 20.1%, 2013년 20.8%로 추정된다. 이에 따라 한국의 국민 부담률(조세 부담률+사회보장 부담률)은 1995년 19.4%에서 2007년 25.2%로 높아졌고, 지속적으로 사회보장 부담금이 늘어나 2010년에는 25.9%가 되었다.

　한편 정부의 지출과 수입을 비교하여 재정수지를 검토할 수 있다. 우리 중앙 정부의 재정수지(통합재정수지 기준)는 지난 수십 년간 적자를 기록하고 있다. 재정수지가 흑자를 기록한 것은 1980년대 후반, 1990년대 중반, 그리고 2000년 이후의 몇 년간뿐이었다. 또한 2000년 이후의 재정수지 흑자는 국민연금 등 사회보장성기금 부문에서 지출보다 수입이 많았기 때문에 나타난 현상으로 진정한 재정수지 흑자로 보기 어렵다. 이는 중앙 정부의 재정수지를 연차별로 정리한 다음 표에서도 잘 나타난다. 이에 따르면 통합 재정수지는 2003년 이후 흑자가 지속되다가 2009년 이후 적자로 전환된 것으로 나타난다. 그리고 사회보장성기금을 제외하고 본 관리대상수지는

이미 2004년부터 적자로 전환되고 근래에 그 적자 폭이 더욱 커진 것으로 나타난다. 향후 각종 연금의 본격적인 지급 개시, 인구 고령화에 따른 연금 수지 악화 등으로 사회보장성기금 부문이 대규모 적자로 돌아설 것으로 전 망되고 있어, 향후 재정의 건전성 유지에 커다란 부담이 될 것으로 보인다.

〈표 10-25〉 통합 재정수지[23]

(단위: 조원, %)

	2003년	2004년	2005년	2006년	2007년	2008년	2009년	2010년 예산
총 수입	171.9	178.8	191.4	209.6	243.6	250.7	255.3	-
경상 수입	170.5	177.4	190.2	208.1	241.7	248.8	252.7	-
자본 수입	1.5	1.3	1.3	1.5	1.9	1.9	2.5	-
총 지출 및 순융자	164.3	173.5	187.9	205.9	209.8	238.8	272.9	-
경상 지출	136.2	145.1	160.3	173.7	169.7	196.9	209.7	-
자본 지출	30.6	27.0	24.6	26.5	33.0	36.5	45.1	-
순융자	-2.5	1.4	3.0	5.7	7.1	5.5	18.0	-
통합 재정수지	7.6	5.2	3.5	3.6	33.8	11.9	-17.6	-2.0
GDP 대비(%)	1.0	0.6	0.4	0.4	3.5	1.2	-1.7	-0.2
관리 대상수지	1.0	-4.0	-8.1	-10.8	3.6	-15.6	-43.2	-30.1
GDP 대비(%)	0.1	-0.5	-0.9	-1.2	0.4	-1.5	-4.1	-2.7

자료 : 정부 발표자료

---

23 재정수지에 관한 개념
　① 통합 재정수지
　- 당해 년도의 일반회계, 특별회계, 기금을 모두 포괄한 수지로서 회계-기금 간 내 부 거래 및 차입, 채무 상환 등 보전 거래를 제외한 순수한 재정 수입에서 순수한 재정 지출을 차감한 수치
　- 통합 재정수지 = 세입(경상 수입+자본 수입) - 세출 및 순 융자
　② 관리 재정수지
　- 재정 건전성 여부를 명확히 판단하기 위해 통합 재정수지에서 사회보장성기금 수지를 제외한 수치

정부의 재정수지 적자와 금융 구조조정을 위한 공적 자금 투입 등으로 한국의 국가 채무는 최근 급증세를 나타내고 있다. 기획예산처에 의하면 한국의 국가 채무는 1997년에 60조 3천억 원에 불과했는데 2003년에는 165조 7천억 원으로 급증했다. 채무의 유형별로 보면 국채 형태의 국가 채무가 큰 폭으로 증가한 것으로 나타난다. 한국의 국가 채무는 기획예산처 기준 2003년 GDP의 23% 수준이며, 다른 선진국에 비해 매우 낮으며 국가의 순채무도 아직은 마이너스를 기록하고 있다. OECD 평균 국가 채무가 GDP에서 72.7%인 것에 비해 낮으므로 걱정하지 않아도 되는 것처럼 보이나 여기에는 몇 가지 주의할 점이 있다. 첫째, 외환위기 이후 정부는 금융 구조조정을 위해 많은 공적 자금을 투입했고 그 내역은 다음 표에서 보는 바와 같다. 이에 따르면 같은 기간 중 투입된 공적 자금의 규모는 156조 3천억 원인데, 이 가운데 32조 2천억 원은 회수되고, 나머지 124조 1천억 원은 아직 회수되지 않고 있다. 2002년 6월 정부가 발표한 '공적 자금 손실 추정 및 상환 대책안'에 따르면, 이 가운데 약 69조 원가량이 회수가 어려울 것으로 보이며, 여기에 이자 비용까지 더하면 손실 규모는 91조 원 가까이 될 수 있다.

〈표 10-26〉 공적 자금 지원 현황

(단위: 조원)

구분	출자	출연	예금 대지급	자산 매입	부실채권 매입	합계
채권 발행	42.2	15.2	20.0	4.2	20.5	102.1
공적 자금	14.1	-	0.1	6.3	1.5	22.0
회수 자금	3.9	1.2	6.0	4.4	16.7	32.2
합계	60.2	16.4	26.1	14.9	38.8	156.3

- 관리 대상수지 = 통합 재정수지 - 사회보장성기금 수지(사회보장성기금 수입 - 사회보장성기금 지출)
* 사회보장성기금: 국민연금, 사학연금, 고용보험, 산재보험

〈표 10-27〉 국가 채무 현황[24]

(단위: 조원, %)

	2003년	2004년	2005년	2006년	2007년	2008년	2009년	2010년 예산
국가 채무	165.8	203.7	247.9	282.7	299.2	309.0	359.6	407.2
(GDP 대비, %)	21.6	24.6	28.7	31.1	30.7	30.1	33.8	36.1
일반회계	29.4	31.9	40.9	48.9	55.6	63.0	97.0	126.8
공적자금	14.4	29.4	42.4	53.3	52.7	49.2	49.5	48.0
외환시장 안정용	33.5	51.3	67.1	78.6	89.7	94.0	104.9	124.8
국민주택기금	36.8	36.7	39.7	43.3	43.6	45.2	48.5	50.3
기타	51.7	54.4	57.8	58.6	57.6	57.6	59.7	57.3

* GDP(한국은행 ECOS참조)는 2005년 기준 경상 가격
자료: 정부 발표자료, GDP통계(한국은행 ECOS참고)

둘째, 1990년대 이후 정부의 보증 채무가 급증하고 있다. 보증 채무는 예금보험공사채권, 부실채권정리기금채권에 대한 보증이나 공공 차관에 대한 보증에 따른 채무를 말한다. 1991년 약 9조 8천억 원이던 정부의 보증 채무는 2001년 106조 8천억 원으로 10배 이상 증가했다. 정부의 보증 채무는 특

---

24 국가 채무: 국제(IMF)기준에 따른 '정부가 직접적인 상환 의무를 부담하는 확정 채무.'
 - 보증 채무는 원 채무자가 원리금 상환 의무를 다하지 못할 경우에 한하여 국가 채무로 전환되는 미 확정 채무로 확정 채무인 국가 채무에 해당하지 않음.
 - 4대 연금의 잠재 부채(책임 준비금 부족분)는 연금개혁 등 정책 환경 변화에 따라 가변적인 미 확정 채무로서, 확정 채무인 국가 채무에 해당하지 않음.
 - 공기업 부채는 시장성을 갖추고 있는 공기업이 정부와 독립적인 경영 활동을 하는 과정에서 발생한 부채로서 국가 채무에 포함되지 않음.
 - 통화안정증권은 통화 정책 수행 과정에서 발행하는 한국은행 부채로서 국가 채무에 포함되지 않음.
 - 국가 재정법상 국가 채무는 지방 정부 채무를 제외한 중앙 정부 채무만을 의미하나, 국제 비교 등을 위하여 중앙 정부 채무 외 지방 정부 채무를 포함한 국가 채무(일반 정부 채무)를 매년 발표.

히 외환위기 이후인 1998년부터 급증하기 시작하여 2001년에는 정부 보증 채무의 규모가 국가 채무와 비슷한 수준이 된 것이다. 정부의 보증 채무는 국가 채무에 포함되지는 않으나, 실제로 정부가 갚아야 할 가능성이 있는 채무라는 점에서 보증 채무의 증가 역시 많은 우려를 낳고 있다.

셋째, 최근 내수 경기의 침체가 이어지면서 국세 수입의 증가율이 과거보다 급격히 떨어지고 있는 반면, 경기 부양을 위한 정부 지출의 필요성은 증대되었다. 행정 도시의 건설, 미군기지의 이전 등에 따른 정부 지출도 예상된다. 이에 따른 국가 채무의 증대가 예상되며, 이는 재정에 부담이 될 것이다.

2) 금융의 변모

한국의 금융은 1960~1970년대의 적극적인 정부 개입의 시대를 거쳐, 1980년대에 금융 자율화 및 금융 개방의 첫걸음이 시작되고, 1990년대에 본격적인 금융 자율화가 추진되었다. 먼저 1960~1970년대를 살펴보자. 1961년에는 군사 정권의 성립 이후 1962년에 「한국은행법」 및 「은행법」의 개정이 이루어졌다. 금융통화위원회가 사실상 정부측 인사에 지배되어 한국은행에 대한 정부의 간섭이 심화되었다. 한편 정부는 1961년 6월 「금융기관임시조치법」을 통해 대주주의 의결권 행사를 제한하고, 10월에는 「부정축재처리법」에 의해 대주주가 소유한 시중은행 주식을 모두 환수했다. 이로써 정부는 중앙은행과 일반은행을 모두 장악하여 개발 금융의 제도적 틀을 만들었다. 그리고 1962년 6월 화폐개혁을 실시하여 화폐 단위를 '환'에서 '원'으로 바꾸고 화폐 가치를 1/10로 평가절하했다.

한편 정부는 중소기업은행(1961), 국민은행(1962), 한국외환은행(1966), 한국주택은행(1967) 등 다수의 특수금융기관을 설립하였다. 이 밖에도 한국신탁은행, 지방은행들이 신설되고 자본시장 육성을 위한 한국투자개발공사(1968)가 설립되었다. 분업주의에 따라 특수은행이 설립되었지만 실제 운영상에서는 구분의 의미가 없어진 경우도 있다. 예를 들어 정부는 1961년의 「신탁업법」 제정 이후 일반은행에 신탁업 겸영을 허용했다가, 1968년 한국신탁은행 설립 이후 취소했으며 이후 1984년에 일반은행의 경영 악화를 완화하기 위해 재인가한 바 있다. 한국의 특수은행은 일면 정부의 보호를 받으면서 다른 한편에는 예금을 취급하는 등 상업은행 업무가 허용되고 있었기 때문에 일반 상업은행 업무는 경쟁이 치열하였다.

1960년대 이후 금융기관 설립의 분업주의가 심화되고 개발을 위한 신용 할당이 이루어지는 가운데 해방 이후의 빠른 통화 팽창과 인플레이션이 지속되었다. 그리고 낮은 이자율로 인해 실질 통화공급의 증가 및 금융 자산의 축적이 이루어지지 않다가 1960년대 중엽의 금리 인상 등 금융 자유화로 한국의 실질 통화는 증가하고 성장이 지속되었다. (Shaw 1973: 115)

그러나 1970년대에 들어오면서 부실기업이 늘고, 1972년 사채를 규제하는 8·3조치가 행해지며, 사금융을 양성화하기 위한 3법(단기금융업법, 상호신용금고법, 신용협동조합법) 그리고 종합금융회사법(1975)이 도입되었다. 또한 중화학공업화가 강력하게 추진되면서 1974년경부터 또 다시 통화는 급증하고 인플레율이 높아졌다. 이 과정에서 과잉 중복 투자로 인한 부실기업의 속출 등 다양한 폐단이 나타나게 되었다.

현재 한국 경제의 큰 부담이 되고 있는 금융 부실의 심화는 1970년대 중반 이후의 관치금융의 증대에서 비롯된 것이었다. 중화학공업화와 그를 위한 많은 지원 법안들 그리고 그것을 뒷받침하는 다양한 정책 금융이 도입되고, 그러한 신용 할당은 특수금융기관만이 아니라 일반 상업은행들에게도 적용되었다. 금리 규제와 신용 할당 그리고 통화 팽창에 의한 금융 억압이 전형적으로 나타나는 가운데 부실기업이 속출하고 따라서 은행은 기업의 재무 구조를 개선하기 위한 보다 직접적인 조치들을 강구하기 시작하였다.

한국의 금융 연관 비율은 일제강점기에 계속 증가하다가 1932년 이후 정체됐고, 강점기 말기부터 1960년대 초반까지는 그 비율이 정체 내지 감소했다가 1967년부터 급증하기 시작하여 강점기 말의 수준을 회복하고 1973~1976년의 정체를 거친 후 이후부터 완만히 증가하며 특히 1980년대 이후 증가율이 가팔랐다. 이러한 금융 연관 비율의 변화는 금융 발전의 정도를 나타내는 것이지만 시기별 금융 억압의 정도를 반영하면서 변화한 것으로 생각된다.

중화학공업화 과정에서 기업의 간접 금융에 대한 의존 심화의 문제점을 바로잡기 위해 1974년 「계열 기업군에 대한 여신 관리 협정」, 1976년 「주거래 은행제도 운용에 관한 협정」을 체결하여 차주기업에 대한 주거래 은행의 기능을 대폭 강화했으며, 1978년에는 「주거래 은행의 여신 관리 협정」이라는 금융단 협정으로 두 협정을 통합했다.

그러나 근원적인 문제가 해결되지 못한 채, 1979년의 2차 오일쇼크와 10·26사건으로 인한 정치 경제적 혼란을 겪은 후 1980년대에 들어오면서 정부는 금융 자율화와 개방화를 점진적으로 추진하기 시작했다. 이러한 금융 정책의 기조 변화는 대내적으로는 경제 규모가 확대되고 경제 구조가 다원화된 상황에서 정부의 지나친 개입 및 규제가 금융 산업의 경쟁력을 저하시키고, 자원 배분의 왜곡을 가중시킨다는 인식이 커졌고, 대외적으로는 미국을 중심으로 선진국으로부터의 금융시장 개방 요구가 확대되었기 때문이다.

시장 기능의 회복이 주창되면서 1981~1983년에는 1960년대 이후 사실상 정부 소유였던 은행의 민영화와 산업 합리화가 추진되었다. 한일은행(1981)을 시작으로 서울신탁은행(1982), 제일은행(1982), 조흥은행(1983) 등이 민영화되었다. 은행법을 개정하여 은행 경영에 대한 포괄적인 명령권을 삭제했고, 은행의 내부 경영 전반에 대한 세부적인 규제를 대폭 축소했다. 그리고 정책 금융에 대한 금리 우대를 축소 또는 폐지하였다. 그리고 금융 산업의 경우 민영화와 함께 진입 장벽이 낮아져 다수의 은행 및 금융기관

(1982~1983년 중 2개의 은행, 12개 투자금융회사, 58개의 상호신용금고, 1개의 투자신탁회사의 신설)이 신설되고 외국은행의 지점 개설도 증가했으며, 일반은행의 해외지점 개설도 증가했다.

1980년대 중엽부터 종래까지의 한국 금융의 특징 중 하나인 분업주의가 해체되기 시작하고 동시에 금융의 자유화와 국제화가 추진되기 시작했으며 이는 금융 억제의 완화를 의미하는 것이다. 우선 이 무렵에 은행이 취급하는 상품이 확대되었다. 은행에는 신용카드 업무, 상업어음 일반 매출 및 환매조건부채권 매도, 양도성예금증서(CD) 업무 등이 도입되고 상호 부금 및 신탁 업무의 취급도 확대되었는데 이는 은행 업무의 증권화 경향을 보여주는 것이기도 하다.

은행 상품의 다양화와 증권화는 증권회사가 MMF를 통해 사실상 은행 예금과 마찬가지로 수시로 입출금이 가능한 초 단기 상품을 개발하여 은행 예금을 흡수하였기 때문에, 은행의 경쟁력을 유지하기 위해서는 불가피한 것이기도 하였다. 이와 같이 새로운 형태의 금융 상품을 창출하는 것을 금융혁신(financial innovation)이라 하는데, 일반적으로 증권 회사가 선도하고, 이에 경쟁하기 위해 은행이 대응하는 형태로 진행되었다. 이 과정에서 금융의 증권화가 광범위하게 나타나게 된 것이다.

다음 〈표 10-28〉은 자금 순환표상의 금융기관의 자산과 부채 잔액의 구성 변화를 보여주는 것이다. 우선 금융기관의 부채 구성을 보면, '통화, 통화성예금'과 '대출금'의 비중 감소가 나타나는 가운데, '기타 예금'과 '생명보험 및 연금' 그리고 '증권'의 비중 증가가 보인다. '통화, 통화성 예금'의 비중 감소와 '기타 예금'(양도성 예금, 비거주자 예금, 환매조건부채권, 신탁, 단자 기타 등)의 비중 증가는 가게 행동의 반영으로서 사실상 예금의 증권화가 진전된 결과이다.

<표 10-28> 금융기관의 부채, 자산 구성의 변화

(단위: 억원, %)

〈부채〉

부채 구성(%)	1965	1970	1975	1980	1985	1990	1995	1999
금융 거래 총액	245	1,583	9,067	42,919	128,972	368,194	887,461	1,658,773
통화, 통화성 예금	23.06	19.34	24.67	14.37	12.48	7.90	6.29	3.54
한은예수금	10.06	2.65						
저축성 예금	16.81	37.16	21.66	20.33	16.28	14.34	12.96	17.18
기타 예금	4.71	6.88	7.52	9.81	14.34	23.65	31.08	20.73
생명보험 및 연금			2.52	3.96	7.42	9.41	9.19	7.80
증권	3.49	4.97	5.42	9.04	11.05	17.59	18.04	27.29
단기 채권			0.29	1.23	1.47	4.86	2.73	3.34
장기 채권			2.81	5.99	7.85	9.66	13.51	20.98
주식			2.31	1.81	1.72	3.07	1.81	2.96
대출금	17.56	10.61	9.08	7.35	8.84	5.36	2.48	2.42
정부 융자			5.08	2.77	2.33	1.97	1.91	3.02
출자금	4.23	3.25	3.88	3.11	1.66	0.93	0.74	1.32
직접 투자							0.03	0.19
대외 채권·채무	8.85	5.88	13.67	17.60	18.44	2.71	3.12	2.11
기타	10.36	7.32	6.45	7.35	6.27	13.10	12.27	13.20
오차	0.85	1.91		4.27	0.85	3.02	1.81	1.19

〈자산〉

자산 구성(%)	1965	1970	1975	1980	1985	1990	1995	1999
금융 거래 총액	245	1,583	9,067	42,919	128,972	368,194	887,461	1,658,773
통화·통화성 예금	0.13	0.12	9.34	4.36	6.33	2.30	2.00	1.01
저축성 예금	0.07	0.24	0.83	1.29	0.78	0.83	0.52	1.86
기타 예금	0.43	0.19	0.37	0.81	1.89	2.15	2.37	2.29
증권	7.75	7.19	6.03	10.99	13.82	25.17	26.81	36.21
단기채			0.38	2.08	2.35	6.57	5.79	5.77
장기채			3.13	6.33	9.57	10.51	14.95	24.99
주식			2.53	2.59	1.89	8.09	6.06	5.45
대출금	66.03	69.00	67.77	65.54	65.31	52.71	50.25	36.45

출자금	0.23	0.07	1.22	1.09	0.57	0.14	0.06	0.79
외화 보유액	15.72	11.93	7.95	10.10	5.35	2.87	2.85	5.12
직접 투자								0.01
대외 채권·채무			1.61	1.38	1.02	2.35	2.57	3.14
기타	9.63	11.22	4.86	4.42	4.92	11.45	12.56	13.09

자료: 한국은행, 「金融資產·負債殘額表」, 각 년도에서 작성.

한편 금융기관의 금융자산의 구성 변화를 보면 '대출금'(韓銀貸出金·예금은행 대출금, 보험 대출금, 단자 대출금 기타 대출금)이 크게 감소하고, 주식 및 채권 등의 '증권' 보유가 크게 증가한 것을 보여준다. 예를 들어 '증권'의 비중이 1965년의 7.75%에서 1999년에는 36.21%로 높아지고 있다. 이러한 경향은 금융기관 전체에서는 물론이고 은행의 경우에도 마찬가지였다. 주지하듯이 대출은 그 금액이 불변인 반면에 주식, 채권은 주가 변동이나 이자율 변동에 따라 시가가 변하기 때문에 금융자산 가치의 변동성이 크고, 따라서 '증권'의 비중이 높아지면 금융기관의 자산 위험성이 높아진다.

은행에서 취급하는 금융 상품이 다양화됨과 동시에 투자금융회사 및 증권회사의 경우에도 팩토링(매출채권금융), 신종기업어음(CP), 어음관리구좌(CMA), 통화채권펀드(BMF) 등의 신종 상품이 도입되었다. 한편 1988년에는 금리 자유화가 진전되어 정책 금융을 제외한 모든 여신 금리, 금융기관의 만기 2년 이상의 장기 수신 금리 등에 대한 최고 이율 규제가 철폐되었다. 그러나 현실적으로 정책 금융과의 금리 격차가 확대되어 금융 규제가 실질적으로 약화된 것은 아니었다.

1990년대에는 좀 더 체계적으로 자유화가 진전되었다. 1990년대에 들어와서 정부는 1980년대의 단편적이고 일관성이 부족한 금융 자율화 정책이 초래한 문제점을 보완하기 위해 장기적이고 종합적인 금융시장 선진화 방안을 수립, 시행하였다. 이러한 정책의 대표적인 조치로는 먼저 1991년부터 추진하기 시작한 금리 자유화 계획을 들 수 있다. 4단계의 절차를 거치면서 여신, 수신, 채권 등 금리가 점차 자유화되어, 1997년 7월 마지막 4단계에서는 요구불 예금 및 재정 지원 자금의 여신 금리를 제외한 모든 여수신 금리가 자유화되었다.

또한 금융기관의 업무 영역, 신규 진입, 소유 구조에 대한 규제를 개편하였다. 업무 영역 규제와 관련해서는 은행, 증권, 보험업은 각각 핵심 업무를 유지하되 주변 업무를 중심으로 상호 진입을 점진적으로 허용하는 방식이 채택되었다. 소유 구조의 경우 산업 자본에 의한 금융기관 지배를 방지하기 위해 금융전업자제도를 도입하는 동시에 시중은행에 대한 동일인 보유 한도는 8%에서 4%로 하향 조정했다. 그리고 1996년에는 은행의 비상임 이사 중심의 이사회 제도를 도입하였다.

한편 1991년 3월 '금융기관의 합병 및 전환에 관한 법률'로 8개의 투자금융회사가 2개의 은행 및 5개의 증권회사로 전환되고 1992년 평화은행이 신설됐으며 국민은행과 한국주택은행이 1995년과 1997년에 각각 일반은행으로 전환되었다. 그 밖에 1996년 종합금융회사가 신설되고, 금융의 자율화와 함께 금융 개방이 가속화되어 외국의 금융기관 국내 진출과 외국인 투자의 자유화가 확대되었다.

그러나 이러한 정부의 금융 산업의 경쟁력 제고 및 자율성 확대 노력에도 불구하고 실제로는 정부의 개입이 여전히 지속되는 경우가 빈번하였다. 예를 들어 은행의 금리 결정에도 정부가 직간접적으로 영향력을 행사했고, 민영화된 금융기관의 인사에도 공공연하게 정부의 입김이 작용했다. 또한 금융기관의 건전성 강화 조치를 발표하고도 이를 엄격하게 시행하지 못했다. 이 과정에서 1997년 말의 외환위기로 한국 경제가 IMF 체제 아래 놓이면서 금융제도가 급변하게 되었다. 외환위기가 발생하자 한국은 IMF의 구제 금융을 받는 조건으로 대대적인 구조개혁을 단행했다. 이 중 금융 구조조정의 핵심은 부실 금융기관의 퇴출과 대대적인 공적 자금의 투입을 통한 금융기관의 건전성 제고 그리고 금융 감독 기능의 강화라 할 수 있다.

    금융기관의 합병, 감자 등의 구조조정을 원활하게 하기 위한 조치로는, 「금융 산업의 구조 개선에 관한 법률」, 「예금자 보호법」, 「금융기관 부실자산 등의 효율적 처리 및 한국자산관리공사의 성립에 관한 법률」을 제정했다. 이에 따라 경영이 부실한 은행들은 퇴출 또는 합병 조치되었으며 이 과정에서 공적 자금의 투입으로 국유화된 은행은 해외에 매각되기도 하였다. 또한 은행의 자산 건전성 확보를 위한 다양한 조치가 도입되었다.

    다음은 금융기관의 구조조정 내역을 보여주는 것이다. 구조조정 과정에서 1997년 말 기준 전체 금융기관 수의 29.1%에 달하는 613개 금융기관이 2002년 말까지 퇴출 또는 합병되었다. 은행 산업의 경우 외환위기 이전 33개였던 은행 수가 2002년 1월 말 20개로 줄었다. 이 중 5개 은행은 인가가 취소되었고, 9개 은행은 합병되었다. 비은행권 중 종금사의 경우는 국내 대기업의 도산에 따른 대규모 손실과 외화 운용의 미숙함으로 인해 대량 부실화되었다. 그 결과 30개의 종금사가 대부분 퇴출되었고 5개의 종금사만 영업을 하는 상황이 되었다. 상호신용금고는 약 40%가 퇴출 또는 합병됨으로써 소멸되었고, 신용협동조합의 경우도 1,661개 조합 중 359개가 퇴출되었다.

〈표 10-29〉 금융기관 구조조정 내역

금융권별	97년 말 총 기관 수(A)	구조조정 현황					신설 등	2002년 1월 말 총 기관 수
		인가 취소	합병	해산·가교사 이전·영업 정지 등	계(B)	비중 (B/A)		
은행	33	5	9	-	14	42.4	1	20
비은행	2,068	118	144	337	599	28.9	57	1,526
종금	30	18	6	4	28	93.3	1	3
증권	36	5	2	1	8	22.2	16	44
보험	50	7	6	2	15	30.0	9	44
투신	30	6	1	-	7	23.3	7	30
상호신용금고	231	71	26	25	122	52.8	12	121

| 금융권별 | 97년 말 총 기관 수(A) | 구조조정 현황 | | | | | 신설 등 | 2002년 1월 말 총 기관 수 |
		인가 취소	합병	해산· 가교사 이전· 영업 정지 등	계(B)	비중 (B/A)		
신용협동조합	1,666	2	102	305	409	24.5	9	1,266
리스	25	9	1	-	10	40.0	3	18
합계	2,101	123	153	337	613	29.1	58	1,546

자료: 금융감독위원회

1997년 말에는 「한국은행법」이 개정되고 1998년에 금융감독위원회 및 금융감독원이 발족하는 등 기본 제도가 재정비되었다. 그리고 금융업의 겸업이 확대되었는데 1995년 「증권 투자신탁업법」의 개정으로 증권회사와 투자신탁회사 간 자회사 방식을 통한 상호 진출이 가능하게 되었지만, 1999년 「증권거래법」을 개정하여 은행 및 신탁회사 이외의 사람도 감독 당국의 허가를 얻어 증권업을 겸영할 수 있도록 하였다. 한편 금융기관 업무 영역과 관련하여 은행업, 증권업, 보험업의 기본적인 구분은 유지되었지만 핵심 업무 이외의 주변 업무를 중심으로 겸업이 점차 확대되었으며, 은행은 자회사를 통해서 어떠한 업종에도 진출할 수 있게 되었다. 은행은 자금 조달과 관련하여 일부 증권 업무, 표지어음 발행, 수익증권 판매 등이 허용되었다. 그리고 은행의 외환 업무도 확대되어 외화대출 채권의 해외 매각, 자산담보부 채권(ABS) 발행에 의한 외화자산의 포괄적 매각 등이 허용되었다. (한국은행 1999: 16)

한국의 금융 구조조정은 매우 신속하게 진행되었고, 어느 정도 소기의 성과를 거두었다고 평가할 수 있다. 예를 들어 은행권 전체의 수익은 흑자로 전환되고, 부실 채권의 비율도 2001년에는 전체 대출 대비 3.3%대로 낮아졌다. 이 같은 구조조정은 금융 중개 기능을 정상화하고 한국 경제의 대외신인도를 높이는데 결정적으로 기여했다. 그러나 금융의 구조조정을 급속히 추진하는 과정에서, 금융기관의 민간에 대한 대출이 위축되어 신용

경색이 나타났으며, 이는 1999년에 들어서면서 점차 해소되었다. 여기에는 주식시장이 활성화되면서 대기업 집단이 보다 용이하게 자금을 조달할 수 있는 여건이 마련된 점도 작용하였다. 실물 부문에 대한 자금 공급이 원활히 이루어지게 된 것과 함께, 금융기관의 기업 부문에 대한 부채 비율이 낮아져 위험도가 크게 감소한 것도 구조조정의 중요한 성과 중 하나라고 할 수 있다. 그러나 위험도와 수익성을 중시한 나머지, 기업 대출보다는 가계 대출을 선호하고, 여전히 담보가 부족한 중소기업에 대한 대출을 회피하는 현상이 나타나게 되는 문제점이 있다.

보다 중요한 것은 금융의 구조조정이 제대로 이루어지려면 궁극적으로 국내 금융 산업의 경쟁력을 국제적인 수준까지 끌어올려야 한다. 이는 점포의 통폐합과 인원 감축만으로는 부족하며, 전문성을 갖춘 우수 인적 자원의 확보, 책임 경영 체제의 구축과 함께 성과 중심주의 문화의 정착이 요구된다. 또한 금융시장의 선진화를 위해서는 기업 및 금융기관의 회계시스템 개선, 신용정보의 투명성 제고, 신용 평가의 확대 및 신뢰성 제고, 그리고 지급 결제 시스템의 효율성 및 안정성 제고 등의 하부 구조가 구축되어야 할 것이다.

제5절 한국의 외환위기

1. 한국 통화위기의 원인과 경과

아시아에서는 아시아의 NIES라 불리는 한국, 대만, 홍콩과 싱가포르가 1960년대 후반부터 공업 제품의 수출에 힘입어, 고도성장을 하였다. 그 후 ASEAN(동남아국가 연합)의 태국, 말레이시아, 필리핀, 인도네시아 등이 성장률을 높여왔다. 특히 1985년의 플라자 합의 이후 급속한 엔고로 일본 기업의 동남아로의 급속한 투자 증가가 나타나고, 1980년대 후반부터 대만, 한국 기업도 동남아에의 투자를 증대하여, 동남아 지역은 높은 성장을 이뤘다. 또한 1990년대에는 중국이 고도성장을 실현하고, 동아시아 지역의 다수 경제가 약동적으로 성장하여, 아시아는 세계의 성장 중심이라는 평가를 받게 되었다.

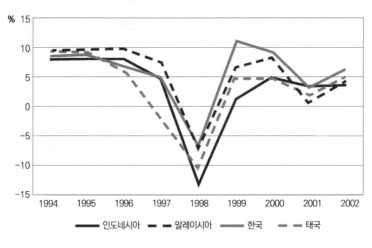

〈그림 10-3〉 아시아 제국의 GDP 성장률

〈그림 10-3〉에서 주요 아시아 제국은 1995년까지 고성장을 해왔지만 1997년에 돌연 통화위기를 겪게 되었다. 1997년 7월의 태국의 통화가 폭락하기 시작하여 곧 주변의 말레이시아, 필리핀, 인도네시아에도 통화 가치가 폭락하고, 연말에는 한국에도 통화위기가 발생했다. 이로 인해 아시아 제국은 1997년에 성장률이 떨어지고, 1998년에는 대폭적인 마이너스 성장이 확연하게 되었다. 이들 나라에는 통화가 폭락하여 많은 금융기관과 기업이 무너지고 금융위기, 나아가 경제위기로 파급되었다.

통화위기의 원인의 하나로는 아시아의 환율제도의 문제가 지적된다. 환율제도에는 고정 환율제도(홍콩 달러는 달러에 페그되어 있다)와 변동 환율제도가 있다. 1997년 이전의 태국의 바트화는 통화 바스켓 제도에 기반하고 있었는데, 이 바스켓에서 미국의 달러가 80%의 비율로, 실질적으로 달러에 연동하고 있어서 1달러=25바트대에서 거의 변동하지 않았다. 한편 한국의 1997년 12월 이전의 환율제도는 관리 변동 환율제도로서 하루에 변동 제한 폭을 넘어서 변동할 수 없었다. 이 변동 폭이 적을수록 고정 환율제도에 가깝게 된다. 인도네시아도 관리 변동 환율제도였다. 이와 같이 위기에 빠진 태국, 인도네시아, 한국에는 실질적으로 달러에 연동되어 있는 환율제도였다. 이와 같이 아시아 제국에서 1997년 후반부터 다음 〈그림 10-4〉와 같이 통화의 폭락이 발생했는데, 이는 환율제도와 연관되어 있었다.

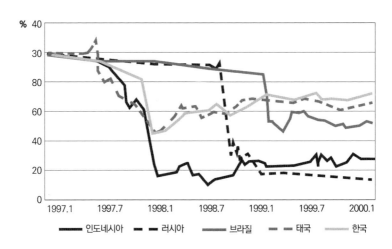

〈그림 10-4〉 아시아 제국, 러시아, 브라질의 환율
(1997년 초=100, 2000년 1월까지)

1985년 9월에 플라자 합의가 있었다. 이후 1995년까지 엔고, 달러 저락
상태였다. 달러 저락이 지속되면, 달러에 연동한 태국 등 아시아의 통화가
상대적으로 싸지고 수출에 유리하게 되었다. 1995년 4월에는 1달러에 80엔
이라는 사상 최고의 엔고에 달하고, 이후 엔 저락, 달러 가치 상승으로 반
전했고, 고달러에 연동하여 아시아의 통화 가치가 높아지게 되었다. 더욱이
중국이 1994년에 위안화를 절하하였다. 그러나 태국, 한국 등은 1997년까지
통화를 절하하지 않았다. 이는 수출의 정체와 경상수지 적자를 확대시켜
나간 주요인이 되었다.

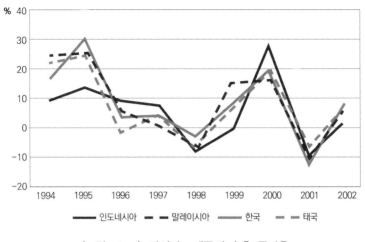

<그림 10-5> 아시아 4개국의 수출 증가율

1997년 초부터 해외 투자가 헤지 펀드의 통화 공격이 시작됐으며, 특히 바트화는 실력보다 높게 평가되어 장래 절하될 것으로 예측하고 대량으로 바트를 팔았다. 이에 태국 중앙은행은 이에 대항하여 바트를 지키기 위해 보유 달러를 매각하고 외환시장 개입을 하였다. 그러나 태국의 외화 준비가 고갈되고, 이에 당국은 7월 2일에 변동 환율제로 이행하고 이후 바트화는 급락했다.

아시아의 통화위기는 놀라운 속도로 필리핀과 인도네시아, 말레이시아로 파급되었다. 구미의 금융기관은 ASEAN 제국이 비슷한 문제를 가지고 있다고 간주하여, ASEAN 통화를 일제히 매각하였다. 8월 11일 IMF는 태국에 172억 달러의 긴급 융자를 결정하는 회의를 가졌다. 태국에의 지원은 IMF 40억 달러, 아시아 9개국이 105억 달러(일본이 40억 달러) 등 172억 달러였다. 10월에 인도네시아도 IMF에 긴급 융자를 요청하고 392억 달러의 융자를 결정하였고, 융자 조건으로 엄격한 조건이 요구되었다.

위기는 이에 그치지 않고 1997년 10월에 홍콩, 11월에 한국 원화가 폭락했다. 1달러에 7.8 홍콩 달러였던 달러 페그제에 대해 대량의 홍콩 달러 매각이 나타나고, 홍콩 당국은 금리를 급상승시켜 페그제를 지켰지만, 금리 상승으로 주식시장이 급락하고 동경·뉴욕 주식시장도 급락하며 선진국 경제에도 영향을 미치게 되었다. 위기가 홍콩에도 파급되면서 한국도 타격을 받았다.

홍콩 위기가 한국에 파급한 것은 (1) 홍콩, 한국과 일본은 같은 동아시아로 인식되어, 위기가 홍콩(동아시아)까지 파급된 이상, 수출의 감소, 경상수지의 적자, 재벌 파탄이라는 문제를 지닌 한국도 위험하다는 인식이 구미에 확산되었다. (2) 한국 금융기관은 홍콩을 거점으로 중국의 주식, 토지 투기, 홍콩 주식 투자, 동남아시아 투자를 실행하고 있고, 이들 자산이 급락하는 것을 구미의 금융기관이 인식하고 있었다. 이로 인해 한국의 원화가 급락했다. 1997년 11월 17일 1달러에 1,000원을 돌파하고, 12월 23일 2,000원으로 가치가 급락했다. 이에 11월 21일에 IMF에 긴급 지원을 요청하고, 12월 3일에는 사상 최대 규모인 550억 달러의 지원이 결정되었다.

1997년 11월, 한국의 통화위기는 일본의 금융위기와 연동하여 악화되었다. 11월 3일 일본의 산요증권이 파산하였다. 콜시장(단기 금융시장; 무담보 하루물)에서 전후 최초로 디폴트(채무불이행, 부도)가 발생했다. 일본 자신이 금융위기에 빠져 일본의 금융기관은 만기가 닥친 한국 발 융자에 관해 한국 측이 융자의 연장을 요청해도(단기 융자의 차환=롤 오버), 그에 응하지 않는 비율이 상승하였다. 일본의 금융기관이 제일 많이 한국에서 자금을 회수하였다. 다음 〈표 10-30〉에서 보듯이 일본의 금융기관은 1997년의 1년 간 131억 달러의 융자를 회수하고, 잔고를 줄였다. 한국의 은행은 달러 채무의 반제에 쫓기고 외환시장에서 원화를 팔아 달러를 매입하기 위하여 분주하였다. 더욱이 에스앤피(S&P), 무디스(Moody's) 등 신용등급기관이 한국의 등급을 낮추었다.

<표 10-30> 한국 주요 은행의 외화 채무 잔고의 구성

(단위: 억 달러)

	1996년 말	1997년 말	증감
1. 단기 부채	629.7	253.9	-375.8
1) 해외 금융기관 융자	555.6	247.4	-308.2
(1) 일본계	218.8	88.0	-130.8
(2) 미국계	56.7	34.9	-21.8
(3) 구주계	173.0	96.1	-76.9
(4) 기타	107.1	28.4	-78.7
2) CP	74.1	6.5	-67.6
2. 장기 부채	315.9	375.4	59.4
합계	945.6	629.3	-316.4

* (주)도시은행＋6특수은행을 대상으로 하고, 해외 점포, 오프쇼어 감정을 포함. (出所) 高龍秀『韓國の経済システム』東洋経済新報社, p16.

일본 등 선진국의 금융기관이 한국에 반제 압력을 강화해서, 한국의 금융기관은 부도의 위기에 빠졌다. 한국 중앙은행은 부도를 방지하기 위한 긴급 조치로서 달러의 반제가 불가능하게 된 민간 금융기관에 외화 준비 달러를 융자했다. 다음 그림과 같이 1997년 말까지 중앙은행은 달러의 반제가 불가능하게 된 민간 금융기관에 233억 달러의 긴급 융자를 해주었다. 중앙은행은 이 민간 금융기관에의 달러의 긴급 지원과 외환시장 개입에 의해 외화 준비를 사용하여, 외화 준비는 12월 18일의 대통령 선거일(김대중 당선) 39억 4천만 달러로 사상 최저에 달하고, 국가 부도의 위기에 이르렀다.

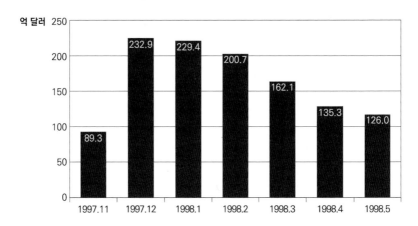

〈그림 10–6〉 한국은행의 민간 은행 긴급 외화 지원(잔고)

한국은 12월 하순에 국가 부도의 위기에 이르고 국제기관과 G7에 의한 지원책, 크리스마스 합의에 도달했다. (1) 1997년의 연내에 반제 기한이 닥치는 200억 달러가 부도의 위기로 되어 국제기관과 G7에 의한 지원책, 크리스마스 합의에 도달했다. 합의 내용은 G7 등의 지원을 조기에 실시함과 동시에 융자 조건에 표시된 한국의 자본 자유화를 조기에 실시하는 것이다. (2) 한국 금융기관의 단기 채무를 장기 채무로 전환하는 교섭이 다수의 민간 채권 금융기관과 한국 측 사이에 이루어졌다. 그리고 1998년 1월에 교섭은 기본 합의에 이르렀다. 내용은 단기 채무는 LIBOR에 2.5% 정도의 가산금리를 더해 장기 채무로 전환되었다.

이러한 아시아의 금융위기에 대해 IMF나 구미의 연구자는 정실 자본주의 (crony capitalism)를 위기의 원인으로 지적했다. 이것은 '아시아적 가치'에 대한 구미의 비판이라는 측면도 있다. 이 주장은 다액의 융자를 차입한 아시아 측에 문제가 있다는 것으로, 융자 조건(conditionality, 금융 긴축=고금리, 재정 긴축)을 정당화하는 역할을 하였다. 그러나 융자 조건은 기업 파산을 확대하는 부작용을 가져왔고, 이에 대해 말레이시아의 마하티르 모하마드(Mahathir bin Mohamad) 수상은 "아시아 경제의 펀더멘탈(fundamental: 경제의 기초적 제 조건)은 별 문제가 없는데, 헤지 펀드 등 구미(歐美)의 투기 자본에 의해 아시아는 위기에 빠졌다"고 구미의 금융기관을 통렬하게 비판하였다

1998년에 위기가 러시아, 중남미로 전염되고 글로벌 머니의 폭주가 문제라는 주장이 부상되었다. 러시아 위기로 미국 헤지 펀드인 LTCM이 파산했으나 뉴욕 연방준비은행이 구제해 주었다. 아시아가 호황을 보이면 다액의 자본이 유입되고, 위기에 빠지면 순식간에 대규모로 유출되는 과잉 자본의 유출입이 문제라는 지적이 설득력을 갖게 되었다. 바꾸어 말해 국제 금융시장의 불안정성이 아시아 위기의 원인으로 작용한다는 생각이다. 더욱이 1990년대에 아시아가 너무 빨리 자본 거래의 자유화를 추진한 것이 배경이라고 지적되었다.

개발도상국의 통화위기는 지금까지 많이 있었지만 1997년의 아시아 위기는 1960년대의 멕시코, 브라질 등 라틴 아메리카에서의 통화위기와는 원인과 구조가 다르며, '21세기형의 통화위기'나, '자본수지의 위기'로 불리고 있다. 1980년대의 통화위기에서는 경상수지의 만성적 적자나 재정 적자가 주된 원인이었는데 1997년의 아시아 위기에는 자본수지의 급격한 적자가 주된 원인이었다.

앞서 본 글로벌 머니의 폭주(국제 금융시장의 불안정성)의 문제에서 아시아 위기를 보기 위해 자본수지의 문제를 살펴보자. 기본적으로 재화와 용역의 이동에 따른 경상수지 위기에 비해 1997년의 위기는 순간적인 자본의 과잉 유출에 따른 자본수지의 위기였다. 자본수지에는 3개의 항목이 있다. (1) 직접 투자 - 기업의 해외 유출에 수반하여 투자, 경영권에의 관여를 수반한다. 당해 기업의 주식을 10% 이상 소유하는 경우는 직접 투자에 해당한다. (2) 증권 투자(portfolio투자) - 배당이나 가격 상승을 목적으로 해외의 주식, 채권(국채 사채) 등의 증권에 투자하는 것으로 경영권에의 관여를

수반하지 않는다. (3) 은행 융자 등(기타 투자) - 금융기관이 해외의 금융기관 등에 융자한다.

다음 〈그림 10-7〉은 자본수지, 증권 투자, 은행 융자 등의 움직임을 보여준다. 한국이 1996년까지 은행 융자 등과 증권 투자의 형태로 대규모의 자본 유입이 보인다. 즉 1990년대 전반에 21세기는 아시아의 시대라는 평가 아래 대량의 자본이 한국, 태국, 인도네시아 등에 투자되었다. 한국에 대해서는 은행 융자의 형태로 제일 많은 외화가 유입하고, 다음으로 주식, 채권 투자 등 증권 투자의 형태로 유입이 보인다. 그러나 은행 융자는 만기가 1년 미만의 단기 융자의 형태가 많고, 결과적으로 한국은 다액의 외화 채무를 갖게 된다.

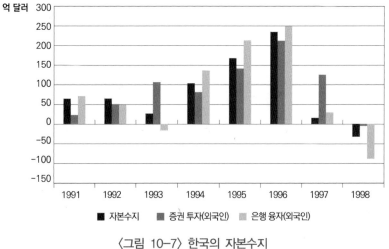

〈그림 10-7〉 한국의 자본수지

다음 〈그림 10-8〉은 한국의 은행기업이 국내 법인만이 아니고, 해외법인을 통해, 또한 오프쇼어(offshore) 시장을 통해 해외 금융기관에서 차입한 외화 채무 잔고를 보여준다 이 표에서 채무 잔고가 1993년부터 1996년에 걸쳐 3배 가까이 급증하고 있다. 특히 단기 외화 채무가 급증하고 있는 것이다.

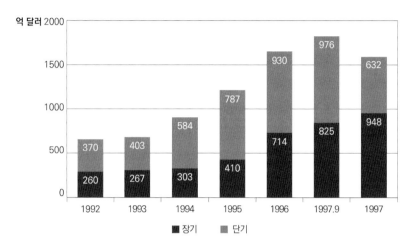

〈그림 10-8〉 한국의 대외 지불 채무액 (1992~1997년 각기 말)

이와 같이 대외 채무가 증가한 가운데 1997년에 대규모의 글로벌 머니의 유출(자본수지의 유출)이 보인다. 여기에는 다음의 두 가지 형태가 있다. (1) 한국이 위험하다고 본 선진국 은행이 단기 외화 융자를 회수하였다. (2) 한국의 위험을 경계한 선진국 투자가가 한국의 주식 등을 팔아 달러를 회수하였다. 한국에 대한 S&P가 등급을 내리고, 주식시장에서는 주가가 급락했다.

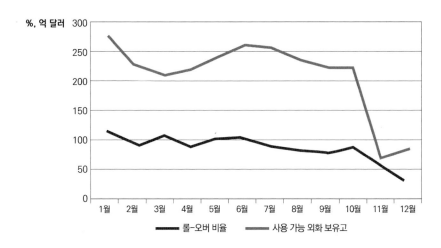

%, 억 달러

━━ 롤-오버 비율 ━━ 사용 가능 외화 보유고

〈그림 10-9〉 1997년 한국 단기 채무의 롤-오버 비율과 외화준비

앞서 본 바와 같이 1990년대 전반에 아시아 제국에 대규모 자본 유입이
나타난 것은 그에 앞서 아시아 제국의 금융 자본 거래의 자유화가 진전된
것과 관련되어 있다. 한국 등이 단기의 은행 융자를 확대한 것은 단기 외화
자산의 규제 완화라는 자본 거래의 자유화가 있어서 가능했다. 증권 투자
에 있어서 주식, 채권의 해외로부터의 투자도 그 자유화가 배경에 있었다.

개발도상국이 국제 경제에서 무역의 자유화, 직접 투자의 자유화, 금융
의 자유화, 자본 거래의 자유화 등을 추진할 때 어느 정도 순서를 거쳐 행
하는 것이 중요하다. 아시아에서 위기에 빠진 태국, 인도네시아, 한국 등은
중국이나 대만과 비교하여 상당히 빨리 금융의 자유화, 자본 거래의 자유
화가 진전되었다. 금융 자본 거래의 자유화는 먼저 (1) 금리 규제 완화나
은행의 민영화, 신규 진입 규제의 완화 등 금융의 자유화 조치, 즉 주로 국
내의 금융에 관한 규제 완화를 포함한다. (2) 자본시장의 정비, 육성과 함께
자본시장의 대외 개방을 추진한다. 자본시장(주식, 채권시장)의 정비와 육
성 정책과 함께 주식 채권에 대한 외국인의 구입을 단계적으로 자유화한

다. (3) 은행 업무의 국제화와 자본거래의 자유화를 추진한다. 금융기관의 해외 업무, 해외지점의 설치를 자유화하고 해외에서의 외화 차입을 자유화한다.

아시아 제국이 금융 자본 자유화를 서두른 데에는 몇 가지 이유가 있다. (1) 아시아 제국이 공업화 자금을 확보하기 위해 경상수지 적자를 조달하기 위해 외자 도입이 필요했다. 즉 IS 갭을 메우기 위한 외자 도입의 필요성이다. (2) 1990년대 전반에 소련, 동구 사회주의권의 붕괴와 그들의 시장 경제로의 이행에 의해 시장 경제가 세계 규모로 확대되고, 대경쟁(mega competition)의 시대에 각국은 글로벌 스탠다드와 같이 금융과 자본 거래의 자유화를 추진했다. (3) 미국 등 선진국의 자유화 압력이 있었다. 암스덴은 한국 통화위기의 원인으로 "미국 등의 과도한 개방 압력, 특히 금융시장에서의 개방 압력이 한국의 대응 능력을 넘어 진전되었다"고 지적했다. 한국은 1996년의 OECD가입을 위해 가입 조건으로서 자유화를 서둘렀다.

그렇다면 아시아의 금융 자유화는 무엇에 대해 너무 빨랐는가? 흔히 아시아 제국의 금융 자본 거래의 자유화는 너무 이른 자유화, 리스크 관리 없는 자유화로 지적된다. 아시아의 은행이나 기업이 무계획적으로 달러를 과잉 차입한 사례나, 아시아의 은행이 해외 법인에서 리스크 관리 없이 외화를 조달하고 자금 운용한 사례 등이 발견된다. 많은 개발도상국이 경쟁적으로 자본시장의 자유화, 개방화를 추진하였다. 이로 인해 개발도상국이 국제 금융시장에 통합되어 글로벌 머니의 격동에 크게 영향을 받게 되고, 선진국도 유리한 투자 대상으로 다투어 아시아에 융자, 증권 투자를 확대했다. 그러나 몇 가지 의미에서 너무 이른 금융·자본의 자유화였다. 먼저 (1) 금융기관 자신이 선진적인 금융 기술 습득, 리스크 관리 능력, 건전성 규제(BIS: 자기 자본 비율)를 정비하기 전에 자유화가 서둘러졌다. (2) 감독 당국이 복잡하고 국제화하는 금융 거래를 효과적으로 감독하는, 감독 능력을 향상시킬 수 없을 때, 자유화가 너무 진전되었다.

2. 국제통화기금(IMF) 지원의 내용과 조건

　IMF는 위기에 빠진 아시아 제국에 구제 금융을 하게 되었다. 1997년 8월 태국에 172억 달러를 융자하기로 했는데, IMF에서 40억 달러, 세계은행과 아시아개발은행 등 30억 달러, 일본 40억 달러, 오스트레일리아를 비롯 아시아 각국의 50억 달러 제공 등이다.

　1997년 10월 IMF는 인도네시아에 392억 달러의 융자 패키지를 제공했다. IMF 100억 달러, 일본 50억 달러, 세계은행, 아시아 각국 등이 참여했다. 그리고 1997년에 IMF는 한국에 580억 달러의 융자패키지를 제공했다. IMF 210억 달러, 세계은행 100억 달러, 일본 100억 달러, 미국 50억 달러, 아시아개발은행 40억 달러, 기타 선진국 등으로 구성되었다.

　IMF의 거액의 융자 패키지는 일괄 공여된 것이 아니고, 단계적인 스케줄에 따라 공여되었다. IMF의 한국에의 융자는 1997년 12월부터 2000년까지 9차에 걸쳐 나누어서 스케줄에 따라 분할 공여되었다. IMF는 융자 시 엄격한 조건으로 해당 국가가 입안한 경제 정책의 실행을 요구했다. IMF는 3개월에 한번 이 조건이 실행되는지 체크하여 실행되고 있으면 스케줄에 따라 융자를 공여하였다. 실행되지 않으면 다음 융자는 동결되었다. 인도네시아에서는 실제로 융자 조건을 준수하지 않았다는 이유로 수하르트 정권 말기인 1998년 1월에 융자가 일시 동결되었다.

　융자 조건을 지키지 않으면 IMF로부터의 달러 지원이 중단되므로 융자 조건에서 나타난 경제 정책을 실행해야 했고, 그런 점에서 아시아 위기국의 경제 주도권이 실질적으로 IMF로 넘어갔다.

　그렇다면 융자 조건은 어떠한 내용이었는가? (1) 금융 재정의 긴축: 한국에서는 단기의 콜 금리가 30%라는 고금리 정책으로 나타났다. (2) 금융기관의 개혁: 아시아 각국의 최우선 과제로서 BIS(국제결제은행)의 자기 자본 비율을 엄격히 적용하고 금융 감독기관의 권한을 강화했다. 한국에서는 5

개의 은행이 재생 불가능으로 청산되고, 3개의 은행이 합병됐으며, 2개 은행이 해외 매각으로 예정되었다. (3) 기업(재벌)의 개혁: 국제 회계 기준에 의한 재무제표의 투명성과 독립적인 외부감사제 등 코퍼레이트 가버넌스 (기업 지배 구조)의 개선이 요구되었다. (4) 노동시장의 개혁: 특히 한국에서 강조되었는데 정리해고제, 근로자 파견법의 제정 등 노동시장의 유연성 향상이 요구되었다. (5) 무역 자본시장의 자유화, 적대적 M&A(매수·합병) 등의 허용: 해외에서의 주식 채권 투자의 가일층 자유화와 외국기업에 의한 매수의 자유화가 요구되었다. 이들 과정에서 한국에서는 1998년에 은행이나 기업의 파산이 증가하고, 실업률 상승(위기 이전은 2%대에서 1999년 2월에 8.7%, 실업자 178만 명)이라는 심각한 부작용이 나타났다.

IMF는 1980년대 라틴 아메리카의 채무 위기국에 대한 처방책으로서 고금리 긴축 재정을 요구했다. 1980년대의 남미는 경상수지의 위기이고, 방만한 재정에 의한 재정 적자, 과잉 투자에 의한 경상수지 적자가 문제였다. 그 처방책으로서 고금리와 긴축 재정을 요구했다. 그런데 IMF는 1997년의 아시아의 위기에도 같은 발상으로 고금리 긴축 재정을 요구했다. (1) IMF는 아시아의 경상수지 적자는 과열한 경제에 문제가 있다고 보고 그것을 축소하기 위해 고금리를 요구했다. (2) 이미 통화가 급락하고 있어 수입 물가가 상승하고 인플레 위기가 있으므로 이를 방지하기 위해 고금리를 요구했다. (3) 외화가 대규모로 유출되는 상황이므로 위기에 처해있는 아시아 제국의 금리를 상승시켜 외화 유출을 중지시키고, 외화의 유입을 기도하였다.

〈표10-31〉 한국 정부가 IMF와 합의한 의향서에 나타난 경제 목표

	제1차 (1997.12.3)	제2차 (97.12.24)	제3차 (98.1.7.)	제4차 (98.2.7)
GDP 성장률(1998)	3%	-	1~2%	1%
물가 상승률(1998)	5%	-	9%	9%대
경상수지	-43억	-	30억	80억
재정수지/GDP	균형이나 흑자	-	적자 불가피	-0.80%
총 유동성 증가율	15.4% (97년 말)	-	13.2% (제1 사반기)	13.5% (제1 사반기)
금리	단기 금리를 조기 상승	콜금리30% 이상 허용	콜금리30% 수준 유지	콜금리 인하 허용

자료: 한국 정부에 의한 각 차의 의향서

한편 융자 조건(conditionality)에서 금융기관과 기업의 개혁도 요구되었다. 먼저 금융기관의 개혁은 아시아 각국에서 최우선 과제로 요구되었는데, BIS(Bank of International Settlement)의 자기 자본 비율을 엄격히 적용하고 금융감독기관의 권한을 강화하는 것이었다. 한국에서는 앞서 본 바와 같이 5개 은행의 청산, 3개의 은행의 합병, 2개 은행의 해외 매각 예정이 결정되었다. 이는 일시적으로 실업자를 양산시켰는데 1999년까지 불량채권은 상당히 처리되고, 금융시스템은 안정화되었다.

기업개혁과 관련하여 재벌의 높은 부채 비율을 1999년 말까지 200% 이하로 낮추도록 하였다. 그리고 재벌의 과도한 다각화 문어발 경영을 해소하도록 했는데, 빅딜(대규모 사업 교환)을 통해 반도체(LG반도체를 현대산업전자로 흡수) 및 석유화학에서 추진되었다. 그러나 재벌 총수를 중심으로 하는 책임지지 않는 경영 지배의 문제는 남아 있다. 그렇다면 이러한 융자 조건은 아시아 경제를 회복시키는데 맞는 절차였는가? 먼저 경상수지의 흑자화 대외 채무의 축소라는 점에서는 성과가 있었고, IMF와 미국은 타당성을 강조하고 있다. 그러나 제프리 삭스(Jeffrey Sachs)나 조지프 스티글리

츠(Joseph E. Stiglitz)는 비판적이다. IMF가 이와 같이 고금리 재정 긴축을 요구하는 발상은 경상수지 위기를 해결하는 것이며 1997년의 자본수지 위기라는 측면을 잘 이해하지 못한 것으로, 1) 아시아에는 재정은 건전했음에도 불구하고 무리하게 긴축 재정을 요구했으며, 2) 과도하게 고금리를 요구하여 원래 부채 비율이 높은 기업이 융자 조건에 의해 파산이 계속되었고, (3) 고금리에 의해 외환의 안정을 달성할 수 있는지 의문이라는 것이다.

이 밖에도 아시아의 금융위기를 수습하는 과정에서 또 다른 몇 가지 논점이 제기되고 있었다. (1) IMF의 융자 조건은 아시아 경제를 영미형의 자유화를 추구하는 모델로의 이행을 추구하는 것이 아닌가? 그 특징으로서 기업개혁에서의 사외이사제, 미국형 회계 기준, 외국계 자본의 은행 투자 등이 들어진다. (2) 과도한 자본 유입을 가져온 선진국 금융기관, 즉 대부자의 책임은 없는가? 아시아 위기국은 1990년대에 국제 금융시장에서 다액의 외화를 빌린 것이 위기의 원인이었다. 그러나 바꿔 말하면, 선진국 금융기관이 대량으로 대부한 것이다. 선진국 금융기관은 위기가 생겨도 IMF의 융자에 의해 결국 자기들의 융자는 반제된다는 도덕적 해이가 있다고 국제기관으로부터 비판받고 있다. (3) 과도한 자본 유출입을 적절히 감시할 수는 없었는지. 1996년까지의 아시아에의 자본 유출입을 사전에 모니터했어야 한다는 지적이 국제기관에서 지적되고 있다.

3. 외환위기 전후의 세계화, 선진화와 민주화

제7차 계획 이후 한국 경제는 정부 주도의 경제 성장에 대한 반성이 높아지면서 경제 계획을 실시하지 않게 되었으며, 1980년대 이후 정부의 개발 전략이 시장 주도로 변경됨에 따라 대외 개방이 전 산업에 걸쳐 급속도로 진행되었다. 관세율을 대폭 낮추고, 수입 제한 조치를 철폐하며, 수입 자유화를 가속화하였다. 1988년 단행한 제2차 관세개혁에 따라 평균 관세율을 1988년의 18.1%에서 1994년에는 7.9%로 낮추었다. 공산품의 관세율은 16.9%에서 6.2%로 떨어졌고, 농산물의 경우에도 25.2%에서 16.6%로 떨어졌다. 대표적인 비관세 장벽인 수입선 다변화 제도도 점점 완화하여 1999년에는 완전히 폐지되었다. 농산물의 수입 제한도 관세화를 통해 점진적으로 완화시켰다. 다만 쌀의 경우는 관세화를 10년간 유예하도록 하였다.

서비스 산업도 대폭 개방했는데 이는 주로 직접 투자 개방의 형식으로 진행되었다. 1984년 네거티브 제도의 도입으로 시작된 직접 투자의 개방은 1992년에는 신고제로 전환되었고, 1996년 말 OECD에 가입하면서 개방 폭이 확대되었으며, 1997년 외환위기 이후 전면적인 개방이 이루어졌다. 이에 따라 외국인 투자 제한 품목은 1995년 말 195개에서 1997년 말에는 52개, 2006년 말에는 28개(미 개방 2개, 부분 개방 26개)로 크게 축소되었다.

금융 산업에 대한 규제도 대폭 완화했다. 먼저 1993년 말에 금융실명제를 도입하여 차명거래에 의한 각종 부작용을 차단하도록 했으며, 금리를 자유화하는 한편 정책 금융을 축소, 정비함으로써 금융기관 자금 운용의 자율성을 제고하도록 하였다. 금융기관이 내부 경영에 대한 규제, 예컨대 인사, 조직 및 예산의 결정 등에 대한 정부의 관여를 배제하여, 금융기관의 경영 자율성을 확대하고, 창의적인 경영 혁신을 도모하도록 하였다. 금융기관의 효율성 제고를 위하여, 전문화와 대형화를 적극 유도했는데, 1994년에 국민은행을 민영화하고, 기업은행과 주택은행을 개편하여, 특수은행 체제를 축소, 정비했으며, 투자금융회사와 종합금융회사의 업무 영역을 통합하여 종합금융회사로 전환하도록 하였다.

자본시장의 자유화는 1993년 제3단계 금융 자율화 및 시장 개방화 계획을 발표하면서 본격적으로 시행되었다. 외국인 주식 투자를 점진적으로 확대하고, 채권 투자에 대한 규제도 중소기업의 전환사채에 대한 직접 투자를 허용하면서부터 완화되었다. 정부는 OECD 가입을 위한 전략으로서

1993년 자본 및 외환 거래 자유화를 대폭 양허하는 과정에서 은행 및 비은행 금융기관의 단기 외화 차입을 자유화하였다. 장기 자본 도입은 강력히 규제된 가운데 단기 자본의 도입만 허용된 데다가 국내외 금리 차 때문에 외화 차입에 대한 수요가 크게 늘어났으며 이로 인해 단기 외채가 급증하였다.

총 외채에 대한 단기 외채 비율이 1994년만 해도 42%였으나, 1996년 말에는 48%로 올라갔고, 외환 보유액에 대한 단기 외채 비율은 1996년에 무려 222%에 달했다. 이에 더하여 단기 자본이 장기 사업에 주로 이용됨에 따라 외환 자산과 부채 사이에 만기 불일치가 발생한 데다가 동남아 국가의 금융위기가 전파됨으로써 외환위기를 맞게 되었다.[25] 그러나 보다 근본적으로는 정부의 고도성장 정책에 따른 대기업의 무분별한 차입 경영이 주요 원인이었다고 할 수 있다.

IMF는 1997년 12월 긴급 자금의 지원을 조건으로 한국 정부에 광범한 구조조정을 요구하게 되었다. IMF의 요구 조건은 두 가지로 나눌 수 있는데, 하나는 긴축 거시경제 정책이고 다른 하나는 광범위한 분야에 걸친 구조개혁이었다. 거시경제 정책으로는 재정 금융의 긴축과 고금리 정책으로 투자를 억제하는 한편 저축을 증대하여 경상수지의 개선과 물가 안정을 기하도록 권고하였으며, 이에 따라 정부는 강도 높은 긴축 통화 및 재정 정책을 시행하였다. 먼저 금리를 현실화하여 12% 수준이던 금리를 30%가 넘는 수준으로 올렸다. 이에 따라 일시적으로 급등했던 환율도 안정되고, 경상수지도 크게 개선되었다.

그러나 고금리 정책이 예상보다 실물 경제를 너무 위축시키게 되자 정부는 1998년 5월 이후 긴축 정책을 완화하여 금리를 내리고, 재정 적자의 폭을 처음의 GDP 대비 0.8%에서 1.7%로 올렸다가 9월에는 5%까지 허용하

---

25 김적교, 『한국의경제 발전』, 박영사, 2012, p57.

도록 하였다. 이러한 경기 부양 정책에 힘입어 GDP성장률은 1998년의 마이너스 5.7%에서 1999년에는 10.7%로 반등함으로써 급속한 회복세를 보였다. 구조개혁으로는 금융 구조개혁, 기업 구조개혁, 공공부문 구조개혁 및 노동시장 구조개혁을 단행할 것을 권고했다. 이러한 IMF의 권고에 따라 취한 정부의 부문별 구조개혁의 주요 내용을 보면 다음과 같다.

금융의 구조개혁은 금융 구조조정, 금융의 규제 완화와 금융의 하부 구조 강화의 차원에서 진행되었다. 금융의 구조조정에서는 퇴출 또는 인수·합병의 방법으로 부실 금융기관을 대폭 정리했는데, 1997년 말 6,571개에 이르던 전체 금융기관의 수는 2004년 말까지 4,517개로 줄어 약 1/3정도가 소멸되었다. 은행의 재무 건전성도 크게 개선되었는데 BIS기준 은행의 자기 자본 비율은 1997년의 7.0%에서 1999년에는 10.8%로 상승하고, 2004년에는 11.3%로 올라갔다.

구조조정과 함께 규제도 크게 완화했는데, 외국인 주식 투자 한도를 1998년 5월부터 폐지하여 완전 자유화했고, 외환 거래의 자유화도 대폭 확대하였다. 이와 아울러 경영의 투명성을 제고하고 책임 경영 체제를 확립하는 등 금융의 하부 구조를 강화하도록 하였다.

기업 구조개혁은 재무 구조의 개선, 지배 구조의 개선 및 사업 구조의 개선으로 나누어 진행되었다. 재무 구조 개선을 위해서는 30대 대기업 집단의 계열사 간 신규채무보증을 전면 금지하는 한편 대기업의 부채 비율을 200% 이하로 낮추도록 하였다.

지배 구조의 개선을 위해서는 회계 기준을 국제 기준에 맞도록 개정하고, 감사의 독립성을 강화하여 회계의 투명성을 제고하도록 하였다. 이사회의 기능을 강화하고 대표 소송 제기를 위한 요건을 낮추는 등 일반주주들의 경영진에 대한 경영 책임을 추궁할 수 있는 법적 수단을 대폭 강화하여 지배 구조를 개선하도록 하였다. 또한 구조조정을 원활하게 하기 위해서 인수·합병을 활성화하도록 하였으며, 기업 집단 간 대규모 사업 조정(big deal)을 통해 기업의 전문화를 유도하도록 하였다.

이러한 조치로 기업 부문에서의 부실도 크게 해소되었다. 기업들의 대규모 유상증자와 기업 공개, 차입금 상환과 설비 투자의 축소, 출자 전환 및 부실기업 정리 등으로 기업의 차입금이 감소함에 따라 부채 비율이 크게 떨어졌다. 30대 기업 집단의 평균 부채 비율이 1997년 말 518.9%에서 1999년 말에는 200% 이하로 떨어졌으며, 제조업 부문의 부채 비율도 2003년 말에는 미국의 154.8%나 일본의 156.2%(2002)보다도 낮은 123.4%로 떨어졌다. 공공 부문에서도 정부 조직을 개편하여 인력을 감축하고, 공기업을 민영화하는 등 구조개혁을 단행했다. 공공 부문 개혁은 김대중 정부에서는 상당한 진전이 있었으나, 노무현 정부에서는 오히려 큰 정부를 지향함으로써 공무원 수가 늘어나는 등 공공 부문의 구조개혁은 오히려 후퇴했다고 할 수 있다.

노동시장도 경영상의 이유로 해고를 할 수 있고, 파견 근로를 합법화하는 등 노동시장의 유연성 제고를 위한 제도 개선이 있었다. 그러나 경영상의 이유에 의한 해고가 실제로 어렵기 때문에 기업들이 상용직(常備職) 근로자의 채용을 기피하고, 일용직과 임시직을 선호함으로써 상용직 근로자 비중은 급속히 감소하는 반면 비정규직 근로자의 비중이 급증하는 노동시장의 왜곡 현상을 가져오는 부작용을 낳았다.

구조개혁은 부실 금융기관과 부실기업의 정리 등 긍정적인 효과도 있었으나 기업의 투자 위축, 실업의 양산, 소득의 양극화 등 부작용을 가져옴으로써 정부가 성장보다는 안정과 복지에 역점을 두는 등 경제 정책에 많은 영향을 미쳤다. 특히 그 동안 우리 경제의 엔진 역할을 했던 대기업의 투자가 위축되면서, 성장은 좀처럼 회복되지 않고 있으며, 투자의 둔화로 경제 성장률은 4~5%대로 감소했고, 반면 물가와 국제수지는 안정되었다.

제6절 21세기 경제개혁의 과제

외환위기 이후 IMF 프로그램에 의한 구조조정으로 경제가 안정을 되찾고 경기도 회복되었으나, 2000년대에 들어오면서 정부의 복지 지향적 정책 전환과 민간 투자의 부진으로 경제 성장은 둔화되고 투자 부진이 지속되면서 성장 둔화 현상이 계속되고 있었다. 그리고 고령화 및 소자화(小子化) 등으로 잠재 성장률도 감소하고 있는 것은 주지의 사실이다. 또한 성장이 둔화되면서 실업과 빈곤층이 늘어나고 소위 소득의 양극화가 확산되면서 소득 분배 문제가 정책의 최대 현안으로 대두되고 있다.

1997년의 외환위기가 극복되었다고는 하지만 한국 경제는 여전히 대외 금융 환경의 변화에 취약한 구조적인 문제점을 노출하고 있다. 2007년 미국의 서브프라임 모기지 파동으로 촉발된 미국의 금융위기가 세계적으로 확산되는 과정에서 한국에도 외국 자본의 환수와 함께 주식 환매가 급격히 추진되어 또다시 외환위기에서 촉발된 금융위기가 초래되었다. 다행히 어려운 국제 환경에도 불구하고 반도체, 휴대전화와 자동차 등 수출 경쟁력에 힘입어 국제수지의 대폭적인 흑자를 시현하고 있으며, 보다 근본적인 기술 경쟁력의 확보에 노력하고 있다. 그러나 다른 한편 소득 분배의 악화, 소자화와 고령화 그리고 높은 청년 실업률 등 또 다른 구조적인 문제가 지속적인 성장의 장애로 등장하고 있는 것도 현실이다.

1. 한국의 시장제도 - 「시장과 조직」의 관점에서

한국 경제는 급변하는 세계 경제 속에서 성장을 지속하기 위해서는 여러가지 새로운 도전에 직면하고 있으며 어떻게 내부 구조를 정비하여 성장의 새로운 추진력을 형성할 것인가 하는 중요한 문제에 직면하고 있다. 냉전의 종언 이후 세계 경제는 시장 경제로의 수렴이라는 동질성을 보이지만, 같은 자본주의 체제라 해도 나라마다 상이한 제도적 특징을 갖고 있다. 예를 들어, 일본과 미국 그리고 독일 등은 상이한 특징을 가진 다양한 시장 시스템을 보여주고 있다. 그러면 이러한 시장 시스템을 어떠한 시각에서 분석할 수 있는가? 시장 시스템은 시장이라는 연못에서 헤엄치는 다양한 경제 행위자(가계, 기업, 정부 등을 포함)와 그들 행위자 사이의 관계와 제도 관습 등을 포괄하는 것이다. 그리고 이러한 국민 경제는 어타 국가와 국제 관계를 맺고 있다고 볼 수 있다.

한 나라의 경제 시스템을 이해하기 위해서는 그 나라의 시장과 경제 행위자 그리고 이외의 조직·제도·관습 등 넓은 의미의 제도(insttution)나 제도 간 관계(외부성)를 시야에 넣은 비교 제도 분석이 필요하다. 경제 시스템의 비교 제도 분석에서 먼저 논의의 수준을 두 개로 나누어 생각해 볼 수 있다. 먼저 하나는 시장에서 활동하는 경제 주체를 개인과 다양한 조직(정부, 기업 등) 그리고 새로운 네트워크형 중간적 조직으로 구분하여 그것이 지닌 장단점을 살펴보고, 장점을 극대화하는 방안을 생각해보는 것이다. 그리고 두 번째는 이들 경제 주체 간의 상호 관계와 그 전체로서 시스템의 문제를 제도 간의 보완성과 제도의 진화의 경로 의존성 등을 고려하면서 살펴보는 것이다.

근래의 세계 경제가 글로벌화되는 것이 이러한 국민 경제의 시장 경제 시스템을 크게 변화시키고 있는 점을 또한 유념해야 한다. 글로벌화되는 것의 특징은 첫째, 지역적 통합이나 자유무역협정(FTA) 등을 통해 시장이 통합되고, 시장에서 활동하는 경제 주체가 외국계 행위자를 포함해 다양화된 것이다. 둘째, 글로벌화의 경우, 하나는 먼저 금융의 글로벌화, 즉 글로벌 머니를 포함한 체제로의 전환이고 예를 들어 자본 이동이나 경상 외 거래의 자유화가 나타난다. 셋째, 시장 규칙의 다양한 분야에서의 글로벌 스탠다드의 도입과 투명성의 제고가 요구된다. 금융, 조세, 노동, 기업의 지배 구조 등 다양한 분야에서의 글로벌 스탠다드가 요구된다. 이 과정에서 개별 국가의 주권이 제약되고, 민족주의적 정책이 제한되는 것도 보편적인 것이다.

그러나 여기에서는 경제 시스템 분석의 첫 번째 관점, 즉 시장에서의 주된 경제 행위자인 개인과 조직 그리고 「시장과 조직」을 어떻게 조화롭고 효율적으로 질서지울 것인가의 문제를 먼저 살펴보도록 하자.

한국은 고도성장 과정에서 주로 일본에서 중간재 자본재를 수입, 가공하여 최종재를 세계 시장에 판매하고, 그 과정에서 산업 구조를 고도화했다. 한국 경제는 1980년대 초의 구조조정과 1997년의 외환위기, 그리고 근래에는 2008년의 미국 발 금융위기 등을 겪었지만 성공적으로 문제를 잘 헤쳐 나왔다고 할 것이다. 그러나 한국이 보다 나은 선진국으로 진입하기 위해서는 여전히 여러 가지 도전에 직면하고 있다.

이러한 도전은 어디에서 비롯된 것인가? 첫째, 무엇보다 중요한 것은 한국 경제가 고비용 국가(=고소득 국가)가 되어서 이제는 생산성을 높이지 않고는 저임금에 기초한 성장이 불가능해졌다는 것이다. 둘째, 냉전 체제 붕괴 이후 세계 경제에는 신규의 개발도상 국가가 다수 등장하고, 글로벌화가 진행되어 한국 경제는 개방된 시장에서 글로벌 스탠다드 아래 무한 경쟁 시대에 들어갔다는 것이다. 셋째, 민주화가 진전되어, 국내 정치·사회적으로 지금까지의 권위주의적 정치 행태가 더 이상 작동되지 않게 되었다. 넷째, 노령화 및 소자화로 경제 활력이 떨어지고 있다. 이러한 가운데 국민의 다양한 욕구는 새로운 참여의 제도를 통해서만 민주적인 수렴이 가능하게 됨으로써 종래와는 다른 새로운 제도의 성립을 요구하고 있다.

정부는 이미 1990년대부터 산업 구조의 조정과 촉진, 기술 혁신을 통한 생산 효율의 향상과 인력, 토지, 물류, 사회간접자본과 정보화 등 산업 활동을 지원하는 기반 구축을 통해 총체적인 경제 효율을 높여 나갈 것을 천명하고 있다. 아울러 정부는 공정거래 질서의 정착과 노사 관계의 안정을 도모하면서 중소기업의 구조 고도화, 농어촌의 구조 개선 사업, 그리고 지역 균형 발전 시책도 적극 추진할 것을 밝히고 있다.

또한 정부는 경제의 선진화와 민주화라는 두 개의 과제를 동시에 달성하기 위해, "국민의 자발적인 참여와 창의가 유발될 수 있도록 대내외 규제의 완화와 각 경제 주체의 경제 활동에 대한 정당한 보상이 보장되는 경제 질서를 확립"하도록 경제의 제도개혁을 추진할 것을 밝혔다. 그리고 이 제도개혁은 재정개혁, 금융개혁, 행정규제개혁 및 경제의식개혁을 포괄하는 것으로 되어 있다. 실로 경제의 선진화와 민주화는 별개의 것이 아니고, '각 경제 주체의 자발적인 참여의 확대, 즉 민주화를 통한 생산성 향상과 질적 성장'으로 집약해 이해할 수 있다. 민주화와 생산성 향상이 항상 정(正)의 관계를 가지는 것인가는 불분명하지만 내포적 성장의 단계에서는 불가분의 관계에 있다고 생각된다. 그리고 경제 선진화와 민주화를 달성하기 위해서는 그에 상응하는 시장제도의 발전이 필수적이라고 생각한다. 시장제도의 제도적 개선을 통해 참여를 확대하고 효율을 제고할 수 있는 것이다.

오늘날 사회제도를 분석하는 이론의 하나로서 네트워크 이론은 많은 시사점을 주고 있다고 생각한다. 네트워크 이론에 의하면 오늘의 시장 경제 사회에는 기본적으로 그 바탕에 시장이 존재하고, 시장에는 행위자로서 개인과 조직이 존재하지만, 조직으로는 대표적으로 정부와 기업이 행동의 주체로서 활동하여 왔고 최근에는 정보권(情報權)에 기초한 '근대 네트워크 조직'이라고 하는 극히 유연한 새로운 조직이 나타나고 있는 것으로 설명하고 있다. 그리고 한 나라의 사회제도는 근대 국가제도(modern states system), 세계 시장 그리고 글로벌 네트워크를 통해 세계와 연결되어 있다. 이들 조직 중에서 특히 기업은 시장에 가장 적합한 행동 원리를 가지고 있을 뿐 아니라 그 속에 자본가, 경영자와 노동자라는 다수의 참여자를 포괄하고 있고, 생산의 담당자로서 중요한 역할을 수행하고 있다.

그런데 시장은 가격 기구에 의해 움직이고 조직은 권한에 의해 움직인다. 시장이 자유로운 진입과 퇴출이라는 장점이 있다면, 시장 거래에는 정보가 공유되지 않는 단점이 존재한다. 그리고 조직은 장기적 관계의 장점을 가진다면 그에 수반하여 조직의 경직성 등의 단점을 지닌다. 시장과 조직은 시장의 실패를 조직이 보완하고 조직의 실패를 시장이 보완하는 형태로 상호 침투하는 관계에 있다. 다만 종래에는 시장과 조직을 대립적인 것으로 보아 상호 간의 단점을 보완하는 형태로의 상호 침투만을 주로 고려했으며 시장의 장점과 조직의 장점을 결합하는 것에 관해서는 논의가 적었다고 할 수 있다. 그런데 시장에 있어서 독립한 주체가 분리한 관계에 있으면서 정보적으로 연결한 관계를 형성하는 네트워크를 통해 시장과 조직의 장점은 결합될 수 있다.

시장의 기능도 잘 보면 가격 기구와 기업가에 의한 문맥(context)의 조정이라는 두개의 기능으로 성립하는 것이고, 조직도 작업의 문맥의 조정과 권한에 의한 실행이라는 두개의 기능으로 성립한다. 따라서 시장과 조직은 이 양자에 공통되어 있는 '기업가에 의한 조정'이라는 기능을 매개로 서로 연결되고 상호 침투하는 것이다. 이러한 관점에서 각국의 사회제도는 '시장과 조직'의 모습 및 그 결합의 양태에 따라 그 다양성을 설명할 수 있다. 현실에는 시장이나 통제 경제만이 존재하는 것이 아니고 정보가 불완전하고 거래 비용이 존재하는 가운데 자원 배분을 어떻게 효율적으로 할 것인가, 어떻게 위험 부담을 최소화할 것인가 등의 문제를 해결하기 위해 다양한 제도가 생기는 것이다. 그리고 제도적으로 고정되어 있는 것처럼 보이는 장기적 거래 관계에도 경제 합리적인 이유가 있고 그것이 위협받으면 경쟁의 메커니즘이 작용한다.

따라서 다양한 시장제도가 존재하는 것이며, 자본주의 체제에서 미국과 독일 그리고 일본은 상호 간에 특징적인 모습을 보여주고 있는 것으로 생각된다. 특히 미국과 일본의 시장제도 및 그 기업 조직의 특징에 관해서는 비교적 많은 연구가 있는 편이다. 일본의 시장제도는 '생활소국(生活小國)'이라는 말이 보여주듯이 여러 가지 문제가 있고, 1990년대 이후 장기 침체로 한편으로는 미국식 제도개혁이 이루어지고 있지만, 여전히 조립 가공 산업으로 대표되는 제조업에서의 일본식 시스템의 경쟁적 우위는 지켜지고 있다. 여기서는 일본의 시장제도의 특징과 그 변화 과정을 주로 검토하고자 한다.

일본의 시장제도는 미국과 달리 시장에서의 교환이 경제적 교환(economic exchange)이 아닌 사회적 교환(social exchange)에 의존하는 특징을 가지고 있으며 이것은 거래 비용이 존재하고 정보가 불완전한 사회에서 나름대로의 효율성과 합리성을 지니고 있는 것으로 지적되고 있다. 예를 들어 국가와 기업, 그리고 기업과 하청 계열 기업과의 장기적인 거래 관계를 사회적 교환으로 설명하고 있는 것이다.

특히 기업의 경영 구조와 관련하여 일본의 기업은 '3종의 신기(神器)'라고 부르는 종신 고용(終身雇用), 연공서열(年功序列), 기업별 노조(企業別 勞組)라는 특징적 제도에 입각하여 경영되고 있다. 그리고 기업 시스템에 있어서 주식의 소유는 상호 소유에 입각해 경영권의 안정이 주어지는 바 일본의 기업은 종업원 공동체로서 인본주의(人本主義)에 입각한 경영이 이루어지고 있으며, 정보의 공유와 부가가치의 배분 그리고 의사결정의 참여 등에 관한 쉐어링(sharing)의 분산, 그리고 조직적 시장을 특징으로 하는 것으로 생각되고 있다. 반면에 미국은 주주주권(株主主權), 일원적(一元的) 쉐어링 그리고 자유시장을 특징으로 하고 있다.

이러한 미국과 일본의 모습에 비해 한국의 모습은 어떠한가? 한국은 미국적인 요소를 많이 도입하고 있으면서도 기본적으로는 동양적 전통 및 후발국이라는 점에서 일본에 가까운 것이 아닌가 생각된다. 그런데 문제는 어떤 과정과 논리를 통해 일본적 시장 시스템이 성립하고, 그것이 현재 어떠한 도전에 직면하고 있으며 어떻게 바뀌어 갈 것인가, 그리고 그 내적 논리는 현재 한국 경제가 당면한 과제와 어떤 연관을 가지고 있는가 하는 것을 이해하는 것이 중요하다.

일본적 시스템은 미시적으로는 앞서 본 '3종의 신기'라는 특징을 가지고 있지만, 보다 거시적으로 1940년대 체제라고 불리는 관민 협조 체제와 기업 상호 간에 계열(系列, Keiretsu)라고 하는 산업 조직을 가지고 있는 것이다. 계열의 전신(前身)은 재벌이었고, 재벌은 개발도상 경제의 '시장의 실패'를 보정하는 조직이 될 수 있는 것으로, 그 지도자들은 "일본을 공업 국가로 발전시킨다는 강력한 사명감을 가지고 … 장기적 수익에 대한 전망을 가지고 재벌의 이해를 국가의 이해와 일치시키고자 하였다".

재벌은 기업 그룹 사이에 독립성을 가지고 경쟁도 하고 시장 원리에 따라 움직이기도 했으나, 경제적·정치적 권력이 증가함에 따라 시장에서 고립되어 강력한 위계적 조직이 되었으며, 독점으로 야기된 경제적 불공정과 타인의 사업 기회의 억제는 재벌에 대한 사회적 적대감을 가져왔다. 그리고 전시 중에 재벌은 관료적 경제제도로 되어 경제와 결부되었다.

전후에 재벌은 해체되고 경쟁적 시장제도가 창출되었지만, 약화되기는 했으나 구래(舊來)의 재벌 조직 및 관련 기업들 간의 연계, 그리고 네트워크의 형성과 같은 민족적 전통에 의한 조직 원리는 유지되었다. 이렇게 형성된 계열은 시장과 조직의 '중간적 조직'이라고 볼 수 있는 것이었고 재벌과는 통제력의 범위에서 차이가 나는 것이었다. 그러나 일본의 산업 조직은 경제 환경의 변화에 따라 새로운 네트워크 산업 조직(network industrial organization)의 형성이라는 단계를 맞이하고 있다. 네트워크의 조직적 원리는 자기 조직화(self-organization)로서 이는 행위자가 자발적으로 연관 관계를 맺으면서 상호 이해를 통해 성장하고자 하며 연관 관계는 중복적이고 교차적으로 형성될 수도 있는 개방적이고 유연한 것이다.

네트워크 산업 조직은 프리드리히 하이에크(Friedrich A. Hayek)가 말하는 바 사업을 하는 데 있어서 현장 사람에 의해서 얻어지는 현장 정보에 기초하여 지속적으로 증분적 혁신(增分的 革新, incremental innovation)을 수행하는 조직이라 할 수 있다. 일본의 제조업에서의 성공은 현장의 구체적인 정보에 기초한 작업 현장 기술의 지속적인 개선에서 비롯된 것이다. 지속적인 증분적 혁신은 네트워크 산업 조직의 본질적 장점이다. 재벌이 단지 위대한 발견이나 특허와 같은 혁신을 수입하고 취급했다면, 계열은 1930년대의 과학 및 기술의 위대한 진보로 짧은 기간에 축적된 주요한 기술적 혁신을 추진하였다. 그러나 네트워크 산업 조직은 대소 간의 다양한 개선이나 혁신을 연결하고 지속적인 혁신의 흐름을 유지하고자 시도한다. 새로운 산업 사회의 특징은 상이한 산업들의 경계선을 교차하는 연관 관계에 의한 끊임없는 혁신이며 네트워크는 이에 적합한 것이다.

일본은 전전의 재벌이 기술을 도입하고, 계열에 의존하여 증분적 혁신을 이어 조립 가공 산업의 경쟁적 우위를 확보했다면, 고비용 국가가 된 1990년대 이후 장기 침체의 과정에서 완전히 새로운 돌파구(break-through) 형태의 발명과 혁신을 위한 새로운 벤처 비지니스에 대한 요구가 높아지고 있다. 한국에서도 이러한 일본 산업 조직의 변화와 창의적 벤처 비지니스에 대한 열망에서 우리의 문제점과 앞으로의 방향을 생각해 볼 수 있다. 그러나 한편으로는 아직 한국은 일본의 제조업 특히 조립 가공업의 경쟁력에서 많이 뒤지고 있고, 중간재 및 자본재 분야의 수입 의존도 여전히 적지 않으므로 아직도 일본에서 배울 점이 많이 남아 있다고 판단된다.

현대의 소비자의 욕구는 단독의 재화·서비스에 의해서가 아니라 다양한 보완 관계를 포함하는 물(物)과 소프트웨어, 서비스의 적절한 조합에 의해 만족된다. 재화·서비스 자체가 하나의 시스템이고 수요도 공급도 시스템으로서 나타난다. 따라서 시스템을 어떻게 만들 것인가 그를 위한 보완 관계를 어떻게 형성할 것인가가 중요하다. 거기에는 가격 정보도 필요하지만 그 이외의 정보 교환도 극히 중요하다. 관계의 가운데 정보를 해석하고 정보를 공유하는 것이 불가결하다. 이러한 관계를 만드는 것이 네트워크라고 할 수 있다.

네트워크 산업 조직은 기술의 변화와 소비자의 욕구 변화에 따라 보다 유연하고 다면적인 관계로 발전할 것으로 보인다. 그리고 이 과정에서 '조직과 시장'의 끊임없는 상호 침투와 그 중간적 형태의 다양한 제도적 발전이 이루어질 것으로 생각된다.

이런 가운데서 일본의 경우 앞으로 또 다른 기업 및 산업 조직의 변화를 초래할 경영 개념의 패러다임의 변화를 가져오는 여건의 변화가 진행되고 있는 것으로 지적되고 있다. 첫째, 종래의 물(物)을 만드는 것이 중요한 사회에서 지(知)를 중시하는 정보 사회로 바뀌고 있다. 여기에는 종래 재화 생산의 효율성을 강조하는 일본적 경영 관행, 즉 장시간 노동, 연공 서열과 종신 고용, 기업 내 조합, 소프트 서비스의 경시 풍조 등은 적합하지 않다. 다만 이러한 논의는 성장하는 제3차 산업이 아닌 물생산(物生産)이 여전히 중요한 산업에는 그대로 적용될 수 없다. 둘째, 법인 자본주의에서 혁신을 기초로 하는 개인 자본주의로의 변화가 필요하다. 법인 자본주의는 이미 구축된 체제를 유지하고 효율적으로 규모를 확대하는 데는 적합하지만 개인의 인격에 뿌리내린 복수의 가치 체계 및 개성이나 다양성을 허용하지 않으므로 창조성이나 혁신성을 환기하는 데는 적합하지 않다. 지(知)의 창조와 보다 열린 네트워크가 중요한 정보 사회에 현재의 법인 자본주의로 대응하는 것은 곤란하며, 혁신을 목적으로 다양한 개인의 가치관이나 생활 방법을 존중하는 좀 더 열린 그리고 주주를 존중하는 자본주의로 회귀해야 한다.

이러한 변화를 바탕으로 해서 기업상은 존경받는 기업, 사업 영역의 명확화, 창조적 지(知)를 낳는 인력 자원의 개발, 경영 자원의 적정 규모화, 종업원 및 고객 만족, 기능적·전략적 제휴와 연휴, 기타 혁신 등의 방향으로 변화하는 것이 불가피하다고 할 수 있다. 기술과 경제 환경의 급격한 변화 과정에서 세계 각국은 나름대로 정부와 기업 등 조직의 혁신 그리고 시장 구조의 개혁 등을 추진하고 있다. 한국에서도 정부의 개혁에 대한 구호는 높으며 기업 측에서도 질의 경영을 강조하거나 리스트럭처링(restructuring)과 리엔지니어링(reengineering) 등 변화의 목소리는 높다.

이 과정에서 일본의 변화 방향은 한국에도 많은 시사점을 주고 있다. 물론 일본에 비해서는 한국의 경우 앞으로도 제조업이 성장을 주도하면서 서비스업 내지는 지식기반 산업이 발전해야 되는 시간적 차이가 있다. 그러나 일본이 단순한 실행에 의한 학습에서, 기술 이전에 수반하는 학습의 단계와 질의 경영을 거쳐 이제 상호 작용에 의한 학습 과정, 나아가서 창조적인 사회를 지향하는 과정에서 겪은 기업 및 산업 조직의 변화 과정은 한국의 시장제도의 변화를 모색하는데 많은 시사점을 줄 수 있을 것으로 생각된다.

2. 한국 경제 시스템의 개혁 과제

한 나라의 경제 시스템은 상당히 넓은 개념이고 더욱이 그것을 포함하는 정치 사회적 시스템 전반과 밀접한 관계에 있다. 한 나라의 시장 경제 시스템을 그 구성원인 정부, 기업 및 소비자의 유기적인 결부로 포착하고 그 특징을 보기 위해서는 정부와 기업, 시장과의 관계, 나아가서 기업과 그것을 둘러싼 금융·자본시장, 노동시장, 상품시장과의 관계에 관심을 가질 수밖에 없다. 그리고 상품시장에 관해서는 최종재(consumption goods) 시장에서의 소비자와의 관계뿐만 아니라 생산이나 유통에 있어서 기업 간의 관계도 고려되어야 한다.

논리적으로는 「시장과 조직」의 개편 문제를 검토할 때 다음 사항들이 고려될 수 있다. 첫째, 행동의 주체들인 기업과 정부 등 조직의 내부 편제를 어떻게 보다 민주화, 분권화, 유연화 할 것인가가 문제이고, 둘째, 조직과 시장 간의 관계에서 시장을 어떻게 경쟁적인 것으로 할 것인가의 문제가 있으며, 셋째, 시장을 매개로 하는 조직과 조직 간의 네트워크를 어떻게 다양한 연성(軟性)의 관계로 만들어갈 것인가의 문제가 있다고 할 수 있다. 이 결과 자원의 배분이 보다 효율적이고, 경제 주체의 자발적 참여를 통한 생산성 향상이 이루어지며, 정보의 창출과 공유 및 축적을 통해 끊임없는 혁신이 이루어진다면 좋은 시장제도라고 할 수 있을 것이다.

이런 관점에서 한국의 시장제도를 분석할 때 다루어야 할 것은 많다. 그러나 많은 논자들의 관심을 끌어온 것은 정부와 시장과의 관계, 재벌 문제를 중심으로 한 기업과 기업 혹은 시장과의 관계, 그리고 노사 관계 및 노동 조직 등의 문제이다. 특히 종래의 한국의 고도성장 과정에서의 경제 시스템에서는 정부와 재벌의 역할이 중요했다. 후카가와 유키코(深川由起子)는 박정희 시대 이후 형성된 한국 경제 시스템의 1990년대까지의 특징을 네 개의 지향 아래서의 정부와 재벌의 긴밀한 협조 체제로 특징지우고 있다.

그는 박정희 정권의 경제관은 군인 정권답게 명확하고 직선적인 것이고 4개의 강렬한 지향에 의해 특징지어져 있다고 한다. 박정희의 경제관을 반영한 개발 정책은 항상 두 개의 명쾌한 지향, 강한 성장 지향과 자립 지향에 채색되고 그를 위한 전략은 더욱이 두 개의 지향, 강한 정부 주도형과 대외 지향에 관철되고 있다. 4개의 지향은 각각의 역사적 흐름이나 내외 환경에 근거한 것이고, 서로 보완하여 발전해 왔으며, 경제 시스템의 구축을 촉진했다.

먼저 개발 정책의 중심은 거의 언제나 투자 확대에 의한 성장 가속이고, 경제 시스템은 철저하게 고성장을 추구했다. 물가 안정을 목적으로 하는 금융 긴축 등 안정화 정책은 거의 어느 시기에도 오래 지속되지 않았다. 노동 문제나 복지후생 문제, 환경 문제 등의 분배 정책이 비교적 눈에 띄는 비중을 가진 것은 1970년대의 농촌 개선 운동인 새마을운동을 제외하면, 1980년대도 후반부터일 것이다(성장 지향). 국내 시장이 작았던 것에서 대규모 투자는 거의 수출을 전제로 한 것이고, 수출과 그에 필요한 원자재의 수입에 의해 경제 성장을 도모하는 개발 전략(대외 지향)이 취해지게 되었다. 한편, 산업 정책에는 수입 의존도가 낮은 풀세트형의 산업 구조 구축을 목적으로 야심적 공업 프로젝트가 계속 추진되었다(자립 지향). 그리고 성장을 촉진하고 그리고 외자로부터 민족 자본을 보호하기 위해, 정부는 모든 면에서 경제 활동에 개입하였다(정부 주도 지향).

발전도상국에서는 흔하게 상세한 정책 레벨에서의 시행 착오가 빈번히 보이지만, 한국에서는 비교적 근년에 이르기까지 이 4개의 특징이 크게 흔들리지 않았다. 지금까지 다수의 내외 쇼크에 흔들리면서도, 의외일 정도로 유연하게 이를 타개할 수 있었던 것은 4개의 지향을 반영하는 각 제도가 일관하여 상호 보완적으로 정비되는 것으로 경제 시스템이 정리되고, 그 기능의 방법이 국민에 널리 전파되고, 시스템이 전체로서 쇼크를 잘 흡수하고 대응할 수 있었기 때문이라고 판단된다.

물론 정부와 재벌의 협조 체제로 고도성장을 달성했지만 이 속에는 일본적인 제도와 미국적인 제도가 접목된 형태로 경제가 운용되었다. 한국은 조선 말기의 경제 시스템이 일본에 의한 식민지 통치라는 특수 사정에 의해 혁신되고, 해방 후는 미국과의 접촉에 의해 영향을 받으면서, 정부 주도형 개발 체제에는 일본 시대의 각 제도, 예를 들어 고시(고등문관 시험)에 의해 비교적 평등하게 선발된 질 높은 관료제도 등이 기초로 기능하였다(경로 의존성).

해방 후의 경제 발전은 박정희 정권에 의해 다시 혁신되고 실제로, 학습과 모방의 코디네이션(coordination)이 되풀이되었다. 한국 정부는 일본형의 개별적 산업 정책을 채용함과 동시에, 일본의 메인 뱅크(main bank)와는 그 성격은 다르지만 주거래 은행제도의 채용이나 계열형 하청기업 조직의 형성에 의해 장기적 거래 관행을 도입하고자 하였다. 그 한편에서 소유와 경영은 비분리이지만 오너에 의한 재벌 경영에는 미국식에 가까운 톱다운의 의사결정 시스템이 도입되어 있다. 그리고 정책 결정자에는 미국식 교육을 받고 자유주의적 사고를 가진 박사들이 중요한 역할을 하였다.

이렇게 볼 때 한국 정부는 정보(정책결정), 돈(금융), 물(환관리), 사람(노사 관계)의 자원 배분에 거대한 재량권을 가지고, 일본과 미국의 말하자면 접목형의 경제 시스템의 가운데 전체를 조정하고, 지탱하는 첨부목의 역할을 하였다. 1990년대에 들어 민주화를 받아 정부의 통제력이 실질적으로 후퇴하면, 각각의 자원 배분 메커니즘에 내재하는 일본과 미국 간 시스템의 모순은 현재화하고, 첨부목을 잃은 접목의 불안정이 눈에 띄게 된 것은 이 때문이라 할 수 있다.

특히 1997년의 외환위기는 이미 1990년대부터 대두되기 시작한 한국 경제 시스템의 위기를 외압에 의해 혁신하는 계기가 되었다. 1990년 당시 경제기획원장관의 자리에 있던 조순은 당시 이미 회자되던 경제 난국에 관하여 다음과 같이 서술하고 있다. "우리나라 경제에 제일 중요한 중장기적 문제는 성장 요인, 예를 들어 저임금, 고생산성, 높은 투자 의욕, 기술 도입의 용이성이 점차 소실되고 있는데, 새로운 성장 요인, 예를 들어 기술의 고도화, 경영의 합리화, 기업 구조의 개선, 정부 역할의 합리적 전환 등이 수행되지 않고, 또한 이를 위한 우리의 노력이 전반적으로 부족한 것이다. 이것이 실로 난국의 본질이다." 이미 현실의 정책담당자의 난국론이 호소한 것은 대증요법적(對症療法的)인 경제 정책이 아니고, 실로 일련의 시스템의 진화 내지는 혁신인 것이다.

후카가와 유키코(深川由起子)는 1990년대 이후 한국 경제 시스템의 변화 과제를 3개의 소프트 랜딩을 모색하는 것으로 비유한 바가 있다. 하나의 랜딩은 오랜 고투자, 고인플레와 고성장에서 고생산성·저인플레의 안정 성장에의 착륙, 또 하나의 랜딩은 정부 주도에서 시장 주도형의로의 착륙, 그리고 세 번째의 랜딩은 민족주의적 중상주의에서 글로벌화로 향한 착륙이다. 이 세 개의 랜딩은 경제 시스템 전체의 재구축(리엔지니어링)을 의미하는 것이다.

한국 경제는 1990년대에 이러한 제도 변혁을 모색하는 과정에서 불의의 외환위기를 맞게 되고, 외압에 의한 제도개혁이 강요되었다. 그러나 그 개혁은 외환위기를 극복하는 단기적인 목표를 염두에 둔 것이고, 비록 여타 제도적 문제와 깊이 관련되어 있지만 보다 근본적이고 포괄적인 제도개혁을 목표로 한 것은 아니었다. 이러한 점을 염두에 두면서 한국시장 제도의 개혁 과제를 주요한 경제 주체 간의 상호 관계를 염두에 두면서 살펴보도록 한다. 그중에서도 1) 정부와 기업·시장과의 관계 2) 기업과 기업·시장과의 관계 3) 기업 조직의 세가지 문제에 초점을 맞추어 몇 가지 논점을 제기하고자 한다.

1) 정부와 기업·시장과의 관계

시장 경제에 대한 정부의 경제적 역할을 정당화하는 것은 넓은 의미에서의 '시장의 실패'가 존재하는 경우이다. 첫째, 과점이나 불완전 경쟁 아래의 카르텔 등 비경쟁적 행동의 경우의 경쟁 정책, 둘째, 정보의 비대칭성이 존재하거나 이와 연관된 도덕적 불감증(moral hazard) 등의 위험성이 있는 경우의 소비자나 투자자 보호, 셋째, 규모의 경제에 의한 자연 독점(自然獨占)이 존재하는 경우 공익 사업에 보여지는 바와 같은 진입, 퇴출, 가격, 투자 등에 대한 규제 정책, 넷째, 공공재, 외부 경제(外部經濟)가 존재하는 경우 사회 자본의 공급이나 대기 오염, 소음 등을 방지하는 규제, 국토·환경 보전의 기능의 유지·증진을 위한 정부의 역할, 다섯째, 「수인(囚人)의 딜레마」의 상황에서 보는 바와 같이 소비자나 기업 등의 개개의 경제 주체가 합리적으로 행동해도 상호 간에 정보 교환이나 의사소통이 충분하지 않으므로 비효율성이 발생하고 각각의 이익, 때로는 사회 전체의 후생이 낮게 되는 경우 정부가 정보의 제공자, 조정자로서 역할을 하면 보다 사회 후생이 높은 상황을 실현할 가능성이 있는 경우이다.

이러한 요인들이 정부의 개입을 정당화하는 대표적인 사례라고 할 수가 있지만 한국의 성장 과정과 관련해서는 일종의 '유치 산업 보호론'도 중요한 요소였다. 암스덴에 의하면 "후기 공업화에서의 국가는 복수의 가격을 창출함으로써 저축자와 투자가의 요구와 수출업자와 수입업자의 요구를 동시적으로 전달하기 위하여 개입하였다"고 한다. 정부가 인위적으로 비교 우위를 창출하고 성장의 계획자로 역할을 했다는 것이다. 그리고 정부가 지원 정책을 사용하는 경우에 그에 상응하는 성과 기준을 제시했다.

확실히 정부는 1970년대까지 산업 금융, 환관리, 기술 정보 등을 이용해 특정 기업에 집중적으로 경영 자원을 배분함으로써 정책적으로 중화학공업을 육성하고자 시도했다. 달리 말해 정부는 기업에 제공할 수 있는 당근을 많이 가지고, 정책 의지에 따라 금융과 외환 그리고 기술 정보 등에 따르는 커다란 렌트를 기업에 제공함으로써 그 의지를 관철하였다. 이 과정에서 한국 경제의 성장을 담당한 재벌을 중심으로 하는 대기업이 육성되었다.

그러나 재벌의 성장 과정에는 경제력 집중의 문제 외에도 특히 해운, 조선, 중기계 등의 분야에 부실기업화하는 산업이 발생했다. 정부는 부실기업을 도산시키기 보다는 제3자 인수와 함께 금융 지원을 계속하였으므로 은행의 부실화가 진행되었다. 그러나 기업의 규모가 커지고, 부실도 대규모화되어 이러한 상황을 지속하는 데는 한계가 있었으므로 정부는 점차 시장 원리를 중시하는 방향으로 나아갔다.

1980년대 이후 정부는 두 번에 걸친 중화학공업 조정에 이어 은행의 민영화, 산업 금융의 축소, 금리의 실세화, 일련의 외자업의 완화와 무역 자유화 등을 통해 경쟁적 시장 조건의 도입을 시도했다. 정부는 1986년부터 공업발전법을 시행하여 7개 개별산업육성법을 폐지했고 금융 지원은 공업발전기금에 일체화했다. 1980년대를 통해 부실기업 정리는 지속되었고 1989년의 한국중공업 민영화로 금융기관의 끊임없는 부담 증가에 제동을 가했다. 그리고 1989년 격렬한 노동 쟁의로 부실화된 대우조선에 대해서 정부가 금융 지원을 약속하면서도 자구 노력의 강화와 문어발식 사업 확대 방지에 의해 경영 책임을 추급했다.

1980년대 이후 정부의 민간 경제 자율화의 자세는 일관되고 경쟁 원리를 통해 기업의 경쟁력 그 자체를 강화하는 과제는 계속되었으며 1990년대 이후 정부는 '자율과 경쟁 질서 확립'을 목표로 '자율화의 적극적인 추진과 정부 기능의 재정립'이 정책 과제로 되었다. 그러나 정부의 시장 경제 자율화 정책에도 불구하고 특히 금융 분야에서의 정부의 개입은 계속되었고, 시장 기능의 활성화와 관련하여 금융의 자율화를 어떻게 달성할 것인가 하는 것이 마지막까지 중심적인 과제가 되었다. 1990년대 이후 금융 자유화가 추진되면서 정책 금융의 축소 노력이 있었음에도 불구하고 제조업 경쟁력 강화 시책의 일환으로 중소기업에 대한 지원 강화 그리고 농업, 주택 자금 등 소득 보조적 성격의 정책 금융의 확대로 1992년 말까지도 예금은행 및 개발기관의 총 대출금 중 정책 금융의 비중이 55.8%에 달하고 있다. 이에 정부는 이후 정책 금융을 축소하고 금리를 자유화하며 금융기관의 경영 자율화를 추진할 것을 표방했다. 이러한 금융 자율화는 금융 개방과 맞물려 추진되었다. 이 과정에서 금융 산업의 경쟁력 강화와 그에 따른 금융기관의 책임 경영 체제의 도입 방안이 '금융전업기업(金融專業企業)그룹' 도입과 연관되어 논의되었다.

이러한 금융 자율화가 대단히 신중하게 추진되는 가운데 1990년대 이후의 경상수지 적자, 그리고 금융 자유화에 따른 과도한 자본수지의 흑자로 인한 단기 채무의 증가가 초래되고, 이것이 갑작스러운 외부 환경의 변화를 계기로 불의의 1997년의 외환위기를 가져와 IMF 감독 아래의 한국 경제의 구조개혁을 가져오는 계기가 되었다. 이 과정에서 과도한 투기 자본의 유출입이 한국 경제의 안정성을 저해할 수 있다는 인식을 하게 되었으나, 그럼에도 불구하고 금융의 자율화와 개방은 거스를 수 없는 흐름으로 자리잡고 있다. 그리고 이를 효과적으로 추진하기 위해서는 금융의 국제 경쟁력을 강화하고 안정성을 높이는 여러 제도 개혁의 필요성이 인식되고 있다.

외환위기로 부실화된 금융기관을 구제하기 위해 대규모의 공적 자금이 투입되고, 금융기관의 구조조정과 해외 매각이 이루어져 안정을 되찾았으나 아직도 주요 은행이 국유화되어 주인을 찾지 못하고 있고, 금융과 산업의 분리 원칙 아래 금융업의 국제 경쟁력은 여전히 취약한 것으로 평가받고 있다. 지속적인 금융 자율화로 정부가 장악하고 분배했던 정책 금융과 외환 통제를 통한 금융 융자는 많이 사라졌으나, 중소기업에 대한 의무 대출 비율 등의 형태로 일부 남아 있다. 한편 은행의 책임 경영이나 국제 경쟁력 강화는 충분하지 않아, 금융기관이 안정적 경제 성장의 감시 기구로서 제 역할을 하지는 못하고 있으며, 제도개혁의 중요 과제로 남아 있다.

한편 정부의 역할 중, 공공재 생산과 관련하여 정부가 공공재의 생산비를 부담하더라도 반드시 생산을 담당해야 되는가 하는 것은 향후의 검토 대상이다. 예를 들어 의무교육을 실시하더라도 의무교육에 따른 비용을 정부가 지급한다는 증빙(voucher)을 소비자에게 주고 소비자가 민간이 생산하는 교육 서비스를 선택할 수 있도록 하는 방법 등은 흥미로운 것이다. 그리고 정부는 1980년에 「독점규제 및 공정거래에 관한 법률」을 제정하여 시장 지배적 지위의 남용 행위를 금지하거나 기업 결합의 제한 및 경제력 집중을 억제하고 불공정 거래를 금지하는 등의 활동을 하고 있다. 이는 시장의 효율성을 제고하고자 하는 역할이라 할 수 있다. 최근에 공정거래위원회는 소위 경제의 검찰로서 시장 경쟁을 제한하는 여러 관행들을 개혁하고, 대기업 집단을 규제함과 동시에 소비자 보호에 나서는 등의 역할을 강화하고 있다.

정부와 기업·시장과의 관계에서 무엇보다도 중요한 것은 정부가 시장의 역할을 존중하는 것이다. 글로벌화가 진행되고, 기업의 규모가 커져 금융 융자의 분배를 통한 정부 주도의 성장은 불가능하다. 정부는 이제 기업 활동에 대한 지원이나 규제라는 관점에서 벗어나 기본적으로 경쟁 촉진적인 정책을 통해 시장의 실패를 보완하면서, 시장 자체를 보다 경쟁적인 것으로 만들고, 안정적인 금융 시스템이 작동하도록 해야 할 것이다.

2) 기업과 기업·시장과의 관계

한국의 경제 성장은 대기업 특히 재벌 위주로 추진되었다. 한국의 경제 성장이 대기업에 의해 주도된 데에는 몇 가지 요인들이 존재한다. 첫째, 역사적으로는 일제강점기의 식민지 공업화 과정에서 한국의 공업화는 일본 재벌의 진출을 통한 대기업 위주로 공업화가 이루어졌다. 둘째, 해방 후 이들 대기업 형태의 귀속 재산 불하를 통해 민간 기업이 형성되고 나아가 1950년대 공업화가 각종 협회를 통해 생산 능력에 따라 물자가 배정되는 형태로 공업화가 진행되어 대기업에 유리했다. 셋째, 1960년대 이후의 수출 지향적 공업화 과정에서 국제 경쟁력 확보의 빠른 길이 자본재에 체화되어 있는 기술을 도입하면서 규모의 경제의 이점을 누리는 것이었으므로 일관 공정(一貫工程)의 최신의 자본재를 도입하는 것이 선호되었다.

한편 대기업 위주의 공업화가 이루어지는 과정에서도 그것이 복합적인 집합체(conglomerate)적인 형태를 가지게 된 데에는 또한 몇 가지 이유가 있다. 첫째, 희소한 경영 자원을 효율적으로 이용하는 방법이 다각 경영(多角經營)이었다. 경제 발전 과정에서 자본, 기술 인력이 희소하고 시장이 성숙되어 있지 않은 개발 도상 경제에서 시장, 자본을 다루고 투자에 대한 의사 결정을 하는 능력은 제한되고 극히 소수에게만 이용 가능한 것이다. 그러므로 이러한 시장의 실패를 보정(補正)하는 채널을 창조하여 필요한 곳으로의 자본과 정보의 흐름을 가능하게 하는 것이 필요한 것이다. 둘째, 범위의 경제(economies of scope)가 존재하고, 셋째로 특정 상품에 특화했을 때의 경기 변동에 따른 경영의 리스크를 줄이며 넷째, 정보의 획득이 용이했던 점 등 여러 가지 장점이 존재했던 것이다.

재벌은 가족이 소유·지배하는 복합경영체라고 할 수 있다. 이런 점에서 한국의 재벌은 전전의 일본의 재벌, 즉 자이바츠(Zaibatsu)와 유사하나 다른 점도 없지 않다. 첫째, 일족의 지주회사가 자회사 - 계열회사 - 방계회사로 이어지는 일본의 피라미드형 조직과는 달리 한국의 재벌 조직은 비교적 수평적이다. 둘째, 한국의 재벌에는 증권·보험 등은 있지만 은행의 소유·지배는 금지되어 있다. 셋째, 일본의 「번두(番頭)」에 해당하는 비혈연자가 경영의 중추에 존재하지 않고, 혈족의 경영 참가 지배가 깊고 광범위에 걸친다는 등 상이한 점을 가지고 있다.

재벌 문제는 경제력 집중에서 다양한 측면을 가지고 있다. 우선 측면에는 일반 집중, 산업 집중(=시장 집중), 복합 집중, 소유 집중 등이 있다. 우선 일반 집중에서 아래 〈표 10-32〉에서 보듯이 대규모 기업 집단 63개가 광업 및 제조업에서 2011년도에 출하액의 52.6%, 부가가치의 51.1%, 종사자 수의 19.7%를 차지하고 있다. 이 중에서도 〈표 10-32〉에서 보듯이 상위 10대 대규모 기업 집단이 차지하는 비중만 보면 2011년도에 출하액의 36.7%, 부가가치의 39.6%, 종사자 수의 14.3%를 차지해 집중도가 높은 것을 볼 수 있다.

〈표 10-32〉 광업 제조업 기준 대규모 기업 집단 비중

(단위: 10억 원, 명)

	출하액			부가가치			연말 기준 종사자 수		
	2009	2010	2011	2009	2010	2011	2009	2010	2011
대규모 기업 집단	569,728	671,538	785,904	181,227	218,417	246,632	476,609	502,852	534,002
(증가율 %)		17.9	17.0		20.5	12.9		5.5	6.2
(비중, %)	50.6	50.5	52.6	48.1	50.0	51.1	19.3	19.0	19.7
광업·제조업 전체	1,125,813	1,328,896	1,494,210	376,404	437,166	482,174	2,465,265	2,647,948	2,705,918
(증가율 %)	-	18.0	12.4	-	16.1	10.3	-	7.4	2.2

자료: 한국개발연구원, 『시장구조조사』, 2013.12. p126.

〈표 10-33〉 광업 및 제조업에서 대규모 기업 집단의 비중[26]

(단위: %)

순위	출하액			부가가치			연말 기준 종사자 수		
	2009	2010	2011	2009	2010	2011	2009	2010	2011
상위 5대	18.7	19.0	18.6	22.0	23.4	23.5	8.4	8.4	8.4
상위 10대	35.9	36.1	36.7	37.6	39.3	39.6	13.9	13.7	14.3
상위 15대	38.5	39.0	40.0	39.3	41.0	41.6	14.3	14.1	14.7
상위 20대	40.3	40.6	41.6	41.0	42.6	43.7	14.9	14.7	15.5
상위 63대	50.6	50.5	52.6	48.1	50.0	51.1	19.3	19.0	19.7

자료: 한국개발연구원, 『시장구조조사』, 2013.12. p128.

한편 한국의 광업 및 제조업 부문에서의 상위 3사의 CR3를 통한 산업 집중을 보면, CR3 75% 이상 산업의 출하액 비중이 2005년 27.0%, 2010년 36.0%, 2011년 40.0%로 계속 증가하고 있다. 또한 대규모 기업 집단의 산업 진출 현황을 통해 복합 집중을 보면 기업 집단의 규모 순위별 상위 1~10위의 기업 집단은 세세분류 기준 20개 내외의 산업에 진출한 반면 20위 내외의 기업 집단은 10여 개 그리고 그 이하의 기업 집단의 경우 순위가 낮아질수록 진출한 산업의 수는 전반적으로 작아지는 것을 확인할 수 있다.

2012년도 소유 집중을 보면, 63개 기업 집단 중 총수가 있는 43개 기업 집단의 내부 지분율은 56.11% 수준이고, 이 중 총수 지분율은 2.13%, 총수 일가 지분율은 4.17%, 계열회사 지분율은 49.55%로 나타난다. 1993년 이후 20년 간 총수가 있는 상위 10대 대기업 집단의 내부 지분율은 외환위기 시기(2009)를 제외하고는 50% 미만이었으나, 2011년 이후는 50% 이상을 유지하고 있다. 총수 지분율은 2000년 이후 1% 초반 수준을 유지했으나, 2012년 (0.94%)에는 처음으로 1% 미만 수준으로 감소했고, 계열 회사 지분율은 35% 수준에서 50% 초반 수준으로 꾸준히 증가하는 경향을 보이고 있다.

---

26 기업 집단의 순위는 공정거래위원회에서 발표한 자산총액 기준임

우리나라 대규모 기업 집단은 신속한 의사결정, 과감한 투자 등을 통해 세계 일류 기업을 배출하는 등 국민 경제 발전의 견인차 역할을 수행했다. 그러나 기업 집단 형성 과정에서 계열 회사 간 출자를 지렛대로 기업 집단 전체를 지배하는 소유와 지배의 괴리가 발생하고, 기업 집단 형성 후에는 일감 몰아주기 등으로 총수 일가가 부당한 보상을 취하며 그 과정에서 중소기업 영역을 침투하거나 시장을 독과점화하여 경제적 약자의 권익을 침해하는 등 여러 가지 부작용이 나타났다.

대기업 집단에 의한 경제력 집중과 시장 경쟁 저해의 부작용을 방지하기 위해 공정거래법에서는 상호출자 금지, 채무 보증 제한, 금융·보험사 의결권 제한, 지주회사제도, 기업 집단 현황 공시제도 등 대규모 기업 집단 시책을 규정하고 있다. 이러한 제도들은 공정한 시장 경쟁 기반을 조성하여 대규모 기업 집단 소속회사와 독립·중소기업의 조화로운 발전을 도모하는 것을 목적으로 하고 있다. 이에 힘입어 2012년 현재 63개 상호출자 제한 기업 집단의 부채 총액은 1,001조 3천억 원이고, 그 부채 비율은 112.1%로 유지되고 있다. 특히 외환위기 이후 기업의 부채 비율을 낮추고 가공의 자본 증가를 억제하기 위해 상호출자를 규제하는 정책을 사용하고 있지만, 아직도 순환출자는 인정되고 있어서 가공의 자본 창출은 여전히 가능한 실정이다.

한국의 독특한 산업제도로서 어떻게 재벌이 형성되었는지는 앞서 언급한 바 있지만 역시 정부 주도의 고도성장 정책이 그 근본 요인이었다. 그중에서도 첫째로 재벌의 주요 특징의 하나인 가족 소유와 지배가 이루어지고, 내부 지분율이 높게 유지된 것은 기업의 자금 조달이 간접 금융에 의존한 것과 연관되어 있다. 간접 금융에 보다 의존하게 된 데에는 우선 구미와 달리 후발국에서는 기업 금융의 외부 자금에의 의존도가 높고 성장 과정에서 정책적으로 은행에 의한 장기 대출이 많았기 때문에 은행 차입금의 비중이 클 수밖에 없었던 것이다. 만약에 공금융시장과 사금융시장의 금리 격차가 존재하지 않았다면 성장 과정에서 본 과도한 간접 금융에의 의존 그리고 개인에 의한 높은 주식 지분율 등은 크게 완화되었을 것이라고 생각된다. 또한 부동산 담보 금융의 관행과 인플레는 재벌의 부동산 투기를 가져오고, 이는 1990년의 비업무용 부동산의 매각 조치(5·8조치)를 불러오기도 하였다.

한편 자본시장이 자율화, 개방화되어 가는 과정에서는 이제 대기업이 해외 시장에서 주식 금융(equity financing)이 아닌 방법으로도 낮은 금리로 자금을 조달할 가능성이 생겼기 때문에 소유 구조에 큰 변화가 초래되지는 않았다. 현재의 재벌의 안정적 소유 구조는 안정적인 경영을 가능하게 하고, 개방 경제 아래에서 M&A 등에 의한 경영권의 위협을 방지하고 장기적인 투자를 왕성하게 하는 장점이 있을 수 있다고 생각된다. 그리고 소유와 경영이 미분리되어 있으므로 자본시장에서의 기업 경영에 대한 평가도 잘 이루어질 수 있다. 그러나 사회적으로는 소득 격차 및 가족 지배에 따른 노사 협조 분위기의 훼손 그리고 총수에 의한 황제 경영 및 소지분으로의 전환에 의한 다수 주주의 이익 침해 등이 문제점으로 남아 있다.

그렇다면 안정적 경영과 자본에 의한 적절한 경영의 평가를 가능하게 하면서 장기적으로는 소유와 경영의 분리를 추진해야 될 것으로 생각된다. 금융실명제와 상속세, 자유화된 자본시장 그리고 한국의 분할상속제 등을 감안할 때, 2세 상속 과정에서 문제가 되었던 부당 내부 거래에 의한 일감 몰아주기와 전환사채의 저가 배정 등 불법행위가 단절된다면 소유와 경영의 분리는 시장에서 예상 외로 빨리 진행될 가능성도 없지 않다.

그러나 정책적으로도 비공개 계열 기업의 공개를 촉진하고 무의결권 주식의 발행을 억제하며, 공정 거래를 해치는 내부 거래나 편법 상속의 금지, 차입금에 의한 경영보다 자기 자본에 의한 경영이 좀 더 유리해지도록 다양한 세제상의 보완 조치를 강구해 나가야 될 것이다. 둘째, 재벌의 기업조직과 관련하여 문제가 되는 것은 복합 경영이다. 이러한 기업 그룹으로서 복합 경영은 특히 미국식의 개념에서는 반독점금지법에 위배되는 것이나 일본이나 한국이 특이한 케이스로 볼 수 있다. 이러한 복합 경영에 대한 비판 의식에서 정부에서는 '주력 업종'이라는 것을 선정하여 각 재벌 그룹을 특정 산업 위주로 재편하려는 정책 의도를 보인 바 있다.

그러나 이러한 의도는 그 '주력 업종'을 제한하고 특정 산업에 전문화하려고 하면 할수록 현실과 잘 부합하지 않고 역으로 전문화는 되지 않고 주력 업종에 대한 자금 지원 확대로 귀결될 가능성도 없지 않다고 생각된다. 왜냐하면 현재의 전체적인 흐름은 다품종·고부가가치의 양산이 21세기로 넘어가는 요즈음의 양산 조립 개념에서 기업 경영은 '생산의 기획에서부터 최종 소비자인 고객에 이르기까지의 전면적인 시스템화'를 필요로 한다. 그리고 21세기의 첨단 산업이라는 것은 다양한 산업이 합쳐진 것으로 그 효율적인 운영을 위해서는 정보의 밀접한 공유를 위한 복합 경영 내지는 밀접한 네트워크 경영을 필요로 한다. "예를 들어 의료기기는 광학, 정밀, 컴퓨터, 필름 같은 것을 합친 것이고 우주공학, 의료, 에너지 산업, 첨단 산업, 자동차 산업 및 전자 산업 등도 기계다, 레이저다, 디스크다 해서 자꾸 복합 개념으로 간다. 그렇기 때문에 단품의 개념으로서는 21세기에 생존할 수가 없다".

이러한 복합 경영이 필요한 상황에서 재벌의 업종 전문화는 기업들끼리의 보다 유연하면서도 긴밀히 연결된 네트워크의 형성을 전제로 해야지만 경쟁력 강화라는 궁극적인 목적에 부응할 수가 있다. 한국의 대기업들도 상호 간 기술 개발과 마케팅에서의 협조 등 경험을 쌓아가고 있지만 이것들이 보다 전면화되고 그 결합과 해체가 좀 더 유연화하지 않으면 현재의 재벌 형태의 복합 경영은 당분간 그 유효성이 지속될 것으로 판단된다. 그러나 재벌이 경성(硬性)의 통합 조직으로 모든 것을 자체 조달하면서 국제 경쟁에 대처하고자 한다면 이는 비현실적이고, 재벌 스스로가 보다 전문화하되 분리하면서 결합하는 광범한 네트워크를 형성하는 것이 경쟁력 향상을 위해서는 긴요하다.

따라서 정부는 재벌의 전문화와 관련하여 미시적인 차원에서의 인위적인 다변화 규제 정책을 지양하고 경쟁을 촉진하는 입장에 설 필요가 있다. 정부는 총량적인 관점에서만 상호출자 제한이나 여신 한도 관리 등을 통해 경쟁 촉진 정책을 꾸준히 추진하되 전문화의 구체적 방향에 관해서는 시장의 자율을 존중하는 것이 필요한 것으로 판단된다. 최근에 삼성이 한화와 자발적인 거래를 통해 석유화학과 방위 산업을 털어내는 모습은 전문화라는 시장의 방향을 보여주는 것이 아닐까 생각된다.

한편 정부는 금융 산업의 경쟁력 향상을 위해 「금융 전업 기업(金融專業企業)그룹」의 육성 방안을 기본 원칙으로 제시하고 있으며 정부는 그 기본 방침으로 산업 자본과 금융 자본의 분리를 원칙으로 하고 있는 것 같다. 이것은 금융의 겸업주의 추세를 반영하여 금융 산업의 다변화를 허용하되, 재벌의 은행 소유를 금지하여 경제력 집중을 억제한다는 것이다. 재벌의 은행 소유를 허용할 때 동일인 여신 한도 그리고 유동성 및 자기 자본에 대한 규제 등으로만 은행의 사금고화를 방지하고 그 경영의 공공성과 건전성 및 안정성을 유지하는 것이 힘들다고 판단하는 것으로 보인다.

이러한 원칙은 경제력 집중의 심화 가능성을 차단한다는 점에서 의미가 있지만 다른 문제점들도 없지 않다. 첫째, 금융 전업 자본이 형성된다고 해서 그것이 바로 경영의 공공성과 건전성 및 안전성을 유지하지는 못한다는 것이다. 둘째, 금융 전업 자본은 장기적인 산업 자본 투자를 촉진하지 못할 가능성이 있다는 것이다. 현대에는 금융의 영역이 복잡화되면서 자율적인 세계를 가지게 되고 금융과 실물 자본의 관련성이 약해지며 금융의 영역에서는 마치 그 내부에서의 금융 거래 자체가 영속적으로 금리를 낳는 것 같은 환상이 키워지고 자율적인 머니게임(money game)의 세계가 연출되고 있다. 그러나 이는 바람직하지 않은 것이고 은행과 기업이 밀접한 관련을 가지고 장기적인 투자를 촉진할 수 있는 제도의 마련이 필요하다. 이런 관점에서 「금융 전업」의 구체적인 방법에 관해서는 보다 세심한 검토가 필요할 것으로 생각된다.

이제 재벌과 관련하여 재벌에 의한 독과점적인 시장 지배 그리고 재벌과 중소기업과의 관계 등의 문제를 검토해 보자. 재벌의 소유나 그 복합 경영 여부와 관계없이 가장 확실하게 추진되어야 할 영역이 바로 경쟁의 제고이다. 다만 독점금지법을 가장 엄격하게 적용하던 미국이 "최근에는 미국 기업들의 국제 경쟁력과 능률을 향상시키는 방향으로 그 목적을 변화시켰음"을 감안하여 국제 시장에서의 경쟁 여건도 고려해야 될 것이다.

그리고 재벌에 대한 규제 못지 않게 또는 그 보다도 중요한 과제는 중소기업의 육성 문제이다. 한국의 주력 산업이 전자 산업, 자동차 산업 등 조립가공 산업으로 이행하고 저임금의 장점이 사라진 지금, 다수의 부품에 의한 복잡한 조립형 산업을 강화하기 위해서는 부품의 효율적인 국내 조달, 나아가서는 소재 산업까지를 포함한 국내의 산업 연관의 육성이 절실한 요구로 되었으며 다품종 소량 생산 수출에의 이행이 또한 중요한 과제이다. 더욱이 정부가 바라는 유효 경쟁을 실현하기 위해서는 적어도 재벌 이외의 기업의 진입에 의한 신진대사가 필요하다는 면도 있다. 문제되고 있는 농가의 소득 향상에 관해서도 지방 공업의 확산이 필요하다. 따라서 취약한 중소기업 기반의 강화는 자명한 과제이고 중점이 주어지지 않을 수 없는 것이다.

중소기업은 자금, 기술 및 인력 등 모든 면에서 취약하지만 자금 문제에 관해 정부는 재벌의 대출을 규제하고 중소기업의 의무 대출 비율을 결정하였다. 그러나 기업 경영에 있어서 자금보다는 역사적인 시간 중에 누적적으로 형성되는 경영 자원인 인력(manpower)이 보다 중요해지는 것이 추세이다. 최근에는 중소기업도 기술은 기계에 체화(embodied)되고 따라서 그 기계를 구입할 수 있는 자금력 자체가 모든 것이라는 생각이 조금씩 희박해지고 있으며 또한 재벌 측에서도 부품, 소재의 국산화를 추구하고 비용에 맞지 않는 것에 관해서는 하청형 기업을 육성하려는 기운이 생기기 시작했다. 이러한 현실에서 금후(今後)는 자금 배분, 금융 면만이 아니고 인재의 확보, 나아가서는 대기업과 중소기업의 원활한 관계 형성이라는 시점에 주의가 기울여지지 않으면 안 된다고 생각된다.

특히 일본에 비해 한국의 중소기업은 기술계 출신의 사장이나 기술자가 적고 기술력이 취약하다. 유교의 전통 아래 오랫동안 문과 우위가 계속되고 부족한 기술계 인재가 대우 좋은 재벌계에 집중되었다. 다만 근년에 재벌계 기업이 하청형 기업에 도면이나 기계의 대여와 함께 기술자를 파견 지도하거나 역으로 연수생을 받는 경우가 생겨나고 있다. 금형과 도금 등 한국의 기술적인 취약성이 지적되는 가공형 하청 분야에 대기업과의 연대 강화가 기대되며, 대기업의 탈(脫) 샐러리맨 기술자에 의한 하이테크형 중소기업이 창성(昌盛)되는 것도 새로운 현상이다.

이러한 현상이 나타나는 가운데 공장 설립 수속의 대폭 완화 등 규제 완화 정책이 나오고 있다. 앞으로 재벌 억제만의 정책이 아니고 재벌을 통한 중소기업 육성이나 기술 집약형 중소기업 창업에의 지원 강화 등 정세에 맞는 섬세한 육성 정책이 필요하다. 또한 인재란 관점에서 생각하면 한국의 중소기업 육성에는 많은 문제가 있다. 금융기관은 다양화가 진전되고 자금 문제는 약간 완화되었지만 주요한 기술 정보의 장인 정부의 기술지원 센터나 연수 조직은 아직 충실하지 않다. 그리고 기술자나 노동자의 문제 못지않게 경영자의 질도 문제이다. 단기의 수익보다는 장기의 기술 육성과 사업 확대를 생각하는 기업가정신, 회계 수법의 근대화나 품질, 공정 관리에 관한 문제 의식의 고양 등이 중요하다. 재벌 억제 일변도에서 보다 중소기업의 입장에 선 유연한 육성 정책에 의해 창업이 활발히 유지되는 환경의 창출이 새로운 과제이다. 이 과정에서 한국 중소기업이 일본적인 하청 계열형, 또는 미국적인 내제형(內製型), 또는 독일적인 독립형에 가까울지는 단정하기 어렵지만 상대적으로 일본에 가까울 가능성이 크다고 본다.

3) 기업 조직

한국 사회의 선진화를 위해서는 지속적인 경쟁력 강화가 중요한 것이지만 그것을 가능하게 하기 위해서는 안정적인 노사 관계의 창출이 중요하다. 지금까지 한국의 재벌 경영자들에게 중요한 관심사는 자금 조달 및 정부와의 관계 유지, 그리고 판로 확보 등이었지만 1987년의 노동 쟁의를 계기로 노무, 인사관리를 중심으로 경영 근대화를 추진하는 것이 새로운 과제로 되었고 지금도 여전한 현안이다. 한국 정부는 노동 쟁의에 불개입을 표명하면서도 기간 산업에 장기 파업이 다발하면 결국 경찰력을 투입하고 이전과 같이 임금 가이드라인을 발표하면서 권력 개입을 하였다. 근래에는 정규직 노동자는 제도권 아래로 수렴되는 경향이 보이는 반면 비정규직 노동자 문제가 심각한 문제로 등장하고 있다.

1987년의 노동자 대투쟁을 계기로 한국노총과 구분되는 민노총이 결성되고, 또한 노동단체의 정치 세력화도 진전되어 민노당이 결성되는 등 진전을 보였다. 그러나 근래에 정치적 노동운동은 점차 국민적 영향력을 잃어가고 있는 경향이 없지 않은 것으로 판단된다. 향후의 노사 관계는 이제 더 이상 노동자와 사용자 사이의 빼앗고 빼앗기는 제로섬 원리에 입각해서는 안 된다고 본다. 노동자와 사용자, 정부가 서로 대화하고 협력하여 노동자들은 강력한 노조와 높은 복지를 달성할 수 있고, 사용자들은 세계 시장에서 초 일류 회사를 만들 수 있으며, 정부와 국민들은 강대하면서도 복지가 보장되는 국가를 건설할 수 있다는 포지티브 섬 원리를 세우고 이를 노·사·정 3자가 실천할 수 있도록 하는 것이 중요한 것으로 판단된다.

그러나 이를 위해서는 노·사 간에 기업 공동체적 문화를 창출하는 것이 긴요하다. 이러한 관점에서 우선 1) 재벌 경영자의 일족 내지는 정부 등 권력이나 돈을 가진 자에 대한 노동자의 불신, 2) 인재 관념의 희박 등 경영자 측의 미성숙함, 3) 중간층의 증가에 수반하는 화이트 칼러와 블루 칼러의 의식 대립 등 한국 특유의 기업 풍토가 개선돼야만 한다. 나아가서 경제적으로는 이익 공유를 위한 다양한 방법이 강구되어야 노동자의 자발적인 참여를 통한 노사 협조가 가능할 것으로 생각된다.

한국의 노동 쟁의는 임금 인상 투쟁이 제일 많은 요구이긴 하지만 정치적 민주화 과정에서 민주적 산업 사회 구축을 추구하는 사회 운동적 측면을 갖고 있다. 이 과정에서 재벌에 대한 가족 소유와 지배를 단기간에 해결할 수는 없지만 장기적으로 그러한 방향으로 진행되어야 한다는 관점에서 기업주가 기업은 주주의 것만이 아니고 종업원 전체의 공동체라는 인식을 깊이 가져야만 될 것으로 생각된다. 특히 현대의 경영에서의 희소 자원은 자본이 아니고 기술이며 인재라는 점을 생각할 때 이러한 인재 중심의 마인드를 가진 기업만이 생존이 가능할 것이다.

한국의 노사 문제를 생각할 때 유의해야 할 것은 한국 사회에 뿌리깊은 실학과 수노동(手勞動)에 대한 경시 풍조를 개선해야 된다는 것이다. 한국에서 유교적인 노동관은 뿌리깊은 학력주의로 되고 화이트 컬러와 블루 컬러의 대립을 가져온다. 경영자 측에서 가족적 경영을 표방하고 생산직의 임금을 사무직 이상으로 인상해도 그 가족, 즉 인재의 범위에 들어가는 것은 대졸 이상이라는 소외감은 간단히 불식되지 않는다. 손을 더럽히지 않는 직장에 대한 선호도는 높고 기름을 묻히고 일하는 중화학공업계의 회사에서의 쟁의는 보다 격화한다.

한편 현대의 노동운동은 그 자체가 시민운동으로 승화될 수밖에 없다. 노동자의 노동 조건이나 생활 환경은 그 자체가 독립적으로 존재할 수는 없는 것이며 사회 전체와 연계되어 있다고 생각된다. 임금이 올라도 주거비가 앙등하면 생활의 질이 향상될 수 없으며, 공해가 다발된다면 생활할 수가 없으며 교육, 위락, 문화 등의 사회 자본이 확충된다면 노동자의 생활의 질은 향상되는 것이다. 이런 모든 노력이 기업의 힘만으로 되는 것은 아니나 기업은 단순한 임금 외에 종업원 기숙사의 신설 및 증설과 주택 취득 지원 등 주택 문제 해결과 함께 자녀 교육을 위한 배려 등 노동자의 생활 전반에 대한 배려가 증가되어야 한다.

이와 함께 기업 소유주는 1) 전문 경영자의 등용 등 일족 지배의 인상이 희박한 조직 2) 단지 임금 인상 폭의 차이를 축소하는 것만이 아니고 생산직의 일체감, 참가 의식을 높이는 체계적인 시스템을 만드는 것이 주요한 과제로 남아 있다. 한국의 기업 조직을 생각할 때 노사 관계의 안정이 중요한 것이지만 그에 못지 않게 중요한 것이 노동 조직의 문제이다. 노동 조직이란 노동과 노동의 관계를 말하는 것이지만 이 속에는 직종 간의 차별 그리고 학력별 및 성별 차별의 철폐 등 중요한 문제들이 포함될 수 있다.

그런데 노동 공급을 보면 현재까지 대학 진학률은 높고, 출생률의 감소에서 노동력의 고령화는 피할 수가 없다. 이러한 수급 구조에 종래에 존재하는 더럽지 않은 일을 하고 싶다는 현장 노동 경시 풍조나 노동 시간 단축 등 노조의 강한 요구에 덧붙여 현 단계에 이미 생산직 레벨에서의 노동력 부족이 생기고 있다. 섬유, 완구, 신발 산업 등에서의 이직 증가는 산업 구조조정의 제일 중요한 문제일지 모르나 화학, 기계, 금속 가공 등에도 그 움직임이 확산되고 있다. 설비 투자의 감퇴는 단지 인건비 고등(高等)뿐만이 아니고 이러한 구조 요인에 뿌리를 내리고 있는 측면이 있으며 현장의 숙련이 필요한 산업의 육성에 그림자를 드리우고 있다.

반면 대졸 이상의 고학력 실업자는 심각도를 증가시키고 있다. 여전히 대학 졸업자의 순수 취업률(군입대, 대학원 진학 제외)은 40% 정도에 불과하고 특히 결혼과 동시에 가정을 지켜야 한다는 사회 통념에서 대졸 여성의 취업은 아직 극히 어렵다. 근년 일본과 동일하게 고용 균등법이 성립하고 컴퓨터 관련이나 여행업, 소프트 산업이나 서비스 산업 등에 진출하고 있지만 일부에 그치고 있다. 이러한 노동 수급의 불균형의 배경에는 한국의 노동자의 노동관이 있다. 먼저 생산직에는 정착률이 낮고 일정의 직장에서의 기능 형성이 느리고 일본적인 다능공(多能工)층은 극히 희박하다.

따라서 TQC(Total Quality Control: 전사적 종합 품질관리) 등도 상사가 보고 있을 때는 활발하지만 직장에서의 오랜 세월에 살펴본 문제점을 제안으로 연결한다는 자세는 희박하다. 또한 선반공이 NC공작기계를 잘 다룬다는 폭 넓은 유연성은 적다.

물론 이러한 태도가 생긴 것은 노동 측에만 문제가 있는 것은 아니다. 지금까지 한국의 공업화는 자본이 체화된 기술의 도입으로 이루어졌고 이 과정에서는 기술과 기능이 교차하는 폭이 극히 좁고 거의 분리되어 있었다고 해도 과언이 아니다. 따라서 경영자도 기술은 기계에 체화된다는 인재 경시 자세를 가지기 쉬웠다. 그러나 자체의 기술을 개발하기 위해서는 기술과 기능의 교류는 필수적인 것이고 일본의 공정 혁신(process innovation)은 바로 이러한 과정에서 출발한 것이고 이 과정에서 다능공도 육성되었던 것이다.

그러나 한국의 기업이 이러한 사무직과 생산직, 기술직과 기능직 그리고 기능직 간의 작업의 순환 근무를 실시하고자 하면 특히 노동 측에서의 반발이 대단히 심하다. 아직도 한국에는 공장에 근무하는 근로자, 심지어는 지방 공장에 근무하는 대학 졸업자에게까지 상대적으로 결혼이 쉽지 않은 등 편견이 없지 않은 실정이다. 이러한 편견을 극복하는 것이 대단히 중요한 과제이다. 앞서서 한국 경제의 제도 변화 방향과 관련하여 정부와 시장, 기업과 기업, 기업과 노동, 노동과 노동의 문제를 살펴보았다. 그것을 간추리자면 민간 자율의 확대와 효율성의 제고, 유효 경쟁의 증대와 중소기업의 건전한 육성, 건전한 노사 관계의 육성, 그리고 노동과 노동의 관계에서의 학력 간 임금 격차의 해소나 순환 근무 등 여러 가지 논점에서의 변화의 필요성을 검토하여 보았다.

한국 경제는 종래에 정부 주도에 의한 수출 지향적 공업화로 고도성장과 자립 경제를 추구하는 과정에서 일본과 미국적 경제 시스템을 접목하고 정부가 그 접목을 지줏대처럼 받쳐서 끌고 나왔다고 볼 수 있다. 그러나 고

비용화, 노령화와 소자화, 글로벌화라는 새로운 변화 속에 이제 보다 안정적이고 민간 자율에 의한 생산성 중심의 경제를 만들어가지 않으면 안 된다. 이를 위해서는 정부에 뒷받침된 일본과 미국식의 접목형 시스템이 아닌 한국 나름의 상호 보완성이 있는 선진 제도를 자발적으로 구성해가야 한다. 이 과정에서는 금융제도, 노동 조직 등 새로운 제도와 행위자의 등장과 함께 교육제도와 기업제도 등 폭 넓은 보완적 제도개혁이 이루어져야 한다. 그리고 무엇보다도 국내 시장은 개방되고, 정부의 인위적인 지원도 불가능하게 되며 거대하고도 창의적인 해외의 대기업들과 무한 경쟁을 해야 하는 한국 기업의 참다운 기업가 능력이 시험받는 시대에 접어들었다고 할 것이다.

3. 금융위기 이후의 금융·기업개혁

1) 김대중 정부의 5년

1997년 말 통화위기가 심화하는 가운데 등장한 김대중 정권은 2003년 2월에 5년 임기를 마쳤다. 김대중 정권 아래 급속한 통화개혁이 진전되고, 한국은 경제위기를 극복했다. 1997년 말에 IMF 주도로 583억 달러의 대(對) 한국 융자패키지가 결정되고, 그중 IMF는 195억 달러의 융자를 공여했는데 2001년 8월에 그 전액이 반제되고, 한국은 IMF 체제에서 완전히 졸업하고 통화위기는 끝났다고 선언했다. 1997년 9월 말에 1,800억 달러에 달한 총 대외 지급 채무도 감소하고 1999년에는 순채권국으로 전환했다. 그리고 2002년 말 1,853억 달러의 대외 채권을 보유하고 있고 순채권은 543억 달러이며 2003년 말 사용 가능한 외환준비고도 1,554억 달러에 달하고 있다.

그러면 통화위기를 가져온 구조적인 경제 체질을 근본적으로 개혁할 수 있었는가? 통화위기 중에 출발한 김대중 정권은 IMF의 압력 아래 금융, 기업, 노동, 공공 부문의 4대 개혁을 추진했다. '민주주의와 시장 경제의 병행 발전'을 강조한 김대중 정권의 개혁 정책은 신자유주의에 기초한 정책을 기조로 하면서 정부에 의한 개입주의, 노동 정책의 일부에서 경제 민주주의라는 특징이 보인다. 이들 특징을 해명하고 한국 경제의 남은 과제를 검토하자.

2) 김대중 정권 아래의 금융·기업개혁

(1) 금융·기업개혁의 3기(期)

먼저 1기는 1998년 초 김대중 정권의 출범에서 1999년 7월의 대우그룹의 파산까지의 시기로 금융과 기업의 양 부문에서 동시 병행적으로 급속한 개혁이 추진된 시기이다. 이 시기에 재생 불가능한 금융기관과 중견 재벌 이하의 기업 정리가 행해지고, 공적 자금 투입에 의한 은행의 자기 자본 확충과 불량채권 처리, 재벌의 재무 구조 개선과 과잉 다각화의 정리가 행해지고, 당면한 경제위기 극복이 시도되었다. 또한 동시에 무역, 직접 투자, 자본 거래의 자유화 등 신자유주의적 정책도 이 시기에 추진되었다. 제2기는 1999년 7월의 대우그룹 파산에서 2001년 3월까지의 시기이다. 제1기의 급속한 개혁에 의해 당면한 경제위기는 극복된 것처럼 보이는데 대우그룹 파산과 현대그룹의 자금 악화 등에 의해 금융시장의 혼란이 일어났다. 대재벌의 구조적인 문제가 상당히 뿌리깊은 것이 명백히 되는 가운데 정부는 개혁 자세를 후퇴시키고, 안이한 금융시장에의 개입이나 특정 재벌 지원에 연계되는 조치가 행해졌다. 또한 경영이 악화한 금융기관을 정부계 지주 회사로서 통합하는 움직임이 보여지는 시기이다. 제3기는 2001년 3월부터 2003년 2월의 정권 교체까지의 시기로서 정부가 시장 원리에 수반하는 상시 구조조정 시스템으로 이행하고, 다시 신자유주의 정책으로 향하는 시기였다.

(2) 제1기의 금융·기업개혁

먼저 강력하게 추진된 제1기의 금융 부분 개혁은 첫째, 금융기관에 대한 감독 체제가 정비 강화되었다. 이때까지 은행을 은행감독원이 감독하고 종합금융회사를 재경부가 감독하는 등 감독 관청이 분산된 문제를 극복하기 위해, 1998년 4월에 금융감독위원회가 종합적인 감독기관으로서 발족하고, 다음 해 1월에는 그 산하에 금융감독원이 발족했다. 금융감독위원회는 그후 절대적인 권한을 갖고, 금융개혁만이 아니라 기업 및 재벌개혁을 추진하는 기구로 기능하게 된다. 둘째, 재생 불가능한 금융기관이 단기간에 정리되었다. 엉터리 외화 거래 등으로 심각한 경영 위기에 빠진 종합금융회사에 관해 1997년 말까지 9개 사가 영업 정지 처분을 받고, 1998년 말까지 16개 사가 폐쇄되었다. 은행 부문에도 급속한 개혁이 추진되었다.

먼저 파산한 한보, 기아그룹에 거액을 융자해준 제일은행과 서울은행이 1998년 1월에 국유화되고, 그 후 제일은행은 1999년에 미국 뉴브리지 캐피털(Newbridge Capital)에 매각되고, 서울은행은 HSBC나 도이치은행과의 매각 협상이 결렬되어 2002년에 하나은행에 흡수되었다. 그리고 1998년 상반기에 모든 은행의 자산이 엄중히 검사되고 자기 자본 비율이 8%에 미달하는 은행에 경영 정상화 계획을 제출했다. 전문가로 구성된 경영평가위원회가 이 계획서를 평가하고, 그에 기초하여 금융감독위원회는 동년 6월에 재생 불가능한 5개의 은행(자기 자본 6%에 미달하는 은행을 기준)을 P&A방식(purchase &assumption: 불량채권을 제외하고 우량 자산과 부채만을 타 은행에 이전하는 청산 방식)으로 정리하였다. 5개 은행정리 이후, 정부는 은행 부문의 경쟁력 강화를 위해 대형 합병을 촉진하고, 1999년 초까지 상업은행과 한일은행이 합병하여 한빛은행이 발족하고, 하나은행이 보람은행을 흡수 통합했으며 국민은행이 장기신용은행을 흡수 통합하는 등 은행 합병이 지속되었다.

나아가 1998년 9월에는 「금융산업의 구조개선에 관한 법률」이 제정되고,

객관적 기준에 기초한 적기 시정 조치 제도의 도입, 금융기관의 자산 건전성 분류 기준의 강화와 그에 기초한 대손충당금의 강화가 시도되었다. 1999년 12월에는 국제 수준의 자산건전성 분류 기준으로서 차입자의 장래 상환 능력과 채무 리스크, 비 채무 리스크를 고려한 미래상환능력(FLC: Forward Looking Criteria)제도가 도입되었다. 1998년 금융기관 정리와 병행하여 불량채권 정리나 자기 자본 확충을 위해 다액의 공적 자금이 투입되었다. 그 재원으로 1998년에 한국예금보험공사(KDIC)는 정부가 보증한 예금보험기금 채권과 불량채 정리기금 채권을 발행하고, 이 두 개의 정부 보증채에 의해 일차로 64조 원이 조성되었다. 그리고 2000년 12월에 추가로 40조 원의 공적 자금 재원이 조성되었다. 그리고 2000년 말까지 109조 원, 2001년 말까지 155조 3천억 원의 공적 자금이 투입되었다. 공적 자금의 투입에는 모럴 해저드(도덕적 해이)의 회피를 위해 경영진을 퇴진시키고 감자를 하였다. 또한 보통주를 중심으로 자본 투입하고, 불량채권 비율이나 자기 자본 비율에 관한 수치 목표를 부과하는 것으로 경영에 관여했다. 나아가 금융감독위원회는 2002년 말까지 불량채권의 주 원인인 안이한 융자의 법적 책임을 묻고, 금융기관의 임원 등 1,377명이 형사처벌을 받았다.

김대중 정부 제1기의 금융개혁의 특징은 첫째, 강력한 리더십에 의한 신속한 개혁이 추진된 것이 지적된다. 1997년 말에 33개였던 은행은 1999년 말에 5곳을 정리, 2곳은 해외 매각, 합병으로 5곳 감소하여 23개로 되고, 재생 불가능한 은행이 신속히 정리되었다. 같은 기간에 종합금융회사는 30개가 10개로, 증권사는 36개에서 32개로 감소했다. 또한 정부에 의한 공적 자금 투입에 의해 몇 개의 은행에서 정부(예금보험공사)가 대주주로 되어 있다. 통화위기 이전부터 오랜 기간 한국 금융의 특징으로서 관치 금융이 지적되었는데 그 후도 정부는 주주로서 은행계에 영향력을 행사하면서도 정부의 강력한 리더십에 의해 재생 불가능한 금융기관이 대담히 정리되고 파탄에 책임 있는 금융기관 임원에 대한 처벌을 하였다.

제2의 특징은 주요 금융기관에서 외자의 출자 비율이 확대하고 있는 점이다. 이것은 태국이나 인도네시아 등에도 공통된 것이지만 통화위기를 전기로 한국 금융기관에 대한 외자의 진출이 확대되었다. 제3의 특징은 급속한 금융개혁에 의한 심각한 부작용으로 1998년 말까지 은행 정규직원의 34%(39,000명)가 이직하는 등 실업자 증대를 가져온 것이다. 특히 금융기업 개혁이 급진전한 1998년부터 1999년 전반에 실업자는 증대하고, 실업률이 1999년 2월에 8.7%로 상승하여 심각한 사회 문제가 되었다.

김대중 정권은 취임 초기부터 기업(재벌)부문에 관해서도 강력한 개혁 조치를 실행하였다. 1998년 초부터 정부가 재벌에 보인 개혁 5원칙(기업 경영의 투명성, 상호 채무 보증의 해소, 재무 구조의 획기적 개선, 핵심 부문 설정과 동 부분에의 집중, 지배 주주·경영진의 책임 강화)에 덧붙여 대우 그룹 파산 직후 1999년 8월에 추가 3원칙 (제2 금융권의 경영 지배 구조 개선, 순환 출자와 부당 내부 거래의 차단, 변칙 상속·증여의 방지)이 덧붙여지고, 이 5+3원칙의 아래, 재벌개혁이 추진되었다.

김대중 정권이 추진한 재벌개혁의 내용은 다음 세 가지 요점으로 정리할 수 있다. 첫째, 재벌의 높은 부채 비율을 줄이고, 재무 구조를 개선하는 것, 둘째, 빅딜(대규모 사업 교환)에 의해 과잉 다각화를 해소하고 사업의 선택과 집중을 추진하는 것, 셋째, 재벌에 대한 경영 감시를 강화하기 위해 기업 지배 구조(corporate governance)의 강화이다. 김대중 정권 제1기의 재벌개혁을 이 세 가지 요점에 초점을 맞추어 정리해 보자.

먼저 금융 부문에도 재생 불가능한 5개 은행의 청산이 1998년 6월에 실행되었는데 동시 병행적으로 기업 부문에도 재생 불가능한 기업의 선별과 청산이 재무 구조의 개선과 관련하여 추진된 것이 특징적이다. 한국 재벌은 60년대부터 정부의 정책 금융 등 외부 자금에 크게 의존하여 경영 확장을 하였으므로, 부채 비율이 높고 재무 구조가 취약하다는 문제를 안고 있다. 아시아 경제 위기 후의 1997년 말에 30대 재벌의 부채 비율이 519%에 달했는데 김대중 정부는 1998년 초에 30대 재벌의 부채 비율을 1999년 말까지 200% 이하로 줄일 방침을 정하고, 그 실행을 추구했다. 그리고 이 목표를 실현하기 위해 주거래 은행에 1998년 4월까지 53대 기업 집단(공정거래위원회가 지정한 자산 규모 상위 53기업 집단)과 재무 구조 개선 약정을 체결하도록 하였다. 이 재무 구조 개선 약정은 채권은행단의 부실기업판정위원회에 의해 엄격하게 심사되고, 6월에는 5대 재벌의 20개 사를 포함한 55개 사가 재생 불가능한 기업으로 정리 대상으로 되었다. 즉 1998년 6월까지 재생 불가능한 5개의 상업은행과 55개 사의 청산을 동시 병행적으로 실행한 것이다. 그 직후에는 남은 문제 기업에 대하여 워크아웃(workout: 기업 개선 작업)이라는 구조조정이 행해졌다. 이 개선 작업은 문제의 기업이 파산 수속에 나아가기 전에 채권은행이 기업과 협력하여 재무 구조 개선 계획(계열사 정리, 부동산 매각, 채무의 출자 전환 등)을 입안하여 실행하는 것으로 210개 금융기관이 조인한 「기업 구조조정 협약」에 기초하는 자주적인 기업 구조조정 조치이다. 1998년 7월부터 2000년 말까지 83개 사가 워크아웃 대상으로 되었는데(1999년에는 대우 계열의 12개 사가 대상으로 되었다), 2002년 말까지 이 중 50개 사가 정상화되고, 16개 사가 계획 중단, 나머지 12개 사(쌍용자동차, 쌍용건설, 대우정밀 등)가 워크아웃 중이며 이 과정에서 실업자가 증가하는 부작용이 있었다.

또한 재벌 계열 기업이 은행에서 융자를 받을 때 중핵 계열 기업이 채무 보증을 하는 것으로 보다 많은 차입을 했으므로, 30대 재벌의 자기 자본에 대한 채무 보증은 1993년에 3.4배에 달했다. 김대중 정권은 1998년 말까지 업종 간의 채무 보증을 해소, 2000년 3월까지 계열 전체로 해소하는 것을 목표로 하여 채무 보증은 1999년까지 대폭 감소하였다. 이와 같이 정부의 강한 압력 아래 재벌의 재무 개선은 상당히 진전되었다. 그러나 이와 같이 재벌개혁이 진전되는 한편, 연쇄 파산 등으로 중견 재벌이 보다 큰 타격을 받아서, 상위 재벌에의 경제력 집중이 강화되었다. 30대 재벌의 자산 총액과 매상고에 점하는 4대 재벌의 비중은 1996년 말에 각각 47.8%, 53.7%였는데 1999년 말에는 각각 57.6%, 68.2%로 상승하고 상위 4대 재벌에의 집중 현상을 보이고 있다.

재벌개혁의 제2의 과제는 과잉 다각화를 해소하기 위한 빅딜이다. 빅딜에 의한 사업 집약은 1998년 8월 이후 김대중 정권의 압력 아래 재계 단체인 전국경제인연합회(이하 전경련)가 이해 조정을 하면서 추진되었다. 동년 9월에 전경련은 반도체, 철도 차량, 정유, 발전 설비, 선박용 엔진, 항공기, 석유화학의 7개 업종을 발표하고 그 후에 자동차, 전자 부문이 추가되고 9개 업종에서 사업 집약이 추진되었다. 반도체에는 LG전자가 현대전자에 흡수되어 삼성전자와 2개 사 체제로 되었다. 이것을 포함하여 철도 차량, 정유, 발전 설비, 선박용 엔진, 항공기의 6개 부문에서 1999년 말까지 사업 집약이 완료되었다.

한국 빅딜의 특징은 첫째, 정부 주도로 대규모 산업 재편 집약이 추진된 것이다. 빅딜은 형식적으로는 각 재벌과 그 채권은행에 의한 재편이라는 형식이지만 실제로는 정부 금융감독위원회의 강력한 압력 아래 대규모의 산업 집약이 추진되었다고 할 수 있다. 제2의 특징은 몇 개의 업종에서 독점 과점화가 추진된 것이다. 철도 차량과 발전 설비에는 100% 국내 시장을 장악하는 독점기업이 등장하고, 반도체, 선박용 엔진, 항공기에도 2개 사에 의한 과점시장으로 되었다. 급속한 산업 집약에 의해 국내 시장이 종래 이상으로 과점적이고 경쟁 제한적으로 되는 위험이 있다. 또한 기아자동차를 현대자동차가 흡수하고, LG반도체를 현대전자산업이 흡수하는 등 일부의 상위 재벌은 빅딜 과정에서 오히려 시장 지배력이 강화된 측면도 있다.

제3의 특징으로서 과잉 다각화의 해소라는 당초의 목적은 일정 정도 성과를 보였지만, 정부 주도로 통합법인을 설립한 업종에는 경영 주체의 불명확함이라는 부작용을 낳고 있는 점이다. 빅딜에 의해 삼성그룹은 5개 부문, 현대그룹은 4개 부문이 방기되고, 각 재벌이 주력 업종에 집중하는 계기가 주어졌다. 그러나 철도 차량이나 항공기에는 재벌의 기존 부문을 통합한 새 회사가 발족했지만 그 경영주체가 명확하지 않아 비효율 체제가 지속되고 있고, 합리화 계획을 둘러싸고 노사분규가 계속하는 등 여러 가지 문제가 남아 있다.

재벌개혁의 세 번째 과제는 기업 지배 구조이다. 김대중 정부의 기업 지배 구조 개혁의 특징은 첫째, 대주주 총수의 전횡을 견제하고 투명한 기업 경영을 실현하기 위해 소수 주주의 권리를 강화하는 것이다. 구체적으로는 소수 주주에 의한 주주대표 소송 요건, 이사 해임 요구 건을 완화하고 집중 투표제를 도입하는 조치 등이 들어진다. 집중 투표제는 일본에서 누적 투표제로 불리는 것으로 주주총회의 이사 선출에서 소수 주주의 투표권을 강화하는 조치이고 참여단체 등의 시민단체가 강력히 요구한 것이다. 이 집중 투표제는 1998년 12월의 상법 개정으로 도입되었지만 상장기업이 정관에 의해 배제할 수 있다는 항목이 있고 실제로는 2000년 5월 말에 707개 사, 상장기업에서 155개 사가 형식적인 시행에 지나지 않아 시민단체에 의한 의무화의 요구가 계속되고 있다.

둘째, 이사회의 권한을 강화하고 총수의 독점적 결정을 제어하기 위해 사외이사제도를 도입 확대하는 것이다. 사외이사는 1998년부터 상장기업에 최저 1명 선출할 것이 의무화되고, 자산 2조 원 이상의 대규모 상장법인에는 2001년 말까지 이사회의 반 수 이상의 선출을 의무화하는 급전개를 보이고 있으며, 정부가 제일 힘을 기울인 제도이다. 또한 대규모 상장법인에는 사외이사를 중심으로 감사위원회의 설치도 의무화하고 있다. 그러나 사외이사는 수적으로 증대했지만 경영자와 관련이 깊은 인물이 많이 선임되는 등 건전한 경영 감시의 역할을 하고 있다고 말하기는 어렵다. 지금까지 창업자나 총수가 전계열사에 절대적 결정권을 갖는 한국적인 경영 관행에 무리하게 미국형의 사외이사 제도를 접목하려고 하여도 실태로서 잘 뿌리가 내리지 않는 실정이다.

셋째, 결합재무제표의 작성 공표에 의한 경영 투명성의 향상과 정보 공시이다. 결합재무제표는 재벌 총수가 '실질적으로 지배하는 기업 집단의 계열사 간 출자 매상 대차거래 등의 내부 거래를 상쇄한 위에 기업 집단을 결합하여 작성하는 재무제표'이다. 이것은 한국에 특유의 재벌 시스템이 계열 기업의 복잡한 출자 내부 거래 관계에 의해 그 재무 실태가 외부자에게는 불투명한 것을 개선하기 위해 의무지워졌다. 다른 나라에는 예를 볼 수 없는 재무공시제도이다. 한국에도 지금까지 외부감사가 의무화되어 있는 상장기업에는 연결재무제표가 공시되어 왔다.

연결 대상으로 되는 것은 모기업이 50% 이상을 소유하고 최대주주인 계열 기업이다. 일례로 삼성그룹은 1998년 말의 감사보고에 16개 사의 연결재무제표를 공시하고 있다. 삼성전자는 삼성전관, 삼성코닝 등을 연결 대상으로 하고, 삼성생명은 에버랜드, 삼성자동차를 연결 대상으로 하며, 삼성화재는 삼성증권, 삼성물산을 연결 대상으로 하여, 각각 연결재무제표를 공시하고 있다. 그러나 이들 사업지주회사는 각각의 연결 대상으로 되어 있지 않아 연결재무제표만으로는 전체를 알 수 없고, 재벌 전체의 재무 정보가 불명하다는 문제를 남기고 있다. 결합재무제표에는 공정거래법상의 계열 분류 기준을 적용하고, 자산 규모 70억 원 이상의 국내외 모든 계열사를 대상으로 하는 것으로 재벌의 전체적인 재무 내용을 공시하는 것을 목적으로 하고 있다. 1998년의 외부감사법 개정으로 30대 재벌은 1999회계년도부터 이 결합재무제표의 제출이 의무화되었다. 그리고 계열 회사 수가 적어 중핵기업의 연결재무제표로 재벌 전체가 거의 포함되는 경우를 제외한 16개 기업 집단의 결합재무제표가 2000년 8월에 금융감독위원회에 의해 공시되었다. 이 결합재무제표에는 삼성그룹이 특별히 해외 계열 기업이 많은 것이 특징적이다. 상위 4대 재벌에는 매상고 총액에 점하는 내부 거래 비율은 40%에 가깝고, 특히 삼성과 SK그룹은 해외에서 높은 내부 거래를 하는 것이 분명해졌다. 또한 경영 투명성의 향상과 관련하여 회계감사제도의 강화와 부정감사에의 엄벌도 시급한 과제로 되어 있다.

(2) 제2기의 기업·금융개혁

통화개혁 직후에 급속히 진전된 4대 개혁에 의해 1998년에는 마이너스 성장이 부득이하게 되었지만 기업과 금융개혁의 성과가 나타나기 시작했다. 그러나 이 시기에 한국 경제를 다시 진동시킨 대우 사태가 일어났다. 1998년 말 현대에 이은 제2의 기업 그룹이었던 대우의 파산으로 상업은행 등은 새롭게 31조 2천억 원의 손실을 보고 그때까지 개혁에 의해 불량채권 처리가 진전되었다고 생각된 은행 부문이 다시 거액의 불량채권을 안게 되었다. 또한 대우는 1999년까지 거액의 사채, CP를 발행하여 상환이 어려웠으므로 사채시장을 비롯한 자본시장이 큰 타격을 받았다. 나아가 2000년 IT버블의 붕괴와 미국에서의 주가 하락이 이 상황을 악화시켰다.

통화위기 이후 태국, 인도네시아 등 아시아 각국이 금융과 자본시장의 자유화를 추진하여 국제 금융시장에 보다 깊숙이 연동되었고, 한국 역시 1998년 이후 해외에서의 주식·채권 투자를 완전히 자유화하는 등 같은 상황이 나타났다. 이 때문에 한국의 종합주가지수, 코스닥 지수는 미국의 다우 및 나스닥 지수와의 연동이 강화되었다. 미국에서 주가가 크게 하락한 2000년에 한국종합주가는 52.4% 하락, 하이테크 IT기업을 중심으로 하는 코스닥 지수는 80.2%의 대폭 하락을 보였다. 특히 대우쇼크로 영향을 받은 투자신탁회사는 3대사(대한, 한국, 현대투신) 모두 채무 초과가 되고, 대한, 한국투신에 공적 자금을 추가하지 않을 수 없는 상황이 되었다. 공적 자금 투입에서 제외된 현대투신은 후에 AIG로 매각되었다.

이와 같이 금융시장이 혼란한 가운데 2000년 5월에는 현대그룹의 자금이 악화되고, 창업자의 후계자 간의 골육상쟁이 생겼다. 현대건설, 현대전자의 자금난이 악화되고, 현대전자는 2001년에 하이닉스 반도체로 명칭을 변경하여 그룹에서 분리하였다. 이로 말미암아 다시 금융과 재벌 부문의 문제가 부상하는 가운데 한국 경제는 추가 조치를 취하지 않을 수 없었다.

정부는 공적 자금을 추가로 40조 원을 조성하고, 금융감독위원회는 2000년 9월 「제2단계 기업·금융 구조조정 추진 계획」을 발표했다. 이 계획의 기업 부문에는 ① 일정 규모 이상의 대기업으로 경영 부진의 징조가 있는 기업 등 287개 사의 신용 리스크를 10월 중에 점검하고, 재생 불가능한 기업을 다시 선정하며, 11월 중에 그 판정을 내린다(52개 사가 정리 대상으로 되었다). ② 경영 파산의 징후가 있는 기업에 대하여 정리·채무의 출자 전환의 가부를 결정한다. ③ 연내에 법정관리 기업을 조기에 졸업시킨다라는 내용이다. 금융 부문에는 ① 경영이 악화된 6개 은행(한빛은행 등)에 공적 자금을 투입하고, 경영 개선 계획을 제출시켜 심사한다. ② 11월에 금융지주회사에 의한 통합을 추진한다(2001년 3월 우리금융지주회사 출범하게 된다). ③ 재생 불가능한 생명보험회사 등 비은행 금융기관의 청산을 완료한다는 내용이다. 이리하여 「제2단계 기업과 금융의 구조조정」이 추진되었는데, 거기에는 다음과 같은 문제가 남아 있다. 첫째, 금융시장이 혼란한 가운데 정부의 개혁 자세가 후퇴하고, 일부의 재벌 지원에도 연계되는 정부의 안이한 개입 조치가 보인다는 점이다. 한국 정부는 제2단계 구조조정의 3대 원칙의 하나로서 지금까지의 정부의 직접적 지도라는 방식에서 '시장 기능의 원활한 작동, 주주, 금융기관 등 시장 참여자가 직접적으로 참여·감시하는 개혁'으로 나아간다고 지적하고, 지금까지의 정부 방침으로 보이는 시장 중시의 입장을 보이고 있다.

그러나 실태로서는 대우 사태 이후에 불투명한 기준에 기초한 정부 개입이 강화되고 있는 상황이다. 이것은 경제위기라는 긴급 사태에 정부가 강하게 개입하여 기업과 금융개혁을 할 필요는 있지만 공정한 기준에 기초한 개입이라는 문제와 관련이 있다. 이 시기의 정부 개입은 먼저 2000년 말의 '사채 신속 인수 방식'에 단적으로 나타났다. 앞에서 보인 자본시장의 냉각과 대우 사태의 충격 가운데 2001년 한국 기업은 63조 원의 사채 만기를 맞게 되었다. 한국 기업의 사채는 3년 만기가 많은데 1998년에 대량으로 발행된 사채가 만기가 되었기 때문이다. 몇 개의 대기업이 사채 상환과 차환 사채 발행이 어려워지게 되는 가운데, 정부에 의한 지원 방식이 제출되었다. 그것은 정부계의 산업은행이 중심으로 되고, 차환 사채 발행의 80%를 매입하는 계획이다. 나아가 산업은행은 민간은행에도 그 일부의 구입을 요청하고, 많은 은행이 그에 따르는 가운데 외자계로 된 제일은행이 이를 거부하여 알력이 생겼다. 실제로 이 사채 인수 방식으로 만기상환을 넘긴 기업에는 현대건설이나 현대전자가 있다. 정부에 의한 노골적인 현대 그룹 지원이라는 비판도 받았다. 과도기에 정부 개입이 필요하지만 어느 기업을 지원하는가의 기준이 불명확한 문제가 있다.

둘째, 자본시장의 인프라를 정비할 수 있는가의 문제이다. 1980년대 후반부터 금융의 자유화에 의해, 증권회사나 생명보험회사 등 비은행 금융기관에의 신규 진입이 자유화되고, 이 부문에의 대재벌의 진입이 이어지고, 이들 재벌계 금융기관이 지배적인 지위를 점하게 되었다. 이리하여 자본시장의 주요한 플레이어가 재벌계 금융기관으로 되는 것으로 재벌 대기업이 자기 계열의 비은행 금융기관에서 풍부한 자금 조달을 하는 등 모럴 해저드가 되는 사태도 발생하였다. 2002년 3월 말에 상호출자 제한 기업 집단(공정거래위원회가 지정한 43개 대기업 집단의 의미)에 속하는 금융기관(79개 사)의 비중은 자산 규모로 생명보험회사 전체의 54%, 손해보험의 56%, 증권회사의 52%에 달하고 있고, '산업 자본에 의한 금융 지배'라는 문제가 현재도 지속되고 있다. 따라서 앞으로 재벌에서 독립적인 기관투자가를 육성할 수 있는가의 과제가 중요해지고 있다. 또한 대우그룹의 파산에 있어서 직전의 결산공시로 분식 결산이 발각되고, 회계감사도 대단히 엉망이라는 문제도 발생했다. 이러한 문제를 극복하고 공정한 회계감사, 독립적·전문적인 기업 평가 회사의 육성도 과제이다.

(4) 제3기의 기업·금융개혁

한국의 기업·금융개혁은 2001년 3월에 은행별 「기업신용 리스크 상시 평가 시스템」이 도입되는 것으로 제3기를 맞았다. 이때까지의 금융감독위원회의 요청에 의해 수시로 은행이 기업의 재생 가능성을 검사했는데 앞으로는 은행이 자율적으로 일정 기준에 도달한 문제 기업을 정기적으로 검사하는 제도가 도입된 것이다. 제2기에서 사채 상환 지원 등 정부의 자의적인 개입이 강화되었는데 이 시장 원리에 수반하는 상시 구조조정 시스템이라고 부르는 제도에 의해 신자유주의적 정책에로의 회귀가 보인다. 상업은행은 6개월마다 기업 신용 리스크의 상시 평가를 실시하고, 2001년 상반기에 1,097개 사, 하반기에 1,040개 사를 평가하고, 상반기에 141개 사, 하반기에 15개 사를 정리 대상 기업으로 선정했다. 더욱이 이 시스템의 법적 근거로서 2001년 9월 15일에 기업 구조조정 촉진법이 제정되었다. 이 법에 의해 주 채권 은행이 금융기관 여신 500억 원 이상인 기업을 대상으로 신용 리스크를 반년마다 판정하고, 경영 부진 기업 중에 재생 불가능한 기업은 정리하고, 재생 가능한 기업은 채권 금융기관이 공동 관리하게 되었다. 이리하여 2002년 상반기에는 1081개 사가 평가되고 39개 사가, 하반기에는 992개 사가 평가되고 22개 사가 정리 대상 기업으로 신규 선정되었다. 2002년 상반기까지 정리 대상 기업으로 된 195개 사 중 2003년 1월까지 158개 사의 정리가 완료되었다.

이 법에 의해 채권 금융기관이 공동 관리할 때, 주 채권은행이 작성한 경영 정상화 방안에 동의하지 않는 채권 금융기관은 보유 채권을 채권단에 매각하는 것이 가능하게 되고, 채권자의 이해 조정을 용이하게 하는 것이 시도되었다. 지금까지 현대건설 등 대규모 기업에서, 채권 금융기관 간의 의견이 일치하지 않고, 채무의 재조정, 채무의 출자 전환 등 경영 정상화 방안의 합의가 늦어졌는데 이 법에 의해 쌍용시멘트, 현대석유화학, 하이닉스 반도체, 현대건설, (주)쌍용이라는 5대 기업의 정상화 방안이 채무의 출자 전환, 금리 인하 등의 형태로 합의 추진되고 있다.

또한 파산 3법(파산법, 화의법, 회사 정리법)의 하나인 회사 정리법이 2001년 3월에 개정되고, 회사 정리 계획안의 사전 제출 제도를 도입하는 것으로, 회사 정리나 법정 관리의 수속을 최대 1년 6개월 단축하고 있다. 더욱이 채권 금융기관이 기업 재건에 관한 전문성이 부족하고, 경영 정상화보다 자금 관리에만 전념한다는 문제를 극복하기 위해 2001년 10월에 기업구조조정회사법(corporate restructuring vehicle)이 제정되었다. 이 법에 의해 채금 금융기관이 보유하는 대출 채권, 출자 전환한 주식을 페이퍼 컴퍼니(paper company)인 CRV에 양도하고, 기업 재건 전문가에 CRV의 운용을 위탁하는 제도가 가능하게 되었다.

1997년 말에는 3년 기한으로 도입한 예금전액보험제도를 2001년에 변경하고, 5천만 원을 기준으로 하는 예금부분보장제도를 실시하고 금융기관에 대해 시장 규율에 의한 자율적인 구조조정을 실행하려고 했다. 나아가 2000년 7월부터 채권 시가 평가제도를 도입하고, 채권전문평가기관을 설립했다. 2001년 3월에는 기업 합병·매수 전용펀드를 도입하고, 시장에 의한 기업 퇴출을 위한 정비를 하는 등 시장 메커니즘을 중시한, 금융·기업개혁의 제도 구축이 추진되었다.

3) 금융·기업개혁의 특징과 남은 과제

(1) 금융 부분의 특징과 과제

금융 부문의 주요 특징으로는 첫째, 모든 은행의 이사회에서 사외이사를 중심으로 사외이사 후보 추천위원회나 이사운영위원회, 경영전략위원회, 리스크관리위원회, 감사위원회, 보상위원회 등을 설치하고, 미국형 기업지배 구조를 채용하게 되었다. 현재의 일본에는 위원회 등 설치 회사(미국형)인가, 종래의 감사역의 기능을 중시하는 회사인가의 선택이 문제인데, 한국에는 2001년 이후 대규모 기업과 금융기관에는 사외이사를 중심으로 하는 이사회, 사외이사를 중심으로 하는 제위원회의 설치가 의무화되어 있고, 스톡옵션을 도입하는 은행이 증가하고 있다.

둘째, 김대중 정권 5년 동안 한국의 은행업계에서 대규모의 재편과 금융지주회사 등에 의한 집약화가 진전되었다. 1999년 4월에 지주회사가 허용되고, 2000년 12월에 금융지주회사법이 제정되었다. 우리금융지주회사, 신한금융지주회사 등 대규모 금융지주회사가 설립되고, 국민은행과 주택은행이 합병하는 등 급속히 은행업계의 집약화가 진전되었다.

셋째, 은행업계 전체로서 외자의 출자 비율이 상승하고 외자가 경영권을 장악하는 은행도 증가했다. 외국계 은행의 진출은 장점으로서 ① 해외 자금의 유입이 확대하고 투자가 촉진되는 것 ② 국내의 시장 경쟁을 촉진하고 새로운 스킬이나 경영 기술이 도입되는 것 ③ 국내의 금융 거래를 보다 고도화하고 국제적인 거래도 활발하여 국내의 금융 행정이 개선되고, 법제도나 금융 감독·규제 등의 제도 인프라가 상향 조정되는 것 등이 있다. 단점으로서는 ① 외국 금융기관의 진입에 의해 해외 시장과의 연관이 강화되고 해외로의 자본 유출이 악화되는 걱정 ② 외국 금융기관이 부유층이나 대기업, 외국기업 등 양질의 고객만을 상대로 하여 현지의 소매시장에는 서비스를 제공하지 않는다는 비판 ③ 외국 금융기관의 진입에 의해 높은 기술력이나 강한 자본력에 의해 시장이 지배된다는 비판이 있다. 또한 외국 금융기관이 개발도상국 경제의 위기 시에 개발도상국 금융기관의 주가를 값싸게 사서 주가 상승에 의해 막대한 수익을 올린다는 비판도 있다.

하지만 외국 금융기관의 국내 진출로 실제 금융기관의 경영 상황이나 스킬이 개선되었는지 논의할 필요가 있다. 한국 금융의 역사적 관점에서 보면 지금까지 관치 금융의 과보호 가운데 은행이 기업에 대한 독자적인 심사 능력이나 정보 축적을 하지 못한 상황을 극복하고, 한국은행업계가 진정으로 자율적인 경영 체제를 확립할 수 있는지의 과제가 핵심이다. 다액의 공적자금 투입도 있어서, 은행업계의 당기 순익은 개선되고 있고, 하이닉스 반도체 등 경영 부진 기업에 대한 대손충당금도 금융감독원의 지도 아래 확대되고 있으며 장래의 신용 리스크에의 대응도 진전되고 있다. 그러나 금융위기라는 긴급 사태에 강력한 정부 개입과 막대한 공적 자금의 투입으로 불량채권 문제는 극복할 수 있었지만 금융기관의 새로운 경영 기반의 확립이라는 과제는 남아 있다. 외국 금융기관의 대규모 진입이 금후 금융기관의 경영 시스템의 개선에 공헌할 것인가하는 점도 과제이다.

(2) 기업 부문의 특징과 과제

김대중 정부 시절 기업개혁의 중요한 특징은 재무 구조 중심의 개혁, 즉 부채 비율의 저하에 중점을 둔 것이다. 실제로 제조업 전체의 부채 비율은 1997년 말의 396%에서 2001년 말에는 182%로 감소하였다. 부채 비율은 자기 자본에 대한 부채 비율인데 이것을 낮추기 위해서는 부채액의 감소와 자기 자본의 확충이 있다. 그런데 자기 자본 확대의 많은 기업은 계열 기업에 의한 출자에 의존하고 있다. 한국에는 공정거래위원회가 정한 자산 규모 상위 30대 기업 집단은 2개 사에 의한 왕복의 상호출자는 금지되어 있지만 실태로서 3개 사 이상의 계열 기업이 순환 출자에 의해 가공 자본을 창출하는 것이나 중핵기업이 계열 기업에 출자하는 것이 확대하고 있다.

이러한 출자 총액의 확대에 관하여 공정거래위원회도 실질적인 자기 자본의 증가없이 부채 비율을 개선하는 수단으로 계열사 간 출자가 이용되고 있고, 정리되지 않으면 안 되는 부실 계열사를 지원하는 것으로 구조조정을 지연시키는 요인으로 작용하고 있다고 지적하고 있다. 이와 같이 부채 비율을 줄이기 위해 또한 적대적 매수에서 계열 기업을 방어하기 위해 계열사 간의 주식 상호 소유가 확대한 결과, 30대 재벌의 타사 출자 비율은 1997년 27.5%에서 2000년 32.9%로 상승하고 있다. 또한 내부 소유 비율은 1990년대에 감소했는데 1997년 4월 43%를 바닥으로 상승으로 반전하고,

1999년 55.5%로까지 증대하고 있다. 각 재벌은 총수와 그 가족의 비율이 감소하지만 30대 재벌에는 계열 회사의 비율이 1997년부터 1999년까지 10% 이상 증가하고 있다. 즉 김대중 정권의 정책 기조와는 달리 재벌의 계열 강화라는 현상이 나타난 것이다.

이러한 계열 출자의 확대에 대하여 정부는 출자 총액의 규제를 부활하는 것으로 쐐기를 박으려고 하였다. 대규모 기업 집단에 대한 출자 총액제한제도는 1986년의 공정거래법 제1차 개정에서 도입되고, 순자산(총 자산에서 총 부채, 계열사 출자, 국고 보조를 뺀 금액)의 40%를 초과하지 못하도록 되었다. 그리고 1994년의 동법 제4차 개정 때 출자 총액을 순자산의 25% 이하로 강화시키고, 이 조치에 의해 출자 비율은 1995년 4월의 26.3%에서 1996년 24.8%로 줄이는 효과를 가졌다. 그러나 1998년의 제6차 개정에서 한편으로 상호채무보증이 금지되었지만, 다른 한편으로 적대적 매수의 허용을 배려하여 출자 총액 규제가 폐지되고 이 때문에 앞서 본 바와 같이 그 후의 출자 총액 확대로 이르게 되었다.

1998년 이후의 출자 총액 급증에 대항하기 위해 1998년 12월의 공정거래법 제8차 개정으로 다시 순자산의 25% 이내라는 규제가 도입되었다. 이 조치는 2001년 4월에 시행되고 순자산의 25%를 초과하는 출자 총액은 2002년 3월까지 해소하도록 하고, 초과분에 대해서는 의결권 행사 금지, 주식매각 명령, 과징금의 부가 등 벌칙이 가해지게 되었다. 2001년 4월의 30대 재벌의 타사 출자액 50조 8천억 원 중 출자 한도 초과액은 23조 8천억 원(3대 재벌에서 16조 원)에 이르고, 이것을 1년 이내에 해소하지 않으면 안 되었다.

그러나 이 조치에는 재계로부터의 강력한 저항이 있었고, 여러 예외 조치가 발동되었다. 더욱이 출자 총액 초과의 해소 기한인 2002년에는 이 규제의 대상으로 되는 기업 집단을 축소하는 조치도 취해졌다. 공정거래위원회는 재벌 규제를 위해 지금까지 대규모 기업 집단으로 자산 규모 상위 30

그룹을 지정했는데 2002년 4월부터는 자산 총액 5조 원 이상의 기업 집단으로 「출자 총액, 상호출자, 채무 보증 제한 기업 집단」으로 하고 (동 시기에 19개 그룹이 지정됨), 자산 규모 2조 원 이상을 「상호출자, 채무 보증 제한기업 집단」(43개 그룹 지정)으로 하였다. 나아가 동 시기부터 공기업 집단도 대상으로 되고 7개의 공기업 집단도 출자 총액 제한 기업 집단에 포함되었다. 이 공기업 집단 7개 그룹은 출자 총액이 과히 크지 않아 기타 민간 부문 12개 그룹이 실질적으로 출자 총액 규제의 대상으로 되었다. 이 민간 부문의 출자 총액 제한의 기업 집단에서 출자 총액 31조 4천억 원 가운데 적용 제외 등을 제하면 한도를 초과한 법 위반 출자금은 3조 4천억 원으로 잠정 추계된다.

이 때문에 공정거래위원회는 2002년 9월에 출자 한도액 초과 주식을 1년의 해소 기간까지 계속 소유하고 법을 위반한 SK그룹 등 9개 기업 집단 34개 사에 대해 의결권 행사의 제한 명령을 내렸다. 2001년까지 출자 총액을 급증시킨 SK그룹에서는 많은 계열사가 출자 한도액을 초과하여 의결권 행사가 제한되었다. 더욱이 2003년에 SK글로벌에서 다액의 분식 결산이 표면화하고, 채무 초과에 빠진 계열사는 2003년 3월에 기업 구조조정 촉진법에 기초한 채권은행단의 관리 아래에 재건되게 되었다. 또한 분식 결산에 관련한 최태원 회장이 기소, 구속되었다. 분식 결산 등 불투명한 경영체제, 다액의 상호출자에 의한 가공 자본의 창출이라는 재벌의 오랜 체질을 근본적으로 개선하는 과제는 심각한 문제로서 차기 정권에 남아 있다.

앞서 본 재벌의 3개의 개혁 과제를 정리하여 보면 첫째, 과잉 다각화를 해소하는 과제는 빅딜에 의해 사업의 선택과 집중이 진전되었다. 제2의 재벌의 구조조정에 관해서는 부채 비율이 200% 이하로 개선되면서도 그 수단으로서 계열 기업의 출자가 확대되어, 재벌의 타사 출자 비율의 상승과 내부 소유 비율의 상승이 보이고, 재벌의 계열 강화와 다액의 상호출자에 의한 가공 자본의 창출이라는 문제를 심화시키고 있다. 이것은 재벌의 기업 지배 구조(corporate governance)의 개선에 역행하는 문제로 되었다. 제3의 기업 지배 구조를 개선하는 과제에는 소수 주주의 권한 강화, 사외이사 제도, 경영 정보 공시에 의한 투명성의 향상이라는 정책이 취해졌다. 그러나 이때까지 재벌 총수가 절대 결정권을 가지던 상황에서 사외이사회가 건전한 경영 감시를 할 수 있었는가는 의문이 아닐 수 없다. 결합재무제표의 의무화나 회계 감사의 강화책에도 불구하고 대형 회계 부정이 계속되고 있는 바, 지배 구조의 개혁이 최대의 과제라고 볼 수 있다.

■ 지은이 소개

오두환

출생
1951년 오영근·신필주의 차남

학력
1972년 서울대 경제학과
1985년 서울대 경제학박사

경력
1976~1981 계명대학교
1981~2017 인하대학교
인하대학교 경상대학장
경제사학회장
하바드대학교 방문교수
메이지대학 초빙교수
황조근정훈장 수훈

비교한국경제사 (下)

초판 1쇄 인쇄   2023년 10월 27일
초판 1쇄 발행   2023년 11월 3일

지 은 이 오두환

발 행 인 한정희
발 행 처 경인문화사
출 판 신 고 제406-1973-000003호
주   소 경기도 파주시 회동길 445-1 경인빌딩 B동 4층
대 표 전 화 031-955-9300   팩 스   031-955-9310
홈 페 이 지 http://www.kyunginp.co.kr
이 메 일 kyungin@kyunginp.co.kr

ISBN 978-89-499-6751-6 93300
값 55,000원